로도스 섬 해변의 흔적 4

고대에서 18세기 말까지
서구사상에 나타난 자연과 문화

나남
nanam

한국연구재단 학술명저번역총서
서양편 388

로도스 섬 해변의 흔적 4

고대에서 18세기 말까지
서구사상에 나타난 자연과 문화

2016년 5월 5일 발행
2016년 5월 5일 1쇄

지은이_ 클래런스 글래컨
옮긴이_ 심승희 · 진종헌 · 최병두 · 추선영 · 허남혁
발행자_ 趙相浩
발행처_ (주) 나남
주소_ 10881 경기도 파주시 회동길 193
전화_ (031) 955-4601(代)
FAX_ (031) 955-4555
등록_ 제 1-71호(1979. 5. 12)
홈페이지_ http://www.nanam.net
전자우편_ post@nanam.net
인쇄인_ 유성근(삼화인쇄주식회사)

ISBN 978-89-300-8867-1
ISBN 978-89-300-8215-0 (세트)

책값은 뒤표지에 있습니다.

'한국연구재단 학술명저번역총서'는 우리 시대 기초학문의 부흥을 위해
한국연구재단과 (주)나남이 공동으로 펼치는 서양명저 번역 간행사업입니다.

로도스 섬 해변의 흔적 4

고대에서 18세기 말까지
서구사상에 나타난 자연과 문화

클래런스 글래컨 지음

심승희 · 진종헌 · 최병두 · 추선영 · 허남혁 옮김

나남
nanam

Traces on the Rhodian Shore

Nature and Culture in Western Thought
from Ancient Times to the End of the Eighteenth Century

로도스 섬 해변의 흔적 4

고대에서 18세기 말까지
서구사상에 나타난 자연과 문화

차 례

제4부

18세기의 문화와 환경

도입부

18세기의 사상가들은 문화와 환경의 문제를 그 이전 어떤 시대보다도 철저하고 통찰력 있게 논의했다. 이들은 과거 사람들보다 인간 사회에 대해 한층 깊이 있는 이해를 더했다. 그들은 추상적인 개인 및 인간에 대한 연구로부터, 그리고 17세기에 여전히 대중적이었던 낡은 종교적 사상으로부터 벗어나고 있었다. 그 종교적 사상은 브라운 경이 지칭했던 것처럼 인간을 "양면적 존재"(*amphibious piece*)로 이해하는 것이었다. 18세기까지 이런 사고가 지속된 것은 사실이지만 사회적 유대, 전통, 민족적 특성, 개인과 민족의 삶에 영향을 미치는 환경적 영향에 대한 더 많은 지식과 인간의 삶, 사회, 역사의 복잡성에 대한 심화된 이해를 갈구하던 이들을 더 만족시킬 수 없었다. 박물학에 대해서도 더 많은 지식들이 지속적으로 축적되었다. 18세기는 린네, 뷔퐁, 보넷(Charles Bonnet),* 생 피에르(Bernardin de St. Pierre),* 팔라스, 뱅크스 경(Sir Joseph Banks)* 같은 가장 위대한 박물학자들의 세기였다.

더욱이 사람들은 그간에 축적된 항해와 여행에 대한 출판물을 열광적으로 활용했다. 인류 발달의 원초적 단계로서의 자연 상태란 무엇인가? 원시인들은 어떤 모습인가? 여행가들이 말하는 유럽에서 멀리 떨어진 곳에 사는 종족의 특성을 결정하는 것은 무엇인가? 17세기에도 이와 같은 질문이 있었지만 그 시대의 사상가들은 여전히 고전 시대의 저작들에 크게 의존했다.

18세기 중반에서 19세기 초에 이르기까지 뷔퐁, 몽테스키외, 헤르더, 그리고 맬서스(재판본 및 그 이후 판본)의 저작에서 당시의 항해와 여행이 얼마나 새롭고 고갈되지 않는 원천이 되었는가를 알 수 있다. 18세기의 마지막 무렵 쿡(James Cook)*과 포르스터 부자(the Forsters)*는 박물학과 민족지학에 새로운 자극을 가져왔다. 쿡의 두 번째 항해(1772~1775)에서 **레졸루션 호**(the Resolution)를 타고 식물학자로 참여하기로 했던 뱅크스 경이 돌연 탐험을 포기하자 요한 라인홀트 포르스터(John Reinhold Forster)와 그의 아들 게오르크 라인홀트 포르스터(George Reinhold Forster)가 자리를 물려받았다. 아들 게오르크의 1777년 작 《세계일주》(*A Voyage Around the World*)는 훔볼트를 매혹시키고 영감을 불어넣었을 뿐만 아니라 훔볼트, 다윈, 리빙스턴(David Livingston),* 스탠리 경(Sir Henry Morton Stanley),* 베이츠(Marston Bates), 월리스(Robert Wallace)* 등에 의해 진행된 과학적 여행 시대를 알리는 전조가 되었다.

지구의 형성을 설명하는 데 설계론을 적용함으로써 설계론에 대한 관심은 지속되었지만, 목적인에 대해서는 보다 통찰력 있는 비판이 있었다. 지구, 동식물의 생명에 대한 연구, 자연에서의 인간의 위치에 대한 연구에 있어서는 설계론이 여전히 유용하다는 데 많은 이들이 동의했다. 18세기는 물리신학의 전성기로 창조주의 지혜가 남긴 흔적을 찾기에 안성맞춤인 시기였다. 심지어 암석과 곤충 연구에서조차 그러했다. 한편, 많은 위대한 사상가들이 여전히 목적인의 교의에 호의적인 가운데 목적인을 거부한 다른 이들은 자연의 균형과 조화에 대한 강력한 믿음을 유지했다. 하지만 뷔퐁, 흄, 괴테, 칸트의 저작과 리스본 지진의 귀결은 목적인 교의가 갖는 낙관적 함의와, 과학 지식의 진보를 위한 도구로서의 유용성에 어두운 그림자를 드리웠다. 가장 중요한 저작은 흄의 《자연종교에 관한 대화》(*Dialoques Concerning Natural Religion*)***와 칸트의 1790년 작 《판단력 비판》(*Critique of Judgement*)이었는데 특히 목적론적 판단에 대한 부분이 중요하다. 두 사람은 자연, 그리고 자연과 인간의 관계에서 목적론의 문제를 조심스럽고 심도 깊게 탐구했다.

몽테스키외는 환경론을 극적으로 부활시키면서 이를 상당히 기지 넘치고 종종 대단히 익살맞게 표현했는데, 이 과정에서 환경론의 전통적인 특성이 숨겨졌다. 그의 환경론은 보댕과 보테로처럼 법, 입법, 인간 사회의 본질과 사회제도 일반에 대한 질문을 제기했다. 즉, 그는 어떤 자연적·도덕적인 요인이 법, 입법, 인간 사회의 본질과 사회제도 일반에 영향을 미치는가 등을 물었다. 더 나아가 인구론에 대한 1798년 발표된 맬서스의 첫 논문은 인구 성장의 환경론을 제기했다. 맬서스가 말한 환경은 지리학자나 세계지 학자(*cosmographer*)가 기후의 유형이나 지형의 기복(起伏)에 따른 문화적 차이를 기술할 때의 환경이 아니었다. 제한적인 전체(*limiting whole*)라는 것으로 추상적으로 묘사된 자연환경이 인간 및 인구에 영향을 미친다는 것이었다. 더욱이 그것은 식량을 생산할 수 있는 경작 가능한 토지로 매우 협소하게 이해되었다. 몽테스키외, 뷔퐁, 맬서스, 훔볼트 등 18~19세기의 많은 주요 사상가들도 물론 기후적 영향과 인구이론에 대한 견해를 가졌다.

그러나 맬서스의 대담하고 강력하며 무자비한 스타일은 맬서스 이전에 있던 수많은 추상적 공론보다 인구론에 대해 더 광범위하고 일반적인 관심을 불러일으켰다. 고대인과 근대인의 상대적 우월성에 대한 광범위한 논쟁 중에서 고대 및 근대 민족 간의 인구밀도 비교에 대한 부차적 논쟁이 사실상 분수령이 되었다. 고대와 교감하며 자연의 노쇠를 강조하는 인구론은 자연의 불변성을 가정하는 이론에 자리를 내주었다. 세기말에는 두 가지 종합이 출현했는데, 쥐스밀히의 물리신학적 종합과 맬서스의 보다 세속적인 교의가 그것이다.

마지막으로 뷔퐁의 저작, 특히 《자연의 신기원》(*Des Époques de la Nature*)***의 마지막 시기에서, 바람이나 물과 같은 지리적·지질학적 변화의 작인(作因)에 필적할 만한 환경 변화의 행위자로 인간을 상정한 것은 여타의 생명 및 무생물과 인류와의 관계를 이해하는 데 중요한 개념이 된다. 뷔퐁의 사상 체계에는 종종 환경주의적 함의가 있긴 했지만 그는 인간을 환경을 변화시키는 행위자라고 여겼기 때문에, 즉 인간 창조성의 힘을 강조해 환경적 영향에 관한 이론이 가지는 약점을 부각시켰다.

이 복잡한 주제를 설명하는 대표적인 사상가는 뷔퐁, 헤르더, 흄, 칸트, 맬서스, 몽테스키외이다. 그들은 과거라는 뿌리에서 자라났지만 세계는 그들이 길을 떠나기에 더욱 풍요로운 장소가 되어 있었다. 오늘날 우리 시대에까지도 유효한 질문을 제기한 그들이 그 이상의 일을 했더라면 기적이었을 것이다. 적어도 인간 문화와 자연환경의 문제에 관한 한, 그들은 앞으로 올 시대보다 과거를 닮은 세계에 살았기 때문이다.

제11장

물리신학의 궁극적 강점과 약점

1. 서론

자연신학 혹은 물리신학은 신의 존재의 입증, 목적인, 자연의 질서 정연함과 같은 근본적 문제와 관련되었으므로 종교, 과학, 철학과 내밀한 관련성을 가졌다. 종종 언급되는 것처럼 만물이 인간을 위해 설계되었음을 보여주는 것이 물리신학의 주된 관심은 아니었다. 물리신학은 그보다 더 높은 곳을 바라보는 경우가 많았다. 왜냐하면 창조의 위계에서 하위에 놓인 각각의 존재가 어떤 목적(인간 존재와 관련이 있을 수도, 없을 수도 있는)을 위해 존재한다고 가정하면서 인간을 그 위계에서 가장 상위에 있는 것으로 간주하는 것과, 창조를 마치 독신 남성 고용주를 위해 일하는 빅토리아 시대 소설 속 중년 가정부처럼 인간을 위해 봉사하는 것으로 간주하는 것 사이에는 커다란 차이가 있기 때문이다.

우리가 살펴본 것처럼 성 아우구스티누스는 자연에 의한 존재의 등급(생물은 무생물보다 상위에 위치하고, 지각 능력이 있는 생물은 그렇지 않은 것보다 우위에 있으며, 지성이 있는 생물은 그렇지 않은 것보다 우위에 있다)과 인간에게 얼마나 유용한가에 기초한 등급을 구분했다. 왜냐하면 생물이 자연의 위계에서 상위에 있다 할지라도 인간은 유용성의 견지에서 무생물을 더 선호할 수도 있기 때문이다.[1] 종교와 과학 사이의 갈등은 당연히 있었다. 자연신학에는 종교와 과학이 포함되어 있었다. 과학 혹은 종교와 양립 가능하도록 자연에 대한 총괄적 해석을 시도할 때, 자연신학은 종종 종합하는 역할을 했다.

그러나 우리는 이 장에서 곤충, 암석, 인간 신체 등에 관한 모든 저작을 포함하는 물리신학의 역사보다는 협소한 영역을 다룰 것이다. 우리의 관심은 살아 있는 자연의 연구, 그리고 거주 가능한 행성으로서의 지구에 물리신학의 주된 사고가 구체적으로 적용되는 데 있다. 많은 중요한 사상가들이 이 주제에 견해를 냈지만 내 생각에 물리신학의 옹호자는 라이프니츠, 린네, 쥐스밀히, 뷔싱(Anton Friedrich Büsching),* 헤르더다. 비판자는 모페르튀이(Pierre-Louis Moreau de Maupertuis),* 흄, 괴테, 칸트가 뚜렷한 공헌을 했다. 설계론과 목적론을 자연과 지구에 적용하는 것에 대해서는 강력한 옹호자와 반대자가 동시에 존재하는데, 18세기의 논의는 19세기의 논의보다 한층 설득력이 있었다.

갈릴레이는 과학에서 목적론을 제거하지 않았다.[2] 그는 창조물 안에 나타난 신의 솜씨를 찬미했다. 그의 과학적 방법이 목적론적 설명 없이도 가능했던 것은 사실이다. 즉, 창조를 통제하는 기본적 힘은 수학적 용어로 기술하고, 목적론은 한쪽에 놓거나 통상적인 경건함의 형태로만 존속

---

1) *City of God*, Bk. XI, chap. 16; Bk. XII, chap. 4

2) Galileo의 "Letter to Madame Christina of Loarraine, Grand Duchess of Tuscany"(1615) in *Discoveries and Opinions of Galileo*, trans. Stillman Drake(Anchor Books), p. 196을 보라. 또한 Herschel Baker, *The Wars of Truth*, pp. 316~317, and chap. 8, "The Conquest of Nature"을 보라.

시키는 것도 가능했을 것이다. 그러나 17세기에서 19세기에 이르기까지 지구과학과 생명과학에서 목적론의 지배력을 무시하기란 쉽지 않았다. 우리가 목적론적 사고를 중요하지도 않고 영향력도 없는 하급 지성의 산물로 기각하지 않는다면 2차적 원인 혹은 작용인이 거둔 이른바 "기계철학"의 승리를 목적론적 사고의 방대함과 화해시키기란 쉽지 않다. 예상할 수 있듯이, 목적인 교의의 영향은 생물, 생물들 간의 관계, 생물과 무생물 간의 관계, 생물의 보전 그리고 죽음과 사멸의 문제, '식물-동물-인간' 간의 상호 관계와 관련된 학문 분야에서 보다 지속적이고 생생하다. 이는 지리 사상의 역사에서 물리신학이 그렇게 중요한 자리를 그토록 오랜 시간 차지할 수 있었던 이유이기도 하다.

2. 라이프니츠에 대하여

목적인에 대한 철학적이고 과학적인 관심과 그것에 대한 활기찬 옹호는 두 세기에 걸친 라이프니츠의 저작에서 살펴볼 수 있다. 라이프니츠는 어떻게 옛것에서 유용한 것을 지키고자 했던가, 실패했다고 생각한 새로운 것에 대해 그는 얼마나 비판적이었던가, 인간 조건의 개선을 약속하는 새로운 것을 그는 어떻게 포용했던가! 그가 열정적으로 지키고자 한 과거의 것은 과학과 신학의 통합 그리고 목적인 교의였다.

1686년 작 《형이상학 서설》(*Discourses on Metaphysicis*)***에서 라이프니츠는 목적인이 아니라 목적인에서 기인한 인간의 오류에 해당하는 편파적 관점을 비판했다. "우리가 신의 목적을 밝히는 과정에서 잘못을 범하기 쉽다는 것을 기꺼이 인정하지만 이는 신이 단 한 가지만을 계획했다고 생각하면서 신의 목적을 특정한 설계에 한정 지으려 할 때에만 그러하다. 그러나 신은 사실 모든 것을 동시에 고려한다".[3)]

---

3) Wiener, *Leibniz Selections*, p. 318.

라이프니츠는 또한 과학적 탐구에서 목적인의 가치에 대해 다음과 같이 주장한다. 2차적 원인 혹은 작용인을 독자적으로 고려하는 것보다 "신의 뜻은 항상 자신의 계획을 가장 수월하고 가장 단호한 방식으로 이루려 한다"는 점을 고려하는 편이 낫다.[4] 라이프니츠는 스넬(Willebrord Snellius)*이 발견한 굴절의 법칙(*law of refraction*)****을 예로 든다. 목적인의 교의를 받아들이는 것은 "기계철학으로부터 불경함을 제거하는 일"이며 "보다 고상한 사고"로 이끄는 것이기도 하다.[5]

새로운 것에 대한 라이프니츠의 비판은 과연 무엇이었는가? 그에게 데카르트나 뉴턴의 자연관 중 어느 것도 세계의 질서에 대한 적절한 설명을 제공하지 못했다. 더욱이 데카르트주의는 자연을 지배하거나 발명을 하는 데 필요한 자극을 주지 못했다. 아마도 라이프니츠는 갈릴레이, 뉴턴, 호이겐스(Christiaan Huygens)* 그리고 자신이 이룬 중요한 발견을 생각했을 것이며 데카르트주의자는 이에 해당되지 않았다. "왜냐하면 대부분의 데카르트주의자들은 논평자에 지나지 않았기 때문이다". 그는 말브랑슈(Nicolas Malebranche)*에게 쓴 편지에서 이렇게 말하고는, 말브랑슈가 형이상학에 공헌했던 것만큼 그들 중 누군가가 물리학에 공헌할 수 있었기를 바란다고 덧붙였다.[6] 라이프니츠는 데카르트주의자들이 성과를 내놓지 못하며 과학적 진보를 이끌지 못하는 철학을 신봉한다고 비판했다.

인간은 목적인이 지배하는 자연 속에 산다. 그러나 인간은 자신과 자신의 환경을 개선할 수 있다. 여기서 그의 생각은 인간이 자연을 완성시키는 존재라는 기독교의 사고와 유사한데, 이는 인간이 자신의 머리와 손을 활용하여 우주 속 신의 행동을 보다 작은 스케일로 흉내 낸다는 의미

---

4) *Ibid.*, p. 321.

5) *Ibid.*, p. 323.

6) Leibniz to Malebranche, 22 June(2 July), 1679, Preuss. Akademie ed., Vol II, I, 472. Barber, *Leibniz in France*, p. 34에서 재인용.

다. 우리가 앞에서 본 것처럼(3권 46쪽), 1697년에 라이프니츠는 질서의 개념을 지구에 적용하여 인간의 도움으로 질서가 점진적으로 증가한다고 간주했다. 그는 지구의 질서 정연함과 인간이 지구에 영향을 미쳐 만든 변화의 질서 정연함 두 가지 모두를 가정하면서 진보의 사상을 한 단위로의 지구에 대담히 적용했다.

라이프니츠는 그 자신이 살았던 시대와 바로 전 시대에서 이루어진 지식의 진보에 크게 감명을 받았다. 발명과 발견은 설계론의 타당성을 보여준다. 현미경과 망원경은 설계의 복잡성과 규모뿐만 아니라 질서와 목적을 밝힌다. "신의 은총을 통해 우리는 이제 자연의 비밀을 탐구할 훌륭한 도구를 소유했다. 그리고 그런 도구를 이용하여 우리 선조가 수십 년 혹은 수백 년이 걸려 이룬 것을 우린 단지 1년 안에 성취할 수 있다".[7)]

화이트헤드의 유명한 진술 — "19세기의 가장 위대한 발명은 발명의 방법을 발명한 것이다" — 을 연상시키는 구절에서 라이프니츠는 "'기계적 기관'(*organum organorum*), '논리적 진실'(*vraye logique*) 혹은 '발명의 기술'(*ars inveniendi*)이 이제야 마침내 발견된 것 같다", "망원경은 우리의 시력만큼이나 우리의 지성 또한 발전시켰다"고 서술한다. 우리는 세계의 거대한 체계와 신의 작품의 장대함에 대해 정확한 개념을 획득했다. 현재 인류는 고대인들보다 신의 지혜를 훨씬 더 잘 이해할 수 있는데, 고대인들은 빈약한 개념 탓에 창조주에 대한 경의를 거의 표하지 않았다.

기술과 발명은 박식함, 지적 호기심, 지성, 무지의 배격뿐만 아니라 종교적 경건함 및 신의 사랑과 밀접하게 연관된다. 현미경은 모래 한 알의 수백만 분의 일에 불과한 작은 사물 속 위대한 세계를 볼 수 있게 한다.[8)] "그러나 이 '논리적 진실'은 또한 '심리적'(*psychologique*)인 것이기도

---

7) "Volschläge für eine Teutschliebende Genossenschafft", *Werke*, ed., Klopp, Vol. 6, p. 214. 또한 Wiener, *op. cit.*, p. xxx를 보라.

8) *Ibid.*, pp. 214~215; Whitehead, *Science and the Modern World* (Pelican Mentor Books), p. 98.

하다. 이것은 인간 스스로에 대한 이해를 증대시킬 뿐 아니라 인간이 자아(*self*)를 명확히 하고 '시대의 혼란' 속에서 나아갈 방향을 찾도록 돕기 위해 설계되었다". 그것은 지식을 확산시키고 편견과 무지를 제거하는 수단이다.[9]

라이프니츠는 또한 생명의 영역을 무한히 확대된 시각으로 볼 수 있는 새로운 기회를 보았다. 레벤후크(Anton van Leeuwenhoek)*와 스밤메르담(Jan Swammerdam)*의 정자(*spermatozoa*) 연구는 재생산과 생물학적 성장에 대한 새로운 통찰을 제공했다. 레벤후크는 가장 작은 동물조차 재생산 능력이 있다고 주장하면서 자연발생설(*spontaneous generation*)을 부인했다. 스밤메르담의 벌레에 대한 모노그래프, 수행이론, 벌을 비롯한 많은 곤충의 해부 연구는 생명에 대한 경이로움을 고양시켰다.[10] 라이프니츠의 머릿속은 유기체와 생명체에 관한 주제로 가득 찼다. 목적인에 대한 열정을 공유한다는 점에서 그는 케임브리지 플라톤주의자인 레이, 더햄과 매우 유사하다. 그의 창 없는 단자들(*windowless monads*)은 "살아 있는 에너지의 실제적인 중심"(Wiener)이며, 단자 간의 관계는 신이 계획하여 예정된 조화를 따른다. 그러나 현대의 라이프니츠 연구자들 몇몇은 라이프니츠의 철학에서 이전에 생각했던 것보다 덜 목가적인 함의를 발견했다. 이것이 모든 가능한 세계들 중 최선일 수는 있지만 인간에게 반드시 최선은 아닐 수도 있다는 것이다.[11]

기계론적 설명은 그 자체가 설명을 필요로 하기 때문에 불만족스럽다. 1705년 〈석학들의 업적사〉(*Histoire des Ouvrages des Savants*)에서 라이프니츠는 2차적 원인과 목적인 모두가 필요하다고 주장했다. "이를테면 두 개의 왕국이 있는데, 하나는 작용인이며 다른 하나는 목적인이다. 각각

---

9) R. W. Meyer, *Leibnitz (sic) and the Seventeenth-Century Revolution*, pp. 123, 208~209; 나는 이 참고문헌들에서 많은 도움을 얻었다.

10) Nordenskiöld, *The History of Biology*, pp. 165~171을 보라. Barber, *Leibniz in France*, p. 108을 보라.

11) Barber, *op. cit.*, p. 88.

은 다른 하나가 마치 존재하지 않는 것처럼 단독으로 모든 것을 충분히 상세하게 설명한다. 그러나 이 둘의 기원이 가진 본질이라는 측면에서 하나는 다른 하나 없이는 충분하지 않다. 작용인을 구성하는 힘과 목적인을 규제하는 지혜가 통합된 하나의 원천에서 양자가 유출되었기 때문이다".[12]

목적인을 신봉하는 모든 사람들은 당연히 서투르게라도 라이프니츠의 이 말을 언급했다. 신의 사고가 인간의 사고에 친숙한 원칙들을 따른다는 것을 가정하는 충분 이유의 법칙(*the law of sufficient reason*)****은 라이프니츠에 의해 다음과 같이 정의된다. "대부분 경우에 이러한 이유가 우리에게 알려질 수 없음에도 불구하고, 왜 그것이 그래야만 하는지에 대한 충분한 이유가 없다면 어떠한 사실도 진실일 수 없으며 어떠한 명제도 참일 수 없다".[13] 이 원리는 이미 가정된 창조의 질서와 조화에서 파생된 것인데, 그 모든 구성 부분은 존재의 목적과 이유를 가진다. 라이프니츠는 미리 확립된 조화와 충분 이유의 법칙을 가정함으로써 합리성과 도덕성이 우주의 한결같은 특성이라고 결론짓는다.[14]

라이프니츠는 1714년 부르게(Bourguet)에게 보낸 편지에서 자연의 혼돈과 부조화라는 친숙한 문제를 다루면서 이것들이 일견 지구상에 존재하는 것처럼 보일 수 있다고 인정했다. 베수비오 산에서 다량의 화산 분출물이 빚은 혼돈은 너무나 명백하다. " … 사물의 작은 부분까지 지각하여 꿰뚫어 볼 만큼 섬세한 감각기관을 가졌다면 누구든지 모든 것이 유기적인 관계하에 있다는 것을 알 수 있을 것이다. 그가 점진적으로 필요한 지점까지 깊숙이 침투한다면 이전에는 감지할 수 없었던 새로운 기관을

12) Wiener, *Leibniz Selections*, pp. 193~194.

13) *Monadology*, p. 32(Everyman's Library ed., p. 8). 또한 Wiener, *Selections*, pp. 93~96에 나오는 문단을 보라.

14) 이 점에 대해서는, Barber, *Leibniz in France*, pp. 35, 55; *Selections*에 대한 Wiener의 소개글, p. xxxviii; Ruth Lydia Saw, *Leibniz*(Pelican Books), p. 72.

항상 볼 것이다".[15] 라이프니츠 앞에 펼쳐진 세계는 화이트헤드가 묘사했던 17세기 말 무렵의 끔찍한 기계론적 우주가 아니었다.[16] 그는 유기적이고 목적론적인 것에 너무나 많이 공감했다. 그에게 감각의 세계는 살아 있다. 자연의 풍부함은 그를 매혹시킨다. 그는 신의 작품을 감상하는 것 이상을 원한다. 그는 신의 작품을 이용하고 인간 복리를 위해 변형시키고 싶어 한다.[17]

3. 박물학

자연에 대한 목적론적 관점은 18세기의 관습적인 박물학을 철학적·신학적으로 뒷받침했다. 더햄의 물리신학은 몇 종류의 영문판으로 출간되었고 영국 국경을 넘어 독일어와 프랑스어로 번역되었다. 더햄의 책은 플뤼시(De Pluche)*의 박물학에 원천이 되었는데, 플뤼시의 박물학은 지명도 면에서 뷔퐁의 박물학에 필적했다. 린네는 《자연의 경제》(*Oeconomy of Nature*)에서 그 책을 참조했으며, 쥐스밀히의 《신의 질서》(*Die Göttliche Ordnung*)는 설계론에 기초한 인구 및 인구론 연구인데 플뤼시를 칭찬함과 동시에 비판했다. 칸트는 신의 존재에 대한 우주론적이고 물리신학적인 증거를 검토하면서 더햄과 네덜란드의 물리신학자 니오벤티트의 저작을 참조했다. 니오벤티트는 많은 분야에서 설계의 증거를 강조했지만, 지구 및 살아 있는 자연과 관련된 사고에 특별히 흥미로운 것을 더하지는 않았다.[18]

---

15) Wiener, *Leibniz Selections*, p. 200.

16) *Science and the Modern World*(Pelican Mentor Books), pp. 55~56.

17) Meyer, *Leibnitz*, pp. 43~44를 보라.

18) Nieuwentijdt, *The Religious Philosopher: Or, The Right Use of Contemplating the Works of the Creator*. Trans. from the Dutch by John Chamberlayne, 2 vols. 성서로부터의 인용구, 시계의 유비, 광범위하고 다양한 "명상"을 볼 것.

박물학이 제기한 문제는 전통적 틀 속에서 활동하던 이들과, 전통적 틀을 성급하게 떠나 자연의 질서와 통합성에 내재하는 목적인보다 2차적 원인에 대한 연구로 나아간 이들 모두를 고무시켰다. 여기에는 플뤼시를 위한 공간이 있었으며 뷔퐁을 위한 공간도 있었다. 사람들은 구체적인 것, 살아 있는 것에 관심을 가졌다. 관심의 주요 원천은 세계 전체에서 수집된 방대한 양의 동식물과 사람에 대한 자료였으며, 동식물을 수집해 그것들을 왕립식물원(Kew Garden)이나 쟈댕 뒤 로이(Jardin du Roy)**** 같은 식물원 혹은 박물관에 옮기려는 열망이 있었다.

박물학에 대한 대중적 관심은 플뤼시의 저작에서 명백하게 나타난다. 그가 쓴 《자연의 스펙터클》(*Spectacle de la Nature*)은 설계에 대한 논증이 순진하고 단순하다는 이유로 조롱을 받았으며 뷔퐁의 책과 거의 비슷한 시기에 나왔음에도 플뤼시는 뷔퐁이 《박물지》에서 숙고했던 근본적인 문제를 무시했다. 그러나 이 모든 약점에도 불구하고 플뤼시는 자연의 규칙성, 전체성, 통합성에 관심을 돌렸다.

모네(Mornet)가 보여주듯이 그의 책은 18세기 프랑스에서 뷔퐁에 견줄 만큼 인기가 있었다. 또한 이전 시대가 자연의 기이함과 경이에 관심이 있었던 것과는 대조적으로 자연의 일상적이고 평범한 면에 대한 관심이 점차 커져 갔다.[19] 또한 자연에 대한 기하학적 관점은 살아 있는 자연의 세부사항에 대한 기초적 호기심을 충족시키는 데 실패했다. 이는 발견이나 구체적 묘사에 의해서만, 즉 색이나 냄새 등과 같은 2차적 성질을 무시하기보다는 강조해야만 충족될 수 있었다. 기하학은 이전의 패권을

특히, 명상 2의 섹션 3은 로마인에게 보내는 편지 1장 20절에 기초함. 그리고 니오벤티트 저작의 제 2권은 그때까지의 자연신학에 대한 가장 광범위한 집대성 중 하나다.

19) Mornet, *Let Sciences de la Nature en France, au XVIIIe Siécle*, pp. 9, 13~14, 33~34.

상실했다.

> 이는 사람들이 기하학이 지식의 창고를 채우지 않는다는 명확한 결론에 도달했기 때문이다. 기하학이 한 것이라고는 추론에 추론을 거듭하면서 이미 증명된 원칙을 반복하는 것이었다. 따라서 기하학은 현실과 아무런 상호작용이 없었다. 실제 생활에서는 깊이 없는 표면, 폭이 없는 길이 같은 것은 없으며, 크기 없는 위치의 정의에 대해 아무런 답도 할 수 없고, 기하학이 사물에 부여하는 이론적 규칙성을 보이는 것도 전혀 없으므로 우리가 기하학에서 배우는 것은 수많은 등식으로 표현되는 꿈이나 마찬가지이다. 운동과 확장의 관점에서 창조를 설명하려는 사고는 순전히 망상이었다. 그것은 데카르트에 의해 시작되었지만 그의 시대는 이미 지나갔다.[20]

플뤼시가 인기 있는 저술가였던 것은 사실이지만 설계론은 린네와 같은 진지한 과학자들 사이에서도 살아 있는 자연에 대한 연구를 위한 도구로 지속되었다. 창조주의 작품에 대한 경건함을 유지하고 숭배하는 것은 일요일의 찬송가이며, 나머지 날은 지구의 자원에 대한 실용적이고 냉정한 평가를 하면서 보내야 한다. 신을 찬양하는 것은 기독교인의 의무지만 동식물의 유용성에 대해 조사하는 것 또한 적절한 행위다. 자연신학에 대한 린네의 관심은 아른트(Johann Arndt)*의 《참된 기독교》(*Four Books of True Christianity*)***에서 영감을 받은 것이었다.[21] 하지만 1749년 스톡

---

20) Hazard, *European Thought in the Eighteenth Century from Montesquieu to Lessing*, p. 130. 당대의 견해를 보기 위해서는 데카르트에 대한 뷔퐁의 비판, *Histoire Naturelle, Générale et Particulière* (1749~1767), Vol. 2, pp. 50~53을 보라. 또한 Ernst Cassirer, *The Philosophy of the Enlightenment*, 2장도 보라.

21) 루터파 신학자였던 아른트는 *Vom Wahren Cristentum*을 1609년에 간행했다. 이 책은 물리신학에 대해 당시에 축적된 것을 망라한 진정한 핸드북이다. 특히 Bk. 4, "Liber Naturae"를 보라.

홀름의 대학 아카데미에서 열린 자연의 경제에 대한 초청 강연에서 린네는 자연신학의 전통적인 지지자에서 벗어나 설계를 인정하면서도 동식물, 인간의 분포와 그 활동에 미친 환경적 영향을 강조하는 보다 세속적 입장을 취했다.[22] 박물학에 대한 철학자로서 린네는 지리철학자로서의 리터와 유사한 면모를 보인다. 둘 모두 개혁가는 아니었지만 당대 자연신학의 축도(縮圖)라 할 수 있다.

18세기조차 때로는 지구가 단지 생명에 적합한 환경일 뿐이라는 비판에 대응할 필요가 있었다. 린네에게 지구의 현재 지형상 기복과 위치는 계획된 질서의 증거이다. 그는 물의 순환에 깃든 지혜를 지적하고 또한 식물의 천이 과정에도 관심을 가진다(한 지역이 어떻게 자연적 과정을 통해 늪에서 초지로 변모할 수 있는가). 그는 또한 지구의 기복을, 눈을 즐겁게 하고 지구의 표면을 넓힌다는 미적·실용적 이유에서 정당화한다.[23]

레이와 더햄이 그랬듯 소박한 단순함에서 자연신학과 환경적 인과이론의 융합으로 방향 전환이 이루어졌는데, 이는 지구상에 존재하는 생명에 대한 린네의 분석에서 입증된다. 창조주가 결정한 바에 따르면 지구는 식물로 뒤덮여야만 했다. 계절적 변화와 토양의 본질 두 가지가 식생 피복의 단일성을 배제하기 때문에 각 식물은 그 주변의 기후에 적응하여 차별화된다. 그러나 유용론적·인간중심주의적 개념이 목초와 부식토에 대한 린네의 논의를 지지한다. 모든 식물 중에서도 목초는 소들에게 가장 필요하기 때문에 광범위하게 분포하며, 부식토는 탄생, 성장, 죽음, 사멸의 순환적 과정과 유기적 잔여물을 지구로 재흡수함으로써 지구의 지속적인 비옥함을 유지하는 핵심적 물질이라는 것이다.[24]

---

22) 린네와 아른트의 자연신학에 대해서는 Hagberg, *Linnaeus*, p. 34를 보라; 아리스토텔레스의 *History of Animals*가 미친 영향에 대해서는 p. 44를 볼 것, 그리고 또 다른 영향들에 대해서는 pp. 48~49를 보라.

23) "The Oeconomy of Nature", in *Stillingfleet's Pamphlets*(1791), pp. 44~45

24) *Ibid.*, p. 78.

또한 린네는 가장 작은 동물이 재생산 능력이 가장 강하다는, 동물과 동물 집단에 대한 당대의 추론을 공유했다. 동물은 〔인간에게〕 유용하거나 다른 동물을 위한 먹이로 기능한다. 각각의 동물 종은 특정 종류의 먹이를 먹으며 또한 자연은 식욕에 한계를 부여했기 때문에 지구는 모든 종류의 다양한 생명을 길러낼 수 있다. 그리고 이 다양성 덕분에 지구는 쓸모없는 잉여의 것을 전혀 생산하지 않는다.

린네는 이런 용어로 이야기하진 않았지만 자연의 조화와 인구의 균형을 가정한다. 한 종의 수에 대한 제약은 특정 종의 수가 너무 많아져서 인간이나 다른 동물의 존재를 위협하지 않도록 막기 위한 신성한 의도를 보여주는 증거라는 것이다. 생명의 형태가 획일적이지 않고 다양한 것은 자연의 현명한 대비책이다. 더햄을 계승해서 린네는 "과잉 공급"[25]의 위험을 경고한다. 린네는 자연이 단지 인간의 이익만을 위해 창조되지 않았다고 끊임없이 상기시키는 전통에 깊숙이 발을 담갔다. 그는 자연의 경제가 개별적인 경제 원칙에 따라 계획되지 않았다고 말한다. 그리고 문화적 차이가 이와 같은 진리의 증거라고 흥미롭게 지적한다.

라플란드(Lapland)**인과 유럽 농부들, 호텐토트인(Hottentot)**** 간의 비교에서 입증된 것처럼 인간 사이에는 삶의 방식에서 큰 차이가 있다. 이러한 인간의 경제 역시 서로 차이가 있으며 "지구 전체를 통하여 단 하나뿐인 신의 불가사의한 경제 …"와 대조된다.[26] 후에 린네는 좀더 인간중심주의적 성찰로 이동했다. 그가 말하기를 동물계, 식물계, 광물계(즉, 채굴되는 것) 이 세 가지는 창조주가 인간을 위해 만들었다. 자연을 이용하고 개조하는 인간의 능력은 인간이 신성으로부터 부여받은 창조성

---

25) 이와 유사한 사고의 근대적인 서술, 즉 "생물학적 군집이 복잡할수록, 안정적이라는 취지의 생태학 연구에서 점차적으로 나타나는 일반원리"에 대해서는 Bates, *The Forest and the Sea*, p. 261와 Elton, *The Ecology of Invasions by Animals and Plants*, pp. 143~153, 155. "Oceonomy of Nature", p. 119를 보라; Derham, *Physico-Theology*, p. 237.

26) "The Oeconomy of Nature", p. 121.

을 지녔다는 증거다. 인간은 야생동물을 사냥하거나 길들였고 식물의 수를 증가시켰으며 지구를 채굴했다.

마지막으로 린네는 지구를 스스로 새로워지고 스스로 청소하는 자연 시스템이라고 생각한다. 생명의 풍요로움과 성장 활력은 사멸과 부패라는 대립물과 짝을 이룬다. 이 사멸과 부패는 사체를 먹고 살아가는 동물 및 벌레에 의해 유지되며 사체의 잔여물은 새로운 생명의 원료가 되기 위해 재흡수된다. 지구의 생명력을 유지시키는 이 순환적 과정은 하나의 전체로서의 자연의 영속성을 가능케 하며 이 조화로운 상호 관계의 존속을 허용한다.

4. 신의 질서 아래 있는 인구와 지리

근대의 인구이론은 종교와 환경적 영향에 대한 이론에 기초를 두는 경우가 많았다. 그것은 또한 몇몇 유형의 증거에 의존했다. 예컨대 식량 공급이 인구 증가를 효과적으로 제어할 것이라는 의견과 전쟁, 질병, 전염병, 출산 시 혹은 유년기의 사망, 특정 관습이 인구 증가의 효과적인 제어 수단일 수 있다는 의견이 그것이다. 이러한 의견은 성경에 언급된 사건들이 제기한 역사적 문제 및 설계론과 관련이 있을 수 있으며, 종종 그랬다. 사망표에 대한 분석은 도시와 시골 생활에서 나타나는 건강상 차이에 대한 주의를 환기시켰는데, 성비, 사망률과 출생율의 차이는 설계론에 쉽게 부합될 수 있는 통계적 규칙성에 대한 증거였다.

이러한 많은 가닥을 종합한 이는 프러시아의 군목이었던 쥐스밀히다. 많은 독일인은 그를 인구학의 창시자로 여긴다. 맬서스에게 가려지긴 했지만 쥐스밀히의 저작은 인구론, 지리학, 신학의 매우 흥미로운 종합이다. 그는 몽테스키외의 "새롭고 위험한 비난"(*die neuen und gefährlichen Anschuldigungen*)에 대항하여 기독교를 지키고자 했다. 그는 "세상에서 무슨 일이 일어나는지 신학이 알아야만 하지 않겠는가"라고 첨언했다. 세 권으로 구성된 그의 저작 《신의 질서》는 이에 관한 논증과 이를 구성하는 사고의 전통적 특성을 적절하게 갖추었다. 쥐스밀히는 인간이 번성하여 지구상의 모든 생명을 지배하도록 명하는 창세기 장들(9:1~2, 6)의 중요성을 강조하면서 인간과 동물을 구분한다. 인간은 신의 명을 수행하면서 이미 상당히 채워진 지구의 모든 곳으로 확산하는 반면, 동물에게 부여된 '번성하라'는 명령은 덜 포괄적이다(창세기 9:1~2, 6; 8:17; 1:21~22). 즉, 각 동물은 특정한 기후 조건을 필요로 하며 그것으로부터 제약을 받지만 인간은 원하는 곳 어디든지 갈 수 있다.

창조주는 인간의 세계적인 분포를 고대하면서 인간이 거주하는 모든 기후에 맞는 특별한 종류의 동식물을 제공했다. 그리하여 신학은 발견의 시대 동안 알려진 사실과 양립이 가능하게 되었으며, 발견의 시대가 확장한 지평은 자연 속에서의 인간의 위치를 새롭게 조명했다. 많은 상이한 환경적 조건에 대한 인간의 적응성, 인류라는 종의 단일성에도 불구하고 존재하는 다양한 민족의 존재, 구대륙과 신대륙 간 동식물 차이에 의해 극적으로 드러나는 동식물의 놀라운 분포가 그 예이다.[27]

쥐스밀히는 지구가 만물로 가득 차 있지만 결코 과잉이 아닌 것은 신의 은총이라고 말한다. 독일의 사례는 세계에 대한 신의 돌봄을 보여준다. 5년마다 1백만 명의 인구가 증가하는 독일은 의심의 여지없이 유럽에서 가장 문명이 발달하고 인구가 많은 나라이다. 전쟁, 질병, 이민에 의한 인구 감소는 10:13의 비를 이루는 사망자와 출생자의 비율에 의해 상쇄된다.[28]

지구의 모든 곳을 동일한 방식으로 채우는 것은 불가능하기 때문에 세계 인구의 증가는 문화적 다양성을 가져다준다. 창조주는 인류의 번성과

27) *Die Göttliche Ordnung*, Vol. 1, p. xii, 9~16.
28) *Ibid.*, pp. 20~21, 271~272.

확산을 위한 그의 계획에서 자연적 원인과 도덕적 원인을 의도적으로 결합했을 것이다. 인간이 거주할 수 없는 사막은 세계가 지나치게 가득 채워지는 것을 막는 동시에 도덕적 타락이 손쉽게 확산되는 것을 막는 물리적 장벽으로 기능한다. 또한 민족적 관습의 파괴가 위험한 수준에까지 이르지 않도록 하며 전쟁과 재난을 막을 수도 있다. 쥐스밀히의 수사법은 종종 직업군인의 언어에서 채택되는데, 그는 점진적이고 규칙적인 인구의 성장을 대군의 행진에 비유한다.[29)]

쥐스밀히는 인구 성장을 성(聖)과 속(俗)의 역사와 조화시키는 것이 가능하다고 주장한다. 실제로 그의 재구성은 천재적인데 핵심 개념은 인구가 두 배로 증가하는 데 걸리는 시간이 시대에 따라 달랐다는 것이다. 대홍수 이전에 살았던 사람들에겐 더 풍부한 식량이 있었으며, 따라서 지구의 인구는 더 많았다. 또한 대홍수 이전 세계의 바다는 현재보다 좁았다. 따라서 모래는 더 적었고 토양은 더 비옥했으나 홍수는 혼란과 황폐화를 초래했다.[30)] 대홍수 이후에 창조주는 수명을 단축시켰는데 노아의 시대에 단축된 인간의 수명은 현 시대보다는 여전히 길었다.

지구의 인구가 증가함에 따라 창조주는 인간의 수명을 점차 단축시킨다. 그러나 대홍수 이후의 세계는 지구를 파괴시킬 더 이상의 홍수는 없을 것이라고 약속한 창조주에게 조화의 문제를 안겼다(창세기 9장 11절). 창조주는 대홍수 이전의 세계를 다루었던 방식으로 대홍수 이후의 사람들을 다룰 수 없었다. 더 빈약한 환경, 보다 넓은 바다와 모래, 보다 척박한 토양은 대홍수 이후 세계의 인구 부양력을 감소시켰다. 또한 창조주는 인간의 수명을 단축시켜 인구가 두 배 증가하는 데 걸리는 시간을 늘림으로써 지나치게 급속한 인구 증가로 인한 끔찍한 결과를 피했다. 이렇게 해서 쥐스밀히는 성서의 설명이 경험과 이성에 매우 잘 부합한다고

---

29) *Ibid.*, pp. 29~32, 33~34, 52~53.

30) *Ibid.*, p. 298; Vol. 3, pp. 160~161.

결론짓는다.[31]

쥐스밀히는 인구 성장을 억제하는 요인을 상세히 논하는데, 종종 사회적·종교적 요인이 결정적 영향을 미친다고 이야기한다. 예컨대 이슬람교는 페스트 확산에 큰 영향을 미친다. 참된 신자에게 죽음은 나쁜 것이 아니므로 죽음에 이르는 길을 막을 필요가 없기 때문이다. 이러한 이유로 페스트는 터키 지방에서 영구적으로 창궐했으며 한 해도 발병하지 않고 넘어가는 법이 거의 없다.[32]

기독교신학은 인구 증가에 대한 명령과 일부일처에 대한 서약을 포함하기 때문에 필연적으로 인구 문제에 주목한다. 우리가 이미 검토했듯이 보테로는 인구 성장에 대한 이슬람교와 기독교의 영향을 비교하는 데 관심을 가졌다(3부 도입부 참고). 이슬람교의 일부다처제는 아내와 아이가 남편 또는 아버지의 관심을 끌기 위해 끊임없이 경쟁하기 때문에 인구 억제책으로 기능하지 않는가?

성직자의 금욕 생활과 다양한 방법의 거세는 저술가들이 자연스럽게 인구이론의 기초를 신의 질서에서 찾도록 했다. 쥐스밀히는 기독교 역사에서 이와 같은 관행을 매우 비판하면서 스스로 거세하고 독신 생활을 했던 오리게네스를 특히 비난했지만 그가 존경받을 만한 학식을 갖춘 인물이었음은 인정한다. 그러한 관행은 마태오의 복음서 19장 12절을 오독한 데서 비롯하는데, 에페타니우스(Epithanius)는 오리게네스와 그의 추종자들에게 이단이라는 적절한 칭호를 붙였다. 그들은 신의 목적과는 반대로 행동하고 자신의 신체를 훼손하며 국가의 적이기 때문에 그렇게 불리는 것이 마땅하다. 그는 동양의 거세와 수족 절단에 대해서도 똑같이 비판하면서 거세가 서양의 금욕, 특히 로마교회법 지배하에 있는 지역에서 금욕에 대한 동양의 대응물이라고 덧붙인다.

---

31) *Ibid.*, Vol. 1, p. 299

32) *Ibid.*, p. 315.

금욕에 대한 그의 태도는 《장미 이야기》에 있는 드 묑의 구절 중 하나를 떠오르게 한다. 신이 어떤 남자들에게서 욕망을 제거하기 원한다면 왜 다른 이들에 대해서는 그것을 원하지 않는 것인가? 쥐스밀히가 말하기를 금욕을 이루려 노력할 때 남자들은 그들 자신이 남자라는 사실을 잊어버리고, 인생에서 자신들의 임무(*Bestimmung*)를 잊어버리고, 창조주의 바람을 망각한다. 그들은 인간을 넘어서기, 즉 천사이기를 원하지만 인간의 본성은 천사의 본성과 양립할 수 없다. 거세는 많은 근심, 냉혹함, 추문을 부르는 끔찍한 유혹으로부터 정신을 보호해 줄 테니 남자의 원기를 유지할 수 있는 금욕보다는 절단(*verstümmelung*)이 차라리 더 낫지 않느냐고 쥐스밀히는 묻는다. 그가 보기에 성직자의 금욕은 정신적 거세에 해당한다. 정신적 거세와 물리적인 실제 거세 모두 신의 질서와 상충된다.[33]

쥐스밀히는 인구 성장의 억제 수단으로서의 전쟁에 대한 포괄적 분석에서 전쟁의 파괴적 성격과 비인간성을 비난하며 30년 전쟁 이후에 확연했던 인구의 회복력, 그리고 근대의 전쟁에서 경감된 폭력성에 대해 언급한다.[34] 벌레와 해충, 홍수와 지진, 기근에 대해서도 유사한 분석이 이루어진다. 인구 성장에 대한 이러한 억제 수단이 신의 명령을 실행하기 위해 필요한가? 전쟁과 역병, 굶주림, 지진은 인구의 균형을 유지하고 세계의 인구 과잉을 피하는 데 필요한가? 그러한 것들이 실제로 창조주의 지혜와 조화에 따라 2차적 행위자로서의 역할을 하는가?

쥐스밀히의 답변은 이 문제에 대해 두 가지 견해가 있다는 것이다. 한 가지는 수많은 재난이 실제로 필요하다는 것이며, 다른 한 가지는 그러한 온갖 재난이 인간의 죄악에 대한 징벌이라는 것이다. 대부분의 사람

---

33) *Ibid.*, pp. 371~373; 오리게네스에 대해서는 pp. 370~371. 오리게네스의 또 다른 면에 대해서는 pp. 184~186을 보라. *The Romance of the Rose*, chap. 91, p. 244, lines 90~94.

34) *Ibid.*, pp. 331~335, 336, 339~340.

들은 첫 번째에 동의할 것이다.[35] 그러나 쥐스밀히는 두 번째 견해 — 리스본 신학에 대한 신의 처벌(*gottesstraf*) — 에 의견을 같이한다. 1755년 11월 1일 사건(리스본 대참사_옮긴이)에 대해 그는 "올바른 창조주가 얼마나 쉽게 땅을 뒤집어엎을 수 있는가를 입증했다"(*einen Beweis, wie leicht der gerechte Schöpfer den Erdboden umkehren könne*)고 썼다. 창조주는 보다 더 부드러운 수단을 사용할 수 있기 때문에 세계의 과잉 인구를 막기 위해 끔찍한 역병과 기근을 내리지는 않는다.[36] 따라서 그 수단은 징벌이다. 신의 질서를 관장하는 창조주가 인구 성장을 통제하기 원한다면 열병의 힘을 증가시키거나 사망자를 늘릴 수 있는 다른 부드러운 수단을 사용해 사망률을 점진적으로 증가시킬 수 있을 것이다.

쥐스밀히는 후반부의 통치자는 나라의 인구를 식량 공급과 일치하도록 해야 할 책임이 있다고 주장하면서 세속세계에서의 인구 정책을 신학에 기초한 인구론 및 역사와 연계시킨다. 맬서스와 얼마나 다른가! 쥐스밀히에게 신의 미덕은 생명의 번식에 대한 신의 관심에서 드러나며, 인간의 사악함은 인류의 수를 제한하는 끔찍한 재앙에 의해 나타난다. 맬서스도 인구 법칙은 신이 정한 것이라 말하지만 그에게 인구 억제책은 유익한 원칙의 일부이다. 왜냐하면 인구 법칙에 따르면 어떠한 억제책(이나 이들의 조합)이 전혀 없을 경우 인류가 멸종에 이를 것이 명백하기 때문이다. 종교적 믿음 혹은 소박한 경건함을 초월하는 위와 유사한 자연신학이 다른 두 독일인의 저작에서 나타났다. 바로 뷔싱과 헤르더로, 이 두 사람은 모두 근대 지리학 역사에서 중요한 인물이다(헤르더에 대해서는 68~77쪽 참고).

뷔싱은 근대 지리학 개론서를 처음 서술한 사람 중 하나다. 1767년의 샤프하우젠(Schaffhausen) 판은 11권으로 구성되었다. 그는 종종 상상력이 부재한 사실 수집가로 격하되어 방기되었으나 최근에 한 독일 지리학

35) *Ibid.*, pp. 390~391.

36) *Ibid.*, pp. 362, 392.

자는 그에 관해 그다지 우호적이지 않은 일반적 견해를 요약한 후 이와 같은 가혹한 평가로부터 뷔싱을 옹호하였다.[37] 뷔싱의 도입부 글인 "땅의 이용에 대하여"(*Von dem Nutzen der Erdbeschreibung*)는 자연신학, 특히 기독신학에서 지리학의 역할에 대한 짧은 진술로는 독보적이다. 지리학의 주된 유용성은 만물의 창조주 및 보전자로서의 신에 대한 지식을 증진시키는 데 있다는 것이다.[38] 뷔싱은 격조 있게 요약된 일곱 쪽이 채 안 되는 에세이에서, 신의 작품에 대한 장엄한 명상의 기회를 제공하는 것에서부터 일상생활의 상업적 거래에 이르기까지 지리학의 유용성에 관한 주장을 펼친다. 사실상 지리학은 주로 물리신학적 논증의 근거를 제공하는 역할을 한다. 우리가 살아가는 지구는 우주의 매우 작은 부분이지만 장엄함과 아름다움으로 가득하며, 지구에 존재하는 모든 것은 신의 존재를 입증한다.

뷔싱은 자연과 기예 간의 오랜 구분을 사용하면서 자연과 기예, 혹은 양자 모두에서 동시에 뛰어난 작품을 발견하게 된다고 말한다. 신은 자연왕국의 미, 사랑스러움, 장관의 창조주이며 인간의 활동에서 비롯된 경관, 도시, 건물의 창조주이다. 인간의 손길이 닿지 않은 자연과 인간이 개조한 자연 모두 동등하게 신의 피조물이다. 이런 점에서 인간은 신의 대행자이며 인간의 능력은 그 자신에 의해 창조된 것이 아니라 신의 선물이다.[39] 인간은 지구의 기후, 채소, 과일, 동물에서 나타나는 위대한 자연의 모든 다양성을 이용할 수 있다. 태초에 한 사람만이 있었고 시

37) Plewe, "Studien über D. Anton Freidrich Büsching", in *Geographische Forschungen, Festschrift zum 60. Geburtstag von Hans Kinzl*, pp. 203~223. 뷔싱의 저작은 영어, 네덜란드어, 프랑스어, 이탈리아어 등 여러 언어로 번역되었으며, 유럽 전역에서 매우 큰 영향을 미쳤음이 명백하다.

38) 지리학의 이러한 기능을 이해할 수 없다면, "뷔싱에 대해서뿐만 아니라 칼 리터에 대해서도 우리는 잘 모르는 것이다"라고 Plewe는 명확히 말한다(*ibid*., p. 209). 또한 경건주의와 프로테스탄트 사상에 대한 그의 언급에 대해서는 pp. 209~211을 볼 것.

39) *Neue Erdbeschreibung*, Vol. 1, pp. 17~20.

간의 흐름에 따라 그의 후손이 지상으로 퍼져 나가면서 그들 사이에 외모, 언어, 관습과 생활양식의 차이가 생긴 것 역시 신의 현명한 준비에 의해서였다. 신은 다양한 사람과 민족이 제한된 영토 안에 정착하도록 했다.[40] 신의 지혜를 통해서 구대륙의 사람들은 보다 밀접해졌다. 그들은 서로 도왔으며 식량 부족과 잉여를 세계 교역과 상업을 통해 해결했다 (이러한 사고는 19세기 후반 흔히 접하게 되는 진술을 예견케 한다. 즉, 증기선, 철도, 운하 등 새로운 교통의 혁신이 전 세계 지역을 하나로 묶었을 뿐만 아니라 모든 민족에게 지구의 자원을 이용 가능하게 함으로써 인간이 국지적 자원에 대한 오랜 속박에서 벗어날 수 있었다는 것이다). 신은 민족의 이주에도 역시 책임이 있었다. 이주를 통해 사람들은 서로 더 잘 알게 되었고 더욱 비슷해졌다.

도시, 성채, 건물과 정원을 볼 때 우리는 신이 인간에게 너무나 많은 이해력과 힘, 은총을 내렸음을 알고 경탄한다. 도시, 성, 성채가 있는 저곳은 바로 얼마 전까지만 하더라도 아무것도 없는 황무지, 숲, 거칠고 황량한 절벽, 접근하기 힘든 늪이었다. 자연은 기예에 의해 성공적으로 변화되고 인간에 의해 새로운 형태를 부여받아 경이로운 모습이 된다. 그러나 사람들이 이 작품을 자신들의 것으로 간주하는가? 뷔싱의 '위안을 주는 철학'(*comforting philosophy*) — 인간은 선과 악에 대해 거의 책임이 없다 — 에 따르면 그 답은 '아니오'다. 왜냐하면 그것들은 신의 작품이며 신의 의지에 반해서는 이루어질 수 없었기 때문이다.[41]

좋은 지리학은 가장 필요하고 유용한 책 속에 있다. 지리학에 대한 상세한 지식을 통해서만 우리는 창조 작업을 이해할 수 있다. 그런 다음 관습적 절차에 따라 종교적 논거 뒤에 실용적 논거가 이어진다. 지리적 지식은 지구에 대해 배우고자 노력하는 우리에게 유쾌하고 유용하고 필요한 부분이다. 우리가 장소들이 어디 있는지 모른다면 어떻게 신문과 역사

---

40) *Ibid.*, p. 18.

41) *Ibid.*, pp. 19~20.

를 이해하고 전쟁 이야기 그리고 땅과 바다로의 여행 이야기를 읽을 수 있겠는가? 지리학은 청년들의 교육을 위해서도 필요하다. 지리학은 유령과 마녀에 관한 이야기, 동화 등의 사소한 것에서 벗어나 통치자, 정치가, 박물학자, 상인, 여행가를 위한 훌륭한 조언자가 된다. 그리고 뷔싱은 성직자들의 무지를 관대하게 넘기지 않는다. 신학자들이 지리학이 밝힌 지구의 경이로움에 무지하다면 성서를 적절하게 이해하거나 해석할 수 없는 것이다.[42]

뷔싱에게서는 다시 한 번 18세기 자연신학의 힘과 활기를 볼 수 있다. 그의 논리는 환경주의적 설명과 함께 인간의 창조성을 설명할 여지를 가졌다. 신은 인간의 거주 공간을 만들었고, 두 가지 자연 — 손상되지 않은 자연과 인문적 경관 — 모두가 신의 섭리와 창조성을 드러내는 진실하고 유일한 표현이다. 이유는 매우 다를지라도 창조물에 대한 연구인 지리학은 신학자와 상인 모두에게 필수 불가결하다.[43]

5. 자연의 목적인에 대하여

보다 전문적인 문헌에서의 논의를 제외하면 다윈의 《종의 기원》 출간과 관련된 19세기의 논쟁 — 종의 고정성, 특수 창조(*special creation*), 지질학적 변화의 본질, 목적인의 교의 — 은 18세기에 계속되었던 지구상의 자연의 질서 및 목적인과 관련된 근본 문제에 대한 논의를 압도했다. 여기서는 흄과 칸트만을 언급하고 넘어가겠다. 설계론과 살아 있는 자연에 대한 목적론적 관점에 비판적이었던 18세기 사상가들에 대한 일반적

42) *Ibid.*, pp. 22~23.

43) 뷔싱은 《땅에 대한 기술》(*Neue Erdbeschreibung*)의 첫째 권을 1754년 함부르크에서 출간했으며 이후 10권을 더 간행했다. 여기서의 논의는 1767년 샤프하우젠(Schaffhausen)의 "최신판" Vol. 1, pp. 17~24에 기초했다. Plewe의 논문은 저작의 내용을 분석하고 다수의 흥미로운 사고를 논의한다.

견해는 그들이 종종 사소한 것 사이에서 표류했다는 것이다. 그들은 인간의 문제에만 지나치게 집중했으며 인간의 필요와 자연법칙을 너무나 쉽게 동일시했다. 목적인의 교의에 공감하지만 광신자들의 과도함을 참지 못한 모페르튀이는 다음과 같이 말했다. "뉴턴 이래로 많은 자연과학자들은 별과 벌레와 식물과 물에서 신을 발견했다. 어떤 이들은 코뿔소의 주름 속에 숨은 신을 발견하기도 한다. 왜냐하면 코뿔소는 매우 두터운 가죽으로 덮여 있어서 주름 없이는 스스로 움직일 수 없기 때문이다 … 이런 사소한 것들은 자신의 어리석음을 깨닫지 못하는 사람들을 위해 남겨 두도록 하자".

모페르튀이는 자연의 가장 세부적 표현에까지 설계론을 적용했던 사람들에게 재앙이 기다림을 알았다. 그는 더햄의 저술을 꼼꼼히 읽으면서 "지성을 도처에서 보는 사람들"(그리고 전혀 보지 못하는 사람들)을 비판한다. "동물의 조직, 벌레의 기관이 가진 복잡성과 정밀성, 천체의 광대함 및 그 거리와 회전운동은 정신을 일깨우기보다는 경악시키기 십상이다 … 법칙들의 복잡한 결과보다는 우주의 근본 법칙 속에서, 그리고 전체에 내재하는 질서의 보편 법칙 속에서 신을 찾자".

그는 모든 시대에서 이와 같은 종류의 증거를 찾고자 하는 사람들이 그것을 발견할 것이라고 보았다. 물리신학의 흡수 능력에 대한 근본적 진실을 깨달은 것이다. 자연현상의 연구에서 많은 진보가 이루어질수록 이와 같은 증거 또한 많아진다.[44] 모페르튀이는 루이 15세가 명한 경도 측정을 위한 라플란드 탐험(1736~1737년)을 이끌었는데, 과학적 탐구에서 더 많은 근면성과 엄격함을 요구했다. 경탄하는 일은 멈추고 기초적 발견에 공을 들여라!

지구가 편구면(偏球面, *oblate spheroid*)이라는 것을 발견한 것에 대한 모페르튀이의 자만심 때문에 종종 그를 조롱했던 볼테르는 모페르튀이

44) *Essai de Cosmologie*, pp. 13~14, 28~30, 55, 60~62.

보다 목적인에 더 많이 공감했다. 그럼에도 불구하고 볼테르가 모페르튀이를 경멸한 또 다른 이유는 (목적인에 집착하는 자들이 쉽게 빠져드는) 자족적 낙관주의와 짝을 이뤄 자연의 지엽적인 부분에서 신의 작업에 대한 아주 세부적인 탐구였다. 캉디드는 재세례파 교인(Anabaptist)이 용감하게 선원을 구한 연후에 물에 빠지는 것을 보고 그를 구하려 했다. 그러나 팡글로스 박사(Dr. Pangloss: 소설 《캉디드》에 나오는 캉디드의 가정교사_옮긴이)는 "리스본으로 흘러드는 타호(Tagus) 강*은 재세례파 교인이 물에 빠질 것을 목적으로 창조되었다"라고 말하면서 캉디드를 제지했다.[45]

뷔퐁이나 괴테와 같은 진지한 저자들 또한 자연 연구에 적용된 목적인적 사고나 자연법칙과 인간의 편익을 구별하지 못하는 분명한 오류를 못 견뎌했다. 뷔퐁은 그의 저작 중 몇 구절이 목적론적 특성을 갖기는 하지만 자연을 연구하는 도구로서는 목적인을 기각했다. 예컨대 《자연의 신기원》에서는 지구의 격렬한 변화가 끝나고 지구가 인간이 살아가기에 적절할 정도로 고요해질 때까지 인간이 출현하지 않았다고 밝힌다.[46]

한편 뷔퐁의 보다 특징적인 주장은 '돼지가 고유하고 특수하며 완전한 계획에 의해 만들어진 것이 아니라 다른 동물의 신체기관으로 이루어진 듯하다'는 언급이다. 돼지는 쓸모없는 기관 또는 유용하지만 사용할 수 없는 기관을 갖고 있다. 발가락의 뼈는 완전히 형성되어 있지만 돼지를 지탱하지는 못한다. 여기서 그는 자연이 존재의 구성에서 목적인의 인도를 받지 않는다고 결론짓는다. 만약 목적인이 존재한다면 왜 잉여 부위가 존재하고, 왜 필수적 부분이 그렇게 자주 결핍되는가? 지속적으로 목적(*purpose*)의 사고를 추구하는 것은 사물에 대해 어떻게(*le comment des choses*)라고 묻는 것, 즉 자연이 움직이는 방식에 대해 질문하는 관점을

---

45) *Candide*, chap. 5.

46) *Des Époques de la Nature*, esp. 5th epoch, *ad fin*, *HNS*, Vol. 5(1778), pp. 189~190.

폐기하는 것이며, 이 질문을 왜 (*encherchant a deviner le pourquoi*), 즉 자연이 작동할 때 염두에 두는 목적을 찾는 공허한 사고로 대체하는 것을 의미한다.[47]

뷔퐁에 따르면 나무늘보는 타고난 재능이 매우 적다. 이 연약한 생물이 살아남은 것은 ("이 불완전한 반제품은 자연으로부터 완전히 내던져져 죽임을 당했다") 단지 아무도 그들을 해치지 않았기 때문이었다. 나무늘보가 황무지에 서식하지 않았다면, 인간과 강한 동물이 서식처를 선점했다면 아마 생존하지 못했을 것이며 실제로 언젠가는 사멸할 것이다. 나무늘보가 존재한다는 사실은 생명의 모든 가능성이 실제로 실현되었으며 가능한 모든 것이 존재한다는 증거다.

창조주는 자신의 역할을 미리 정해진 수의 종에 국한하지 않았다. 조화와 부조화의 무한한 조합이 있는 것이다. 그러나 이러한 자연의 풍부함이 목적인의 타당성을 입증하지는 않는다. 나무늘보같이 어울리지 않는 생물에 대해 목적인의 사고를 적용하는 것, 즉 자연의 다른 세련된 작품에서처럼 나무늘보의 모습에서도 자연이 찬연하게 광채를 발한다고 주장하는 것은 좁은 안목이며 자연의 목적을 우리 자신의 목적과 혼동하는 것이다.[48]

목적인 사고를 폐기할 때 자연의 조화라는 개념은 어떻게 되는가? 뷔퐁의 답은 자연이 그 자체로 직시되고 연구되어야 한다는 것이다. 그러한 개념화에서 환경적 요인은 즉각적으로 더 큰 중요성을 띤다. 뷔퐁은 1764년 작 《최초 모습의 자연에 대하여》(*De la Nature, Première Vue*)에서 자연을 '사물이 존재하고 존재가 존속될 수 있도록 하기 위해 창조주가 만든 법칙의 체계'라고 정의했다. 자연은 사물이 아니다. 왜냐하면 그럴 경

---

47) "Le cochon, le cochon de Siam, et le sanglier", *HN*, Vol. 5(1755), pp. 102~104.

48) "L'unau et l'aï", *HN*, Vol. 13(1765), pp. 38~40. 또한 "De la manière d'é-tudier et de traiter l'Histoire Naturelle", *HN*, Vol. 1(1749), 11~13을 보라.

우 만물에 해당될 것이기 때문이다. 또한 자연은 존재도 아니다. 그럴 경우 신에 해당될 것이기 때문이다. 우리는 그것을 지고의 존재에 종속된 거대하고 포용적이며 만물에 생기를 주는 생명력(*puissance vive*)으로 간주할 수 있다. 그것은 오직 신의 명령에 의해서만 기능하기 시작했으며 오직 신의 동의하에 지속된다.

자연의 힘은 우리 앞에 뚜렷이 나타나는 신의 권능의 일부이다(*La Nature est le trône extérieur de la magnificence Divine*). 그것은 원인인 동시에 결과이며, 수단인 동시에 실체이며, 설계인 동시에 최종 작품이다. 죽은 것으로 이루어지는 인간의 기예와는 달리 자연 그 자체는 멈추지 않고 활동하며 영원히 살아 있는 일꾼이다. 자연은 만물을 어떻게 사용할지를 알며, 동일한 기초 위에서 항상 작동하고, 자연의 저장고는 무한하다. 시간·공간·물질이 그 수단이고 우주가 그 대상이며, 생명의 운동이 그 목적이다.[49] 이러한 언명은 아무리 과장되게 진술되고 아무리 겉보기에 독실해 보일지라도 사실 창조주에게서 아주 세세한 것들을 돌보는 임무 그리고 지구상의 생명과 물질 간의 상세하고 복잡한 상호 관계를 계획하는 임무를 덜어 낸다. 그 결과 환경을 개조하는 인간의 능력에 대한 자신의 관심에도 불구하고 뷔퐁은 환경적 조건에 대한 생명의 적응력을 강조한다.

우리가 본 것처럼 역사적으로 환경적 사고는 설계론에서 중요한 종속적 요소였다. 신의 돌봄이 있든 없든 간에 조화로운 적응은 모든 형태의 생명 사이의 조화, 그리고 유기체적 세계와 비유기체적 세계 간의 조화를 의미했다. 우리는 뷔퐁에게서 전환이 일어남을 확인할 수 있다. 그의 종교적 언명에도 불구하고, 환경에 대한 생명의 적응은 창조주의 구체적인 의도로 일어나는 것이 아니다. 생명은 자연 자체에서 관찰 가능한 조건과 상호작용(제한된 환경 내에서 생명체들의 생존투쟁 같은)을 통해 환경

49) "De la Nature, Première Vue", *HN*, Vol. 12(1764), pp. iii, xi.

에 적응한다. 이제 목적인은 언급될 필요가 없는 것이다.

이와 유사한 견해를 가진 홀바흐(Baron d'Holbach)*는 물리학에서 기계론적 설명이 목적론적 설명에 대해 거둔 승리를 인식하면서 열정적으로 글을 썼다. 그가 뉴턴을 높이 평가한 것은 그의 경건한 신심이 아니라 과학적 방법 때문이었다. 그는 질서라는 사고가 필수적 · 규칙적 · 주기적인 우주의 운동을 관찰한 데서 유도된 인간의 창조물이라고 생각했다. 인간이 혼돈이라 부르는 것은 사실 인간이 상정한 질서라는 사고에 부합하지 않은 것이다. "그러므로 인간은 자신의 상상 속에서만 질서 혹은 혼돈이라고 자신이 명명한 것의 모델을 찾을 수 있다. 질서 혹은 혼돈이라는 개념은 인간의 모든 추상적이고 형이상학적인 사고와 마찬가지로 인간의 한계를 넘어서는 그 어떤 것도 가정하지 않는다. 질서는 인간을 둘러싼 존재 또는 인간이 부분으로 속한 전체에 자신을 순응시키는 능력 이상이 결코 아니다".[50]

홀바흐는 생명의 본질을 해명하는 데 이러한 일반적 사고를 적용하면서 그것을 몇 가지 현상의 결과로 본다. 지구의 공전과 계절적 변화가 동식물, 인간의 생명에 미치는 효과가 한 예일 것이다. 지구의 초기 역사와 인간의 거주에 관해 무슨 이론을 채택하건 간에 "동식물, 인간은 그것이 실제로 발견되는 위치나 환경에서 지구 고유의 자연적 산물로 간주될 수 있다".[51] 지구에 어떤 재난이 발생한다면 지구의 고유한 산물은 새로운 환경과 함께 변할 것이며 심지어 인류가 절멸할 수도 있다. 동식물, 인류 생명의 분포는 명백히 차이가 난다. 모든 것이 기후에 따라 다양하다. "기후대가 다르면 인간의 피부색, 체격, 생김새, 힘, 근면성, 용기, 정신적 재능도 다르다. 그러나 기후를 구성하는 것은 무엇인가?" 그것은 동일한 지구의 여러 부분이 태양과의 관계 속에서 점하는 상이한 위치를 의미

50) *The System of Nature*, Vol. 1 chap. 5, pp. 33~34.

51) *Ibid.*, chap. 6, pp. 44~45.

한다. 즉, "그 위치에 따라 그곳의 산물이 지각 가능한 정도의 차이를 보일 수 있다는 말이다".

이 구절은 다양한 종류의 생명 분포에 대한 근본적 설명으로의 설계론을 제거한 후 남는 것은 종종 특정 형태의 환경론이라는 사실을 내가 아는 어떤 박물학자의 저작보다도 잘 보여준다. 자연에 적응하는 인간의 능력을 논하는 흥미로운 구절에서 홀바흐는 포프에 반대하는 볼테르와 같은 입장을 취한다. 홀바흐는 지구에 존재하는 특수한 자연적 조건이 변한다면 인간은 변화하거나 사라질 것이라고 말한다. "만물은 단지 그런 모습일 수밖에 없고, 전체는 필연적으로 현재의 모습이어야 하며, 그것이 확실하게 좋지도 나쁘지도 않지만 전체와의 조화 속에서 스스로에게 질서를 부여하는 인간의 이러한 습성은 인간으로 하여금 질서에 대한 사고를 갖게 할 뿐 아니라 '**존재하는 것은 다 옳다**'고 주장하게끔 만든다. 인간이 혼돈스러운 우주를 탓하게 하려면 인간을 다른 장소로 옮겨 놓기만 하면 될 것이다".[52] 환경은 인간 간의 차이를 만들 뿐만 아니라 그들 사고의 유사성도 설명해 준다.

홀바흐는 장인의 유비를 용인하려 하지 않았다.

> 우리가 작품(*work*)을 생각할 때 꼭 작품과 구분되는 장인(*workman*)을 전제해야 한다고 말하지 말라. **자연은 작품이 아니다**(*La nature n'est poimt un ouvrage*). 자연은 항상 자립적으로 존재했다. 자연의 품속에서 만물이 작동하며 자연은 거대한 실험실이다. 자연은 가진 재료로 사용 가능한 도구를 만든다. 자연의 모든 작품은 자연 스스로의 에너지와 자연이 만든 행위자 및 원인의 결과이며 자연은 이를 수용하고 작동시킨다.[53]

52) *Ibid.*, p. 45.

53) *Ibid.*, Vol. II, chap. 3, p. 232. 또한 일신론 혹은 이신론, 낙관주의, 목적인에 대해서는 chap. 5 pp. 246~274를 보라.

홀바흐는 자연을 구성하는 부분이 목적을 가지며 서로 연관된 존재라는 — 풀을 뜯는 영양은 사자의 밥이 된다 — 전통적 견해, 즉 '조화가 현명한 계획에서 나온다'는 견해를 거부하면서, 목적인을 배제한 채 자연의 관계가 자연법칙에 기초한다는 견해를 제안한다. 인간이 충분히 많은 것을 알게 되면 이 자연법칙들의 작동을 확인할 수 있다. 지구의 환경, 지구와 태양과의 관계, 태양열 분배의 차이는 식물, 영양, 사자가 존재할 수 있도록 한다. 영양이 풀을 뜯고, 사자가 영양을 잡아먹는 것은 그들이 존재하게 된 것에 비하면 신비로운 일이 아니다.

6. "모든 것이 좋다"

거주 가능한 행성으로서 지구에 만족하는 태도는 1755년 리스본 지진 이후 심각하게 약화되었다. 이 끔찍한 재앙과 그에 수반된 쓰나미는 악의 문제와 생명체에 무차별적 영향을 미치는 자연의 재앙을 극적으로 보여주었다. 그것은 또한 지구상의 질서와 조화, 환경의 적합성, 자연에서 목적인의 타당성에 의문을 던졌다.

자연 재앙과 그 진행 과정에 대한 지식이 거의 없던 시대에 이루어진 재앙에 대한 해석은 도덕적인 악의 문제만큼이나 불가해한 것이었다. 물리적 악의 문제에 대한 기독신학의 전통적 답변은 '커다란 고통을 초래하는 재앙은 교훈과 경고이며, 더 심한 경우라면 처벌에 해당한다'는 것이다. 지진과 같은 성격의 자연 재앙이 사람들의 마음속에 '그런 결함 있는 구조물을 만든 창조주의 능력'과 관련하여 의문을 불러일으켰다면 전통적인 답변 — 이는 버틀러(Butler)* 주교의 《종교의 유사성》(*Analogy of Religion*)***에 있다 — 은 인간이 그런 거대한 스케일에서 계획된 창조를 온전히 이해하기란 어렵다는 것이다. 1750년 2월과 3월에 런던에서 발생한 두 번의 작은 지진은 지진의 자연적·종교적 원인에 관한 더 많은 추론을 불러일으켰다. 그러나 1755년 11월 1일 오전 9시 30분에 시작된 리스본 지진은 서기 79년 베수비오 화산 분출 이래 서구 역사에서 아마도 가장 끔찍하고 가장 잘 알려진 자연재해였을 것이다.

이 지진은 사상사에서도 중요한데, 그 이유는 지진에 대한 종교적 해석뿐만 아니라 볼테르의 《리스본 대참사를 읊은 시》(*Poème sur le Désastre de Lisbonne*)와 《캉디드》 때문이었다. 이 시는 포프의 '모든 것이 좋다'는 철학을 곧바로 겨냥한다. 둘 다 볼테르 자신이 라이프니츠의 철학에서 보았다고 생각한 낙관주의에 대한 지독한 경멸의 표현이었다. 지진 다음날 생존자들이 다함께 우울함을 느낄 때, 팡글로스 박사는 모든 것이 그럴 수밖에 없었다고 설명한다. 그에 따르면 "이 모든 것은 최선을 위해 꼭 필요한 일이기 때문이다. 즉, 리스본 아래에 화산이 있다면 그 화산은 다른 곳에 있을 수 없기 때문이다. 만물은 있는 그대로의 모습이 아닌 채로 존재할 수 없기 때문이다. 즉, 모든 것이 좋기 때문이다!" 여기서 "모든 것이 좋다"라는 구절은 포프의 《인간론》에 나오는 "멈추어라, 그리고 불완전한 것에 질서를 부여하지 마라"로 시작하는 구절에서 따왔다.

> 모든 자연은 그대가 깨닫지 못한 기예,
> 모든 우연은 그대가 알아채지 못한 운명,
> 모든 부조화는 그대가 이해하지 못한 조화,
> 부분적으로는 악이지만 전체적으로는 선,
> 그리고 오류를 범하는 이성과 오만에도 불구하고
> 한 가지 명백한 진실이 있으니,
> **존재하는 모든 것은 다 옳다.**[54]

54) *Candide*, chap. 5. *Essay on Man*, Ep. I, x. 이 서간체 문학은 존재의 사슬에 대한 유명한 절을 포함하며(viii), "모든 것은 하나의 불가사의한 전체의 일부일 뿐이다/그것의 육체는 자연이며, 정신은 신이다"로 시작하는 구절 등(ix)이 있다.

볼테르는 지치지 않고 라이프니츠, 볼프(Christian Wolff)*와 그의 추종자들을 비판했지만 사실 그가 반대했던 철학은 포프에게 더 큰 빚을 졌다. 모든 가능한 세계 중에서 이것이 최고라는 포프의 믿음은 라이프니츠처럼 선험적인 것(*a priori*)에 기반을 둔 것이 아니라 과학에 대한 존중과 경험적인 것에 기반을 두었다. 포프에게 과학은 모든 것을 포괄하는 세계의 통일성을 드러내는 것이었다. 여기서 그는 케임브리지 플라톤주의자의 언어로("조형적 자연의 작동을 보라"), 그리고 레이와 더햄의 언어로 이야기한다.[55] 그러나 이 영국 시인은 라이프니츠의 저작을 알지 못했으며, 포프의 사고 중 다수에게 영감을 주었던 볼링브로크(Henry St John, 1st Viscount Bolingbroke, Baron Saint John of Lydiard Tregoze and Battersea)*는 라이프니츠를 경멸했다. 볼테르가 《캉디드》에서 조롱한 대상은 목적인의 극단적인 신봉자와 포프의 무비판적인 추종자였다. 이후 볼테르의 비관론은 주로 7년 전쟁이라는 사건 때문에 심화되었던 것으로 보인다.[56] 리스본 지진과 볼테르의 명성은 자연의 조화, 인간사에서의 의기양양한 낙관론, '시간이 경과하면서 모든 것이 필연적으로 개선될 것'이라는 무비판적인 가정과 관련된 과도한 어리석음을 무력화했다. 그러나 자연을 이해하는 데 핵심적 위치에 있던 목적인과 설계론에 치명타를 가하지는 못했다.[57]

---

55) *Essay on Man*, Ep. Ⅰ, lines 281~294, 인용문은 lines 289~294. Ep. Ⅲ, 1, lines 1~26. Barber, *Leibniz in France*, pp. 110, 174~177, 194.

56) Barber, *op. cit.*, pp. 118, 230, 232; "모든 것이 좋다"에 대해서는 pp. 238~241. Barber에 따르면 가톨릭 정통은 종종 낙관주의를 이신론과 관련시켰다(pp. 114~115); 그러나 포프는 라이프니츠에 대한 관심을 환기시켰다(p. 122); 독일에서 볼프의 명성과 그의 철학을 프랑스에 전파하려는 열정적인 추종자들의 시도 덕분에 대중들은 라이프니츠의 교의에 친숙해졌다(p. 141); 볼테르의 초기 아이디어 중 일부는 포프의 사고와 유사했다(pp. 215~216); 볼테르는 종종 포프와 라이프니츠를 구분하지 못했다. 볼테르는 《신정론》(*Theodicy*)에 익숙하지 않았으며, 라이프니츠에 대해서도 아주 깊이 이해하지는 못했다(p. 232).

볼테르 자신은 목적인의 적이 아니었다. 리스본 지진에 대한 시의 초고는 1755년 12월 7일에 쓰였으며 최종 원고는 (몇 차례의 교정 후) 1756년 3월에 작성되었다.[58] 그리고 목적인에 대한 생각은 훨씬 뒤에 출판되었다. 《철학사전》(*Dictionnaire Philosophique*)에 등장했던 목적인에 대한 에세이는 원래 《자연의 특성》(*Des Singularités de la Nature*)에 포함되어 1768년 출간되었다. 이 에세이는 홀바흐의 《자연의 체계》(*Système de la Nature*)에서 따온 긴 인용문을 비판하면서 시작한다.

볼테르는 거대한 산맥의 유용성에 대해 말하는데, 산맥은 지구를 강하게 하고 관개를 도우며 그 아래에 모든 금속과 광물을 품는다. 그는 또한 물질을 남용하거나 터무니없이 극단적으로 이용하는 데 반대한다. 코는 안경을 쓰기 위해 만들어진 것이 아니고, 바다의 조수는 누군가의 주장처럼 배가 쉽게 항구를 드나들도록 만들어진 것이 아니다. 목적인이 타당한 것으로 간주되려면 시공간적으로 한결같은 효과와 불변성이 필요하다. 따라서 바다가 교역과 항해를 위해 창조되었다는 주장은 배가 모든 시대에 존재했던 것도 아니고 모든 바다에 있는 것도 아니기 때문에 틀린 것이다. 볼테르는 홀바흐에 반대하면서 자연의 세계가 사실상 기예의 작품과 같다고 강조하는데 이는 양자 모두 목적의식을 드러내기 때문이다. 볼테르는 또한 산, 강, 평원 이 3요소의 유용성과 아름다움에서처럼 자연의 아름다움이 목적인을 암시한다는 주장에도 감명을 받는다.[59]

---

57) 런던 지진에 관해서는 Kendrick, *The Lisbon Earthquake*, pp. 11~4; 리스본 지진의 묘사는, pp. 45~70 참고; "신의 분노"(wrath of God theme)에 대해서는 pp. 113~169를 보라; 볼테르의 중요성에 대해서는, p. 183부터 보라; 지진에 대한 루소와 볼테르의 견해에 대해서는 pp. 194~197을 보라; 칸트의 해석(칸트는 당시 라이프니츠 철학의 영향하에 있었다)을 보기 위해서는, pp. 198~200 참고. 우리 주제에 가장 적합한 부분은 7장, "공격받은 낙관주의"(Optimism Attacked), pp. 180~212이다.

58) 이 시의 역사에 대해서는 *ibid.*, p. 180, note 2; pp. 184~191.

59) "Des Singularités de la Nature", *Oeuvres Complètes de Voltaire*, ed., Beuchot, Vol. 44, p. 236; 그리고 "Causes Finales", *ibid.*, Vol. 27, pp.

《철학사전》의 다른 글에서 볼테르는 유사한 사고를 드러낸다. 그는 스피노자와 루크레티우스에 동의하지 않는다. 눈은 보기 위해, 귀는 듣기 위해, 위장은 먹기 위해 만들어졌다는 것을 부인하는 일은 어리석다고 생각한다. 자연은 기예와 같다. 양자 모두에 목적인이 존재한다. 사과나무는 사과를 맺기 위해, 시계는 시간을 전하기 위해 만들어졌다.[60] 목적인을 거부하는 이는 철학자가 아니라 기하학자(예컨대 데카르트)이다. 진정한 철학자라면 이를 인정할 것이다. 교리문답 전도사는 어린이들에게 신을 찬미할 것이며, 뉴턴은 신이 현자임을 입증할 것이다.[61] 볼테르는 뉴턴 철학을 대중화하면서 《광학》(*Opticks*)에서 표현된 목적인에 대한 뉴턴의 신념을 인용해 데카르트와 스피노자를 비판한다. 뉴턴이 만족했던 것에 볼테르도 만족했던 것이다.[62]

볼테르와 홀바흐의 저작은 문학가들 사이에 벌어졌던 목적인에 대한 논쟁 사례였다. 이 두 사람은 자연에 대한 진지한 탐구자들의 관심을 끌었던 철학의 대중적 수호자이다. 볼테르의 목적인에 대한 옹호는 한심한 것이었다. 그것은 단지 크세노폰의 논증에 지나지 않았다. 레이, 더햄, 심지어 린네조차 크세노폰의 논증에 무언가를 추가했지만, 그는 전혀 그러지 못했다. 내가 아는 한 볼테르에 대한 당대 최고의 비평을 남겼으며 자연적 재앙의 우주적이고 인간적인 의미를 해석하는 데 따르는 위험성에 대한 당대 최고의 언급을 한 사람은 바로 헤르더였다.

> 리스본 지진에 대한 볼테르의 불평은 거의 신성모독의 수준으로 신을 비난한 것이므로 철학자의 행동으로는 매우 어울리지 않는다. 우리 자

520~533.

60) "Dieu, Dieux", *Oeuvres*, Vol. 28, pp. 374~375.

61) "Athéisme", *Oeuvres*, Vol. 27, p. 189.

62) "Éléments de la Philosophie de Newton", *Oeuvres*, Vol. 38, pp. 13~14. *Histoire de Jennie, ou l'athée et le Sage*(1775), 8장에서 볼테르는 신에 대해 그의 논문에서 주장한 것과 같은 견해를 펼친다(*Oeuvres*, Vol. 34, p. 390).

신 심지어 우리가 거주하는 지구를 포함한 우리에게 속한 모든 것은 원소에게 고마움을 느껴야 하지 않는가? 쉼 없이 작동하는 자연법칙을 따라 이 원소가 주기적으로 일어나 스스로의 존재를 주장할 때, 즉 불과 물, 공기와 바람이 우리의 지구를 거주 가능하고 풍요로운 곳으로 만든 후 자신들의 진로를 따라 진행되고 또 파괴될 때, 태양이 부모의 손길로 오래도록 우리를 따뜻하게 비추고 모든 생명을 키워 그 생명을 황금빛 끈으로 기운을 돋우는 자신의 얼굴에 연결시킨 다음, 마지막으로 더 이상 스스로 원기를 불어넣어 지탱할 수 없는 지구의 노쇠한 힘을 자신의 불타는 가슴으로 끌어당길 때, 지혜와 질서의 영원한 법칙 외에 무엇이 발생한다는 말인가?

변화 가능한 사물로 이루어진 체계에서 '진보'라는 것이 있다면 '파괴'도 반드시 있어야만 한다. 명백한 파괴, 말하지만 형상(*figures*)과 형태(*forms*)의 변화가 있어야 하는 것이다. 그러나 이는 자연의 내부에 결코 영향을 미치지 않는다. 그것은 무엇보다도 파괴를 찬미하고, 한 줌의 재에서 불사조처럼 끊임없이 소생하며, 젊은 활력으로 활짝 피어난다. 이렇게 형성된 우리의 거처와 그것이 산출할 수 있는 모든 물질은 우리로 하여금 인간사의 유약함과 변덕스러움에 이미 대비하도록 했음이 틀림없다. 그리고 우리가 보다 면밀하게 관찰할수록 이들은 우리가 인지할 수 있는 형태로 보다 명확히 모습을 드러낸다.[63]

---

63) Herder, *Outlines of a Philosophy of the History of Man*, Bk. Ⅰ, chap. 3 *ad fin*, trans. Churchill, p. 9. (안성찬 역, 2011, 《인류의 교육을 위한 새로운 역사철학》, 한길사_옮긴이)

7. 흄

설계론과 목적인의 교의가 살아 있는 자연과 거주 가능한 지구라는 개념에 적용된 오랜 기간을 고려한다면, 또한 끊임없이 반복된 낡아빠진 예들과 유비 그리고 복제에 드는 노력을 정당화하는 것이 불가능할 정도로 무익한 사고가 따분히 반복되었음을 고려한다면 흄과 칸트의 비평에서 존경심을 느끼지 않을 수 없다. 두 사람 모두 지금껏 존재했던 어떤 이들보다 뛰어나며 설득력 면에서는 지금까지도 최고일 것이다. 칸트의 경우 그가 지리학과 인류학에 매우 관심이 많았으며, 그러한 관심사가 그의 목적론 비판에 잘 나타난다는 점에서 특히 놀랍다.

장인의 유비는 신이 인간과 같이 사고한다는 가정에 기초했다. 그러나 흄은 창조를 이해하는 데 인간의 한계, 망원경과 현미경의 발명에 의해 새로이 펼쳐진 자연 세계를 해석하는 데 인간이 겪은 어려움, 자연법칙으로서의 물리적 악의 문제를 대단히 명료히 인식했다. 이 논의에서 나는 흄 자신의 견해에 대한 성가신 질문(각주 75를 보라)이 아니라 대담자들(흄의 저서 《자연종교에 관한 대화》는 신의 존재에 관해 논증하는 가상 대담 형식의 책인데, 대담자는 클리안테스, 필론, 데미아이다_옮긴이)의 대화에 드러난 사상에 관심이 있다. 그중에서 가장 흥미롭고 도발적이며 설득력 있는 사람은 필론인데 그는 사람들이 일상의 추론을 통해 상식과 이성에 호소하는 이점을 누린다고 말한다. 그러나 이는 신학에는 거의 무용한데, 왜냐하면 신학적 질문은 인간이 이해하기에는 매우 크기 때문이다. 우리의 사고는 우리의 경험을 넘어서지 못한다. 즉, 인간이 신성한 속성을 하나도 가지지 않는다는 것은 명백하다.

설계론에 대한 클리안테스의 주장은 격조 있게 잘 정의되어 있으며 전통적이다. 세계는 하나의 기계처럼 복잡하게 조정되어 있고 정확히 조립된 부품은 잘 작동한다. 수단을 목적에 부합하도록 만드는 것은 모든 생명체의 특징이다. 그리하여 자연은 인간 명장(名匠)의 작품처럼 만들어졌다. 그러나 자연의 작품은 인간의 작품보다 훨씬 더 장엄하고 웅대한 스케일을 가진다. 관찰할 수 있는 자연의 작용과 인간의 의도에 의해 만들어진 창조물 간에 유사성이 있다면 그것을 초래한 원인, 즉 인간적인 원인과 신성한 원인 간에도 유사성이 있을 수 있다. 실제로 이러하다면 대자연의 창조자가 인간과 유사한 정신을 갖고 행동한다고 말할 수 있을 것이다. 물론 신이 인간보다 무한히 우월하다는 일반적인 전제가 함께한다면 말이다.

필론은 그 같은 유사성에 대한 분석이 어려울 것이라고 답변한다. 예컨대 '한 채의 집이 마치 우주와 같다'라고 말하는 것은 사물을 너무나 확대해석하는 일이다.[64] 더욱이 질서와 배열, 그리고 적합한 기능이 있다는 사실 그 자체로는 설계의 증거가 될 수 없다. 어떤 동물의 신체가 적절하게 작동하지 않는다면 그 동물은 사멸할 것이다. 우주 또한 마찬가지다. 질서는 단순히 물질 속에 내재했을 수도 있다. 만약 그렇다면 그러한 구조 때문에 사물이 설계와는 상관없이 지금처럼 작동한다고 말할 수도 있다. 인간과 동물은 사고, 모형, 지능을 소유하지만 이런 속성은 "우주의 원천과 원칙" 중 하나일 뿐이며 그 원칙 자체를 설명하는 데 전적으로 부적절하다. "우리가 사유(*thought*)라 부르는 뇌의 작은 동요(*agitation*)가 어떤 특권을 가지기에 우리가 그것을 전체 우주의 모델로 삼아야만 하는가?" 대자연은 무한한 수의 원천과 원칙을 가진다. 배나 도시의 형성과 진화 같은 사소한 관찰이 우주의 기원을 사색하는 데 안내인 역할을 할 수는 없다.[65]

필론은 이전의 많은 저술가들이 확실한 근거가 있다고 가정했던 하나의 주장을 거침없이 비판한다. 그 주장이란 망원경과 현미경이 인간으로 하여금 무한히 광대한 것에서 극소한 것에 이르기까지 존재의 전체 스펙

---

64) *Dialogues Concerning Natural Religion*, Pt. I, pp. 9~10; Pt. II, p. 18(이태하 역, 2008, 《자연종교에 관한 대화》, 나남_옮긴이).

65) *Ibid.*, Pt. II, p. 23.

트럼을 볼 수 있도록 했기 때문에 자연의 질서와 신의 지혜에 대한 인간의 이해를 넓히고 심화시켰다는 것이다. 라이프니츠 자신도 도취감에 젖어 동의한 바가 있는 이 통상적인 결론은 새로이 밝혀진 세계가 설계가 무수히 다양한 모습임을 확인시켰다는 것이다. 즉, 짐작조차 못했던 영역에 존재하는 질서와 패턴을 보여주었다는 것이다.

하지만 필론은 지금껏 인간에게 알려진 자연의 경계가 이처럼 확장되면 문제가 더 풀기 어려워지고 앞서 말한 유사성이 점점 더 옅어진다고 말한다. 고대 세계의 루크레티우스와 키케로의 주장은 근대 과학의 도움을 받아 일신되었다. "이러한 연구〔현미경을 사용한 연구〕를 우리가 계속할수록 우리는 인류와 매우 다르고 인간의 경험이나 관찰의 대상과도 무척이나 다른 만물의 보편적 원인을 추론하는 방향으로 인도된다". 칸트 역시 유사한 결론에 도달했다.[66]

일상의 세계에서 장인의 솜씨란 무엇을 말하는가? 당대의 장인이 만들어지기까지에는 오랜 시행착오와 기술, 발명, 숙련 전통이 축적되는 시대가 놓여 있다. 다시 말해 인간 장인은 오랜 시간에 걸쳐 축적된 기술의 운반자이며, 그는 창의적인 한 사람의 천재가 아니라 그렇게 축적된 기술이 당대에 열매를 맺은 것이다. 게다가 대규모 프로젝트는 대부분 협력으로 이루어지는 많은 이들에 의한 작품이다. 필론은 설령 세계가 완벽한 생산품이라 하더라도 작품의 우수함을 장인의 공으로 평가할 수 있는가에 의문을 제기한다. "우리가 배를 조사한다면 우리는 그토록 복잡하고, 유용하고, 아름다운 기계를 만든 목수의 훌륭한 솜씨에 대해 얼마나 대단한 칭찬을 할 것인가? 만약 그 목수가 다른 이들을 모방한 멍청한 기술자라는 것을 알게 된다면, 기나긴 시대가 흐르는 동안 여러 차례의 시도, 실수, 교정, 숙고, 논쟁을 거친 후에 점차적으로 발전된 기술을 복제했을 뿐임을 알게 된다면 우리는 얼마나 놀랄 것인가?" 따라서 인간의 생산성

66) *Ibid.*, Pt. V, p. 38. Lucretius, *De rerum natura*, Bk. XI, 2과 Cicero, *De natura deorum*, Bk. I, 8장을 보라.

이 협력적 성격을 가진다는 사실은 창조주 단독의 장인정신을 뒷받침하는 증거로 도움이 되지 않는다. 그러한 주장은 "세계를 만드는 기예"가 시행착오를 통해 점차 개선되는 "영속적 과정에서 많은 세계가 망가졌을 수도 있다"는 가능성을 낳는다.[67]

인간 장인의 솜씨와 발명이 가진 복잡하고 역사적이고 협력적인 특성에 기초한 반박은, 자연의 질서와 또 다른 질서를 창조하는 인간 능력 간의 비교를 통해 자연의 명백한 질서를 설명하는 것이 무망(無望)한 일임을 다시금 깨닫게 한다. 필론은 실제로 굳이 유비를 하자면 세계가 시계나 베틀보다는 채소나 동물을 닮았다고 말한다. 또한 아마도 세계는 시계나 베틀을 만드는 원인보다는 생성(*generation*)과 유사한 과정을 거쳐 생겨났을 것이다. 이러한 사고는 어떤 주장을 드러내기 위한 것이라기보다는 "우리가 우주 생성의 체계를 수립하기 위한 어떠한 자료도 가지지 않음을" 보여주는 것이다.[68]

클리안테스는 하나의 형태가 그 자신의 존재를 위해 필수적인 힘과 기관을 소유하지 못했다면, 그 형태는 존재할 능력이 없다는 점을 필론이 너무 지나치게 강조한다고 불평을 한다. 하지만 실제로 인간과 동물이 가진 편리함과 유리함은 어디에서 기원하는가? "두 개의 눈과 두 개의 귀는 종의 지속을 위한 필수조건이 절대 아니다. 인류는 말, 개, 소, 양, 그리고 우리에게 만족과 기쁨을 주는 수많은 과일과 산물 없이도 번성하고 보전될 수 있었을지도 모른다. 만약 아프리카와 아랍의 모래사막에서 인간에게 유용한 낙타가 창조되지 않았다 해도 과연 그 세계가 사라졌을까?" 여기서 클리안테스는 다른 예에서와 마찬가지로 자연의 인색함을 강조하는 것에 반대한다. 다른 사실은 자연의 선의와 관대함을 드러낸다.[69]

67) *Ibid.*, p. 39.
68) *Ibid.*, Pt. Ⅶ, pp. 47~48.
69) *Ibid.*, Pt. Ⅷ, p. 55.

이에 대해 필론은 "당신은 신인동형론(神人同型論, *anthropomorphism*)에 빠졌다"면서 반박한다. 우리가 본 것처럼 가축화, 작물화에 대한 가장 초기적 해석 중 하나는 동물이 은혜롭고 관대한 창조주에 의해 의도적으로 설계되었다는 것이다. 이러한 견해는 물론 인간 복리를 염려하는 자연의 관대함을 전제한 것이다.

데미아는 인간의 불행이 어느 곳에서나 흔한 현상이라는 데 일반적인 인식이 일치하는 까닭이 무엇이냐고 질문한다. 데미아가 아무도 불행이 있다는 것을 부인하지 않았다고 말할 때 필론은 라이프니츠가 부인했다고 정정한다(이 오류에 대해서는 17, 43~44쪽 참고). "나 필론을 믿게. 지구 전체는 저주받았고 오염되었네. 살아 있는 만물 사이에 영속적 전쟁이 점화되어 있네. 필요, 굶주림, 빈곤은 강함과 용기를 촉발하고 두려움, 근심, 공포는 유약함과 노쇠함을 불러일으키지".

필론은 "모든 살아 있는 존재의 삶을 괴롭게 하기 위한 자연의 신기한 술책"을 보라고 말한다. 강한 것은 포식자이며 약한 것은 곤충같이 성가신 것이다. "모든 동물은 그의 불행과 파멸을 끊임없이 추구하는 적으로 둘러싸여 있다". 데미아는 인간이 이러한 법칙에서 부분적으로 예외인 것 같다고 답한다. 왜냐하면 인간은 사회의 형태로 결합함으로써 사실상 지배자인 덩치 큰 포식자로부터 자신을 지킬 수 있기 때문이다. 인간은 스스로 문제를 만들기 때문에 인간이 창조물을 지배한다는 것이 위와 같은 문제를 해결할 수는 없다고 필론은 답변한다.

인간이 스스로 만드는 문제로는 미신, 인간에 대한 인간의 무자비함, 정신적·신체적인 질병, 노동과 빈곤 등이 있다. 이것들은 인간 삶의 위태로움을 분노와 슬픈 느낌 없이 보여준다. 인간은 생존하기에 충분한 재능을 가졌지만 투쟁이 필요하다.[70] 인간의 비참함에 대해 거침없이 언급한 구절은 관찰자가 누구인가라는 문제를 제기한다. 이는 또다시 키케로

70) *Ibid.*, Pt. X, pp. 62~63.

와 루크레티우스의 유사한 논의를 떠올리게 한다. 자연 질서의 실재성을 미리 확신하는 이와 별로 확신하지 못하는 이에게 자연의 질서는 각각 어떻게 보이는가?

이 중 첫 번째는 가상적인 것이고, 두 번째는 인간의 실제 경험을 대변한다. 첫 번째에 대해 그는 이렇게 이야기한다. 우주에 대해 잘 알지 못하고 지적 수준이 매우 낮은 어떤 사람이 우주가 "매우 선하고 현명하고 권능 있는 존재"에 의해 창조되었다고 미리 확신한다면, 그가 눈으로 확인하기 이전에 우주에 대해 가진 관념은 우리가 경험에 의해 아는 것과는 상당히 다를 것이다. 그는 신의 속성을 알기 때문에 "그 결과가 현세의 삶에서 나타나는 것처럼 악덕과 비참함과 무질서로 가득 찰 수 있을 것이라고는" 결코 생각하지 않을 것이다. 이 사람을 세상 속에 데려다 놓으면 세상 속에서 자신이 본 것에 실망할 수도 있지만 이를 자신의 불완전함 탓으로 돌리며 자신의 선입견을 유지할 것이다. 왜냐하면 "그가 영원히 이해할 수 없는 그런 현상에 대해 많은 해결책이 있을 수 있다는 점을 인정해야 하기" 때문이다.

실제 인간의 상황을 대변하는 두 번째 경우에는 은혜롭고 권능 있는 신성한 지성에 대한 사전적 확신이 없으며, 이전에 제공된 어떠한 교육도 없다. 따라서 인간은 "사물의 외관으로부터 그러한 믿음을 찾아내도록 내버려졌다. 이는 상황을 전적으로 뒤바꾸는데, 인간은 신의 계획과 같은 결론을 뒷받침할 만한 어떠한 이유도 찾지 못할 것이다". 그가 만일 자신의 이해가 협소함을 인식한다 할지라도 부족한 이해력이 그가 본 것에 기초하여 신의 존재를 추론하는 데 도움을 주지는 않을 것이다. "왜냐하면 그는 그가 모르는 것이 아닌 아는 것을 바탕으로 추론해야 하기 때문이다".[71)]

그러고 나서 필론은 루크레티우스나 심지어 버넷과 같은 방식으로 혼

---

71) *Ibid.*, Pt. XI, p. 72.

란 상태에 있는 자연을 비웃는다. 자연에게 장인-창조주가 있다고 한다면 그는 진실로 무능한 건축가일 것이며, 이런 건축가가 자신의 보잘것없는 작품을 '더 나쁜 작품도 있을 수 있다'는 말로 변명할 수는 없다. 훌륭한 기술을 지닌 건축가라면 시작할 때 좋은 계획을 가졌을 것이다.[72] 필론은 세계가 권능 있고 현명하며 은혜로운 조물주에 대한 사고와 양립할 수 있을지도 모르지만 "그것이 결코 우리에게 그 존재에 관한 추론의 결론을 제공할 수는 없다"고 결론 내린다.

지구상에 존재하는 생명체의 실제 상황을 고려할 때 왜 모든 사람이 행복할 수 없는가? 왜 신체적인 괴로움과 고난이 필요한가? 이에 대한 답은 나중에 맬서스주의와 다윈주의 이론을 형성하는 요소와 비슷하다. 필론은 인간의 비참함과 죄악에는 네 가지 주요 원인이 있다고 말한다.

첫 번째, 고통과 기쁨을 통해 "모든 생명체가 행동하도록 자극하고 자기 보전의 중대한 작업을 빈틈없이 수행하도록 만드는 것"이 창조의 경제에 속한다. 그러나 왜 기쁨만으로는 부족한가? 고통이 필수적이어야만 할 어떤 이유가 있는가?

두 번째, 세계가 일반 법칙에 의해 지배받지 않는다면 고통을 느끼는 능력이 존재한다는 것 자체가 고통을 낳지는 않을 것이다. 그러나 이런 식의 일반 법칙 지배가 "아주 완벽한 존재에 결코 필수적인 것 같지는 않다". 창조주는 "어떤 준비나 장기간에 걸친 원인과 결과의 진행 없이도 발견되는 모든 나쁜 것을 없애 버리고 좋은 모든 것을 만들 수도 있는 것은 아닐까?[73]

세 번째, 자연의 경제는 "모든 권능과 지적 능력이 모든 개별적 존재에게 낭비 없이 알뜰히 분배된다는 특징을 가진다. 동물의 신체기관은 너무도 훌륭해 어떠한 것도 멸종할 것 같지는 않다. 그러나 무척 낭비 없이

72) *Ibid.*, pp. 72~73.

73) *Ibid.*, p. 74.

알뜰하게 자질을 부여했기 때문에 그 자질이 상당한 수준으로 줄어든다면 그 생명체는 사라질 것이다. 대자연은 관대하기보다는 엄격한 부모이며 자신의 피조물에게 "필요를 충족시키는 데 꼭 필요한 것 이상의 권능이나 자질"을 거의 제공하지 않는 "엄격한 지배자"다. 너그러운 부모라면 사고를 피할 수 있도록 그리고 피조물의 행복과 복리를 보증할 수 있도록 충분한 권능과 자질을 주었을 것이다. 거의 끝을 알 수 없는 힘을 가진 전능한 창조주가 왜 그토록 엄격하고 인색하게 행동해야만 할까? 실제로 그의 권능이 극히 제한적이라면 "더 적은 수의 동물만 만들고 이들의 행복과 보전을 위해 능력을 더 많이 부여하는" 편이 나았을 것이다.[74)]

네 번째, 마지막으로 "자연이라는 위대한 기계의 모든 원천과 원칙의 부정확한 솜씨"가 있다. 설사 우주가 결합되어 꽤 잘 작동하고 거의 모든 부분이 그 목적에 부합하는 역할을 하는 것처럼 보인다 할지라도 부주의와 엉성함 또한 명백히 존재한다. "모든 부분의 마무리가 너무 부실하고 그것을 수행한 방식이 너무 거칠어 이 장대한 생산품이 제작자의 마무리 손질을 받지 못했다고 생각할 수 있을 것이다". 이 지점에서 필론은 신이 질서를 부여한 창조 작업이 아직 완료되지 않았으며, 이는 인간으로 하여금 경작과 도시 건설 등의 활동을 통해 이를 완수할 기회를 부여하기 위한 것이라는 전통적인 견해에서 벗어난다.

바람과 비는 은혜로운 것일 수도 있다. 그러나 허리케인과 폭염도 은혜로운가? 그러나 이러한 물리적 악은 자연법칙의 귀결이다. 허리케인, 화산, 폭염, 지진은 인간의 삶과 독립적으로 작동하는 원인에 의해 설명된다. 리스본 지진에 대해 볼테르의 시를 비판하는 헤르더의 요지가 바로 이것이다. 그러나 인간에 부정적 영향을 미치는 이 자연법칙은 어떤 필요 때문에 존재하는 것인가? 물리적 악은 앞에서 언급한 네 가지 상황에서 주로 발생하기 때문에 대담자는 로마인에게 보내는 편지 1장 20절에 반하

74) *Ibid.*, p. 76.

는 결론에 도달한다. 자연이 장인의 솜씨라는 것에 대해 확실한 추론적 결론에 도달할 수 없다는 것이다.

> 이 우주를 둘러보라. 생기 있고 유기적이며 지각능력이 있고 활동적인 존재가 얼마나 풍부한가? 당신은 이 엄청난 다양함과 비옥함을 찬양한다. 그러나 유일하게 고려할 만한 가치가 있는 이 살아 있는 존재를 좀 더 면밀하게 점검해 보라. 얼마나 서로에게 적대적이고 파괴적인가! 그 존재 모두가 그들 자신의 행복을 이루기에는 얼마나 불완전한가? 관찰자가 보기에 얼마나 경멸스럽고 역겨운가? 이 전체 모습은 단지 맹목적 자연(*blind nature*)에 대한 사고만을 보여주는데, 이는 생기를 주는 위대한 법칙에 의해 잉태된 불구 혹은 발육부진의 어린이를 부모의 보살핌 없이 무분별하게 부모〔자연〕의 품에서 내보내는 것이다.[75)]

8. 칸트와 괴테

흄의 《자연종교에 관한 대화》는 1781년 작 《순수이성 비판》에서 물리신학적 증거와 목적론을 이미 논의했던 칸트를 위한 예비적 논의의 성격을 띤다. 《순수이성 비판》에서는 칸트가 우주론적이고 물리신학적인 증거를 기각해야만 하는 것에 대해 유감으로 생각함을 감지할 수 있다.[76)] 그러나 설계, 질서, 자연 속에서 인간의 위치에 대한 칸트의 통찰력 있는

---

75) *Ibid.*, pp. 78~79. (그가 죽은 뒤에 간행된) 《자연종교에 관한 대화》는 오랫동안 흄의 연구자들을 곤혹스럽게 했다. part. Ⅶ의 명백한 "철회"를 감안할 때, 어느 정도까지 필론이 흄의 사고를 표현하는가? 그리고 난 다음, 팜필루스(Pamphilus)는 결론부에서 "필론의 원칙은 데미아의 원칙보다 더 그럴듯하지만, 클리안테스의 원칙이 여전히 진실에 더 가깝다". 이 판(版)에 대한 아이켄(Henry D. Aiken)의 소개를 보라.

76) *Critique of Pure Reason*, Bk. 2, chap 3, sec. 7. 칸트의 환경론, 그리고 라이프니츠, 버넷과 존재의 사슬에 대한 칸트의 비판, 지구와 그 형상에 대해 보라.

논의의 대부분은 《판단력 비판》에 있다.[77]

지리학에 적용할 수 있는 칸트의 설명 몇 가지를 살펴보자. 퇴적물은 목적론적 설명을 불러일으킬 수 있는 물리적 과정의 한 종류이다. 강물은 토양을 부유 상태로 운반하면서 제방 부근이나 삼각주에 양호한 농토를 만든다. 내륙으로 퇴적물을 운반하거나 해안에 퇴적시키는 밀물은 퇴적물이 바다로 빠져나가는 것을 막을 수 있다. 특히 썰물이 퇴적물을 다시 바다로 끌고 나가는 것을 인간이 막을 수 있다면 경작 가능한 토지가 증가할 수 있다. 바다가 줄어드는 대신 토지가 늘어나는 것이다.

대자연은 지속적으로 이와 같은 방식을 통해 새로운 토지를 축적한다. "그런데 문제가 되는 것은 이런 일이 '인간에게' 유용하다고 해서 그것이 과연 자연의 목적이라고 판정할 수 있는가 하는 점이다. 왜냐하면 육지에 증가한 이익만큼을 바다생물에게서는 빼야 할 것이므로 식물계에 대한 유용성만을 계산에 넣을 수는 없기 때문이다".[78] 혹은 자신의 목적을 달성하는 과정에서 다른 현상을 불러일으키는 어떤 자연현상의 작용을 고려할 수도 있다.

칸트는 모래밭에서 자라는 가문비나무를 예로 들었다. 태고의 바다가 육지로부터 물러날 때 남긴 물질은 가문비나무의 생장에 더할 나위 없이 이롭다. 그 때문에 농업에 적합하지 않은 이 토양에서 많은 가문비나무 숲이 자랄 수 있었다. "선조들이 무자비하게 파괴했다고 우리가 자주 탓했던 숲" 말이다. 그렇다면 그 모래밭은 가문비나무숲의 잠재적 이익을 목적으로 자연이 마련한 것인가? 만약 우리가 가문비나무숲을 목적으로 가정한다면 모래밭과 그 뒤에 있는 태고의 바다 등은 그 수단인 종속적 목적이 되어야 한다. 칸트에 따르면 세 번째 예에서 소, 양, 말 등에게 세

---

77) 칸트의 목적론에 대해서는 S. Körner, *Kant* (Pelican Books), pp. 196~217을 보라.

78) *Critique of the Teleological Judgement*, p. 13 (367). (백종현 역, 2009, 《판단력 비판》, 아카넷, p. 419_옮긴이)

상에 존재해야 할 어떤 이유를 부여한다면 이들을 먹여 살리는 풀도 존재해야만 하고, 낙타가 생존해야 한다면 특수한 알칼리성의 식물이 사막에 존재해야 한다. 늑대, 호랑이, 사자와 같은 육식동물이 존재해야 한다면 위와 같은 종류의 초식동물이 있어야만 한다. "따라서 적응성에 기반을 둔 객관적 합목적성(*objective finality*)은 사물들 그 자체의 객관적 합목적성이 아니다. 마치 바다에 하나의 목적을 가정하고 결과(모래밭)를 기예의 작품으로 보지 않는다면, 모래밭만으로는 그것을 원인(바다)이 가져온 결과라고 파악할 수 없는 것처럼 말이다".[79] 약초나 식물은 그 자체로 자연의 유기체적 산물로 볼 수 있지만 동시에 식물을 먹고 사는 동물의 입장에서 본다면 단순한 원료로 간주될 수도 있다.

동식물의 이용을 통해 이루어지는 인간의 자연 개입은 자연에 대한 목적론적인 설명에 훨씬 더 큰 의문을 던진다. "인과성으로부터 자유로운 인간은 자연물을 인간의 목적에 유용한 것으로 간주한다". 인간은 새의 깃털로 우스꽝스럽게 장식할 수도, 수송이나 농사를 위해 가축을 현명하게 이용할 수도 있다. 그러나 이러한 개입이 결코 이러한 이용에 대한 자연의 목적이 존재함을 입증하지는 않는다. "우리가 단지 말할 수 있는 것은 인간이 땅 위에서 살아남는 것이 의도되었다고 가정한다면, 인간이 동물로서, 심지어는 비록 수준이 낮더라도 이성적 동물로서 살아가는 데 없어서는 안 될 수단 또한 없어서는 안 된다. 그러나 그때는 인간의 생존에 필수 불가결한 자연물 또한 마찬가지로 자연의 목적으로 간주되어야 한다".[80]

칸트는 자신의 분석을 지표면 위의 생명 분포 및 생명체와 환경과의 관계로 확장시켰다. 그는 분석의 서두에서 한대지방 사람들이 썰매를 이용할 수 있기 때문에 눈이 사람 간 교류를 더욱 활발하게 한다고 말할 정도로 순진해 마지않았다. 라플란드인은 순록에게 썰매를 끌게 하여 원하는

79) *Ibid.*, p. 14(368).

80) *Ibid.*, pp. 14~15(368).

사회적 교류를 만들기 때문에 썰매를 즐길 수 있다는 것이다. 눈 밑에서 뜯어낸 마른 이끼를 먹고 사는 순록은 쉽게 길들여져서 기꺼이 자신의 자유를 포기한다. 이와 유사하게 인간과 동물, 비유기적 환경 간의 복잡한 상호 관계가 다른 북극 민족에게서 발견된다. 이들은 음식, 의복, 연료를 해양동물에 의존하며 물에 떠밀려서 오는 나무를 이용해 불을 피운다.

> 무릇 여기서는 자연의 어떤 한 목적에 대해 가지는 수많은 관계로 이루어진 진정으로 놀라운 조합을 발견할 수 있다. 이 목적은 그린란드인, 라플란드인, 사모아인, 야쿠트인 등이다. 그러나 우리는 왜 인간이 그곳에서 살아야 하는지는 알지 못한다. 따라서 대기 중의 수증기가 눈의 형태로 떨어지고 바다에는 따뜻한 지방에서 자란 나무를 떠밀어 보내는 해류가 있으며 기름기가 많은 커다란 바다동물이 그곳에서 발견된다는 사실이, 이 모든 자연 산물을 끌어모으는 원인이 되는 어떤 불쌍한 피조물을 위해서라는 사고에서 기인한다고 말하는 것은 매우 위험하고 자의적인 판단일 것이다. 자연의 입장에서는 설령 자연에 대한 이러한 유용성이 없다 할지라도 이 같은 존재의 질서에 봉사할 수 있는 능력이 없음을 그다지 아쉬워하지 않을 것이기 때문이다. 반대로 인간의 입장에서 본다면 자연에 대해 그러한 능력이나 목적을 요구하는 것은 거만하고 경솔한 일이다. 왜냐하면 인간이 북극 같은 황량한 지역에까지 퍼져 나가 살게 된 원인이 인간 사회의 불화이기 때문이다.[81]

그 다음에 칸트는 자연을 기계나 장인과 유사하다고 간주하는 유비의 부적절함을 지적한다. 유기체적 자연(*organized nature*)은 기계로 간주될 수 없다. 시계의 생산을 책임지는 원인은 시계의 외부에 있다. 바꾸어 말하면 시계의 한 톱니바퀴가 다른 톱니바퀴를 만들 수 없는 것처럼 하나의 시계가 외부의 물질을 유기체화해서 다른 시계를 만들지는 못한다. 그래서 시계는 스스로 부품을 대체할 수도, 결함을 수정할 수도, 고장을 고칠

81) *Ibid.*, p. 16(369).

수도 없다. 의심의 여지없이 칸트는 의도적으로 시계를 예로 드는데, 왜냐하면 시계는 장인의 유비를 설명하는 데 오랫동안 애용된 사례였기 때문이다. 즉, 제작자 없는 시계를 생각하기 어렵듯이 자연 또한 마찬가지라는 이야기다.

> 그러나 이런 모든 것을 유기체적 자연에서는 기대할 수 있다. 그러므로 유기체적 존재는 한낱 기계가 아니다. 기계는 단지 **작동력**(作動力) 만을 가진 반면, 유기체적 존재는 자기 안에 **구성력**(構成力) 을 내재하며 더욱이 무기체적 존재에게 유기체화할 수 있는 물질을 부여할 수도 있다. 따라서 이는 자기증식하는 구성력이며, 운동능력(기계성) 만으로는 설명될 수 없다.[82]

그리고는 장인의 유비를 폐기한다. "유기체적 산물"에서 자연의 능력을 이야기할 때 기예의 유비로는 충분치 않다. 기예에 관한 사고에서는 합리적 존재로서의 장인이 있으며 그는 무에서 유를 창조한다. "반면에 자연은 유기체적 산물인 각각의 종에서 스스로를 유기체화하는데, 일반적으로는 확실히 단일한 패턴을 따르지만 특정 상황하에서는 자기보존이 필요로 하는 적절한 변형이 발생한다 … 그리하여 엄밀히 말하자면 자연의 유기체화는 우리가 아는 어떠한 인과성과도 유사하지 않다".[83]

그러나 칸트는 우리가 목적론을 아마도 단서를 제공하는 일종의 안내판으로 생각한다면 — 말하자면 눈이 보기 위해 만들어진 것이라고 〔생각하며〕 행동한다면 — 목적론은 자연의 연구에 유용하다고 반복적으로 주장한다.

> 그리하여 그 자체로 물리적 목적으로서의 사물 개념은 지성 또는 이성

82) *Ibid.*, p. 22(374).

83) *Ibid.*, p. 23(374~375).

이라는 구성적 개념이 아니라 이런 종류의 대상에 대한 탐구를 이끌 수 있는 규제적 개념으로의 성찰적 판단에 의해 이용될 수 있다. 이러한 탐구는 일반적으로 목적에 따라서 우리 자신의 인과성과는 거리가 먼 유비에 의해 이루어지며, 사물의 개념은 대상의 궁극적 원천에 대한 성찰의 기초로 사용될 수 있다. 그러나 후자와 관련하여 이는 자연이나 그 대상의 원천에 대한 지식을 증진하기 위한 것이 아니라, 앞서 합목적성의 원인으로 간주했던 유비 속에서 실천적 이성 능력을 위한 것만으로 국한해야 한다.[84]

지리학과 인류학에 대한 칸트의 관심을 생각할 때, 그가 자연의 목적을 인간, 인간 사이의 문화적 차이, 다른 형태의 생명체, 지표면의 배치 등과의 관계 속에서 고려한다는 점은 놀라운 일이 아니다. 그에 따르면 우리는 강을 물리적 목적으로 간주할 권리를 가지지 않는데, 강은 내륙 국가에서 국제적 교류를 촉진하기 때문이다. 또한 물리적 목적으로서의 산의 경우 또한 마찬가지인데, 산은 흐르는 강을 존재하게 하고 눈을 저장함으로써 건기에 강이 흐를 수 있게 하기 때문이다. "지표면의 이와 같은 배치가 식물계와 동물계의 발생과 유지를 위해 매우 필요하더라도 그러한 배치가 목적에 따른 인과성을 반드시 받아들일 수 있게끔 만드는 것은 아니다".

칸트는 똑같은 분석을 가축화·작물화된 동식물의 유용성 문제에도 적용한다. 소는 초지를 필요로 하며 인간은 생존을 위해 소를 필요로 할 수 있다. "그러나 우리는 궁극적으로 인간이 도대체 왜 존재해야만 하는지에 대한 해답을 알 수 없다(뉴홀란트인이나 푸에고인을 염두에 둔다면 답하기 쉽지 않을 수 있다). 그렇다면 이와 같은 방식으로는 어떠한 정언적 목적에 전혀 도달할 수 없고, 오히려 이 모든 합목적적 관계를 지탱하는 근거는 점점 후퇴하여 지평선 아래로 사라질 것이다".[85]

84) *Ibid.*, p. 24(375).

85) *Ibid.*, pp. 27~28(378).

칸트가 뉴홀란트인과 푸에고인에 대한 언급을 더 진전시키지 않은 것은 유감스럽다. 칸트는 그가 논의하던 문제가 고급문화가 존재할 때에만 의미가 있다고, 즉 문명이 자연의 의미에 대한 연구의 전제조건이라는 점을 암시한다. 이는 인간이 원시적 환경 속에 머물렀다면 가능하지 않았을(그리하여 자연은 의미가 없었을) 그런 연구에 의미를 부여한 것이 오히려 인간의 진보였음을 뜻하는가?

칸트는 자연을 2차적 원인에 대한 조사를 통해 탐구해야 한다는 원칙을 훼손하지 않고 목적인을 일종의 지침으로 간주할 수 있다는 주제를 추구하면서, 자연 속에 존재하는 불쾌함과 성가심(이는 우리가 살펴보았듯 전통적 목적론이 선호하는 주제다) 그리고 그것들과 인간의 관계를 논한다. 그에 따르면, 해충은 인간을 청결하게 만드는 자연의 방식일 수도 있다. 이러한 생각은 '필요는 발명의 어머니'라는 말의 의미와 유사하다. "또는 아메리카의 황무지에서 야만인을 괴롭히는 모기나 여타 해충은 이들로 하여금 습지를 배수하고 공기가 차단된 밀림을 개간해 토지를 경작하고, 이들의 주거지를 보다 건강하게 만들도록 자극하는 역할을 했다".

이 원칙은 또한 자연의 아름다움에 대한 감상에도 적용될 수 있다. "자연이 유용함뿐만 아니라 미와 매력을 그토록 풍부하게 베풀어준 것을 자연이 우리에게 가지는 일종의 호의로 간주할 수 있다. 우리는 그 때문에 자연을 사랑하고 자연의 광대함에 경외심을 가진다. 우리는 이와 같은 성찰을 통해 스스로 고귀해짐을 느낄 수 있다. 마치 자연이 이미 계획한 목적대로 자신의 장엄한 무대를 펼쳐 놓고 꾸며 놓은 것처럼 말이다".[86]

우리는 자연 속에서 "창조의 최종적 목적이라고 주장할 만한 어떤 존재도" 찾을 수 없다고 칸트는 말한다. 처음에는 식물계를 자연이 광물계를 형성하는 과정에서 선보이는 메커니즘의 산물일 뿐이라고 간주할 수도

86) *Ibid.*, pp. 29~30(379~380).

있을 것이다. 그러나 형언하기 힘들 정도로 현명한 식물의 조직에 대해 알면 그 같은 견해를 폐기하고 다음과 같은 질문을 하게 된다. '이와 같은 형태의 생명이 존재하는 목적은 무엇인가?'

그 생명이 초식동물을 위해 존재한다고 답한다면, 우리는 초식동물이 왜 존재하는지를 질문해야만 한다. 그리고 그 답은 아마 '초식동물이 육식동물을 위해 존재한다'일 것이다. 창조의 궁극적 목적을 확인하기 위해 더 깊이 탐구하면 그 생명은 인간을 위해 존재하고 "인간의 지적 능력이 인간으로 하여금 이 모든 생명을 다양하게 이용하도록 가르친다고 답한다. 인간은 대지 위에서 창조의 궁극적 목적이다. 인간은 목적이라는 개념을 만들 수 있으며, 이성의 도움을 받아 사물의 총합으로부터 의식적으로 목적의 체계를 만들 수 있는 유일한 존재이기 때문이다".

린네의 제안을 따라, 칸트는 "겉보기에 정반대되는 경로"를 택한 결과를 고려한다. 초식동물은 식물계의 지나친 성장을 억제하기 위해 존재하는 것일 수도 있다. 육식동물은 초식동물의 탐욕에 제한을 두기 위해 존재하는 것일 수도 있다. 그리고 궁극적으로 인간은 육식동물을 쫓아 이들의 수를 감소시켜 자연의 생산적 힘과 파괴적 힘 간의 일정한 균형을 성립시키기 위해 존재한다. "그리하여 이와 같은 관점에서 인간이 어떤 관계 속에서는 목적으로 아무리 많이 존중받을 수 있다 할지라도 다른 관계에서 단지 수단의 지위밖에 갖지 못할 수도 있을 것이다". 이 마지막 설명에서 자연에서의 인간이 하는 역할은 자연의 청지기 혹은 규제자로서의 인간에 대한 헤일 경의 사상을 연상하게 한다. 헤일 경의 경우 인간이 창조의 정점에 위치하기 때문에 인간이 그러한 역할을 맡는다고 생각했다는 점을 제외한다면 말이다.[87]

우리가 개별적 〔생명〕 형태에 대해 목적인의 원칙을 받아들인다면, 그 다음 단계로 합리적 추론을 통해 자연 전체의 체계 또한 동일한 원칙에

87) *Ibid.*, pp. 88~89(426~427).

따라 유기체화된다고 말해야만 한다. 자연의 전체 체계에 그러한 목적이 존재한다면 그것은 인간일 수밖에 없다. 그러나 그것이 진실이라는 증거는 없다. "인간을 많은 동물 중 하나가 아닌 궁극적 목적으로 간주한다 할지라도 자연은 생산력으로부터도 파괴력으로부터도 인간에게 아무런 예외를 두지 않았으며 만물을 목적 없는 자연의 기계성에 종속시키기 때문이다".[88]

칸트는 지리학과 자연과학에 깊은 관심을 내보인다. 전체로서의 자연이 목적인에 의해 지배되는 체계라면 생명체의 서식지는 그 원칙을 입증해야만 할 것이다. 생명을 유지하도록 의도된 서식지, 토양 및 기타 요소는 "어떠한 원인의 흔적도 보이지 않으며 전적으로 설계 없이 작동한다. 그리고 그것들은 형태, 질서, 목적의 발생을 증진하도록 계산되었다기보다는 실상 파괴를 향하는 경향이 있다". 이 단락은 생명에 대한 대지 환경의 적합성이라는 오래된 문제를 제기하는데, 이는 우리가 앞서 보았던 것처럼 버넷의 지구 비평을 따랐던 17~18세기의 많은 사상가들을 자극했던 문제다.

칸트는 사면(斜面), 샘, 지하수, 그리고 다른 바람직한 속성이 유용하고 현명한 고안물이라는 사실에 관계없이 현재 지표의 배치가 설계의 결과가 아닌 지질학적 역사의 결과라는 입장을 취한다. 그것들을 면밀히 조사함으로써 "그것들이 단지 화산 분출이나 홍수나 해일의 결과로 형성되었음을 알 수 있다". 여기서 중요한 점은 칸트가 채택한 지질학적 이론이 아니라 지구의 형상이 목적인이 아닌 역사적 사건의 결과라는 진술이다. 인간의 역사는 그 자체의 역사를 가진 행성으로서의 지구 위에 펼쳐진다.[89]

자연의 목적인과 설계의 산물로서의 지구라는 관념에 대한 칸트의 분

---

88) *Ibid.*, p. 89(427).

89) *Ibid.*, pp. 89~90(428).

석은 2천 년 이상의 시간에 걸쳐서 축적된 사고의 결과물이다. 좀더 짧게 본다면 《지구에 관한 신성한 이론》에서 버넷이 고취했던 사색과 사고가 절정에 달한 지점이다. 뉴턴 과학이 인간에게 많은 새로운 아이디어를 제공한 시점에서 버넷은 지구의 형태, 외관, 위치, 생명체를 위한 적합성에 대해 생각할 것을 강요했기 때문이다. 그러한 작업을 통해 레이, 더햄 등에 의해 무척 흥미로운 결과가 나왔다. 목적인의 교의를 궁극적으로 대체할 상호 관계에 관한 사고는 바로 창조물에서 신의 지혜를 발견하고자 하는 시도에서 나왔다.

괴테 역시 자연에 대한 목적론적 해석이 과학 연구에 미치는 영향에 매우 비판적이었다. 근본적으로 그도 역시 설계론에 반대했는데, 왜냐하면 설계론이 유비에 기초하기 때문이다. 그의 말에 따르면 과학이 쇠퇴하거나 중단될 때면 "그 주제를 너무나 관습적으로 다루는 특정한 기초 개념" 혹은 채택된 용어를 별다른 고민 없이 계속 사용하는 데 잘못이 있는 경우가 많다. 괴테는 "살아 있는 유기체가 어떤 특정한 목적을 가진 목적론적 생명력에 의해 창조되고 형상이 부여된다는 사고"가 몇몇 사람들의 구미에 맞고 특정한 사고 형태에서는 필수 불가결하다고 생각했지만("나는 그 전체를 반대하는 것이 가능하지도 바람직하지도 않다는 것을 안다"), 그러한 사고는 진지한 과학 연구에서 신뢰할 수 없는 것이다.

문제는 인간이 삶의 경험을 통해 목적의식적 활동에 대한 경의를 가진다는 점이다. 인간의 기질과 그들이 처한 상황으로 인해 인간 자신은 창조의 목적으로 존재한다고 생각한다. **잡초** *(weeds)* 와 같은 단어는 인간의 잘못된 관념을 보여준다.

> 인간의 관점에서 어떤 식물이 정말로 존재하지 않아야 할 때, 왜 그〔바꾸어 말하면 인간〕는 그 식물을 잡초라고 불러서는 안 되는가? 인간은 들판에서 자신의 일을 방해하는 엉겅퀴의 존재가 보편적 대자연의 자식이며 인간이 조심스레 경작하여 가치 있게 취급하는 밀만큼이나 대자연에

> 게는 소중한 것이라고 여기기보다는, 몹시 화가 난 자애로운 영혼의 저주이거나 사악한 영혼이 보이는 적의라고 기꺼이 생각할 것이다.

괴테는 인간의 목적은 자연의 목적을 이해하기에 빈약한 지침이라는 뷔퐁과 동일한 요지의 주장을 한다. "인간은 그 자신과 다른 생명체 가운데 의도적이고 목적의식적 과정을 가장 가치 있다고 생각하기 때문에 대자연에 대해서도 의도와 목적을 귀속시킨다. 대자연에 대한 인간의 개념은 인간 자신에 대한 개념을 초월할 수 없기 때문이다". 자연에 대한 그러한 개념화는 목적과 유용성을 너무나 강조한 나머지 자연을 거대한 공구창고처럼 취급한다. 만약 자연의 모든 것이 인간을 위해 존재한다면 인간은 스스로를 위한 도구를 만드는 것처럼 대자연이 인간을 위한 도구를 만든다고 가정한다. "그리하여 사냥을 위해 총을 마련하는 사냥꾼은 대자연이 태초에 개를 창조하여 사냥감을 물어올 수 있도록 한 대자연의 모성적 배려를 한없이 칭송하는 것이다".

보다 독특한 견해는 괴테의 다음과 같은 반론이다. "인간은 만물을 자신과 관련지어 생각하면서도 외적인 형태가 내부로부터 결정된다고 가정해야 한다는 의무감을 가진다. 그리고 완전한 유기체화 없이는 어떠한 생명체도 상상하기 힘들기 때문에 인간의 이러한 가정은 더욱 굳어진다". 생명체의 내부적인 유기체화는 명확히 정의되지만, 생명체의 외적인 존재는 우호적인 환경적 조건에서만 가능하다. 여기서 괴테는 환경을 수동적인 생명의 매개체에서 생명을 조건 짓고 유지하는 능동적인 창조적 행위자로 바꿔놓았다.

> 우리는 가장 다양한 형태의 동물이 대지 위에, 물속에, 공기 중에 돌아다니는 것을 볼 수 있다. 일반적인 해석에 따르면 물, 공기, 대지와 같은 요소는 피조물이 다양하게 움직일 수 있도록, 그리고 그들의 다양한 존재를 유지할 수 있도록 피조물에게 제공된다. 그러나 우리가 창조주의 힘조차 제한적이라는 사실을 받아들일 때, 그리고 창조주가 외부를

향하여뿐만 아니라 외부로부터 창조한다는 사실을 받아들일 때, 관습적으로 창조주 덕분으로 돌려지는 본원적인 생명력 혹은 이성적인 창조주의 지혜가 갖는 위상은 더 높아지지 않는다. 물고기는 물을 위해서 존재한다고 말하는 것보다 물고기가 물속에서 물의 도움으로 존재한다고 말하는 것이 내게는 의미가 명확하다. 즉, 전자에서 단지 희미하게 암시되던 것이 후자의 진술에서는 보다 명료하게 표현되기 때문이다. 즉, 물고기라 불리는 피조물의 존재는 물이라 불리는 요소가 존재할 때에만 가능하며, 이 물고기는 거기에 존재할 뿐만 아니라 거기서 발달하는 것이다. 다른 모든 피조물에도 동일하게 적용된다.

여기에 생태적 관점의 전조가 있다. 이는 생명에 형태를 부여하거나 제약하는 방식으로 영향을 미치는 환경적 조건에 관한 연구를 포함한다. 도토리만으로는 참나무를 설명할 수는 없으며 바람과 언덕의 경사, 태양, 토양에서도 그 나무의 비밀을 발견할 수 있다.90) 흄, 칸트, 괴테 중 어느 누구도 최종적인 설명을 제공하지는 못했다. 우리 모두가 알듯이 자연신학, 계시종교와 진화론 간의 관계를 둘러싼 (앤드류 화이트의 표현에 따르면) 창세기와 지질학에 대한 논쟁이 특히 영국에서 19세기의 상당 기간 지속되었다. 이들 중에서 가장 영향력 있었던 동시에 당황스러울 정도로 조잡했던 것은 페일리의 《자연신학》이었는데, 칸트의 비평 이후 12년이 지난 1802년 간행되었다. 이 책은 이들(흄, 칸트, 괴테)의 지적인 탁월함과는 상당히 거리가 멀었다. 과학세계에서 설계론을 주창한 자들

90) Goethe, "An Attempt to Evolve a General Comparative Theory", in *Goethe's Botanical Writings*, trans. Bertha Mueller, pp. 81~84. 강조는 원문 그대로. 이 책은 1790년대 초반에 쓰였는데, 저술 배경에 대해서는 p. 81 각주 32번을 참조하라. 또한 "Preliminary Notes for a Physiology of Plants", pp. 91~93을 참조하라; "The Influence of the New Philosophy"(1817)에서, 괴테는 《판단력 비판》의 pp. 230~231., 그리고 유명한 "Nature"(A fragment), "Commentary on Nature", pp. 242~245에서 목적인에 대한 칸트의 분석에 대해 감사를 표한다.

은 그들 자신의 설교에 도취된 목사처럼 행동했다. 반면 그들에 대항했던 다윈, 라이엘, 헉슬리 등은 설계론과, 인간과 자연의 관계에 대해 다양한 분야에서 설계론이 제기했던 문제들의 역사적 중요성을 거의 이해하지 못한 것처럼 보였다.

9. 헤르더

헤르더와 훔볼트는 18세기 후반과 19세기 초반에 지구를 하나의 전체로 보았던 대표적 인물들이다. 헤르더는 우리가 논의했던 세 가지 사고를 종합하면서, 지금은 사라져 가는 낡은 것 중 제일 나은 것을 추리고 새로운 징후를 보여주었다. 훔볼트는 19세기 사상으로 인도하는 자연 연구의 관점을 대표한다. 헤르더의 저서인 《인류역사철학고》(*Ideen zur Philosophie der Geschichte der Menschheit*, 1784~1791년)는 오랫동안 종합의 걸작으로 인정받았다. 17세기 후반과 18세기 초반의 물리신학자들이 광범위하게 논의했던 지구 환경의 적절성에 관한 사고, 몽테스키외가 새롭게 지위를 부여한 기후의 영향에 대한 고찰(112~138쪽 참고), 인간이 자연환경에 미치는 영향에 대한 사고가 대표적이다.

이것들은 두 가지 문제와 관련된 것으로 나타났는데, 첫째는 하나의 전체로 간주된 인류와 또 하나의 전체로서의 지구 간 관계, 둘째는 개별 민족과 그들이 살아가게 된 서로 다른 장소 간의 관계이다. 두 번째 문제에 관한 한 헤르더는 뷔퐁, 몽테스키외, 볼테르와 같은 입장이다. 이들 모두는 인간과 인간의 자연환경에 관심을 가졌고 항해와 여행에도 관심이 있었으며, 문헌과 인용을 통해 자신들에게 영감을 준 지적 유산을 드러냈다.[91]

---

91) 헤르더의 《인류역사철학고》는 매우 많은 판본이 있기 때문에, 책과 장으로 인용 표시한다. 헤르더 저작의 표준판은 버나드 수판(Bernard Suphan)의 판본이며,

헤르더의 흡인력 있는 논의가 인간, 인간의 문화와 역사, 자연환경 등 인간의 많은 측면을 다루면서 당대 지식인들 인식의 수준을 압축적으로 보여주기 때문에 그의 방대한 저작에 대한 긴 분석을 시작하고 싶은 유혹이 무척 크지만, 여기서는 헤르더의 두 가지 공적을 지적하는 것으로 그칠 것이다. 첫 번째는 논의된 세 가지 사고가 의미 있는 종합으로 통합되었다는 것이고, 두 번째는 인간과 지구 전체와의 관계 및 개별 민족과 지구의 각 부분 간의 관계 두 가지를 구분하는데, 후자의 관계는 민족 간의 차이와 이 같은 차이를 설명할 자연적·문화적 조건의 고려를 요구한다.

헤르더는 지구가 경험한 물리적 변화에도 불구하고 지구는 생명체에게 적합한 환경이라고 주장한다. 그는 적어도 지구의 가장 명백한 특징은 설계의 산물이라는 점이라고 믿는다. 그는 지질학적 역사를 설명하면서 뷔퐁(아마도 《자연의 신기원》)을 따르는데, 지구의 초기 역사를 특징지은 재앙적 사건(화재, 홍수, 지진)이 발생한 이후에 인간이 출현했다는 뷔퐁의 견해를 받아들인다. 헤르더는 상당히 나이를 먹은 현재의 지구는 완벽한 상태이지만 과거의 특징이었던 재앙들로부터 결코 자유롭지 않을 것이라고 말한다(뷔퐁 역시 이렇게 생각했다). 이러한 입장과 일관되게, 우리가 앞서 보았던 것처럼 헤르더는 볼테르를 비판했는데, 그 이유는 볼테르가 리스본 지진에 대해 철학적으로 변호할 수 없는 입장을 취했다는 것이었다. 왜냐하면 헤르더는 그러한 재앙엔 자연법칙에 근거한 개별적 원인이 있다고 생각했기 때문이다.

지구는 끊임없는 변화 즉, 낡은 것의 파괴와 새로운 것의 창조가 일어나는 곳이다. 인간은 그 같은 재앙이 자체의 인과법칙에 따라 필연적으로 발생한다는 단순한 이유 때문에 물리적으로 불안정한 지구에서 불안

《인류역사철학고》는 이 판의 13장과 14장이다. 나는 T. Churchill, *Outlines of a Philosophy of the History of Man*의 격조 있는 번역판을 약간 변경하거나 수정한 후에 인용문으로 사용했다. Clark, *Herder*, esp. chap. x, 그리고 Grundmann, *Die geographischen und völkerkundlichen Quellen und Anschauungen in Herders "Ideen zur Geschichte der Menschheit"*를 보라.

해하며 살아간다. 그렇기 때문에 리스본 지진에 관한 글에서 신을 비판한 볼테르의 관점은 부적절하다. 우리 거주지의 조성〔*die Bildung unsres Wohnhauses*〕 및 그 과정에서 만들어지는 모든 물질은 우리로 하여금 인류 역사의 유약함과 가변성에 대해 이미 대비하도록 했음에 틀림없다. 우리가 보다 면밀하게 검토할수록 이 사실은 더 확실히 우리 인식에 남을 것이다.[92]

재앙적 사건에도 불구하고 지구 환경의 적합성은 유지되었다(헤르더는 여기서 또 한 번 뷔퐁을 따른다). 질서와 통일성이 지구에 지속되었으며 이 지구의 역사에는 수많은 특징적 재앙도 발생했다. "우리 지구 위에 실제로 존재하는 다채로움은 깜짝 놀랄 정도다. 그러나 더욱 놀라운 것은 믿을 수 없을 만큼의 다양성 속에 널리 퍼진 통일성이다. 우리가 자녀를 교육하면서 들려주는 북쪽 땅의 뿌리 깊은 야만성〔*ein Zeichen der tiefen nordischen Barbarei*〕의 흔적들은 유아기를 지난 자녀에게 이와 같은 아름다움, 즉 우리 지구의 통일성과 다양성에 대한 깊은 인상을 심어 준다.[93]

설계의 증거로서 기울어진 지구 축에 대한 낡은 논증은 잊힌 것 같다. 현 상태의 기울기가 이롭다는 것은 자명하다. 헤르더는 설계, 기울기, 환경적 차이가 어떻게 서로 연관되는지 다음과 같이 보여준다.

> 지구는 일정한 기울기를 가져야만 한다. 그렇지 않았다면 추위와 어둠 속에서 키메리안족(Cimmerian: 호메로스의 시에 나오는 영원히 어둠의 나라에서 살았다는 민족_옮긴이)처럼 살아야만 했을 지역이 이 기울기 덕분에 태양의 빛을 볼 수 있게 되어 유기체에 적합한 환경이 만들어졌다. 아주 오랜 옛날부터 이어진 지구의 역사를 통해서, 기후 지역 간의 차이가 인간 정신의 모든 혁명과 작용에 상당한 영향을 미쳤다는 것을 우리는 알고 있다. 열대나 한대 지역이 아닌 온대 지역에서만 이러한 효과가

92) *Ideen*, Bk, Ⅰ, chap. 3 *ad fin*, Churchill trans., p. 9.
93) *Ibid.*, chap 4, Churchill trans., pp. 9~10.

나타났기 때문이다. 우리는 전능한 신의 손이 매우 뛰어난 솜씨로 지구의 모든 변화를 그려 내고 구석진 곳을 에워싸는 것을 본다.[94]

그러나 헤르더는 이처럼 강한 환경론적인 설명을 일관성 있게 유지하지 않는다. 그래서 지구는 인류 역사의 극장으로 간주되어야만 한다("*Da wir hier die Erde als einen Schauplatz der Menschengeschichte betrachten*"). 헤르더는 인상적인 은유를 통해 "대자연은 산의 능선을 그리고 산에서 강물이 흐르도록 함으로써 인류 역사와 그 혁명에 대한 투박하지만 확고한 윤곽을 펼쳤다"고 말한다.[95] 헤르더는 지형과 정착지를 관련짓는다(예컨대 강둑과 해변, 사냥꾼, 목동, 농부, 어부의 전형적인 주거지). 지구의 기복은 또한 오랜 관습 및 습관의 지속과 더불어 사람들이 경험한 변화도 설명할 수 있다.[96] 인류가 기원한 장소에, 산들의 위치에, 지구 표면의 불규칙함 속에 신성한 계획이 있다. 창조주는 구대륙 산맥의 주된 줄기(*hauptstamm*)를 온대 지역에 위치시켰는데 그곳에는 가장 문명화된 민족이 산다.

태초의 종족은 처음엔 평화롭게 살다가 점차 산과 강을 따라 분리되어 나갔을 것이다. 그리고 더 나쁜 기후에 적응한다. 각 종족은 그들만의 작은 공간이 마치 우주 전체인 것처럼 경작하고, 만족하면서 살았다… 그리하여 세계의 창조주는 인간이 할 수 있었던 것보다 더 훌륭하게 사물의 운명을 정했다. 그리고 우리가 사는 지구의 불규칙한 형태는, 보다 규칙성이 높았더라면 결코 이루어지지 않았을 그런 목적을 이루는 데 영향을 미쳤다.[97]

---

94) *Ibid.*, chap 4, *ad fin*, Churchill trans., pp. 12.

95) *Ibid.*, chap 6, Churchill trans., pp. 18, 22.

96) 헤르더는 지구의 윤곽과 인간생활과의 관계에 대한 일반적인 관찰을 각 대륙에 관한 흥미로운 논의에 적용한다. *ibid.*, pp. 19~22.

97) *Ibid.*, p. 22.

인간은 지구에 침입자로 출현한다. 여기서 헤르더는 또다시 뷔퐁의 《자연의 신기원》에 영향을 받은 듯 보인다. "강과 늪지대, 대지와 대기의 모든 요소들이 생명체들로 가득 차거나 생명체들을 가득 채운다. 그리고 인간은 자신이 가진 신과 같은 능력, 기술과 힘을 이용해서 자신이 지배할 수 있는 공간을 만들어야만 했다".[98] 처음에는 동물을 관찰하여 습득한 기술 덕분에 인간은 지구에서 자신의 지위를 떠맡을 수 있었으며, 시간이 지나면서 현재 누리는 지배력을 획득하게 되었다.

헤르더는 인류의 통일성을 가정한다. 인간은 모든 자연과 연결되어 있으며 결코 독립적인 존재가 아니다. 인간은 공기로 숨을 쉬고, 자연의 산물로부터 먹을 것과 마실 것을 얻는다. 그리고 인간은 불을 이용하고 빛을 흡수하며 대기를 오염시킨다. "깨어 있거나 잠들어 있을 때, 움직이거나 멈춰 쉴 때 우주의 변화에 영향을 미치는데, 인간 또한 우주에 의해 변화되지는 않을까? 흡수하는 스펀지나 불꽃이 튀는 부싯돌에 인간을 비유하는 것은 너무나도 빈약하다. 인간을 둘러싼 모든 힘의 조화가 인간이라는 살아 있는 자아에 영향을 미친다는 점에서, 인간은 다중적인 융합이다".[99]

인류 전체와 지구 전체 간의 관계를 고려할 때 두 번째 질문이 남아 있다. 서로 다른 많은 민족이 인류를 구성하는데 그들이 살아가는 환경적 조건이 그들에게 영향을 미치는가? 그리고 다시 그들은 환경에 영향을 미치는가? 헤르더가 기후의 영향에 이따금씩 공감을 표출하긴 하지만 보다 결정적인 순간에는 그것에 만족하지 않는다. 그가 히포크라테스와 몽테스키외에게 경의를 표하긴 하지만 문화적 차이의 원인에 대한 헤르더 자신의 견해는 보다 절충적이다. "인간사에 대한 철학에서 어떤 이들은 기후로 많은 것을 설명하고 어떤 이들은 그 영향을 통째로 거의 부인하지만, 나는 틀림없이 성가실 이 문제에 대해 과감히 논의하려 한다".[100]

98) *Ibid.*, Bk. II, chap 3, Churchill trans., p. 36.

99) *Ibid.*, Bk. VII, chap 1, Churchill trans., p. 164.

그에 따르면 인간의 체온보다 기온이 높은 기후에서 인간이 살 수 없다는 낡은 생각은 폐기해야 한다. 그런 한편으로 우리는 신체 혹은 정신에 적용할 수 있는 기후학을 수립할 만큼 체온에 대해 충분히 많이 알지 못한다. 또한 헤르더는 몽테스키외가 새로이 가다듬은 기후 이론의 오류를 인식했다(4권 112~137쪽 참고). 항상 설계론에는 환경론적 개념이 남아 있다. 왜냐하면 둘 다 적응의 사고에 심하게 의지하기 때문이다. 헤르더는 지구의 거주 가능한 땅의 분포에서 통찰력을 보였다. 북반구를 보다 양호한 기후로 만들기 위해 남반구는 지구의 물을 담는 거대한 저수지로 창조되었다. "그리하여 우리가 세계를 지리의 관점에서 보든 기후의 관점에서 고려하든, 우리는 대자연이 인류가 서로 이웃하는 존재들로 함께 살아가면서 역병과 질병, 혹독한 기후뿐만 아니라 서로에게 온화한 기후와 또 다른 편익들을 나누어 주도록 의도했음을 안다".[101]

그러나 헤르더는 인간이 물리적으로나 문화적으로 다른 환경에 적응한다면 환경을 변화시킬 수도 있음을 잘 인식한다. 인간은 불, 철, 동식물 및 자신의 동료를 이용함으로써 심대한 지리적 영향을 초래했다. "한때 유럽은 습기가 많은 숲이었다. 현재는 잘 경작된 다른 지역 또한 마찬가지였다. 그 지역들은 지금은 햇빛에 노출되어 있다. 그리고 거주자들은 기후와 함께 스스로 변화되었다". 헤르더는 자연과 인간의 상호적인 영향에 대한 19세기에 인기 있던 주제를 미리 선보이며, 인간이 변형시킨 환경이 그 다음에는 인간에 영향을 미친다는 점을 주시한다.

> 이집트의 지형은 나일 강의 진흙에 불과한 것이었을 테지만 인간의 기예와 지략은 그 이상의 것을 가져왔다. 인간은 홍수로부터 진흙을 취했고 나일 강 유역과 먼 아시아, 두 곳 모두에서 생명체는 인위적인 기후에 적응했다. 그리하여, 우리는 인류를 산으로부터 점차 내려와 지구를 정복하고 연약한 팔로 기후를 변화시키는 대담한 작은 거인의 무리라

---

100) *Ibid.*, chap 2, *ad fin*, Churchill trans., pp. 172.

101) *Ibid.*, chap 3, Churchill trans., p. 175.

부를 수 있게 되었다〔*das Menschengeschlecht als eine Schaar kühner, obwol kleiner Riesen*〕. 이런 점에서 이 작은 거인이 얼마나 성취할 수 있을 것인지는 다음 세대가 보여줄 것이다.[102]

헤르더는 뷔퐁보다 훈계조였고 또한 인간의 활동에 대해 더 비판적이었는데(4권 270쪽 참고), 인간은 자연환경의 난폭하고 갑작스런 변화를 피해야만 한다고 말한다. "인간의 기예가 전제적 권력과 결합되어 타국의 숲을 베어 내고 토양을 경작하기만 하면 그곳을 유럽으로 단번에 바꿀 수 있을 것이라 생각해서는 안 된다. 살아 있는 생명체 전체는 밀접하게 연관되기 때문에 이러한 상호 의존성을 변화시키는 데 신중해야만 한다".

헤르더는 유럽인의 정착지가 북아메리카에 미친 영향에 대한 캄(Peter Kalm)*의 관찰에 감명을 받았다. 스웨덴의 박물학자였던 그는 경작의 새로움 및 유럽인과 원주민들이 숲을 이용하는 방식이 다른 것에 놀랐다. 원주민들은 작은 규모의 국지적 방화를 제외하고는 숲을 거의 교란하지 않았다. 캄은 천지창조 이래로 쟁기를 이용해 경작을 한 최초의 사람들이 유럽인이라는 보편적 믿음에 동의하고, 이를 통해 인간이 변화시킨 환경과 원시적 자연 질서의 안정성 간의 대조를 강조했다.

유럽인이 숲 속 새들의 서식처를 파괴하고 새들에게 겁을 주어 쫓아 버리거나 죽여 없앴기 때문에 그 수는 줄어들었다. 제분소의 증가와 다양한 기계 장치는 유사한 방식으로 물고기의 수를 감소시켰다. 소택지를 없애고 배수시킴으로써 기후가 변했다. 캄은 농업 방식, 특히 새롭게 개간된 경작지의 지속적 이용과 삼림 파괴에 가장 비판적이었다. "우리는 스웨덴과 핀란드의 숲보다 이곳 북아메리카의 숲에 더 적대적이다. 그들은 현재의 이득만을 보며 미래를 고려하지 못한다".

캄은 신이 원초적인 상태로 자연을 창조할 때 보여준 지혜와 선함의 증

102) *Ibid.*, p. 176. "Arms"는 "die Erdne zu unterjochen und das Klima mit ihrem schwachen Faust zu verändern"을 Churchill이 번역한 것이다.

거를 어디서나 목도했다. 하지만 인간은 자연을 제대로 이해하지 못한 채 이용했다. 헤르더는 그러한 종교적 사고에 공감했다. 이는 자연스럽게 자연 과정에 개입하는 데 인간이 분별력을 갖춰야 한다는 판단으로 이어졌다.[103)]

뷔퐁이 그랬듯이 헤르더는 토지 개간이 초래한 온난화가 북아메리카 중앙부 식민지의 기후에 미치는 영향, 그리고 배수의 긍정적인 영향에 관해 쓴 윌리엄슨(Hugh Williamson)*의 에세이에 감명을 받았다.[104)] “대자연은 살아 있는 하나의 전체로〔*ein lebendiges Ganze*〕 도처에 존재하므로 부드럽게 순응하면서 개선해야지 힘으로 굴복시켜서는 안 된다”고 헤르더는 말한다.[105)] 헤르더에게 자연은 자애로운 부모이자 인류의 스승이다.

---

103) Herder's *Ideen*, Bk, Ⅶ, chap. 5, par. 3. 이 단락은 내가 번역했다. Peter Kalm, *Travels in North America*, Vol. Ⅰ, pp. 51, 60, 97, 152~154, 275, 307~309, 1748년 9월 22일에서 1749년 5월 18일까지의 목록을 포함한다. 또한 Chinard, “Eighteenth Century Theories on America as a Human Habitat”, *Proceedings of the American Philosophical Society*, Vol. 91(1947), pp. 27~57, 그리고 Glacken, “Count Buffon on Cultural Changes of the Physical Environment”, *AAAG*, Vol. 50(1960), pp. 1~21을 참조하라; pp. 19~20도 참조하라. 헤르더는 “이것은 캄의 설명인데, 우리가 그것을 아무리 지방적인 것이라 간주하더라도 그의 설명은 대자연이 최상의 작품 속에서조차 너무 빠르지 않고 너무 폭력적이지 않은 변화를 사랑하며, 인간이 고장의 경작을 할 수 있음을 보여준다”고 덧붙였다(*Ideen*, Bk. Ⅶ, chap. 5, Churchill trans., p. 186).

104) 이 책 262~265쪽과 Hugh Williamson, M. D., “An Attempt to Account for the Change of Climate, Which Has Been Observed in the Middle Colonies in North America”, *Transactions of the American Philosophical Society*, Vol. 1(2판 수정 1789) pp. 336~345를 참조하라. 헤르더는 독일어 번역판으로 *Berliner Sammlung*, Theil Ⅶ을 참조했다. Williamson의 불어 번역본으로는 Glacken, *op. cit.*, p. 11, 각주 39를 참조하라.

105) *Ideen*, Bk. Ⅶ, chap. 5, Churchill trans., p. 187.

> 우리가 살아가는 지구의 구조, 그리고 인간과 지구의 관계를 성찰할 이해력 있는 사람이라면, 얼마나 멀리 그리고 얼마나 넓게 민족이 확산되어야 하는지를 결정했던 인류의 아버지가 우리 모두의 보편적 선생의 관점에서 이것 역시 결정했다고 생각하게 되지는 않을까? 배를 바라보면서 배를 건조한 이의 목적을 부인할 것인가? 그리고 자연의 인공적인 틀과 거주 가능한 지표면의 모든 기후들을 비교하면서 누가 과연 다양한 인간들이 처한 기후의 다양성이 인간 정신을 교육하기 위한 창조의 목적이었다는 관념을 거부할 것인가?[106]

그러나 헤르더는 살아 있는 인간으로서 우리가 서로서로 교육하고 영향을 주기 때문에, 거주하는 장소가 모든 것에 영향을 미치는 것은 아니라고 덧붙인다. 인간은 자신의 역사와 전통과 관습을 고려해야만 한다. 헤르더는 인간의 역사적 경험을 해석하면서, 주요 법칙은 다음과 같다고 결론짓는다. "장소의 상황과 필요에 따라서, 시대의 여건과 필요에 따라서, 그리고 민족의 선천적 혹은 후천적인 특성에 따라서, 가능한 모든 것이 우리 지구의 모든 곳에 존재했다".[107]

헤르더의 저작에서 인간과 자연에 대한 철학은 만개했으나, 그의 시대에 정점에 달한 이 철학은 이후에 쇠퇴하기 시작했다. 하지만 몽테스키외 같은 보다 교조주의적이었던 이들에 비해 헤르더의 절충주의는 우월했다. 헤르더가 경탄할 만한 솜씨로 개념화하긴 했지만 설계, 즉 환경으로서 지구의 적합성, 지구 위에 살아가는 인간의 적합성, 지구에 대한 인간의 영향과 인간에 대한 지구의 영향은 여전히 낡은 틀 속에 사로잡혀 있었다. 헤르더를 존경해 마지않았던 라첼은 헤르더가 말한 지구가 인류의 온상이자 요람이라는 사고를 비판했는데, 그 이유는 지구의 몇몇 우호적 부분만이 아니라 전체 지구가 마치 유쾌한 대지인 것 같은 환상을 부추긴다는 것이었다. 하지만 라첼은 자신의 비판을 적절하게 만들기 위해서 헤르

---

106) *Ibid.*, Bk. Ⅸ, chap. 1, Churchill trans., p. 227.

107) *Ibid.*, Bk. Ⅻ, chap. 6, Churchill trans., p. 348.

더가 그 자신을 위해서가 아니라 그가 풍요롭게 했던 하나의 전통, 수 세기 동안 이와 같은 자연관을 영예롭게 했던 전통을 위해 발언한 것이라는 사실 또한 말했어야만 했다.[108] 흄, 칸트, 괴테, 훔볼트가 일출에 해당한다면, 헤르더의 작업은 영광스러운 일몰이었다.

10. 훔볼트

실제로 그 같은 일몰이 있었다면 18세기 말이 탐험이 시작되고 박물학에 대한 관심이 일며, 목적인에 대한 논의가 시작되던 시점이었음을 고려할 때 그 당시 가능했을 다른 자연관은 무엇이었을까? 내 생각에 그 같은 가능성은 1805년 프랑스에서 훔볼트와 봉플랑(Bonpland)*이 최초 간행한 《식물지리학 에세이》(*Essai sur la Géographie des Plantes*)와 《적도 지역의 자연도(圖)》(*Tableau Physique des Régions Équinoxiales*)에 나타난다(이 주제에 대한 훔볼트 사고의 전면적 분석은 이 책의 범위를 벗어나는 것이나 훔볼트의 후기 저작에서 발전된 사고 중 많은 부분은 이 짧은 에세이들 속에 언급되어 있다).

이 에세이들의 제목은 거기에 나타나는 자연에 대한 광범위한 철학을 암시하지 못한다. 《식물지리학 에세이》는 (일반적으로) 식물지리학 역사상의 이정표로 간주되지만 사실은 그 이상의 의미를 가진다. 훔볼트 스스로가 그 책을 자연 연구를 위한 근본 프로그램으로 간주했음이 분명하다.[109] 그의 자연관은 과거의 자연관보다 독특하고 상세하다. 왜냐하면 그는 무척 많은 곳을 여행했으며 개인적으로 많은 관찰을 했다. 그의 자연관은 목적론적 설명으로부터 자유로우며, 인간에 의한 자연의 개조와 인간에 대한 환경적 영향 양자를 모두 고려한다.

---

108) *Anthropogeographie*, Part II, pp. 3~4.

109) *Tableau Physique*, pp. 42~43; *Naturgemälde*, p. 39.

훔볼트는 《식물지리학 에세이》를 괴테에게 헌정했는데, 어린 시절에 그 저작을 구상했다고 말했다. 또한 그는 쿡의 항해(1772~1775)에 부친과 함께 따라 나섰던 식물학자 포르스터에게 감사의 뜻을 표했다. 훔볼트는 1790년에 잉글랜드 여행을 가서 포르스터에게 식물지리학의 초고를 보여주었다. 그는 또한 물리-수학적 과학에 관한 몇몇 저작을 공부한 것이 견문을 넓힐 기회가 되었다고 덧붙였다. 그러나 무엇보다도 "지구의 자연사"(*l'histoire physique du globe*)[110]에 크게 공헌한 것은 열대지방에서 그가 모은 것들이었다. 당대 과학의 관점에서 볼 때 광대한 열대의 세계가 자연의 개념 형성에 영향을 미치기 시작한 것은 포르스터와 훔볼트 이후부터였다. 이는 후에 다윈과 윌리스에 의해 지속된다.

훔볼트는 식물 연구, 즉 새로운 종의 탐구, 식물의 외적 형태에 대한 묘사, 분류법의 가치를 폄하하지는 않았지만 이와 똑같이 중요한 식물지리학 연구 역시 이름뿐인 일반과학의 본질적 부분임을 인식하는 것이 필요하다고 말했다.[111] 그에 따르면 식물지리학을 지역이나 고도에 따라, 또는 기압, 기온, 습도, 전기적 긴장과의 관련 속에서 연구하는 것으로는 충분치 않고 식물이 살아가는 방식에 따라 연구해야 한다. 흩어져 홀로 자라는 것들과 곤충으로 치면 벌과 개미 같은 군생식물이 그 예이다.[112]

계속해서 그는 동종 식물군의 군집 영역을 지도로 만드는 일도 흥미로울 것이라고 말한다. 식물 군집은 긴 띠의 형태로 그려질 것이다. 그것이 과도하게 길어지면 국가의 인구를 감소시키고, 이웃 민족들을 분리하고, 산이나 바다보다 교통과 교역에 더 큰 장애물이 될 것이다. 훔볼트는 독

110) *Essai*, pp. vi~vii. *Ideen*, German, ed., 1807, pp. iii~iv. 후자는 전자를 있는 그대로 번역한 것이 아니고, 프랑스어판에서는 발견되지 않는 몇몇 사고와 예들이 포함되어 있다.

111) *Essai*, p. 1.

112) *Essai*, pp. 14~15.

일어판에서 이 식물 군집의 띠를 "히스가 우거진 황무지이자 초원"(스텝과 사바나)이라고 언급했다. 훔볼트는 이 군생식물(동종의 식물 군집)과 인간 사회와의 관계를 설명하면서 에리카 불가리스(*Erica vulgaris*), 에리카 테트랄릭스(*Erica tetralix*), 리첸 이크마도플리아(*Lichen icmadophila*), 하에마토마(*haematomma*)의 군집을 그 예로 든다. 이 식물군집은 유틀란트 반도 최북단에서 시작해 홀스타인(Holstein)과 루네베르크(Luneberg)를 지나 북위 52도에 이른다. 그리고는 서쪽으로 방향을 틀어 뮌스터(Münster)와 브레다(Breda)의 거대한 모래를 지나 해협에 이른다.[113]

인간은 황무지 경관을 인간이 창조한 오아시스로 변화시켰는데, 그곳은 규모가 작은 대체 식물의 고립적 서식지로 그 신선한 초록빛은 주변의 황량한 히스와 대조를 이룬다. 여기서 인간의 임무는 (단지 부분적으로만 성공적이었음에도 불구하고) 수 세기 동안 이 지역을 지배한 생명을 새로운 종의 식물로 대체하기 위한 자연과의 투쟁임을 직시할 수 있다.[114] 훔볼트는 원래의 지표와 인간에 의해 변화된 지표를 대조하면서 이끼의 일종인 군생식물인 스파그눔 팔루스트레(*Sphagnum palustre*)가 한때 독일의 상당 부분을 뒤덮었다고 말한다. 이후 농민들이 숲을 제거함으로써 습도가 낮아지고 늪지대가 점차 사라지면서 다른 유용한 식물이 이끼를 대신했다.

훔볼트는 이 음울한 지역을 열대 지역의 종 다양성과 대비시킨다. 열대 지역 또한 고산지대에는 군생식물이 존재한다. 흩어져 홀로 자라는 종들이 열대우림의 빽빽한 입목이 된다. 그 밀도는 유럽에 비견되는데 이를 통해 훔볼트는 구대륙과 신대륙에서의 농업의 기원에 대한 흥미로운 추론을 한다. 유목민들이 자신의 삶의 양식을 포기하고 주위의 유용한 동

113) *Ibid.*, p. 17.

114) 이 삼림은 오랜 세기에 걸쳐 땅 위로 퍼져 불모지를 만들고 절대적 영향력을 행사한다. 인간들은 이 안에서 길들이기 어려운 자연과 싸우며 노력하지만, 자연으로부터 재배 가능한 땅은 거의 얻기 힘들다(*Essai*, p. 18).

식물을 모으기 시작하면서 처음으로 농업이 시작된다. 유목에서 농경으로의 이러한 전환은 북방의 민족들에게는 늦게 나타났다. 오리노코 강과 아마존 강〔독일어판은 마라뇬(Marañon) 강이란 옛 이름을 사용한다〕 사이의 열대 지역에서는 숲의 밀도 때문에 원주민들은 사냥을 통해 음식물을 얻을 수가 없다. 낚시, 야자열매, 작은 규모의 경작지는 남미 원주민의 자급 기반이었다.[115] 그러나 독일어판에서 훔볼트는 깊고 유속이 빠른 강, 홍수, 피에 굶주린 악어와 보아뱀 때문에 낚시는 큰 소득이 없고 많은 수고가 필요했으며 이곳 대자연의 조건 때문에 사람들이 경작을 선택할 수밖에 없었다고 말한다.

모든 곳에서 원주민의 조건(*état*)은 그들이 거주하는 기후와 토양의 성격에 의해 변화된다. 오직 이러한 변화만이 최초의 그리스 거주자들과 유목민인 베두인족을 구분하고 베두인족과 캐나다 원주민들을 구분한다.[116] 그리하여 훔볼트는 1775년에 케임즈 경을 곤란하게 했던 문제를 환경적 원인으로 설명하려 한다. 사냥과 낚시에서 목축으로, 그리고 농업으로 이어지는 인류문화 발전의 보편적 과정은 신대륙에는 들어맞지 않았기 때문이다.

훔볼트는 인간에 의한 환경의 변화와 인간에 대한 환경의 영향, 두 가지 주제를 추구하면서 식물이 세계로 퍼져 나가는 데 인간이 미치는 영향력의 효과와 변덕스러움을 지적한다. 인간은 가장 외진 곳의 기후의 산물들을 자신 주변에 끌어모으고 농업을 함으로써 토종식물을 점차 협소한 공간으로 내몰며 외래식물이 지배하게 만든다. 이 같은 활동의 일반적 결과는 인구가 많은 매우 문명화된 국가에서 볼 수 있는 단조로운 풍경이

---

115) *Essai*, pp. 24~25. 또한 *Ideen*, pp. 16~17을 참조하라.

116) 그러나 독일판에서는 같은 생각을 표현하는 것임에도 불구하고, 진술은 상이하다. "그러므로 기후와 토양은 야만적인 전통, 환경, 인습을 상당히 변형시킨다. 기후와 토양은 베두인의 유목민과 고대 그리스의 참나무숲에 살던 펠라스기족을 구별하며 이들과 미시시피 강의 수렵을 사랑하는 유목민을 구별한다"(*Ideen*, p. 17)

다.117)

훔볼트는 열대지방에서 식물의 엄청난 풍부함을 강조하지만, 열대지방에는 온대지방의 부드러운 초록빛과 평원과 초원이 없다. 훔볼트는 세심한 대자연이 각 지역에 그만의 이점을 주었다는 목적론적 뉘앙스가 느껴지는 언급을 했다. 훔볼트는 나중에 《코스모스》에서 자연에 대한 사고의 역사를 쓰면서 상세히 발전시킬 주제를 미리 선보이며, 식물 분포 및 경관이 상상(*Phantasie*)과 예술적 감성(*Kunstsinn*)에 어떠한 영향을 미치는가를 묻는다. 이곳 혹은 저곳의 식생의 특성은 무엇으로 구성되는가? 식생의 특성은 그것을 응시하는 이들의 영혼에 어떤 감흥을 불러일으키는가?118)

이와 같은 유형의 연구는 풍경화와 심지어 풍경을 읊은 시가 부분적으로 그 영향력을 발휘하게 하는 미스터리한 수단과도 직접적 관련이 있기 때문에 더더욱 흥미롭다. 서구 문명이 낳은 모든 지리학자 중에서도 훔볼트는 이 단락, 그리고 그의 방대한 저작을 통해 지리학과 미학이 공유하는 기반을 명확히 이해한다. 이 분야의 연구는 심미적이고 심리학적인 이론을 암시하는 주관적인 것이었는데 문화지리학이나 자연지리학과 같은 계통지리학에서처럼 열렬하게 연구된 적이 한 번도 없었다. 많은 지리학자들이 자연 감상과 자연 풍경의 아름다움이라는 주제에 대해 종종 저술했지만 당시 그 저술들은 오늘날처럼 전문적 장르라기보다는 일종의 문학으로 여겨졌다. 19세기 후반 이래로 경관에서 추함이 나타나고 나서야 미학과 예술사의 강력한 역사적 기초를 상실한 것이 지리학과 같은 학문 분야에 커다란 손실임을 알게 되었다.

자연을 하나의 전체로 보는 것, 즉 초원과 숲을 조망하는 일은 개별 유기체와 그것의 놀라운 구조가 불러일으키는 것과는 또 다른 종류의 기쁨을 만든다. 후자의 상세함은 지식에 대한 욕망을 불러일으키고, 전자의

117) *Essai*, pp. 25~28.

118) *Essai*, p. 30, *Ideen*, pp. 24, 30.

앙상블, 즉 거대한 집단은 상상력을 자극한다. 초원의 신선한 녹색과 전나무 숲의 어두운 그늘이 만드는 느낌은 얼마나 다른가! 이를 통해 일어나는 느낌의 차이는 집단의 거대함 자체, 즉 절대미 때문인가? 아니면 대조, 즉 식물 형태의 분류 때문인가? 열대 식생의 회화적 이점은 어디에 있는가?119)

열대 지역의 거주자들은 모든 식물 형태를 시각적으로 음미할 수 있다. 많은 식물이 유럽인에게는 알려져 있지 않아서 그들은 시각적 즐거움에 동참할 수 없지만 언어의 풍요로움과 완전함 속에, 그리고 시인과 화가의 상상력 속에 자신만의 대체물을 가진다. 유럽인은 자연을 모방하는 예술의 매력을 통해 고향을 떠나지 않고서도 자연에 대한 숭고한 개념을 가졌으며, 가장 용감한 탐험가들의 발견을 자신들의 것으로 만들었다. 멀리 떨어진 것, 이국적인 것, 모국에는 알려지지 않은 것을 이용하는 능력을 통해 우리 개인의 행복에 가장 큰 영향을 미치는 통찰력을 얻는다.

우리는 현재와 과거, 그리고 서로 다른 각 기후에서 자연의 다양한 산물을 볼 수 있고 지구의 모든 민족과 교류한다. 우리는 과거의 발견에 기대어 자연법칙의 발견에서 진보를 이루며 미래로 계속해 나아간다. 우리는 환경을 탐구함으로써 지적인 기쁨과 도덕적인 자유를 얻으며, 이를 통해 우리는 운명의 힘에 맞서도록 단련될 뿐만 아니라 어떤 외부적 힘에도 파괴되지 않도록 고무된다.

이와 동일한 철학이 보다 상세한 에세이 《적도 지역의 자연도》에 녹아들어 있다. 이 글은 전체로서의 자연을 염두에 두고 쓰였다. 훔볼트는 상반된 힘의 경합을 초월하는 자연의 일반적인 평형상태를 보기 때문에 "이 원인과 결과의 관련 속에서 어느 한 가지 사실도 따로 떼어 생각할 수 없다"(*Dans ce grand enchaînement de causes et d'effets, aucun fait ne peut être considéré isolément*)고 말한다.120)

---

119) *Essai*, p. 30, *Ideen*, pp. 24~25.

120) *Tableau Physique*, pp. 42~43.

(자연의 평형과 균형의 원칙 그리고 다양성에 내재하는 통일성 원칙에 따라) 이 에세이에서 훔볼트는 침보라소(Chimborazo) 산*을 그린 유명한 지도에서 동식물, 심지어는 바위의 고도상 분포를 보여주는데 극지방, 온대 지역, 적도 지역에 대해서도 유사한 지도가 필요하며, 또한 북반구와 남반구, 구대륙과 신대륙을 대조하는 지도 또한 필요하다고 덧붙인다. 전세계에 걸친 식물 탐구를 통해 그리고 그 결과물을 적절한 지도로 간행해 다양성 속의 통일성이라는 원칙의 뼈대에 살을 채워 넣는 것이 훔볼트의 야망이었다.

여기서 그는 또한 (그의 후반기 저작에서 다양한 형태로 다시 출현한) 오래된 환경론에 동조한다. 여기서 환경론이란 가혹한 환경의 자극을 말하는데, 이를 헤로도토스가 처음 언급하고 토인비가 현대적이고 정교한 옷을 입혔다. 민족이 성취한 문명의 수준은 그들이 사는 토양의 비옥도, 그리고 그들을 둘러싼 풍요로운 자연의 혜택 수준과 반비례 관계를 나타낸다. 즉, 자연이 더 극복하기 어려운 장애물을 줄수록 사회적 요인은 더욱 빠른 속도로 진보했다. 본질적으로 이 이론은 필요는 발명의 어머니라는 사고의 변형인 셈이다.121)

훔볼트는 다습한 열대 지역의 풍요와 비옥함을 당연시하면서(열대의 토양에 대한 이러한 관념은 일부 지역에서는 현재까지 지속되었다), 왜 문명은 열대가 아닌 온대 지역에서 발전했는가라는 의문을 제기한다. 왜 신대륙의 문명은 큰 강의 기슭이 아니라 안데스 고지에서 번영했는가? 왜 원주민들은 그들이 사는 곳에서 하루도 채 걸리지 않는 산 아래의 비옥한 평원이 있음에도 불구하고 3,300m 고지에서 변덕스러운 날씨와 함께 딱딱한 땅을 일구면서 사는가? 훔볼트는 그들이 고향 땅에 대한 애정과 관습의 힘 때문에 부적합한 토지에 남아 있다고 생각한다. 그는 안데스 고지대의 취락과 유럽의 유사한 장소를 비교하면서 유럽이었다면 일시적 목축을 위한 오두막만이 있을 지역에 페루인은 도시를 지었다고 말한다.

---

121) *Ibid.*, pp. 139~140; *Naturgemälde*, pp. 168~169.

이런 이야기들은 모두 우연적이고 개략적인 것이지만 그와 동시에 환경적인 이유만으로는 설명되지 않는 인문지리학의 필요성을 암시한다. 인문지리학은 관습과 문화적 관성을 망라하며 환경을 서로 비교함으로써 지식을 얻을 수 있다.122)

홈볼트의 자연관은 포르스터나 뷔퐁의 관점만큼이나 고결했으며 자유로운 정신으로 자유롭게 탐구했다.123) 훔볼트는 18세기 후반과 19세기 초반에 재능 있고 감성이 풍부하고 여행을 많이 다닌 연구자가 인간과 자연의 관계에 대한 고찰에서 무엇을 성취할 수 있는가를 보여주었다. 덴마크의 스큐(Skouw)부터 위대한 학자 다윈의 구절에 이르기까지 19세기의 저명한 박물학자들 다수의 저작에 훔볼트가 영감을 불어넣었다는 사실은 쉽게 확인할 수 있다. 그의 연구는 아마도 다윈의 진화론 이전에 기존 지식을 통해 성취될 수 있었던 살아 있는 자연에 대한 최고의 개념화일 것이다.

그러나 훔볼트에서 다윈에 이르는 박물학의 역사가 손쉬운 길이라고 생각하는 것은 커다란 실수다. 왜냐하면 설계론 신봉자들과 기독교신학의 틀 속에서 목적인을 신봉하는 사람들의 굉장한 활력—그것이 지적 깊이를 의미하는 것은 아닐지라도—을 상상하기 어려울 것이기 때문이다. 라이엘은 물리신학자들의 반대를 인식했다. 1830년 6월에 스크로페(Poulette Scrope)에게 편지를 써서 "당신이 그들에게 승리하지 못한 채로 현시대의 자유와 솔직함을 칭찬한다면 주교들과 계몽된 성인들이 고대와 근대의 물리신학자들을 경멸하는 데 동참할 것"이라고 말했다124) 지리학에서 목적론적 자연관에 기초한 설계론의 생명력은 훔볼트의 친구인 리터의 저작에서 명확히 드러났다. 스피노자, 뷔퐁, 칸트, 괴테, 훔볼트에

---

122) *Tableau*, pp. 139~141.

123) 이 같은 사고가 보다 폭넓게 발전된 것을 보기 위해서는 훔볼트의 《코스모스》 도입부를 보라.

124) K. M. Lyell, *Life of Charles Lyell*, Vol. I, 271. 또한 Gillispie, *Genesis and Geology*, p. 133을 보라. 나는 이 점에 대해 이 문헌의 도움을 받았다.

의한 설계론 비판이 마치 전혀 존재하지 않았던 것처럼 "창조주의 발치를 따라가는 방대한 양의" 문헌이 19세기에 축적되었다.

11. 결론

18세기 자연 연구는 17세기 자연 연구에 기반을 두지만 거인의 어깨 위에 선 난장이는 아니었다. 양자는 강렬함의 측면에서 서로 비견될 만했다. 버넷에서 레이에 이르는 사상의 흐름은 **자연의 대 스펙터클**(*grand spectacle de la natura*)을 만들었다. 18세기에 목적론의 틀 안에서 혹은 그 바깥에서 많은 연구자들이 자연 연구를 위한 새로운 기회에 감명을 받고 영감을 얻었다. 그리하여 그들은 신에 대해 판단하려 하지 말고 인류에 대해 적절한 연구를 하라는 마치 교장 선생님의 말씀과 같은 교황의 뜻을 무시했다.

뷔퐁과 생 피에르 같은 이들의 강력한 주장은 수사학에 불과한 것이 아니었다. 둘 다 라이프니츠의 황홀경에 빠진 말과는 거리가 멀었다. 무한히 작고 가까운 것, 무한히 크고 먼 것이 현미경과 망원경 — 지금은 우리에게 익숙해진 — 을 통해 시야 속으로 들어왔으며 전체적 배열에 실체와 깊이를 부여했다. 박물학자들이 사색, 여행, 조각, 식물 수집에 몰두하면서 유기체와 관련된 주제가 인기를 끌었다. **자연의 대 스펙터클**은 플뤼시, 생 피에르, 린네, 팔라스, 뷔퐁, 괴테, 포르스터의 철학에 기초를 놓았다.

물리적 악의 문제 또한 위와 같은 자연 연구와 관련되어 있었다. 포프와 팡글로스 박사의 '모든 것이 좋다' 철학은 사회 세계의 낙관주의와 관련해 종종 논의된다. 그러나 그 철학은 또한 자연 과정을 해석하는 데도 적절하다. 목적인의 교의는 지구와 물리적 과정 간의 구분을 희미하게 했다. 물리적 과정은 지구의 아름다움과 편리함, 지진, 거친 폭풍, 화산 분출, 산사태, 그리고 인간 정착지의 지리에 구체적으로 표현된 인간 세계의 원인이 된다. 그러한 재앙의 결과로 인류를 엄습한 물리적 악은 사람들의 수와 분포에 달려 있다. 단층 위에 있는 대도시에서 살아가는 사람들이건, 분출하는 화산 바로 아래 마을에서 살아가는 사람들이건 간에 그들의 존재가 지진이나 분출을 몰고 온 조건을 변화시킬 것이라고 기대할 수는 없을 것이다.

더욱이 흄과 칸트는 정신적 과정과 목적인의 관계를 이전의 어떤 학자들보다 명쾌하게 보여주었다. 장인정신의 의미에 대한 흄의 분석과 자연의 유기체화가 우리가 아는 인과성과 어떤 유사성도 없다는 칸트의 언급은 자연에 대한 개념을 형성하는 데 인간 정신이 관여하는 방식에 주의를 기울일 것을 요구했다. 오늘날에는 생태계 개념을 통해 이러한 진실이 명백해졌다. 칸트는 인간 지능이 자연에 의미를 부여하는 행위는 지능이 낮은 동식물은 할 수 없는 것이라면서 인간은 자신들의 가치 체계 내에서 창조에 대해 계몽적이고 만족할 만한 이해를 하기 위해 애를 쓴다고 암시한다. 실존주의적 사고와 유사해 보인다.

설계의 그물망이 해체되면서 자연에서 실존을 위한 투쟁이 무엇을 의미하는지는 흄의 《자연종교에 관한 대화》에서 볼 수 있다. 갈등과 경쟁은 무의미해졌다. 인색한 자연은 너그러운 설계의 어머니와 대조를 이룬다. 19세기에 생명의 다산성과 가용한 식량 간의 대비에 충격을 받은 맬서스 등으로부터 위와 같은 언급을 자주 들을 것이다. 설계의 보호막이 제거될 때 보다 낮은 수준의 사고가 풀려 나와 부모에게 반항하는 아이와 같이 자신들의 정당성을 주장한다. 이와 유사하게 진보의 사고는 천 년에 걸친 문명의 진화 과정에서 작은 실패로 간주되는 것을 감추었다. 그것을 제거하면 이 실패는 스스로 자신의 발로 일어설 것이다. 많은 문명의 갈래는 더 이상 서로 필연적 조화를 이루는 듯이 보이지 않을 것이다. 지식의 성장과 기술의 진보는 윤리적 진보와 전쟁의 감소를 수반하지 않을 수도 있으며 이런 것들이 토양을 더 잘 이용하고 숲을 보전하는 결과를 필연적으로 이끌어 내지 못할 수도 있다.

19세기에는 낡은 물리신학의 쇠퇴가 이미 시작되었다. 그리하여 라마르크, 다윈과 함께 관심은 적응에 쏠려 있었다. 그들은 낡은 생각 위에서 자연의 상호 관계, 생명의 그물망이라는 새로운 개념을 창조하는 임무를 시작했다. 그들의 계승자들은 생물 공동체, 그리고 궁극적으로는 생태계 개념으로 그 뒤를 이었다.

19세기의 기계적 일원론에서는 목적론이 사라지지 않았다. 세속적 버전의 목적론과 그에 대한 비판이 이전의 신학적으로 경도된 목적론과 그에 대한 비평의 자리를 대신했다. 진보의 사고, 마르크스주의와 다윈 이론은 그 자체의 목적론을 가진다. 생물 공동체에 대한 이후의 연구, 특히 전체론적(*holistic*) 함의를 갖는 연구는 비록 은폐되어 잘 보이지 않지만 목적론과 강력한 연계를 맺는다. 목적론적 설명과 명백한 "목표 지향적 활동"(Braithwaite)에 대한 분석이 여전히 사고에서 힘을 발휘하기 때문이다. 그들은 어떤 분야에도 관여할 수 있다.[125] 하나의 언어가 문법이 보다 단순한 쪽으로 진화하거나 혹은 의미가 명확해지는 쪽으로 진화하는지, 아니면 단지 낡은 것을 대신하면서 재배열될 뿐인지를 언어학자는 질문하지 않는가? 인간 사회에서 출현하는 패턴과 진화를 이해하기 위한 시도에서 그러한 질문이 지속적으로 되풀이되는 것이 아닐까?

내 생각에는 인간과 지구의 관계에서 목적론적 설명이 붕괴했다고 말했던 칸트가 옳았다. 인간 행동의 변덕스러움과 동기의 폭넓은 다양성은 환경적 변화를 초래한다. 인간이 지구 표면에 창조한 것들, 선, 평면, 윤곽, 평탄한 지역, 구덩이는 하나의 전체로서의 사회 혁명의 결과가 아니라 상이한 문화사의 결과물이다. 지구의 변화와 사회적 열망을 결합시키는 것은 세계 정부가 토지 이용에 대한 독재를 행할 때에만 가능할 것이다. 그러나 이는 목적론이 아닌 계획이 될 것이다. 어떤 이들은 문화 혹은 사회의 목적론적 발전을 신봉하기도 한다. 그러나 라이프니츠처럼 문명

125) Braithwaite, *Scientific Explanation*, pp. 319~341을 보라.

의 진보에 수반하여 그와 조화를 이루는 지구의 변화가 있다고 믿기는 어렵다.

목적론은 앞으로도 오랫동안 우리와 함께할 것이다. 왜냐하면 그것은 인간, 자연 그리고 양자 간의 관계가 갖는 의미에 대한 영원히 되풀이되는 탐색의 표현이기 때문이다. 인류가 자연의 일부라고 우리가 올바르게 지적하는 만큼이나 이와 별개인 인간의 활동을 독특한 힘으로서 연구하기 위해 특별한 기술과 그 자체의 철학을 유지해야 한다. 서구의 전통이 인간과 자연의 대립을 강조했다고 말하면서 양자 간의 결합을 강조하기도 했다는 부분을 언급하지 않는 것은 오류다. 이런 대조적 두 관점이 나타난 이유는 인간이 고유하기 때문이고, 또 인간이 다른 피조물과 마찬가지로 생명과 필멸성을 가진 존재이기 때문이다.

제12장

기후, 풍속, 종교, 정부

1. 서론

날카롭고 종종 재기발랄한 몽테스키외의 잠언들은 그의 시대를 놀라게 했고, 기후의 상호 관련성에 대한 대담한 주장은 많은 이들에게 신선함과 독창성을 확신시켰다. 그렇다고 그가 주제를 다루는 방식의 가벼움이 고전 세계, 서구 유럽, 그리고 콜럼버스 이후 여행 문헌에 대한 지식을 감추지는 못했다.

몽테스키외가 동시대 사람들과 그 이후에 그의 저술을 읽었던 사람들에게 미친 영향력은 매우 커서 보댕 이후 150년 만에 당당하게 예고 없이 나타난 신선한 물결인 듯 보였다. 볼테르는 이와 같은 인식이 틀렸다고 생각했다. 즉, 몽테스키외 이전에 근대의 다른 프랑스인인 보댕, 퐁트넬, 샤르댕(Chardin),* 뒤 보가 기후에 대한 저술을 이미 남겼다는 것이다. 또한 볼테르는 그들과 고대의 사상가들을 동류로 보았고 몽테스키외에게는 비판적이었다. 하지만 몽테스키외를 비판하는 다른 이들을 경멸하면서 다음과 같이 말했다. "《법의 정신》의 저자(몽테스키외)는 권위자들을 인용하지 않고서 뒤 보, 샤르댕, 보댕보다 깊이 있게 이 〔기후의 영향에 관한〕 사고를 전했다. 어떤 사람들은 몽테스키외가 기후의 영향에 대한 생각을 처음 제시했다고 믿으며 마치 범죄라도 저지른 양 그를 비방했다. 그런 부류들의 속성은 원래 그렇다. 이해력보다 열정만을 앞세우는 이들이 도처에 널려 있다".[1)]

사상의 연속성이 단절되지 않은 덕분에 볼테르의 요지는 잘 전달되었다. 앞서 살펴보았듯이 환경적 영향에 대한 사고가 중요한 기능을 수행하기 시작했다. 예컨대 샤롱은 계시종교인 유대교, 기독교, 이슬람교에 대한 불신을 나타냈는데, 그는 유대교, 기독교, 이슬람교 이 세 종교가 탄생한 까닭을 모두 아라비아의 기후 탓으로 돌렸다.[2)]

나아가서 건강과 의학에 대한 관심은 결코 수그러들지 않았다. 히포크라테스 — 와 더불어 갈레노스 — 가 중세에는 기독교인 의사인 것처럼 여겨졌다면 르네상스 시대 및 17~18세기에 그는 기독교인 의사의 상징이라기보다는 경험적 관찰자의 원형으로 간주되었다. 그의 관찰은 자연과 함께, 그리고 자연만을 대상으로 이루어졌으며 심지어 어떤 이들은 그가 무신론을 신봉한다고 생각했다.[3)] 18세기 내내 의사들은 히포크라테스에게 엄청난 존경심을 표했으며 《공기, 물, 장소》에 대해서도 그만큼의 경의를 표했다.

---

1) "Climat", in *Dictionnaire philosophique*, Morley trans. Text in *Oeuvres*, ed., Beuchot, Vol. 28, p. 115.

2) Charron, *Of Wisdom* (1601), p. 258. 또한 chap. Ⅸ의 sec. 8을 보라.

3) Deichgräber, "Goethe und Hippokrates", *Sudhoffs Archiv für Geschichte der Medizin und der Naturwissenschaften*, Vol. 29 (1936), pp. 27~56, ref. on p. 27.

2. 퐁트넬, 샤르댕, 뒤 보

환경적 인과성이 종교나 건강과 관계가 있다면 그것은 또한 역사적인 변화, 여행과 탐험, 인간 성취의 지리적 분포와도 관련이 있을 것이다. 먼저 몽테스키외가 저 유명한 양의 혀 실험을 통해서(118쪽 참고) 기후적 영향에 대한 탐구를 과학의 기초 위에 올려놓으려 시도하기 이전에, 볼테르가 언급했던 이들, 즉 퐁트넬, 샤르댕, 뒤 보가 주장했던 바를 살펴보자.

퐁트넬은 그의 에세이 《고대인과 근대인에 대하여》(*On the Ancient and Moderns*)에서 양자의 상대적 장점을 논하는 일에 어떠한 의미를 부여하고자 했다. 이 에세이에서 퐁트넬과 많은 이들은 유기체의 유비를 전체로서의 자연에 적용하는 것이 타당한가라는 보다 근본적인 탐구에 열중했다(3권 67~68쪽 참고). 퐁트넬은 폴리비오스를 연상케 하는 입장을 취하면서 민족의 원초적인 정신적 특질은 기후에서 유래한다고 가정한다. 그러나 인간은 서로의 정신에 영향을 미치기 때문에 이러한 특질은 사라진다. 퐁트넬은 (다음 세기에 흄이 보다 확고하게 견지했던) 모방과 문화적 접촉의 힘을 인식함을 보여주면서 다음과 같이 덧붙였다.

> 그리스의 저술을 읽는 것은 그리스인과 통혼하는 것과 마찬가지의 효과를 우리에게 가져온다. 잦은 혼인 관계의 결과로 그리스인과 프랑스인의 피가 바뀌고 두 민족에 고유한 외모의 특성은 상당히 변화될 것이다. …〔기후의 효과가 결정적이지 않고 한 가지 영향이 다른 하나를 상쇄할 수도 있기 때문에〕 정신이 동등하게 발달한다면 기후에서의 차이는 평가절하될 수도 있다. 기껏해야 열대 지역과 두 극지방은 과학의 발달에 그다지 적합하지 않다는 정도가 믿을 만할 것이다. 현재까지 과학 발전의 영향력은 남쪽으로는 이집트와 모리타니아(Mauritania), 북쪽으로는 스웨덴을 넘어서지 못했다. 과학의 발전이 아틀라스 산맥과 발트 해 사이의 영토에 제한되었다는 것은 아마도 전적으로 우연은 아닐 것이다. 우리는

> 이것이 자연이 부과한 경계인지, 그리고 라프족(Lapps)****이나 흑인 가운데 위대한 과학자가 나오기를 기대해도 좋은지에 대해서는 알 수 없다.

퐁트넬은 현저하게 뛰어난 성취를 이룬 지리적 지역이 있는가에 대해서는 답을 하지 않은 채 넘어가지만 고대와 근대 민족 간의 차이를 환경적 요인으로 설명하는 것에는 반대한다. 그는 다시 한 번 흄에 앞서서 다음 논의를 이어간다.

> 몇 백 년이라는 시간은 인간들에게 자연적 차이를 남기지 않는다. 그리스와 이탈리아, 프랑스의 기후가 그리스인 혹은 라틴인과 우리들 사이에 지각할 만큼의 차이를 만들었다고 보기에는 너무나 유사하다. 그 시간 동안 그들에게 몇 가지 차이가 나타났다 할지라도 이것은 매우 쉽게 없앨 수 있을 것이며 그 차이는 그들에게 이점이 아니듯 우리에게도 이점이 아니다. 그러므로 우리 모두는 고대인이건 근대인이건 그리스인이건 라틴인이건 프랑스인이건 간에 완전히 동등하다.[4]

샤르댕과 뒤 보에 대해 비판적이었던 볼테르는 "영리한 퐁트넬"을 긍정적으로 인용했다. 《샤르댕 경의 여행일지》(*Journal du Voyage du Chevalier Chardin*), 특히 《페르시아 여행》(*Voyage en la Perse*)은 17세기의 유명하고 영향력 있는 여행서였다. 샤르댕은 보석상이자 보석 무역업자였는데, 그의 직업은 페르시아뿐만 아니라 인도까지 여행하도록 유혹했다. 그의 책은 흥미로우면서도 사업과 교역을 강조하는 사실 위주의 설명으로 사람들의 관습을 곳곳에서 열정적으로 묘사한다. 샤르댕의 관찰은 동양의

---

4) Bernard Le Bovier de Fontenelle, "Digression sur les Anciens et les Modernes", *Oeuvres*(nouvelle édtion, A la Haye, 1728), Vol. 2. 이 글의 단락은 p. 127의 번역에서 인용했다. 나는 퐁트넬 선집에 있는 Leona Fasset의 번역에 도움을 받았다. Fontenelle, in Teggart(revised by Hildebrand), *The Idea of Progress, A Collection of Readings*, pp. 177~178.

전체적인 무기력함, 페르시아인의 후진성, 특히 이 사회들의 불변성에 대한 고대로부터의 믿음에 대해 명백한 증거를 제시했다. 샤르댕은 이러한 측면을 기후 탓으로 돌렸다.

> … 더운 기후는 기예의 발명과 개량을 위해 필요한 육체뿐만 아니라 정신을 무기력하게 만들고 공상에 쉽게 빠지게 한다. 그러한 기후에서 인간은 밤에 깨어 있기 힘들고, 면밀한 적용 또한 할 수 없다. 이는 인문과학과 기계적 기예에서 가치 있는 성과를 낳기 힘들게 한다. 동일한 이유에서 아시아인의 지식은 매우 제한적이어서 고대인들이 쓴 책에 남겨진 것만을 배우고 이를 반복하는 것만으로 이루어졌다. 내 입장에서 표현하면 그들의 근면성은 휴경지나 미경작지에서 잠을 자고 있다. 우리는 북쪽에서만 가장 진보하고 가장 완전한 기예와 과학을 찾을 수 있다.[5]

이 단락에 대해서 볼테르는 "샤르댕은 사디(Sadi)와 로크만(Lokman)이 페르시아인이고 아르키메데스(Archimedes)가 시칠리아인이라는 사실을 간과했다. 시칠리아는 페르시아의 3/4에 해당하는 지역보다 더 덥다. 샤르댕은 피타고라스가 한때 인도 브라만들에게 기하학을 가르쳤다는 사실을 잊었다"[6] 고 지적한다.

비유럽 민족을 향한 근대의 여행과 그들에 대한 관찰과 묘사는 관련된 장소가 다르다 할지라도 고대의 판단에 신뢰성을 부여할 수 있었을 것이다. 샤르댕의 저술은 (심지어 제 2차 세계대전 무렵까지도 미국인과 유럽인 작가들에게 아주 인기 있었던) "불변의 동양"에 대해 환경론적 설명을 제시하는 초기작의 하나임에는 틀림없지만 최초의 근대적 저술이 아닐 수도 있다. 이 불변의 동양론은 중국, 페르시아, 인도와 서구 유럽을 대조하면서 문화적 지속성과 문화적 변동을 대비시킨다.

---

5) *The Travels of Sir John Chardin in Paris* Vol. 2, p. 257.

6) "Climat", *Dict. philos.*, *op. cit.*

볼테르가 언급한 세 번째 저술은 역시 중요하고 영향력 있는 천재에 대한 뒤 보의 연구이다. 뒤 보는 오디세우스에 대한 호메로스의 찬사를 샤르댕의 성취에 경의를 표하는 인용구로 사용했을 정도로 샤르댕과 직접적 연계가 있었다.[7] 앞서 살핀 것처럼 뒤 보는 고대와 근대의 사상가 모두의 흥미를 자극했던 문제에 관심이 있었다. 그 문제란 천재나 특정 종류의 재능이 특정 시기에 집중되는 문제다. 즉, 뒤 보가 말한 것처럼 "위대한 장인의 탄생을 고무하는 여건은 세기마다 상이하다"(*Tous les siècles ne sont pas également fertiles en grands Artifans*).[8]

뒤 보는 재능 있는 예술가들의 시공간상의 분포를 설명하는 데에 도덕적 원인, 말하자면 사회적 원인이 적절한 이유라고 생각하지 않았다. 도덕적 원인 — 한 국가에서 행복의 여건, 문학과 예술에 대한 통치자와 시민의 흥미, 능력 있는 선생의 존재 — 은 예술을 위한 우호적 환경을 창출하지만 예술가들에게 어떤 진정한 재능(*esprit*)을 주지는 않는다. 다시 말해서 도덕적 원인은 어떤 본질적 변화도 가져오지 않는다는 의미다. 도덕적 원인은 예술가들에게 자신의 천재성을 완성할 기회를 제공한다. 또한 예술가들의 작업을 보다 용이하게 하고 경쟁을 통해 그리고 연구와 응용에 대한 보상으로 그들을 자극한다.

그에 따르면 후속 세대가 숭앙했던 네 가지 세기가 있다. 최초의 시기는 마케도니아 필립 왕의 통치기 10년 전에 시작되었다. 두 번째는 카이

---

7) *Reflexions Critiques sur la Poesie et sur la Peinture*, Quatriéme édition revue, corrigée & audmentée par l'auteur. 이 작품은 1719년에 처음 나타났다. 또한 Koller, *the Abbé du Bos-His Advocacy of the Theory of Climate. A Precursor of Johann Gottfried Herder*를 보라. 이 저작은 미학의 역사에서 뒤 보 저작의 위치에 대한 흥미로운 도입글이 포함되어 있다. 또한 이 책에는 많은 핵심 단락의 번역이 포함되어 있는데 이는 본질적으로 그 저작에 담긴 환경 관련 내용을 압축한다. Koller와는 달리, 나는 기후 및 바클레이의 *Icon Animorum*에 대한 퐁트넬의 논의가 가진 중요성을 강조했다.

8) *Reflex.*, Vol. 2, p. 128. 또한 Ⅸ장 7절을 보라.

사르와 아우구스투스, 세 번째는 율리우스 2세와 레오 10세, 네 번째는 루이 14세 시기이다.[9] 뒤 보는 인간이 종종 실제 요인이 자연적인 것임에도 불구하고 이를 도덕적 원인의 탓으로 돌리는 경향이 있다고 말하면서 도덕적 요인이 예술적 개화(開花)를 설명할 수 있는가에 의문을 제기한다. 예술은 그것에 우호적인 도덕적 요인이 있음에도 흥성하지 못하는 경우가 많으며, 아킬레스에게 항상 호메로스가 있는 것도 아니다. 예술과 문학은 수련에 투자하는 시간에 비례하는 식의 점진적 진보에 의해 완전함에 도달하지 않는다. 진보는 예기치 않게 시작된다. 더욱이 도덕적 원인은 정점에 달한 성취를 계속 유지하는 데 실패했으며 뒤이은 쇠퇴를 막을 수 없었다.[10]

뒤 보는 이 각각의 논점을 상세하게 논한다. 먼저, 시와 회화는 잘 정의된 지리적 분포를 나타낸다. 진정한 예술은 유럽에 국한되었으며 시와 회화의 북진은 네덜란드에서 멈춘다(그는 예술을 북위 25도와 52도 사이에 국한했다).[11] 여기서 뒤 보는 파테르쿨루스의 사고를 퐁트넬의 사고와 결합한다. 파테르쿨루스는 고대 세계에서 이렇게 천재 예술가들이 무리지어 나타나는 현상을 관찰했다. 그러나 뒤 보는 퐁트넬로부터 견해를 차용하는 데 보다 선택적이었는데 다음의 단락을 인용한다.

> 세계의 모든 기후에서 동일하게 번성하지 않는 식물과 꽃이 존재하듯 사고 또한 그러하다. 아마도 우리 프랑스의 토양은 이집트의 야자수와 어울리지 않는 만큼 이집트의 사고방식에도 적합하지 않은 것 같다. 멀리 갈 필요도 없이 아마도 오렌지는 프랑스에서는 이탈리아에서만큼 잘 자라지 않을 것이다. 이는 이탈리아의 특정 사상이 프랑스에서 똑같이 복제될 수 없음을 뜻한다. 물질 세계의 모든 부분 사이에 존재하는 연계

9) *Ibid.*, pp. 130, 134~135.
10) *Ibid.*, pp. 146~148.
11) *Ibid.*, pp. 148, 150~151.

와 상호 의존성 때문에 식물에 영향을 미치는 기후의 차이가 두뇌에도 영향을 미친다는 점은 적어도 확실하다.

그러나 퐁트넬은 뒤 보가 인용하지 않은 다음 대목을 덧붙였다. "그러나 후자의 경우에는 기후의 효과가 덜 가시적이고 덜 명확하다. 예술과 문화가 더 큰 영향을 미치는 것은 토양보다 견고하고 다루기 어려운 속성을 가진 두뇌이기 때문이다. 따라서 한 나라의 사상은 식물보다 더 용이하게 다른 나라로 전파된다. 그리고 우리는 오렌지나무를 기르는 것보다 더 용이하게 이탈리아인의 천재성을 우리의 작품 속에 차용하는 경험을 한다".[12]

퐁트넬은 환경론적 설명에 대한 비평을 계속하면서, 내가 이미 인용했던 결론에 도달한다. 뒤 보는 퐁트넬 같은 재능 있는 저술가가 이 문제를 보다 깊이 파고들지 않은 것을 통탄해 하지만 의도적이건 부주의에 의해서이건 간에 퐁트넬이 환경 이론에 비판적으로 되면서 도덕적 원인에 보다 우호적으로 변화하는 지점에서 이 둘은 결별한다. 뒤 보는 예술이 그것에 우호적 기후에서 저절로 발달한다고 결론짓는다["예술은 고유의 기후에서 저절로 발생한다(*Les arts naissent d'euxmêmes sous les climats qui leur sont propres*)]. 그는 조각과 회화가 이집트에서 생겨난 이유가 이집트의 기후가 그것의 발전에 우호적이었기 때문이라고 믿는다. 외부에서 들어오지 않는다 할지라도 적합한 나라에서는 예술이 발달할 것이다. 비록 다소 늦게 나타날 수는 있겠지만 결국 나타날 것이다. 예술은 적합하지 않은 기후에서는 발달하지 않는다.

뒤 보는 진정한 예술의 발상지가 유럽이며, 예술이 유럽을 떠나면서 질

12) "On the Ancients and Moderns", in Teggart & Hildebrand, *op. cit.*(각주 4를 참고하라), pp. 176~177, translating "Digression sur les Ancients et les Modernes", *op. cit.*, Vol. 2, p. 126; quoted in Du Bos, Vol. 2, pp. 149~150.

적으로 저하되었다고 생각했다. 그는 다른 민족이 창의적이라는 점은 인정했다. 그러나 중국인이 화약과 인쇄술을 발명한 것은 단지 운이 따랐기 때문이었다고 말한다! 유럽은 그 두 가지 분야에 매우 완벽해서 지금은 중국의 발명가들에게 기술을 전수할 정도다. 뒤 보는 이집트의 조각과 회화가 그리스인과 이탈리아인에 의해 더 발전되었음을 논하면서 샤르댕의 그림에 드러난 페르세폴리스의 예술을 평범한 것으로 치부한다. 그는 "직물, 자기, 그 외에 중국과 동아시아의 진기한 산물"(*d'étoffes, de porcelaine, & des autres curiositez de la Chine & de l'Asie Orientale*)에 겸손한 척하면서도, 멕시코와 페루의 예술가들은 천재성이 없으며 인도 브라만들과 고대 페르시아인에게 호메로스 같은 시인이 있었더라면 항해하는 그리스인의 도서관에 그 시인의 작품이 소장되었을 것이라고 결론짓는다.[13)]

이 주장은 공기가 육체에 미치는 힘 그리고 육체가 정신과 영혼에 미치는 힘에 관한 정교한 이론으로 뒷받침된다. 왜냐하면 영혼은 육체와 합일된 채로 평생 남기 때문이다. 인간 정신의 특질과 우리의 기질은 우리 기관에 자양분을 제공하고 유아기와 청소년기 동안 그런 기관이 성장하는데 필요한 물질을 공급하는 피의 성질에 크게 의존한다. 그리고 피의 성질은 어떤 공기를 들이마시느냐에 크게 좌우된다. 또한 피의 성질은 한 인간이 양육되는 장소의 공기의 성질에 더욱 큰 영향을 받는데, 유아기 때 피의 성질이 결정되기 때문이다. 결과적으로 공기의 성질은 기관의 형성에 기여하며, 이는 다시 필연적 연계를 따라 피의 성질이 성숙해지는 데 공헌한다. 이 같은 이유 때문에 각기 다른 기후에서 살아가는 사람들은 정신과 기질 면에서 큰 차이가 있다.[14)]

공기의 성질은 그 공기가 감싸는 대지에서 발산되는 물질의 성질에 의존한다. 대지의 발산물들이 다르기 때문에, 공기도 다르다. 대지는 일종

---

13) *Reflex.*, Vol. 2, pp. 151, 156~157, 159~162.

14) *Ibid.*, pp. 238~239.

의 혼합물로 다양한 발효가 진행된다. 따라서 발산물은 다양하고, 이것이 공기를 변화시키며 민족들의 본성에 영향을 미친다.

뒤 보는 프랑스에서 특정 세대가 다른 세대보다 더 영적인 성향을 보인다고 말한다. 그에 따르면 동일한 기후에서 살아가는 세대 간 차이는 다른 기후에서 살아가는 민족 간 차이와 같은 원인을 가진다. 물리적 원인이 기후적인 변화를 결정하고, 기후는 해마다 수확물의 품질을 결정한다. 공기, 지표면, 사람, 기타 다른 형태의 생물을 포함하면서 순환하는 유기적 연계가 존재하며, 우리가 숨 쉬는 공기는 그 속에 스며든 성질을 폐 속의 피로 가져온다.

공기는 또한 대지의 비옥도에 가장 크게 공헌하는 지구 물질의 표면에 가라앉는다. 흙에서 일하는 인간, 즉 흙을 갈고 거름을 주는 인간은 많은 수의 입자가 공기로부터 물질을 흡수했을 때 토양이 보다 비옥해진다는 점을 실제로 인정하는 것이다. 인간은 대지의 산물 중 일부를 먹고 나머지는 동물을 위해 남긴다. 이렇게 먹는 행위를 통해 인간은 자신의 육신을 자기 고유의 실체로 전환시킨다. 공기의 성질은 또한 눈과 비를 통해 샘과 강의 물에 이른다. 공기 중을 떠도는 미립자의 일부가 항상 샘과 강의 물에 녹아드는 것이다.[15]

이 설명은 공기의 구성이 복잡하여 많은 수의 조합이 가능하기 때문에 다양한 영향이 발생할 수 있다고 가정한다. 대기는 공기, 대지로부터 흡수된 발산물, 미생물과 그 씨앗으로 구성되며 이러한 구성 인자의 양적 차이가 공기 및 그에 의존하는 자연 산물의 본성에 변이를 유발한다. 뒤 보는 두 가지 일반적 종류의 인간 행동에 관심을 가진다. 서로 다른 장소에서 살아가는 사람 사이에서 눈에 띄는 차별적 특성, 그리고 같은 장소에서 살아가는 사람의 기분 및 기질에서의 차이가 그것이다.

이 두 종류의 차이를 설명하기 위해 그는 태양 및 바람과 같은 외부적

15) *Ibid.*, p. 241.

요인에 기인해 일시적 성질을 가진 공기와 영구적 성질을 가진 공기를 구분한다. 영구적 유형의 성질이 인간에게 만드는 변화는 변경(*alteration*)으로, 일시적·임시적 성질이 초래하는 변화는 변동(*vicissitudes*)으로 각각 지칭된다. 태양이 미치는 효과는 태양의 고도, 근접성, 노출, 태양 광선이 떨어지는 지형의 종류에 따라 달라지므로 이것들은 변동의 예가 된다. 공기를 차가움과 뜨거움, 건조함과 다습함을 통한 변화에 노출되도록 만드는 바람 또한 변동의 사례이다. 공기에서 기인하는 변동은 우리의 일상적 기분에 반영되는데, 이는 사람—특히 아이들—에게 영구적 성질이 일시적 성질보다 훨씬 큰 영향을 미친다는 사실을 다시금 일깨운다.

사람의 기질, 심지어 성인의 정신적 활력조차 공기의 변동에 대단히 많이 의존한다. 공기가 건조함 혹은 다습함에 따라, 그리고 춥고, 덥고, 온화함에 따라 우리는 밝은 기분과 우울함 사이에서 기계적으로 변화한다. 즉, 우리는 별 이유 없이 만족스러워 하거나 기분이 언짢아지고, 당면한 임무에 마음을 쏟기 어려운 경험을 한다. 폭풍을 불러일으키는 "〔대지의〕 발효"는 우리 정신에 너무나 큰 영향력으로 무겁게 내려앉아 우리가 보통의 자유로운 상상력을 가지고 사고할 수 없게 만든다. 그것은 심지어 우리의 음식을 망치기도 하고, 과도한 더위가 있는 기간은 로마에서 이례적으로 높은 범죄율을 초래한다(연간 범죄의 발생 건수가 20건이라면 가장 더운 여름 두 달 동안 15건이 발생한다).

이러한 기온 변동은 프랑스의 자살률에도 영향을 미친다(파리에서 연 자살 건수가 60건이라면 50건은 북동풍이 부는, 하늘이 어둡고 시각적으로 가장 괴로운 계절인 겨울의 시작과 끝에 일어난다). 프랑스 치안판사에 따르면 범죄율이 해마다 다른 것을 식량의 부족이나 군인의 소집해제, 혹은 다른 "납득할 만한" 이유 탓으로 돌릴 수는 없다. 뒤 보에게 그 원인은 기후와 관련된다.16) 그는 또한 과도한 추위의 효과에 대해서 논한다. 즉, 변동이 인간의 사고와 상상력, 기질에 그렇게 많은 영향을 미친다면, 그리고 변동이 폭력과 범죄와 자살을 유발할 수 있다면 공기의 영구적 성질이 미치는 효과는 그보다 얼마나 더 클 것인가를 질문한다. 서로 다른 기후 지역을 여행할 때에 그 힘을 인식할 수 있다. 영구적 성질이 변화되면 전염병이 유발될 수도 있다. 출생지의 공기는 약과 같은 것으로 뒤 보에게 향수병(*Hemvé*)은 말 그대로 기후가 유발하는 신체적 고통이다.[17]

뒤 보는 변동(*vicissitudes*)과 구별하여 보다 근본적 변경(*alterations*)으로 관심을 옮기면서 다음과 같이 질문한다. "왜 인간은 공통된 부모의 자손임에도 불구하고 서로 다른가?"

극지방과 적도를 향해 점진적으로 진행된 이주 과정과 함께 분화가 시작되었다. 천 년의 시간은 동일한 부모를 둔 자손이 오늘날 흑인과 스웨덴인의 차이만큼 달라지게 만들기 충분했다. 그에 더해 뒤 보는 기후가 피부색·몸통·목소리의 차이를 만든다면 기후는 인류의 보다 미묘하고 덜 명백한 특성에도 영향을 미칠 것이라는 전통적 가정을 한다. 신체적 측면에서 인간의 정신적 활력과 성향을 결정짓는 뇌와 다른 신체 부분의 엄청난 민감성 때문에, 어떤 나라의 천재성과 성향, 관습에 대해 기후가 미치는 영향은 신체적인 것에 미치는 영향보다 더 크다. 공기의 차이가 눈에 보이는 신체적 차이를 만들 만큼 강하지 않더라도 정신적 차이를 유발할 수도 있다(뒤 보가 말하는 이 공기는 편리하면서도 강력한 혼합물이다).

뒤 보는 아프리카에서 포르투갈인이 겪은 경험이 기후적 설명의 정확성에 대한 자신의 믿음을 뒷받침한다고 이야기한다. 유럽인이 아프리카 서해안에 식민지를 건설한 것이 불과 3세기 전이었다. 최초 식민주의자

---

16) *Ibid.*, pp. 242~246. Koller가 말했듯이, 범죄에 대한 이와 같은 관찰은 Lombroso의 저작에 앞서 있다. 각주 7에 나오는 Koller의 저작 p. 72를 보라.

17) *Ibid.*, pp. 249~250. 단어 향수병(*Hemvé*)에 대해서는 Koller, *op cit.*, pp. 74~75를 보라. 뒤 보는 독일어 *Heimweh*와 유사한 형태의 스칸디나비아 말을 기초로 향수병(*Hemvé*)을 프랑스어로 가져왔다.

들의 후예들은 포르투갈에 사는 포르투갈인과 더 이상 유사하지 않다. 그들은 스스로 여전히 백인이라고 생각하지만 흑인의 곱슬머리, 납작한 코, 두터운 입술을 가진다(하지만 뒤 보는 흑인의 식민지가 잉글랜드에 만들어진다 하더라도 동일한 효과가 나타나 피부색이 하얗게 될 것이라고 말한다). 당시의 유전에 관한 지식이 조야했음을 인정할지라도 인종 간의 성적 결합이 머리카락, 입술, 코의 변화와 관계가 있을 수도 있다는 생각을 뒤 보가 하지 못했다는 것은 놀라울 따름이다.[18)]

로마 가톨릭에 대한 뒤 보의 예는 보다 미묘하고 통찰력이 있다. 로마 가톨릭의 기도문과 교리(종교의 경배, *le culte comme pour les dogmes*)는 본질적으로 가톨릭이 지배적인 모든 나라에서 동일하다. 그러나 그 공통성에도 불구하고 각 나라는 경배 방식(*dans la pratique de ce culte*)에서 독특한 특징을 가진다. 의식은 각 나라의 특성에 따라 웅장함과 위엄의 정도가 다르게 진행되며 회개나 유쾌함이 외적으로 드러나는 정도도 달라진다.

뒤 보의 저작에 있는 이 내용들에는 (유럽에서는 거의 필연적이었던) 민족성에 대한 인식 및 고대에 이루어진 민족성 관찰에 대한 인식이 있다. 이 점은 보댕과 몽테스키외의 저작에서도 나타난다. 더욱이 고전주의 작가들이 묘사한 민족의 특성은 그 후손을 통해서도 인지가 가능하다. 북부 홀란트와 안달루시아 지방의 농민은 동일한 방식으로 생각을 하는가? 그들은 동일한 열정을 가지는가? 그들은 인간으로서 보편적으로 가진 열정을 동일한 방식으로 경험하는가? 또 그들은 동일한 방식의 통치를 원하는가?

뒤 보에게 이 같은 질문은 곧 대답이기도 하다. 외부적 차이가 이처럼 뚜렷할 때 내적인 차이, 즉 정신의 차이는 엄청날 것임에 틀림없다. 뒤 보는 이 논점을 중국과 유럽이 자연의 외관을 인식하는 방식에서 어떤 차이가 있는지에 대한 퐁트넬의 언급을 통해 마무리한다. "자연의 면모가

---

18) *Ibid.*, pp. 251, 253~256.

이곳과 중국에서 얼마나 다른지 보라. 얼굴, 형태, 관습, 생각하는 방식도 다르다"(*Voïez* 〔*a*〕 *combien la face de la nature est changée d'ici à la Chine. D'autres visages, d'autres figures, d'autres moeurs, & presque d'autres principes de raisonnements*).[19]

뒤 보는 바클레이를 민족성에 대한 권위자로 존경하며 자신의 독자들에게 바클레이를 주목하라고 말한다.[20] 그는 한 나라의 원주민과 그들의 후손 사이의 유사성에 대해 언급한다. 리비우스의 고트족에 대한 묘사가 현재의 카탈루냐인에 비교되며, 외국의 발명품을 흉내 내는 골족의 재능에 대한 카이사르의 비평이 근대 프랑스에서도 맞아떨어진다고 그는 말한다. 삼림 개간, 늪지대 배수, 낡은 마을을 도시로 바꾸는 환경의 변화조차 독일의 민족성을 지우지는 못했다. 이와 같은 관찰은 당연히 바클레이로부터 영감을 받은 것이다.[21]

기후 이론은 그 생성 이래로 계속해서 문화적 관성을 설명하는 데 중요한 역할을 했다. 뒤 보 그리고 이후에는 몽테스키외가 기후 이론을 이런 식으로 이용했다(《법의 정신》XIV, 4). 뒤 보는 기후가 혈통이나 기원보다 더 강력하다는 것이 보편적 지식의 문제인 것처럼 기술한다. 갈리아-그리스인(Gallo-Greeks)이나 아시아에 정착한 골족의 후손은 호전적인 선조를 두었음에도 불구하고 5세대 혹은 6세대 이내에 연성화되고 아시아인처럼 나약해졌다. 전투에 능한 것으로 유명했던 모든 민족이 기후가

---

19) *Ibid.*, p. 259. Fontenelle의 *Entretiens sur la Pluralité des Mondes*(1686) Second Jour. 참고.

20) *Ibid.*, pp. 259~260. Barclay에 대해서는 IX장 9절 그리고 9장의 각주 69 참고.

21) *Ibid.*, p. 266. IX장 9절 그리고 Barclay, *The Mirrour of Mindes*, pp. 144~145를 보라. Albert Collignon에 따르면 "Le Portrait des Esprits(Icon Animorum) de Jean Barclay", *Mémoires de l'Académie de Stanislas*, 6th Series, Vol. 3(1905~1906), pp. 67~140, *Icon Animorum*의 프랑스어 번역이 1623년에 나왔으며, 1625년에 두 개가 나왔다. 라틴어 원문, 독일어, 영어, 프랑스어 번역을 보기 위해서는 pp. 129~135를 보라.

온화한 장소로 이주했을 때 연약하고 소심해졌다. 온화한 기후는 토착민들의 성격 또한 유순하게 만든다. 식민주의자들은 장소의 특성을 가정하는데 기후는 사람의 기질을 유사하게 만들고 또한 유사성을 유지시킨다는 것이다.[22]

이 이론에 대한 명백한 예외는 무엇인가? 뒤 보는 로마인과 네덜란드인에 대해 논한다. 매우 흥미로운 그의 설명, 즉 본질적으로는 자신의 이론을 무력화하는 설명은, 비록 그 자신이 이를 깨달은 것 같지는 않지만 18세기 초에 여행과 교역 및 인간 활동의 결과가 과거의 보다 단순한 결정론을 이미 붕괴시켰다는 것을 드러내는 것이다. 이 두 가지 예외를 살펴보자.

그에 따르면 고대 로마인은 군사적 덕목과 규율로 유명했다. 그러나 의식(*ceremony*)의 병폐를 해결하고자 하는 시대의 근대 로마인은 그것을 제거하는 데 결코 주저하지 않았다. 그들에게 의식은 유행(*à la mode*)이다. 즉, 고대 로마인이 다른 민족들에게 군사적 규율에서 우월하고자 했던 것과 같이 근대 로마인은 의식의 병폐를 없애는 것에서 다른 민족에 비해 우월해지려고 한다.[23] 뒤 보는 근대 로마인이 도시 내와 그 주변에서 환경적 조건을 이해하고 적절히 통제하지 못했다고 대답한다. 그곳의 공기는 카이사르 시대의 일반적 공기와는 확연히 다르다. 트리니타 데이 몬티(Trinità di Monte)** 교회와 퀴리날리스 지구(Quirinal quarters)**의 예외가 있긴 하지만 로마 시의 공기는 더운 여름 동안 건강에 매우 안 좋아서 미트리다테스 6세(Mithridates VI)*가 자신을 독에 서서히 적응시켰던 것처럼 점진적으로 그것에 적응한 사람만이 견딜 수 있을 것이라고 뒤 보는 말한다. 오랜 기간의 방치는 수로와 하수도의 노후화를 초래했고, 새로운 환경은 새로운 조건을 창출했다. 여기서 뒤 보는 인간의 능동적인

---

22) *Ibid.*, pp. 267~268.
23) *Ibid.*, pp. 277~278.

참여가 생명의 적절한 유지에 필수 불가결하다고 가정한다.

뒤 보는 폰티네 습지와 관련된 문제를 다룬 논의에서 로마 평원이 유독성의 공기를 가진다고 언급한다. 독성물질이 토양에서 나오는 것으로 보아 토양이 변화되었음에 틀림없다. 그 이유는 카이사르 시대에서처럼 토양이 더 이상 경작되지 않기 때문이거나, 혹은 오스티아(Ostia)와 오판토(Ofanto)의 습지가 더 이상 배수되지 않기 때문이다. 뒤 보는 황산알루미늄, 유황, 비소의 채굴 그리고 가스에 불이 붙어 높게 치솟은 것(늪의 가스)이 건강에 안 좋은 공기와 관계가 있지 않을까 생각한다.

마지막으로 그는 비록 고대에는 나라의 인구밀도가 더 높고 경작지 또한 더 넓었지만 기후는 고대와 비교해 18세기에 더욱 온난했다고 믿는다.[24] 웹스터(Noah Webster)*는 대단히 통찰력 있고 비판적인 에세이에서 기후 변화에 대한 이 같은 믿음이 얼마나 널리 퍼졌는지 그리고 그것을 뒷받침하는 증거가 얼마나 조잡했는지 보여준다. 그 증거는 대부분 당대의 조건과 뚜렷하게 다른 특정 장소의 기후적 조건을 묘사한 고대의 문헌에서 나왔다. "이 같은 견해 〔근대 시기 북반구 지역의 겨울이 더욱 따뜻해졌다는 견해〕는 뒤 보, 뷔퐁, 흄, 기번(Gibbon),* 홀리요크(Holyoke), 제퍼슨, 윌리엄스 같은 많은 명망 있는 저술가들에 의해 계승됨으로써 유지되었다. 실제로 내가 알기로 이 시대에 어느 누구도 그 사실에 의문을 제기하지 않았다".[25]

네덜란드의 예는 좀더 흥미롭다. 로마인과 마찬가지로 그들 역시 변했다. 호전적이었던 고대의 바타비아인(Batavian)과 프리지아인(Frisian)은 교역과 예술에 뛰어난 그들의 후예인 근대 네덜란드인과 달랐다. 이

---

24) *Ibid.*, pp. 283~284. 유일하게 인용된 증거는 Juvenal, Sat. Ⅵ.

25) Webster, "Dissertation on the Supposed Change of Temperature in Modern Winters"(read before the Connecticut Academy of Arts and Science, 1799), in *A Collection of Papers on Political, Literary and Moral Subjects*, pp. 119~162; 인용문은 p. 119.

러한 변화에 대해 뒤 보는 네덜란드인이 같은 지역에 살긴 하지만 문자 그대로 더 이상 같은 토양에서 살아가는 것은 아니기 때문이라고 설명을 했다.

그는 이러한 토양의 변화는 자연적 과정을 통해 발생했다고 생각한다. 바타비아인이 사는 작은 섬은 낮은 지방인데 고대에는 나무가 우거져 있었다. 그러나 프리지아인이 살았던 지역 — 오늘날 네덜란드의 많은 부분을 차지하는 — 에는 움푹 꺼진 골짜기(분지)가 많았다. 이 골짜기로 바닷물이 범람하면서 땅이 물에 잠겼으나 이후 자연적 과정에 의해 이 땅들은 바다로부터 수복되었다. 파도는 해변의 모래를 적셨고, 범람하는 강은 충적토를 쌓았다(뒤 보의 주장은 바다가 완전히 땅을 뒤덮었다가 물러났고 뒤를 이어 형성된 사구가 남은 물을 바다로부터 차단함과 동시에 라인 강과 마스 강에 의해 퇴적된 충적토가 지금은 증발한 고립된 물을 메우거나 대체했다는 이야기인 것 같다). 그 땅이 말라 버리면 다시금 정착이 가능해질 것이다. 사실상 그곳은 이제 운하로 사방팔방 연결되고 호수와 연못이 곳곳에 위치한 평평한 지역이 되어 버렸다.

토양의 완전한 변화는 농업과 목축의 변화를 초래했고 따라서 식생활과 생활양식의 변화를 가져왔다. 소들은 더욱 커지고, 사람들은 — 유럽의 다른 어느 지역보다 인구가 많이 증가했다 — 그들의 선조들이 먹었던 야생동물이나 가축의 고기보다는 콩류와 낙농제품과 생선을 먹는다.[26] 이 지점에서 뒤 보는 네덜란드 연방에 대한 템플 경의 저작을 언급한다. 템플 경은 공기가 네덜란드의 민족성에 영향을 미쳤으며, 바타비아인과 네덜란드인 간의 큰 차이는 식생활의 변화 때문이라고 생각했다. 뒤 보와 달리 템플 경은 근대의 식생활이 너무 빈약하고 육류가 결핍되어 있다고 생각했다.[27]

---

26) *Reflex.*, Vol. 2, pp. 277, 285~287.

27) 이 책의 9장 9절 그리고 Sir William Temple, *Observations upon the United Provinces of the Netherlands*, pp. 105~107, 109~112를 보라

뒤 보의 독창적인 주장은 다음과 같이 요약될 수 있다. 즉, 자연적 원인의 작동을 통해 원래의 토양이 새로운 토양으로 대체되었고 그에 따라 공기의 성질이 변화했다. 그 다음에는 공기가 민족성, 토양, 식생활에 영향을 미친다. 그 같은 식생활의 변화는 국민성을 변화시킨다. 뒤 보는 기후가 페르시아인에 미친 영향에 대한 샤르댕의 말을 인용하며 위의 주장을 뒷받침한다.[28] 그러나 뒤 보는 네덜란드의 예에서 명백하게 템플 경이 한 설명의 영향력 아래 있으며 이 논거를 보다 덜 결정론적인 쪽으로 전환시킨다. 기후가 여전히 근본적 영향력을 갖긴 하지만 환경적 조건과 인간의 근면성이 서로 영향을 주고받는다는 것이다.

18세기에 어떻게 기후결정론이 붕괴하고 덜 교조적인 해결책으로 대체되는가를 보여주는 보다 주목할 만한 예는, 예술과 과학이 넓은 범위의 기후대에 분포하는 것을 설명하고자 했던 뒤 보의 정직한 시도다. 그의 시도는 오직 극단적 환경만이 인간의 뛰어난 성취를 막는다는 사실을 자인하도록 한다. 여기서도 결정론은 붕괴한다. 또 다른 예증으로 그는 인류가 교역을 통해 지역 농업에 대한 의존을 대체함으로써 지구 곳곳으로부터 필수품이든 사치품이든 필요한 것들을 가져올 수 있다고 주장을 했다.

상업은 북부 지방 사람들에게 자신의 땅에서는 얻을 수 없는 식료품과 포도주를 제공한다. 더운 나라는 추운 나라의 민족에게 필요한 설탕, 향료, 브랜디, 담배, 커피, 초콜릿 등을 만들었다. 이 산물 속에 있는 소금과 영험한 즙에는 추운 나라 민족의 음식에 함유되지 않은 정유(*ethereal oil*)가 들어 있다. 상업과 교역은 토양과 공기가 할 수 없는 일을 한다. 에스파냐의 정신이 북부 지방 사람들의 피를 채운다. 카나리아 섬의 활기와 공기가 그들의 포도주와 함께 잉글랜드로 전해지는 것이다. 뒤 보는 파격적인 표현으로 다음과 같이 말한다. 더운 나라의 산물을 습관적으로

28) *Reflex*, Vol. 2, pp. 288~289.

이용하는 것은 태양을 북쪽 지방의 나라로 가지고 가는 일이며, 그것은 북쪽 나라 거주자의 피와 상상력 속에 자기들이 직접 재배할 수 있는 단순한 산물에 만족했던 선조에게는 없었던 활기와 우아함을 부여한다. 그러나 뒤 보는 그 뒤를 이어 이 새로운 음식에서 연원했음이 분명한 질병에 대해 부정적 보고를 계속한다.[29]

뒤 보는 자신의 시스템 속에 몇 가지 사고를 결합시켰다. 천재, 재능 있는 사람들, 장인정신이 시공간적으로 무리지어 나타난다는 사고는 한 고전 시대 작가에게서 유래했다. 또한 템플 경처럼 고대인과 근대인의 상대적 우월성 논쟁 및 환경적 설명이 올바를 가능성에 푹 빠져 있던 퐁트넬도 흥미진진한 아이디어를 냈다. 그리고 바클레이, 샤르댕, 템플 경의 저작에서 가져온 민족성에 대한 논의는 뒤 보의 지적 작업에 원천이 되었다. 고전 사상과 당대의 유럽 여행, 더 먼 곳으로의 항해와 인간 성취에 대한 호기심이 《법의 정신》이 발표되기 27년 전에 출간된 이 흥미로운 저작을 구성하는 요소다.

3. 공기의 영향에 관한 아버스노트의 견해

1731년에 영국의 저명한 의사 아버스노트(John Arbuthnot)*는 《공기가 인체에 미치는 영향에 관한 에세이》(*An Essay Concerning the Effects of Air on Human Bodies*)를 출간했다. 그는 질병, 특히 계절적으로 발생하는 질병과 공기의 관계에 관심이 있었다. 《공기가 인체에 미치는 영향에 관한 에세이》는 히포크라테스의 저작들, 특히 《공기, 물, 장소》와 《전염병》(*Epidemics*)에 깊은 존경을 드러내는 동시에 그 저작에 대한 철저한 이해를 보여준다. 그는 질병의 병인학(病因學)에 대한 히포크라테스의

---

29) *Ibid.*, pp. 290~292.

개념, 즉 질병의 원인이 초자연적인 것이 아니라 자연적이라는 사실에 공감한다.

이 명료하고 엄밀한 저작에서 설계의 사고는 질병과 질병의 통제라는 불가해한 문제로 재빨리 이동한다. 그에 따르면 현명한 자연의 설계자는 지표면 가까이에 이질적 입자로 가득 찬 건강한 공기를 창조했는데 몇몇 특별한 경우를 제외하고 동물에게 아주 적합하다. 대자연은 공기 속에 너무 많은 입자를 함유하지 않고 또한 주로 바람에 의해 공기를 순환시킴으로써 건강에 좋은 공기를 보존하려 노력한다. 그러나 건강에 해로운 공기, 정체된 공기, 부패한 공기는 종종 자연의 목적을 방해한다.

내과의들이 질병의 병균 이론에 대해 전혀 알지 못한 채 전염병이 불균등한 속도로 한 장소에서 다른 장소로, 때로는 천천히 때로는 빠르게 이동하는 것을 의심스럽게 여기던 〔따라서 이는 체증(*congestion*)과 관련된 문제일수도 있다고 생각했다〕 시대였으므로, 아버스노트는 인간이 도시를 만들 때 "개방적이고 통풍이 잘 되도록" 해야 한다는 히포크라테스의 조언에 공감했다.[30)]

몽테스키외의 기후 이론이 영국 내과의 저작의 "철저한 변용, 하지만 변용은 변용"(*une adaptation vigoureuse, mais une adaptation*)이었다는 디디에(Joseph Dedieu)의 언급이 아니었다면 아버스노트의 훌륭한 저작은 아마도 의학사 연구자들을 제외하면 전혀 주목을 받지 못했을 것이다.[31)] 디디에는 명백하게 아버스노트 저작의 프랑스어 번역판을 이용했기 때문에 그의 언급이 보다 설득력 있다. 디디에는 기후가 민족에게 미친 영향에 대한 아버스노트의 논의가 히포크라테스의 《공기, 물, 장소》를 조심스럽게 압축한 간결 요약이라는 사실을 명확하게 밝히지는 않은 채 아버

---

30) *Essay*, 1751 ed., p. vii, 13~17.

31) Dedieu, *Montesquieu et la Tradition Politique Anglaise en France*, p. 212. 몽테스키외와 아버스노트의 글에서 일치하는 단락이 비교된 pp. 214~223을 보라.

스노트가 히포크라테스에게 진 빚을 무심코 언급한다. 그러므로 이 주제에 대해 일치하는 구절은 몽테스키외와 아버스노트보다 몽테스키외와 히포크라테스 사이에 더 많다.[32]

아버스노트는 히포크라테스의 의학 사상을 받아들이지만 당대의 연구 결과에도 매우 민감했다. 그러나 기후의 영향에 대한 히포크라테스의 일반화는 무비판적으로 수용한다. 생리학 이론은 당연히 당시의 것으로 인간의 신체에 대한 공기의 영향, 체열의 균형, 질병과 전염병에 영향을 미치는 공기의 조건에 대한 논의를 포괄한다.

아버스노트는 전통적 방법론을 따라 열, 추위, 습기, 그리고 혈액순환의 역할을 들어 공기가 인간 신체에 미치는 영향을 보여준다.[33] 열, 그러나 아주 높지 않은 열은 "섬유 조직을 늘리고 이완시킨다. 더운 날에는 이로부터 현기증과 무기력한 감각이 이어진다". 추위는 정반대의 반응을 유도한다. "추위는 동물의 섬유 조직과 체액을 수축시키고 섬유 조직과 체액은 추위가 영향을 미치는 만큼 수축된다. 추운 기후에서 동물은 실제로 체적이 작다. 추위는 그 압축적 성질뿐만 아니라 이완된 공기 중의 습기를 응결시킴으로써 섬유를 수축시킨다". 한편 습도는 동식물 조직의 이완을 초래한다. 물에 담그는 것의 효과, 냉수목욕 시 처음에는 수축이 일어나지만 이후에는 이완이 일어나는 것, 온수목욕의 이완 효과 등이 증거로 제시된다.[34] 추위와 더위가 혈액순환에 미치는 효과에 대해서 아버스노트는 다음과 같이 썼다. "신체의 바깥으로 내민 부분을 추위로 차단하면 혈액이 보다 큰 힘으로 신체의 내부 부분을 압박해 열이 증가한다".[35]

---

32) Arbuthnot, pp. 122~124; Dedieu, p. 221, note 2.

33) Montesquieu와 일치하는 단락을 보기 위해서는 Dedieu, *op. cit.*, pp. 214~216을 보라.

34) *Essay*, 1751 ed., pp. 48, 56, 61~62.

35) *Ibid.*, p. 161.

아버스노트의 생리학 이론에 더 깊게 들어가지 않아도 그의 연구가 어떤 종류의 일반화로 귀결되는지가 다음에 나타난다.

> 그러나 〔체질, 식생활, 질병, 기후에 관한〕 관찰이 극히 부족하기 때문에 우리가 할 수 있는 것은 역학 법칙과 이미 알려진 공기의 속성으로부터 자연적으로 영향을 받은 것이 무엇인지를 추론하는 일뿐이다. 인류의 체질, 외모상 특징, 안색, 기질 형성에 공기가 뚜렷한 작용을 하며 따라서 나라와 기후에 따라 매우 다양하게 나타나는 인류의 관습을 형성하는 데 공기가 뚜렷한 작용을 한다고 생각하는 것이 추론과 경험에 부합하는 것 같다.[36]

아버스노트는 "섬세한 신경계와 유동적 영혼을 가진 이들"이 매일의 일기 변화에 얼마나 쉽게 영향을 받을 수 있는지, 그리고 어떤 날에 기억, 상상, 판단이 보다 활성화되는지를 언급하면서 "민족의 천재성이 공기에 좌우되다보니 기예와 과학이 아주 고위도나 아주 저위도인 지방에서 거의 출현하지 않았다"는 추론이 그럴듯하다고 이야기한다. 보다 추운 지방의 거주자는 부지런함과 응용력을 요구하는 기예에서 성공을 거두었다. 왜냐하면 그것이 상대적으로 쉬웠기 때문이다. 상상의 활기에 더 호의적인 더운 나라의 거주자는 상상력을 필요로 하는 기예를 생산한다.[37]

과거의 다른 이들과 마찬가지로 아버스노트 또한 골족과 프랑스인에게서 나타나는 민족성의 지속적 특성을 관찰했다. "비록 인종이 변화되기는 했지만 민족성이 지속될 수 있었던 것은 국가 때문이다. 〔하지만〕 정부는 풍속을 규율할 뿐 거주민들의 특성과 기질을 변화시킬 수는 없다. 그리고 거주민들의 특성과 기질이 법으로 제약되지 않는 한 그들의 열정은 공기의 기온에 어느 정도 부합할 것이고, 그들의 민족적 미덕과 악덕

36) *Ibid.*, p. 146.

37) *Ibid.*, pp. 148~149.

역시 그러할 것이다. … 개인뿐만 아니라 민족 역시 체질적 악덕을 가진 것이다".[38]

그리하여 아버스노트는 고대에 관찰되었던 문화적 차이에 대해 근대적 설명을 제공한다. 그는 북쪽과 남쪽의 민족 사이에 실제로 차이가 있다는 점에 대해 히포크라테스에게 동의하지만, 아버스노트의 설명은 그가 살았던 시대의 과학에서 도출된다. 기압이 자주 그리고 크게 변화하는 (출처는 제시하지 않았다) 북쪽 나라에서 인간의 섬유 조직(신경과 혈관)은 교대로 팽창과 수축을 반복한다. 섬유 조직의 긴장도에서 이러한 차이가 있기 때문에 "신경계 전체와 육체적 활력이 어느 정도 영향을 받는다".

극단적인 더위와 추위는 유사한 효과를 불러일으키는데 섬유 조직은 이완과 수축(*contracting* 혹은 "*constringing*")을 교대로 반복한다. 극단적 추위는 일종의 자극으로도 작용하는데 "더운 곳보다는 건조하면서 서리가 내리는 날씨가 움직이고 노동하는 데 필요한 활동력과 인내심을 준다. 하지만 열대 지역에 사는 사람들은 우리에게는 가장 더운 날씨가 항상 유지되는 상태에 놓여 있다. 북쪽 지방 사람들의 섬유 조직의 변동 폭이 클수록 정신의 변화폭 또한 커지며 "열정도 그에 비례해 불균형해지며 활동성과 용기 또한 더 커진다". 대기압과 기온에 변화가 별로 없는 더운 기후에서는 건조함과 습기(건기와 우기)에서 오는 섬유 조직의 긴장만이 느껴진다. 따라서 "섬유 조직과 정신의 움직임이 보다 균일해지고, 이런 이유와 과도한 열 때문에 사람들이 게으르고 나태해질 수 있다. 비활동성과 나태로부터 자연스럽게 이어지는 것은 노예근성이나 경쟁에 대한 거부감이다".[39]

아버스노트는 이제 "공기의 속성과 성질에서 기인하는 역학적 원인을 가지고 현명한 노인〔히포크라테스〕의 철학을 설명하려 한다". 전제적인

---

38) *Ibid.*, pp. 149~150.

39) *Ibid.*, pp. 151~152.

정부는 "일반적으로 인류에게 해롭지만 추운 기후에서 가장 부적절하다. 왜냐하면 많은 노동이 요구되는 지역에서는 일꾼이 그 결실에 대해 일정한 권리를 가져야만 하기 때문이다. 노예제에도 정도가 있는데, 일반적으로 말해 가장 덥고 비옥한 지방에서 노예제가 가장 잘 발달했다". 또한 아버스노트는 기후가 언어에 미치는 영향에 대해서도 추론을 전개하며 더운 지방에서 인간이 성적으로 빨리 성숙한다고 언급한다. 이 마지막 주제는 몽테스키외 역시 다루었다.[40]

4. 몽테스키외에 대한 일반론

이 장과 9장은 보댕과 몽테스키외 사이의 시기가 환경적 영향에 관한 이론이 놀랄 만큼 영향력이 있었던 때라는 것을 충분히 보여주었다. 이 두 사람은 고대인과 근대인의 상대적 우수성에 대한 논쟁, 법률 및 입법 이론, 질병과 공중보건 개념, 풍속과 민족성에 대한 설명에 관여했다. 따라서 몽테스키외가 많은 관심을 받았던 것은 독창성보다는 영향력 덕분이었다. 재기 있고 경구로 가득 찬 몽테스키외의 문장은 지식의 진보를 활용하긴 했지만 — 이 점에서 그는 중세에 초점을 둔 보댕과 놀랄 만큼 대조적이다 — 오랫동안 알려졌던 생각을 다시 진술한 것이었다는 점에서 사상사적 중요성은 덜하다. 오히려 몽테스키외는 18세기 후반부 지식인들의 사고, 즉 도덕철학의 전환을 가져왔다는 점에서 중요한데 사회적 원인을 고려하는 데 만족했던 기존 입장을 도덕과 자연적 원인과의 관계를 고려해야만 하는 입장으로 변화시킨 것이다. 누군가는 몽테스키외가 교조적 결정론자라고 성급한 딱지를 붙이는데, 《법의 정신》의 14권에서 18권까지만을 검토한다면 그러기 쉽겠지만 그 책을 전체적으로 살

40) *Ibid.*, pp. 151~153, 153~155.

피면 교조적 결정론이라 부르기 힘들 것이다. 그럼에도 불구하고 그의 저작은 사회과학의 초기 단계에서 하나의 전환점을 이루며 궁극적으로는 인문지리학으로 향하는 길을 열어젖혔다. 뒤 보를 예외로 한다면 보댕에서 몽테스키외 사이에 있는 저술가들 대부분은 다소 우연적이긴 했지만 기후론을 받아들였다. 몽테스키외와 그의 영향력을 보여주는 저술들 속에서 자연적 원인은 이론 전체에 매우 잘 자리 잡았다.

더욱이 몽테스키외 사고의 원천은 뒤 보의 경우와 마찬가지로 미래 사회과학의 기반이 되는 도덕철학의 많은 기본 구성 요소를 드러내기 때문에 특히 흥미롭다. 몽테스키외, 뷔퐁, 헤르더의 저작이 그렇게 특별한 관심을 끄는 까닭은 그것들이 단지 한 개인의 사상 이상의 것임과 동시에 백과사전적이기보다 개별적·개인적인 것이기 때문이다. 이 저작들은 한 시대의 사고가 집약된 보고가 되었다.

18세기 후반 몽테스키외는 자연적 원인과 도덕적 원인의 관계를 논할 때 인용되는 권위자였다. 박물학에서 뷔퐁이 권위자였던 것과 마찬가지다. 그러나 이러한 지위는 한 번에 성취된 것이 아니었다. 존경할 만한 지적 전통의 당대 대표자들 다수는 자연환경과, 인간이 살아가면서 국가를 형성하고 법률을 제정하는 사회적 환경 간의 관계를 밝히는 데 별 관심이 없었으며 몽테스키외의 책을 적대적으로 대했다. 게다가 저작 전체가 기후에 관해 쓴 개별 권만큼 인간을 자연환경에 종속시켰던 것은 아니었음에도 불구하고 "기후의 제국이 모든 제국 중에서 가장 중요하고 강력하다"는 말을 몽테스키외가 했던 것은 사실이다.[41]

법학자들은 법의 기원을 온도에서 찾기를 바라지 않았다. 철학자들은 그들의 눈에 운명론적 유물론의 소란스러운 부활로 보이는 생각에 반대했다. 그리고 일반적인 비웃음, 그 진기함에 대한 놀람, 어리둥절함도 보였다.[42]

---

41) *De l'Esprit des Loix. Texte Établi et Présenté par Jean Brethe de la Bressaye.* 지금부터는 *EL*이라고 부를 것이다. Book XIX, chap. 14.

몽테스키외의 책에 대한 많은 종교적 공격 가운데 얀센파(*Jansenist*)**** 잡지인 〈새로운 성직자〉(*Nouvelles Ecclésiastiques*)에 실렸던 로체(abbé Fontaine de la Roche)의 비판(이라고 전해지는 것)이 가장 날카로웠다. 이 비판은 자연종교(계시종교의 반대) 및 기후론, 양자에 대한 관심에 교회를 위협할 만한 부분이 있음을 인지했다. 그는 이 책이 종교가 여러 다른 민족의 풍속, 관례, 관습에 반드시 순응해야만 하며, 또한 종교가 기후와 정치 체계(*l'état politique*)에 보다 의존한다고 주장하는 경향이 있다고 결론을 내렸다. 따라서 이 책이 계시종교에 근본적으로 적대적이라는 것이다.[43]

몽테스키외에게 전반적이고 핵심적인 사상의 원천은 무엇이었는가? 무엇보다 몽테스키외가 아리스토텔레스의 《정치학》에서 기후를 다룬 구절을 알았다는 점은 명백해 보인다. 아퀴나스와 보댕의 책과 마찬가지로 몽테스키외의 책이 플라톤의 《법률》에까지 거슬러 올라갈 수 있는 장르에 속한다는 사실 또한 명백해 보인다. 《법률》에 따르면 입법자는 국민을 위한 법을 만들기 전에 그가 통치하는 국민의 본성과 그들이 살아가는 조건에 대해 알아야만 한다.

디디에는 몽테스키외가 기후에 관해 다루는 권들의 주요 논제를 아버스노트의 《공기가 인체에 미치는 영향에 관한 에세이》에서 끌어왔다고 주장했다. 디디에가 제시한 증거는 아버스노트의 생리학 이론과 몽테스

---

42) Dedieu, *op. cit.*(각주 31 참고), pp. 192~193. 이 정도로 사람들을 놀라게 하고 비난을 불러일으킨 책은 없었다. 신학자, 철학자, 법학자, 심지어 단순히 문학에 관심을 가진 이들까지 모두 하나같이 몽테스키외와 그의 '혐오스러운' 이론을 맹렬히 비난했다. 지적 호기심이 많은 이들은 혼란스러워했다. 법학자들은 '그중 최고의 영향력'인 기후의 영향력의 제물이 되어 자신들의 정치적 계산(입지)이 약화되는 것을 수수방관할 수는 없었다. 철학자와 신학자들은 예전의 공포를 다시 떠올렸다. 즉, 운명론적 유물론인 스피노자의 '필요성'이 어둠 속에서 떠들썩하게 재등장한 것이다 … (p. 193).

43) 이에 대해서는 *De l'Esprit des Loix* Vol. 1 pp. 1xx~1xxi를 보라. 그 공격은 1749년 10월 9일과 16일자 〈새로운 성직자〉에 실려 있다.

키외의 《법의 정신》 14권 2장의 생리학 이론 사이의 놀라운 유사성이다. 이 부분은 몽테스키외 사상의 과학적 기초이다.[44] 그리고 1929년에 도즈(Muriel Dodds)는 샤르댕이 몽테스키외의 기후론 형성에 근본적 영향을 미쳤다고 말했다.[45] 도즈의 저작은 모국을 떠나본 적이 없는 철학적인 사람들이 항해와 여행으로 얻은 것이 무엇인지를 아주 명확하게 보여준다는 점에서 대단히 흥미롭다.

그렇다면 몽테스키외의 출현을 예비했던 가장 유명한 두 선각자인 히포크라테스와 보댕은 어떠한가? 이 질문에 대해서도 이제는 어느 정도 확실성을 가지고 답하는 것이 가능하다. 1721년에서 1728년 사이에 히포크라테스에 대한 관심이 뚜렷하게 다시 살아났으며, 이는 특히 전염병의 병인학, 전염병과 급속한 기온 변화와의 관계, 공기가 전염병에 미치는 영향과 관련되었다.[46] 몽테스키외가 자신의 서재에 《공기, 물, 장소》

---

44) 아버스노트의 책은 Boyer de Pébrandié에 의해 프랑스어로 번역되어 1742년에 출간되었다(Dedieu, *op. cit.*, p. 204, note Ⅰ). 디디에의 주장이 쉽게 받아들여지기 힘들었던 이유는 몽테스키외의 전작인 《사고방식과 특징에 영향을 미칠 수 있는 원인에 대한 에세이》(*Essai sur les causes qui peuvent affecter les esprits et les caractéres*)가 쓰인 시기가 그 당시에는 알려지지 않았다는 사실이다. 그는 14권의 많은 아이디어를 그 책에서 빌어 왔다; 지금은 이 초기작이 1736년과 1741년 사이에 쓰였다고 알려져 있다. 디디에가 주장했듯이, 몽테스키외는 아버스노트에게 많은 부분을 빚졌다. 두 작품에서 디디에가 뽑은 일치하는 구절의 리스트는 대단히 설득력이 있다(Dedieu, *op. cit.*, pp. 213~225). 디디에의 저작 다음에 Chateau of La Brède(몽테스키외의 고향_옮긴이)에서 발견된 증거들의 개요를 보려면 *EL* Vol. 2, pp. 176~178을 보라.

45) Dodds, *Les Récits de Voyages. Sources de l'Esprit des Lois de Montesquieu*, pp. 55~56. 샤르댕이 유일하게 영향을 미친 사람은 아니었다; 도즈(Dodds)는 또한 다음 저서들을 포함시켰다. *Les Six Voyages de Jean Baptiste Tavernier qu'il a fait en Turquie, en Perse, et aux Indes.* 2 vols. Paris, 1676; 그리고 Francois Bernier, *Voyages, Contenant la Description des États du Grand Mogol, de l'Hindoustan, du Royaume de Kachemire, etc.* 2 vols. Amsterdam, 1699. 그녀의 "Tableau des Sources de l'Esprit des Lois", under Livre XⅣ, pp. 201~213을 보라.

46) 히포크라테스의 부활에 대해 상세히 알기 위해서는 Dedieu, pp. 205~207 참

의 짧은 요약본을 가졌으며, 그가 소장했던 보댕의 《방법》 "5장 여백에는 그가 직접 손으로 쓴 주석이 달려 있었다"는 사실이 지금은 알려져 있다.[47]

몽테스키외의 기후론은 또한 당시의 중요한 관심사에 토대를 둔다. 프랑스 법의 여러 다른 원천(로마법, 가톨릭교회법, 법적 효력을 가진 관습, 왕실포고령 등) 간에 조화를 이끌어 내려는 노력은 역사, 관습, 전통의 중요성을 일깨웠다. 다양한 기후 속에서 살아가는 생소한 민족에 대한 생생한 묘사를 어떻게 해석하고, 질병과 건강의 최적 조건을 어떻게 이해해야 할 것인가?[48]

몽테스키외가 읽고 참조한 여행기는 샤르댕, 듀 알드 신부(Father du Halde),* 캠퍼(Engelbert Kaempfer)* 같은 지적이고 재능 있는 이들의 것이었다. 그럼에도 불구하고 몽테스키외는 고전 시대 이래로 모든 작가들에게 공통적이었던 기본 가정을 유지했다. ① 기후 — 그에게 기후란 위도에 따라 변하는 온도에 불과했다 — 는 신경계와 혈관계의 수축과 팽창의 형태로 인간 신체의 물리적 상태에 영향을 미친다. ② 이 자연적 영향은 정신적 상태에 영향을 미친다(강한 열정, 사랑, 용감함, 소심함). ③ 이렇게 개인적으로 받은 정신적 영향은 민족에게도 집단적으로 영향을 미친다.

고. 출처는 Emile Littrés edition, *Oeuvres complètes d'Hippocrate*, Vol. 2.

47) *EL*, Vol. 2, p. 174. 그리하여 De la Gressaye는 이에 큰 중요성을 두지 않는 디디에와는 반대로 보댕의 창조적 영감에 대한 강력한 사례를 제공한다(Dedieu, *op. cit.*, pp. 211~212); *EL*, pp. 174~175.

48) Dedieu, *op. cit.*, 174~175를 보라.

5. 《법의 정신》에서의 기후론

몽테스키외는 법의 목적과 법의 틀을 구성하는 고려 사항을 보여줘 인간 복리에 공헌하고자 한다. "정신의 기질과 가슴의 열정이 기후에 따라 무척이나 다르다는 것이 사실이라면 법은 그 같은 열정 및 기질의 다양성과 관련되어야만 한다".[49] 이 이론은 아버스노트에게서 가져온 것이다.

> 찬 공기는 신체의 외부 섬유 조직의 말단을 수축시킨다. 이는 그곳의 탄력성을 증가시키고 피가 신체 말단으로부터 심장으로 되돌아오기 유리하게 만든다. 그것(추위)은 바로 그 섬유 조직〔애매한 용어로 혈관과 신경계 모두를 의미하는 것으로 보임〕을 수축시킨다. 따라서 그 조직의 힘 역시 증가한다. 반면에 따뜻한 공기는 섬유 조직의 말단을 이완시켜 늘어지게 한다. 물론 그곳의 힘과 탄력성은 감소한다.

이에 따르면 인간에게 심장이 별로 필요할 것 같지 않다.[50] 몽테스키외는 사람들이 추운 기후에서 활력이 더 크다고 결론짓는다. "이곳에서는 심장의 움직임과 섬유 조직 말단의 반응이 보다 잘 이루어지고, 체액의 온도가 더 높고, 피가 심장을 향해 보다 자유롭게 움직이고, 그에 따라 심장은 더 강한 힘을 가진다".[51]

힘의 우월성은 용기와 같은 다양한 정신적 상태를 초래한다. 몽테스키외는 진부한 은유를 이용해 추운 나라의 사람을 젊고 용감한 이들에, 더운 나라의 사람을 늙고 소심한 이들에 비유한다. 에스파냐 왕위계승 전쟁(1701~1714년에 프랑스·에스파냐와 영국·오스트리아·네덜란드 사이

---

49) Bk. XⅣ, 1장. 영문 인용은 특별한 설명이 없을 경우에는 Nurgent의 번역에 의한다.

50) 몽테스키외의 초기 저작에 나오는 이 단락의 출처에 대해서는 *EL*, Vol. 2, pp. 296~297, 각주 1~3을 보라.

51) Bk, XⅣ, 2장.

에 발발한 전쟁_옮긴이)에 참전한 북부 출신 병사처럼 한 기후에서 다른 기후로 가는 사람은 새로운 기후의 영향을 받는다.

그러나 양의 혀 실험과 그것으로부터 도출한 결론은 몽테스키외가 과학의 추론 과정에 대해 얼마나 무지했었나를 잘 보여준다.

> 나는 양의 혀 가장 끝 부분을 관찰했다. 육안으로 봐서 유두처럼 생긴 돌기로 뒤덮여 있었다. 나는 현미경을 통해 돌기 위에 작은 털, 일종의 솜털을 식별했다. 돌기 사이에 마치 집게의 끝과 같은, 피라미드처럼 생긴 것이 있었다. 이 피라미드가 맛을 느끼게 하는 주요 기관일 가능성이 매우 크다.
>
> 나는 양의 혀 절반을 얼리고 육안으로 관찰했는데, 그 돌기가 눈에 띌 정도로 줄어든 것을 보았다. 심지어 돌기 중 몇 줄은 돌기를 감싼 껍질 같은 것 속으로 가라앉았을 정도였다. 현미경으로 검사한 가장 바깥 쪽 부분에는 피라미드가 없었다. 서리가 물러가는 것에 비례해 그 돌기가 일어서는 것이 육안으로 보이는 듯했다. 현미경에는 좁쌀 모양의 선(*gland*)이 나타나기 시작했다. 이 관찰은 내가 말했던 것, 즉 추운 나라에서는 신경선이 덜 팽창한다는 사실을 확인시켜 준다. 신경선은 그 껍질 속으로 깊이 가라앉거나 외부 물체의 활동으로부터 피신한다. 그 결과 생생한 감각을 느끼지 못한다.
>
> 추운 나라에서는 즐거움을 느끼는 감성이 무척 적다. 따뜻한 나라에서는 그보다 많고, 더운 나라에서는 정교하게 발달했다. 기후를 위도에 따라 구분하는 것처럼 기후를 감수성의 정도에 따라 어느 정도 구분할 수도 있다. 잉글랜드와 이탈리아에서 오페라를 보러 간 적이 있었는데, 동일한 작품과 동일한 출연자였다. 그러나 동일한 음악은 두 나라에서 무척이나 다른 효과를 나타냈다. 한 나라는 매우 냉정하고 침착한 반응을, 다른 한 나라는 매우 생기 있고 환호하는 반응이었는데 대단히 놀랄 만한 결과였다.

도입 문장은 17세기 후반과 18세기에 흔히 있었던, 왕립학회에 비평문이나 보고문을 기고하는 실험적인 아마추어 철학자-과학자의 모습을 상기시킨다. 몽테스키외는 추위와 더위의 물리적 효과와 관련하여 어떤 결론에 도달한다. 심리적 차이에 관한 일반화는 그러한 결론에 기초한다. 그리고 마지막으로 민족성의 차이를 보여주는 오페라하우스를 통해 이러한 시야가 확대된다. 헤르더는 그러한 추론과정의 위험성, 즉 문화적 일반화의 기초를 생리학적 실험에서 찾는 방식의 위험성을 인식했다.

> 헤르더에 따르면 열이 섬유 조직을 팽창·이완시키며 체액을 희석시키고 발한(發汗) 작용을 증진한다는 것을 모든 사람이 실제로 알고 있다. 그리하여 고체를 가벼운 해면질로 만드는 것도 때때로 가능하다. [열의 효과와] 그것의 반대인 추위의 효과를 통해 이미 많은 물리적 현상이 설명되었다. 하지만 이 원칙이나 이완과 발한 같은 이 원칙의 일부로부터 전체 민족과 나라, 거기에 더해 인간 정신의 가장 섬세한 기능과 사회의 가장 우연적인 법령에 이르기까지를 일반화시켜 추론하는 것은 모두 어느 정도는 가설적이다. 추론을 참작하고 배치하는 머리가 예리하고 체계적일수록 더욱 그렇다. 그것들은 역사에서 나온 예들이나 심지어는 생리학적 원칙과도 거의 매 단계 충돌한다. 왜냐하면 부분적으로는 서로 상충되는 관계에 있는 너무나 많은 힘이 함께 작용하기 때문이다. 그것은 심지어 양의 혀에 대한 잘못된 실험의 기초 위에 법의 기후적 성질을 확립한 위대한 몽테스키외에게 반기를 들기까지 했다. 우리가 기후의 손안에 있는 연성점토[*einbildsamer Thon*]라는 것은 사실이다. 그러나 기후의 손가락은 너무나 다양한 것을 만들며 그 손가락에 저항하는 법(*law*) 또한 매우 다양해서, 아마도 인류의 천재성만이 이 모든 힘들의 관계를 하나의 전체로 통합할 수 있을 것이다.

이러한 설득력 있는 비평은 실제로 헤르더가 살았던 시대와 그 이전에 유행했던 환경의 영향에 관한 모든 이론에 적용될 수 있다. 환경적 요인이 개인의 신체적·정신적 특성에 영향을 미친다는 점이 입증될지라도 반드시 전체 민족에게 유사한 영향을 미친다고 말할 수는 없다. 더운 기후가 개인에게 심신쇠약을 초래할 수는 있지만 더운 나라의 민족에게 문명을 창조할 에너지가 결핍되었다는 결론을 내릴 수는 없다.

그러나 헤르더가 불만을 제기했던 추론 과정 역시 충분히 입증되지 않은 채로 19세기와 20세기의 기후적 영향에 대한 사고 중 많은 부분의 특징이 되었다.[52] 그러고 나서 기후와 그 외의 인간 경험, 즉 너무나 인간적인 경험(고통, 성관계 등) 간의 상관관계가 제시된다. 이 지점에서 몽테스키외는 온대기후가 양 극단에 있는 기후의 성질을 조화롭게 혼합한 것이라는 전통적 견해와 결별한다.

> 우리가 북쪽을 향해 여행을 한다면 우리는 악덕이 거의 없이 많은 미덕을 갖춘 무척 솔직하고 신실한 사람들을 만난다. 우리가 남쪽 가까이로 내려온다면 도덕의 경계에서 완전히 벗어난 우리 자신을 상상할 수 있을 것이다. 여기서 가장 강렬한 열정은 모든 방식의 범죄를 만들며 자신의 과도한 욕망을 채우기 위해 사람들은 수단과 방법을 가리지 않는다. 온대기후에서는 거주자들의 미덕이나 악덕뿐만 아니라 관습 또한 일정하지 않다고 알고 있다. 온대기후는 그것들을 고정시킬 정도로 확정적인 성질을 갖지 않는다.[53]

몽테스키외는 여기서 유럽을 염두에 두었을지도 모른다. 북쪽으로는 영국, 독일 발트 해 연안의 나라와 스칸디나비아의 나라, 남쪽으로는 에스파냐와 이탈리아 그리고 그 사이에 위치한 프랑스가 이에 해당한다. 중간적 위치에 대한 기후적 설명은 너무 취약해서 실질적으로는 붕괴되었

---

52) Herder, *Ideen*, Bk. Ⅶ, chap. 3, Churchill trans., p. 173. *EL*, Bk. XIV, chap. 2. 그 실험을 알기 위해서는 *EL*, Vol. 2, p. 397, note 6, 그리고 내가 참고하지 못했던 Dominique Gautier, *Biologie et Médecine dans l'Oeuvre de Montesquieu*, thèse médecine, Bordeaux, 1949를 보라.

53) Bk, XIV, chap. 2; *EL*, Vol. 2, p. 398, note 10.

다. 몽테스키외가 로마의 역사나 유럽이 맞이했던 이주의 시대 및 잇따른 침공과 문화적 혼합에 대해 해박한 지식을 가지긴 했지만 이 모호한 효과와 일관성 부족이 문화 접촉과 문화 차용의 결과였을 수도 있다는 생각을 하지는 못했음이 분명하다. 실제로 그의 큰 관심사였던 당대 프랑스 법체계는 대체로 이런 사건들의 결과였다.

문화적 차이를 기후로 설명할 수 있다면 문화의 지속성 또한 기후로 설명할 수 있을 것이다. 몽테스키외는 19세기의 많은 저술에서 인기 있는 구절이었던 "불변의 동양"을 기후적 원인으로 해석했다. 이 생각이 뒤 보에게 전해지긴 했지만 원 출처는 아마도 샤르댕일 것이다.

> 동방의 민족들로 하여금 모든 느낌(*impression*)에 쉽게 빠져들게 하는 기관의 섬세함에 신체의 나태함과 자연스레 연결되는 일종의 정신적 나태함이 결합된다면, 그래서 게으름 때문에 그 민족이 별다른 노력을 하지 않는다면, 정신(*soul*)이 일단 어떤 느낌을 받은 다음에는 이를 바꿀 수 없다는 점을 쉽게 이해할 수 있다. 그래서 법, 풍습, 관습, 복식처럼 별로 중요하지 않아 보이는 그런 것조차 천 년 전과 마찬가지로 오늘날 동방 국가에겐 동일한 중요성을 가진 것이다.

동양이 변화하지 않는다고 주장한 목적은 이해한다손 쳐도 동양 국가의 문화적 지속성이 유럽 국가의 문화적 변화와 첨예하게 대조적이었으며, 동양 국가의 문화적 지속성이 고립 혹은 문화적 접촉의 결핍에서 비롯했을 수도 있다는 사실을 몽테스키외가 인식하지 못했다는 점은 여전히 이상하다. 이 단락은 "동양 국가의 종교, 풍습, 관습, 법의 불변성의 원인"이라는 제목이 붙은 장의 전체 문장이다. 비록 이 문장이 유럽을 언급하지는 않았지만, 기후와 종교의 관계라는 민감한 문제를 제기했다. 잡지 〈새로운 성직자〉에 실린 글들의 저자는 몽테스키외가 주장한 변하지 않는 종교와 동방의 더운 기후 간의 밀접한 연계에 대해 실제로 불만을 토로했다.[54] 그럼 기독교 역사에서는 왜 자연적 원인이 그와 같은 영향을 끼치지 못했느냐는 불평은 아주 타당하다.

몽테스키외는 이 책의 한 핵심적인 장에서 종교적 질문을 다룬다(14권 5장). 여기서 그는 불교가 인도 기후의 산물이라고 말한다. "인도의 입법자였던 부처(Foe)가 인류를 극히 수동적 상태로 놓았던 것은 자신이 느꼈던 감각의 지휘를 받은 것이다. 그러나 더운 기후의 나태함으로부터 만들어진 그의 교의는 역으로 그 기후를 선호했다. 그로부터 무한한 피해가 생겨났다". 몽테스키외는 기민하게 일거양득을 취하면서 종교의 기원을 설명하는 동시에 입법자는 기후의 바람직하지 않은 영향을 증대시켜서는 안 되며 중화시켜야 한다고 가르친다.[55]

"중국의 입법자들은 보다 합리적이어서 인간을 내세에 평화로운 상태를 누릴 존재로 간주하지 않고 삶의 몇 가지 의무를 이행해야 하는 상황에 놓인 존재로 간주하여 자신들의 종교, 철학, 법을 모두 실용적인 것으로 만들었다. 자연적 원인이 인류를 더 나태하게 만들수록 더욱 도덕적 원인이 인류를 나태함으로부터 벗어나게 해야 한다". 중국인은 성공적이었던 반면 부처는 그렇지 못했다.

현명한 선택을 하는 지역이 있다. 좋은 통치자는 자신의 행동을 통해 나쁜 기후의 영향력을 증대시키지 않는다. 또한 좋은 기후가 주는 편익을 제약하지도 않을 것이다. 따라서 도덕철학은 자연적 원인에 대한 정당한 고려가 이루어질 때 가능하다. 수도원 생활에 대한 몽테스키외의 공격은 상처에 소금을 뿌린 셈이었다.

---

54) Bk, XIV, chap. 4; *EL*, Vol. 2, p. 399, note 18.

55) 그 시대의 많은 작가들은 *Fo*(*Foë*) 혹은 부처를 의미하는 다른 방언을 사용한다; 여기서 출처는 Du Halde, *Description Géographiaque, Historique, Chronologique, Politique, et Physique de l'Empire de la Chine et de la Tartarie Chinoise*, Vol. III, pp. 22~34. Muriel Dodds, *op. cit.*, (각주 45를 보라), pp. 203~204; 또한 *EL*, Vol. 2, p. 400, note 22.

> 아시아에서 수도승의 수는 기후의 온난함에 비례해 증가하는 듯하다. 매우 더운 인도는 수도승으로 가득하다. 그와 같은 차이가 유럽에서도 발견된다. 기후가 초래하는 나태함을 극복하기 위해서는 노동하지 않고 생존할 수 있는 모든 수단을 법으로 없애야 한다. 그러나 유럽의 남부 지역에서는 법률이 거의 반대의 역할을 한다. 게으른 상태로 살고 싶어 하는 사람들에게 법률은 사변적 삶에 가장 적당한 은둔처를 부여하며 그들에게 세입의 막대한 부분을 제공한다.

여기서 얻을 수 있는 교훈은 불교의 사례와 비슷하다. 몽테스키외는 기도, 명상, 다른 형태의 신체적 비활동성을 무시했으며, 유럽의 다양한 기후 조건에서 수도원의 지리적 분포마저 무시했다.[56] 몽테스키외가 종교의 기원 및 지속성을 설명할 수 있는 자연적 원인을 찾는다는 비평에 대해 그 자신은 어떻게 응답했는가? 그는 계시종교인 기독교가 다른 종교와 달리 자연적 원인에 기초한 것이 아니라고 말한다. 그러나 다른 종교는 삶의 환경과 대지의 조건에서 형성된 인간의 순수한 발명품이다! 그릇된 종교는 자연적 원인에 의해 설명될 수 있지만 계시종교인 기독교는 그럴 수 없다.[57]

기후와 법률 및 관습의 관계는 필연적으로 선택의 자유 혹은 결정론의 문제를 제기한다. 이 점에서 환경론과 점성학 이론의 역사 간에 유사성이 있다. 성 아우구스티누스와 다른 이들의 저술에서 알 수 있듯이 초기교회의 교부들은 점성학에 극렬하게 적대적이었으나 중세의 전성기가 되자 점성학에 대한 태도가 보다 유연해졌다. 외경심을 일으키는 피조물인 별

---

56) Book XIV, chap. 7. 이 단락에 대한 반응은 Mgr. Bottari가 로마 교황청의 금서성성(禁書聖省, Congregation of Index)에 제출한 보고서에 뚜렷하게 나타나 있다. 《법의 정신》은 1751년 11월 29일 로마 가톨릭교회의 금서목록에 올랐다. *EL*, Vol. 1. p. lxxix; Vol. 2, pp. 400~402, note 25.

57) Montesquieu, *Défense de l'Esprit des Lois*, Part 2; *EL*, Vol. 1, pp. lxxi~lxxiv는 (1750년 파리에서 익명으로 출간된) *Défense* 간행의 역사를 보여주며, 몽테스키외의 답변을 요약한다.

은 대지 위의 모든 것에 영향을 미쳤다. 하지만 사람이 별의 영향력에 얽매일 필요는 없다. 즉, 지능과 의지를 통해 기후의 나쁜 영향을 무효화하고 좋은 영향을 고무할 수 있는 것이다.

점성학은 인간이 우주 환경을 연구하여 지침으로 삼을 수 있도록 한다. 기후는 동일한 이유에서 인간이 연구해야 할 지구적 영향력이다. 이처럼 자연적 원인에 대한 지식을 통해 인간의 선택이 가능함을 말했다는 점에서, 몽테스키외는 숙명론을 피하고 스피노자를 부활시킨다는 혐의로부터 자유로워진다.

몽테스키외에 의해 환경결정론은 문화적·도덕적 상대주의를 정당화할 수 있었고 종교적 믿음, 법률의 기원과 법률에 준하는 효력을 갖는 관습에서의 차이까지도 설명할 수 있었다. 음주의 효과는 기후에 따라 다양하며 더운 나라에서 포도주 음용을 금하는 법은 합리적 금지다. 북쪽의 혹은 상대적으로 추운 기후에서 포도주 음용을 금하는 것은 적절하지 않을 수 있으며, 매우 덥거나 추운 기후에서 과도한 음주에 대해 동일한 처벌을 내리는 것 역시 정당하지 않다. "만취는 세계 전체에서 추위와 습도에 비례하여 빈번해진다". 상이한 기후에 따라 상이한 필요가 존재하고, 이는 차별화된 생활방식(*manières de vivre*)을 빚는다. 그리고 이는 다시 다른 종류의 법률을 만든다.[58]

기후적 영향에 관한 이론은 예컨대 공중보건의 문제에서 인간의 능동적 개입을 위한 방법을 알려줄 수 있었다. 물리적 상호 교류의 단절을 통해 나병, 성병, 흑사병이 창궐하는 기후를 고립시킬 수 있기 때문이다. 반면 자살은 도덕적 원인 때문일 수도 있고 자연적 원인 때문일 수도 있다. 몽테스키외는 교육의 산물인 로마의 자살과, 궁극적으로 기후에 기인하는 심신 이상의 산물로 영국의 자살을 대조한다.[59] 기후가 상상력과

58) Bk. XIV, chap. 10.
59) Bk. XIV, chap. 12~13.

성적인 욕망에 미치는 영향은 보다 직접적이다.[60]

몽테스키외는 노예제도에 반대했지만 기후 조건이 사람들을 나태하게 만든 나머지 주인이 가하는 처벌에 대한 두려움이 없으면 노동을 하지 않는 나라에서 노예제도가 탄생할 수 있었다고 생각했다. 주인조차도 국왕에 대해서는 마치 노예가 주인과 맺는 관계와 유사한 그런 위치에 있었다.[61] 몽테스키외는 가정의 노예적 관계를 논하면서 더운 기후에서는 여성들이 이성(理性)보다 더 빨리 성적으로 성숙하며 어린 나이에 아름다움이 정점에 달한다. 그래서 그들은 의존적이 되고 사회 조건은 남성 지배와 일부다처제의 광범위한 실행에 — 직접적으로 이를 금하는 법이 없다면 — 적합해진다.

온대기후에서는 여성의 아름다움과 이성과 지식이 서로 보조를 맞추어 함께 성숙하는 경향을 보인다. 성 평등을 위한 더 많은 기회가 있기에 여성이 남성과 거의 동등한 위치를 가지며 사회 조건 역시 일부일처제에 우호적이다. 추운 나라에서는 남성의 무절제한 음주 때문에 보다 절제력이 강한 여성이 남편에 비해 이성적 면에서 우위에 선다. 따라서 일부일처제는 아시아보다 유럽의 기후에 보다 적합하다. 그의 말에 따르면 이것이 이슬람교가 아시아에서 그토록 쉽게 입지를 확보하고 유럽에서 어려움을 겪은 여러 이유 중 하나다. 기독교는 유럽에서 그 세력을 유지하였으나 아시아에서는 소멸되었다. 이슬람교는 중국에서 상당히 자리 잡은 반면 기독교는 거의 실패했다.[62]

몽테스키외는 그가 종교의 지리적 분포를 설명하는 데 기후에 지나치

---

60) Bk. XIV, chap. 14; 여성대상 범죄에 대한 알라만족의 법과 서고트족의 법을 비교하라.

61) Bk. XV, chap. 7.

62) Bk. XVI, chap. 2. 1748년의 원판보다 덜 교조적인 주장을 이해하기 위해서는 *EL*, Vol. 2, p. 424, note 6 and 7을 보라. 또한 여성의 지위에 대한 몽테스키외의 사고에 대해서는 Roger B. Oake, "Montesquieu and Hume", *Modern Language Quarterly*, Vol. 2 (1941), pp. 238~246을 보라.

게 중요한 역할을 부여했다고 생각하는 이들의 두려움을 경감하려는 명백한 의도를 가지고, 인간과 관련된 고려사항(*raisons*)은 원하는 것을 하고 원하는 것은 무엇이든지 사용하는 최고 원인(*Supreme Cause*)에 항상 종속된다는 말을 덧붙였다. 몽테스키외는 인간사를 지배하는 데 2차적 원인이라는 매개물을 통해서만 행동하는 창조주에게 경의를 표한다. 인간 또한 법에 종속되기 때문에 다른 2차적 원인처럼 기후의 영향은 당연한 것이다.63)

이후 몽테스키외는 아시아와 유럽 민족 간의 차이 그리고 그들의 역사 간 차이를 설명하는 데 그가 여태껏 시도했던 것보다 대담한 지리적 일반화를 시도한다. 그에 따르면 아시아에는 온대 지역이 없다. 아시아는 극단적 기후를 가진 땅덩이다. 얼어붙는 바람이 척박한 토양을 휩쓸고 가는 추운 지방은 동쪽으로는 무스코비(Muscovy: 러시아 혹은 모스크바를 뜻하는 고어_옮긴이)에서 태평양까지 뻗어 있고, 북쪽으로는 위도 40도 선상에 이르는데〔시베리아와 타타르 지역(Great Tartary),** 일반적으로 현재의 시베리아, 몽골, 만주를 포함〕, 따뜻하고 비옥한 터키, 페르시아, 인도, 중국, 한국, 일본과 대조된다.64)

---

63) Bk. XVI, chap. 2; *EL*, Vol. 2, p. 425, note 8. 이 장은 소르본 대학교과 로마 교황청의 금서성성 어느 쪽의 검열도 받지 않았다.

64) 주요 출처는 Dodds, *op cit.* (위의 45번 각주를 보라), pp. 226~232에서 나타난 것처럼, *Recueil de Voyages au Nord, contenant divers mémoires trés utles au Commerce et à la Navigation*(Amsterdam, 1725), Vol. VIII, pp. 389~392, pp. 45~47 이다; *Histoire des Tatars*, Part. II, pp. 127~129에서 타타르 지역은 세계에서 가장 좋은 기후를 가지며 지극히 훌륭하고 비옥하지만 고산지대이고 많은 지역에서 물이 없는 것으로 묘사된다; 그리고 Du Halde, *op. cit.*(각주 55번을 참고하라), Vol. IV, esp. pp. 82, 54, 147, 149, 7, 36~37. 또한 *EL*의 원본에 있는 유럽과 아시아 지도를 보기 위해서는 *EL*, Vol. 3, p. 74를 보라. 몽테스키외는(Bk. XVII chap. 2) 기후적 기반 위에서 국가 간 대조를 한 국가 내에서 지역에도 또한 적용할 수 있다고 말한다; Father du Halde(*op. cit.* Vol. I, pp. 111~112; Dodds, *op cit.*, p. 226에서처럼 IV, p. 448)로부터 자료들을 이용하여 그는 중국 북부 및 한국 북부와 남부의 각 시골 지역 민족

여기에 책 14권에서 이미 제기했던 추운 기후와 용기 간의 상관관계를 적용해 몽테스키외는 아시아가 전제 정부의 대륙이라고 결론짓는다. 아시아는 또한 양 극단의 대륙인데 북부가 남부를 지배한다고 말한다. 이에 비해 유럽에서는 온대 지역이 양 극단을 혼합하고 점진적 이행을 가능케 하기 때문에 — 여기서 중간 지역은 몽테스키외 저작의 다른 부분에서보다 더 큰 중요성을 가진다 — 아시아처럼 양 극단이 나란히 나타나지 않는다. 이 대조는 생생하며 유럽에 관해서는 지리적 혹은 정치적 조건이 영구적이지 않을 수도 있고 시간과 조건에 따라 변할 수 있음을 시사한다(몽테스키외는 거의 모든 당대인들과 자신에 앞서 활동했던 이들과 마찬가지로 시간에 따라 역사적 상황이 변화하면 지표의 특성이 역사에 미치는 영향도 변할 수 있다는 사실을 고려하지 않았다).

> 그래서 아시아에서 강한 나라는 약한 나라와 적대한다. 호전적이고 용감하며 능동적인 민족은 나태하고 용기 없고 소심한 민족에게 즉각 접근한다. 그리하여 정복하는 쪽과 정복당하는 쪽으로 나뉜다. 반면 유럽에서는 강한 나라끼리 맞선다. 그리고 같은 편으로 뭉친 이들은 대체로 동일한 수준의 용기를 가진다. 이것이 아시아가 유약하고 유럽이 강한 이유이며, 이로써 유럽의 자유와 아시아 노예제도의 상당 부분이 설명된다. 내가 기억하기로는 이런 이유가 언급된 적은 없다. 그래서 아시아에서 자유는 결코 확대되지 않는 반면, 유럽에서는 구체적 상황에 따라 자유가 확대되거나 위축된다.[65]

이 단락이 얼마나 무지함을 드러내는가! 이 단락은 아시아의 양쪽 극단 지역이 각각 동질적임을 가정하며 마르코 폴로 이래로 알려진 생활양식의 큰 차이를 무시한다. 또한 이 단락은 몽테스키외 스스로 잘 알듯이 유럽에서 존재했던 자유라고 할 수 있는 것이 지식의 확산과 어떤 관계가 있

사이에 용기의 차이가 있다고 구분 짓는다.

65) Bk. XVII, chap. 3.

을 수도 있다는 것을 인식하지 못한다.[66] 몽테스키외가 데카르트주의자처럼 글을 썼다는 이야기를 사람들이 자주 했다는 점을 염두에 둔다면, 이 단락에서 그의 추론이 임의적이고 단순한 대조를 기반으로 이루어진 것은 놀라운 일이다.

볼테르는 이 단락을 비판하면서 로마의 권력은 새로운 제국들이 성장하지 못한 유럽에서 5백년 이상 지속되었으며 몽테스키외가 페르시아, 코카서스, 토러스 등을 열십자(十)로 가로지르는 산맥을 무시했다고 말했다.[67] 이 단락은 여전히 아시아와 유럽을 서로 떼어 놓는다. 즉, 유럽이 유라시아 대륙의 반도이며 유럽의 역사는 유라시아 역사의 일부라는 사고는 나중에 나타난다.

정치지리학에 대한 이러한 논의는 수도에 대한 언급에서 활기를 띤다. 군주가 자신의 제국의 위치를 신중하게 결정하는 것은 대단히 중요하다. 그가 남쪽에 수도를 정한다면, 북쪽을 잃어버릴 위험에 처할 것이다. 하지만 북쪽에 수도를 정한다면 쉽게 남쪽을 지킬 수 있을 것이다. "특정 사례를 거론하지는 않겠다. 역학(力學)에서 이론적 효과를 자주 변화시키거나 지체시키는 마찰이 존재하는 것처럼 정책에도 마찰이 존재한다".[68]

6. 몽테스키외의 또 다른 측면

《법의 정신》 14~17권에서는 14권 도입부에서 설명한 기후 이론을 다양한 방식으로 정교화한다. 18권에서 몽테스키외는 다른 자연적 요인의

---

66) Bk. XV, chap. 3의 논조를 보라.

67) "L'A, B, C", *Oeuvres*, ed., Beuchot, Vol. 45, p. 8, 그리고 "Dict. philos", *Oeuvres*, ed., Beuchot 안에 있는 "Lois(Esprit des)".

68) *EL*, Bk. XVII, chap. 8. 1748년판에 나타나지 않았던 이 단락에 대해서는 *EL*, Vol. 2, p. 441, note 39를 보라.

영향을 고려한다. 이 오래된 사고 체계는 부분적으로는 위도나 기온이 모든 것을 설명하는 것은 아니라는 인식에서 나왔다. 왜냐하면 우리는 평평하고 등질적 지표 위에서 살아가는 것이 아니기 때문이다. 따라서 비옥한 토지와 척박한 토지, 산지와 평원, 문화적 접촉과 문화적 고립, 내륙과 해안 위치 간에 뚜렷한 차이가 나타난다. 전반적으로 이 책은 기후학적-생리학적-심리학적 지식보다는 덜 교조적이다. 내 생각에 그러한 이유는 기후가 미치는 영향이 발명, 특히 교통과 도구 제작 그리고 농업, 배수 및 토지 개간에서의 기술적 발명에 의해 완화되거나 심지어 극복될 수 있음을 쉽게 알 수 있기 때문이다.

몽테스키외의 주장은 오래되고 충분히 검증된 조리법으로 만든 요리라 할 수 있다. 비옥한 토지는 정치적 예속과 연관된다. 즉, 사람들이 자신의 일에 몰두하기 때문에 자유에는 큰 관심이 없다. 따라서 비옥한 나라는 약탈과 공격을 부르고 전제군주제가 통치에 적합해 보인다. 그가 든 사례를 보면 아티케의 척박한 토양은 민주주의를 낳았고, 라케다이몬(Lacedaemon: 스파르타_옮긴이)*의 비옥한 토양은 전제정치로 귀결되었다.[69] 볼테르는 이 같은 일반화 역시 비웃었는데 토양의 비옥도와 정부의 성격 간에 어떤 관계가 있다는 생각을 반박했다. 스파르타의 토양이 비옥하다는 몽테스키외의 주장에 대해 볼테르는 "이런 근거 없는 주장은 어디서 나온 것인가?"(*Óu a-t-il pris cette chimère?*) 라고 묻는다.[70]

---

69) *EL*, Bk. XVIII, chap. 1. 몽테스키외는 플루타르코스의 《솔론의 일생》(*Life of Solon*)에 나오는 단락을 참조한다. 거기서는 킬론(Cilon)의 반란 이후에 그 도시는 다시금 반목상태에 빠져 그 나라의 다양한 지역만큼이나 많은 분파들로 분열되었다. 언덕에 자리잡은 이들은 민주주의를 선호했고, 평지에 자리한 이들은 과두제를 선호했으며, 해안가에 사는 이들은 복합적인 정부 형태를 선호했다. 그레세예(Gressaye)에 의하면, "플루타르코스의 이 인용문은 몽테스키외가 정부 형태와 토양 비옥도의 관계에 관한 사고를 어디에서 가져왔는지를 보여준다". *EL*, Vol. 2, p. 442, note. 4. 또한 Thuc. I, 1.를 보라.

70) "Lois(Esprit des)" in "Dict. Philos", *Oeuvres*, ed., Beuchot, Vol. 31, p. 101.

비옥한 토양이 외적을 유인하기 때문에 바람직하지 않다는 생각("국가의 성쇠는 비옥도가 아닌 자유와 비례한다. 그리고 지구를 가상의 선으로 분할한다면 우리는 시대를 막론하고 가장 풍요로운 나라에 사막이 존재했고, 자연이 모든 것을 거부할 것만 같은 곳에 위대한 국가가 있었다는 사실에 깜짝 놀랄 것이다")은 혹독한 환경이 주는 자극에 대한 고전적 사고와 관련된다. "황폐한 토양은 인간을 부지런하게 만들고, 정신을 맑게 하고, 고난을 통해 단련시키며, 용기를 주고, 전쟁에 잘 대비하도록 한다. 인간은 대지가 자발적으로 베풀기를 거부한 것을 노동으로 얻어야만 했다.[71] 비옥한 토지는 평탄한 탓에 방어하기 힘들다. 그리고 한 번 자유를 빼앗긴 사람들은 영원히 자유를 잃는다. 산악 지대의 사람들은 자신들의 얼마 되지 않는 소유물을 지킬 수 있는데, 그들의 자유가 "지킬 가치가 있는 유일한 축복이다. 그래서 자연 조건이 양호한 나라보다 산악 지역이나 험난한 지형에 있는 나라에서 통치가 더욱 잘 이루어진다".[72] 이는 고립과 비접근성에 대한 주장이며 마치 스위스의 역사나 프랑스와 에스파냐의 피레네 산맥 지역의 역사에서 도출한 일반화처럼 들린다.

몽테스키외가 인간이 토지에 초래한 변화를 논할 때 논조가 달라지면서 13권에 있는 인구 문제의 소개와 흡사해진다. 인간의 근면함에 의해 거주 가능한 곳이 된 나라는 그 상태를 유지하기 위해 지속적인 관심이 필요한데, 이를 위해서는 온건한 정부가 요구된다. 그가 든 사례는 중국의 장난(江南, 강남) 지역〔현재 안후이성(安徽省)과 장쑤성(江蘇省) 지역〕과 저장성(浙江省) 지역, 이집트, 네덜란드이다.[73] 몽테스키외는 환경

71) Bk. XVIII, chap 3~4.

72) *Ibid.*, chap 2.

73) 중국 부분의 출처는 Du Halde, *op. cit.*(각주 55를 보라), Vol. I, p. 128 for "Kian-nan" and p. 273 for "Tche Kiang", Dodds, *op. cit.*(각주 45를 보라), p. 233. Le P. le Comte, *Nouveaux Mémoires sur l'État Présent de la Chine*, 1696, Vol. I, pp. 227~228에서 인용한 단락은 중국의 남부 지방에서 발생했던 예전의 홍수와, 운하의 네트워크를 통한 물 관리를 서술하는데, 이는 몽테스

주의적 사고와 환경을 변화시키는 존재로서의 인간에 대한 사고 사이의 관계를 슬쩍 건드릴 뿐 자세히 설명하지는 않는다. 몽테스키외에 따르면 고대 중국의 현명한 황제들은 "제국에서 가장 훌륭한 두 지역을 수면 아래로부터 일으켜 세웠다. 이 지방들은 인간의 노동에 의해 존재하게 되었다". 이 같은 창조의 결과물을 지키기 위해서 지혜와 전제적이지 않은 적법한 권위의 실행이 요구되었다.

권력은 이집트나 네덜란드에서처럼 중국에서도 온건했는데 "자연은 권력이 나태함이나 변덕스러움에 빠지지 않고 자신에게 봉사할 수 있도록 했다".[74] 모든 예들이 물과 관련된다는 점이 인상적인데 중국에서의 배수로와 운하 건설, 이집트에서의 나일 강을 이용한 관개, 네덜란드의 해수면보다 낮은 간척지(*polder*) 등이 이에 해당한다. 중국의 사례로부터 몽테스키외는 기후와 제국의 규모에도 불구하고 중국 최초의 법률 제정자는 좋은 법을 만들 수밖에 없었고 정부는 종종 그 법을 따라야만 했다고 결론짓는다.

몽테스키외는 자연환경을 변화시키는 인간의 노력이 가지는 중요성을 한층 더 일반화했다. 이는 뷔퐁이 크게 확장시키고자 했던 주제다. "인류는 자신들의 근면함 그리고 좋은 법의 영향으로 지구를 자신들에게 보다 적합한 거소로 만들었다. 우리는 한때 호수와 늪이었던 곳에 강이 흐르는 것을 본다. 이는 자연이 내려준 선물은 아니지만 자연이 유지하고 공급하는 특전이다". 인간이 만든 우호적인 환경 변화인 '물의 통제'에 대해 몽테스키외가 언급하는 사례는 프랑스에서 그 같은 통제의 역사가 오래되었

키외에게 착상을 제공했을 수도 있다고 Dodds는 언급한다(p. 232). "만일 실제 이렇다면 나는 바다로부터 생겨난 전 세계에서 가장 아름답고 비옥한 완전한 지역을 파헤친 그 기술자들의 대담성과 산업기술을 충분히 경탄하지 않을 수 없다".

74) Bk. XVIII, chap. 6. "네덜란드에서 경작된 땅이 바다에 잠긴 것은 사실이다. 그러나 몽테스키외는 17세기 이 나라의 공화국 건립의 이유가 그 때문이라는 것을 증명하지는 않는다", *EL*, Vol. 2, p. 442, note 12. 비트포겔이 말한 19세기 수력문명!

다는 점을 생각하면 그리 놀랍지 않다.[75]

아래 구절의 논조는 결정론적이라기보다는 관용적이다. 즉, 사회적 인과관계는 예술과 과학의 양상, 경작의 수준과 특성, 경제 유형과 관련된 법, 인간에 의한 환경 변화 등을 수반하므로 보다 복잡하다는 것이다.[76] 외견상 아래 인용문은 《법의 정신》에서 가장 덜 결정론적인 구절 중 하나처럼 보인다.

> 인류는 다양한 원인에 의해 영향을 받는다. 기후, 종교, 법, 정부의 원칙(*maxim*) 그리고 선례, 도덕, 관습에 영향을 받는다. 이 지점에서 일반적인 민족정신이 형성된다. 마찬가지로 모든 나라에서 이 원인 중 어떤 것은 보다 강력하게 작동하며 그에 비례해 다른 원인은 약하게 작동한다. 자연과 기후는 거의 그것만으로도 야만인들을 통제한다. 반면에 중국에서는 관습이 통치하며 일본에서는 법이 전제적 힘을 발휘한다. 도덕은 예전에 스파르타에서 절대적 영향력을 가졌으며 로마에서는 정부의 원칙과 고대의 소박한 풍속이 한때 지배적이었다.[77]

더욱이 "거주자의 수와 관련된 법칙에" 관해 논하는 23권은 교조적이지 않다. 《법의 정신》에서 가장 인상적인 것 중 하나는 그것이 인구이론, 식량, 토지 이용과 주로 관련된다는 사실이다. 여기서 몽테스키외는 인간의 재생산에 사회가 미치는 영향을 지적한다(23장 2절 참고).[78] 이 영향은 또한 상속의 법칙 및 가문의 이름과 가문의 전통에 대한 자부심을 통해 설명된다.[79] "종교적 원칙이 인류 증식에 매우 큰 영향을 미쳤다. 유대인이

---

75) Bk. XIX, chap. 7.; Le Comte de Dienne, *Histoire du Desséchement des Lacs et Marais en France avant 1789*. Paris, 1891. p. 541부터 보라.

76) Bk. XVIII, chaps. 8~10.

77) Bk. XIX, chap. 4.

78) Bk. XXIII, chap. 1.

79) *Ibid.*, chap. 4.

나 이슬람교도, 구에브레스(Gaurs: 페르시아의 배화교 숭배자들_옮긴이), 중국인에게 종교적 요소는 때로 인구 증가를 고무시켰고 또 어떤 경우에는 로마인이 기독교로 개종한 사례처럼 인구 증가를 저해하기도 했다".[80]

인구 성장은 식량의 종류와 토지 이용의 유형 두 가지 모두와 관계가 있다. 항구도시에는 남자보다 여자의 수가 많지만(남자는 수많은 위험에 노출된다) 생계를 유지하기는 상대적으로 수월하기 때문에 다른 곳보다 많은 아이들이 있다. 여기서 몽테스키외는 생선의 기름진 부분이 인구 증가에 영향을 미친다고 추론한다. "이는 일본이나 중국에 무수히 많은 사람들이 사는 이유 중 하나일 것이다. 그곳 사람들은 거의 생선을 먹고 산다".[81]

더욱 흥미로운 것은 인구밀도와 토지 이용 유형 간의 상호 관계에 대한 몽테스키외의 생각이다. "초지에는 일자리가 많지 않기 때문에 사람들이 별로 살지 않는다. 곡물 경작지(*les terres à bled*)는 꽤 많은 사람들에게 일자리를 제공하며 포도밭은 말할 나위도 없다".[82]

영국에서 초지의 증가는 인구 감소와 관계가 있으며 프랑스의 많은 포도밭은 많은 인구와 관련성이 있다. 이전에 숲이 제공하던 연료를 탄전이 제공하기 때문에 이제는 모든 땅이 경작 가능하다. 몽테스키외는 벼농사

---

80) *Ibid.*, chap. 2. Cf. *Lettres Persanes*, 114~117. *EL*에서 몽테스키외는 출생률과 사망률에 대한 사회적 영향력을 언급하지 않는다. 종교(이혼의 금지, 금욕 생활), 정복, 전쟁, 기근, 전염병이후 인간의 대규모 이동에 대해서는 *LP*, 112~132에서 자세히 설명한다. *EL*은 *LP*보다 인구정책에 대한 기독교의 영향에 대해 덜 비판적이고, 고전 시대 이후 세계의 인구 감소에 대해 덜 비관적이다. 이 점에 대해서는 *EL*, Vol. 3, p. 402, note 2를 보라.

81) Bk. XXIII, chap. 13-Du Halde에 기초한 일반화인데, 그는 강, 호수, 연못, 운하, 수로에 많은 수의 물고기가 서식한다고 언급했다. Du Halde, *op. cit.*(각주 55를 참고하라), Vol. II, p. 139, 부분적으로 Dodds, *op. cit.*(각주 45를 참고하라), p. 257에서 인용.

82) Bk. XXIII, chap. 14. 이러한 생각은 명백히 흄을 모방한 것이다. 또한 Oake, *op. cit.*(각주 62를 보라), p. 36을 보라.

에 대한 듀 알드 신부의 묘사에 감명을 받아 다른 곡물보다 벼농사 지대의 인구 부양력이 높다는 사실을 언급한다. 벼농사 문화에서는 인간이 토양에 보다 더 밀착되어 있다. 인간은 동물이 해야 할 일을 수행하고, 쌀을 직접 소비하며 "토양의 문화는 인간에게는 일종의 거대한 생산 과정이 된다".[83]

몽테스키외는 기후를 인구이론과 어떻게 연계시켰을까? 그는 전체 저작의 일반적 사고를 다음과 같이 적용한다. 즉, 입법자는 기후로부터 어떤 경향을 예측할 수 있는지, 하나의 자연적 요인이 또 다른 요인을 어떻게 강화하거나 상쇄하는지, 그리고 이러한 문제가 당면한 문제와 어떠한 관계를 맺는지 반드시 알아야만 한다는 것이다. "시민의 수를 규제하는 일은 상당 부분이 주변 상황에 달려 있다. 어떤 나라는 자연이 모든 것을 결정해서 입법자가 아무것도 할 필요가 없다. 풍요로운 기후로 인해 인구가 충분한 나라에서 출산을 법적으로 유도할 필요가 있는가? 하지만 때때로 기후가 토양보다 〔인구 증가에〕 우호적이어서 인구가 늘어났다가 기근으로 굶어죽는 일이 벌어진다. 중국이 이런 경우다".[84]

몽테스키외는 기근이 토양의 비옥도와 관련성이 있다고 가정함으로써 여행기로부터 일반화를 도출하는 것이 얼마나 경솔한 일인지를 스스로 드러낸다. 즉, 중국의 기근이 홍수나 가뭄에서 초래되었을 수도 있다는 생각은 못한다. 몽테스키외의 시대에는 인구 성장을 장려해야 한다는 생각이 지배적이었다.[85] 몽테스키외는 이에 열정적으로 동조했다. 《법의 정신》에서 그는 《페르시아인의 편지》[86] 에서 이미 보다 강력하게 표현

83) Du Halde, *op. cit.*, Vol. I p. 71, Dodds, *op. cit.*, p. 257. Bk. ⅩⅩⅢ, chap. 14에서 재인용.

84) Bk. ⅩⅩⅢ, chap. 16.

85) 몽테스키외와 그를 뒤따르는 인구재정착 신봉자들에 대해서는 Spengler, *French Predecessors of Malthus*, pp. 20~43; 48~76; 77~109를 보라

86) *LP*, 특히 letter 113.

했던 생각을 반복했다. 몽테스키외는 (나중에 논의될) '규모는 작지만 주장이 매우 명료한 집단'에 속했는데, 이들은 세계의 인구가 현재보다 고대에 더욱 많았으며 고대 이후 인구 감소가 있었다고 생각했다. 따라서 인구 성장을 고무하는 것은 시급한 과제였다.

책의 24권에서 몽테스키외는 법에 대한 그의 견해를 종교와 관련시켜 제시한다. "나는 종교인이 아닌 정치저술가다". 그는 기독교가 "에티오피아에 전제 정권이 수립되는 것"을 막고 "유럽의 관습과 법률을 아프리카의 심장부에 이식함"으로써 기후의 영향을 극복하는 데 성공했다고 말한다.[87] 반면 종교개혁을 촉발시키는 데 있어서는 자연적 원인이 작동을 했다. 프로테스탄트주의를 받아들였던 북부 지역의 사람들은 자유와 독립의 정신을 "이미 가졌으며 앞으로도 영원히 그럴 것이다. 남부 지역의 사람들은 그런 정신을 가지지 않으며, 그래서 가시적 수장이 없는 종교는 수장이 있는 종교에 비해 독립성을 불러일으키는 기후에 보다 적합하다"〔그러나 프로테스탄트주의 내 교파(教派)는 정치적 원인 탓으로 여겨진다〕.[88]

몽테스키외는 종교의 기원에 대해 숙고하면서 실용주의적 설명에 공감한다. 윤회에 대한 믿음은 인도의 기후에 부합한다. 소를 키우기 어렵고 소가 질병에 잘 걸리는 나라는 "나라의 정책에 보다 적합하도록"[89] 소를 보호하는 종교적 계율을 찾을 것이다. 기독교는 계시종교로서 유일하게 진실한 종교이며 자연적 인과법칙에 종속되지 않는다고 주장하면서도 그는 기독교와 이슬람교 신자의 지리적 분포를 기후적 원인으로 설명하고자 했다.

"한 나라의 기후에 적응한 종교가 다른 나라의 기후와 많이 충돌할 때 그 종교는 거기서 자리 잡기 힘들다. 그런 곳에 종교가 도입될 때마다 시간이 지난 뒤에는 잊힌다. 언뜻 보면 기후가 기독교와 이슬람교의 경계

87) Bk. XXIV, chap. 3. *EL*, Vol. 3, p. 420, note 12.
88) *Ibid.*, chap. 5.
89) *Ibid.*, chap. 24.

를 설정했던 것 같다".[90] 문화와 환경에 대한 몽테스키외의 광범위하고 때로는 모순적 사고에 어떤 일반적 결론을 낼 수 있을까? 많은 비평가들이 그랬던 것처럼 책의 14권에서 17권까지만 주목한다면 그의 사고는 연역적이고 비과학적이며, 교조적이고, 결정론적이다. 그리고 이 같은 가혹한 비판을 정당화할 만한 근거가 충분하다. 그러나 너무 편협한 판단을 피하기 위해 이 네 권과 책의 나머지 권을 비교할 수도 있다. 결과는 어떤가? 전만큼 분명한 인상이 느껴지지 않는다. 환경결정론이라는 공격으로부터 몽테스키외를 옹호하려는 이들은 그가 결정론자가 아님을 입증하는 《법의 정신》의 구절을 제시했다(전형적으로 14권 1장, 특히 19권 4장). 그러나 비결정론적인 구절이 결정론적인 구절을 반박하기 위해 사용될 수는 없다. 서로 모순된다고 말하는 편이 적절할 것이다.

누군가 몽테스키외가 결정론자인지 혹은 아닌지 판단하려 하지 않고 그의 저작을 읽는다면 서로 다른 유래를 가진 많은 흥미로운 사고가 펼쳐져 이들을 서로 조화시키기 분명 쉽지 않을 것이다. 몽테스키외의 옹호자들과 비판자들은 지배적 사상 하나를 찾으려 노력했으므로, 논리적으로 요약하는 것이 힘들 경우 조바심을 낸다. 그러나 하나의 저작 속에 충분한 사유를 통해 형성되지 않고 서로 잘 조화되지 않는 여러 생각이 동시에 나타나는 것은 사상사에서 보편적이다.

그의 저작은 의심의 여지없이 강력한 고전적 전통의 테두리 안에 있다. 몽테스키외는 풍속, 인간 제도 그리고 상이한 종류의 경제가 미치는 영향을 인식하며, 또한 환경을 변화시키고 인간 삶을 위한 새로운 기회를 창조하는 인간의 힘을 인식했다는 점 역시 의문의 여지가 없다. 이런 점

---

90) *Ibid.*, chap. 26. 이 같은 부정확한 근거 때문에 볼테르의 공격을 또 받는다. "L'A, B, C" *Oeuvres*, Vol. 45, pp. 8~9를 보라; 종교적 반대에 대해서는 *EL*, Vol. 3, p. 432, note 66을 보라. 기독교가 아랍과 동일한 기후에 있는 팔레스타인 지방에서 기원했기 때문에 소르본 대학교는 그에 반대했다. 몽테스키외가 기독교와 무슬림신앙 양자가 역사를 통해 그리고 다양한 기후대에 걸쳐서 명백히 가변적인 분포를 보였음을 어떻게 무시할 수 있었는가는 의아스러운 일이다.

들은 다른 자연현상과 마찬가지로 인간 역시 법칙에 종속된다는 것과, 조물주는 2차적 원천(*secondary sources*)의 작동을 통해 인간을 다스린다는 것에 대한 몽테스키외의 믿음 속에 포함된다.

몽테스키외는 자신을 변호하면서 기후와 다른 자연적 원인이 무수히 많은 효과를 산출한다고 말했다. 그 반대로 말했더라면 자신이 멍청이로 간주되었을 것이라고 그는 덧붙인다. "기후[에 관한 이론]를 고안해서 사람들에게 가르쳐 주기 위해 내가 온 듯하다"(*Il semble que j'aie inventé le climat & que je vienne apprendre aux hommes*). 그는 도덕적 원인의 힘을 무시한다는 이유로 비난을 받아야 한다면 《법의 정신》 저자의 차례는 가장 마지막이 되어야 한다고 말했다. 왜냐하면 주제가 기후인 부분에서는 기후에 대해 말했지만 저작의 거의 전반에 걸쳐 도덕적 원인에 대해 말하기 때문이다.[91]

몽테스키외의 저작은 그가 과거로부터 이어받은 자연적·사회적 인과에 관한 이론을 일관되게 종합하는 데 사실상 명백히 실패했다. 비과학적인 주장은 종종 지나치게 인상에 치우쳤으며 인간과 환경의 관계에 대한 정밀한 철학을 표현하기에는 너무 부정확한 여행기 속에서 황당하고 신뢰할 수 없는 근거를 찾았다. 개별 단락을 인용한다면 몽테스키외의 생각이 무엇인지 불확실하지는 않을 것이다. 그러나 인용이 많아질수록 불확실성도 커진다.

몽테스키외, 뷔퐁, 맬서스는 한 가지 특징을 공유한다. 그들이 자신의 사상을 세계주의적(*cosmopolitan*)인 것으로 만들었다는 점이다. 몽테스키외 이전에 수많은 선행 연구자들이 있었다. 그러나 18세기 후반과 19세기 초반 그러한 사고가 매우 강력해진 것은 몽테스키외가 기후의 영향을 재공식화한 덕분이었다. 많은 이들이 뷔퐁 이전에 박물학을 연구했지만 뷔퐁은 당대 박물학 분야에서 권위자였다. 그리고 아마 몽테스키외만

91) "Défense de l'Esprit des Lois",, *Oeuvres de Montesquieu*, 1950, pp. 643, 650~652.

큼이나 많은 선행 연구자들이 있었을 맬서스 역시 인구이론을 서구사상의 중심부로 가져오는 역할을 했다.

7. 기후 이론의 비판자들

몽테스키외의 기후 이론이 남긴 함의는 볼테르로 이어졌는데, 볼테르는 정부, 종교, 풍속에 대한 인간의 영향력에 너무나 많이 신경을 썼기 때문에 다른 원인으로 더 잘 설명될 수 있는 문화적 현상을 몽테스키외의 기후론이 설명하도록 허용하지 않았다. 기후에 관한 볼테르의 글은 태양과 대기가 인간부터 버섯에 이르기까지 모든 자연의 산물에 특징을 부여한다는 순진무구한 구절로 시작해 샤르댕과 뒤 보에 대한 비판적 언급으로 이어진 후 "기후가 어느 정도 영향을 미치지만 정부는 그보다 수백 배 더 큰 영향을 미치고, 종교와 정부의 결합은 그보다 더욱 큰 영향을 미친다"는 진정한 신념을 제시한다.[92]

기후 이론에 대한 볼테르의 가장 설득력 있는 비판은 기후 이론이 문화의 변화를 적절하게 설명할 수 없었다는 것이다. 예컨대 페리클레스 시대의 아테네와 대비되는 근대 그리스의 암울한 상황을 어떻게 설명할 수 있는가? 기후가 변화한 것은 아니므로 분명 다른 원인이 작용했을 것이다. 그는 대답하려 애쓰지도 않으면서 몇 개의 수사학적 질문을 했는데, 그 이유는 도덕이 이러한 변화의 원인이라는 점이 그에게는 명백했기 때문이다.

---

92) 이 주제에 대한 볼테르의 주요 진술은 다음과 같다. "Climate", *Dict. philos.*, in *Oeuvres*, ed. by Beuchot, Vol. 28; "Lois (Esprit des)", *Dict. philos.*, *Oeuvres*, Vol. 31; "L'A, B, C", *Oeuvres*, Vol. 45; 그리고 "Commentaire sur Quelques Principales Maximes de l'Esprit des Lois", *Oeuvres*, Vol. 50. 영어인용은 볼테르 저작집의 Morley 영어판에서 발췌.

볼테르가 옳았다. 그것은 기후 이론의 명백한 약점이었으며 시대의 변화에도 불구하고 불변의 영향을 가정하면서 변화하는 역사적 조건을 참작하지 않았던 모든 환경 이론의 약점이었던 것이다. 도서국으로서의 영국의 특성은 11세기와 17세기가 달랐음이 자명하다. 그리스인, 로마인, 이집트인이 역사 시대에 변화를 했다면, 그리고 기후가 그 옹호자들이 생각하는 것만큼 강력한 결정인자였다면, 기후 또한 역사적 변화를 초래하도록 변화했어야만 했다. 뒤 보는 이러한 가능성을 고려했다(102쪽부터 보라).

그러나 이 점에 관해서는 《법의 정신》에 대한 볼테르의 혐오보다 더 중요한 것이 있었다. 그는 기후결정론이 풍속, 나쁜 정부, 악법에 대한 공격을 약화시킬까봐 우려했다. 나쁜 정부나 법이 기후에 확실하게 종속된다면 변화시키는 것이 불가능하기 때문이다. 그가 보기에 실험과학의 세계에서 사회적 인과 세계로의 도약은 너무나 심한 비약이었다. 그는 양의 혀로 하는 실험이라면 언제든 환영이라고 비꼬듯 말했다.

> 양의 혀가 6백여 년 동안 제국과 종교계의 분쟁이 유럽을 타락시키고 온통 피로 물들였던 이유를 설명하지는 않는다. 또 흰 장미와 붉은 장미의 끔찍함(장미전쟁_옮긴이)에 대해서나 영국에서 관을 쓴 수많은 머리가 단두대에서 사라진 것에 대해서도 전혀 설명하지 못한다. 정부, 종교, 교육이 이 지상 위에서 흩어져 살며 고통을 받고 이치를 따지는 불행한 필멸의 인간들에게서 모든 것을 양산한다.[93]

그러나 볼테르는 기후의 2차적 영향을 기꺼이 인정하려 했다. 그는 종교적 믿음과 그에 따른 의식(儀式)을 구분하면서 의식이 기후의 영향을 받는 것은 당연하다고 생각했다. 몽테스키외의 종교관에 대해 그는 "종

93) "Commentaire sur Quelques Principales Maximes de l'Esprit des Lois", in *Oeuvres*, ed. by Beuchot, Vol. 50, pp. 132~133.

교의 의식이 전적으로 종교에 따라 달라진다고 생각한다. 무함마드는 바이온과 마인츠 어느 곳에서도 포도주와 햄을 옹호하지는 않았을 것"(*Je pense avec lui que les rites en dépendent entièrement. Mahomet n'aurait défendue le vin et les jambons ni à Bayonne ni à Mayence*)이라고 말했다. 볼테르가 그런 구분을 그처럼 신속하게 하는 것에 대해서 그리고 그가 영적 교감(*holy communion*)을 어느 쪽으로 구분할지에 대해 의문을 가질 만하다.[94]

그러나 믿음은 전적으로 다른 성질의 것이다. 그것은 교육에 달려 있다. 기후가 아니라 견해, 교육, 교의에 대한 호소가 종교의 초석이다. 그에 따르면 인간은 모든 기후 조건에서 다신교를 믿었다. "신의 단일성에 대한 교의는 메디나(Medina)에서 코카서스 산까지 빠른 속도로 지나갔다".[95] 이 흥미로운 구분에서 믿음은 전통, 확산, 사고의 힘과 관련된다. 즉, 종교의식은 유용론적이고 경제학적 설명에 의해 대수롭지 않게 취급되었다. 포도밭에 의존하는 나라는 포도주 음용을 금하지 않으며, 실제로 그것은 종교적 의식의 한 부분이 된다. 그러나 볼테르는 종교운동을 보다 덜 보편적 원칙에 기초해 판단하는 것을 기꺼이 받아들였다.

빈곤은 종교개혁의 원인이었다. 지옥행으로부터의 면죄와 구원의 대가는 너무나 비쌌다. "고위 성직자와 수사들이 지방의 세수를 모두 빨아들였다. 대중들은 보다 저렴한 종교를 선택했다". 기후, 지방의 자연 자원, 국가나 지역의 자연적 고유성의 영향을 받는 다수의 피상적이고 심지어는 다채로운 종교의 측면이 있다. 그러나 기독교에 대한 적대 이면에는 보편적 믿음, 즉 근본적 교의는 도덕적 원인에 의해 설명되어야만 한다는 보다 보편적 믿음이 놓여 있다. 볼테르의 사고는 흄과 마찬가지로 호텐토트인과 아포찬카나왕(Apochancana)에 대한 로크(John Locke)의 언급과 강한 유사성을 띤다.

---

94) *Ibid.*, p. 112. 유사한 진술이 논문 "L'A, B, C"와 "Climate"에 있다.
95) "Climate", *Oeuvres*, Vol. 28, pp. 118~119.

> 당신이나 혹은 내가 솔다니아 만(Soldania Bay 또는 Saldanha Bay: 남아공 케이프타운의 북서쪽 60마일에 위치)에서 태어났다면 아마도 우리의 사고나 관념은 그곳에 사는 호텐토트인의 야만적 사고를 넘어서지 못했을 것이다. 버지니아의 아포찬카나왕이 잉글랜드에서 교육받았더라면 그는 아마도 성직자나 좋은 수학자나 그 무언가로 알려졌을 것이다. 그와 세련된 영국인 간의 차이는 그 재능의 활용이 그가 사는 나라의 방식, 양식, 관념에 국한되어 결코 그 밖의 것이나 더 심화된 탐구로 향하지 않는다는 것이다. 그가 신에 대해 알지 못한다면 그것은 단지 그가 자신을 신앙으로 인도할 수 있었던 그 사고를 추구하지 않았기 때문이다.[96]

많은 18세기 사상가들처럼 엘베시우스(Helvétius)*는 동시대의 서로 다른 여러 민족 사이 그리고 한 민족의 역사에서 서로 다른 시대 사이에 존재하는 재능의 불평등 문제에 관심이 있었다. 엘베시우스는 개인 간에 나타나는 불평등의 원인이 도덕적인 것이며, 특정 시대에 위대한 인간이 희소하거나 넘치는 것이 공기나 상이한 기후의 영향 때문이 아니라고 주장한다. 볼테르처럼 그는 고대 그리스, 로마, 아시아 민족을 동일한 기후 조건에서 사는 것으로 추정되는 근대의 후손과 비교하면서 역사를 통해 설명하려 한다. 예술과 과학 역시 모든 기후에서 번영을 이루었다.

북서부 유럽 민족의 자부심에 대한 아부일 수도 있지만, 그는 기후적 요인 때문에 북부 지방 사람들이 용감하다는 믿음이 근거가 없다며 기각한다. 또한 이 민족들의 정복 행위에 자연적 원인이 있는가를 질문하며 용기의 본성을 검토한 뒤에 부정적 답을 제시하는데, 용기는 기후의 결과가 아니라 "모든 인간에게 공통된 열정과 필요"의 결과라고 결론짓는다. 그들의 자유(동양의 전제주의와 비교하여)에 대해 자부심을 가진 서구 국가들은 그 이유를 종종 자연적 원인에서 찾지만 그러한 추측은 역사 및

---

96) *An Essay Concerning Human Understanding*(1690), Ⅰ, 4 §12.

경험과 모순된다. 왜냐하면 자유는 기후가 아니라 문명화 정도와 관련되기 때문이다.

과학의 각기 다른 분야에서 특정한 민족이 지속적으로 우월함을 보인다는 것도 사실이 아니다. 그리스의 자연 조건은 동일하게 지속되지만 사람들은 변했다. 그들의 정부 형태가 변화한 것이다. 그는 민족성을 한 구절로 요약하려는 무리한 시도 또한 비판했다. 모든 프랑스인을 동성애자로 묘사한 이들은 프랑스 농부의 악착같은 삶을 관찰했는가? 민족성에 대한 피상적 판단은 그중 상당수가 우리가 살펴보았듯이 기후에 기초하는데, 한 민족 내에 존재하는 행태와 개인적 특성의 광범위한 차이를 은폐했다.

따라서 엘베시우스의 입장은 볼테르와 유사하다. 그는 나라에 대한 지리적 영향이 시대가 바뀌어도 일정하다고 가정한다. 그는 정부가 민족성에 미치는 효과를 선박 때문에 선박 밑의 물이 선박과 동일한 형태를 가지는 것에 비교한다. 도덕적 원인은 한 국가에 대한 다른 국가의 우월성을 설명한다. 왜냐하면 "이와 관련해 대자연이 자신의 은혜를 불공평하게 배분하지 않았기 때문이다. 실제로 정신력이 강하고 약한 것이 국가별로 서로 다른 기후에 의한 것이라면, 세계의 나이를 고려할 때 가장 선호되는 기후 지역이 진보를 통해 모든 나라에 대해 현격한 우월성을 성취했어야만 했을 것이다. 따라서 이는 말이 되지 않는다".97)

반면에 디드로는 기후의 영향을 과도하게 기각했다는 이유로 엘베시우스를 비판한다〔"기후는 사람들의 의식에 전혀 영향을 주지 못한다. 그런데도 기후에 너무 많은 의미를 부여한다"(*Il dit: L'influence du climat est nulle sur les esprits. Dites: On lui accorde trop*)〕. 엘베시우스는 불결한 물, 거친 음식, 부패한 후식이 정신에 영향을 미치지 않는다고 주장한다. 디드로는 이에

97) Helvétius, *De l'Esprit; or Essays on the Mind, and its Several Faculties*, pp. 340, 341~342, 350, 인용문은 p. 358. 전체 논의를 보기 위해서는 Essay Ⅲ, chaps. 27~30을 보라.

응수하면서 그것들이 사실상 궁극적으로 인간을 야만스럽게 만드는 것은 아닌지 의문을 제기한다. 기후는 그것이 어떤 종류의 것이든 간에 지속적 효과를 낳는 원인이 아니던가? 지형적 위치에 대해 말하자면 산지에 사는 사람들이 생기 있고 정력적인 데 반해 평지에 사는 사람들은 우울하고 무기력하지 않은가?[98]

그러나 디드로의 《백과사전》(*Encyclopédie*)에서 기후를 설명한 부분은 기후의 영향이라는 주제를 그다지 심각하게 다루지 않는다. 이 부분은 일곱 개의 클리마타 전부와 함께 그 어휘의 근대적 의미를 다룬다. 몽테스키외가 언급되고, 상찬을 받고는 결국 기각된다. 전통적인 기후 이론에 따르면 성적인 조숙함과 정욕은 남쪽 더운 기후의 특징이다. 그러나 저자가 말하듯이 파리의 소녀들은 더 따뜻한 남쪽 기후의 소녀들보다 성적으로 조숙하다. 또한 그들은 시골 소녀들이나 파리와 기후 조건이 유사한 파리 주변부의 소녀들보다 더 조숙하다. 파리는 지식과 악덕 양자 모두에게 일종의 중심지이고(“*une espèce de foyer e connoissances & de vices*”), 따라서 이와 같은 소녀의 신체적 조숙함은 아마도 지적 능력을 일찍부터 발휘한 데 따른 자연스러운 결과물일 것이다.

하지만 환경결정론에 대해 지금껏 나온 것 중 가장 날카로운 비판은 흄의 1748년 작 에세이인 “민족의 특성에 대하여”[99]에 등장한다. 흄은 몽테스키외의 저작을 상당한 존경심을 갖고 면밀하게 다루지만 자신의 에세이인 “고대 민족의 높은 인구밀도에 대하여”에서는 고대 세계의 인구가 더 많았다는 몽테스키외와 로버트 월리스의 믿음을 그다지 용인하려 하

---

98) “Réfutation Suivie de l'Ouvrage d'Helvétius Intitulé l'Homme (Extraits)”, in Diderot, *Oeuvres Philosophiques*, ed., Paul Vernière, pp. 601, 607.

99) *Essays Moral, Political, and Literary*, ed., T. H. Green and T. H. Grose. 2 vols., London, 1898. Vol. 1, pp. 244~258. 몽테스키외는 이 에세이에서 언급되지 않지만 흄이 《법의 정신》을 염두에 두었다는 증거에 대해서는 Roger B. Oake, “Montesquieu and Hume”, *Modern Language Quarterly*, Vol. 2 (1941), pp. 234~237을 보라.

지 않았다.

민족의 특성에 대한 이 짧은 걸작의 주제는 자연적 원인에 기초한 결정론이 사회의 본질이나 민족 간 차이 그 어느 것도 설명하지 못할 수 있다는 것이다. 도덕적 원인("모든 상황은 동기나 원인으로 정신에 작용하도록 준비되며 우리에게 익숙한 특정한 풍속의 집합을 제공한다")이 훨씬 더 적절한 설명이다. 자연적 원인은 "신체의 상태와 습관을 변화시키고 외모의 특성을 부여함으로써 부지불식간에 기질에 영향을 미치게 되는 공기와 기후의 성질이다. 성찰과 이성이 때때로 자연적 원인의 영향을 극복하게 할 수도 있겠지만, 그 영향은 여전히 인류의 대다수를 지배할 것이며 인류의 풍속에 영향을 미칠 것이다".[100]

흄의 에세이가 새로운 종류의 비판은 아니다. 그것은 민족성에 대한 전통적 분석으로 민족성이 정치적·사회적 조건의 산물이며 민족 간의 유사성이 종종 문화적 접촉의 결과임을 가정한다. 문화적 접촉과 모방은 유사성을 낳는 반면 자연적 조건에 의한 고립 혹은 상이한 통치의 전통은 차이를 낳는다.

흄은 아홉 개에 이르는 "풍속의 공감 혹은 확산의 표식"을 열거하였는데, 당대의 삶 혹은 과거에 그 존재가 알려질 수도 있었던 "공기와 기후의 영향은 이에 포함되지 않았다". ① 오랜 시간에 걸쳐 넓은 면적을 통치하는 지속적 정부의 영향으로 가장 좋은 예는 중국, ② 아테네인과 테베인처럼 몇 개의 정부로 나뉜 인접한 민족 간 차이, ③ 에스파냐, 프랑스의 랑그도크와 가스코뉴에서처럼 민족 간의 현저한 차이를 드러내는 국경선, ④ 유대인과 예수회처럼 국제적 혹은 세계주의적 관심을 가진 집단의 유사성, ⑤ 한 국가 내 두 민족(그리스와 터키 등) 간의 언어 혹은 종교의 차이, ⑥ 식민지에서 민족성의 유지 — "에스파냐, 영국, 프랑스, 네덜란드의 식민지는 같은 열대 지역 내에서도 모두 구분 가능하다", ⑦ 정부의

100) *Essay*, Vol. I p. 244.

교체, 문화적 접촉 혹은 "모든 인간사의 속성인 가변성" 때문에 발생하는 시간에 따른 민족성 변화, 서로 긴밀하게 교류하면서 형성된 민족 간의 유사성, ⑧ 동일한 언어와 정부를 가진 한 국가 내에 존재하는 풍속과 기질의 다양성(영국이 가장 탁월한 예)으로 종교적 믿음, 계급 구조, 자유와 독립 등의 다양한 요인이 그 원인이다. 영국 정부는 "군주제, 귀족정, 민주주의"[101]의 혼합물이다.

흄은 민족성의 차이가 발생하는 원인을 검토했다. 그러나 그의 논의는 또한 국가와 민족의 형성 요인으로 모방, 확산, 고립이라는 보다 광범위한 문제에 대해서도 주의를 환기시켰다. 누구나 할 수 있는 관찰이 생리학과 심리학에 기초를 둔 낡은 인과 이론을 대체했다.

> 인간 정신은 매우 모방적인 본성을 가진다. 어떤 인간 집단이 서로 자주 교류하면서도 태도상 유사성을 획득하지 않거나 서로에게 자신이 가진 미덕과 악덕을 전파하지 않기란 불가능하다. 무리를 짓고 사회를 이루는 성향이 모든 이성적 피조물에게 강하다. 우리에게 이와 같은 태도를 부여하는 바로 그 성향이 우리로 하여금 서로의 정서에 깊이 빠져들게 하고, 말하자면 접촉에 의해 동일한 열정과 경향이 전체 집단이나 친구 집단에게 전파되도록 한다.[102]

흄은 유사한 문제에 대해 관심을 보였던 선행 연구자들에 대해 알았으며, 스트라본, 프랜시스 베이컨, 버클리 주교를 인용했다. 그는 또한 제한된 영역 내에서의 환경적 차이에 대해서도 회의적이었다. 플루타르코스는 공기가 정신에 미치는 영향을 논의했는데, 아테네로부터 4마일 떨어진 곳에 있는 피레우스(Piraeus) 항 사람들은 아테네 사람들과 다른 기질을 가진다고 관찰했다. "그러나 내 생각에 와핑 지역(Wapping)과 성 제임스 거리(St. James: 리버풀의 지명들_옮긴이)의 어떤 이들도 풍속의

101) *Ibid.*, pp. 249~252.

102) *Ibid.*, p. 248.

차이를 공기나 기후의 차이 탓으로 돌리지는 않을 것이다".[103]

흄이 문화에 대하여 말하고자 했던 것은(문화야말로 그가 진정으로 말하고자 하는 것이다) 이미 인용한 동료 경험주의자인 로크가 거의 60년 앞서서 호텐토트인과 아포찬카나왕의 교육을 관찰했던 것과 유사하다. 그러나 흄은 기후에 의한 설명을 완전히 부정하지는 않는다. 북쪽 지방 사람들이 독한 술을 마시는 경향이 강하고, 남쪽 지방 사람들이 연애와 여성에 관심이 많다는 일반적으로 받아들여지는 관념이 옳은가? 아마도 포도주와 증류주가 추운 기후에서 언 피를 따뜻하게 하는 반면 남쪽 지방에서는 태양의 열기가 피를 흥분시키고 열정을 자극하는 것일지도 모르겠다.

반면 도덕적 원인이 있을 수도 있다. 즉, 북쪽 지방에서 술은 귀한 것으로 갈망의 대상이며 남쪽 지방에서 나체 혹은 반라로 다니는 것이 욕정을 자극할 수도 있다는 것이다. "안락함과 여가만큼 사랑의 열정을 자극할 수 있는 것은 없으며, 근면함과 고된 노동만큼이나 사랑의 열정에 해로운 것은 없다. 추운 기후보다 따뜻한 기후에서 인간의 생존을 위해 필수적인 것들이 명백히 적으며, 이 같은 이유만으로도 두 지역 간에 무시 못 할 차이를 만들 수도 있다".

흄은 이후의 맬서스와 훔볼트처럼 '필요는 발명의 어머니'라는 생각을 더운 나라는 근면함에 대한 자극을 충분히 주지 못한다는 관념과 결합시켜 문명의 지리적 분포상의 차이를 설명하고자 한다. 흄은 이러한 성향의 분포가 실제로 존재하는지에 대해 의문을 제기하면서 몇 가지 예들은 그런 분포가 존재하지 않음을 드러내는 듯하다고 이야기한다. 또한 설령 그런 분포가 존재한다고 할지라도, 그는 기후가 보다 미묘한 인간 특성에 영향을 미친다는 점을 받아들이지 않는다. "우리는 〔그러한 성향의 분포로부터〕 기후가 우리 신체에서 상대적으로 크기가 크고 육체적인 것과 관련이 깊은 기관에 영향을 미칠 수도 있다는 점을 단지 추론할 수 있을

103) *Ibid.*, p. 249.

뿐 정신과 이해력 작동의 기반이 되는 더 미묘한 기관에 기후가 영향을 미칠 수 있다는 추론을 할 수는 없다".[104]

교역에 관한 에세이에서 다시 한 번 흄은 기후와 발명 간의 관계에 몰두한다. 열대 지역에 사는 어느 누구도 "어떤 문명 수준" 혹은 "정부의 질서와 군대의 규율"을 성취하지 못한 이유는 무엇인가? 반면에 온대기후에서 위와 같은 문명, 정부, 군대의 수준에 이르지 못한 나라가 거의 없는 이유는 무엇인가?" 한 가지 이유는 아마도 열대기후의 "따뜻함과 평등함"으로 인해 의복과 주택이 덜 필요하고, 사람들이 그곳에 살아가면서 "근면함과 발명에 대한 훌륭한 자극인 필요"를 꼭 경험하지는 않는다는 사실일 것이다.[105]

8. 기후와 박물학

법이나 정치 이론의 관점에서뿐만 아니라 뷔퐁이 《박물지》에서 다루었던 것처럼 박물학의 관점에서 환경의 영향을 고려하는 것이 가능했다. 몽테스키외는 그러한 자료를 관습, 법, 정부에 대한 이해를 돕는 용도로 이용했다. 그의 저작은 이상적인 정부를 위한 계획이라는 점에서 유토피아적이었다. 뷔퐁의 백과사전적인 《박물지》에서 다루는 범위는 보다 광범위해 인류의 인종적·문화적 차이를 포함하여 모든 생명체에 대한 환

---

104) *Ibid.*, pp. 256～257, 257～258.

105) *Ibid.*, pp. 298～299. 조세에 관한 에세이에서 흄은 상업민족과 비옥한 토지간의 관계에 대해 검토한다. 티레, 아테네, 카르타고, 로도스, 제노바, 베네치아, 홀란트는 많은 불리한 점을 가졌으며, 네덜란드, 잉글랜드, 프랑스만이 교역과 비옥한 토지를 가졌다. 네덜란드와 잉글랜드는 해양제국의 이점 덕분이었으며, 프랑스는 민족의 통찰력에 힘입었다. 흄은 홀란트의 성공이 불리한 처지에서 기인한 필요성 덕분이란 템플 경의 관찰을 인용한다. *ibid.*, pp. 356～357. 또한 템플 경에 대해서는 chap. Ⅸ, sec. 9를 보라.

경의 영향을 망라한다. 전체 자연에 대한 이러한 관점에 힘입어 뷔퐁은 환경이 인간과 다른 생명체에 대해 얼마나 차별적으로 영향을 미치는지에 대하여, 그리고 인류 내에서의 차이에 대하여 보다 근본적 질문을 던질 수 있었고, 이 질문에 대해 몽테스키외와 그를 추종하는 이들보다 덜 전통적 방식으로 보다 창의적으로 답변할 수 있었다.

기본적으로 지구상의 생명체가 두드러진 지리적 분포를 보인다는 이유 때문에 박물학 저술에서 기후가 생명체에 미치는 영향을 고려하는 것은 불가피하다. 뷔퐁은 방대하지만 미완으로 끝난 저작에서 이 주제를 빈번히 다루었는데 가장 체계적 설명이 제시된 것은 두 편의 에세이에서였다. 그중 하나이자 세계의 민족에 대한 뛰어난 조사인 "인간 종의 다양성"(*Variétès dans L'Espéce Humaine*)은 (1749년 《박물지》의 세 번째 권에 간행된) "인간에 관하여"(*De L'Homme*)에 실렸다. 나머지 하나는 1766년 《박물지》의 14권에 간행된 "동물의 퇴화에 대하여"(*De la Dégénération des Animaux*)이다.[106]

뷔퐁은 유럽과 아시아의 여러 민족을 조사한 후 신대륙 및 아프리카의 민족과 비교할 때 이들 지역의 민족이 보여준 다양성에 깊은 인상을 받아 인종적인 피부색 차이는 기후에 기인하고 문화적인 차이는 기후, 음식, 풍속 혹은 생활방식(*moeurs ou la maniere de vivre*)에 기인한다고 결론지었다.[107] 그는 신대륙의 민족과 유럽, 아시아, 아프리카의 민족을 비교하면서 다음과 같은 두 개의 근본적인 질문을 던졌다. 왜 유럽의 매우 조직화된 사회와 달리 신대륙에는 원시적인 삶이 이토록 두드러지는가? 그리고 발견의 시대 이전 신대륙에 흑인이 확연히 부재했던 이유는 무엇인가? 기후가 인종적 차이를 만들었다는 뷔퐁의 이론이 정확한 것이라면 신대륙의 열대 지역에 흑인들이 없었던 이유를 설명할 수 있어야만 한다.[108]

---

106) 그러나 또한 *Histoire Naturelle*, Vol. 4, "Le Cheval" 1753, 그리고 Vol. 6, "Les Animaux Sauvages", 1756을 보라.

107) *HN*, Vol. 3, pp. 446~448, 529~530.

뷔퐁은 원시적인 종족이나 그들이 거의 변화시키지 않은 것이 명백한 그들의 환경 모두를 높이 평가하지 않았다. 그가 보기에 유럽식의 근대 사회는 정부를 통해 국민을 수많은 생명의 위협으로부터 보호하고 정돈된 생활을 가능케 했다. 그래서 유럽의 국민은 다른 이들로부터 도움을 받지 않고 서로 간의 도움에만 의존하는 독립국가나 야만국의 국민에 비해 보다 튼튼하고 외모가 준수하며, 더 나은 체형을 가진다.

야만인들은 자연과 긴밀한 그리고 종종 위험스러운 접촉을 통해 사람보다는 동물과 유사한 방식으로 살아야만 한다. 뷔퐁에게 시민사회는 인간을 위해 인간적으로 창조된 보호구역으로 야만인들의 세계에는 없는 안전을 인간에게 부여한다. 이러한 안전은 매우 훌륭한 것이어서 두 사회 사이엔 근본적으로 구조적 차이가 있다. 문명사회에서는 꼽추, 절름발이, 귀머거리, 사팔뜨기 등 장애인과 불구자를 포함한 모든 종류의 인간이 생존할 수 있을 뿐만 아니라 서로 협력을 통해 수를 늘릴 수 있다. 또한 강한 자들이 약자를 해할 수 없으며, 정신의 특질을 신체의 특질보다 훨씬 더 가치 있게 여긴다. 야만족 사이에서는 그러한 보호가 없으며 각 개인은 각자의 용감성을 무기로 생존할 수밖에 없다. 즉, 약하거나 불구로 태어난 이들 혹은 타인에게 짐이 되는 이들은 해당 집단에 속할 수 없다.

〔하지만〕 진보한 사회에 대한 이와 같은 다소 목가적 묘사에 예외가 있을 수도 있고, 아메리카 인디언에 대한 악의적 묘사에 의문을 제기할 수도 있으며, 잘 짜인 협력적인 근대 사회와 사회적 응집성이 없는 야만적인 집단 간의 순진한 대비 구도에서 벗어난 예외가 있을 수도 있다. 그러나 근대 사회가 구성된 것은 사회적 요인 덕분이고 그 사회를 구성하는 사람들과 그 사회구조는 사회에서 태어나 살아가는 사람들에 대한 가치와 태도, 말하자면 인간과 자연 간의 관계에 대한 가치와 태도의 누적적

108) *Ibid.*, pp. 484, 510~514.

표현이라는 점을 뷔퐁이 인식했다는 점은 틀림없어 보인다.[109)]

신대륙의 민족은 하나의 인종에 속하며 구대륙의 라프족을 닮은 북부 지방의 몇몇과 금발의 유럽인을 닮은 몇몇(알비노: 백색증_옮긴이)들을 제외하고는 모두가 다소 황갈색의 피부를 가졌다고 뷔퐁은 생각했다. 사실보다는 아메리카 대륙의 민족학적 지식 수준에 대해 더 많은 것을 알려주는 일반화를 통해 뷔퐁은 전술한 예외와 함께 "세상의 이 광대한 부분의 바깥에는 다양성을 거의 찾을 수 없는 인간들만 있지만 그곳이 아닌 곳에서는 다양한 민족으로부터 엄청난 다양성이 발견되었다"고 언급했다. 그러고 나서 그는 다른 대륙(구대륙_옮긴이)의 문화적 다양성과의 대비를 통해 한 대륙(아메리카 대륙_옮긴이)의 문화적 동일성을 설명하려 한다.

그는 신대륙 민족이 야만인과 같거나 그와 유사한 방식으로 살아가며 멕시코와 페루의 문명조차 너무 최근에서야 출현했으므로 그들을 예외로 간주할 수는 없다고 말한다. 신대륙의 민족은 모두 동일한 종족에 속하는데 그들은 역사적으로 큰 변화 없이 삶의 방식을 유지했다. 그들은 야만 상태를 넘어서 문명을 이루지 못했고, 그들의 기후에는 구대륙과 같은 더위와 추위의 대비가 결여되었기 때문이다. 겨우 최근에 들어서야 정착이 시작되었으므로 다양성을 만드는 원인이 가시적 변화를 초래할 수 있는 시간적 여유가 아직 없었다. 뷔퐁은 신대륙의 인간 정착지가 최근에 형성되었으며 정복 당시 그곳에 존재했던 발전된 문명의 역사가 짧았고, 상대적으로 〔신대륙에〕 인구가 적었음을 확신했다. 이 같은 확신으로부터 그는 신대륙의 민족이 다른 민족, 특히 구대륙의 민족이 했던 것과 같은 자연환경의 변화를 불러일으킬 만한 힘과 활력을 가지지 않았다는 결론을 이끌어 냈다.[110)]

---

109) *Ibid.*, pp. 446~447.

110) *Ibid.*, pp. 510~512, 인용문은 p. 510.

뷔퐁은 "동물의 퇴화에 대하여"에서 유사한 주제에 천착하는데, 인간과 다른 생명체와의 차이를 자연환경과의 관계를 통해 상세히 다룬다〔뷔퐁이 말하는 '퇴화'(*degeneration*)는 현대적 의미의 용어가 아니며 기본적으로 '기후와 음식의 영향 아래서 종이 변화할 수 있는 가능성'을 의미한다〕.

인간이 최초로 기후(*ciel*)를 변화시키기 시작한 시점으로부터 ― 아마도 벌채를 통해서였을 것이다 ― 그리고 한 기후 지역에서 다른 기후 지역으로 확산되기 시작하면서부터 인간의 본성은 많은 변화를 경험했다. 온대기후의 나라에서는 약간만 변화했는데 인간의 기원지에 인접하기 때문이다. 하지만 인간의 기원지로부터 현재 거주지 간의 거리가 증가하는데 비례해 그 변화의 폭은 커진다. 여러 세기에 걸쳐 서로 다른 환경의 영향 아래서 세대가 바뀐 이후 인간은 극단적 조건에 매우 잘 적응했으며, 그러는 동안 인간이 경험한 변화는 너무나 크고 뚜렷해 인간의 종 단일성과 근친교배 능력에 대한 지식을 믿을 만한 적절한 이유가 없었더라면 흑인, 라프족, 백인을 별개의 종이라고 믿을 수도 있을 것이다. 그러나 엄연히 존재하는 이러한 인종적 차이는 인류의 모든 구성원에 공통된 근본적 유사성에 비하면 뷔퐁에게 중요한 것이 아니었다.

그리하여 인간은 타 생명체보다 더 큰 힘, 유연성, 분포 범위(*étendue*)를 가진다. 신체의 질보다는 정신(*âme*)의 질이 분포의 범위와 광대함을 좌우한다. 정신을 통해 인간은 신체의 미묘함과 유약함에 대처하고, 악천후를 이겨내고, 척박한 토양을 극복하고, 불을 발견하고, 의복과 주거지를 만들고, 가장 중요하게는 동물을 지배해 대자연이 동물을 위해 배타적으로 마련한 자리마저 차지하는 방법을 찾았다. 환경이라는 주제는 환경을 변화시키는 인간 행위자의 힘이라는 주제와 서로 얽혀 있다. 여기서는 후자의 주제는 언급만 하고 인간에 의한 환경 변화에 대한 뷔퐁의 폭넓은 해석은 이후 논의의 대상으로 남겨둔다(268~295쪽 참고).[111]

---

111) *HN*, Vol. 14, pp. 311~312.

기후의 영향은 피부, 머리카락, 눈의 색상을 결정하는 데서 가장 뚜렷하게 나타난다. 체형(*taille*)이나 이목구비(*traits*), 머리카락의 성질과 같은 여타의 속성에는 보다 복잡한 원인이 있다. 이러한 분석에서 언급할 만한 가치가 있는 것은 뷔퐁이 기후의 역할을 자연인류학에 국한시킨다는 것이다. 뷔퐁은 결코 기후의 영향을 심리적 혹은 사회적 영역으로 끌고 들어가지 않는다.

음식은 신체 내부의 형태에 영향을 미치고 음식의 성질은 토양의 성질에 따라 결정된다. 기후의 피상적 영향과는 달리 음식은 이를 생산하는 토양으로부터 지속적으로 획득되는 속성으로 인해 〔인간의〕 형태와 성질에 영향을 미친다. 이러한 기후와 토양의 영향, 특히 음식을 통한 토양의 영향을 인식하기 위해서는 오랜 시간이 필요하다. 그것이 이목구비, 신체 크기, 머리카락, 신체 내부에 영향을 미쳐서 재생산을 통해 일반적이고 지속적인 특징이 됨으로써 인종 사이에서나 심지어 서로 다른 민족 사이에서도 구분이 가능해지려면 수백 년 동안 동일한 식생활을 유지해야 할 수도 있다.

뷔퐁은 환경이 인간에 미치는 영향과 동물에 미치는 영향을 뚜렷이 구분했다. 기후와 토양의 영향은 동물에게서 보다 빨리, 강하게, 직접적으로 나타나는데 동물에게는 의복, 주택, 불이 없기 때문이다. 동물이 〔자연의〕 원소에 보다 직접적으로 노출되기 때문에 각각의 동물은 서식처를 선택할 뿐만 아니라 서식처에 구속된다. 여기서 뷔퐁은 자세한 설명 없이 자연적 요인, 특히 기후에 기초한 동물·식물 지리학을 제시한다. 하지만 동물이 자연재해나 인간에 의해 자연 서식처에서 강제로 쫓겨날 경우에는 짧은 기간 안에 너무나 많은 변화를 겪기 때문에 그들의 기원을 증명하려면 힘겨운 조사를 거쳐야만 한다. 그러므로 야생동물은 기후와 음식의 영향에 종속되며, 또한 가축은 "노예〔인간의 노예〕의 멍에"[112]를

112) *Ibid.*, pp. 314~317.

멘다.

환경이 인간에 미치는 영향은 좀더 간접적이다. 기후(주로 기온)는 피부색, 머리카락의 유형, 눈 색상에 영향을 미치고 음식의 생산은 기후에 의존하는데 심지어 토양보다 의존도가 높다. 그리고 풍속은 기후와 음식에 의존한다. 나아가 태양열 없이 생명이 불가능하다는 의미에서 기후는 기본 요인이다. 낡은 전통은 쉬 사라지지 않아 뷔퐁은 많은 동시대 사람들처럼 온대기후의 이점을 확신했다. 위도 40~50도 사이에 발달한 온대기후는 가장 온화하며 가장 잘 생기고 균형 잡힌 체격의 사람을 찾을 수 있는 지역이다. 인간이 온대기후에서 기원했다는 그의 이론을 받아들인다면 현재 그곳에 사는 민족으로부터 인간의 진정한 본래 색상이 무엇인지를 추론할 수 있고, 또한 그로부터 전형을 끌어내어 그것과는 다른 온갖 색상이나 아름다움의 온갖 미묘한 차이에 대해 판단을 내릴 수도 있다.113)

뷔퐁은 기후의 선택적 효과를 지적하면서 왜 동식물, 인간의 지리학이 다른가를 암시적으로 보여주었다. 그가 인종적 차이의 중요성보다 인류의 단일성을 강조한 것은 인간의 탐구에서 폭넓은 인도주의적 기초를 견지한 것이다. 뷔퐁의 인과 이론은 의학의 전통에서 유도된 정치 및 사회 이론들보다 더 관용적이었다. 그는 인간의 힘과 기술 그리고 그것들이 인류의 지리적 분포에 미치는 영향, 그리고 동물과 그들의 서식처 사이에 형성된 자연적 배열과 조화를 인간이 어지럽힌다는 점을 고려하는 것이 중요함을 파악했다. 《박물지》에 산재한 언급들을 통해 판단할 때, 뷔퐁이 식물의 박물학을 완결 지을 때까지 살았더라면 그는 식물 왕국에 인간이 어떻게 개입했는지에 대해서도 연구했을 것이다.

뷔퐁의 관심사는 몽테스키외보다 넓어서 모든 생명에 걸쳐 있었다. 이 때문에 인문주의 사상가(몽테스키외_옮긴이)가 홀로 성취할 수 있었던 것

113) *HN*, Vol. 3, p. 528.

보다 대담하고 상상력이 풍부한 종합을 성취할 수 있었다. 또한 뷔퐁은 거의 모든 사상가들이 오로지 자연이 인간에게 미치는 주조력(*molding power*) 혹은 도덕적 원인이 인간에게 미치는 영향이라는 관점에서만 사고하던 시대에 자연을 변화시킬 수 있는 인간의 기술과 힘을 자신의 박물학에 포함시켰다.

9. 몽테스키외, 뷔퐁, 흄의 기초 위에서

18세기 사상가들의 현저한 특징이라 할 수 있는 사회와 환경에 대한 관심이 루소의 저작에서도 드러난다. 그 주된 이유는 루소 역시 관습이 변화를 막으며 법률이 지방의 환경적·문화적 조건을 인지해야만 한다고 생각했기 때문이다. 그래서 큰 국가보다 작은 국가가 작은 만큼 더 강하다. 왜냐하면 큰 제국의 행정적인 어려움은 부분적으로 하나의 법률을 매우 다양한 기후 조건하에서 서로 다른 관습을 가진 많은 지역에 동일 적용을 할 수 없다는 점에 기인하기 때문이다.[114] 루소는 이러한 점에서 앞서 간 몽테스키외를 따른다. 즉, 만인을 위한 최대의 선이 무엇이냐는 질문에 대해 그는 이를 자유와 평등에 국한해야 할 것이라고 말한다. 그러나 어떤 정치 체계가 가지는 이와 같은 바람직한 목적은 "지역의 조건 및 거주자의 기질에 따라 각 나라에 맞게 수정될 필요가 있다".[115]

루소는 몽테스키외에게 재차 동의하면서 "자유는 모든 기후의 소산이 아니며, 모든 민족이 누릴 수 있는 것이 아니"[116] 라고 언급한다. "그래서

---

114) *The Social Contract*, Bk. I chap. 9, Everyman's Library ed., p. 41; cf. 관습에 대한 언급은 Bk. I chap. 8.

115) *Ibid.*, chap. II, p. 46. Bk. I, chaps. 8~10과 Bk. II chap. 8에서 루소는 토지 이용, 인구, 농업지리학에 대한 관심을 보인다.

116) *Ibid.*, Bk. II, chap. 8, p. 68.

우리는 모든 기후에서 기후가 요구하는 정부 형태를 자연적 원인에 따라 할당하는 것이 가능함을 알게 된다. 그리고 심지어 자연적 원인에 어떤 종류의 거주자들이 맞는지까지도 말할 수 있다". 사람이 거주하기에 불리하고 척박한 토지는 버려졌을 수도 있고 야만인들만의 거주지일 수도 있다. 야만적 민족은 최소한의 산물만을 생산하는 토지에서 살아갈 수 있다. 적당한 양의 잉여 생산물을 산출하는 토지는 자유로운 민족에게 적합한 반면, 물산이 풍부하고 기름진 토양에 살아가는 이들은 군주제 정부의 사치스러움을 감당할 수 있을 것이다.

민주주의, 귀족정, 군주제 순서로 비용이 많이 필요하다고 그는 믿었다. 전제정은 더운 기후, 야만 상태는 추운 기후, 좋은 정부는 온대 지역에 각각 적합하다. 전체적으로 더운 나라는 추운 나라보다 비옥하며, 인간의 1인당 소비량은 추운 나라보다 더 적고, 건강을 위해 맑은(취하지 않은) 정신 상태가 필요하다고 그는 주장한다. 루소는 "우리는 아시아인과 비교하면 육식동물이나 늑대와 같다"라는 샤르댕의 언급에 동의를 표하며 인용한다. 루소는 "적도에 근접할수록 사람들은 더 적게 먹고 살아간다"고 덧붙인다. 그들은 고기에는 거의 손을 대지 않은 채 벼, 옥수수, 기장, 카사바를 주식으로 한다". 북부 유럽과 남부 유럽 간의 차이 또한 언급한다. "독일인의 한 끼 저녁으로 에스파냐인은 일주일 동안 먹고 살 수 있다". "더운 나라는 추운 나라보다 필요로 하는 거주자 수가 적고 거주자에게 더 많은 것을 제공한다".117) 더운 나라는 보다 많이 생산하고 보다 적게 소비하므로 전제정을 뒷받침할 수 있는 잉여 산물을 가진다.

기후는 루소의 교육 이론에서도 일정한 역할을 맡는다. 인간은 온대기후에서 완전한 성장을 이루며 양 극단의 중간적 조건에서 살아간다. 위치 덕분에 한쪽 극단의 거주자가 반대쪽 극단에 적응하는 것보다 온대기후의 거주자가 양 극단(더운 혹은 추운)에 적응하는 것이 용이하다. "프랑

117) *Ibid.*, pp. 70~72.

스인은 뉴기니나 라플란드에서 살 수 있지만 흑인은 토냐(Tornea: 핀란드 북부의 도시_옮긴이)에서 살지 못하고 사모예드족(Samoyed)****은 베냉(Benin)**에서 살지 못한다. 두뇌 또한 양쪽 극단에서 상대적으로 덜 발달하는 듯하다. 흑인이나 라프족 어느 쪽도 유럽인만큼 현명하지 않다. 그래서 내 학생을 세계시민으로 만들고 싶다면 다른 곳보다는 온대 지역, 예컨대 프랑스 출신의 학생을 선택할 것이다.118)

루소는 지리 교육을 어린 나이 때부터 실행할 필요성에 대해, 그리고 민족성, 여행, 여행 서적에 대한 견해를 피력했다. 그는 여행에 대한 최고의 에세이 중 한 편을 썼지만 여행 서적을 거의 신뢰하지 않았다. "유럽의 어떤 나라에서도 프랑스만큼 많은 역사서와 여행 서적이 인쇄된 곳은 없다. 또한 다른 나라의 정신과 풍속에 대한 지식이 프랑스보다 못한 곳도 없다". 그는 세계주의 도시에 존재하는 지역주의를 경멸했다. "파리 사람은 인간에 대한 지식을 가진다고 생각하지만 단지 프랑스인을 알 뿐이다. 그가 사는 도시에 외국인이 늘 가득하지만 파리 사람은 모든 외국인을 우주에서 유례를 찾을 수 없는 이상한 현상으로 간주한다".119)

다른 민족을 알기 위해 우리는 그들에 대하여 읽는 것이 아니라 만나야만 한다. 책은 "15세의 플라톤이 폴 뤼카스(Paul Lucus) 혹은 타베르니에(Tavernier)의 가르침을 따라 모임에서 철학을 논하고 사람들에게 이집트와 인도의 관습을 가르치는 일을 가능하게 한다". 인류를 이해하기 위해서는 민족을 서로 비교해야 하지만 지구상에서 살아가는 모든 민족을 연구할 필요는 없으며 이를 선택할 수 있다. "12명의 프랑스인을 만날 수 있다면 당신은 프랑스인 모두를 본 것이나 마찬가지이다". 그리고 누군가 12개 민족을 연구하고 비교했다면 인류 전체를 이해할 수 있다.

스스로의 힘으로 보는 방법에 대해 생각하지도 않고 알지도 못하는 이

---

118) *Emile*, Everyman's Library ed., pp. 19~20.

119) *Ibid.*, p. 134, 인용문은 p. 414.

들에게는 여행조차 아무런 성과가 없을 수도 있다. "프랑스인은 다른 어떤 민족들보다 여행을 많이 다니지만 자신들의 관습에 너무나 강하게 사로잡힌 나머지 다른 나라의 관습을 혼동한다. 세계 도처에 프랑스인이 있다. 세계 어떤 나라 사람보다도 프랑스인은 많은 여행을 했다. 그러나 유럽의 모든 민족 가운데 프랑스인은 가장 많이 보고 가장 적게 아는 민족이다".[120] 호메로스, 헤로도토스, 타키투스와 같은 고대인들은 여행과 독서를 거의 하지 않고 책도 몇 권밖에 쓰지 않았지만 근대인들보다 더 나은 관찰자였다. 많은 이들은 역사의 경과 속에서 민족성이 변화한다는 사실조차 깨닫지 못한다. "인종, 민족이 뒤섞이면서 과거에는 관찰자가 한눈에 알아볼 수 있었던 민족적 차이가 점차 사라져간다". 그에 따르면 과거에는 민족이 보다 고립되고 소통 수단이 더 적었으며 여행도 적었고 민족 간 통혼 또한 적었다. "왕의 복잡한 계획이나 잘못된 외교도 그리 자주 있는 일이 아니었다". 긴 여행은 드물었고 해외 교역 또한 거의 없었다고 그는 언급한다.

> 금세기에 유럽과 아시아의 관계는 과거에 골족과 에스파냐의 관계보다 수백 배 더 다양하다. 과거에는 유럽 안에서만 해도 오늘날의 세계 전체보다 접근성이 안 좋았다. 더욱이 고대 민족은 대개 그 자신을 그들 나라의 원 거주민으로 간주했다. 그들은 그곳에서 너무나 오랫동안 살아왔으므로 … 그 장소가 그들에게 항구적 인상을 남긴 것이다. 그러나 근대 유럽에서 로마의 정복 뒤에 일어난 야만족의 침입은 이례적 혼란을 야기했다.

민족적인 혼합은 골족, 게르만족, 이베리아족, 알로브로게스족(Allobroges)**** 사이에 있었던 오래된 차이를 없앴다. 유럽인은 "용모가 다소 퇴화했고 행동에서는 좀더 그러하지만 모두 스키타이족이다".

---

120) *Ibid.*, p. 415

이러한 역사적 사건에 대해 숙고하지 못한 이들은 너무나 성급하게도 "헤로도토스, 크테시아스(Ctesias),* 플리니우스가 각기 서로 다른 나라의 거주자를, 이제는 우리가 더 이상 직접 확인할 수 없는 그들만의 특징과 현격한 차이를 가진 민족으로 묘사한 것에 대해 조소를 퍼붓곤 한다".[121]

다음의 비범한 단락에서 루소는 이와 같은 과거의 현격한 민족성 차이가 소멸된 것이 사회 변화 및 인간에 의한 자연환경의 변화와 어떤 관계가 있는지를 보여준다.

> 이런 이유에서 고대에는 인종적 차이나 토양, 기후가 미치는 영향이 기질, 외모, 습관, 성격의 측면에서 현시대에 구분할 수 있는 것보다 민족 간에 더 큰 차이를 초래했다. 현시대에는 유럽의 변덕스러움 때문에 자연적 원인이 작동할 여지가 없다. 숲을 베고, 습지를 배수하고, 철저하게는 아니지만 보다 보편적으로 대지를 경작함으로써 순전히 물리적 특징의 측면에서조차 나라 간에 과거와 같은 수준의 차이를 식별할 수 없다.[122]

콩도르세는 설득력 있고 감명 깊은(현재 시점에서 감동적인 까닭은 이 인문주의자의 소망이 너무나 크게 어긋났기 때문이다) 자신의 저작에서 기후와 관습을 다른 관점에서 본다. 즉, 기후와 관습은 문화적 차이를 만드는 요인이며, 두 요인에 대한 연구를 통해 사회의 원시적 상태와 점진적 발전 단계에 대한 지식이 형성된다.

콩도르세에 따르면 몇몇 민족은 기나긴 역사 시기 동안 부족민 혹은 유목민 단계에 머물렀으며 그들 스스로의 노력이나 문명화된 민족과의 교역 혹은 교류를 통해서도 아무런 진보를 이루지 못했다. 이 무관심과 문화적 지속성은 기후와 관습 때문인데 콩도르세는 관습이 보다 중요한 요소라고 명확히 주장했다. 독립심, 유년기에 형성된 습관 및 그들 나라

121) *Ibid.*, pp. 416~417.
122) *Ibid.*, p. 417.

의 관습에 대한 고수, 말하자면 새롭고 낯선 것에 대한 반감, 신체적・정신적 나태가 호기심을 감소시키는 효과, 그리고 미신의 힘 때문에 그들은 더 높은 문화로의 발전 단계로 나아가지 못한다. 문명사회에 대한 두려움이 당대 원시민족이 관습을 폭압적 방식으로 지키려 하는 것을 강화시킨다. 뒤이은 언급으로 미루어보면 콩도르세는 에스파냐와 포르투갈이 신대륙의 원주민을 취급한 방식을 언급하는 것일 수도 있다. "그곳에서 포르투갈인과 에스파냐인의 탐욕, 미신, 분노 때문에 5백만 명의 유골이 그 불행한 땅을 뒤덮었다".[123)]

> 그러나 우리는 또한 문명화된 민족의 탐욕, 잔인함, 부패, 편견을 고려해야만 한다. 이러한 이유로 원시민족이 문명화된 민족보다 더 부유하고, 더 강력하며, 더 많은 교육을 받고, 더 활동적인 것처럼 보이는 것은 당연하다. 뿐만 아니라 문명화된 민족은 더 부패하고 무엇보다 더 불행해 보인다. 따라서 야만인들은 문명화된 민족의 우월성에 감탄하기보다는 문명인의 욕구 범위와 다양성, 그들이 탐욕을 위해 감수하는 고통, 항상 멈추지 않고 만족을 모르는 문명인이 가진 욕망의 영속적인 흥분 상태에 겁먹었음이 틀림없다.[124)]

뛰어난 재능에도 불구하고 중국에서 과학의 진보가 이루어지지 않았던 이유, 그리고 "끊임없이 존속함으로써 아시아를 오랫동안 부끄럽게 했던 광대한 제국들이 수치스러울 만큼 정체됐던" 이유는 환경적인 것이 아니고 제도적인 것이다.[125)] 포르투갈과 에스파냐에 대해 고도의 이해를 보인 동시에 극도로 신랄했던 콩도르세는 발견의 시대의 귀결에 대해 썼는데, 그에 따르면 그 시대는 "처음으로 인간이 그동안 거주한 지구에 대해

---

123) *Sketch for a Hitorical Picture of the Progress of the Human Mind*, p. 104.
124) *Ibid.*, pp. 23~24.
125) *Ibid.*, pp. 38~39.

알게 된 시기이며, 모든 나라에서 인류가 자연적 원인과 사회적 제도의 장기적 영향에 의해 변화한 것을 탐구할 수 있었고, 모든 기온 및 기후대에서 대지와 바다의 산물을 관찰할 수 있었던 시대였다". [126]

케임즈 경은 괴짜이면서 흥미로운 사상가인데 뷔퐁을 치밀하게 연구했다. 그는 종종 뷔퐁의 견해에 반대했는데, 환경에 대한 사고가 신학 및 역사 해석, 문화발전 이론과 어떻게 독창적으로 결부될 수 있는지를 보여준다. 서로 다른 기후는 지구의 다양한 식생을 낳고 이를 동물과 인간이 소비하는 것은 창조주의 계획에 포함된다. 인간은 이러한 점에서 동식물과 마찬가지여서 특정 유형의 인간은 특정 종류의 기후에 특히 적합하다. 많은 기후대에서 인간은 퇴화했다〔가정된 원형 혹은 전형으로부터 시간에 따른 음식과 기후의 영향 때문에 초래된 변화라는 뷔퐁의 의미에서〕.

그러나 케임즈 경은 뷔퐁이 피부색과 인종적 차이를 기후로 설명하는 것에 찬성하지 않았다. 케임즈 경은 이러한 차이가 태초에 이미 존재했으며, 이는 성서에 반하는 이론이 아니라고 말한다. 그렇다면 하느님이 각 기후에 맞게 몇 개의 〔아담과 하와〕 쌍을 창조했다고 가정하는 것이 합리적일 것이다. 하지만 이후에 케임즈 경은 자신의 이러한 추론을 성서에 반한다는 이유로 폐기하면서 격변으로 인해 인간이 원래 상태로부터 퇴화되었다는 의견을 제시한다. 바벨탑이 건설되고 여러 언어로 인해 혼동이 생기고 인류가 확산되면서 인간은 야만적으로 변하고 새로운 거주지에서 단련되었으며 각각 자신이 속한 기후에 적합한 서로 다른 유형으로 분화되었다. 이렇게 해서 인류의 통일성은 파괴되었다.

새롭고 특이한 것만을 편애하는 이들 그리고 모든 것을 토양과 기후의 탓으로 돌리는 이들도 있으나 그럼에도 인간 간의 차이는 처음부터 존재했던 근본적인 것이다(비트루비우스를 인용한다). 당대인들이 많이 인용한 구절에서 케임즈 경은 '말라카인은 더운 기후가 용기의 적이라는 편견

126) *Ibid.*, p. 104.

을 깨는 예'라고 말했으며 그 외에도 다른 예를 제시했다.[127)]

지구 전체에 사람들이 거주하는 것은 창조주의 의도라는 관점에서, 케임즈 경은 열대 지역이 인간 거주에 부적합하다는 몽테스키외의 견해를 비판했다. 몽테스키외가 의도적으로 신의 섭리에 흠집을 내려고 한 것은 아니겠지만 그의 견해는 신의 섭리와 충돌했다.[128)]

케임즈 경은 사회 이론에서 인종에 중요성을 부여한 근대 초기 사상가 중 한 명이다. 많은 이들이 인종은 불평등한 자질이라고 간주한 것 또한 사실이다. 예컨대, 흄은 백인이 타 인종보다 우월하다고 생각했다.[129)] 바벨탑의 혼란까지 인종의 기원을 거슬러 올라간 창의력에도 불구하고 기후 그리고 기후와 문화 간 관계에 대해 케임즈 경이 제시했던 의견은 평범하기 그지없었다. 차라리 흥미로웠던 것은 신대륙의 문화적 발전에 대한 그의 추론이었다.

케임즈 경은 아메리카 대륙에서 인간의 독자적 발전을 가정한다. 뷔퐁의 지질학 이론에 영향을 받은 그는 아메리카와 오스트레일리아 대륙이 국지적 창조물이라고 가정했다. 여전히 수렵·어로의 단계에 머물렀던 아메리카의 문화는 유목 단계를 거치지 않았다. 이는 가축이 부족해서가 아니라 먹을 것이 풍부했던 거주자들이 전통적 생활방식을 고수했으며, 구대륙의 민족처럼 더 높은 단계로 발전하도록 환경의 자극을 받지 못했기 때문이었다. 신대륙의 민족은 수렵·어로 단계에서 농업으로 곧바로 이행했다.

이 대목에서 케임즈 경은 인종의 바벨탑 이론을 제시할 때만큼 대담하지 못했다. 신대륙에서 인간의 잠정적 문화발전 단계 중 유목 단계가 존

127) *Sketches of the History of Man*, Vol. Ⅰ, p. 22.

128) *Ibid.*, pp. 26~31.

129) "Of National Characters", *Essays*, Vol Ⅰ, p. 252, note 1. 편집자에 의하면 이 각주는 1753~1754, p. 85의 K판본에 수록되었다고 한다. 케임즈 경의 인종 이론에 대해서는 Bryson, *Man and Society*, pp. 64~66을 보라.

재하지 않는 점과, 신대륙 열대 지역에서 고도로 발달한 문명이 생겨난 것을 설명할 방법이 없음을 고백한 것이다. 케임즈 경은 훔볼트의 관심 사이기도 했던 질문을 다루었는데 그 해답 역시 주로 환경적이었다. 이 질문이 흥미로운 이유는 바로(Varro)가 디카이아르코스를 인용하면서 언급한 것처럼 인류가 수렵·어로, 유목, 농업단계를 거치면서 발전했다고 사람들이 오랫동안 믿었기 때문이다.[130)]

던바(James Dunbar)*는 몽테스키외, 뷔퐁, 흄이 논의했던 많은 생각을 헤르더만큼이나 뛰어난 솜씨로 종합했다. 킹스 칼리지와 애버딘 대학교(Aberdeen)의 철학 교수였던 그는《원시 및 농경 시대 인류의 역사에 관하여》(*Essays on the History of Mankind in Rude and Civilized Ages*)를 1780년에 처음 출간했다.[131)] 던바의 사상을 각각 별도로 다룬다면 흥미로운 것이 거의 없는데 대부분이 이전에 많이 제시된 것이기 때문이다. 오히려 관심을 끄는 것은 그것들을 결합시킨 방식이었다.

풍요롭지 않은 환경은 인간이 근면할 수밖에 없게 만든다. 필요는 발명의 어머니인 것이다. 그러나 양 극단의 중간인 "풍요와 궁핍의" 중간 지대가 가장 낫다. 인간을 문명으로 인도하는 사건의 연속은 자연적 원인에 의해 시작될 수 있지만 자연적 원인은 도덕적 원인에 의해 대체되어 "외부 원소들"(*the outward elements*)의 직접적 영향은 줄어든다. 말하자면 문명의 진화는 인간이 점진적으로 자연환경으로부터 자유로워지는 과정이다.[132)]

미신, 광신, 장엄신학(*sublime theology*)은 동일한 기후 조건에서 서로 다른 시기에 존재했다. "어떤 위도나 기후에서 두드러진 효과를 설명하

---

130) *Sketches*, Bk. II, Sketch 12, Vol. II, pp. 76, 77~79, p. 84에서 뷔퐁을 인용함.

131) Fletcher, *Montesquieu and English Politics* (1750~1800), pp. 98~99를 보라. 이 논의를 통해 나는 던바의 역사적 중요성을 깨달았다.

132) *Essays*, pp. 221~222, 225.

기 위해 외부 원소가 인간 정신에 미치는 명백하고 직접적인 영향으로 되돌아갈 필요는 없다. 일단 시작된 사건의 연속을 지배하는 것은 자연적 요인보다는 도덕적 요인이다. 그리고 천재성과 기질의 이 같은 경향성은 과학의 주된 방향(자연환경적 요인_옮긴이)과 그것이 일찍이 신학 및 시민 정부와 결합한 데서 기인했을 것이다".[133]

던바는 문명화의 지리적 행진을 인식하는데(그가 서유럽 역사에 사로잡힌 것이 주 원인이다), 문명이 시작에 유리한 열대기후에서부터 출발하여 성숙에 적합한 온대기후로 이행했다는 것이다. 문명은 남쪽에서 유럽으로 이동하여 만개했다. 그는 구대륙과 신대륙 문명의 기원이 열대에 있으며 각각 독립적으로 발생했다고 가정한다. 신대륙 문명이 방해받지 않았더라면 보다 양호한 환경으로의 유사한 행진이 발생했을 것이다.[134] 그러나 신의 섭리에 따른 설계는 지상의 물리적 배치에 질서와 합리성을 부여한다. 지리는 정복, 전쟁, 폭정에 경계를 설정한다. 즉, 지리는 통일 제국 형성에 제약을 준다. 제국은 바람직하지 못한 결과이기 때문에 지리를 통해 지구상에 자연적 구분을 만들어 통일 제국의 수립을 억제하는 것이 "신의 섭리에 따른 설계의 하나라고 간주하고 싶은 마음을 억누르기 쉽지 않다".[135]

단일한 세계 제국보다는 자연의 다양성과 여러 국가로 이루어진 세계로부터 나오는 문화적 다채로움이 인간의 성취를 고무한다. 미개한 사회와 진보한 사회 모두에서 인간의 재능을 키워나가기 위해서는 다양성이 필요하다. 정부의 최적 한계를 수학적으로 계산할 수는 없지만 불완전한 정부를 가진 나라는 그 면적을 축소시킴으로써 더 나아질 수 있다. 왜냐하면 작은 국가에서 기예의 발전이 고무되고, 개혁과 관리, 혁신이 성취될 수 있기 때문이다. "넓은 땅덩어리에서의 개혁은 거대하고 고된 작업

133) *Ibid.*, p. 225.
134) *Ibid.*, pp. 231~234.
135) *Ibid.*, p. 252.

이며 오랜 시간의 준비를 요한다. 그리고 지역 간의 상호 교류를 전제조건으로 하며 철학과 학습에 의해 가능해진다".[136]

던바는 작은 지리적 지역이 인류 진보에 유리하다는 일반화에서 두 개의 명백한 예외를 검토했는데, 표트르 1세와 예카테리나 여제 통치하의 러시아, 그리고 중국이 이에 해당한다. 그는 표트르 1세의 개혁정책 — 외국의 숙련공 초빙, 상업 및 공공 부문에서의 계획 도입, 군대 창설, 니스타드(Nystadt) 조약 — 이 가진 심대한 성격을 인정했다. "그의 통치는 명예로웠으나 단지 일부만을 생기 있게 할 수 있었을 뿐이며, 그토록 광대한 국토 전체에 생명력과 활동력을 불어넣지는 못했다". 예카테리나 여제와 표트르 1세는 그들의 계획을 너무 큰 규모로 추진했다. "영토의 마지막 확장〔1721년 러시아와 스웨덴이 맺은 니스타드 조약〕이 세수와 주권국가의 영예를 얼마나 많이 증가시켰는지는 몰라도 실제로 해당 지역 사람에게는 많은 짐이 되었다".[137]

중국은 오랜 역사를 거쳐 높은 문명 수준에 도달했다고 던바는 인정했다. 그러나 중국의 과학이 쇠퇴한 것은 아니라 할지라도 정체 혹은 "느린 진보"를 한 것처럼 보인다. 중국의 과학은 그토록 오랜 역사에서 기대할 수 있을 만한 수준에 도달하지 못했다. 실패의 이유는 권위, 전통적 견해에 대한 존중, 철학적 탐구 정신의 결여다.[138] 아시아의 자연 조건이 보다 큰 정부가 생기는 데 유리한 조건이었다는 몽테스키외의 원칙을 받아들이면서 던바는 중국 정부의 안정성이 과연 정부의 지혜로운 조직화에 있는지에 대해 의구심을 가졌다. 그러나 중국은 너무 커서 "자기들만의 독자적 관습, 풍속, 제도를 가지지 않은" 침입자들을 수적으로 압도한다. 즉, 기존 체계 앞에서 정복자들은 무기력하게 흡수된다. 그리하여 "완전함의 정도와 무관하게" 규모, 인구, 전통의 지속성을 통해서 불변성

136) *Ibid.*, pp. 253~254, 인용문은 p. 254.
137) *Ibid.*, pp. 256~257.
138) *Ibid.*, p. 258.

(*immutability*) 이 가능해진다.

중국은 관습, 법률, 종교의 영향이 지대하기 때문에 외부의 침입자가 아니라 내부로부터의 변화만을 염려하면 된다. "따라서 중국은 인간사와 지리적 제약 간의 연계를 입증하는 사례이다. 중국은 남쪽과 동쪽으로는 바다가 안전을 보장하고, 서쪽으로는 접근 불가능한 사막이 막아 타타르 지방 쪽으로만 취약하다".[139] 던바는 이렇게 정치지리로 외도를 한 후에 몽테스키외와 흄의 견해 사이의 중간 지점을 찾으려 한다. 던바는 두 사람의 인과관계 모두 그 효과 면에서 영속적일 수 없다고 생각한다.

> 본질적으로는 자연적 원인이 종종 발현되는 과정에서만 도덕적 원인이 될 수 있으며, 이 같은 발현 과정은 제한적이고 불안정하며 상황에 좌우된다는 점을 기억할 필요가 있다. 또한 어떤 민족은 오랫동안 외부적인 이점을 이용하는 데 무능력할 수도 있으며, 궁극적으로 이로운 상황이 오랫동안 불편하고 파괴적인 것으로 알려졌을 수도 있다. 따라서 국지적인 장소가 갖는 중요성이 영구적인 것과는 거리가 멀며, 자연 세계의 우연성뿐만 아니라 정치적 사건의 과정, 그리고 인간 발전의 일반적 상태에 따라 가변적이라는 점 또한 기억해야 한다.

항해의 시대와 함께 도서 지역의 본질에서 근본적 변화가 도래했다고 그는 언급한다. 섬나라의 위치는 이전에는 세계의 타 지역으로부터의 고립과 절연을 의미했지만 영국의 경험이 보여주듯이 국가 안보, 부, 품격의 풍요로운 원천이 되었다.[140]

던바는 인간이 경제적 이유에서 여행과 탐험에 익숙해진 시대에 살면서 교역과 상업이 이동성 있는 자원이며 국지적 환경의 제약으로부터의 독립을 의미한다고 생각했다. 모든 자연이 모든 곳의 인간에게 이용 가

---

139) *Ibid.*, pp. 262~263.

140) *Ibid.*, pp. 280~282, 인용문은 pp. 280~281.

능하게 되었다는 것이다. "빈부는 더 이상 한 민족이 지구 위에서 어디에 위치하는가에 따라 결정되지 않는다. 이런 말을 해도 될지는 모르겠지만 기예는 자연의 혜택을 변화시켜 인간 사회에서 일종의 '부의 분배적 정의'를 유지한다".[141]

그러나 던바는 이러한 전환기의 정서(*millennial sentiment*)가 단지 가능성의 진술에 불과할 뿐이라는 점을 깨달았다. 교역상 제약, 상업적 규제, 국가적 독점이 여전히 매우 강력하게 작동한다는 것이다. 그러나 문화적 접촉의 효과는 거리 및 접근성에 따라 달라진다. 멀리 떨어진 나라와의 교역을 통해 이웃 나라 사이에서나 가능한 밀접한 연계를 형성하기란 아주 힘들다.

> 따라서 지리적 관계는 모든 나라에서 시민 생활의 진보를 지체 혹은 가속화하는 데 항상 어느 정도는 중요한 역할을 한다. 사적인 개인뿐만 아니라 공동체 역시 항상 본보기에 의해 형성된다. 한 민족의 특성은 풍속, 천재성, 기예의 측면에서 그것들이 보다 직접적으로 연결된 시스템의 지배적 풍속, 천재성, 기예와 반드시 유사성을 가져야만 한다. 시민성과 야만성이 자연 세계의 빛과 어둠처럼 분포하여 인접한 나라는 같은 시기에 진보 혹은 퇴보하는 모습을 보이는 경우가 많다. 즉, 더 개화된 지역은 — 비록 그 위치가 항상 바뀌기는 하지만 — 언제나 하나의 공통된 중심 주변에 완전하고 통합된 전체를 형성한다.[142]

던바는 뷔퐁에 동의하면서 인간의 편재성과 적응성에 주목한다. "인간은 모든 나라에 자신의 힘으로 대저택을 짓는다", "인간에게 최적의 주거지인" 나라는 없다는 것에 일반적으로 의견이 일치한다. "하늘의 영향이 상대적으로 가장 큰 듯이 보이는데 이를 가장 익숙한 것으로 만든 것은 습관이다".[143] 던바는 존재의 사슬에 대한 사고, 그리고 뷔퐁이 인간과

141) *Ibid.*, pp. 294~295.
142) *Ibid.*, pp. 300~301.

동물을 구분한 것을 받아들이면서("인간은 천상의 작품이지만 동물은 지상의 산물일 뿐이다"), 인간이 피조물 중 상위에 속하기 때문에 자연적 세계와 차별화된 관계를 맺는다고 언급한다. "토양과 기후는 동식물, 지적인 자연에 단계적으로 차별적 영향을 미치는 것 같다 … 그래서 인간은 피조물 중 그 계층상 위치로 인해 인간보다 하위에 있는 계층에 비해 기계적 지배를 훨씬 덜 받는다". 던바는 동물이 자신들의 동물 경제를 교란하는 것만을 지각하는 것과 달리 인간은 그 우월적 지위로 인해 자연으로부터 오는 자극에 더 취약하다고 말했으며, 훔볼트는 이후에 이를 하나의 정교한 사상사로 확대시켰다. "동물은 완전한 무관심으로 창조의 풍경을 바라본다. 그러나 인간에게는 그 풍경이 독특하게 작용하여 인간을 성가시게 하지 않으면서 그의 도덕적 틀이 가진 감수성과 미묘함에 영향을 미친다".[144]

여기서 던바는 자연이 인간에 미치는 주관적인 영향이라는 주제를 슬쩍 건드리는데 훔볼트, 리터, 버클(Buckle)의 저작에서는 이 주제가 환경적 논거를 강력하면서도 교묘하게 강화한다.[145]

던바는 자연에 대한 의존이라는 점에서 인간과 나머지 생명이 근본적으로 다르다는 주장을 한 단계 발전시켜서(아마도 뷔퐁의 영향을 받은 듯하다) 인간은 자신의 미래를 결정할 수 있다고 주장한다. 자연을 변화시키는 인간의 힘을 인지하는 것은 '의지의 자유'라는 교의로부터 나온다. 자연적 해악과 도덕적 해악은 지구상 인간의 운명 중 일부이다. 따라서 "그것들의 근원을 추적하는 것은 의미 없는 일이다". 인간과 〔자연계의〕 원소 간에는 상호적 관계가 있다. "창조물 중에서 인간에게만 허용된 재량권

143) *Ibid.*, pp. 304~306, 330, 인용문은 p. 306.

144) *Ibid.*, pp. 325~326, 330.

145) 이 견해의 정교한 마무리를 보려면 *ibid.*, pp. 326~328; 훔볼트의 *Cosmos*, trans. by Otte, Vol. 2, Pt. I, "Incitements to the Study of Nature", and Buckle's *History of Civilization in England*, chap. 2를 보라.

이 있다. 그리고 인간은 자연 세계 관리 중 일부를 스스로에게 위임한 듯 하다". 피할 수 없는 자연적 대격변이 발생하고 자연적 제약이 여전히 존재하지만 "토양과 기후는 인간의 지배하에 종속되며 육지와 물로 이루어진 지구의 자연사는 국가의 문명사에 따라 변화한다".[146]

던바는 뷔퐁에 의해 익숙해진 사고를 반복한다. 그것은 인간이 기후를 변화시켰으며 인간의 활동은 구대륙과 신대륙의 환경을 변화시켰음을 말한다(14장 참조). 토양, 벌채, 배수를 통한 아메리카 대륙의 변형을 변호하면서 던바는 다음과 같이 말한다. "그렇다면 우리와 같은 종족이 아니라 〔자연의〕 원소와 전쟁을 벌이는 법을 배우도록 하자. 이는, 그런 표현이 가능하다면 우리가 물려받은 것을 태초의 혼돈으로부터 되찾는 것일 뿐 신의 제국에 무언가를 부가하는 것이 아니다".

이 흥미로운 진술은 자연 그 자체가 무질서하고 정돈되지 않은 상태이며, 인간이 질서를 부여하기 전까지 의미가 없는 것임을 암시한다.[147] 이러한 질서의 형성은 질병의 제거 혹은 환경 변화 특히 배수를 통한 질병의 심각성 완화를 수반한다. 그리하여 결정론은 유명무실해진다. 토양과 기후는 인간의 정신과 마찬가지로 "문명 기예의 진보에 따라"[148] 가변적이고 변화와 개량에 쉽게 영향을 받는다. 던바는 자연사과 문명사를 해석함에 있어 설계, 위치의 영향, 그리고 인간에 의한 환경 변화의 사고를 받아들이면서 인상적이고 사려 깊은 종합을 이뤄냈다.

---

146) *Ibid.*, pp. 335, 336~337.

147) *Ibid.*, p. 338; 또한 pp. 336~339를 보라.

148) *Ibid.*, p. 342.

10. 팔코너에 대하여

552쪽에 달하는 팔코너(William Falconer)*의 1781년 작 《기후, 위치, 나라의 본질, 인구, 음식의 본질, 생활양식이 인류의 기질과 성향, 풍속과 행태, 지성, 법률과 관습, 정부 형태, 종교에 미치는 영향에 대한 비평》(*Remarks on the Influence of Climate, Situation, Nature of Country, Population, Nature of Food, and Way of Life, on The Disposition and Temper, Manners and Behaviour, Intellects, Laws and Customs, Form of Government, and Religion, of Mankind*)은 18세기 동안 이 주제에 관해 출간된 모든 저작들 중에서 범위와 논조 면에서 가장 뛰어나며 당시 기후, 종교, 관습, 생활양식을 얼마나 중요하게 여겼는지 가장 확실하게 보여주는 증거가 되었다.

이 책의 상당 부분은 익숙한 주제를 다룬다. 책의 1권 "기후의 영향에 대하여"는 전체 저작의 1/3을 차지하는데 몽테스키외의 정신으로 가득하다. 물론 그를 무비판적으로 받아들이는 것은 아니다. 12쪽으로 이루어진 2권 "나라의 위치와 범위의 영향에 대하여" 역시 유럽의 위치, 도서 지역 및 대륙 환경의 영향 등 전통적 관심사들을 다룬다. 3권 "나라 자체의 성격이 미치는 영향에 대하여"는 다소 길며 《법의 정신》 18권에 실린 토양의 영향에 대한 몽테스키외의 설명에 대체로 상응한다. 4권 "인구의 영향에 대하여"는 주로 인구 규모의 크고 작음이 가지는 이점에 관한 내용이다. 그리고 5권 "음식과 식사의 성격이 미치는 영향에 대하여"는 템플경, 몽테스키외, 뷔퐁, 캠퍼, 아버스노트 등이 연구했던 분야를 다룬다. 마지막이면서 가장 긴 6권 "생활양식의 영향에 대하여"는 추론적 인류 역사를 중심으로 구성되는데, 말하자면 야만인과 농업국가의 영향, 상업적 삶 및 문학과 과학의 영향, 사치와 문화적 세련됨의 영향이 그것이다.

대략적으로 이 저작은 문화 발전의 다양한 단계 및 사회제도의 다양한 유형 속에서 자연적 원인, 도덕적 원인, 자연적 원인과 도덕적 원인 사이를 매개하는 원인을 탐구함으로써 사회를 이해하려 한다고 할 수 있다.

팔코너는 고전 문헌을 폭넓게 읽었으며 근대 저술가들과 함께 고전 시대의 저자들을 인간 기질에 대한 권위자로 인용한다. 아버스노트와 마찬가지로 팔코너 역시 히포크라테스의 《공기, 물, 장소》를 마치 그것이 최고의 과학적 문헌인 것처럼 언급하므로 그 저서의 지속적인 영향력에 대해 더 좋은 증거를 찾을 필요가 없다. 팔코너는 의학의 보다 넓은 측면에 관심을 가졌다는 점에서 잉글랜드의 히포크라테스로 종종 지칭되었던 저명한 잉글랜드의 내과의 시든햄(Thomas Sydenham),* 아버스노트와 유사하다.

팔코너의 저작이 몽테스키외 저서의 영어판 개작(改作) 같다는 첫인상을 주기는 하지만 그는 너무나 절충주의적인 사상가였던 탓에 어떤 저자의 견해 혹은 어떤 단일 인과 이론도 전적으로 받아들일 수 없었다. 기후의 영향을 제안하는 논자들은 그 영향을 지나치게 보편적인 것으로 만들었다. 하지만 그 영향은 구체적인 것이 아닌 일반론에 불과하며, 따라서 국가 간에 혹은 어떤 기후 조건에서 살아가는 개인 간에 이러한 일반적 영향에 대한 예외가 있을 수도 있다. 팔코너는 통상적 견해를 따라서 하나의 원인이 또 다른 원인을 억제할 수도 있다고 말한다. "그리하여 더운 기후는 자연적으로 인간을 소심하고 나태하게 만든다. 그러나 척박한 국토, 거주자의 수, 육식, 야만적 생활양식 같은 모든 요인은 그것에 의해 유도된 필요를 통해 위에서 말한 기후가 미치는 영향을 교정할 수 있으며 풍속을 다른 방향으로 바꿀 수도 있다".

이 원인의 본질에 대한 팔코너의 개념화는 참신한 편에 속한다. 다양한 기후의 영향은 각각 별개이지만 서로 결합할 수 있다. 결합하면 기후의 영향은 서로를 억제하고, 조율하고, 변경시킨다. "그러나 일반적 영향 면에서 그것들이 함께 작용할 수는 있을지라도 그것들 각각은 별개로 존재하며 작동한다". 기후의 영향은 "역학적 힘"에 비유되는데 이는 결합을 통해서 "그것들 각각이 만들었던 기존의 것과는 다른 영향을 종종 만든다는 의미다. 그러나 개별적 영향이 결합에 의한 영향보다 그 힘이 작아 우리 눈에 잘 띄지 않는다 할지라도 여전히 고유하게 작동한다".[149]

팔코너의 저작은 18세기에 광범위하게 수용되었던 인간과 환경 간의 관계에 대한 사고의 권위 있는 요약이다. 우선 모든 기후에 대한 인간의 적응성은 인간 합리성의 증거로 간주되고, 인간의 분포 범위와 편재성은 목적론적으로 설명된다. 즉, "인간은 본래부터 (자연에 의해) 세계 도처에 거주하도록 의도되었다"고 가정한다. 이러한 적응성과 편재성은 신체적 자질보다 탁월한 정신적 자질 덕분이다. "그러나 자연의 이와 같은 지원에도 불구하고 인류의 이러한 보편성이 단지 그의 동물적 구조 때문이라기보다는 인간에게 부족분을 채우게 하고 특정 기후와 지리적 위치가 지닌 과도함을 교정할 수 있도록 하는 인간의 합리적 자질에 더 크게 힘입은 것은 아닌가를 의심하는 것이 정당할 것이다".[150]

더욱이 이 무렵에는 기후의 영향을 상쇄시킬 수 있다는 것이 보편적 인식이었다. 즉, 기후와 그 영향에 대해 더 많이 알수록 과학적 수단을 통해 기후의 영향을 고무하거나 억제하는 것이 더 쉬워질 것이라고 생각한 것이다. 그리하여 일종의 가능론(*possibilism*)이 18세기에 이미 득세했지만, 여기에는 19세기에 생태학 연구자들이 가진 배경 지식, 즉 인간이 환경에 미치는 영향에 대한 지식, 다윈주의 진화론 및 사회학·민족학 이론에 대한 지식이 결여되었다.

그러나 많은 동시대 사람들과 마찬가지로 팔코너는 문명의 요람인 온대기후에 대한 찬사를 감추지 못한다. 그리고 문명의 역사와 서구 문명사를 동일시한다면 문명과 온대기후의 상관관계에 대해 할 말이 훨씬 많아진다.[151] 팔코너는 몽테스키외와 마찬가지로 더운 기후가 문화적 관성(*cultural inertia*)을 부추긴다고 생각했다.[152] 표트르 대제의 성공은 부

149) *Remarks on the influence of Climate*, p. 1.
150) *Ibid.*, p. 2.
151) *Ibid.*, pp. 10, 18~24.

분적으로 기후에서 기인한다. 추운 지방에 사는 사람들은 더운 지방에 사는 사람들보다 자신들의 나라에 덜 집착한다. "짜르 표트르 1세(표토르 대제_옮긴이)는 광대한 러시아제국 전역에 걸쳐 풍속과 관습에 거의 전면적 변화를 이뤘다. 이는 큰 반대나 무력을 요하는 일 없이 이루어졌다. 중국에서는 훨씬 더 소규모였지만 이와 유사한 종류의 시도가 국가에 혁명을 가져왔다".[153] 중국에 대한 이 진술은 중국 황제 중 한 명이 신하들에게 손톱과 머리를 깎도록 명령함으로써 혁명을 초래했다는 듀 알드 신부의 언급에 기초한 것이다. 또한 여기서 중국 내의 기후는 동일한 것으로 가정되었다.

반(反) 가톨릭 사상가인 팔코너는 기후와 종교의 관계에서도 관심을 가졌다. 역사를 살펴볼 때 서구사상에는 기후와 종교 간에 이러한 상관관계를 상정할 충분한 이유가 존재한다. 기독교는 지중해성 기후의 건조한 가장자리에서 기원했다. 그리고 전적으로 다른 환경인 북서유럽에서 커다란 성공을 거두었다. 스칸디나비아의 나라와 북유럽 평원, 그리고 잉글랜드, 스코틀랜드, 웨일즈와 얼스터(Ulster: 현재의 북아일랜드 지방_옮긴이)에서의 종교개혁이 성공한 것은 지리가 종교의 분포에 영향을 미칠 수도 있음을 암시했다. 프로테스탄트 내 종파의 출현은 또 다른 종류의 문제였다. 볼테르와 마찬가지로 계시종교의 적들, 이신론자들, 이신론에 동조하는 이들은 최소한 몇 가지 종교의식(儀式)에서는 환경의 탓으로 간주되었다.

팔코너에 따르면 더운 나라는 지각할 수 있는 대상(태양, 지구, 불, 바람, 물, 우상)에 대한 경배와 인간의 신격화로 잘 알려졌다. 팔코너는 성인의 모습을 담은 상이나 그림에 대한 가톨릭의 경배, 성물이나 종교적 인물의 유해에 대한 과도한 숭배를 비판하는데, 가장 크게 비판한 것은

152) *Ibid.*, pp. 47, 112~114.
153) *Ibid.*, p. 116.

동정녀 마리아에 대한 경배와 실체 변화(*transubstantiation*)****의 교의였다. 한편 추운 기후에 사는 사람들에게 종교는 "내적 성찰의 주제에 보다 가까우며, 따라서 종교의 영향력이 열정보다는 이성을 향한다". 북쪽 지방의 민족들은 처음에는 "로마 가톨릭 교회의 부조리"를 받아들였지만, 배움의 확산과 탐구 정신으로 인해 그들은 "자신들의 족쇄를 깨고 기후가 제시하는 사고에 부합하는 경배 양식을 확립했다".[154] 여기서는 계시종교인 기독교조차 기후의 영향하에 있는 것으로 간주된다.

온대기후는 종교에 가장 적합하다. "과거 그리스와 이탈리아는 신의 존재와 본질에 대해 가장 올바른 관념을 제공했다〔Epictetus Bk. II, chap. 14. §2 그리고 Marcus Aurelius, Bk. II, §3을 인용〕. 비록 신이 기꺼이 따뜻한 기후를 특별한 계시의 장소로 택하기는 했지만 기독교가 가장 잘 이해되고 실천된 곳은 온대의 위도상이었다".[155]

히포크라테스, 갈레노스, 근대의 시든햄, 아버스노트, 할러(Haller), 호프만(Hoffman)의 전통 속에서 환경이 인간에게 미친 영향에 대해 의사로서 접근한 팔코너만큼 기후의 영향이라는 사고의 생명력과 문화적 삶의 모든 단계에서 그 적용을 잘 보여준 연구자는 없다. 환경론과 공중보건 개념 간의 관계는 이 글의 범위를 넘어서는 것이지만 자신의 환경을 변화시킬 능력을 지닌 존재로서의 인간에 대한 보다 능동적 철학이 기후와 인체에 대한 순수하게 의학적 관심으로부터 출현했음을 언급하는 것은 필요하다. 서로 다른 기후 조건에서의 피의 순환, 발한, 극단적 더위와 추위에서 일어나는 신체 반응에 대한 관심은 건강뿐만 아니라 질병의 병인학과도 관련이 있었으며, 이런 측면에서는 문화 현상과의 혼합이 가능하다.

팔코너는 타는 듯 더운 기후〔바베이도스, 카르타헤나(Carthagena),** 수

---

154) *Ibid.*, pp. 133~134.

155) *Ibid.*, p. 134, 기후가 인체의 외형, 의식(儀式), 제도, 식습관, 금기에 미치는 영향에 대한 긴 논의가 이어진다.

리남)에서의 과도한 발한이 유럽인의 활력을 급격하게 소진시킨다는 할러의 진술을 인용한다. 그런 발한은 "격렬한 배설만큼이나 사람을 무력하게 한다".[156] 팔코너에 의하면 건전한 정신 상태와 신체적 건강은 발한의 원활함 및 규칙성과 밀접한 관계가 있다. "이러한 배출이 방해받으면 일반적으로 우울해진다. 따라서 발한에 장애를 초래하는 습한 공기는 정신의 힘과 이해력에 우호적이지 못한 것으로 추정된다". 습한 공기가 "습지의 증발 작용"(*marsh effluvia*)[157]과 결합될 때 나쁜 효과는 더 커진다.

팔코너는 공기의 성질과 부패와의 관계에 대해서도 관심을 가진다. 이러한 관심은 아주 오래된 것이지만, 팔코너에게는 공기와 신체적·정신적 건강 간의 관련성을 탐구하려는 생각이 강했다. 덥고 습한 기후의 습지처럼 본질적으로 건강에 좋지 않은 환경은 인간의 창의성에 대한 도전과제가 된다. 인간이 환경에서 기인한 질병을 수동적으로 받아들일 필요는 없는 것이다. 따라서 장소를 보다 건강에 좋은 곳으로 만들고자 하는 바람은 환경 변화의 강력한 유인이었다. 배수의 역사는 공중보건의 역사뿐만 아니라 자연환경에 대한 인간 태도의 역사, 병원균 이론이 성립되기 전에 이루어진 경험적 질병 이해의 역사, 그리고 자연환경의 건조함과 개방성이 가지는 가치의 역사에 대해 많은 것을 설명할 것이다.

팔코너의 저작에서 우리는 폭넓은 관심이 18세기에 어떻게 강화되었는가를 살필 수 있다. 즉, 환경적 사고와 사회제도(기후와 종교), 공중보건과 의학, 식단(항해와 여행을 통해 점진적으로 축적된 자료를 통한 식단 간 비교), 도덕적 원인(사회적 수단을 통해 환경적 불이익을 극복하는 것), 기술과 공학(인간에게 불리한 환경을 변화시키기 위한 목적의식적 계획) 각각과의 관계를 살필 수 있는 것이다.

156) *Ibid.*, p. 12, Albrecht von Haller, *Elementa Physiologiae Corporis Humani*, Vol. 6, pp. 66~67을 인용.

157) *Ibid.*, pp. 163~165, 인용문은 p. 163. 팔코너는 히포크라테스의 《공기, 물, 장소》에서 언급된 파시스 강둑에서 살아가는 사람들을 예로 제시한다.

11. 새로운 개척: 로버트슨과 아메리카

몽테스키외의 기후 이론은 스코틀랜드에도 상륙했는데 그 나라의 도덕 철학자들은 문화의 발전과 인간 과학에 가장 관심이 많았다. 예컨대 퍼거슨은 기후와 위치의 영향을 고려하면서 인간 사회의 발전 단계를 추적했다. 동물로서의 인간은 어떤 기후에서나 존재할 수 있다. 그러나 "이 동물은 항상 온대 지역에서 그 종의 주된 영광을 획득했다".[158] 문명국가 간의 차이는 기후에 기인한 것일 수도 있지만 가장 큰 영향을 미치는 것은 정부이다. 즉, 야만 민족의 후진성은 기후적 원인의 탓으로 그리고 근대 사회 내의 차이는 도덕적 원인으로 돌리는 경향이 존재한다. 그러나 여기에 새로운 것은 없으므로 자세한 이야기를 할 필요는 없다. 다만 사랑에 대한 몽테스키외의 신랄한 논의가 스코틀랜드어로 번역되는 과정에서 무겁고 흐리멍덩한 것이 되었다는 점은 짚고 넘어가야겠다.

보다 흥미로운 것은 로버트슨이 18세기에 통용되었던 지리적 사고를 이용하는 방식이었다. 그는 세계주의적인 유럽 식자층 집단에 속했는데, 그 성원은 국가의 경계를 넘어 뷔퐁, 몽테스키외, 흄, 볼테르 같은 많은 유명인사들을 포함했다. 그들은 진보한 유럽 사회, 비유럽 민족의 인상적인 문화, 당시까지 발견된 야만 민족을 잘 알았다. 로버트슨이 속했던 스코틀랜드 그룹은 흄, 퍼거슨, 케임즈 경, 몬보도 경〔Lord Monboddo (James Burnett)〕,* 아담 스미스(Adam Smith), 그리고 스미스와 로버트슨의 전기를 썼던 스튜어트(Dugald Stewart)를 포함했다.[159] 로버트슨은 기번과 서신 교환을 했으며 그의 역사 서술법은 볼테르로부터 받은 영감을 장로교회 목사(로버트슨은 장로교 목사였다_옮긴이)에게

158) *An Essay on the History of Civil Society*, p. 180. Pt. II, sec. I, "Of the Influences of Climate and Situation"을 보라

159) 이 그룹에 대해서는 Gladys Bryson, *Man and Society: The Scottish Inquiry of the Eighteenth Century*. Princeton University Press, 1945를 보라.

서 기대할 수 있는 수준 이상으로 드러낸다. 역사를 광범위하게 검토하는 그의 취향, 로마의 멸망, 십자군 전쟁, 발견의 시대와 그에 따른 지식의 확산 등의 현저하고 갑작스런 역사적 변화를 주시하는 그의 관심에서 정력적인 지식인 독자의 면모가 돋보인다. 그의 영어는 다소 단조롭지만 우아하고 소박해 즐겁게 읽을 수 있다.

"로마제국의 전복에서 16세기의 출범에 이르기까지 유럽 사회의 진보에 대한 견해"는 《황제 찰스 5세의 통치의 역사》(*The History of the Reign of the Emperor Charles V*)의 도입부를 이루는데 여기에는 이주, 고대 국가와 근대 국가 간의 인구 규모 비교, 기후의 영향에 대한 로버트슨의 관심이 드러난다. 1777년에 처음 간행된 《아메리카의 역사》(*History of America*)는 발견의 시대 이래 수집되어 신대륙의 역사, 특히 그 초기 국면에 대한 해석에서 매우 중요한 질문을 제기했던 신대륙 및 그곳 거주민에 대한 지식과 민간전승에 기초하기 때문에 가치 있는 저작이다.

구대륙와 신대륙의 동식물 차이, 신대륙 거주 민족의 기원, 특히 멕시코와 페루에서 고도로 발달한 문명의 기원, 인종적·문화적 차이, 인간 행위자에 의한 환경 변화에서 구대륙와 신대륙 간의 대비 등이 그러한 질문이다. 이 질문들은 아메리카 역사학자, 특히 최초의 정착에서 정복에 이르는 기간의 아메리카를 연구하는 역사학자들이 쉽사리 떠올릴 수 있는 것이다. 로버트슨은 이 질문에 답하면서 정복과 관련된 많은 수의 원자료와 함께 몽테스키외와 뷔퐁의 이론을 이용했다.

18세기 후반부의 많은 저술가들과 마찬가지로 로버트슨은 교역과 소통이 가져다 준 세계에 대한 새로운 지식에 감명을 받았다. 그리고 그는 이 새로운 지적 원천과 고전 사상가들의 한계를 선명히 구분한다. 그는 이주와 십자군, 교역과 여행을 통해 이루어진 사고의 교환을 예리하게 인식한다.[160] 설계론은 매우 완화되었다. 발견의 시대와 함께 "인간이 자

160) *Hist.*, *Amer.*, Vol. I, pp. 31~33.

신을 오랫동안 구속하던 제약을 넘어서 자신의 재능, 진취성, 용기를 선보이기에 더 적합한 영역에 스스로를 열어젖히도록 신의 섭리가 명하는 시대가 도래했다"[161] 고 그는 말했다. 이 같은 진술은 단순한 수사가 아니라 종교적 감성을 지적·육체적 모험심 및 활동에 대한 감탄과 결합하는 것이다. 새로운 환경에서의 활동에 대한 이 같은 감탄은 인류의 건강을 증진할 목적으로 환경을 (주로 배수 등을 통해) 변화시키는 데 인간이 가져야만 하는 열정과도 관련된다.[162]

로버트슨이 보기에 신대륙 아메리카는 너무나 멋진 지역이다. 그 자연적 속성은 자연의 규모라는 측면에서 광대하게 창조되었다. 강, 산, 호수, 새롭게 발견된 대륙의 형태는 상업 교류에 유리하다. 로버트슨은 이후 19세기에 긴 분량으로 발전할 주제를 언급하면서, 신대륙의 만(灣)과 그것들이 인간 정착지에 미치는 긍정적 영향을 유럽 및 아시아의 만과 비교하면서 아프리카에는 그러한 만이 상대적으로 부재함을 지적한다.[163]

박물학에 대한 그의 개념은 뷔퐁에게서 빌린 것이다. 로버트슨은 아코스타의 기후학을 뷔퐁의 과감한 정교화를 통해 받아들였다(293~294쪽 참고).[164] 그는 뷔퐁을 따라서 인간이 오랫동안 거주한 나라와 최근에 정착한 나라 사이를 구분한다. 그는 "우리가 자연의 공으로 돌리는 비옥함과 아름다움의 적지 않은 부분이 인간의 작품이다"[165] 라는 프랑스 박물학자의 견해에 동조한다.

로버트슨은 뷔퐁, 아코스타와 그 외 다른 이들의 도움을 통해 신대륙 환경의 본질을 평가하는 데 만족했다. 신대륙의 환경은 고차적 생명체에

---

161) *Ibid.*, p. 40, cf. pp. 65~66.

162) *Ibid.*, p. 125.

163) *Ibid.*, pp. 254~255.

164) *Ibid.*, pp. 257, 361~363. José de Acosta, *Historia Natural y Moral de las Indias* (1590), esp. Bk. II.

165) *Hist.*, *Amer.*, Vol. I, p. 261. 이 책 14장 7절을 보라.

적대적이어서 상대적으로 덜 고귀한 생명체의 발달을 촉진했다. 또한 그 환경은 비속하고 야만적 문화를 가진 민족만을 배출할 수 있었는데, 뷔퐁이 제시한 바와 같이 그들은 자연을 개량해 문화를 꽃피우지 못했다.

그 다음에 로버트슨은 신대륙에 사람이 어떻게 정착했는가의 문제로 관심을 돌렸는데 이 질문의 답은 서로 다르긴 하지만 여전히 연관된 사안에 종속되었다. 인류의 단일성, 발명과 가축 사육에서 구대륙와 신대륙 간의 대조적 차이, 신대륙에 목가적 유목주의가 부재하다는 사실이 이에 해당된다. 신대륙의 인간 정착에 관한 이론은 사회 변화, 독자적 발명 및 전파에 관한 서로 대립되는 이론과도 직접적으로 관련되었다. 이러한 사고의 역사에 대한 연구는 우리의 관심에서 너무 멀리 가는 것이지만 이 같은 서로 대립되는 사고 자체는 서구 문화에서 나타났던 보다 일반적 사고의 자연적 산물이라고 말할 수 있을 것이다.

서구 문명에서 가장 오래된 사고 중 하나인 독자적 발명은 '필요는 발명의 어머니'라는 믿음, 즉 환경론적 용어를 사용하면 유사한 환경 조건하에 있는 민족은(전체적으로 정신적 · 신체적 재능이 균일하게 주어졌다고 가정하면) 같은 문제에 대해 유사한 해결책에 도달할 것이라는 믿음에 근거한다. 그러나 이 같은 독자적 발명에 대한 사고는 성경 및 성경에 기초한 기독교신학의 중심부에 함축된 전파론과 대립한다. 역사적으로 살펴볼 때 실제로 18세기와 19세기의 많은 사상가들에 의해 표현된 독자적 발명에 대한 사고는 스미스(Elliot Smith)*와 페리(W. J. Perry)*보다 한참 전에 모든 것의 기원을 이집트나 팔레스타인에서 찾고자 했던 초기 전파론자들에 대한 반작용이었다.

로버트슨은 구세대 전파론자들에게 냉소적이었다. 그는 인류의 기원이 여러 곳에 있다고 믿었던 이들과 아메리카인이 "대홍수 이후에 지구에 살아남은 생존자"의 후손이라고 생각했던 이들을 논파했다. 그런 이후에 "난무하는 추론 속에서 고고학자들은 아메리카 대륙에 정착했다는 영광을 돌리지 않은 민족이 북극에서 남극에 이르기까지 거의 한 민족도 없다"

고 말한다. 그들은 고대에는 유대인, 가나안 민족, 페니키아인, 카르타고인, 그리스인, 스키타이인이 신대륙에 정착했을 것으로 추정했고, 이후에는 중국인, 스웨덴인, 노르웨이인, 웨일즈인, 에스파냐인이 신대륙에 식민지를 건설했다고 이야기했다. 열광적인 옹호자들은 그 민족 각각에 대한 주장을 지지하기까지 한다. 비록 이러한 주장이 몇몇 관습의 우연적 유사함이나 서로 다른 언어 사이에서 몇몇 단어에 유사성이 있다는 추정 이상의 근거를 가지지 않았지만, 서로 반대되는 체계를 옹호하기 위해 방대한 지식과 더 많은 열정이 무의미하게 소진되었다". 166)

로버트슨이 제시한 해답은 진부하지만, 인류가 한 장소에서 기원했으며 신대륙에 인류가 살게 된 것은 매우 이른 시기여서 이주자들은 문명을 일으키는 데 필요한 기술 없이 건너왔다는 것이다. 따라서 신대륙에서 번성했던 문명은 모두 토착적인 것이다. 그는 종교적 권위에 입각해 인류 기원의 단일성을 받아들이지만 지구에 인간이 정착한 정확한 수단을 설명하려는 어떤 시도조차 하지 않는다.

그는 발견의 시대 때 신대륙의 상태를 검토하고 당시에 콜럼버스 이전의 문명으로 알려진 것을 분석하면서 신대륙 사람들의 생물학적 선조가 유럽이 아니라 원래 동북아시아에서 왔을 것이라고 추론한다. 하지만 그들은 동물을 길들이지도 않았고 문명을 진보시키지도 않았다. 167) 따라서 역사적인 진행 과정은 구대륙의 한 곳에서 인류가 기원해 선사시대에 대륙 전체로 전파되고, 그 결과로 민족 사이에 점점 차이가 생겨났다는 것이다. 이는 민족이 가정된 발전 단계를 통해 다양한 속도로 정체와 진보를 경험했기 때문이었다. 이를 통해 환경 조건에 기초한 토착적 발전의 타당성을 주장할 수 있는 것이다.

166) *Ibid.*, pp. 271~272.

167) *Ibid.*, pp. 269~270, 275~278, 286.

거의 동일한 기후에서 살아가며, 지구에서 서로 가장 멀리 떨어진 곳에 위치한 두 개의 종족이 동일한 상태의 사회, 그리고 유사한 진보의 수준에 있다고 가정한다면, 그들은 동일한 욕구를 가질 것이고 그 욕구를 만족시키기 위해 동일한 노력을 사용할 것임에 분명하다. 동일한 대상들이 그들을 유혹하고, 동일한 열정이 그들에게 활력을 불어넣으며, 동일한 사고와 정서가 그들의 마음에 일어날 것이다.

그러므로 지구에서 서로 멀리 떨어진 곳에 살아가는 민족 사이의 유사성이 그들 간의 연계성을 의미하지는 않는다. 로버트슨은 유사성이 문화적 접촉이나 전파를 의미한다고 가정한 이유로 가르시아 신부(Father Garcia)와 라피타우 신부 그리고 다른 이들을 책망한다.

다뉴브 강의 제방에 사는 야만족은 미시시피 강 연안의 침식평야에 사는 어떤 부족과 틀림없이 거의 유사할 것이다. 그렇다면 이와 같은 유사성을 보고 그들 사이에 어떤 밀접한 관계가 있다고 상정하는 대신 인간 풍속의 성격이 그들의 위치에 따라 그리고 그들이 사는 사회의 상태에 따라 형성된다는 결론만을 내려야 한다. 다양화가 진행되면서 민족의 기질은 변할 수밖에 없다. 민족이 발전함에 따라 그들의 관습이 정제되고 힘과 재능이 깨어난다.

세계의 서로 다른 지역에 사는 민족 사이에서 일곱 번째 날에 종교적 예배와 휴식을 취하는 것과 같은 구체적 유사성을 발견했을 때에만 관련성을 의심해야 한다. 유사한 환경과 유사한 사회 상태 아래서 관습상 유사성이 존재하리라는 것은 예상할 수 있기 때문이다.[168] 로버트슨은 신대륙의 민족과 관련해 당대의 주도적 사고를 인식한다. 하지만 로버트슨 자신은 신중한 입장을 취하면서 체계를 구축하려는 사람들에 대해서도 비판적이다. 신대륙의 자연이 가진 약점에 대한 뷔퐁의 이론에 따르면,

---

168) *Ibid.*, pp. 273~274.

그곳의 민족은 정착의 역사가 짧은 탓에 구대륙의 민족 및 그들이 개량한 환경에 비견될 정도로 발전할 수 없었다.169) 드 포(De Pauw)*의 이론에 의하면 사람을 무기력하게 하는 불친절한 기후 때문에 신대륙의 사람들은 그들에게 적합한 완전함을 획득하지 못했으며 신체와 정신에 결함을 가진 채 동물로 남아 있었다. 그러나 로버트슨은 뷔퐁이 드 포〔그리고 캄(Kalm)〕의 이와 같은 과도한 주장을 부추겼다는 점을 인식하지 못했음이 분명하다. 말년에 뷔퐁은 자신의 이론을 수용한 저자들의 이런 과장을 거부했다(302쪽 참고).170) 마지막으로 루소의 이론이 있는데, 로버트슨은 루소의 이론을 다음과 같이 설명한다. "인간은 문명이 고도로 발달하기 한참 이전에 가장 존엄하고 우수한 수준에 도달한다. 그들은 미개한 생활이 가진 자연 그대로의 소박함 속에서 정서 고양, 정신의 독립, 애착의 포근함을 보여주는데, 고도로 발달한 사회 성원 사이에서 이를 찾는 것은 헛수고에 불과할 것이다".171)

로버트슨은 이와 같은 견해로부터 신중함이라는 교훈을 도출한다. 그

---

169) *Ibid.*, p. 293. Buffon, *HN*, Vol. 3, pp. 484, 103, 114를 보라.

170) *Hist.*, *Amer.*, Vol. I, p. 293. De Pauw's *Recherches Philosophiques sur les Américains*, Vol. I, "Discours Preliminaire", esp. pp. iii~iv, xiii; 35~36, 42, 60~61, 105~108, 112~114; 이 단락들은 종종 뷔퐁으로부터 승인받지 않고 차용한 것이다. 또한 Vol. 3, chaps. 1~9와 다른 페이지들도 보라. 아메리카와 그 민족들에 대한 사고의 역사는 그 자체로 이 책의 범위를 넘는 광대한 주제이다. Church, "Corneille de Pauw, and the Controversy over His Recherches Philosophique sur les Américains", *PMLA*, Vol. 51(1936), pp. 178~~206을 보라. De Pauw의 입장을 요약한 것을 알기 위해서는 pp. 185~191, 그리고 Gilbert Chinard, "Eighteenth Century Theories on America as a Human Habitat", *PAPS*, Vol. 91(1947), pp. 27~57. 그 주제는 Gerbi, *La Disputa del Nuovo Mondo, Storia di Una Polemica 1750~1900*, esp. chaps. 1~4에서 깊이 다루어진다.

171) *Ibid.*, pp. 293~294. Lovejoy, "The Supposed Primitivism of Rousseau's Discourse on Inequality", *Modern Philology*, Vol. 21(1923), pp. 165~186. *Essays in the History of Ideas*(Capricorn Books), New York, 1960, pp. 14~37에 재수록되었다.

는 당대의 사고를 좇아 극심한 더위와 추위가 있는 곳을 제외한 모든 종류의 기후에 대한 적응 능력에서 인간의 우월함을 동물과 비교한다. 그러나 그는 여행기를 읽을 때에는 이와 같은 신중함을 망각한다. 즉, 그는 뷔퐁에 동의하면서 북아메리카인에게는 성적인 정열이 결핍되었다고 언급한다.

어떻게 스코틀랜드 장로교회의 목사가 다음과 같은 사실을 알았을까? "흑인은 그들 기후에 자연스러운 격렬한 욕망으로 달아올라 있다. 그리고 가장 미개한 아시아인조차도 그들이 지구상에서 차지하는 위치상 우리가 그들에게 기대하는 만큼의 감수성을 발견한다. 그러나 아메리카인은 자연의 이 첫 번째 본능의 힘에 대해 놀라울 정도로 무지하다. 신대륙의 모든 곳에서 원주민은 그들의 여자를 냉담함과 무관심으로 대한다". 그들에게 욕망이 결핍된 것은 순결에 대한 존중에서 기인한 것이 아니기 때문에 신대륙에서는 성적인 활력과 욕망을 기대할 수 있을 만한 곳에서도 이러한 냉담함이 존재한다. 그는 "순결은 야만인에게는 지나치게 세련된 사고이며, 섬세한 정서와 애정을 필요로 하는 이런 개념은 그들에겐 낯선 것"[172] 이라는 말을 잘난 체하면서 덧붙인다.

로버트슨은 절충주의적 견해의 옹호자로 나선다. 자연적·정치적·도덕적 원인을 별개로 고려하는 것은 너무 한쪽으로 치우친 것이라는 것이다. 예컨대, 문명사회에서는 "남녀 간 애착의 정도"가 변경된다. 또한 뷔퐁이 강조했듯이 미개사회에서라면 살아남지 못했을 개인이 문명사회에서는 생존할 수 있다.[173] 구대륙에 비해 신대륙에서 인간의 동질성이 더 잘 설명될수록(앞에 나온 뷔퐁의 설명이 그 예다), 열대 지역의 뜨거움만으로 신대륙를 설명하기는 더 어려워진다.[174]

---

172) *Hist.*, *Amer.*, Vol. Ⅰ, p. 299; 각주 38에서 출처를 열거하는데 뷔퐁은 언급되지 않지만 나는 이 중 상당 부분이 그의 것이라고 생각한다.

173) *Ibid.*, pp. 301, 305.

174) *Ibid.*, pp. 305~307.

절충주의는 전통적 관점도 포함한다. 세계의 타 지역에서와 마찬가지로 아메리카에서도 한대기후나 온대기후의 나라는 자유와 독립에 우호적이라고 보기 때문이다. 아메리카에서 북쪽에서 남쪽으로 갈수록 권력을 가진 사람의 힘은 점진적으로 증가하고 사람들의 기질은 보다 유순하고 수동적으로 된다.[175] 로버트슨은 (몽테스키외에 동조하는) 퍼거슨의 견해를 빌려 사람들이 살아가는 기후의 다양성을 인식해야만 한다고 말한다. "인간이 거주하는 지구의 도처에서 기후의 힘이 작용하는데, 이는 인간의 조건과 기질에 결정적 영향을 미친다".

그는 온대기후의 우월성 및 기후가 문명사회보다는 미개한 민족에게 더 강력한 영향을 미친다는 사실을 재차 언급한 이후 헤르더의 결론과 별로 다르지 않은 복합인과 이론(*a theory of multiple causation*)으로 마무리한다. "인간에 영향을 미치는 어떤 법칙보다도 보편적으로 작용하는 기후 법칙조차도 인간의 행위를 평가할 때 많은 예외를 두지 않고서는 적용될 수 없다".[176]

12. 새로운 개척: 포르스터 부자와 남태평양

쿡의 항해에 참가했던 지식인들을 포함한 당대의 사람들은 쿡의 발견이 갖는 과학적·철학적 중요성을 잘 알았다. 게오르크 포르스터는 아메리카의 모피 교역에 관해 쓴 에세이에서 자연과 인간에 대한 연구에서 최근의 진보, 발견의 진전, 지리적 지식을 언급한다. 쿡의 항해는 지구의 알려지지 않은 절반을 가린 장막을 걷었다(*von einer unbekannten Hälfte des Erdbodens den Schleier hinweggerissen*).[177] 포르스터는 쿡과 그의 동료들

175) *Ibid.*, Vol. 2, pp. 21~22. p. 79에서 기후가 만취(滿醉)에 미치는 영향에 대한 그의 견해 역시 상투적이다.

176) *Ibid.*, pp. 97, 98~99, 100~101.

의 업적을 충분히 언급한다. 항해의 주목적은 달성되었다. 온대기후에 속한 남반구 대륙은 없었으며 남극권 내에는 거대한 땅덩어리가 없었다. 바다를 떠다니는 거대한 얼음 덩어리는 담수로 이루어졌으며 지리학자들은 새로운 땅을, 박물학자들은 새로운 식물과 새, "다양하게 변형된 인간 본성"[178]을 가진 인류의 친구를 만났다. 테라 오스트랄리스에 수백만 명의 인구는 없었지만 쿡과 그의 동료들의 풍부한 민족학적 발견이 그것을 보상했다.

쿡의 묘사는 풍부하고 생생하지만 그의 두 번째 항해 때 '레졸루션 호'에 동승했던 요한 라인홀트 포르스터와 그의 아들 게오르크 포르스터의 저작에 있는 것과 같은 이론적 관심은 결여되었다. 항해가 시작될 때 게오르크 포르스터는 18살이 채 되지 않았기 때문에 아버지와 아들의 생각을 구분하는 것은 쉽지 않다. 아버지 요한 라인홀트 포르스터가 항해에 대해 별도의 저작을 출판하는 것을 해군성이 막았기 때문에 아들 게오르크가 1777년에 쓴 《세계일주》는 그의 아버지가 발견한 것을 대중 앞에 선보이기 위한 것이었다. 이 책에서 게오르크 포르스터는 고위 정부관리로부터 받은 대접과 선원들의 악의에 대해 냉소한다.[179]

요한 라인홀트 포르스터의 1778년 작 《세계일주 항해 동안의 관찰》(*Observations Made During a Voyage Round the World*)은 그의 아들이 쓴 《세계일주》의 출간 이듬해에 나왔다. 아버지 요한 라인홀트 포르스터

---

177) "Die Nordwestküste von Amerika und der dortige Pelzhandel", *SS*, Vol. 4, pp. 5~7, 116~119, 인용문은 p. 117. 다음 약칭을 알아두도록 하라. *Obs.*, John Reinhold Forster, *Observations Made During a Voyage Round the World*; *VRW*, George Forster, *A Voyage Round the World*; *SS*, George Forster's *Sämmtliche Schriften*.

178) *VRW*, Vol. 2, pp. 605~606; 또한 쿡의 *Voyages*, Vol. 2 p. 49를 보라.

179) *VRW*의 서문을 보라; 그리고 "A Letter to the Right Honorable The Earl of Sandwich", 그리고 *Obs.* 의 마지막 부록; 선원의 행동에 대해서는 *VRW*, Vol. 2, p. 420, note. Alfred Dove가 포르스터 부자에 대해 쓴 논문은 *Allgemeine Deutsche Biographie*, Vol. 7, pp. 168~171, 173~174를 보라.

는 자연지리학에 대해서는 버그만(Bergman)과 뷔퐁에게 빚을 졌으며, "인류의 철학적 역사"에 대해서는 이슬린(Isaac Iselin)에게 빚을 졌음을 인정한다. 식물학의 원리는 린네에게서, 자연에 대한 거시적 견해는 뷔퐁의 영향을 받았다. "내 목표는 가장 포괄적 범위에서의 자연이었다. 그것은 대지, 바다, 공기, 유기물계와 생물계의 창조, 그리고 더 구체적으로는 우리가 속하는 존재의 위계를 의미한다". 포르스터는 권위자들을 존중하지만 그들 철학 중 다수가 고도로 문명화된 민족의 품 안에서 만들어졌다는 한계를 인식했다. 그는 그들 중 누구도 원시적 삶의 스케일을 비천한 동물적 삶부터 "프렌들리 제도(Friendly Isles: 현재의 통가 제도—역자)와 소시에테 제도(Society Isles)*의 보다 정제되고 문명화된 거주자까지"[180] 성찰하지 않았다고 덧붙인다. 포르스터 부자는 설계론에 공감했지만 그것에 크게 기대지는 않는다. 그들은 관습적인 자연신학보다 뷔퐁의 수사학에 더 가깝다.

훔볼트는 게오르크 포르스터의 저작에서 영감을 받았음을 인정했다. 따라서 열대 경관의 아름다움이 그에게 얼마나 큰 감명을 줄 것인지도 어렵지 않게 상상할 수 있다. 신대륙의 열대 경관 역시 그를 매혹시킬 것이었다.[181] 두 사람의 사고에서 열대 환경은 박물학과 자신들의 문명 철학에서 핵심적 역할을 수행한다. 요한 라인홀트 포르스터는 식생이 없는 환경을 적막하고 척박하고 황량한 것으로 서술했다. "자연의 생명력과 신의 권능에 대한 사고"[182]를 우리에게 주는 것은 바로 식물이 가득하고 다양한 새와 동물이 있는 땅이다. 열대에서 식생의 지속적인 천이는 모든 장소에 생명을 심는다. 온대 지역의 식생이 풍경에 생기를 불어넣는 반면 티에라 델 푸에고 군도와 스태튼 섬(Staten Island: 남아메리카 남단부에 위치한 무인도_옮긴이) 같은 한랭한 기후에서 만물은 생기 없고 무기

180) *Obs.*, p. ii.
181) *Cosmos*, Vol. 2, p. 20.
182) *Obs.*, p. 37.

력하다. 태양에 가까이 있을수록 식생을 촉진하는 기름진 토양은 더욱 풍부해진다. "그에 비례해 모든 유기체가 지구 지층의 생명이 없고 무질서한 부분에 활기를 불어넣는다".[183]

과거에 사상가들은 특정 기후가 지배적이라고 생각되는 지역이 문화적으로 동일할 것이라고 가정하는 경우가 많았다. 포르스터는 그런 순진한 오류를 범하지 않는다. 남태평양(the South Sea)의 민족학에 대한 포르스터의 저작은 사회조직의 복잡성을 묘사한다. 역사학적·언어학적 증거는 그의 학문적 재구성에서 중요한 역할을 하며 비교민족학은 그의 연구에 핵심이다. 그는 타히티 사회 내 계급("*aree*, *manahoùna*, *towtow*")과 남태평양 여러 섬 주민 간의 차이를 인식한다. 그는 티에라 델 푸에고의 거주자와 뉴질랜드, 그린란드, 북아메리카 북부의 거주자를 비교한다.[184]

포르스터는 남태평양의 민족들을 두 개의 주요 집단으로 구분한다. ① 타히티와 소시에테 제도, 마르케사스(Marquesas), 프렌들리 제도, 이스터 섬과 뉴질랜드에 사는 민족은 공정하고, 팔다리가 잘 발달했으며 운동을 잘하고 신체가 잘 발달했으며, 친절하고 자애로운 기질을 가진다. ② 뉴칼레도니아, 타나(Tana 혹은 Tanna), 그리고 특히 뉴헤브리디스 제도(New Hebrides)에 있는 말레쿨라(Malekula 혹은 Mallicollo)의 민족은 피부색이 더 검고, 머리카락은 북슬북슬하고 곱슬곱슬하다. 신체는 더 호리호리하고 키가 작으며 기질은 "의심이 좀 많기는 하지만 더 활기찬 면도 있다".[185]

이 두 집단은 물론 각각 현대의 폴리네시아와 멜라네시아의 구분에 상응한다. 타히티와 소시에테 제도의 민족은 이 첫 번째 종족(폴리네시아)의 가장 멋진 사례이다. "하지만 심지어 여기서도 대자연은 우리가 식생

183) *Ibid.*, p. 134.
184) *Ibid.*, pp. 212~213; 타히티 계급의 명칭에 대해서는 *VRW*, Vol. Ⅰ, p. 365.
185) *Ibid.*, p. 228.

에서 관찰한 바 있는 풍요로움, 다산성, 다양성의 원리를 따르는 듯하다. 한 가지 형태의 모델에 국한되지 않는 것이다".[186] 포르스터 부자는 저마다의 특징을 가진 자연환경과 그곳에서 살아가는 인간의 생활에서 다양성과 풍요로움을 본다.

남태평양에 두 가지 유형의 민족이 존재한다는 사실은 쿡의 여행보다 한참 이전에 알려졌다. 쿡의 첫 항해(1567~1569)에서 멘다냐(Alvaro de Mendaña)*는 도중에 있는 폴리네시아 섬들을 지나쳐 멜라네시아의 솔로몬 제도에 도착했다. 그러나 1595년 두 번째 항해에서 그는 마르케사스를 발견했고, 폴리네시아인에 대한 최초의 민족지를 제공했다. 두 민족 간의 차이를 만든 원인은 무엇인가 하고 포르스터는 질문한다. 간단히 성서에 의존하여 인류가 한 쌍의 인간으로부터 기원했으며 지구상에 있는 현재의 다양성은 우연적인 것이라고 가정하기는 쉬울 것이다. 그러나 그가 비록 모든 인류가 한 쌍으로부터 유래했다는 성서의 주장(종교에 적대적인 인간 또한 철학적 근거에 기반을 두어 이런 주장을 펼쳤다) 이 역사적 진실을 표현한다고 확신하긴 했지만 이 같은 설명이 그를 만족시키지는 못했다.[187] (이후에 우리가 살펴보겠지만, 게오르크는 인류의 단일성에 대해 답하지 않은 채로 남겨놓았다) 요한 라인홀트 포르스터는 이러한 차이를 만들 가능성이 있는 자연적 원인을 검토하지만 그의 설명은 만족스럽지도 명확하지도 않다.

왜냐하면 그 설명은 대부분 획득형질의 유전에 대한 조야한 이론에 기초하기 때문이다. 예컨대, 그는 피부색이 공기에의 노출, 태양의 영향, 생활양식의 차이에 따른 결과라고 믿었다. 옷을 입거나 무언가를 걸치는 타히티인은 항상 벗은 상태인 타나, 뉴칼레도니아, 말레쿨라인보다 노출을 적게 하므로 후자가 훨씬 더 검다.[188] 흑인은 적도에 가까이 살기 때

186) *Ibid.*, pp. 228~229, 인용문은 p. 229.

187) *Ibid.*, pp. 252~253, 257.

188) *Ibid.*, pp. 257~260.

문에 검다. 이 이론은 바다가 열대지방에 내리쬐는 태양의 효과를 경감한다 할지라도 남태평양에서는 잘 적용되지 않는다. "이 원인을 타히티인과 말레쿨라인 간의 피부색 차이에 적용할 수는 없다. 두 민족 모두 동일한 이점을 향유하기 때문이다". [189]

포르스터는 "특이한 생활양식"이 이러한 다른 요인과 결합해 "인류 피부색의 많은 변화를 만든다"[190] 고 생각했다. 이 설명은 정말로 순진하다. 타히티인은 매우 깨끗하고 목욕을 자주 한다. 그러나 보다 황갈색 피부를 지닌 뉴질랜드인은 깨끗하지 않고, 목욕을 매우 싫어하며 오두막의 불결함과 연기, 그리고 피부색 차이의 원인일 수도 있는 생활방식에 노출된다. 기후, 음식, 운동이 그들의 몸집에 영향을 미칠 수도 있다. 그러나 여기서도 역시 난점이 있는데 특히 타히티에서 보통 사람들과 추장의 몸집 차이가 많이 나는 것을 들 수 있다.

그러므로 기후는 관찰된 차이를 충분히 설명하지 못한다. 호텐토트인 가까이에 사는 희망봉의 네덜란드인은 120년 동안 백인으로 남아 있었다. 따라서 위에서 언급된 어떤 원인으로도 이와 같은 차이를 설명할 수 없다. 왜냐하면 몇몇 네덜란드 농부는 외진 곳에서 거의 호텐토트인과 비슷하게 살아가기 때문이다. 그들은 허름한 오두막에서 유목 생활을 하면서도 정체성을 유지한다. 만약 기후가 어떤 물질적 변화를 초래할 수 있다면 변화를 일으킬 수 있는 기나긴 시간이 필요할 것이라고 그는 결론짓는다. 기후적 설명의 부적절함과 난점으로 인해 그는 문화적·역사적 증거를 고려한다. 서로 다른 두 인종에서 유래한 남태평양의 민족은 동일한 기후 조건에서 살아가면서 기질, 피부색, 신체 크기, 체형, 신체 습관상의 차이를 유지한다. [191]

포르스터는 단순한 환경적 설명을 보류한 채 언어학적 증거를 검토한

189) *Ibid.*, p. 261.

190) *Ibid.*, p. 261.

191) *Ibid.*, p. 276. 네덜란드인에 대해서는 pp. 271~272.

다. 모든 폴리네시아인은 근본적으로 동일 언어를 사용하지만, 민족의 이주는 변화를 초래했다. 그들은 새로운 나라로 이주하여 새로운 새와 물고기, 식물을 발견했는데 그것들의 이름은 어떤 다른 "동일 계통의 방언" 내에서도 존재하지 않았다. 새로운 동식물, 그것들로 만든 새로운 음식과 의류의 성질에 맞는 이름이 점차적으로 이 새로운 언어와 원래의 언어 사이에 차이를 만든다.[192] 이런 식으로 그는 기본적으로 유사한 문화 간 차이를 설명했다.

남태평양의 인구 분포에 주목하는 탐험가라면 어떻게 그 지역에 인구가 정착했는지가 의문일 것이다. 포르스터는 이주가 아시아 대륙에서부터 시작되었다고 믿는데, 그가 보기에 신대륙으로부터의 "콘티키"(Kon-Tiki) 탐험대(노르웨이 고고학자가 잉카 기술로 제조한 뗏목의 이름으로 페루에서 폴리네시아까지 항해에 성공했다_옮긴이)는 없었다. 편동풍이 그러한 항해를 가능하게 했을 수도 있지만, 그는 콜럼버스 이전 시대의 신대륙에 그러한 기술이 있었다는 데 큰 가능성을 두지 않았다. 신대륙에는 에스파냐가 정복하기 불과 수 세기 전에 인구가 정착했으며, 그는 아메리카와 남태평양 도서의 언어 사이에 유사성을 발견하지 못했다. 거리는 너무 멀었고 배는 너무 허술했다.

유사한 이유에서 포르스터는 오스트레일리아(New Holland) 기원설 역시 기각하는데, 오스트레일리아 원주민 문화의 조야함, 작물화·가축화의 빈약함, 언어적 차이는 오스트레일리아가 최초 확산의 근원지임을 부정하는 요소다.[193] 그는 북쪽으로 눈을 돌리자고 이야기한다. 남태평양의 섬들은 동인도제도와 연계되며, 그 섬 중 다수에는 서로 다른 두 인종이 거주한다. 오래된 인종은 도서의 내부, 언덕이 많은 지방에 살며 새로 도착한 이들은 해안에 거주한다. 그는 몰루카 제도(Moluccas), 필리핀,

192) *Ibid.*, pp. 276, 277~278. *Obs.*, p. 284에서 포르스터의 언어 비교표를 보라.
193) *Ibid.*, pp. 280~281.

포모사 섬(Formosa: 타이완의 옛 명칭_옮긴이)에서 그 사례를 찾는다. 이 지점에서 단순한 기후적 인과관계로는 설명되지 않음이 한 번 더 확인된다. 하나의 문화가 다른 문화 위에 덧씌워진 것이다.

뉴기니, 뉴브리튼, 뉴아일랜드(New Hibernia)의 민족은 뉴칼레도니아, 타나, 말레쿨라의 멜라네시아인과 유사하며, 뉴기니의 흑인은 몰루카 제도와 필리핀의 흑인과 관련 있을 것이다. 라드론 섬(Ladrones)**과 캐롤린 제도(Carolines)의 민족은 폴리네시아인이다. 포르스터는 말레이 반도에서 나온 언어학적 증거를 통해 남태평양 동쪽의 섬들은 서쪽에 있는 인도 및 아시아의 북부 도서에서부터 인구가 이동해 정착했을 것이며, 뉴기니 인근으로부터 이주가 이루어졌을 수 있다고 결론짓는다.[194]

두 인종 간의 차이는 남태평양의 두 개의 서로 다른 이주를 통해 추적할 수 있다. 첫 번째 인종은 캐롤린 제도, 라드론 섬, "마닐라 섬", 보르네오 섬을 통해 확산된 북부의 말레이족으로부터 유래했다. 두 번째 집단인 흑인은 몰루카 제도에 거주하던 종족에서 나왔을 것으로 추정되며, 말레이족이 건너왔을 때 〔섬의〕 내부로 옮겨갔다.[195]

일반적으로 말해 문명사, 역사철학 혹은 원시사회와 문명 간의 비교에 관심을 가진 이들은 누구나 환경, 고립, 문화적 접촉 같은 요인을 고려할 수밖에 없었다. 요한 라인홀트 포르스터는 그러한 문제에 몰두했으며, 그와 그의 아들과 쿡 선장은 유럽 문화와 태평양과 태평양 연안에서 대면한 민족 간 엄청난 풍속 차이를 의식했다. 이 같은 비교는 경우에 따라 어느 한쪽에 우호적이었다가 다른 쪽에 우호적이었다가 했지만, 그 같은 비교가 티에라 델 푸에고 군도의 민족에게 유리했던 경우는 단 한 번도 없었다. 포르스터 부자와 쿡 모두 자연적·문화적 경관과 원주민들의 신체적 아름다움을 생생하게 인식했지만, 그들 중 누구도 원시적 삶이나 원시부

194) *Ibid.*, pp. 281~283.
195) *Ibid.*, p. 575.

족이 변화시키지 않은 환경에 대해 감상에 젖지 않았다. 그들은 고결한 야만인의 관념을 받아들이지 않았다.

고결한 야만인에게 공감했던 이들은 요한 라인홀트 포르스터가 "페체리아인"(Pecherias)[196] 이라고 부른 종족들 중에서 가장 비참했던 티에라 델 푸에고인을 한 번도 본 적이 없었다. 이들이 인류가 극단적 기후에 대단히 잘 적응할 수 있음을 보여주는 사례임에는 분명하지만 "가혹한 기후가 초래하는 지속적인 고통 속에 살아가는 인간이 행복하다는 것"이 입증되어야만이, 스스로 인간 본성의 변화에 대해 성찰할 기회를 가지지 못했거나 "혹은 자신들이 본 것을 느끼지 못했던" 이 철학자들(티에라 델 푸에고인_옮긴이)을 진지하게 고려할 수 있다. 항해에 참여했던 이들은 많은 고통을 겪었으며 또한 많은 고통을 목도했다. 따라서 잘못된 스토아 철학은 그다지 호소력이 없었는데 게오르크 포르스터는 그 기원을 "스스로는 풍요롭게 살면서 다른 사람의 고통을 가볍게 여겼던 세네카에게서 찾는다".[197] (쿡의 시대 이래로 티에라 델 푸에고인은 문화적 위계의 낮은 부분을 차지하는 민족으로 가장 많이 언급되었다. 이들 민족에 대한 관심은 오늘날까지 사그라지지 않는데, 추위에 대한 이들의 적응력이 생리학적 기후론 연구의 이상적인 연구 대상이 되기 때문이다)[198]

포르스터 부자는 남태평양 섬들에 유럽인이 미친 영향을 지속적으로 언급한다. 두 사람은 유럽인의 잔인성이 초래한 비참함에 대해 알고 있으며 그 영향의 선택적 성질에 대해서도 인지한다. 요한 라인홀트 포르스터는 식물(쿡은 도입한 식물을 직접 심었다), 동물, 철제 도구의 유입에

196) *Ibid.*, pp. 201~202.

197) *VRW*, Vol. 2, pp. 502~503.

198) 이 연구의 역사에 대해서는 Gusinde, *Die Yamana*, pp. 45~192 참고; 당대의 관심사에 대해서는 Wulsin, "Adaptations to Climate Among Non-European Peoples", in Newburgh, ed., *Physiology of Heat Regulation and the Science of Clothing*, pp. 27~31, and Coon, *The Origin of Races*, pp. 64, 69.

찬사를 보냈지만 유럽인은 지적·도덕적·사회적인 개선을 이루지는 못했다. 군함의 승무원에게 그런 것들을 기대할 수는 없었다. 그런 일들을 할 수 있는 이들은 그럴 여유가 없거나 원주민들의 언어를 몰랐다. 그리고 각자는 상관이 부여한 상륙의 임무를 띤다.[199]

두 사람은 행복이라는 단어를 자주 이용하는데 한 민족이 자신들의 자연환경에 건강하고 만족스럽게 잘 적응하는 것을 뜻하는 말로 "육체적·도덕적·사회적 행복"을 포함하는 의미인 듯하다. 인간이 쾌적한 기후에서 살면 자연이 인간의 행복을 촉진시키기 위해 정력적으로 모든 것을 행한다. 하지만 그보다 덜 우호적인 환경에서는 자연이 반드시 기예의 도움을 얻어야 하며, 가장 비우호적인 기후에서는 행복에 육체적 힘과 창조적 재능이 요구된다.[200]

포르스터는 대륙보다 섬이 문명의 발달을 촉진하고 가속화한다고 믿는데 그 이유로 섬은 크기가 제한되기 때문에 흩어져 사는 것을 어렵게 해 협력을 촉진하기 때문이다. 그러나 섬의 크기가 너무 작아서는 안 된다. 적절한 인구 규모를 가진 나라의 형성이나 필수적인 경작에 충분한 공간이 부족할 것이기 때문이다.[201]

섬들이 인류의 거주에 영향을 미치는가? 포르스터는 이 문제를 슬쩍 건드리기만 한다. 남태평양의 섬은 크기가 작고 네발짐승이 없었기 때문에 최초의 정착자들은 수렵을 통해 먹고 살기 어려웠다. 좁은 규모의 공간에서 많은 수의 가축을 키울 수가 없었으므로 사람들은 경작을 해야만 했는데, 이는 "특히 어로를 통해 생존하는 것이 어려운 경우 더 그러했다".[202] 케임즈 경과 훔볼트가 신대륙에 유목이 없었다는 사실을 언급한 것을 기

---

199) *Obs.*, pp. 305~307. 또한 *VRW*, Vol. I p. 213, 303, 370, 464; Vol. 2, p. 12를 보라.

200) *Ibid.*, pp. 337~343.

201) *Ibid.*, p. 345.

202) *VRW*, Vol. 2, p. 360.

억할 필요가 있다. 여기서 포르스터는 태평양 지역에 유목이 없는 것에 대한 환경론적 설명을 암시적으로 선보인다.

요한 라인홀트 포르스터가 보기에 유럽인이 도착하기 이전 태평양이 반드시 고립된 지역인 것만은 아니었다. 그는 멕시코와 페루의 고지 열대 문명과 신대륙의 기타 토착 문화 간 차이에 주목하면서 고지 문명이 상대적으로 최근의 것으로 아마도 우연히 혹은 필요에 의해 몇몇 가족에 의해 도입되었을 것이라고 생각한다. "고대 멕시코인과 페루인은 몽골의 쿠빌라이 칸이 일본 정벌을 위해 투입했으나 끔찍한 폭풍을 만나 흩어진 민족에 뿌리를 두는 듯하다. 그들 중 일부가 아메리카 대륙의 해안에 좌초해 두 대제국을 이루었다고 생각할 수 있다".[203] 이 같은 추론이 신대륙 쪽에서 나온 주제에 대한 훔볼트의 관심을 일으킬 수 있었을까? 쿡과 마찬가지로 포르스터 부자는 신대륙의 정착이 계획되지 않은 우연적 항해의 결과였을 것이라는 점을 이따금씩 암시한다.[204]

요한 라인홀트 포르스터는 열대 섬의 환경에 큰 감명을 받았으며, 따라서 당연히 섬 지역 환경에 대한 그의 지식은 구대륙 및 신대륙의 습윤 열대 지역에 대한 지식보다 훨씬 깊었다. 열대는 인간의 기원지다. 그곳의 기후는 식물의 빠른 생장을 촉진하고 동물의 성장 속도 또한 가속화시켜 음식, 의복, 은신처를 마련하기 용이하게 한다. 열대기원설은 인간이 본래 벌거벗은 채로 다녔다는 사실 또한 설명할 수 있다. 이 지점에서 포르스터는 매서운 추위 속에서 페체리아인이 거의 나체로 살았다는 사실에 영향을 받았다. 남태평양 섬의 거주자는 거주지가 극지방으로부터 멀리 떨어져 있을수록 진보했다. 양극 주위의 극단적인 한대 지역에 거주하는

203) *Obs.*, p. 314; 인용문은 p. 316.

204) 우연적인 항해와 Cook에 대해서는 Sharp, *Ancient Voyagers in the Pacific*, 그리고 대립하는 견해에 대해서는 Suggs, *The Island Civilizations of Polynesia*, pp. 82~84, 그에 대한 Sharp의 반박은 *Ancient Voyagers in the Pacific*을 참조하라.

민족은 "열대지방의 민족이 어느 정도는 향유하는 본원적 행복에서 퇴보한 상태에 있다". 205)

적절한 예가 워터맨 섬(Waterman Island)에서 그가 보았던 페체리아인이다. 그들보다 더 불쌍한 사람은 어디에서도 찾을 수 없을 것이라고 포르스터는 생각한다. 그들의 생활은 너무나 비참하고 절망적이어서 자신들의 불행을 인식할 수조차 없다. 그들은 아마도 보다 문명화된 지역에서 기원했겠지만 새로운 환경으로 내몰렸을 때 그들의 문화를 거의 혹은 전혀 유지하지 못한 채로 이주했다. 그는 토착 민족을 무차별적으로 낭만시하는 관점의 어리석음을 보여주는 가장 좋은 사례로 이것을 든다.

인간은 극지방을 향해 갈수록 훨씬 더 흩어져 산다. 따라서 문명과 접촉이 없는 원시민족은 열대로부터 거리가 멀어짐에 따라 문명의 수준이 낮아진다. 이러한 퇴보의 원인은 환경적이고 문화적인 것인데, 구체적으로 말하면 추운 기후의 영향 그리고 문화적 다양성과 풍요의 본원적 중심으로부터의 고립이다. 206)

포르스터는 타히티를 "열대 섬의 여왕"으로 간주한다. 기후는 확실히 거주자들의 행복에 공헌하며 행복의 주요 원천일 수도 있다. 그러나 동일한 기후의 서쪽 섬에 사는 열등한 민족은 "이 주목할 만한 여건에 다른 어떤 원인이 있음"을 알려준다. 본질적으로 그 원인이란 전통 혹은 인류의 누적적 경험이다. "과학, 예술, 제조, 사회적 삶 심지어 도덕성과도 관련 있는 인류의 모든 사고와 진보는 **인류가 존재한 이래로 기울인 노력의 총합**으로 간주되어야만 한다". 207)

이러한 사고는 흥미로운 추론적 인류 역사에서 보다 정교화되는데, 다시 한 번 열대의 고향을 가정한다. 인류 최초의 종족은 지식을 쌓고 확산하는 과정에서 의심의 여지없이 서로 계속해 접촉했다. 이윽고 칼데아와

205) *Obs.*, p. 287.

206) *Ibid.*, pp. 293, 295~300.

207) *Ibid.*, p. 295; 강조(고딕체)는 원문에 따름.

이집트로부터 "두 개의 주목할 만한 체계"가 분기되었는데, 그중 하나는 인도와 중국, "그리고 극동 지방"으로, 나머지 하나는 서쪽과 북쪽을 향했다. "그러나 아프리카 서부 내륙과 아메리카 대륙에서는 그러한 고대 체계의 흔적이 거의 혹은 전혀 발견되지 않았다". 성공적인 종족이나 민족은 그들의 고대 체계를 보존하고 수정하여 "특수한 상황, 기후 그리고 기타 상황에 적용시키거나, 그러한 최초의 기반 위에 새로운 생각과 원칙을 일으켜 세웠다 …". 이런 점에서 전통의 보존과 수정, 그리고 전통과 양립할 수 있는 새로운 생각의 추가는 한 민족의 진보에 핵심이었다. 이에 실패한 종족과 민족은 전통을 잊거나 잃어버렸다. "그들은 상황, 기후, 기타 환경으로 인해 전통이 가진 결점을 그것과 같은 기반 위에서 수립된 새로운 원칙과 사고로 보강하지 않은 채 전통을 등한시하거나 저버렸던 것이다 …".[208]

이와 같은 방식으로 열대 지방의 민족과 상대적으로 극지방 쪽에 가까이 있는 민족 사이에 현저한 차이가 발생한다. 서로 죽고 죽이는 싸움을 하면서 열대 지방에 있던 일부 국가가 추운 지방으로 밀려갔을 수도 있으며 이주자는 "태양에서 멀리 떨어진 기후에서는 식생이 무성하지도 않고 빨리 생장하거나 풍부하지 않기 때문에" 그들의 필요에 의해 대지를 경작해야만 한다. 이러한 환경의 변화에도 불구하고 그들은 새로운 나라를 만드는 데 성공하지만 그 과정이 반복되면서 추가적 분열이 발생하며, 다시 그 일부가 더욱 먼 극지로 내몰린다. 새로운 일과 고난이 그들의 생활양식, 습관과 언어를 변화시키므로 "그들의 본성과 사고는 상당히 변화되고 이전의 상황에서 그들이 이루었던 개선점은 방기되어 사라진다고까지 말할 수도 있다 …".[209]

그들은 이제 기예를 잃어버린 퇴보한 민족, 모 문화(*mother culture*)의 잃어버린 후예가 되었다. 서로 멀리 떨어진 작은 부족으로 이루어져 생

208) *Ibid.*, p. 296.

209) *Ibid.*, pp. 297~298.

존하기 위해 수렵·어로에 종사해야만 하므로 열대 고향에서의 특징이었던 사회적 접촉을 상실한다. 그들은 (자연계) 원소의 지배를 받아 그들의 열악한 처지와 〔열대의〕 원형은 매우 극명한 대조를 보인다.

온화한 기후는 "인간의 태도(*manners*)를 순화하는 데 크게 공헌한다". 극지방의 극단적 기후는 "우리 신체의 섬유 조직과 전체 골격을 보다 거칠고 경직되고 무감각하게 만든다". 이 영향은 의심의 여지없이 정신과 마음에 작용해 모든 사회적 감각을 거의 완전히 파괴시킨다. 그러나 두 번째로 중요한 원인이 있다. "교육의 필요성이 그것인데 우리의 신체적·정신적·도덕적 재능을 향상시키는 데 도움이 되는 가장 유용한 개념을 교육함으로써 그러한 개념을 확산하고 영속화하며, 종국에는 새로운 사고를 만든다".[210] 기후, 문화 전통과 사람들이 잊어버린 기예, 분열과 덜 쾌적한 기후로의 이주, 사회적 교류에서 발생하는 새로운 사고 혹은 고립에 의한 정체와 새로운 사고의 결핍을 중시하는 이러한 문명 철학이 타히티의 민족과 티에라 델 푸에고의 민족 간의 극명한 차이로부터 영감을 받은 것이라고 말한다면 너무 과한 것일까?

요한 라인홀트 포르스터가 논의한 많은 주제는 이전에 게오르크 포르스터가 《세계일주》에서 다루었던 것이다. 게오르크 포르스터는 어렸으므로 언어는 그의 것이었겠지만 과학적·철학적 생각은 의문의 여지없이 아버지의 것이었다. 이 저작 때문에 게오르크 포르스터는 자기 머리에서 나오지 않은 내용을 자신의 이름으로 발표했다는 비판을 받는 곤욕을 치렀다.[211] 몽테스키외처럼 게오르크 포르스터는 기후와 통치 체계가 상호 연관되었다고 믿는다. 포르스터는 마데이라 제도(Madeira)**의 섬을 다채롭게 묘사하면서, 만약 법으로 시정하지 않는다면 이 섬의 온화한 기후는 사람들을 게으르게 만들 것이라고 언급한다. 하지만 〔이 땅을 차

210) *Ibid.*, pp. 300~301.

211) *Allgemeine Deutsche Biographies* Vol. 7, pp. 173~174에서 게오르크 포르스터에 대한 Alfred Dove의 논문을 보라.

지한〕 포르투갈 정부는 이에 실패한다. 그는 또한 카보베르데 제도(Cape Verde: 북대서양에 위치한 군도_옮긴이)의 세인트자고 섬(St. Jago)에 대한 포르투갈의 통치에 대해서도 비판적인데, 이는 기후가 이미 그 민족의 악덕을 부추겼음을 보여주는 사례이다. 자유롭고 평등한 정부를 통한 진보는 기후가 키우거나 억제하는 문화적 속성에 대한 지식과 관련된다. 포르투갈보다 더욱 계몽적인 정부는 이 섬에서 많은 것을 성취할 수 있었을 것이다.[212]

게오르크 포르스터는 문화적 차이에 민감하다. 또한 그는 민족 간의 명백한 유사성이 광범위하게 분포한다는 것에, 그리고 인류의 "자의적인 변덕스러움", 특히 성적인 관습과 관련된 변덕스러움에 민감하다.[213] 이 두 사람은 당대의 문화를 서로 비교하거나 당대와 과거의 문화를 비교하는 데 흥미를 가졌다. 그러나 게오르크 포르스터는 타히티인과 그리스인을 비교할 때, 즉 호메로스의 영웅과 타히티의 추장을 비교할 때[214] 확산과 접촉의 사고가 너무 무비판적으로 받아들여질 수도 있다는 점을 알고 있다. 인간은 "유사한 문명 상태에서, 설령 지구의 반대쪽 극단에 있더라도, 우리가 생각하는 것보다 더 많이 서로 닮는다. 이러한 언급이 불행하게도 상당한 학식이 있는 설계자를 잘못된 단서로 이끈다면 나는 〔그리스인과 타히티인에 대한〕 내 언급에 대해 유감스러워해야 할 것이다. 민족의 계통을 찾아내려는 갈망이 최근에 — 이집트인과 중국인을 묶어서 보려는 노력에서처럼 — 역사적 파국을 초래했기 때문에, 식자들은 그러한 욕망이 결코 전염병이 되지 않기를 진심으로 바라야만 한다".[215]

문화에 대한 그의 관심의 또 다른 측면은 타히티와 잉글랜드의 보통 남자의 삶을 비교하는 데서 드러난다. 이러한 비교는 배가 타히티를 떠날

---

212) *VRW*, Vol. I, pp. 34~38.
213) *Ibid.*, pp. 457~458.
214) *Ibid.*, Vol. 2, pp. 104~107.
215) *Ibid.*, pp. 106~107.

때 배에서 탈출한 한 선원의 사례를 통해 이루어졌다(그는 이후에 붙잡혀 2주 동안 수감되었다). 여기서 인용하기에 아주 긴 이 단락은 잉글랜드의 보통 사람들이 겪는 궁핍과 고난을 사실적으로 묘사하면서 타히티에서의 생활이 잉글랜드로 돌아가서 또다시 배를 타거나 혹은 전쟁에 징집되거나 고난의 삶을 강요받을 수도 있는 그 선원에게 얼마나 더 평안할 수 있는가를 보여준다. 그는 앞서 "모든 것이 좋다" 식의 사실주의와는 대조적으로 서로 다른 나라는 서로 다른 행복의 개념을 가졌다고 설득력 없는 결론을 내린다. "지구의 산물과 명백하게 좋은 특질은 각 지역에 풍부하거나 혹은 부족하게 분포하기 때문에 인간 견해의 다양성은 이 세계를 계획하는 데 온정주의적 사랑과 신뢰할 수 있는 지혜가 인류의 복리를 위해 준비된 것이며, 이는 열대지방이든 한대지방이든 마찬가지라는 사실을 확증해 준다".[216]

우리는 아버지 포르스터가 인류의 단일성을 믿었다는 사실을 보았다. 하지만 그의 아들은 인류의 단일성이나 기후가 인종적 차이를 만든다는 뷔퐁의 이론에 대한 확신이 없었다. 인종에 대한 1786년 에세이에서 그제야 독립적인 성숙한 학자가 된 아들 포르스터는 칸트의 인종 이론을 쟁점으로 다루면서 인류의 단일성에 대한 그의 믿음을 제시한다. 포르스터가 이해한 바와 같이 매우 유사한 환경 속에 살아가는 폴리네시아인과 멜라네시아인 간의 대조적 차이는 여전히 해결하기 어려운 점이었다. 멜라네시아인이 설명 대상에서 빠진다면, 즉 그들이 남태평양에서 완전히 벗어난다면 많은 가설에 유리해질 것이다.

그러나 그들은 그곳에 있다.[217] 포르스터는 인류의 복수기원지설(*multiple origin*)을 정립하려 하지는 않았다. 그는 단지 그 질문이 난점들로 포위되었으므로, 인류의 복수기원지설이 인류가 남녀 한 쌍으로부터

---

216) *Ibid.*, pp. 112~113.

217) "Etwas über die Menschenracen", *SS*, Vol. 4, p. 285.

번성했다는 이론만큼은 일리가 있다고 생각했다. 예컨대 유명한 동물학자인 짐머만(Zimmerman)은 동식물이 한 장소에서 기원해 세계 전체로 확산되었다는 주장은 거의 가능성이 없다고 말했다. 그렇다면 모든 지역이 그 자신의 환경에 적응한 피조물을 만들 수는 없었을까? 이러한 이유에서 인류가 복수의 기원지에서 생겨날 수는 없었을까?[218)]

포르스터 부자는 아주 좋은 기회를 가졌던 비범한 이들이었다. 그들은 기회를 인식했고, 또한 문명의 역사와 문명 철학에도 민감했다. 그들은 새로운 출발점의 이점을 누렸던 것이다. 그들은 쿡 선장의 항해에 함께했던 모든 이들과 같이 과학적 임무를 띤 여행을 했으며, 훔볼트, 다윈 그리고 "도전자들"의 19세기 과학여행에서 선구자적 역할을 했다. 그들의 원천은 그들 자신이었다.

문명과 야만적 삶에 대한 그들의 이론은 적어도 부분적으로는 개인적 관찰에서 도출되었다. 이것은 다른 철학적 사상가에 비할 때 엄청난 이점이었다. 몽테스키외, 뷔퐁, 헤르더, 로버트슨과 같은 사상가들은 모두 다른 이들의 관찰과 판단에 의지했기 때문이다. 쿡의 일기가 그러하듯 그들의 저작은 여전히 참신함, 아름다움, 세부사항에 대한 신뢰성과 진실성의 감동을 전한다.

13. 결 론

앞서 살펴본 것처럼 기후적 인과성은 18세기 이전에도 많이 다루어졌지만 18세기에서처럼 독립적 주제로 취급되지는 않았다. 더욱이 기후적 인과성은 이전에는 덜 포괄적인 의미로 사용되었으며 종교나 점성학 혹은 그 양자 모두에 보조적 역할을 하는 경우가 많았다. 반면 19세기에는

---

218) *Ibid.*, pp. 301~303.

기후적 인과성과 관련된 새로운 지식이 불어난 물줄기처럼 넘쳐흘렀으며, 18세기 때보다 더욱 신중하게 연구해야 할 다른 지리학 분야가 나타났다. 대륙의 배치, 장소와 위치의 영향, 고도의 영향, 항로, 교통로, 이주 경로의 영향이 그에 해당한다. 라마르크와 다윈의 진화론에서 표현된 적응의 사고는 기후에 대한 적응이 아니라 자연환경 전체에 대한 적응을 의미했다. 그리고 19세기 후반에는 환경결정론이 아닌 인종주의적 결정론이 추악하고 교조적인 활력과 함께 불길하게 나타났다.

따라서 우리는 18세기에 기후 이론이 세속화되었다고 올바르게 말할 수 있다. 역설적이지만 기후 이론이 번성했던 이유 중 하나는 기후에 대해 그리고 대기의 일반적 순환, 기후 구분, 멀리 떨어진 나라 간의 기후 차이에 대해 알려진 것이 너무나 적었기 때문이었다. 무지가 더 폭넓은 일반화를 가능케 했다. 중국인 혹은 페르시아인이 동일한 기후 조건에 있다고 가정하는 것은 얼마나 문제를 단순화하는가! 보다 상세한 정보가 있었더라면 일반화는 불가능했을 것이다. 또한 엄밀한 관찰을 수행한 여행자도 거의 없었다.

이러한 발전은 별개로 이루어진 것이 아니라 다른 것들과 얽혀 있었다. 17세기 후반과 18세기 초반에 미약하고 불완전하며, 종종 하찮은 수준에 머물렀던 원시민족들에 대한 비교민족학은 18세기가 끝나갈 무렵 쿡과 포르스터 부자에 의해 발전했다. 그와 동시에 진보한 문화권 내의 민족적 특성에 대한 관심도 존재했는데, 17세기에 뚜렷하게 나타났던 것이 사실이다. 하지만 그에 대해 정교하게 표현한 것은 흄이었다. 박물학에 대한 심화된 관심, 즉 모든 생명 및 그 환경과 관련된 연구는 인간과 비인간, 즉 모든 환경을 포괄하는 자연에 대한 거대하고 전체론적인 관점으로 이어진다. 마침내 몇몇 사상가들은 유럽인의 발명, 교역, 욕망, 지식에 대한 갈망으로 인해 세계가 보다 가까워짐을 이해하기 시작한다. 또한 지리적 관계의 가변성, 즉 기예, 과학, 발견에서의 진보에 상응하여 시대에 따라 지리적 관계가 변화할 수도 있다는 점 역시 이해되기 시작했다. 쿡의 항해가 극적인 사례이기는 하지만 중국의 역사, 지리, 문화에 대한 듀알드 신부의 저작 같은 다른 유형의 사례도 많다.

18세기에 기후는 근본적 질문에 깊이 연루되었다. 아버스노트와 팔코너의 저작에서 명확히 볼 수 있듯이 기후·건강·의학의 역사적 연계가 18세기에 심화되었다. 기후, 건강, 의학의 삼각 축은 기후의 신체적·도덕적인 영향에 대한 추론을 불러일으켰다. 그러한 상호 관계는 인간의 진취성이 환경 조건을 개선할 수 있다는 점을 시사했다. 오늘날 문화인류학, 지리학, 공중보건 분야가 공통적으로 관심을 가진 영역은 이와 같은 역사적 연계에서 그 기원을 찾을 수 있으며, 실제로 이는 무척이나 오래된 것이다. 환경과 질병 간의 경험적 상관관계에 대한 관찰은 배수와 토지 개간을 불러왔다. 유럽의 의사들은 그 같은 제안을 자주 표명했다. 앞으로 우리가 살펴보게 되듯이 이는 초기 미국 내과의들의 특징이기도 하다. 히포크라테스적 영감이 여전히 남아 있기는 하지만 지식 역시 증가했고 직관은 심화되었다.

종교개혁과 함께 기후와 종교의 관계는 매우 중요해졌다. 논쟁, 분파주의, 종교전쟁의 전철을 따르는 개신교 내부의 분화와 모든 종교에 대한 비판은 상대주의로 이어지는 기후적 인과관계론에 좋은 기회가 되었다. 분파주의는 물론이고 계시종교조차도 세속적이고 인간적인 방식으로 설명될지도 모른다는 것이다. 기후와 정치이론 및 사회이론 간의 오랜 연계는 플라톤이 《법률》에서 제시한 전범에 충실한 상태로 존속했지만 사람들이 문화적 관성, 전파, 독자적 발명에 관심을 가짐에 따라 그 지평이 확대된다.

기후 이론의 단순성과 감질 나는 교조주의가 사회적 인과관계와 역사를 보다 철저히 연구하도록 자극을 주었다는 것은 결코 기후 이론의 영향이 아니다. 《법의 정신》에서 몽테스키외는 그의 시대가 자연적 원인을 무시한다고 생각했기에 자연적 원인에게 합당한 몫을 돌려주고자 했다. 이에 흄, 볼테르, 엘베시우스같이 몽테스키외에게 동의하지 않았던 이들은 도덕적 원인이 결정적인 것이라고 응답했다. 기후 이론의 아킬레스건이 흥미로운 가능성을 열어젖혔던 것이다.

즉, 같은 민족의 서로 다른 시대를 비교하면 안 될 까닭이 무엇인가? 그런 비교가 이루어지자 유사한 환경에 사는 민족이 용맹하거나 유약하고, 창조적이거나 나태하다는 사실이 밝혀졌다. 또한 기후 이론은 고대 세계에서 이미 인식된 사실인 재능의 불균등한 분포와 시대에 따라 천재들이 무리 지어 나타나는 현상에 대한 탐구를 자극했는데, 뒤 보가 대표적이다. 역사적 연구가 자연적 원인에서 유도된 일반화에 대한 직접적인 도전이 될 것이다.

제13장

환경, 인구 그리고 인간이 완전함에 도달할 가능성

1. 서론

18세기에는 환경의 영향에 관한 오래된 정설적인 이론과는 또 다른 사고가 관심을 불러일으켰다. 즉, 지구 자체가 인구 성장과 인간 복지를 제한하며, 이에 따라 인간의 포부와 업적의 한계를 설정한다는 사고이다. 이 사고는 닫힌 공간(*closed space*)에 관한 사고라 할 수 있으며, 제 2차 세계대전이 끝난 후 많이 논의된 주제다. 그 주장에 따르면 발견의 시대 이후 열린 광대한 새로운 대지 중 가장 좋은 부분이 이미 점유되었으므로, 인간은 사회제도 및 응용과학 등을 통한 개량 능력의 신장에도 불구하고 자연환경의 제약에 또 다시 봉착한다는 것이다.

이러한 사고의 뿌리가 무엇일까? 답하기 어렵지만 내 생각으로는 충만의 원리에까지 소급될 수 있을 것 같다.[1] 우리가 앞서 살펴 본 대로 이 원리는 존재의 풍족함, 충만함, 다양함, 그리고 그에 따라 간접적으로 자연의 다산성을 강조했다. 기본적으로 이 원리는 다음과 같은 관찰보다 더 복잡한 근원을 갖지 않을 수도 있다.

개간된 필지를 정성껏 돌보지 않을 경우 곧바로 새롭고 원기 왕성한 식물 생명체가 자라날 것이다. 토끼 같은 몇몇 동물과 곤충은 엄청난 재생산력을 가진다. 자연에는 빈 공간이 거의 없으며 만약 있을 경우에는 곧 채워진다. 린네는 세 마리의 파리가 말 한 마리의 시체를 먹어치우는 속도가 사자만큼이나 빠를 것이라고 진술했다.[2] 생명체는 한계까지 증식하는 능력을 가지기 때문에, 개별 유기체의 증식은 다른 유기체와의 경쟁이나 자연환경에 의하지 않고는 억제되지 않는다. 이러한 일반적 사고 역시 동물에 의한 식물의 소비, 동물 세계에서의 포식자와 피식자, 맹렬한 폭풍이나 여타의 자연재해로 인한 이 동식물 세계의 파괴 등에 관한 공통된 관찰에서 기원했을 수 있다.

서구 문명의 살아 있는 자연에 관한 사상사에서 독특한 특성 가운데 하나는 다산성에 대한 강조, 즉 개체 및 집단 양자 모두의 확장과 증식에 대한 생명체의 잠재력을 강조한 점이다. 뷔퐁은 생명체의 이러한 특성에 관해 자주 언급했다. 자연은 죽음보다는 삶에 더 크게 편향된다. 생명체의 출산력이 이러하므로 지구 전체는 쉽게 단일 종으로 뒤덮일 수 있으며, 만약 유기체화될 수 없는 물질이 이러한 자연의 진행을 방해하지 않는다면 자연의 유기체 생산에 제약이 없으리라는 것이다.[3]

프랭클린(Benjamin Franklin)*은 동식물의 재생산력이 이와 같으므로 만약 지표면에 다른 식물이 없다면 회향 같은 단일 종이 쉽게 지표면을

---

1) 이 책 1권 56~57쪽 및 Lovejoy, *The Great Chain of Being*, p. 52 참조.

2) J. Arthur Thomson, *The System of Animate Nature*, Vol. 1, pp. 53~54에서 인용함. 나는 이 진술을 린네의 저술들에서는 찾을 수 없었다.

3) Count Buffon, "De la reproduction en général", being chap. 2 of the "Histoire Générale des Animaux", in *HN*, Vol. 2(1749), pp. 33~41 참조.

'뒤덮을' 수 있거나 또는 지표면에 다른 거주자가 없다면 수 세대 내에 영국인 같은 하나의 민족이 쉽게 지표면을 채울 수 있을 것이라고 말했다.[4] 그리고 맬서스는 비판가들의 분노와 조롱을 자아냈던 극적인 예를 들었는데, 인구 성장이 저지되지 않을 경우 "매 제곱야드 당 네 명이나 되는 사람이" 지구를 뒤덮을 뿐 아니라 태양계의 행성과 눈에 보이는 별을 도는 행성 모두를 뒤덮을 것이라 말했다.[5] 다윈은 다산성에 열정적인 찬사를 보낸 맬서스를 따라 "알려진 동물 가운데 가장 번식이 느린 동물"인 코끼리조차 번식이 저지되지 않을 경우 수천 년 내에 세계를 가득 채울 것이라고 말했다.[6] 이와 같이 명백하게 터무니없는 과장(어떻게 단 하나의 종이 다른 모든 종을 배제한 상태로 존재하면서 지구를 뒤덮을 수 있을까? 코끼리가 다른 코끼리를 먹는 것 외에 무엇을 먹을 수 있겠는가?)은 분명 두 가지 일반적 관찰, 즉 개체 수를 증가시키는 종의 비범한 능력에 대한 관찰, 그리고 실제로는 그런 일이 일어나지 않는다는 사실에 관한 관찰을 극적으로 보이려는 의도였다. 물리적 장애물 또는 다른 형태의 생명체 같은 장애물로 인해 어떤 단일 종도 그 잠재력을 실현시키지 못한다.

환경이 생명체의 확장에 한계를 설정한다는 사고는 발견의 시대 이후 나타난 것으로 보인다.[7] 앞서 살펴본 대로 보테로는 인간의 생식 능력과

---

4) "Observations concerning the Increase of Mankind and the Peopling of Countries",〔1751〕, in *The Writings of Benjamin Franklin*, ed., Smyth, Vol. 3, pp. 63~73, par. 22, p. 71.

5) *Principles of Political Economy*, pp. 227~228.

6) *The Descent of Man*, Modern Library ed., chap. 2, p. 430 참조;《종의 기원》(*Origin of Species*) 제 2장 '기하학적 증가율', *ibid*, pp. 53~54에서처럼 '증가율'에 관한 논의는 거의 전적으로 맬서스에 기초한다.

7) 다음은 어떠한 의미에서도 인구이론의 요약은 아니다. 이에 관하여 Bonar, *Theories of Population from Raleigh to Arthur Young*; Fage, "La Révolution Française et la Population", *Population*, 8(1953), pp. 311~338; Mombert, *Bevölkerungslehre*; Spengler, *French Predeçessors of Malthus*; and Stangeland, "Pre-Malthusian Doctrines of Population: a Study in the History of Economic Theory", in *Columbia University Studies in History*,

도시의 영양 제공 능력을 비교했다(3권 39~40쪽 참조). 구약성경의 역사에 영감을 받아 인류의 증가와 확산에 관해 설명하고 설계의 증거로 열대에서 열대로의 '태양의 여행'을 이해하고자 했던 랄리(Walter Raleigh) 경*은 다음과 같이 관찰했다.

> 이제 세계의 시대(*Age of the World*)에서 우리 삶의 날짜를 헤아려 보자. 〔인간 수명이 8~9백 년이던 첫 번째 시기와 비교하면〕 지금은 한 사람이 50년 이상 산다고 할 때, 한 사람당 10배 이상의 수명이 그동안 줄어든 것이다. 하지만 우리는 인구가 부족하다고 느끼지 못한다. 아니, 오히려 우리는 사람들이 너무 많아서 전쟁이나 역병에 의해 때로 수천 명씩 죽는 일이 발생하지 않는다면, 인간의 모든 노력에도 불구하고 지구가 사람들에게 식량을 제공할 수 없음을 안다. 그렇다면 앞에서 언급한 바와 같이 8~9백 년을 살았던 첫 번째 시대 그 수많은 인간들의 존재는 얼마나 기이한 일인가?[8)]

헤일 경 역시 많은 종류의 생명체의 증식을 억제하는 요소에 관한 엄청난 목록을 만들었다(3권 89~92쪽 참조). 이 진술이나 이와 유사한 진술에서 언급된 억제 요소의 지위는 창조주의 설계에 필수적 부분으로까지 격상된다. 따라서 생명체의 다산성이 전쟁, 역병, 비위생적 환경에 의한 절멸을 극복한 것이 분명했다. 그렇지 않았다면 인류는 멸종했을 것이다. 자연은 창조한 모든 생명체를 위한 식량을 충분히 생산할 수 없었기에, 개체 수 증가를 억제하는 요소는 자연 질서의 일부였다. 모든 형태의 생명체가 굶주리고, 불행을 겪고, 잡아먹히는 것이 이를 증명한다.

Economics, and Public Law, Vol. 21, No. 3, 1904 등 참조.

8) *The History of the World*, Bk. I, chap. 8, sec. 11, 5, pp. 158~159.

2. 고대 국가와 근대 국가의 인구 규모에 관하여

자연의 노쇠와 고대인과 근대인의 상대적 우월성에 관한 보다 광범위한 논쟁의 일부였던 고대 세계와 근대 세계의 인구 규모 논쟁은 인구의 역사에 관한 증거를 비판적으로 고찰할 필요가 있음을 보여주었다. 만약 실제로 자연의 노쇠가 존재한다면 지구가 노쇠함에 따라 인구가 감소할 것을 예측할 수 있으며, 만약 고대 문명이 근대 문명보다 우월하다면 보다 좋은 삶의 조건, 보다 높은 윤리 수준, 보다 진보한 문화적 과업을 수행할 더 많은 사람이 고대에 존재했으리라고 예측할 수 있다.[9)]

이 논쟁은 보시우스(Isaac Vossius)*가 중국의 대도시에 관해 논의하면서 세계 인구를 약 5억 명 — 아시아 3억 명, 유럽 3천만 명 그리고 나머지 분포에 대해 언급이 없는 1억 7천만 명 — 으로 추정했던 1685년까지 거슬러 올라간다.

1648년 베스트팔렌 조약에 의해 종결된 30년 전쟁이 야기한 황폐화와 끔찍한 생명 손실을 생생히 기억한 보시우스는 1672년 무렵 세계 인구를 10억 명으로 추정한 예수회 소속 천문학자인 리치오리(Giovanni Battista Riccioli)*의 앞선 견해에 반대했다. 리치오리는 세계 인구를 유럽 1억 명, 아시아 5억 명, 아프리카 1억 명, 신대륙 2억 명, 그리고 쿡이 두 번째 항해에서 그 존재를 부정하기 전까지는 세계 인구의 추정에서 배제되지 않았던 남방 대륙(Terra Australis) 1억 명으로 추정하였다.[10)] 이러한

---

9) 이 논쟁에 관해 Bonar, *op. cit.*, 제 6장 참조.

10) 17세기부터 19세기 사이 출처가 있는 세계 인구 추정치에 관한 관례적 통계에 대해서는 Behm and Wagner, "Die Bevölkerungder Erde, II", *Petermanns Mitteilungen Ergänzungsband* 8, No. 35(1873~74), pp. 4~5 참조. 나는 이 저작의 참고문헌들에 의존했다. Riccioli, *Geographiae et hydrographiae reformatae libri XII*(Venetiis, 1672), pp. 677~681. 나는 이 저작을 이용할 수 없었고, 논의는 이 추정이 1660년부터 이루어졌을 것으로 생각한 Behm and Wagner(p. 4)에 기초했다.

사례는 추정 가능한 극한치를 보여주며 유럽적 경험에 따른 가정에 전적으로 기초한다는 점에서 가치를 지닌다.

보시우스는 '이전에는 시칠리아에만 지금의 시칠리아와 이탈리아를 합한 것보다 더 많은 사람이 있었고, 과거에는 아테네에만 지금의 그리스와 펠로폰네소스를 합한 것보다 더 많은 사람이 있었다'는 것을 누가 알겠느냐고 묻는다. 유럽의 총 인구가 3천만 명이라는 보시우스의 추정은 사실 암울한 것이었다. 왜냐하면 그는 과거 로마제국만으로도 인구가 1천 4백만 명이었다고 추정했기 때문이다. 따라서 그가 당대 유럽의 인구를 그렇게 낮게 추정한 것은 30년 전쟁으로 인한 사망과 파괴에 지나치게 깊은 인상을 받은 탓이라고 할 수 있다.[11] 몽테스키외는 오래된 추정치(특히 보시우스의 추정치)를 발굴하여 이를 《페르시아인의 편지》의 주인공 중 한 명인 레디를 통해 알렸다. 레디는 1718년 파리에 있는 우스벡에게 보낸 편지에서 다음과 같이 묻는다. "세계의 인구가 과거에 비해 어떻게 이렇게 적어진 것일까? 자연은 어떻게 원시시대의 그 놀라운 생산력을 잃어버렸을까? 자연은 이미 노쇠한 연령에 도달했고 앞으로 노망에 빠져드는 것인가?"

이탈리아에서 레디는 사람보다 유적들이 더 많은 것을 보면서 지금은 구성원의 수가 너무 적어 고대 도시가 있었던 지역조차 점유하지 못함을 지적했다. 사람들은 "오직 한때 역사에 존재했던 것으로 언급되는 도시의 위치를 표시하기 위해서만 계속해 존재하는 것"처럼 보였다. 레디는 로마, 시칠리아, 그리스, 에스파냐, 북부 국가, 폴란드, 유럽 쪽 터키, 프랑스, 심지어 아메리카, 지중해의 아프리카 및 아시아 연안에서 인구 감소의 증거를 발견했다. "요컨대, 지구 전체를 살펴보면 남은 것만을 발견하게 된다. 나는 인구 감소의 이유로 페스트와 기근이 가져온 참혹한 피해를 들 수 있다고 생각한다". 그는 고대 세계의 인구가 근대 세계의 인구

11) *Isaaci Vossii Variarum Observationum Liber*, pp. 64~68.

보다 10배 정도 더 많았을 것이라고 생각했다. 베네치아를 관광 중인 이 페르시아인은 인류에 관한 전반적 혹평을 편지에 암울하게 적었다.[12]

사실 몽테스키외의 《페르시아인의 편지》는 18세기의 인본주의와 함께 도덕적 원인과 이것들이 인구에 미치는 효과에 대한 관심을 민감하게 보여준다. 또한 이 편지들은 당대의 종교, 결혼 풍습, 질병, 문화적 태도로부터 유래한 영향을 강조한 것으로도 유명하다. 그는 또한 페스트의 역사와 성병의 영향에 관심을 가지며, 이것을 근대적 현상이라고 믿는다.[13]

로마제국 당시의 세계가 기독교와 이슬람교 영역으로 분리된 것은 커다란 사회적 결과를 초래했다. 일부다처제를 금하고 이혼을 허용했던 로마인의 종교에 비해 이 두 종교는 인구 증식에 훨씬 비우호적이었기 때문이다. 몽테스키외는 일부다처제 금지와 이혼의 허용이 인구 성장을 촉진했다고 생각했다. 스스로를 혹사시키는 운동선수처럼 이슬람교의 일부다처제는 남성의 기력을 소진시킨다. 그러다보니 여러 아내들에게 인위적인 성욕 억제를 강요할 수밖에 없었다. 안전을 위해 거세된 남성과 '슬픈 처녀성'을 가지고 늙어갔던 노예 여성은 말할 것도 없었다. 일부다처제는 남성에게 지나친 성적 긴장을 부과하고, 많은 여성이 임신을 못하게 하며, 성별이 없거나 금욕적인 하인을 요구해 결국 인구 감소를 초래한다.[14]

고대 노예제는 근대 노예제와 같은 잔악성을 띠지는 않았기에 생명에 큰 손실을 부르지는 않았다.[15] 몽테스키외는 냉정할 정도로 공정한 어조로 애정이 상실되고 비참함으로 파괴된 지 오래된 결혼의 지속을 기독교 국가도 강요했다고 비난했다. "혐오, 변덕, 그리고 기질의 반사회성은 아

12) *LP* 112, trans. Loy.
13) *LP* 113.
14) *LP* 114.
15) *LP* 115.

무것도 아닌 것으로 간주되었다. 그들은 가슴 — 말하자면 매우 변덕스럽고 일정하지 않은 인간 본성 — 을 안정된 것으로 만들고자 했다". 장차 영원히 분리될 수 없는 결혼을 지속해야만 하는 부부라면 강제, 불화, 경멸이 생겨날 것이다. "결혼한 지 3년이 채 지나지 않아 결혼의 본질적 기능에 소홀해진다. 그 이후 부부는 서로 무관심한 채로 함께 30년을 보낸다". 그리고 아내에게 거부당한 남성은 매춘부에게 향할 것이다.[16)]

몽테스키외는 기독교 세계 성직자의 독신주의를 신랄하게 비난하며 개신교 국가와의 비교를 통해 가톨릭을 비판한다. 개신교 국가들은 경제 발전을 고무하고 이에 따라 인구 증식을 장려한다. 또한 노예무역, 아프리카의 인구 감소, 신대륙 원주민에 대한 야만적 취급에 관해서도 신랄한 비난이 이어진다.[17)]

한 민족의 출산 능력은 그 민족이 가지는 믿음이나 태도와 관련된다. 유대인은 끊임없이 박해받고 몰살되었지만 강력한 지상의 통치자, 왕이 탄생하리라는 희망으로 존립했다. 우스벡은 고대 페르시아인이 아이를 생산하고, 땅을 갈고, 나무를 가꿈으로써 신을 가장 잘 찬양할 수 있다는 마기(Magi) 종교(조로아스터교에서 유래한 종교로 점성술과도 관련이 있다_옮긴이)의 가르침을 따른 결과 인구 성장을 이루었다고 말한다. 웃어른과 사자(死者), 가족제도를 존중하는 중국인은 가족 수를 늘리는 것을 장려하는 반면 이슬람 국가의 사람들은 "일반적으로 무감각한 상태로" 살면서 "모든 것을 신의 섭리에 맡긴다"고 우스벡은 논의를 이어간다.[18)]

원시사회에서 토지 경작에 대한 혐오가 인구 증식을 저해했던 것처럼 선진 국가가 시행하는 부당한 장자상속권 역시 인구 증식을 저해한다.[19)] 우스벡은 식민지 정책에도 이의를 제기한다. "일반적으로 인구 송출국의

16) *LP* 116, pp. 212~213.

17) *LP* 118, 121.

18) *LP* 119.

19) *LP* 120.

인구만 감소할 뿐 인구 유입국의 인구는 증가하지 않는다".[20] 스위스나 네덜란드 정부처럼 온화한 정부가 인구 성장의 열쇠다. "사람은 식물과 같다. 제대로 경작하지 않으면 결코 잘 성장하지 않는다. 사람들이 빈곤 속에서 살면 인구가 감소하고 심지어 퇴화한다".[21]

《페르시아인의 편지》가 고대 세계의 우월한 인구 규모를 증명하려는 목표를 달성하지 못했을지 몰라도, 최소한 몽테스키외가 인구의 특이성에 얼마나 민감했었는지는 보여준다. 그는 그 이후 《법의 정신》에서 "짐승의 암컷은 거의 일정한 출산력을 가진다. 그러나 인간의 경우 사고방식, 성격, 정열, 기질, 변덕, 아름다움을 간직하려는 생각, 출산의 고통, 지나치게 많은 가족 수의 피곤함 등 수천 가지 서로 다른 이유가 증식을 방해한다"고 적었다.[22] 《법의 정신》에서 몽테스키외는 인구 성장과 토지 이용의 관계, 기예의 발달, 정부 유형 등의 문제를 다루면서 인구 문제에 대한 관심을 이어갔다. 엄격한 정부 아래서 살아가는 근면한 빈민이 대가족을 이룰 것이라는 생각은 잘못이다. 국가 간 인구 차이는 여성 출산력의 차이, 입지, 식습관에 기인한다.[23]

근대의 대규모 국가와 제국은 인구 감소를 유발했다. "큰 공화국이 작은 공화국〔이탈리아, 시칠리아, 소아시아, 갈리아, 독일〕을 삼켜 버렸으며, 지구의 인구는 부지불식간에 줄어들었다". 샤를마뉴 대제의 제국이 "수많은 작은 주권국으로 분할된" 것은 다행스러운 상황이었다. 몽테스키외는 "유럽은 현재 인류 증식에 우호적인 법률을 제정하라고 요구받는 입장에 처한다"고 결론지었다.[24] 그러나 그는 인구 감소로 고통받는 지역이 지구 전체인지, 아니면 유럽에 국한된 것인지에 대해서는 결코 명확히

20) *LP* 121.
21) *LP* 122.
22) *EL*, Bk. 23, Chap. 1.
23) *Ibid.*, Chaps. 10~13, 앞의 132~135쪽 참조.
24) *Ibid.*, Chaps. 16, 19, 24, 26. 인용문은 Chaps. 19. 24, 26

하지 않았다.

몽테스키외는 《팡세》(*Pensées*)에서 지구 자원의 풍부함과 인구의 상대적 희박함을 대비시켰다. 지구는 인간의 근면함에 굴복했다. 프랑스는 5천만 명의 프랑스인을 수용할 수 있지만 현재 거주 인구는 1천 4백만 명에 불과하다. 도시 인근 지역의 다산성은 우리가 다른 지역에 무엇을 기대할 수 있는지를 생각하게 한다. 프랑스에 더 많은 노동자가 존재할수록 바바리(Barbary)**에서 경작하는 사람도 그만큼 늘어날 테고, 한 사람의 경작자는 열 명의 노동자를 먹여 살릴 것이다.[25]

기후에 관한 의견과 마찬가지로 인구 감소에 관한 몽테스키외의 의견 역시 혹독하지만 정당한 비판을 받았다. 왜냐하면 도덕적·자연적 원인이 몽테스키외가 주장한 결과를 불러올 수 있다고 가정하기에는 증거가 부족했기 때문이다.[26] 최고의 비판을 한 것은 흄이었다. 그는 "매우 위대한 천재성과 분별력을 지닌 저자", 즉 몽테스키외의 주장을 검토하기 위하여 우선 "보시우스의 터무니없는 생각"부터 간단히 다뤘다. 인간의 신체적·정신적 재능은 어느 시대든 대체로 동일했다. 흄은 생물학적 유비를 활용하지 않았을 뿐 아니라 비록 고대 세계에 인구가 더 많았다 할지라도 이러한 우월성이 "그 세계에 있었으리라고 추측되는 상상적 젊음과 활력" 덕택이라는 점을 인정하지도 않았다. "이러한 일반적인 자연적 원인은 이 문제에서 완전히 배제되어야만 한다". 이 점은 중요하다. 왜냐하면 개별 유기체와 마찬가지로 자연이 유년기에 더 풍성하다면 오래된 시대일수록 인구가 많았어야 하기 때문이다.

---

25) *Pensées et Fragments Inédits de Montesquieu*, Vol. 1, p. 180.

26) 그 예로 《백과사전》(*Encyclopédie*)에서 인구에 관한 다밀라빌(D'Amilaville)의 논문을 참조하라. 그 논쟁을 잘 요약했다. 또한 《철학사전》(*Philosophical Dictionary*)에 있는 같은 주제에 관한 볼테르(Voltaire)의 글 참조. 그리고 또한 다음을 참조. "Nouvelles Considérations sur l'Histoire", *Oeuvres*, ed. by Beuchot, Vol. 24, p. 27; "Population"(*Dict. Philos.*), Vol. 21, p. 474; "Des Singularités de la Nature", chap. 37, Vol. 44, pp. 310~312.

흄의 에세이는 보편적 적용이 가능해 보이는 영향력 있는 사고들은 사실의 뒷받침 없이도 번성할 수 있음을 상기시킨다. 그는 우리가 어떤 유럽 왕국이나 심지어 어떤 도시의 인구조차 정확히 알지 못한다고 말했다. 그런 우리가 어떻게 고대 도시나 국가의 인구에 대해 아는 체를 할 수 있는가?[27] 흄은 근대 세계의 인구 규모가 훨씬 크다는 주장을 펴면서 그 근거를 대체로 새로운 발명품, 보다 넓은 지리적 기반, 서비스 산업에서 찾는다.

> 최근 우리가 이룩한 모든 향상과 문명화가 인간 생존의 용이성 그리고 그에 따른 인간의 증식과 증가에 아무 역할도 하지 않았다는 것인가? 우리가 가진 우월한 역학 기술, 신대륙의 발견이 가져온 상업의 엄청난 확대, 교역지의 설치, 교환에 이용되는 어음 같은 것은 모두 기예, 산업, 인구 규모 확대에 극히 유용한 것처럼 보인다. 우리가 이것을 제거한다면 모든 사업과 노동을 어떻게 감당할 것이며, 얼마나 많은 가족이 결핍과 기아로 즉각 죽을 지경에 처할 것인가?[28]

과거 시대와 비교해 당대의 인구 감소와 공동화를 안타까워했던 시쿨루스(Diodorus Siculus)*를 인용하면서 흄은 "따라서 가장 인구가 많았던 것으로 표현되는 바로 그 고대에 살았던 저자도 당시에 만연한 황폐화를 불평하면서 그 이전의 시기를 선호했으며, 자신의 의견을 뒷받침하기 위해 고대 우화에 의존했다"고 말한다.[29] 현재를 살아가는 시쿨루스 같은 사람이라면 누구라도 이러한 아픔을 느끼겠지만 이들 가운데 한 사람인 로버트 월리스는 지치지도 않고 고대인의 세계를 지지하기 위해 모든 노력을 다했다.

27) "Of the Populousness of Ancient Nation", in *Essays Moral, Political, and Literary*, Vol. 1, pp. 381~383, 인용문은 p. 382.

28) *Ibid.*, pp. 412~413.

29) *Ibid.*, p. 443. Diodorus, II, 5 참조.

월리스의 첫 번째 저작인 1753년 작 《고대와 현대의 인류 수에 관한 논문》(*A Dissertation on the Numbers of Mankind, in Ancient and Modern Times*)***은 흄의 에세이가 작성되기 이전에 저술되었지만, 흄이 에세이를 출판한 이후에야 출판되었다. 사실 월리스의 논문이 출판되는 데는 흄이 결정적인 역할을 했다. 긴 부록에서 월리스는 흄을 반박하기 위해서 고전 저작들을 샅샅이 뒤졌다. 그는 현재나 어떤 지난 시대의 인구를 확정하는 것은 불가능하다고 인정하면서도 몇 가지 조야한 추정치 — 여기서 이를 일일이 설명할 필요는 없을 것 같다 — 를 이용하여 고대 세계의 인구는 10억 명을 상회했다고 결론지었다. 이러한 수치는 당시 세계 인구에 관한 최대 추정치였다. 하지만 실상 고대 세계의 추정치는 도덕적 · 철학적 편견에 근거를 두었다. 고대 시기는 도덕성 · 정부 · 교육 면에서 근대 시기보다 우월했고, 이러한 조건은 보다 많은 인구의 유지에 유리했다.

월리스는 1761년 작 《인류, 자연, 섭리에 관한 다양한 견해》(*The Various Prospects of Mankind, Nature, and Providence*)에서 제시할 주장을 미리 선보이면서 "만약 인류의 오류와 악덕이 없었더라면, 그리고 정부와 교육의 결함이 없었다면 지구에는 훨씬 더 많은 인구가 있었을 것이며, 아마 오래전 과잉 상태가 되었을 것"이라고 서술했다. 그가 도출한 인구 추정치는 여러 국가와 유럽 주요 도시 대부분의 인구 수치를 포함한 템플만(Thomas Templeman)의 《지구에 관한 새로운 조사》(*New Survey of the Globe*, 1729년경)***에서 나온 것이다. 그러나 그는 "이런 성질의 계산이 지나친 추측이며 상상력의 지배를 받으므로 비난과 반대에 취약하다는 점을 안다"고 썼다. 따라서 그는 중도를 취했다.

그는 런던의 인구가 2백만 명에 달한다는 점에 동의할 수 없었고, 또한 "중국의 몇몇 도시가 6백만 또는 8백만의 인구를 가진다고 표현하는 우스꽝스럽고 낭만적인 계산에 대해서도 공감하지 않았"다. "이러한 과장된 추정치는 분명 터무니없는 것임에도 불구하고, 학식 있는 보시우스조차 고대 로마에 1천 4백만 명의 인구가 있었다는 점을 입증하고자 했을 때, 이와 똑같은 약점과 고지식함에 빠졌던 것이다". 템플만의 《지구에 관한 새로운 조사》가 가지는 가치는 주로 이러한 사람들의 작업을 둘러싼 모호한 불확실성을 드러낸다는 데 있다.[30)]

맬서스와 달리 월리스는 인구 성장의 원인이 역사 전반에 걸쳐 획일적으로 작동하지는 않았다고 믿었다. 토지의 소규모 이용, 소규모 무역과 상업, 삶의 단순성은 근대보다는 고대의 특징이었다. 이러한 특성 역시 인구 증가의 원인이었다. 왜냐하면 근대의 도시는 농촌으로부터 많은 사람을 끌어들여 농업에 종사하는 인구를 감소시켰기 때문이다. 세계에 인구가 가득 차기 위해서는 모든 사람이 직접 식량 생산에 종사해야 한다. 이러한 상황은 근대보다는 고대에 더 잘 들어맞는다. 월리스는 매독과 천연두가 없었다는 사실 또한 고대의 인구 규모가 우월했다는 데 대한 또 다른 좋은 근거라고 생각했다.

그러나 고대 세계라고 할지라도 모든 것이 좋기만 했던 것은 아니다. 알렉산드로스의 정복, 프톨레마이오스 왕조와 로마인의 정책은 고대 생활의 소박한 영광들을 변질시켰고, 이후 근대 시기를 특징짓는 사악한 경향이 나타났기 때문이다. 이들은 동양으로부터 나약함, 사치에 대한 애호, 인간을 허약하게 하는 생활방식과 습관을 서양에 도입하고 말았다. 인류가 소박함을 잃고 사치를 택하면서 인구는 점차 줄었다. "부패한 취향이 세계를 압도했고 그로 인한 황폐화를 결코 바로잡을 수 없었다".[31)]

---

30) *A Dissertation on the Numbers of Mankind*, p. 13; Templeman, *New Survey of the Globe*, p. iii.

31) A *Dissertation*, Appendix, p. 355. 이후에 학자들은 알렉산드로스에 대해 보다 관대했으며, 그에 대해 도덕적 평가를 하려는 경향을 자제했다. 훔볼트는 그의 종군을 과학적 원정으로 간주했다(*Cosmos*, Vol. II, pp. 516~525). 훔볼트 저작에서 다루는 알렉산드로스에 대한 논의와 더불어, W. W. Tarn, "Alexander the Great and the Unity of Mankind", *Proc. of the Br. Academy*, XI(1933),

월리스 같은 고대 예찬론자들은 '자연의 노쇠'라는 사고에 우호적이었고 근대의 도덕적·예술적·문예적 열등성을 의기양양하게 지적했다. 근대인을 선호하는 사람들은 자연 작동의 항상성을 믿었다. 이들은 근대인들의 발명, 기술, 의사소통 능력을 신뢰하였고 사람들이 경작, 개간, 배수 등을 통해 이룬 변화가 지구를 더 좋게 만들었다 생각했다.

몽테스키외와 월리스 이후로는 점점 취약해지는 고대인들의 입지를 보강하려는 이가 전혀 없었다. 다밀라빌(D'Amilaville)은 《백과사전》에서 월리스에 관해 논하지만 — 이 논문은 몽테스키외의 지도하에 프랑스어로 번역되었다 — 월리스에게 아무런 공감도 보이지 않았다. 다밀라빌은 보시우스가 낭트 칙령(*the Edict of Nantes*)****을 철폐할 당시인 1685년 프랑스 인구를 5백만 명으로 추산했다 — 당시 인정된 추정치는 3천만 명이었다 — 고 말한다. 몽테스키외는 일부 인구가 감소한 지역을 선별했으나 인구 감소는 전 세계적 현상은 아니었다. 그러므로 월리스가 주장한 것처럼 도덕적 결함이 근대적 인구 감소의 원인은 아니었다. 왜냐하면 지구상의 모든 인간은 도덕적 결함을 가지기 때문이다. 다밀라빌은 이 주장이 지나치게 지방적이며 지나치게 유럽 중심적이라고 이해했다. 그리고 재미없는 농담을 던졌다. "기독교의 목적은 본래 지상에 인구를 늘리는 것이 아니다. 그 진정한 목적은 천상에 인구를 늘리는 것이다"(*Le Christianisme n'a pas proprement pour objet de peupler la terre; son vrai but est de peupler le ciel*).

근대 시기에는 천연두와 매독이 있지만 고대인들에게는 나병이 있었다. 자신들의 주장을 입증하기 위해 위에 등장한 여러 사람들은 세계 인구의 감소가 보편적으로 작동하는 자연적 원인에 기인함을 보여주어야 했다. 다밀라빌은 인구에 국지적 변동과 편차는 당연히 존재하지만 기본적으로 인구는 자연 체계의 일반 균형의 일부로 비교적 일정한 상태를 유

---

pp. 123~166 참조.

지한다고 생각했다. 이러한 균형을 가정하면서 그는 지구상에 있는 총 인구수는 대체로 동일했으며, 현재도 동일하고 앞으로도 그럴 것이라고 결론지었다.

그러나 1789년경 맬서스는 더 이상은 논쟁의 여지도 없다는 듯이 근면한 사람들이 더 많은 양의 식량을 생산했다는 이유만으로 세계 인구, 특히 유럽의 인구가 더 많아졌다고 주장했다. 지금 우리가 아는 바대로 이 논쟁은 서구 유럽의 인구가 비약적인 증가세를 보이기 시작하던 무렵에 이루어졌는데, 이 시기는 월리스가 고대인들의 우월성을 열심히 증명하던 무렵이기도 했다.[32]

3. 진보 그리고 환경의 한계

고대인과 근대인의 상대적 장점을 둘러싼 논쟁은 지구와 인간의 관계에 관해 세 가지 상이한 해석을 유도했다. ① 환경이 인간의 수와 복지에 한계를 설정한다는 해석으로, 월리스가 그의 두 번째 저작에서 명확히 진술한 것이다. ② 자연환경으로서 지구는 인류가 완전해지는 데 아무런 장애도 설정하지 않는다는 해석으로, 특히 콩도르세뿐만 아니라 고드윈(Godwin)*과도 관련 있는 견해다. ③ 환경적 조건이 개인적 개혁이나 제도적 개혁에 기초한 유토피아적 희망에 대해 극복할 수 없는 장애라는 해석으로 맬서스에 의해 유명해진 교의다. 이제 이 세 가지 관점을 고찰해 보자.

《인류, 자연, 섭리에 관한 다양한 견해》의 첫 부분에서 월리스는 지구상에 유토피아를 이뤄낼 가능성을 심혈을 기울여 분석하지만, 두 번째

32) D'Amillaville, "Population", *Encyclopédie*, Vol. 13, p. 73. Vossius, *op. cit.* (각주 11을 참고하라), p. 66. Malthus, *1798 Essay*, pp. 53~56. 월리스와 흄에 대한 맬서스의 비판에 대해 the 7th ed., Vol. 1, pp. 151~153 참조.

부분에서는 자신의 주장으로 돌아와 지구상의 물리적 조건은 이러한 천년 사회를 허용하지 않을 것이라고 반대하면서 그 가능성을 허물어 버렸다. 월리스는 세계가 오래전에 사람으로 가득 찰 수 있었다고 생각한다. 지구는 실제 증식된 인구수의 10배에게 필요한 식량을 쉽게 생산할 수 있었을 것이다. "지구가 부담할 수 있는 잠재력의 최대치에 달할 정도의 경작이 이루어진 적은 한 번도 없다". 나쁜 취향, 전쟁과 상호 파괴, 지구에 관한 무지로 인해 광범위한 여행과 항해에도 불구하고 지구의 잠재력을 최대한 활용하지 못했다.[33]

평등에 기초한 완전한 정부 아래서 인구는 과거 정부의 가장 행복했던 시절보다 더 빠르게 성장할 수 있다. 서로 얽혀 조화를 이루는 이와 같은 완전한 미래의 정부는 가능하다. 만약 이러한 정부가 실현된다면 이는 신의 의지에 의해 매우 천천히 부지불식간에 이루어질 것이다. 이는 욕정 및 〔인간적〕 약점과도 조화를 이룰 수 있을 것이다. 그러나 우리는 뒤에서 이런 유형의 정부는 인간 조건과는 조응하지 않음을 발견한다. 완전한 정부하에서는 가족을 가지는 데 따르는 어려움이 사라질 것이다. 따라서 전염병에도 불구하고 인구 성장에 대한 많은 지원이 이루어져 인류는 "놀라울 정도로 증가하고 지구는 마침내 인구의 과잉 누적으로 그 거주자들을 지탱할 수 없을 것이다".[34]

그러면 어떤 일이 발생할 것인가? 여성들은 수도원에 감금되고 남성들의 결혼은 금지되어야 하는가? 거세와 유아 유기가 허용되어야 하는가? 법으로 생명을 단축해야 하는가? 이러한 의문에 관해서는 합의를 이룰 수 없을 것이다. 결정은 힘에 의해 내려질 것이고, 전쟁에서의 죽음이 생존자에게 필요한 공간을 제공할 것이다. 완전한 정부는 현재의 악덕보다 더 부자연스러운 공포를 초래할 것이다. "그러나 자연에는 다른 모든 종

---

33) *Various Prospects*, pp. 3, 6, 8, 10. 인용문은 p. 8.

34) *Ibid.*, pp. 46, 47, 70~71, 107, 114~115, 116

류의 종속된 것이 따라야만 하는 어떤 근본적인 결정인자가 존재한다. 한정된 지구, 한정된 수준의 비옥도, 인류의 지속적인 증가가 바로 이러한 근본적 결정인자다. 인간사와 다른 모든 동물의 상황들은 이 결정인자를 따라야만 한다".[35] 지표면이 "인간의 쾌적하고 편리한 거주에 특별히 적합하다" 할지라도 인류의 악덕과 결함은 이러한 유토피아적 정부의 수립을 방해한다.

이는 물리신학의 비관적 전환을 알리는 것이다. 좋은 지구이지만 그 거주자들을 삶의 비참함에서 구원하기에 충분할 정도로 좋지는 않다. 악덕과 악행의 인간은 완전한 지구에 어울리지 않는다. 현존하는 불완전한 지구는 인간의 죄 많은 본성의 물리적 반영일 뿐이며 그 틀은 "이성을 가진 피조물의 악덕을 응징하고 벌하여 이들의 우둔함을 억제하도록" 만들어졌다. 하지만 월리스는 인간보다는 자연을 두둔하는 데 더 열을 올린다. 그 이유는 그가 버넷의 《지구에 관한 신성한 이론》에 동의하지 않기 때문이다. 누구도 자연을 지나치게 탓해서는 안 된다. 왜냐하면 물이 더 적어지거나, 천둥·바람·안개가 없거나, 비가 더 적당하게 오거나, 지진이나 홍수가 더 적게 일어나거나 또는 지구 축의 기울기가 달라지면 더 좋은 환경이 되리라고 확신을 가지고 말할 수 있는 사람은 아무도 없기 때문이다. 버넷은 이러한 진실을 망각했다. 따라서 그의 이상적 지구는 황무지가 되었을지도 모른다.[36]

지구상의 환경이 가지는 이러한 한계로 인해 죽음은 죄 값음 역할 그 이상의 역할을 떠맡을 수 있다. 이는 필수적인 것이다. 죽음은 더 많은 동물들, 특히 자신들만의 적소를 찾고자 하는 작은 동물에게 필요한 빈 공간을 만들어줌으로써 지구가 가득 찰 수 있게 한다. 죽음과 탄생이 한정된 환경 안에서 이루어지기 때문에 자연은 자신의 "빈 틈새"를 이러한 방식

35) *Ibid.*, p. 122. 이 논의는 pp. 118~121에 기반을 둔다.
36) *Ibid.*, pp. 227, 278~282, 286.

으로 채울 수 있다. 실제로 월리스는 조야한 형태로나마 생태학에서의 군집 개념, 즉 모든 형태의 유기체 간의 긴밀한 상호 의존성, 죽은 유기물과 생명체의 불가분성, 먹이사슬, 적소 등을 제안한다. 자연 세계를 채우기 위하여 개별 유기체로 이루어진 집단에게 높은 수준의 다양성이 요구되는 것이다.

죽음은 토양의 한정된 비옥도 및 생명의 주기적이고 풍부한 생산과 조화를 이룬다. "일단 이를 받아들이면 자연의 모든 부분에서 동물이 방치되고 엄청나게 파괴되는 현상을 설명하는 데 도움이 될 것이다". 월리스는 인구를 제한하고 인간 조건을 개선하고자 하는 개인, 정부 또는 사회의 노력을 초월하는 지구의 기본 구조와 자연법칙의 구성 요소를 이해한 최초의 사상가라고 할 수 있다.[37)]

월리스는 점점 더 고독한 길을 걸었다. 왜냐하면 18세기의 많은 사상가들은 인간의 죄악 또는 이러한 죄악과 조응하는 지구의 불완전을 범주화하는 데 관심이 없었던 대신 인간에 대한 인간의 비인간성, 개인의 발전이나 인간이 만든 제도의 개혁에 더욱 관심을 가졌기 때문이다. 진보의 사고와 인간이 완전함에 도달하는 것이 가능함을 확신했던 이들에게 지구의 한계는 너무 동떨어진 주제였고 보다 긴급한 문제에 관심을 집중하던 인간의 시대와는 어울리지 않았다.

콩도르세가 바로 그러한 인물이었다. 그의 사후에 출판된 《인간 정신의 진보에 관한 역사적 개요》(*Sketch for a Historical Picture of the Progress of the Human Mind*)***에서 그는 진보의 철학을 인간 노력의 모든 단계로 확장하면서 매우 정교하고 의기양양하게 표현해 그를 따르고 그와 같은 생각을 가진 모든 이에게 감명을 주었다. 콩도르세나 고드윈은 지구 환경의 한계 속에서 인간 진보의 장애들을 찾으려 하지 않았다. 이들 중 누구도 인간 사회를 완전하게 만드는 것이 불가능하다고 여기지 않았으며,

---

37) *Ibid.*, pp. 294~295, 297. Mombert도 *Bevölkerungslehre*에서 월리스에 대해 비슷한 결론에 도달했다(p. 158).

지구가 이러한 천년 전망을 위한 환경이 못 된다고 생각하지도 않았다. 이들은 인간사의 개혁에 주목했다. 콩도르세는 법과 제도의 개혁에 주로 집중했으며, 고드윈은 개인의 개혁을 통해 정부를 불필요하게 만드는 것에 초점을 맞췄다. 인구 문제가 진보에 대한 사고의 뒷전으로 물러남에 따라 이 두 사람은 맬서스의 광휘 아래 들어갔다. 왜냐하면 맬서스는 특정 영역에서 진보의 가능성을 부인하지는 않았다 할지라도 완전함의 달성 가능성과 무한한 진보에 관한 논의에서 인구의 원리를 면밀하게 검토할 만한 가치가 있다고 믿었기 때문이다.

콩도르세, 고드윈, 맬서스의 견해는 오늘날 우리 시대의 논쟁들, 특히 인구 성장, 토양 침식, 기술 향상 등에 관한 제 2차 세계대전 이후 출판된 낙관적이거나 혹은 비관적인 문헌에서 여전히 흥미롭다. 18~19세기의 순진함(*naïvetés*)을 대신하여 과학, 기술, 발명에 관한 신뢰가 자리 잡은 오늘날에도 이 논쟁은 여전히 익숙한 것이다. 즉, 인구 증가로 인해 한정된 환경이 더욱 압박을 받을 것이며 이렇게 증가한 인구의 빈곤과 고통은 토양 침식과 다른 인적 재앙을 가속화시킬 뿐이라는 사고와, 과학과 기술이 인구 성장에도 불구하고 새로운 음식, 새로운 영역, 새로운 에너지원을 창출하고 낡은 환경에 새로운 힘을 불어넣을 수 있다는 믿음이 충돌한다. 친절하고 인간적이며, 혁명적인 지롱드 당원(프랑스혁명 당시 과격한 자코뱅당과 대립한 온건한 공화주의 당파_옮긴이)이자 '흑인의 벗 협회'(Société des Amis des Noirs)**** 회원이었던 콩도르세는 다음과 같은 주장을 입증하려 한다.

> 이성과 사실에 호소하건대, 자연은 인간 재능의 완전함에 조건을 달지 않는다. 인간이 완전해질 수 있는 가능성은 실로 무한하다. 이러한 진보는 이를 저해하려 할 수 있는 어떤 힘으로부터도 지금 이후 계속해서 영향을 받지 않으며, 자연이 우리를 던져 놓은 이 지구의 존속을 제외하고는 어떤 다른 한계도 가지지 않는다. 이러한 진보는 의심할 바 없이 다양한 속도로 진행되겠지만, 지구가 우주 체계 안에서 현재의 위치를

> 점하는 한, 그리고 이 체계의 일반 법칙이 전반적인 대격변을 만들지 않고 또한 이러한 변화가 인류의 현재 재능과 현재 자원을 박탈하지 않는 한 결코 역전되지 않을 것이다.[38]

이것이 콩도르세가 일관되게 견지하고자 했던 입장이다. 왜냐하면 더 많은 인구와 더 탐욕스러운 기술에 의해 지구에 대한 요구가 천 배, 만 배로 증가하더라도 여전히 자원이 충분한 지구를 상정하지 않고서는 인류의 무한한 진보를 주장하기 어려울 것이기 때문이다. 사실 콩도르세는 진보가 인류의 복지를 향상시키고 이에 따라 인구는 더욱 건강해지고 많아지겠지만, 먼 미래에는 산업과 번영의 증대, 전반적 개선으로도 엄청나게 증가한 세계 인구를 감당할 수 없게 된다는 식의 반대 의견이 있을 것으로 예상했다.

이 의문에 대한 콩도르세의 답은 월리스와 달리 '본질적으로 미래가 스스로를 돌볼 것'이라는 것이었다. 즉, 만약 완전성을 위한 행진에 바탕을 둔 인간의 지속적 진보의 결과로 인구의 규모가 커지고 그렇게 늘어난 대규모 인구 자체가 문제가 되는 날이 오면 인간은 인간 활동의 모든 영역에서의 발전으로 인해 그 미래 시점에서 활용할 수 있는 이론적 지식과 응용력을 가지고 그 난국에 대처할 수 있다. 기예와 과학은 계속 향상될 것이고 미신은 효과적으로 쇠퇴할 것이다.

> (그 시점에서 인간은) 만약 아직 태어나지 않은 이들에 대한 의무가 있다면, 그것은 이들에게 생존이 아니라 행복을 주는 것임을 알 것이다. 즉, 그들의 목적은 쓸모없고 가엾은 존재로 세계를 거추장스럽게 만드는 어리석음을 저지르는 것이 아니라, 인류의 전반적 복지 또는 그들이 살아가는 사회나 그들이 속한 가정의 복지를 증진하는 것이 되어야 한다. 그

---

38) *Sketch for a Historical Picture of the Progress of the Human Mind*, intro., pp. 4~5.

럴 때 생산할 수 있는 식량의 양에 한계를 두고 그에 따라 세계 인구의 규모에 한계를 두는 것이 가능해진다. 그렇지 않을 경우 생명을 부여받은 피조물 중 일부가 때 이른 파괴를 겪을 것이고, 이는 자연과 사회 번영에 반하는 것이다.[39]

위의 인용문은 맬서스가 생각했던 것처럼 콩도르세 본인의 관점과 크게 동떨어진 것은 아니다. 맬서스와는 달리 콩도르세는 이것이 미래에 일어날 가능성이 있는 문제라고 생각했고, 명백히 한정된 자원에 의존해 살아야 하는 그런 때가 오면 적극적 조치가 〔필요한〕 조정을 이룰 수 있다고 보았다. 둘 사이의 뚜렷한 차이점은 콩도르세가 인구를 미래에 생길 수 있는 문제점으로 생각한 반면 맬서스는 인구의 원리를 시공간적으로 균일하게 작동하는 자연법칙으로 인식하면서 인간이 그것에 개입할 수 있는 가능성에 강한 회의를 품었다는 점이다.

고드윈은 1793년 작 《정치적 정의》(*Political Justice*)***에서 인간이 완전함을 달성할 수 있는 가능성과 진보라는 사고를 고찰했다. 그러나 맬서스에게 《1798년 에세이》(*1798 Essay*)를 저술하도록 자극한 것이 바로 "《정치적 정의》에서 고드윈이 탐욕과 사치에 관해 쓴 에세이"와 이에 관하여 맬서스가 그의 친구와 나눈 대화였다.[40] 인간이 완전함을 달성할 수 있다는 가능성에 대한 믿음을 갑작스럽게 포기한 채 정부와 문명의 지속적 진보에서 단지 인류의 비참함만을 인식하는 비관론을 옹호하는 입장에 선 월리스에 분개해, 고드윈은 다른 전제를 활용해 진보 및 이를 저해할 수 있는 환경적 한계에 관한 콩도르세의 생각과 유사한 결론으로 나아갔다. 자연적 조화와 자연의 모든 것에 균형이 존재한다는 깊은 믿음을 가진 고드윈은 정부의 간섭을 싫어했으며 사회적 제도에 대해서도 의

39) *Ibid.*, pp. 188~189, 또한 Fage, "La Révolution Française et la Population", *Population*, 8(1953), pp. 322~326 참조.

40) Malthus, *1798 Essay* 서문 참조.

구심을 가졌다.[41]

고드윈에게 지구의 자원은 인간이 완전함에 도달할 수 있는 가능성에 아무런 장애가 되지 않는다. 따라서 진보라는 사고는 확신을 가지고 믿을 만한 것이었다.

> 거주 가능한 지구의 3/4은 오늘날 경작되지 않는다. 경작으로 이룰 수 있는 개선, 그리고 지구가 생산할 수 있는 품목의 확대 가능성만 봐도 아직은 지구에 어떤 한계가 있다고 볼 수 없다. 수백만 년 동안 인구가 증가했지만 지구는 여전히 그 거주자를 충분히 품을 수 있다. 따라서 먼 미래에 일어날지도 모르는 일 때문에 낙담하는 것은 어리석다. 인간 발전이 영원히 진행되지는 않겠지만 그것에 제한은 없다고 보는 것이 합리적이다. 우리가 거주하는 바로 이 지구 그리고 태양계는 우리가 아는 어떤 이유를 통해서라도 쇠퇴하게 되어 있다. 다양하게 명명된 물리적 인과성이 지성의 진보적 속성을 방해할 수도 있다. 그러나 이것을 논외로 할 경우, 멀리 있는 위험에 대한 해결책은 이를 실질적으로 적용해야 할 시점보다 충분히 앞서 나타날 것이라고 생각하는 것이 분명 가장 합리적이다(그때의 해결책은 아마도 현 시점에서 전혀 상상도 할 수 없는 것일 것이다).[42]

다른 한편, 자원 이용에 대한 이론으로 간주되는 맬서스의 이론은 인간의 성취에 한계를 설정할 수 있고, 또 실제로 그렇게 하는 환경의 한계를 무시한 채 경제적·사회적 안녕을 위한 해법을 오직 사회적 세계 안에서 찾을 수 있다는 점을 부정한다.

진보라는 사고는 자연환경의 본질을 해석하는 데 새로운 관점을 열어 놓았다. 라이프니츠가 이런 관점을 취한 바 있는데 그는 지구 경작의 진

---

41) *Enquiry Concerning Political Justice*, Bk. 8, chap. 9, Priestly ed., Vol. 2, pp. 515~516.

42) *Ibid.*, pp. 518~519.

보가 인간사의 진보를 동반한다고 보았다(3권 46쪽). 종교에 미온적인 사람들조차 인간과 그 제도가 점차 개선되는 것을 창조주의 목적으로 여겼고, 이러한 목적을 가진 신은 인간에게 음식과 즐거움을 인색하지 않게 제공할 것이라 생각되었다.

인간의 진보는 지표면에서 이미 이루어진 많은 이로운 변화에서, 인간의 자연 통제에서, 지구 전체를 인간의 필요와 욕망에 맞추는 데서 지식과 지혜에 대한 인간의 열망에서 명백하게 나타난다. 조직화된 종교에 적대적인 사람들조차 이런 사고를 품었다. 이러한 인간 정신, 즉 목적을 달성하고 자신을 향상시킬 수 있는 인간과 그 능력에 대한 신뢰가 콩도르세의 저서에는 가득하다.

그가 저술한 《인간 정신의 진보에 관한 역사적 개요》를 지금 읽기에 무척 가슴 아픈 이유는 그가 희망했던 기술적 통달이 그를 포함해 사실상 25년 전까지도 수억 명의 사람이 꿈꿔본 적도 없는 수준으로 달성되었지만, 그와 동시에 이루어질 것이라고 가정했던 인간 존재의 다른 측면에서의 진보가 수반되지 않았기 때문이다. 그들이 생각한 '진보'는 농업, 토양 비옥도, 배수, 건강 수단 등의 동시적 진보를 뜻하는 것이었다. 그들의 진보는 토양과 삼림의 영구적 악화를 예상하지 않았다. 그리고 이는 사람들을 키우고 살게 하는 지구의 능력에 관해 총체적 낙관론을 제공했다. 진보 사상이 인위적 개선을 강조함에 따라 환경은 점점 더 추상적인 것으로 보였다. 이는 오늘날 사회과학에서 잘 알려진 상황이다.

4. 맬서스의 인구 원리에 관한 일반론

17~18세기에 인구에 관해 글을 쓴 저자들은 인구론이 기독교, 진보 사상, 자연환경과 맺은 역사적 관계를 드러냈다. 맬서스는 이 가닥들을 그의 옹호자와 비난자 모두가 결코 잊을 수 없는 일관된 전체로 엮었다.

그는 인간이 이해하고 받아들여야만 하는 환경적 한계를 보여주기 위한 신선한 시도를 통해 그에 앞선 학자들을 쉽게 뛰어넘었다. 그는 환경이 어떻게 문화를 형성하는가(이런 류의 사고는 훔볼트와 여타 학자들에게서 취한 것으로 보이는데 실제 그의 저술들에도 가끔 나타난다), 또는 인간 문화가 어떻게 환경을 개조했는가를 보여주는 데는 관심이 없었다.

서구의 사상사에서 맬서스와 비교할 만한 영향력을 행사한 사람은 거의 없다. 그 기반이 된 것은 첫 번째 에세이 이후 뒤따른 여러 개정판을 위해 수행한 그의 독특한 사고와 연구, 그리고 자신의 강력한 글에서 당시에 개별적으로는 꽤 친숙했던 사고를 결합시킨 기술이었다. 다윈과 월리스가 생물학에 도입했던 맬서스의 사고는 19세기 후반 사회적 다윈주의에 의해 인간 세계에 재도입되었다. 콩트(August Conte)나 스펜서 같은 19세기 사상의 거물들은 20세기에 와서 큰 관심을 받지 못했다. 이들에게는 맬서스가 가진 신선함과 흥미로움 같은 것이 없었다. 맬서스가 이 주제에 관해 말한 내용이 오늘날에는 거의 적실하지 않음에도 그의 저서에 대한 관심이 부활한 것은 인구 성장에 대한 광범위한 경고 덕택이라고 할 수 있다.

맬서스의 교의는 두 가지 일반적 사고, 즉 생명의 다산성과 풍부함이라는 사고와 이러한 끈질긴 팽창을 통제하기 위해 항상적으로 작동하는 자연(생명 세계와 비생명 세계) 속의 힘이라는 사고에 근거한다. 모든 살아있는 것은 증식을 간섭받지 않고 충분한 식량만 있다면 기하급수적으로 증가하는 경향을 가진다. 그러나 생명체는 자연적 조건하에서나 인간의 통제하에서 기하급수적으로 증가하지 않는다. 왜냐하면 다른 형태의 생명이나 환경의 통제가 이를 방해하기 때문이다. 인간의 통제하에 있는 생명체는 인간의 태만이나 좋은 토양과 목초지를 제때 제공받지 못해 위험에 처하기 쉽다. 동일한 원리가 인간에게도 적용되지만 정주 지역에 오래 거주하다보니 이 원리의 작동이 분명하게 드러나지 않는다. 미국과 같은 국가는 식량이 풍부한 넓은 지역에 거주하는 인구가 적을 경우 어떤 일이 일어날 수 있는가를 보여주는 사례이다.

물론 미국에도 질병이나 고난이 동일하게 존재하기 때문에 미국이 이상적 사례가 아닌 것은 사실이다. 이제까지 알려진 어떠한 국가나 어떠한 사회 상태도 "인구의 힘이 완전히 자유롭게 발휘되도록 방치하지는 않았다".[43] 인구를 위한 식량의 양은 불가피하게 한계에 도달한다. 즉, 좋은 토지가 풍부하지 않으므로 이 토지가 모두 점유된 후에는 세계에 식량을 제공하는 일이 점차 어려워진다. 게다가 농업에서의 기계화와 발명이 눈부신 향상을 가져올 가능성은 다른 산업이나 제조업에 비해 낮다. 기근 상황을 제외하면 식량은 결코 인구를 직접적으로 통제하는 장치가 아니다.

인구에 대한 직접적 통제 장치는 관습(맬서스는 관습이 민속 전통으로 변형된 공포라고 생각했음에 틀림없다), 질병, "신체가 제대로 자라기도 전에 이를 약화시키고 파괴하는 경향이 있는 도덕적·물리적 속성을 가진" 모든 원인이다.[44] 인구의 원리는 자연법칙이기 때문에 항상적으로 작동한다. 따라서 이를 과잉인구이론이라고 생각하거나, 이 문제가 "거의 측정 불가능할 정도로 먼 미래"에 발생할 거라고 표현하거나, 유럽보다는 인도나 중국처럼 인구밀도가 높은 곳에서 발생하는 지리적 문제로 생각하는 것은 잘못이다.[45]

인간의 제도, 관습, 이상(理想)이 이러한 조건을 어느 정도 완화시킬 수는 있지만 이들 역시 자연법을 따라야 한다. 인구 원리가 자연법이라는 이와 같은 주장 때문에 맬서스는 인간 제도, 경제 체제, 화석화된 관습이 인류의 비참함에 대한 원인으로 충분하다고 보는 사람들로부터 적

43) Vol. 1, p. 7.

44) Vol. 1, p. 12.

45) Vol. 2, p. 1. 많은 변형된 주장들 — 예컨대, 인구의 원리는 과거에만 작동했다거나, 단지 특정한 지리적 지역에서만 적용된다거나, 단지 미래에만 작동할 것이라는 주장 — 은 맬서스의 생각과는 무관하다. 이 점에 관하여, Mombert, *Bevölkerungslehre*, pp. 199~200, 204 참조.

개심을 샀다. 맬서스는 고드윈에게 보낸 답신에서, 인간의 제도는 "많은 사회적 해악에 대한 명백하고 두드러지는 원인으로 보이며 또한 실제로 그런 경우가 많았다. 하지만 자연법칙과 인류의 욕정에서 기인한 뿌리 깊은 악의 원인과 비교하면 사실상 인간의 제도는 가볍고 피상적인 것이다"라고 썼다.46)

영구적 향상은 출산율을 낮춤으로써만 가능하다. 맬서스는 인위적인 출산 통제가 자연적 과정에 대한 검증되지 않고 위험하기까지 한 개입이라는 이유로 이를 반대했다. "증식을 억제하는 문란한 축첩(蓄妾) 또는 여타 자연스럽지 못한 것"에 대한 콩도르세의 암시에서 맬서스는 "풍습상의 미덕과 순수성"의 파괴를 보았다. 이 풍습상의 미덕과 순수성은 인간이 완전해질 가능성과 평등을 옹호한 사람들이 자신들 견해의 목적과 목표라고 공언한 것이었다.47)

국가적 또는 심지어 국지적 조건에서 보면 이 원리가 오류로 보일 수 있다. 하지만 맬서스는 오류라는 결론이 편파적 관점에 기반을 둔 것이라고 생각했다. 연구를 위해 적합한 단위는 지구 전체다. 가용한 식량의 최대치까지 인구를 증식시키려는 항상적 경향에 의해 유발되는 필요라는 자극이 없었다면 지구가 사람들로 가득 차지도 못했을 것이고, 전쟁, 자연

---

46) Vol. 2, p. 12

47) Vol. 2, p. 5. 이것이 맬서스의 이론에 대한 일반적 설명이라고 가정하지는 않는다. 여기서 나의 목적은 그의 사고를 환경이론의 한 형태로 논의하는 것이다. 다음 참조. Penrose, *Population Theories and Their Application*; Keynes's essay on Malthus in his *Essays in Biography*; Spengler, "Malthus's Total Population Theory: a Restatement and Reappraisal", *Canadian Journal of Economics*, Vol. XI(1945), pp. 83~110, 234~264; Mombert, *Bevölkerungslehre*, pp. 159~170; Bonar's discussion of Malthus's theses, *Malthus and His Work*, pp. 60~84; Smith, *The Malthusian Controversy*; and Boulding's foreword to *Population: The First Essay*. Peterson, *Population*, pp. 507~535. 맬서스에 관한 많은 문헌들은 그에 관한 관심의 부활과 더불어 지난 15여 년 사이 상당히 증가했다.

재앙, 질병에 의해 많은 사람이 죽었을 때 지구의 인구가 보충되지도 못했을 것이다. 인구의 원리 때문에 지구상 인류의 지리적 분포가 나타난다. 필요라는 자극 때문에 세계에서 가장 좋은 토지에 인구가 집중되고 다른 지역은 버려지는 현상이 일어나지 않았다.[48]

맬서스는 지구를 '닫힌 방', '섬', '저수지' 등으로 다양하게 비유했다. 닫힌 방의 비유는 세계의 많은 땅이 여전히 비거주 지역이고 거주 지역의 상당 면적이 여전히 활용 가능한 한 인구 문제는 없다는 주장이 인구의 원리에 비추어볼 때 부적절함을 보이기 위한 것이었다. "방에 갇힌 사람은 비록 그가 방의 벽에 전혀 손을 대지 않는다 하더라도 벽에 갇혔다고 말하는 것이 정당할 것이다. 그리고 인구 원리와 관련하여 문제는 한 국가가 좀더 많이 생산할 수 있는가가 아니라 거의 무제한적인 인구 증가의 속도에 보조를 맞출 수 있을 정도로 충분히 생산할 수 있는가다".[49] 저수지로 비유했을 때의 교훈은 인간이 자원의 창조보다 이용에 더 숙련되어 있다는 점이다.

> 사람은 거의 없지만 비옥한 토지가 많은 곳에서 매년 식량 증산을 이루는 지구의 힘은 적당한 하천에서 물을 공급받는 큰 저수지에 비유될 수 있다. 인구가 빨리 증가할수록 물을 빼내는 일꾼의 숫자도 그만큼 늘고, 그 결과 매년 인출되는 물의 양도 늘어날 것이다. 그러나 의심의 여지없이 그만큼 더 저수지는 빨리 고갈되어 하천만이 남을 것이다.[50]

이 흥미로운 비교는 맬서스가 토지를 농업을 위한 용기(*container*)로 아주 협소하게 이해했음을 보여준다. 토지는 추상적이고 정적인 것으로서 파괴적으로 이용될 가능성이 전혀 없는 것으로 간주된다. 자연 자원을

---

48) *1798 Essay*, pp. 363~365; 7th ed., Vol. p. 59.

49) Vol. 2, p. 149.

50) *1798 Essay*, pp. 106~107, 각주.

연구하는 근대 학자라면, 저수지가 고갈되면 일꾼들은 물을 구하러 하천으로 향할 것이고 계속해서 하천의 상류 쪽으로 올라갈 것이라고 말했을 것이다. 맬서스는 세계를 하나의 섬으로 비유함으로써 국지적 또는 일시적 인구 과잉에 의해 유발된 고통을 이민으로 극복할 수 있다는 생각을 불식시켰다. "생산물을 더 이상 증가시키는 것이 불가능한 섬은 아직 알려지지 않았을 것이다. 이것이 지구 전체에 대해 말할 수 있는 것의 전부다. 섬과 지구는 실제 생산물이 지탱할 수 있는 수준까지 사람들로 가득 차 있다. 그리고 이 점에서 지구 전체는 하나의 섬과 같다".[51]

지구 전체를 하나의 단위로 간주해야 한다는 맬서스의 주장은 그의 시대보다 오늘날 더 통렬하게 와 닿는 문제를 시사한다. 국경, 관습, 법률, 규제 같은 사람들의 자유로운 이동에 대한 명백한 장애에도 불구하고 인구는 종종 지구 전체의 문제로 간주된다. 왜냐하면 그것이 인간 생명을 지탱하는 궁극적으로 유한한 한계이기 때문이다.

이와 관련해서 상반되는 의견이 존재하는데 어떤 이들은 국민국가가 존재하기 때문에 인구와 식량을 지구 전체와 관련시켜 생각하는 것이 비현실적이라고 생각하는 반면 다른 이들은 전체 인구의 상태가 궁극적으로 각 국가 인구에 영향을 미칠 것이기 때문에 지구가 품을 수 있는 인구를 지구의 부양 능력을 나타내는 어떤 공식으로 계산하는 것이 의미 있다고 생각한다.

맬서스는 그의 시대에 지구는 단지 부분적으로만 거주지로 이용되었으며 많은 지역이 여전히 거주지가 될 가능성이 있다는 점을 깨달았다. 그러나 맬서스는 고드윈에게 보낸 답장에서 "지구가 더 이상의 생산을 완전히 거부하기 전에는 과잉 인구로 인해 어떤 고통이나 어려움이 발생하지 않는다"는 가정은 잘못된 것이라고 말했다.[52] 분명 세계의 인구는 지금

51) 7th ed., Vol. 1, p. 44.
52) *Ibid.*, Vol. 2, p. 13.

보다 더 조밀해질 수 없을 것이다. 식민화와 이민에는 난점이 존재하는데 원주민이 굶어죽을 수는 없다는 점이다. 즉, 만약 원주민이 교육을 받아서 정신이 향상된다면 원주민 인구가 증가할 것이고 "상당한 수준의 지식과 산업이 그동안 이용되지 않던 풍요로운 토양에서 단번에 작동될 수는 없을 것이다".[53]

원주민들의 처우에 대한 맬서스의 민감함을 드러내는 이 흥미로운 주장은 실제로는 문화적 주장으로 인구 원리에 대한 수정이다. 교육과 신기술을 가진 원주민이 인구가 드문드문 거주하던 자신들의 토지를 신속하게 채움에 따라 이 땅은 더 이상 다른 사람들에게 개방될 수 없을 것이다. 모든 비옥한 토지가 점유되면 기존 경작지의 개선을 통해 식량 생산의 증대가 이루어져야 한다. "한 필지 한 필지씩 모든 비옥한 토지가 점유됨에 따라 식량 생산의 증대는 이미 점유된 토지의 개량에 의존해야 한다. 모든 토양의 속성상 이는 증가하기보다 점진적으로 감소하는 기금과 같다".[54]

고드윈이 경멸적인 분노를 표출하게 했던 다음 문장에서 맬서스는 자신이 자연의 풍요로움에 얼마나 감명을 받았는지, 기독교인으로서 자신의 원리가 자비로운 창조주에 대한 믿음에 부합하도록 하기 위해 얼마나 노력했는지, 그리고 동시에 자신의 원리를 '증식하고 번창하라'는 창세기 말씀에 모순되는 것으로 이해한 설계론 옹호론자들의 반대를 어떻게 무마했는지를 보여준다.

> 그러나 어떤 사람이 계산하는 수고를 감수한다면 다음 사항을 이해할 수 있을 것이다. 만약 삶의 필수품이 무한히 분포하고 획득될 수 있다면, 그리고 인구수가 25년마다 두 배가 된다면, 예수 시대 한 쌍의 부부로부터 지금까지 생산될 수 있었던 인구는 지구를 가득 채워서 제곱야

53) *Ibid.*, Vol. 1, p. 9.

54) *Ibid.*, p. 3.

> 드당 4명의 밀도를 만드는 데 충분할 뿐만 아니라, 그와 같은 방식으로 태양계의 모든 행성을 채우고, 육안으로 볼 수 있는 별 주위를 도는 모든 행성들(그 별 하나하나가 태양이고 그것이 우리 태양계와 같은 숫자의 행성을 가진다고 가정하자)을 채울 만큼 많았을 것이다. 이러한 식의 서술이 과하게 보일 수도 있겠지만 인간의 본성과 상황에 가장 적합하다고 내가 굳게 믿는 인구 법칙 아래서는 식량이나 다른 삶의 필수품의 생산에 어떤 한계가 필요하다는 사실이 무척 자명하다….
>
> 한정된 공간에서 식량을 생산하는 무한한 능력보다 더 끔찍한 현재를 생각하기란 쉽지 않다. 이는 돌이킬 수 없는 비참함의 수렁 속으로 인류를 빠뜨릴 상황이다. 따라서 피조물의 욕망과 필요를 아는 자비로운 창조주가 자신이 인간들에게 부여한 법칙이 존재하는 상황에서 연민 때문에 삶의 필수품 전부를 공기나 물처럼 무한히 제공했을 리 없다. 여기서 전자는 양이 한정되지만 후자는 넘치는 이유를 단번에 알 수 있다.[55]

지구가 어떻게 사람들로 가득 찰 것인가? 처음 넓은 지역에 적은 인구가 있었다고 가정하면 인구가 증가하여 빈곤과 불행이 끼어들 때까지 식량 공급을 압박할 것이다. 인구 증가는 노동력을 값싸게 만들어 산업 규모의 확대를 자극할 것이다(맬서스가 당시 영국 상황을 이용한 것은 고대가 위대했던 것처럼 보이는 역사적 과정에 관한 서술과 충돌한다). 경작자들은 더 많은 사람들을 고용해 이미 사용 중인 토지를 개선하는 동시에 경작 면적을 확장할 것이고, 이에 따라 생계 수단이 늘어나서 인구가 증가할 것이다. 그러면 새로운 주기가 시작되고 이러한 과정은 지구 전체가 사람들로 완전히 채워져서 그것이 최종적인 제한 요인이 될 때까지 계속될 것이다.

진동의 폭은 점점 작아져 균형 상태에 도달하지는 못할지라도 그것에 근접하는 아주 적은 진동만이 있는 상태에 이를 것이다. 역설적으로 이

---

55) Godwin, *Of Population*, pp. 500~501; Malthus, *Principles of Political Economy*(London, 1820), pp. 227~228.

이론의 부산물은 맬서스가 주장한 문화사의 중요성이었다. 진동은 피상적인 관찰자들에게는 인식되지 않을 것이고, 심지어 가장 통찰력이 있는 사람도 그 시기를 계산하기 어렵다. 이 점은 왜 거의 주목받지 못했을까? 그 이유 중 하나는 역사가 대체로 상류 계급의 역사이기 때문이다. "이 같은 퇴행적 · 진보적 운동이 주로 발생하는 인류 집단의 풍습과 관습에 대해서는 믿을 만한 기록이 거의 없다".[56)]

비록 맬서스가 토지에 대한 인구 압력의 증가로 말미암은 파괴적 효과를 논하지는 않았지만(그 당시 이를 논한 사람이 거의 없었기 때문에 이것으로 그를 비난할 수는 없다), 그는 인구 증가가 좋은 토지의 생산성을 '강제하고' 좋지 못한 토지도 경작하게 만들 것이라고 생각했다. 여기서 토지 이용에 따른 비용에서 오로지 자본과 노동 요인만을 고려한다는 점은 명백하다. 그러나 그는 스웨덴인과 노르웨이인의 무분별한 삼림 파괴를 실제로 비난한다.

맬서스 교의의 매우 비관적 함의는 많은 사람들이 믿는 것처럼 비율(기하급수적 인구 증가와 산술급수적 식량 증산의 차이_옮긴이)에서 나오는 것이 아니라 다음의 교의에서 나온다. 즉, 문명의 역사에서 가장 좋은 토지가 가장 먼저 점유되므로 문명이 발전하고 인구가 증가하면서 점점 더 나쁜 땅으로 점유지가 확장된다는 교의로, 이는 웨스트(James West)*와 리카도(David Ricardo)*에 의해서뿐만 아니라 맬서스 자신의 《정치경제학》과 여타 저술들을 통해 제시되었다. 역사적으로 토지 점유 순서의 문제는 그것이 진보의 사고에 미치는 영향 때문에 19세기에 상당한 주목을 받았다〔예컨대 밀(Mill)*에게 이 문제는 대단히 중요하다〕. 만약 문명이 그 속에 불가피한 진보의 씨앗을 가졌다면 문명이 점점 더 빈약한 토지에 의존하도록 강제될 경우 그 경로에 심각한 장애가 생긴다. 맬서스, 웨스트, 리카도 모두는 영국을 주목했고 거기에서 일반화를 끌어내고자 했다.[57)]

---

56) *1798 Essay*, p. 32, 7th ed., Vol. 1, pp. 16~17에 다시 요약되어 있다.

57) Malthus, *An Inquiry into the Nature and Progress of Rent* 〔1815〕, pp. 15~

1848년 미국의 사회과학자 케리(H. C. Carey)*는 다음과 같은 불평을 제기했다. "리카도 씨는 자신의 정착자를 가장 좋은 토지에 배치한 후, 그 정착자의 자녀를 그보다 열등한 토지에 배치한다. 그는 인간을 자신들의 숫자와 더불어 늘어나는 서글픈 **필요**의 희생자로 만드는 반면, 이러한 숫자의 결합을 통해 증진되는 **권력**을 지속적으로 행사한다"(리카도가 의회 의원이었던 점을 비꼬는 말로 보인다_옮긴이).

미국 역사에 주목했던 케리는 진보의 사고를 농업에도 적용했다. 케리의 견해에 의하면 역사가 진보함에 따라 척박한 토지는 가장 좋은 토지가 된다. 가장 좋은 토양은 원시적 기술이 접근하기 가장 어렵고 가장 식물이 무성하며, 건강에 가장 안 좋다고 가정할 수 있기 때문이다. 인간은 통제할 필요가 적은 고지대의 척박한 토양을 먼저 이용한다. 가장 좋은 토양으로의 진보는 기술의 역사 그리고 자연 통제의 증대와 관련된다.58)

맬서스가 토양을 공장 및 제조업체의 기계에 비유해 설명하는 대목에서 그의 비관론이 토양에 대한 자신의 평가에 부분적으로 기인함을 알 수 있다. "땅은 때로 식량과 원료물질의 생산을 위해 자연이 인간에게 제공한 광대한 기계에 비유된다". 그러나 토양은 실제로는 "매우 상이하고 고유한 성질과 힘"을 가진 수많은 기계다. 제조업에서 사용되는 기계는 지속적인 개량이 이루어지고 특허가 만료된 이후에도 생산을 늘릴 수 있지만, 식량 생산 기계로서의 토양은 매우 척박한 토양에서부터 매우 좋은

17, 20~21, 33~34; West, *The Application of Capital to Land*, pp. 9~16; Ricardo, *The Principles of Political Economy and Taxation* (Everyman's Library ed.), p. 35. 이 사상의 역사에 대해서는 다음을 참조하라. Cannan, *A History of the Theories of Production and Distribution in English Political Economy from 1776 to 1848*, 3rd ed., pp. 155~182. 스칸디나비아의 삼림 파괴에 대해 7th ed., Vol. 1, pp. 169~170 참조.

58) H. C. Carey, *The Past, the Present, and the Future*, pp. 17~24. 인용문은 p. 24; 지구의 점유에 관하여 *Principles of Social Science*, Vol. 1, pp. 94~146을 참조.

토양까지 다양하다.[59]

가장 좋은 토양만으로는 증가한 인구를 부양할 수 없기 때문에 보다 척박한 토양을 경작하다보면 점점 더 많은 노동이 비효율적으로 사용된다. 따라서 농업과 제조업은 상반되는 극단에 있다. 문명이 발달하고 인구가 증가할수록 생계를 유지하기 위한 돈과 인간의 노력이 점점 더 많이 요구된다는 결론이 불가피한 것이다. 그러나 토양만이 농업의 진보를 결정하는 것은 아니다. 토양을 경작하는 사람들의 도덕적 · 신체적 특성을 고려해야 한다. 만약 토양의 비옥도만이 부를 창출할 수 있다면 인류는 진보의 비밀인 노동을 자극하지 못할 것이다. 맬서스는 이 주장을 뒷받침하기 위해 훔볼트를 인용한다.

맬서스는 누에바 스페인(New Spain: 중남미의 에스파냐 식민지_옮긴이)에 서식하는 바나나, 카사바, 옥수수 등과 같은 다양한 식량 및 이들의 경작 방법에 관한 훔볼트의 설명에 감명을 받았다. 훔볼트는 그중에서 바나나를 골라 비옥한 토양에서 유별날 정도로 쉽사리 성장하는 경이로운 식품이라는 각별한 찬사를 보냈다. "지구상에 그처럼 협소한 공간에서 그렇게 상당한 양의 식량을 생산해낼 수 있는 식물이 또 있을까를 생각했다"(*Je doute qu'il existe une autre plante sur le globe qui, sur un si petit espace de terrain, puisse produire une masse de substance nourrissante aussi considérable*).

에스파냐 식민지에 대해서는 다음의 이야기가 거듭 나온다. 왕이 바나나나무를 파괴하라는 포고령을 내려야 티에라 칼리엔테(tierra caliente)** 주민들이 수 세기에 걸쳐 보인 무덤덤한 태도에서 겨우 벗어날 것이라는 것이다. 더불어 이렇게 과격한 구제책을 열렬히 제안하는 사람들의 활동 수준도 자신들의 늘어나는 필요를 충족시키는 데 강제로 동원하고자 했던 하위 계급 사람들의 그것과 비교하면 별반 다르지 않다는 이야기도 덧

59) Malthus, *Principles of Political Economy*, pp. 184~186.

붙여졌다.

훔볼트는 멕시코인이 굳이 나무를 파괴하지 않더라도 더 근면해지기를 바란다. 그러나 그들의 기후에서 사람이 얼마나 쉽게 살아갈 수 있는지를 감안하면, 신대륙의 적도 지역의 경우 비옥하지 않은 토양을 가진 산지와 유기체의 발달에 불리한 환경에서 문명이 발달했다는 사실은 놀랄 것이 아니다. 그런 곳에서는 필요가 근면함을 자극하기 때문이다. 맬서스는 열대의 풍요가 사람들 사이에 무기력을 유발했다고 결론지었다. 즉, 자연은 인색하지 않고 관대하며 이러한 관대함이 지속적인 빈곤, 인구밀도가 낮은 토지 그리고 진보가 없는 문명을 낳았다. 맬서스는 훔볼트의 견해에 동의하면서 그를 인용했다. 고된 노동 없는 진보를 허용하지 않았던 것이다.[60]

맬서스가 가장 흥미를 가졌던 것은 농업, 특히 곡물 경작에 적합한 토지였던 듯하다. 더욱이 그는 중국의 농업에 관해 논하면서 문화적 환경에도 관심을 가진다. 중국의 농업이 환경의 기능만으로는 설명되지 않기 때문이다. 중국의 농업은 많은 인구를 부양하는데, 그 이유는 사회적 전통이 그것을 뒷받침하기 때문이다. 중국의 깊고 좋은 토양, 거름을 주고 경작하고 관개하는 농법, 온대기후의 좋은 지역에 위치한 유리한 입지, 주민들의 근면성, 호수, 하천, 개울, 운하, 농업을 존중하는 오랜 전통과 정부의 농업 장려 같은 조건 덕분에 중국은 많은 인구를 부양할 수 있었다. 중국에 관한 18세기의 많은 논의처럼 여기서도 듀 알드 신부의 섬세한 손길이 느껴진다.[61]

---

60) *Ibid.*, pp. 382~384; Humboldt, *Essai Politique sur le Royaume de la Nouvelle-Espagne*, Vol. 3, pp. 37~39; 인용문은 p. 28.

61) 7th ed., Vol. 1, p. 126; Du Halde, *Description Géographique, Historique, Chronologique, Politique, et Physique de l'Empire de la Chine et de la Tartarie Chinoise*, Vol. 2, esp. pp. 163~186, "De l'abondance qui régne à la Chine". 이 책에는 또한 맬서스가 읽었던 중국의 농업, 장인, 기후, 운하, 호수 등에 관한 논의가 포함되어 있다.

다른 곳에서도 그는 생활방식이 단순히 환경적 의문만이 아니라 문화적 의문을 제기한다는 점을 분명히 인식한다. 그리고는 자연의 다산적 힘은 모든 국가에서 완전한 힘을 발휘할 준비가 된 것 같다고 말한다. 그러나 각 정부가 국민들에게 대지가 생산할 수 있는 최대량을 생산하도록 유도할 수 있다고 가정할 수 있는가? 그런 행위는 재산법에 위배가 될 것이다.

> 이(재산법)로부터 지금까지 인간에게 가치 있는 모든 것이 생겨난 것이다. … 그러나 도대체 어떤 정치가나 합리적 정부가 동물성 식품은 절대 먹어서는 안 되고, 상업용이나 오락용으로 말(馬)을 사용해서는 안 되며, 모든 사람이 감자만 먹으며 살아가야 하고, 옷이나 집 같은 단순 생필품에 필요한 것을 제외한 국가 전체의 산업이 감자 생산에만 주력해야 한다고 제안할 수 있겠는가? 이러한 혁명이 효과를 발휘할 수 있으며 그것이 바람직할 것인가? 무엇보다도 몇 년이 지나면 이 모든 노력에도 불구하고 자원은 그 어느 때보다 줄어들고 욕망은 되살아날 것이다.[62]

비록 농업을 인구 성장의 기본 요인으로 생각하기는 했지만 그는 농업·상업·공업의 결합 속에 경제 발전의 열쇠가 있다 보았고, 여기서 그의 사고는 그보다 한 세대 앞섰던 중농주의자보다는 20세기 경제학자의 사고에 더 가깝다. 맬서스는 근대적 토양학이 시작되기 전에 책을 썼다. 당시의 토양 이론은 과학적이지 않았다. 단지 경험적 판단에만 의지했던 것이다. 맬서스가 토양을 기계에 비유했던 이 시기의 농화학자들은 대부분 부식토 이론에 의존했다.[63] 맬서스의 토양 이론과 역사적으로 가장 좋은 토지가 우선 점유된다는 맬서스의 믿음으로 인해 미래 인구를 위한 지구의 식량 생산 능력에 관한 비관론이 점차 심화되었다. 환경적 한계는 점

62) 7th ed., Vol. 2, p. 52

63) Charles A. Browne, *A Source Book of Agricultural Chemistry*. Wallerius, Lavoisier, Thaer, Einhoff의 인용문 참조.

점 더 단호해졌고 점점 인간의 개입에서 벗어났다.

5. 맬서스 교의에서 진보, 신학, 인간 본성 개념

맬서스는 인간의 본성이 개선될 것이라거나 또는 정부와 제도의 개혁이 인구 원리의 작동을 변경시킬 수 있을 것이라는 — 또는 그렇게 해야만 한다는 — 점을 믿지 않았다. 이들의 기여를 부정할 수는 없지만 제도 개혁에 의존하는 사람들의 희망은 보다 엄격하고 심층적인 자연의 현실 속에서 사라질 것이었다. 게다가 그는 자신만의 진보관을 가졌다. 2판 그리고 이후의 개정판들에서 맬서스는 인구에 관한 논의가 아니라 사회 개선에 관한 연구방법으로 책을 시작한다. "자연스럽게 떠오르는" 방법은 "첫째는 행복을 향한 인류의 진보를 여태까지 방해했던 원인을 연구하기, 둘째는 미래에 이러한 원인을 완전히 또는 부분적으로 제거할 가능성을 고찰하기"이다.64)

이것은 필연적인 사회 변화에 우호적인 편향을 가진 사람의 계획이 아니다. 정반대로 사람들과 사회에서 변화에 대한 저항이 있을 것이라 가정하는 사람, 즉 인간 노력을 통한 진보를 믿는 사람의 진술이다. 맬서스의 저작들 몇몇 곳에서 그는 인간의 나태한 본성을 언급한다. 인간 본성에 대한 이러한 개념화가 맬서스 철학의 근본이다. 왜냐하면 인간에게 계속해서 자극을 주는 것이 바로 이 필요라는 항구적인 박차이기 때문이다. 인색한 자연과 나태한 인간이 인구 원리의 구성 요소다.65)

인구 원리는 진보의 추동력이다. 이것 때문에 지구는 사람들로 가득 찼고 경작을 통하여 지구의 거주 가능성이 유지되었다. 맬서스는 자신이 사회를 개선할 계획을 가지지 않는다고 말하며 개선을 방해하는 장애를 이

64) 7th ed., Vol. 1, p. 5.
65) 나태한 인간에 관한 전형적 진술로 *ibid*, p. 59 참조.

해하는 데 만족했다.[66] 그는 인간 생활의 모든 측면에 적용되었던 진보의 법칙 대신 훨씬 덜 포괄적인 개념화를 제안했다. "나는 부분적 개선으로부터 무제한적인 진보를 유추하는 주장의 오류, 즉 정확히 확인될 수 없는 한계를 드러내고자 노력했다".[67]

맬서스는 단선적 진보를 주장한 리카도에게 동의하지 않았다. 그는 "사회의 진보는 불규칙적인 운동으로 구성되며 우리는 우리 주변의 모든 국가와 특히 우리 자신 속에서 크고 작은 번영과 불행의 시기를 목격하지만 그것은 결코 당신이 생각하듯 획일적 진보는 아니"[68] 라고 말했다. 그가 이 글을 쓴 시기는 1817년이지만 1798년의 글에도 비슷한 정서가 표현된다.

> 지금과 같이 광범위하고 무제한적인 추론이 대유행하는 현상은 아마 여러 과학 분야에서 지난 몇 년 사이 이루어진 예상하지 못했던 위대한 발견에서 기인한 일종의 지적 도취라고 할 수 있다. 이와 같은 성공으로 의기양양하게 들뜬 사람들의 눈에는 모든 것이 인간의 능력으로 이해할 수 있는 범위에 있는 것처럼 보였다. 그리고 이러한 환상 속에서 이들은 실질적 진보를 증명할 수 없는 주제와 이미 확실한 진보가 이루어졌다고 인정할 수 있는 주제를 혼동했다.[69]

그러나 맬서스는 그의 해석자들이 기술한 것보다는 낙관적이었다.

> 과거 시기의 사회 상태를 지금과 비교할 때 인구 원리가 초래한 악들이, 그 실제 원인에 대해 거의 아는 것이 없다는 불리한 상황임에도 불구하고 증가하기보다는 감소했다고 이야기하는 게 타당할 것이다. 그리고

---

66) *Ibid.*, Vol. 2, p. 258.

67) *1798 Essay*, p. 216.

68) John Maynard Keynes, *Essays in Biography*, pp. 139~140에서 인용.

69) *1798 Essay*, p. 31; 7th ed., Vol. 2, p. 26.

만약 원인에 대한 무지가 점차 사라질 것이라는 희망을 가질 수 있다면 〔인구 원리가 초래한〕 악들 역시 더욱 감소하리라는 기대 또한 가져볼 만하다. 절대 인구수의 증가가 앞으로 당연히 일어나겠지만 그것은 분명 이러한 기대를 거의 약화시키지 못한다. 왜냐하면 모든 것은 인구와 식량 간의 상대적 비율에 좌우되지 절대 인구수에 좌우되지는 않기 때문이다.[70]

《1798년 에세이》는 세계 인구나 분포에 관한 자세한 내용이 거의 알려지지 않은 시기에 나왔다. 세계 인구가 10억 명에 달한다는 추정(18세기 후반 내내 받아들여진 쥐스밀히의 1761년 추정)이 유럽에선 어느 정도 관례화되었다. 1781년에서 1815년까지의 《고타연감》(*Almanach de Gotha*)*** 에는 세계 인구가 10억 명이라는 쥐스밀히의 1761년 추정치가 반복되었다.[71]

맬서스에 대한 엄청난 비판이 그의 원리가 가지는 사회적·정치적 함의에 반대하는 사람들 — 유토피아적 사회주의자들과 마르크스주의적 사회주의자들 그리고 자본주의 체제 내 개혁주의자들을 포함하는 — 로부터 제시된 것이기 때문에 이후 시기의 라이엘과 다윈처럼 맬서스도 종교 및 물리신학으로부터의 비판, 특히 쥐스밀히의 사상 및 루터의 유명한 "신이 아이를 낳고 양육할 것"(*Gott macht die Kinder und will sie ernähren*)이라는 경구에 전형적으로 내재된 비판에 대처해야 했음을 덧붙일 필요가 있다.

맬서스는 증가와 배가에 대한 성경의 권고가 인구 원리에 반대되는 것처럼 보일 수 있다는 점을 깨달았다. 맬서스는 사람들이 자신의 원리에 동의하지 못하는 주된 원인 중 하나로 "신이 자연법칙에 따라 모든 것들이 존재하도록 했으나, 그것들의 존재는 자연법칙으로 지탱될 수 없다는 사

---

70) 7th ed., Vol. 2, p. 26.

71) Behm and Wagner, "Die Bevölkerung der Erde, II", *Petermanns Mitteilungen Ergänzungsband* 8, No. 35, p. 5(1873~74).

실을 믿지 않으려 하는 태도"를 꼽았다.[72]

이에 대해 맬서스는 인간이 자연법칙에 종속되었다고 호소하면서 이를 통해 신의 인격적이고 적극적인 관심과 관련될 수 있는 모든 인간중심주의를 간접적으로 거부한다. 신은 일련의 법칙을 통해 기능하며 이 법칙으로부터 발생하는 우발적 악들은 '적절한 인구 억제책'으로서의 도덕적 제약이 필요하다는 사실을 일깨워준다. 반드시 이해해야만 할 것은 자연법칙이다. 우리의 의무는 자연과 이성의 빛에 의해 제시되고, 계시를 통해 확인되고 인가된다.[73]

맬서스는 성 바오로(St. Paul)로부터 단서를 얻어 결혼이 보다 높은 의무와 충돌하지 않을 경우에는 옳으며 만약 충돌한다면 잘못된 것이라고 생각한다. 페일리의 의견에 동의하는 맬서스는 페일리를 인용해서 우리는 일반적 행복을 증진시키거나 감소시키는 행동의 경향을 탐구함으로써 자연의 빛으로부터 신의 뜻을 배워야 한다고 말한다. 맬서스는 제약에 찬성하면서, 행복을 줄이는 가장 나쁜 행위 가운데 하나가 자녀를 부양할 수단이 없으면서 결혼하는 것이라고 주장했다.

이러한 행위는 신의 뜻에 반하는 것이고 사회에 짐이 되며, 가족 내 고결한 습관을 보전하기 어렵게 만든다. 따라서 개인이 실천하는 도덕적 제약이 이 교의에서 핵심적 위치를 차지한다. 왜냐하면 맬서스는 인구 문제가 "내부적 독재와 내부적 폭동" 그리고 전쟁과 밀접한 관계를 가진다고 믿기 때문이다.[74] 자연법을 준수하는 미덕은 개인과 사회에 발생할 수 있는 나쁜 결과를 피하도록 하며, 따라서 신성한 정의를 고발할 아무런 이유가 없다. "사악함에 동반되는 고통을 통해 사악함으로부터 우리를 지키고, 미덕이 만드는 행복을 통해 우리를 미덕으로 인도하는 것은 창조주의 명백한 목적이다. 우리의 개념에 비추어 볼 때 이 목적이 자비로운 창

72) Vol. 2, p. 160.

73) *Ibid.*

74) *Ibid.*, pp. 165~166.

조주에게 어울릴 만한 것으로 보인다".[75]

질병에 관한 맬서스의 논의 역시 신이 자연법칙을 통해 행위를 한다는 개념과 조응한다. 만약 자연법칙이 인간을 포함한 자연과 신 사이의 매개자라면 자연적·도덕적 악은 훈계의 도구가 된다. 물론 직접적이고 인격적이지는 않지만 이들이 가르치는 교훈을 통해, 그리고 이들이 전하는 지식을 통해, 그리고 이들이 부여하는 경험을 통해 훈계를 한다. 질병은 신의 불가피한 형벌로 간주될 것이 아니라 "우리가 자연법칙의 일부를 어겼다는 징후로" 간주되어야 한다.

페스트는 그러한 경고이다. 페스트를 적절하게 조심한다면 사람들은 자신의 조건을 개선할 수 있다. 1666년 전까지 런던에 만연했던 페스트의 교훈은 우리 선조에게 효과가 없지 않았다. 그들은 불결한 것을 제거하고 배수로를 건설했으며 거리를 넓히고 집에 더 많은 여유 공간과 통풍 시설을 두었으며 "이러한 끔찍한 무질서를 완전히 제거하고 거주자의 건강과 행복을 크게 증진하기 위한 방안"을 실천하기 시작했다.[76]

따라서 맬서스에게 인류는 신의 특별한 중재가 아니라 자연의 일반 법칙에 종속된다. 인간이 이 법칙의 작동을 알고 그 가르침을 따른다면 자연법칙은 은혜로울 것이다. 따라서 그의 견해에 의하면 인구를 늘리라는 성경의 권고와 그의 인구 원리 간에는 갈등이 존재하지 않는다. "지금까지 성경을 읽은 모든 사람들은 자비로운 하느님이 합리적 존재에게 내리신 명령이 번식 대신 질병과 죽음만을 만드는 것일 리 없다는 확신을 가져야만 한다".[77] 따라서 맬서스의 사상에 대해 다음과 같이 이야기할 수 있다. 인구, 전쟁과 경제적 불확실성, 도시로의 이주, 새로운 산업화의 시작 등의 실상에 관한 추측이 여전히 난무하던 시기에 근대에서 가장 큰 영향력을 가지는 사고 중 하나가 정식화되어 유포되었는데, 그 단순성으로

75) *Ibid.*, p. 167.
76) *Ibid.*, pp. 152~153.
77) *Ibid.*, p. 67.

인해 신속한 대중화, 용이한 인용, 그리고 정확한 설명과 부정확한 설명 모두가 허용되었다.

서구의 사상은 맬서스 이후로 이전과 달라졌다. 150년에 걸친 논란이 서구사상에서 그가 차지하는 위치에 대한 충분한 증거다. 그는 오래된 자료로부터 세계에 관한 새로운 견해를 창출했다. 즉, 다산성에 관한 사고, 신학, 알려졌거나 추측된 통계적 규칙성, 유럽의 사회적 조건, 널리 산재한 지역에 관한 여행자의 설명, 새로운 정착지인 아메리카 지역의 대규모 인구 성장에 관한 보고서 등으로부터 하나의 종합을 만든 것이다. 맬서스의 설득력 있는 글에서 환경은 인류의 끊임없는 도전자가 되었다. 그러나 만약 우리가 인구의 원리와 그 비율을 넘어서 보다 깊이 탐구한다면 신, 인간, 자연의 철학은 어떻게 설명되어야 하는가?

나는 그에 대한 답변을 주로 그의 첫 번째 에세이에서 찾는 것이 마땅하다고 생각한다. 왜냐하면 첫 번째 에세이와 그 뒤를 이어 완성된 논문 간에 상당한 차이가 있기는 하지만 맬서스의 근본적인 철학적 사고는 변하지 않았기 때문이다.

맬서스의 저술은 감정과 열정에 크게 주목한다. 이는 틀림없이 공포 통치(*reign of terror*)의 불합리성과 야만성의 영향을 받았을 것이다. 그러나 그는 감각적 즐거움을 폄하하지는 않는다.[78] 사람들은 깊고 격렬한 열정을 가지지만 또한 게으르고 노동을 싫어하며, 항상 자신을 자극할 어떤 것이나 사람을 필요로 한다. 맬서스는 인간의 죄악을 꾸짖는 사람이 아니다. "일반적으로 말해, 생명은 미래의 상황과 무관하게 그 자체로 축복이다".[79] 자연이라는 책에서 우리만이 하느님을 있는 그대로 읽을 수 있다. 세계와 이 생명은 "심판을 위한 것이 아니라 정신의 창조와 형성을 위한 하느님의 전능한 과정"이다.[80]

---

78) *1798 Essay*, pp. 210~212.

79) *Ibid.*, p. 391.

80) *Ibid.*, p. 353.

그는 성적 충동의 힘과 활력을 부정하지도 않았다. 사실 성욕이 줄어들면 창조의 위대한 목적, 즉 지구를 인간으로 가득 채우는 것이 어려워진다. 따라서 관건은 통제에 있다. 맬서스는 "성교(性交)로부터 그와 관련된 모든 부대 상황을 제거한다면 그것은 대개 경멸받을 것이다"라는 고드윈의 진술을 논평하면서 "고드윈은 나무를 사랑하는 사람들에게 다음과 같이 말하는 것이 나을 것이다. 나무에서 뻗어 나온 가지와 사랑스러운 잎사귀를 제거한다면 휑한 막대기에서 어떤 아름다움을 볼 수 있겠는가? 감탄을 자아내는 것은 가지와 잎사귀가 있는 나무지 이것들이 없어진 나무가 아니"라고 말했다.[81)]

그는 자연의 충만함과 무성함, 그리고 어떤 제약에도 굴하지 않는 생명의 넘치도록 풍부한 모습에 압도되어 이를 서구사상의 중요한 특징인 경외심과 함께 드러냈다. 훔볼트와 마찬가지로 그는 자연의 형태와 작동에서 무한한 다양성을 보았으며 "자연이 창출하는 다양한 인상으로" 정신을 일깨우고 개선하며 탐구에 이르는 새로운 길을 연다고 생각했다.[82)] 부와 빈곤 사이에 있는 중간 영역의 사회가 지적 향상에 가장 유리한 것으로 보이지만 모든 사회가 중간 영역에 있기를 기대할 수는 없다. 마찬가지로 "지구의 온대 지역이 사람들의 정신적·신체적 에너지에 가장 우호적인 것으로 보이지만 모든 지역이 온대 지역이 될 수는 없다".[83)]

맬서스가 우리가 논의하는 사고에 기여한 부분은 인구이론을 철학, 역사, 민족학과 관련시켰다는 점이다. 하지만 전체적으로 봤을 때 인구의 원리를 설계론 및 목적인의 철학과 열정적으로 결합시키지는 않았다. 맬서스는 쥐스밀히와는 달리 창세기와 인구이론 간의 밀접한 관계를 인정하지 않았다. 그는 물리신학에 빠져 있는 저자들의 즐거운 낙관주의를 무시했다.

---

81) Vol. 2, p. 155, *Political Justice*, Vol. 1, Bk. 1, chap. 5에서 인용.
82) *1798 Essay*, p. 378.
83) *Ibid.*, p. 367.

그는 자연법칙을 강조했고 인간의 조건 속에서, 즉 역사, 민족학, 통계학 속에서 인류를 연구하는 것의 중요성을 역설했다. 비록 그가 이 학문 중 어느 것도 혁신하지는 못했지만 그의 저술은 이 학문들에 새로운 중요성을 부여하고 연구를 위한 새로운 자극을 주었다. 또한 맬서스의 저술은 필연적인 진보라는 가정에 대한 초기 도전 중 하나이기도 하다. 그는 사람들에게 사회사와 문화사를 연구하면서 퇴보에도 눈길을 주라고 조언했다. 본질적으로 그는 그때까지 존재했던 것보다 심오한 유형의 역사 편찬(*historiography*)을 요구했다.

인간은 지구를 개조하며, 이는 신의 설계에 의한 것이다. 신이 그렇게 하는 이유는 인구 원리에 의해서만 지구가 완전하게 경작될 수 있기 때문이다. 따라서 인구의 원리는 세계에 인간이 가득 차는 과정, 즉 인류의 초기 분포, 덜 바람직한 장소로의 정착, 대재앙이 벌어진 이후 인구가 재정착하는 과정을 설명하는 한편 그것을 통해 간접적으로 인간에 의한 지구의 변형을 설명한다. "땅을 개간하고 가는 과정, 씨앗을 수집하고 뿌리는 과정은 틀림없이 신의 창조를 보조하는 것일 뿐만 아니라 인간이 행동하고 그의 정신이 이성을 가지도록 하기 위한 목적으로 삶의 축복을 향유하는 데 필수적인 것으로 미리 만들어졌다".[84]

따라서 우리가 이 책에서 논하는 사고에 대한 증거가 존재하는 곳이 바로 맬서스의 저술들이다. 물리신학은 제한적이며 레이와 더햄의 영국적 전통 속에 있다. 자연에 관한 종교는 로마인에게 보낸 편지 1장 20절로부터 영감을 받았다. 그러나 환경의 영향은 한정된 총체적 환경에서 기인하는 보다 근본적이고 추상적인 영향에 종속된다. 그리고 인간은 살아가고 행동하고 자신의 정신을 이용하기 위해 자신의 환경을 개조한다.

끝으로 맬서스는 특히 그의 첫 번째 에세이에서 놀랄 만큼 은유적인 언어로 환경적 인과성과 사회적 인과성 사이의 선택을 강하게 요청한다. 맬

84) *Ibid.*, p. 361.

서스의 인구이론에 뒤이어 나온 인구론의 역사 중 많은 부분이 맬서스가 제기한 선택이라는 관점에서 기술될 수 있다.

구소련에서 맬서스의 이론에 대한 마르크스적 적개심(이 적개심은 나중에 다윈에게까지 확대되었다)은 잘 알려진 사례이다. 왜냐하면 마르크스주의자들이 보기에 인구 문제는 경제적·사회적 발전의 목적론과 엉켜 있으며, 따라서 인간이 대항하려 노력해도 소용없는 자연법칙의 문제가 아니기 때문이다. 맬서스는 환경의 한계에 대한 근거를 제시했다. 그는 또한 인간 활동의 모든 국면에서 진보가 불가피하다고 믿는 사람들의 가정이 재검토될 필요가 있음을 보여주었다.

6. 맬서스에 대한 최종 답변

맬서스의 에세이가 출판된 후 22년이 지나서 고드윈은《인구에 관하여》(*Of Population*)를 출판했는데, 600쪽이 넘는 이 책은 주로 맬서스에 관한 것이었다. 맬서스의 첫 번째 에세이가 탄생하는 데 책임이 있던 사람들 가운데 한 사람이 이제 맬서스적 이론을 완전히 끝장내겠다는 포부를 가지고 전투에 복귀한 것이다.[85]

《인구에 관하여》는 간과된 저작이다. 어떤 누구도 심지어 고드윈의 예찬자들도 이를 진지하게 받아들이지 않은 것 같다. 이 책은 엉성하게 구성되었고 지적으로 탁월하지도 않다. 비록 그가 맬서스에게 개인적 감정은 전혀 없다고 거듭 말했지만 자주 나타나는 웅변조의 편협한 어조는 객관적이고 침착한 논박이라는 그의 주장을 무색하게 한다. 그럼에도 불구하고 보다 밝은 시대의 여명을 내다보았던 고드윈은 맬서스 교의에 대해 몇 가지 호된 반론을 제기했다. 하나의 사례만 가지고 교의를 만든 것('이

85) *Of Population*, pp. iv~vii.

체계는 전 세계에서 유래가 없을 정도로 성공을 거두었다') 은 오류였다.

맬서스는 미국의 북동부 지역에서 인구 원리를 발견했다. "만약 아메리카가 발견되지 않았다면, 인류의 증식에 적용될 수 있는 기하급수적 비율은 결코 알려지지 않았을 것이다. 만약 영국 식민지가 이식되지 않았다면 맬서스 씨는 결코 그 책을 저술하지 않았을 것이다".[86] 고드윈이 말한 것처럼 미국의 인구 증가가 오로지 출산에 의한 것인지에 관한 증거는 없다. 자유주의적 제도를 가진 자유 정부인 미국은 "훨씬 많은 사람들이 이 축복을 함께하길" 원했다. 사람들이 자신들의 고향과 빈곤에 대해 가진 사랑이 없었더라면 유럽의 하층 계급 전체가 집단으로 미국에 이주했을 것이다. 미국의 인구 증가를 유발한 것은 바로 구대륙으로부터의 이주와 '삶의 개화기'를 맞은 이민자들이었다.

고드윈은 유럽보다 미국의 아동 인구가 훨씬 많고 질병이나 여타 원인에 의한 조기 사망자의 수가 더 적다는 점을 부정했다. 새롭게 정착한 모든 국가에서처럼 아메리카는 건강에 불리했고 북아메리카에는 늪이 많다. 볼니 백작의 《미국의 기후 및 토양에 관한 견해》(*View of the Climate and Soil of the United States*)에 주로 의존하면서 고드윈은 결핵, 이질, 황열에 의한 사망자 수를 강조했다. 볼니가 관찰했던 미국 아동에게 충치가 만연했다는 사실 또한 미국의 환경이 건강에 좋지 않음을 보여주는 증거였다.[87] [미국의 정착 역사가 19세기와 20세기 사회·정치의 사상에 미친 영향에 관해 흥미로운 글을 쓸 수 있을 것이다. 맬서스가 생각했던 것처럼 미국 인구 희박 지역에서의 초기 인구 증가는 기하급수적 비율의 진실성을 입증했다. 그러나 추가적인 정착, 경작, 착취, 수확 그리고 밀의 잉여는 1870~1880년대의 경우 특히 원리의 오류를 드러냈다. 조지(Henry George)*는 《진보와 빈곤》(*Progress and Poverty*)에서 맬서스 이론을 수차례 비난했으며, 많은 이

86) *Ibid.*, pp. 142, 139~140.

87) *Ibid.*, pp. 374~380, 403~404, 418, 430~443. Volney, *View of the Climate and Soil of the United States*, pp. 278~332 참조.

들이 동의했다. 끝으로 미개척지(*frontiers*)에 대한 터너 등의 해석은 폐쇄 공간에 관한 사고의 역사에 새로운 국면을 열었다.]

맬서스의 발견이 아메리카의 인구 증가에 기반을 두었기 때문에 "이러한 무익하고 터무니없는 가설"이 제거되면 "과학 전체는 맬서스가 저술하기 전의 바로 그 상태로 되돌아간다 …".[88] 고드윈은 우리가 '사람으로 가득 차지 않은 세계'에 산다고 거듭 말한다.[89] 지구 전체에 대한 조사를 통해 인구 원리를 도출하는 것이 더 정당하지 않았겠는가? 어디를 조사하든 세계 인구가 희박하게 흩어졌음이 드러날 것이고, 비거주 지역을 더 잘 이용하는 방법과 이 지역을 "수많은 행복한 인종으로 가득 채울" 가능성을 볼 것이다.[90]

고드윈은 맬서스가 자연의 법칙을 만들도록 허용하려 하지 않았다. 맬서스의 원리는 "**자연의 법칙**이 아니다. 그것은 **매우 인위적 삶의 법칙**이다".[91] 맬서스가 옳다면 이 지구가 왜 사람들로 가득 차 있지 않는가? 만약 이렇게 힘겨운 수단이 인구 증가의 경향을 제한하기 위한 것이라면 "왜 세계는 광대하고 황량한 황무지인가? 인간은 왜 그곳에서 약탈자들과 야생동물의 위험으로부터 보호받지 못한 채 작은 무리를 지어 기어 다니면서 한 기후에서 다른 기후로 헤매고 다니는가? 인간은 왜 사람들로 가득 찬 지구에서 가장 자연스럽게 얻을 수 있는 상호 도움과 즐거움 없이 살아가는가?"[92]

자연법칙에 관한 고드윈의 반박은 정착의 역사로부터 얻은 증거와 지구상 인류의 실제 분포에 기반을 둔다. 고드윈이 옳았다! 인구이론을 인간 정착의 역사와 분리해서 고찰해야 할 이유가 도대체 무엇인가? 고드윈

---

88) *Ibid.*, p. 141.
89) *Ibid.*, pp. 485~486.
90) *Ibid.*, pp. 15~16.
91) *Ibid.*, p. 20.
92) *Ibid.*, pp. 20~21.

이 보기에 인구 성장의 문제는 기본적으로 역사 문제다. 인구 감소는 어떠한가? 유럽 쪽 터키와 아시아 쪽 터키, 페르시아, 이집트, 그리고 다른 많은 국가가 "전성기 때"에 비해 인구가 희박한 이유가 무엇인가?

고드윈은 토양 고갈이 원인은 아니라고 답한다. "분명 그 원인은 곡물이 그들의 땅에서 더 이상 자라지 못하게 되었기 때문은 아니다". 그 원인은 "이 국가의 정부와 정치 행정"에서 찾아볼 수 있다.[93] 그는 몽테스키외가 《페르시아인의 편지》에 서술한 인구 감소에 대한 불평에 공감했고, 또한 흄의 에세이가 "이 주제에 관해 약간의 불확실성"을 덧씌운 것에 지나지 않는다고 느꼈다.[94]

기하급수적 비율이 중국과 같은 구대륙 국가의 경험에서는 왜 검증되지 않았는가?[95] 중국은 이상적 사례가 될 수 있다. 왜냐하면 결혼을 장려하고 독신주의를 억제하며, 쓰레기를 만드는 공업도시가 없고, 평온한 생활 덕분에 여성들이 다산을 하고 조산의 위험으로부터 보호되기 때문이다. 고드윈은 자신과 맬서스는 모두 중국의 인구에 관해 아무것도 알지 못한다고 말한다. 그러나 맬서스 본인이 제시한 진술에 기초하여 고드윈은 다음과 같이 생각한다. "중국의 관료와 입법자는 수 세기 동안 이 주제에 대해 내가 보기에는 계몽적이기도 한 관심을 지속적으로 발전시켜 왔다. 그들은 (맬서스의_옮긴이) 인구론이 말하는 주요 원리에 대해서는 전혀 공감하지 않을 뿐만 아니라 오히려 인구 감소를 막기 위한 장려와 배려가 없다면 인류의 수는 지속적으로 감소해갈 것이라는 설득에 깊은 감명을 받았다".[96]

인종적·문화적 혼합과 이주가 인구 성장에 영향을 미치는 것으로 보

93) *Ibid.*, pp. 309~310.

94) *Ibid.*, p. 40. 고드윈은 *Persian Letters*, No. 108과 흄의 저술, "Of the Populousness of Ancient Nations"을 인용한다.

95) *Ibid.*, chap. 6.

96) *Ibid.*, p. 52.

인다. 인구 증가의 원인이 이러한 혼합에 있고, 인구 감소의 원인이 고립과 동종교배에 있다고 간주할 수는 없는가? 이종교배는 인간이나 동물 모두의 생식력을 증가시키는 것처럼 보인다. "현재 유럽인의 인종적 특성은 실질적으로 켈트족과 킴브리족, 고트족과 반달족, 데인족(노르만의 일파_옮긴이), 색슨족, 노르만족의 침입 덕이지 않는가?"[97] 고드윈은 인구 원리가 자연법칙이라는 점을 부정하면서, 사실상 세계 인구의 수와 분포는 기본적으로 역사와 지리의 문제라고 말했다. "인구를 역사적으로 고찰하면 인구는 단속적이고 특히 발작적으로 작동하는 변덕스러운 원리인 것처럼 보인다. 이 점이 이 주제와 관련된 거대한 신비다. 인구의 불규칙한 진보의 원인을 끈질기게 탐구하는 것은 철학자에게 매우 가치 있는 과제일 것이다".[98]

게다가 고드윈은 맬서스처럼 지구와 지구의 자원을 하나의 전체로 보았으며 내가 알기로는 지구의 부양 능력에 관한 가장 앞선 추정치 가운데 하나를 내놓았는데 그가 산정한 숫자는 90억 명이었다.[99] 초지를 쟁기로 대체하고 다시 쟁기를 가래로 대체함으로써 지구의 생산성은 끊임없이 개선될 수 있다. "인간 생계를 목적으로 할 때에는 텃밭 경작(*garden-cultivation*)의 생산성은 경지 경작(*field-cultivation*)에 비해 놀라울 정도로 크다".[100] 이 주장의 유일한 결함은 사회가 발전할수록 육체노동을 줄이는 것이 바람직하다는 것이다. 하지만 "저강도 노동의 수습 기간"(*probation of extensive labor*)이 있어야만 한다. 왜냐하면 인류의 대다수는 아직 여가생활을 누릴 준비가 되지 않았기 때문이다. 바다의 자원을 이용하고

97) *Ibid.*, pp. 365~366.

98) *Ibid.*, pp. 327~328.

99) 그는 지구 면적 가운데 3,900만 제곱마일에 인간 거주가 가능하고, 이 가운데 130만 제곱마일은 3억 명의 추정 인구를 가진 중국에 속한다. 중국 문명을 문명의 표준으로, 중국 인구를 인구밀도의 표준으로 사용하면, 그 결과는 90억 명(즉, 3,900만/130만×3억 명)이 된다. *ibid.*, pp. 448~449.

100) *Ibid.*, p. 495.

육식에 비해 채식이 얼마나 많은 사람들을 부양할 수 있는지를 살펴보며, 텃밭지기들(*gardeners*)의 세상을 만들어라! "자연이 우리에게 지구라는 거대한 영양의 원천(*alma magna parens*)을 선물했고, 지구의 품은 맬서스 씨의 터무니없고 앞뒤가 맞지 않는 비율을 제외하면 무한하다고 할 수 있을 것이다. 인간의 과학과 창의성은 이 자원을 최대치로 이용할 수 있는 수단을 선사한다".101)

맬서스의 저술에서처럼 고드윈의 저술에서도 인간은 자연의 질서에 존엄성을 부여하는 존재이고 세상에 사람들이 계속해서 가득 차는 과정에서 인간이 만드는 변화가 아름답고 유용할 것이라는 확신이 나타난다. 인간이 지구를 더 좋은 장소로 만든다.

> 인간은 감탄할 만한 피조물이자 세상의 아름다움이다. 만약 인간이 이 세상에 존재하지 않는다면 이 세상은 "용의 거주지, 부엉이의 앞마당"이 될 것이고 "사막의 야생동물이 섬의 야생동물에게 울부짖을 것이며, 개코원숭이가 활개를 치며 돌아다닐 것이고, 유쾌한 장소는 음울한 피조물로 가득찰 것이다". 그렇다면 인간이 무한히 관대한 자연으로부터 자신의 종을 번식시킬 수 있는 무한한 힘을 부여받았다는 생각은 얼마나 즐거운 것인가? 나는 방금 서술한 암울하고 쓸쓸한 세계에서 눈을 돌려 수많은 인간들 손에 완전히 경작되고 완전히 개선되었으며 완전히 다채로워진 지구를 상상한다. 사상의 진보와 정신의 확장이 이를 이제까지 어디서도 실현된 적이 없는 수준으로 계몽, 순수, 적극적인 선행 상태의 세계로 자연스럽게 이끌 것으로 보인다.102)

고드윈의 진보에 대한 사고와 맬서스의 인구 원리 양자 모두는 분명 텃밭지기들의 세상이라는 미래로 연결되었다. 맬서스는 이 저작을 무시하지 않았지만 그렇다고 이에 대해 대꾸하지도 않았다. 대신 노골적인 문장

101) *Ibid.*, p. 498.
102) *Ibid.*, pp. 450~451.

몇 개를 쓰는 것으로 만족했다.[103] 지구에 대한 고드윈의 평가 이면에는 진보의 사고가 있다. 예측 가능한 미래에는 자연환경이 인간 발전에 대한 한계 요인이 되지 않으리라는 것이다. 그리고 거기에는 기술 시대와 화학 시대 여명기의 새로운 희망이 드러난다.

맬서스와 마찬가지로 고드윈은 이러한 발전이 문제를 유발할 수도 있다는 생각은 하지 않으며, 인구가 성장하고 인간이 유리한 장소에 지속적으로 정착함으로써 인간과 자연 세계와의 관계가 급격하게 변할 수 있다는 점도 드러내지 않는다. 오히려 고드윈은 지구의 모든 땅에 완전하고 영구적인 점유를 이룰 인류의 행진을 그리며 희망과 즐거움으로 가득 차 있다.

7. 결 론

몽테스키외는 《법의 정신》에서 기후의 영향을 옹호함으로써 그때까지 서구 문명에서 나타났던 사회적·환경적 질문에 대한 가장 면밀한 사고 중 일부를 촉발시켰다. 이는 몽테스키외 자신의 학습, 위트, 인간성, 독단을 이용함으로써 가능했다. 그는 《페르시아인의 편지》를 통해 인구 문제에 대해서도 비슷한 영향을 주는데 여기서 근대 인구 감소의 이유로 도덕적 원인에 큰 비중을 두었다. 《법의 정신》에서 이 질문들을 탐구할 때에도 그는 환경적 인과성이 아닌 문화적 인과성에 관심을 가졌다. 그는 인구의 특이성을 분명히 인식했으며 그 자신만의 인과적 인구이론을 제시했다. 이는 허세 없는 맬서스 같다고도 할 수 있는 것이었다. "두 사람이 편리하게 살 수 있는 장소가 어디서든 발견된다면 그곳에서 그들은 결혼할 것이다. 생계의 어려움으로 인한 제약만 없다면 자연은 결혼을

103) *A Principle of Population*의 제6판 보론에 있는 마지막 문단 참조.

충분히 지지하는 경향이 있다".[104]

비록 몽테스키외의 자료가 빈약하며 근대의 인구 감소에 관한 그의 결론이 잘못되거나 조야한 것이라 할지라도 그와 그의 페르시아인이 그토록 현실적·실용적으로 논의했던 문제는 진실로 중요했다. 고대 국가의 인구 규모에 관한 논쟁 가운데 일부는 터무니없지만 그에 따른 결실은 있었다. 고대인과 근대인을 둘러싼 보다 중요한 논쟁 — 인구 규모에 대한 논쟁은 이 논쟁의 일부를 이룬다 — 과 마찬가지로 인구 규모 논쟁은 고대 세계와의 비교를 유발했고, 근대 노예제, 발견 시대 이후의 유럽 식민지 팽창, 종교, 질병, 도덕성 등이 초래한 도덕적·사회적 결과들을 부각시켰다. 따라서 고대인과 근대인 간의 이러한 비교(문화, 예술, 인구, 도덕성 등)와 이 논쟁을 통해 보다 높은 차원의 일반화로 등장한 진보의 사고가 맬서스와 그에 대한 고드윈의 최종 답변에서 정점을 이루는 사회적·환경적 인과성에 관한 논쟁의 밑거름이 되었다는 주장은 전혀 과장이 아니다. 사고의 기반을 어디에 두는가? 인간 제도의 힘인가, 아니면 자연법의 전능한 힘인가? 이미 인용된 바 있는 고드윈의 호전적 말들은 대안을 분명하고 정당하게 진술한다. 맬서스의 원리는 "자연의 법칙이 아니다. 그것은 매우 인위적인 삶의 법칙이다".

여기서 우리는 진보의 사고(현재는 과학에 대한 신념이 이를 대신한다)가 인구 문제에 강력한 영향을 미치는 것을 거듭 본다. 콩도르세와 고드윈이 문명에 의미를 부여하는 기본 원리로 진보의 사고를 받아들이는 반면 맬서스는 진보의 불가피성과 인간이 완전함에 도달할 가능성을 부정하면서 진보가 불균등하고 불확실한 것이라고 주장한다. 가장 중요한 점은 진보의 사고와 지구의 환경적 한계를 결합시킨 것이다. 맬서스와 고드윈은 논쟁을 지구 전체로 확장시켰다. 정치적·문화적·종교적으로 너무나 다른 지구를 하나의 단위로 간주하는 것에는 분명 함정이 있지만 그럼에도 불구하고 이것은 환영할 만한 진전이었다.

---

104) *EL*, Bk. 23, chap. 10.

두 사상가 중 누구도 인간에 의한 환경 변화에 대해서는 조금도 염려하지 않았다. 그들은 그것을 인식했지만 그 함의에 대해서는 거의 생각하지 않았다. 맬서스에게 분명 환경은 제한적인 것이지만 고드윈이 보기에 환경은 인류에게 결정적인 문제를 거의 일으키지 않는다. 그들은 자신들의 목적을 위해 안정된 자연환경을 가정했다. 양자는 지구가 궁극적으로는 텃밭처럼 경작될 수도 있을 것이라고 생각했지만, 이들 누구도 오랜 인간 정주의 결과로 지구 환경이 악화되어 미래에 어려운 선택을 제기할 수 있으리라고는 생각지 못했다. 뷔퐁 역시 그렇게 생각하지는 못했지만 그는 인간이 땅과 모든 생명체에 미치는 큰 영향을 실제로 인식했다. 우리는 마지막 장에서 이 주제와 그의 사고를 고찰하고자 한다.

제14장 자연사에서 인간의 시대

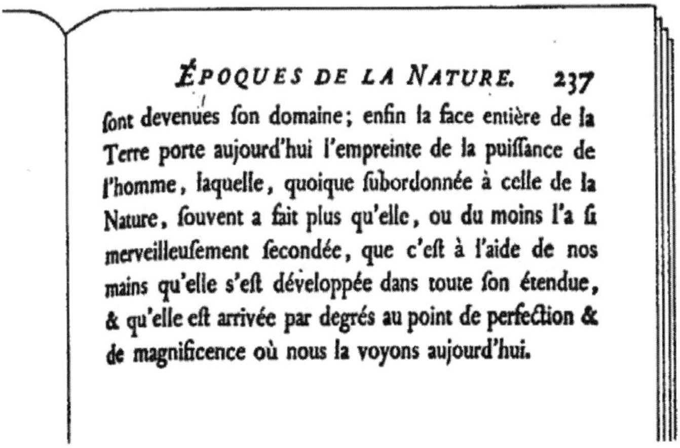
ÉPOQUES DE LA NATURE. 237

ſont devenues ſon domaine; enfin la face entière de la Terre porte aujourd'hui l'empreinte de la puiſſance de l'homme, laquelle, quoique ſubordonnée à celle de la Nature, ſouvent a fait plus qu'elle, ou du moins l'a ſi merveilleuſement ſecondée, que c'eſt à l'aide de nos mains qu'elle s'eſt développée dans toute ſon étendue, & qu'elle eſt arrivée par degrés au point de perfection & de magnificence où nous la voyons aujourd'hui.

1. 서론

뷔퐁은 《자연의 신기원》에서 일곱 번째이자 마지막 세기를 인간이 자연의 작동을 — 그의 용어를 빌려 — "보좌하는"(*seconding*) 적극적 역할을 담당하는 시대라고 명명했다. 세속적 관점에서 보면 인간은 자연의 통제 속에 있었다. 그러나 종교적 관점에서 보면 인간은 놀라운 속도로 창조를 완성했다. 이러한 견해를 가진 대부분의 사람들은 낙관적이었으며 진보의 사고, 즉 지식의 성장을 통해 인간의 지평을 넓힐 수 있고 인간의 기호에 맞게 환경을 개조할 수 있다고 믿었다. 비관주의가 있긴 했지만 일반 원리로 체계화된 것은 아니었으며, 인간이 자연의 경제나 균형에 조심스럽게 개입해야 한다는 의견은 있었다.

그러나 파브르(Jean Antoine Fabre)*의 《급류 이론에 관한 에세이》

(*Essai sur la Théorie des Torrents*) 같은 고립된 연구들은 문화지리와 역사에 대한, 그리고 땅에 지속적·누적적으로 영향을 미치는 관습과 관례의 지속성에 대한 새롭고 신중한 감수성의 출현을 예고했다.

2. 비교의 기회

지금 우리의 문제는 어느 때보다 더욱 선택의 문제다. 어떤 한 연구를 포함시키는 것을 정당화하는 것은 쉽지만 다른 연구를 배제하면서 이 연구를 포함시키는 것을 설명하기란 어렵다. 관련 자료의 양은 엄청나게 증가하며 이러한 증가는 19세기와 20세기에 가속화될 것이다.

첫째, 각 국가가 자연 자원에 관한 문헌 — 흔히 광범위한 이론적 관심을 촉발하는 문헌 — 을 누적시켰다. 18세기 말경 영국, 프랑스, 독일, 스웨덴 등 서유럽의 많은 국가는 이미 상당한 양의 문헌을 수집했다.

둘째, 종합된 저작들이 존재한다. 특히 뷔퐁의 것 같은 박물학은 우주론, 지질학과 역사지질학, 지리학, 식물학과 동물학, 민족학, 광물자원과 그 분포를 포괄했다. 이러한 박물학 — 사실적이고 흔히 일람표 같으며, 귀납적으로 구성되고 이론적 뒷받침은 없지만 상세하고 구체적인 연구 — 은 필연적으로 자연 속 인간의 위치, 인간에 대한 환경의 영향, 점점 증대하는 인간에 의한 자연 변화를 고찰했는데, 이에 대한 가시적 입증은 인간이 오래전부터 정착한 환경과 인간의 영향에서 멀리 떨어진 환경을 비교하는 방식으로 이루어졌다.

셋째, 신대륙, 특히 미국에 관한 문헌의 양이 계속 증가했고, 이 중 일부는 프랭클린, 제퍼슨(Thomas Jefferson)*같은 이들을 중심으로 생겨났다. 이들은 정치가이자 정치이론가로서 순수과학 및 응용과학에 깊은 관심을 가졌으며 미국의 경관을 변경시키는 계획에 관심을 가졌다. 프랭클린은 유럽에서 환대를 받았고, 뷔퐁은 미국철학회 소속이었으며 훔볼트는 몬티첼로(Monticello: 제퍼슨의 사저_옮긴이)를 방문했다.

유럽인과 아메리카인이 쓴 이러한 미국에 관한 문헌들은 토크빌(Alexis De Tocqueville)*이나 크레브쾨르(St. Jean De Crevecoeur)*의 저작들로 대표되는 정치·사회제도 및 미개척지에 관한 문헌과는 구분된다. 삼림에 관한 기술적(技術的) 저작들이 나왔으며, 볼니 백작 같은 여행가들은 삼림, 토양, 기후, 개간의 영향을 포함한 미국의 지리를 매우 세심하게 서술한 저작을 출간해 널리 인용되었다. 제퍼슨의 《버지니아 주에 관한 단보들》(*Notes on the State of Virginia*)은 유사한 방법을 사용하면서도 보다 기술적이다.

박물학에 관한 바트람(Bartram) 부자*의 저작과, 인구 및 자연의 균형에 관한 프랭클린의 간략한 에세이들도 있다. 〈미국철학회지〉(*Transactions of the American Philosophical Society*)의 초기 학회지들은 새로운 국가에 대한 학문적·과학적 관심의 범위를 분명히 드러냈다. 이미 18세기 후반경에 토양, 작물, 영농 방법에 관한 훌륭한 문헌이 있었다. 이 문헌에서 우리는 툴(Jethro Tull)*에서 타운센드(Charles Townshend)*에 이르는 영국 이론가들의 영향과 노포크의 4윤재식 농법(*Norfolk four-course rotation*)의 영향을 찾을 수 있다.

그러나 영국의 영농 방법과 이론이 무비판적으로 수용된 것은 아니다. 왜냐하면 사람들은 유럽 이론가들의 승인을 기다리지 않고 옥수수나 담배가 토지에 미치는 영향, 토양의 고갈과 침식의 위험, 비료의 성격 등에 관한 관찰로부터 배울 수 있었기 때문이다. 그리고 아메리카 환경에 관한 새로운 지식이 형성되기 시작했는데, 이는 아마도 라부아지에(Antoine-Laurent de Lavoisier)*나 데이비(Humphry Davy)* 경뿐만 아니라 로레인(John Lorain)*같이 명성은 떨어지지만 실천적인 관찰자들의 기여 덕분이다. 특히 로레인은 펜실베이니아와 양키 지역(뉴잉글랜드_옮긴이) 농부들이 사용한 개간 방법을 비교 연구했는데 이것은 앞으로 살펴볼 것이다.

중요한 점은 18세기 후반경 비교 연구의 기회가 크게 증가했다는 점이다. 가장 극적인 비교는 정착한 지 오래된 유럽(대부분의 토지는 수 세기 동안 경작되었고, 삼림은 벌목되어 곡물밭, 포도밭, 과수원 또는 마을, 소읍, 도시들로 바뀌었고, 그곳의 많은 하천들은 유로가 깊어지고 직선화되면서 이제 유순해졌고, 신부의 들러리처럼 많은 소운하들을 동반한다)과 비교적 미개발지인 북아메리카 식민지 간의 비교였다.

이 비교는 볼니 백작이 《제국의 몰락》(*Ruins of Empire*)에서 제시한 좀 더 익숙한 대비, 즉 현재의 쇠락과 과거의 영광에 관한 증거를 가진 유럽과 근동 간 비교보다 더 극적이었다고 생각된다. 신대륙을 여행한 유럽의 여행자들은 그 대비를 보았다. 그들이 그것을 보지 못했다면 오히려 놀라운 일일 것이다. 그들 모두는 여기서도 자연은 새로운 거주자들이 부과한 변화를 감수해야 한다는 점에 동의하는 것처럼 보인다.

새로운 땅을 통치할 책임을 가진 사람들의 사고는 영농 정책이나 국가 발전과 같은 실천적 관심보다는 보다 고차원적인 철학적 면에 초점을 맞추는 경우가 많았다. 제퍼슨과 그의 친구이자 로샹보(Rochambeau)* 군대의 장군이었던 샤스텔뤼(Marquis de Chastellux)*가 그랬던 것처럼 그들은 경제적으로 유용하고 심미적으로 쾌적하며 건강에 좋고, 생물학적으로 건전한 새로운 환경의 계획적 창조(삼림과 개간지를 번갈아 배치하는 것)를 구상하는 단계에 이를 수 있었다.

이 책에서 이같이 방대한 국가적이고 체계적인 문헌을 모두 조사하는 것은 분명 불가능하지만 나는 인간 능력의 깊이와 폭에 관한 인식이 증대함을 예시하는 몇 가지 주제를 선정하고자 한다. 이 주제에는 박물학 분야 연구의 영향, 특히 뷔퐁의 연구가 미친 영향이 포함된다. 뷔퐁은 18세기 박물학자들 가운데 가장 탁월한 인물이며 다른 형태의 생명과 자연환경 전반에 미친 인간의 영향에 대한 관심을 일깨워 주었다. 여기에는 이후 세계적인 중요성을 가진 주제가 포함되는데, 문명인이 위험을 무릅쓰고 개입하는 자연의 원초적 균형에 관한 사고, 보다 좋은 환경을 창출하기 위한 합목적적 변화에 관한 대조적 사고, 개간이 기후에 미치는 영향

그리고 개간과 배수가 건강에 미치는 영향, 삼림 보호와 급류 통제의 문화적 측면 등이 그 예다.

18세기 과학에서 저명한 인물들, 즉 프랑스의 뷔퐁, 스웨덴의 린네, 영국의 뱅크스 경은 박물학을 발전시키는 데 헌신했으며, 이러한 박물학의 발전은 다양한 방식으로 인간의 활동을 더욱 부각시켰다. 박물관을 위한 수집 활동을 하고 경제적으로 유용한 동식물의 도입에 관심을 가지면서 사람들은 인간이 동식물 생명체의 세계적 분배자 역할을 한다는 점을 더 잘 인식했다. 쿡의 여행이 그렇듯 18세기 후반의 여행은 가지각색의 방식으로 자신의 자연 자원을 개발한 민족 — 다양한 문명화 정도와 피부색을 가진 — 에 대한 새로운 소식을 가져다주었다.

3. 기후 변화와 인간의 근면함

이 장이 뷔퐁의 기여를 강조하기는 하지만 다른 사람들도 '자연의 적극적 개조자로서의 인간'이라는 주제를 다루었으며, 뷔퐁의 설명은 이 주제에 관한 광범위한 관심 — 비록 산재하기는 하지만 — 에 많은 빛을 졌다는 점을 덧붙일 필요가 있다. 그 예로서 환경의 영향에 관한 사고와 무척 밀접하게 연계된 몽테스키외(117~128쪽 참조)는 국가가 인간의 근면함을 통해 현재 상황에 도달했으며, 이러한 근면함이 실제로 유럽과 중국 제국의 자연환경을 변화시켰음을 관찰했다. 신대륙의 원주민들은 이러한 성공을 이루지 못했다.

18세기의 연구자들은 신대륙의 인구가 아시아, 아프리카, 유럽에 사는 많은 인구에 비할 바가 못 된다는 사실에 깊은 인상을 받았다.[1] 이러한 신대륙의 실패가 신대륙의 경관과 유럽 및 중국의 경관이 대비되는 원인

1) Chinard, "Eighteenth Century Theories on America as a Human Habitat", *PAPS*, Vol. 91(1947), p. 28.

을 설명하는 것으로 간주되었던 것 같다. 유럽과 중국에서는 근면한 사람들이 충분히 오랫동안 살았고 위대한 역사적 변형을 달성할 수 있을 정도로 인구가 충분히 많았다는 것이다. 근대에 들어 세계 인구가 줄어들었다는 잘못된 믿음에 의해 뒷받침된 이와 같은 민감한 관찰로 인해 몽테스키외는 인구 증가의 중요성과 자연환경에 대한 인간의 적극적 개입을 강조했다.[2]

인구밀도와 토지 이용의 관행 간에는 상관관계가 있는데 목초지는 적은 인구밀도를, 곡물 경작지는 좀더 많은 인구밀도를, 포도밭은 보다 많은 인구밀도를 유지하게 한다. 곡물이나 포도의 경우 인간의 근면함은 더욱 강화된다. 벼 문화가 가장 좋은 예다. 사람들은 가축의 노동을 자신들의 노동으로 대체했으며 이와 같은 "토양의 문화는 인간에게는 일종의 거대한 생산 과정이 된다".

몽테스키외는 1669년 삼림령 이후 벌어졌던 삼림 이용상의 문제를 명백히 무시하면서 석탄을 연료로 사용하는 국가는 "다른 국가에 비해 이점을 가지며 토지가 삼림으로 이용될 필요가 없기 때문에 경작될 수 있을 것이다"라고 말했다. 어쨌든 이 말이 그의 사상이 갖는 역동적 특성을 보여주는 것은 사실이다. 즉, 석탄으로 인해 경제가 삼림에 대한 의존에서 벗어날 수 있으면 이번에는 삼림이 농업적 개간을 위해 희생될 수 있다는 것이다. 그러나 이 말은 그가 경관의 주요 요소로서 삼림이 가지는 가치에 관해서는 거의 인식하지 못했음을 보여준다.[3]

몽테스키외는 근대 세계의 인구가 매우 위험할 정도로 줄어들었기 때문에 소수의 거주자로는 자연을 이용할 수 없을 뿐만 아니라 현재 자리에 묶어놓을 수도 없다고 우려했다. 이러한 우려가 근거 없는 것이기는 했지만 이는 그가 인구와 지구 자원 활용 간의 관계를 인지함을 보여주는

2) 앞의 133쪽과 *The Persian Letters*, tr. Loy (Meridian Books), letters 113~123, and *EL*, Bk. 23, chaps. 1~4, 10~19, 24~26 참고.

3) *EL*, Bk. 23, chap. 14.

데, 이 점은 그의 환경론이 인간의 수동성을 전제했다는 점과는 잘 어울리지 않는다. 세계 인구는 반드시 증가해야만 한다. 《팡세》에서 그는 자연에 대한 인간의 능동적 개입을 강력하게 호소한다. 지구는 항상 수확을 위한 노력에 비례하여 산출물을 낸다. 바다의 물고기는 무궁무진하게 많다. 어부, 선박, 상인이 부족할 뿐이다. 양떼는 이를 돌보는 사람들에 따라 증가한다. 삼림이 고갈되었다면 땅을 파 보아라. 그러면 연료를 얻을 것이다. 왜 당신은 신대륙으로 가서 단지 소의 가죽만을 얻으려 소떼를 죽이는가? 왜 당신은 경작지에 관개할 그 많은 물이 바다로 흘러가도록 두는가? 왜 당신은 바다로 흘러가야 할 물을 경작지에 남겨 두는가?[4]

심지어 문학가들도 기후 변화를 논했다. 흄은 역사적 시기에 따라 유럽에서의 기후 변화를 추론하고, 이러이러한 기후 변화가 일어나고, 그가 살던 시기에 기후가 더 따뜻해진 것은 모두 인간 활동의 영향인데 그 이유는 과거 태양광선으로부터 지표면을 보호했던 나무가 이제 제거되었기 때문이라고 결론지었다. 아메리카의 북부 식민지는 개간으로 더 온화해졌고 남부는 건강에 더 좋은 기후가 되었다.[5]

게다가 칸트는 인간 활동이 과거와 현재에 작동하는 작인 가운데 하나로 지진, 하천, 비, 바다, 바람, 서리처럼 역사적 시간을 통해 물리적 변화를 유발한다고 인식했다. 사람들은 바다를 막고, 포 강, 라인 강, 기타 하천 하구에 토지를 만드는 작업을 했다. 이들은 습지를 배수하고 삼림을 개간했으며, 이 과정에서 국가의 기후를 가시적으로 변화시켰다.[6] 의례적 언급에 불과할 수도 있었던 이 진술이 흥미로운 이유 중 주된 것은 칸트가 자연지리학 연구에서 환경 변화를 초래하는 자연현상 가운데 하나

4) *Pensées et Fragments Inédits de Montesquieu*, Vol. 1, pp. 180~181.

5) "Of the Populousness of Ancient Nations", *Essays Moral, Political, and Literary*, Vol. 1, p. 434.

6) "Physische Geographie", in *Immanuel Kant's Sämmtliche Werke*, ed., Hartenstein (Leipzig, 1868), Vol. 8, p. 300.

로 인간을 포함시키는 것이 필수적이라고 생각했다는 점이다.

인간에 의한 경관 변화에 대한 관심은 삼림 개간이 기후를 변화시켰다는 이론에 자극받았다. 신대륙으로부터 나온 보고서들은 기후가 점차 따뜻해진다고 주장했다. 미국의 의사였던 윌리엄슨은 1760년 미국철학회에서 이 주제에 관한 논문을 발표했다. 이 논문의 프랑스어 번역본은 뷔퐁에게 영향을 주었다. 그는 펜실베이니아와 이에 인접한 식민지에 사는 사람들이 지난 40~50년 동안 기후가 변화하여 겨울은 덜 혹독해졌고 여름은 더 시원해졌음을 진술했다고 말했다. 윌리엄슨은 이 주장을 액면대로 받아들이고 인간이 일반적 기후 패턴에 국지적 변화를 초래할 수 있다고 설명했다.

윌리엄슨은 중부 식민지의 해안이 북동부에서부터 남서부로 기울어져 있다고 말했다. 대서양은 여름에 받은 열의 일부가 남아 있고 멕시코만류에 의해 따뜻해지기 때문에 겨울에는 육지보다 더 따뜻해 강한 북서풍이 겨울에 해양 쪽을 향해 분다. "대륙의 공기가 차가울수록 이 북서풍은 더욱 맹렬해질 것이다". 윌리엄슨은 무엇이 이 바람의 강도를 줄일 수 있는가라고 묻는다. 단단하고 매끈한 표면은 거칠고 불규칙한 표면보다도 열을 더 잘 반사한다. 즉, 깨끗하고 평탄한 경지는 관목과 나무로 뒤덮인 지표면에 비해 열을 더 잘 반사한다. "만약 이 대륙의 표면이 깨끗하고 평탄하여 많은 열을 반사하고 이에 따라 대륙의 공기가 따뜻해져 인접한 대서양에서 생성된 열과 같은 수준이 된다면 균형이 회복되어 정기적인 북서풍이 사라질 것이다". 7)

바다의 어부 등 몇몇 관찰자들은 북서풍의 강도가 약해졌다고 보고했다. 사람들이 이곳에 정착한 이래, 심한 서리가 내리는 날이 줄고 강설량은 줄었으나 강설이 더 불규칙해졌다는 진술도 나왔다. 개간된 경지는

---

7) "An Attempt to Account for the CHANGE OF CLIMATE, Which Has Been Observed in the Middle Colonies in North-America", *TAPS*, Vol. 1 (2d ed., corrected, 1789), p. 339.

관목이나 나무로 덮인 땅에 비해 겨울에 더 따뜻하다. 개간지와 바다의 온도차가 줄어들면서 겨울 폭풍의 빈도나 강도, 폭풍이 치는 기간 역시 줄었다. 윌리엄슨은 유럽에서 이를 보완할 증거를 찾으면서 다음과 같은 주장에 대해 논평했다. 그 주장이란, 이탈리아는 현재보다 아우구스투스 시대에 경작이 더 잘 되었지만 기후는 그때에 비해 지금이 더 온난하다. 따라서 이는 "한 지역의 경작이 대기를 보다 온난하게 만들 것이라는 의견"[8]과 모순된다는 주장이다. 그는 설령 이탈리아의 겨울이 아우구스투스 시대에 더 춥더라도 이탈리아에서만 증거를 찾는 것은 충분치 않다고 답했다. 왜냐하면 그 원인이 이탈리아에 있는 것이 아니라 "로마의 북부에 있는 광대한 지역", 즉 헝가리, 폴란드, 독일에 있기 때문이다.

카이사르 시대 이래 게르만족의 수는 증가했고 농업 역시 진보했다. 이 왕국들 전부가 한때는 삼림으로 덮였었지만 오늘날에는 일부만 남아 있다. 고대에는 춥고 삼림으로 뒤덮인 북부 국가들로부터 불어오는 북풍이 이탈리아를 차갑게 했다. 오늘날 이 북부 국가들은 개간되고 경작되었으며 이에 따라 과거와 같이 맹렬한 바람이 불지 않는다. 그리고 만약 독일과 그 인접 국가들의 추위가 덜해졌다면 이는 이탈리아에서도 추위가 덜해졌음을 의미한다. 이와 유사한 주장에 관해 웹스터가 의문을 제기했던 것처럼 알프스 산맥을 어떻게 무시할 수 있었는지가 궁금할 따름이다.[9]

개간이 겨울을 더 온화하게 만든다면 여름 또한 더 덥게 만들 것이라는 반박은 어떻게 할 것인가? 윌리엄슨은 "방대한 면적의 개간된 토지에 경작되지 않은 거대한 산줄기가 여기저기 가로지르게 하는" 경관의 계획적

---

8) Williamson, *op. cit.*, p. 340. 출처는 Barrington Daines, "An Investigation of the Difference Between the Present Temperature of the Air in Italy and Some Other Countries, and What it was Seventeen Centuries Ago", *Philosophical Transactions of the Royal Society of London*, Vol. 58 (1768), pp. 58~67. Williamson은 이 글의 p. 64 문장을 참고했다.

9) Williamson, *op. cit.*, pp. 340~342.

인 다양화를 제안한다. 따뜻해진 공기는 삼림으로 덮인 지역보다는 개간된 토지에서 보다 쉽게 상승할 수 있다. 이러한 공기 상승은 경작하지 않는 산지로부터 보다 차가운 공기가 유입되게 해 차가운 미풍과 따뜻한 미풍을 모두 만든다. 육지풍과 바다나 호수에서 불어올 바람이 온난한 여름을 가져다 줄 것이다.[10]

윌리엄슨의 관심은 합리적이고 계획된 개간을 통해 기후를 통제하고자 하는 위와 같은 계획보다 더 광범위했다. 즉, 이같이 인위적으로 유도된 기후 변화가 다양한 곡물과 새로운 식물의 도입을 허용할 것이라는 것이다. 내과의로서 그는 개간이 건강에 미치는 영향에 관한 연구와 질병의 역사를 기록하는 일의 중요성을 인식했다.

> 이 지역의 표면은 나무로 덮였고 모든 계곡이 늪이나 정체된 습지를 만드는 한편, 나뭇잎이나 풀을 통한 왕성한 증발 그리고 연못과 늪의 표면에서의 일반적 증발에 의해 공기는 항상 매우 부패한 유체(流體)로 가득 차 있었다. 그에 따라 일련의 불규칙적이고 불안정하며 불쾌하고 간헐적인 열병이 여러 해 동안 이 지역의 여러 곳에서 치명적 위세를 떨쳤지만 이제 분명 쇠퇴한다. 겨울이 더 온화해짐에 따라 여러 질병과 더불어 냉한기의 늑막염과 염증열 역시 완화됨이 관찰된다.[11]

질병의 확산과 개방 공간의 존재 간 관계, 그리고 특정 종류의 질병과 습지 간의 관계는 히포크라테스학파 시대 이후 계속 관찰되었지만, 인간이 질병을 예방하기 위하여 환경에 적극 개입해야 한다는 사고는 미국의 내과의였던 윌리엄슨과 러쉬(Benjamin Rush)*에 의해 가장 설득력 있게 표현되었던 것으로 보인다. 이들은 어떤 국민과 그들이 처음 정착한 환경 간의 관계, 국민과 정착 후 환경 변화 간의 관계, 그리고 마지막으로

10) *Ibid.*, p. 343.
11) *Ibid.*, pp. 344~345.

국민과 농업과 식물의 도입, 배수, 공공보건 조치들로 인한 후속적인 변화 간의 관계를 인식했다.

많은 18세기 학자들이 기후 변화에 관심을 가졌다. 윌리엄슨의 에세이가 보여주는 바와 같이 이들의 이론은 흔히 경관 변화를 유발하는 인간 행위자의 역할을 고찰한다. 웹스터는 1799년 이러한 문헌들에 대해 탁월한 평가를 했다.[12] (이 책 12장 2절, 104쪽 참조) 웹스터는 근대 저자들〔버몬트의 역사가였던 가련한 윌리엄스(Samuel Williams)는 불행하게도 빠짐〕이 고전적 자료를 변덕스럽게 이용하는 상황을 명확하게 분석한 다음에 지중해 특유의 식생들, 즉 무화과, 석류, 올리브의 분포가 고대 이후 변화하지 않은 것이 분명함에 따라 예전의 겨울이 오늘날보다 더 춥지는 않았을 것이라고 주장했다. 그는 고전 자료에 근거해 고대 올리브의 지리적 한계선을 설정하고, 이 한계선은 근대에 영(Arthur Young)*이 그린 한계선 — 루시옹(Roussillon)의 피레네 산맥 기슭에서 시작해 북쪽의 랑그도크를 지나 세벤(Cévennes)의 남부에 이르고 몽텔리마(Montélimar)의 론강을 가로질러 그르노블(Grenoble) 근처를 지나 사부아(Savoy)에서 끝나는 — 과 거의 동일하다고 결론지었다.[13]

웹스터는 역사 시대에 대규모 기후 변화가 있었다는 대중적 믿음을 기각한 후 인간 행위에 의한 기후 변화가 제한된 지역에서 발생할 가능성을 고찰했다. 그는 뷔퐁, 그리고 뷔퐁의 권위를 수용했던 기번과 윌리엄스를 비판했는데 그 이유는 뷔퐁이 남부 유럽과 프랑스의 지역들은 과거 순록이 살 정도로 상당히 추웠지만 이제 순록이 살기에는 너무 따뜻해졌기

---

12) "Dissertation on the Supposed Change of Temperature in Morden Winters", in *A Collection of Papers on Political, Literary and Moral Subjects*, pp. 119~162. 1799년 코네티컷의 예술 및 과학 학술원(the Connecticut Academy of Arts and Sciences)에서 처음 발표되었던 이 에세이는, 1806년 같은 학술원에서 발표되었던 보충설명을 포함한다. pp. 148~162; 인용문은 p. 119.

13) *Ibid.*, pp. 133~134.

때문에 순록은 생존할 수 있는 더 추운 북방 지역으로 옮겨갔다고 말했기 때문이다.

> 나는 이 주장이 심한 오류라고 생각한다. 개구리는 숲을 찾아들고, 경작자의 도끼 앞에서 곰이나 방목 사슴, 아메리카 인디언처럼 도망친다. 사슴이 어떻게 개방된 들판에서 생존할 수 있겠는가? 나무가 사라지고 사람들이 출몰하는 곳에서 개구리가 살 것이라고 기대하는 것은 물고기가 공기 중에서 살 것이라고 기대하는 것과 같다. 하이라카니아 숲개구리는 더 이상 존재하지 않는다. 농부는 자신의 집, 음식, 영역에서 이 동물을 박멸했다. 이 동물은 사람과 함께하기를 좋아하지 않으며 유럽의 경작된 지역에서 사는 것을 포기했다. … 이 동물이 좋아하는 음식은 황량한 관목숲이나 경작되지 않은 구릉지에서 주로 자라는 이끼류라고 잘 알려졌는데 이 동물이 어떻게 개방되고 경작된 지역에서 살 수 있겠는가? 개구리의 퇴거는 기후 변화를 증명하기보다는 경작의 당연한 결과였다.[14]

이러한 주장은 뷔퐁이 표현했던 것과 많은 부분에서 비슷하다. 두 사람 모두 야생동물의 서식지뿐만 아니라 원주민의 거주지를 변화시키거나 위협함으로써 이들의 분포까지 바꾸는 문명인의 힘을 지적했다. 게다가 웹스터는 뷔퐁에게 정당하지 않았다. 실제로 뷔퐁은 순록이 이제 한참 북부에 있는 나라에서만 찾아볼 수 있으며, 프랑스의 기후는 숲과 습지 때문에 과거에는 현재보다 훨씬 추웠다고 말했다. 뷔퐁에 의하면 큰사슴과 순록이 갈리아 지방과 독일의 숲에서 살았다는 증거가 있다. 삼림이 개간되고 습지의 물이 고갈됨에 따라 기후는 보다 온난해졌고 추위를 좋아하는 동물은 이주를 했다. 동물 서식지에 변화를 초래한 많은 요인에는 물의 감소, 인구 및 인간 활동의 증가 등이 있다. 웹스터가 밝힌 것보다 뷔퐁과 이 유명한 사전 편찬자의 주장 사이에는 훨씬 더 공통점이 많았다. 두 사

---

14) *Ibid.*, p. 135.

람 모두 인구 증가, 인공 시설, 개간 및 배수 등이 동물의 분포에 미치는 영향을 인식했던 것이다.[15]

웹스터는 사실상 기후가 지구의 탄생 이후 동일했으며 황도면에 대한 지축의 기울기에 아무런 변화도 없었다고 결론지었다. 그러나 사람들이 상당한 정도의 국지적 변화를 일으키는 것은 가능했다. 이어서 숲과 개방된 토지 사이의 대비가 나오는데, 이는 삼림의 개간이 문명의 발달과 긴밀하게 연계되던 이 시기 사람들에게 무척 전형적인 것이다. 즉, 숲에서는 대기 온도와 지표에 가까운 땅 온도의 '변동'(*vibrations*)이 개간된 토지의 변동보다 많지 않고 또한 크지 않다.

지구가 나무로 뒤덮였다면 폭풍에 휩쓸리지 않고 온도는 더 균일할 것이다. 삼림으로 덮인 땅은 겨울에는 얼지 않고 여름에 마르지 않는다. 겨울에 얼고 여름에 마르는 극단적 상황은 개방된 또는 개간된 토지에서 나타나며, 웹스터가 말한 바와 같이 이는 (윌리엄슨이 주장한) 개간이 겨울의 추위를 완화시켜준다는 일반 이론을 반박하는 사실이다. 실제로 "비록 매년 그런 것은 아니지만 겨울의 추위는 확실히 눈에 띄게 증가했다".

웹스터는 지구 전체에 영향을 미치는 힘이 기후 변화와 어떤 관계를 가진다는 점을 부인한다. "개간과 경작의 결과 나타난 한 지역의 모든 변화는 몇 계절 동안 열과 냉기, 습한 날씨와 건조한 날씨의 상이한 분포를 만드는 데 그치는 것으로 보인다. 토지의 개간은 토지를 태양에 노출시켜 습기를 증발시키고, 이에 따라 토지들은 여름에 더 뜨겁고 겨울에 더 차가워진다. 따라서 온도는 불안정해지고 계절은 불규칙해진다".[16]

---

15) Buffon, "L'Élan et le Renne", *HN*, Vol. 12(1764), pp. 85~86, 95~96 참조하라.

16) Webster, *op. cit.*, pp. 147, 184; 또한 p. 162도 참조하라.

4. 뷔퐁: 자연, 인간, 박물학에 관하여

뷔퐁은 사람들이 자연환경에 가한 변화, 특히 지구의 거주 가능한 지역에 걸쳐 이루어진 문명의 성장과 확장 그리고 인간과 그들이 길들인 동식물의 이주와 확산에 의한 변화에 관심을 거듭 표명했다. 그는 당시 동시대인들 누구보다도, 그리고 실제로 1864년 마시의 《인간과 자연》 출간 전까지 서구 과학 및 철학의 어느 누구보다 더 자세하게 인간이 초래한 지구의 물리적 변화라는 문제를 고찰했다.

인간 활동과 특별히 관련이 있는 지구의 물리적 변화에 관한 그의 관심은 철학적이고 과학적이며 실천적이었다. 그는 인간 행위에 의한 지구의 변화가 문명의 생성과 성장 및 확산을 가능하게 하는 데 필수적이었다고 생각했다. "야생의 자연은 소름끼치며 또 죽어간다. 자연을 상냥하고 살아 있는 것으로 만들 수 있는 사람은 나, 유일하게 나 자신뿐이다". 그는 다음과 같이 말한다. "습지를 건조시키고 고인 물을 개울과 수로로 흐르게 하며 덤불과 오래된 삼림을 불과 도끼로 개간하라. 그 자리에 초지와 소가 쟁기질할 수 있는 경작지를 만들어 우리의 손으로 새로운 자연을 탄생시키자".[17)]

뷔퐁의 사고는 문명의 기원과 성장에 관한 당대의 이론과도 잘 들어맞는다. 이 시기 가장 유명한 사상가 가운데 다수〔콩도르세, 몽테스키외, 볼테르, 루소, 튀르고(Turgot),* 헤르더〕가 인류의 진보, 문화적 관성의 중요성, 그리고 어떤 민족은 진보하고 어떤 민족은 뒤처지는 환경의 영향 같은 주제에 대해 저술했다. 이 연구들은 인간 사회 및 기예와 과학의 기원에 관한 이론들을 포함한다. 또한 초기 문명에 호의적인 자연환경에 관한 추론도 포함한다. 초기의 자연환경은 문명화된 생활의 안락한 경관과 비교해 거칠고 건강에 좋지 않으며 험악했었는가? 이 질문에 대해 뷔

---

17) "De la Nature. Première Vue", *HN*, Vol. 12, p. xiii.

퐁은 명료한 입장을 취했다. 그는 자연의 상태, 원시사회의 상태, 원시적 환경의 상태를 낭만적으로 묘사하는 것을 참을 수 없어 했다.

뷔퐁이 보기에 자연의 힘은 광대하고 살아 있으며 무한하다. 자연의 신성한 기원은 창조 속에서 명백히 드러난다. 지구상에서 인간이 가진 힘 또한 신성한 기원을 가지지만 인간의 운명은 자연의 계획과 의도를 진전시키는 것이다. 이러한 목적론적 사고 안에서 자연은 사실상 의인화된다. 인간은 '하늘의 신하'(*vassal of heaven*)이자 '지상의 왕'(*king on earth*)이며, 지구상에서 그 지위는 중심적이고 결정적이다. 인간은 자연에 질서를 부여하여 자연을 개선시킬 수 있다. 인간은 인구를 늘림으로써 자연의 가장 귀중한 생산물을 증가시킨다.[18]

인간 힘의 위대한 근원은 다양한 기후에 적응하여 살아갈 수 있는 능력에 있지만 뷔퐁이 생각하기에 인간은 열대 극한보다 냉대 극한에 더 효율적으로 적응한다. 인간의 이주와 확산의 역사는 이러한 적응 가능성이 얼마나 오래되었는가를 보여준다. 즉, 이주와 함께 기예, 농업 기술, 가축화·작물화에 대한 지식을 가져감으로써 인간은 자신이 습득한 취향에 따라 자신이 정착한 각기 새로운 지역의 자연을 변형시킬 수 있었다. 시간의 경과와 새로운 발견 및 탐험에 따라서 인간은 거주 가능한 세계 전체에 걸쳐 살아가면서 원시적 자연의 세계와는 크게 대비되는 자연을 창조할 것이다.

인간은 적응력을 가질 뿐만 아니라 지적이고 창의적이며 과거의 누적된 지식으로부터 이익을 창출할 수 있다. 이러한 특성 때문에 인간은 자연을 변화시키는 데 막대한 힘을 행사할 수 있다. 인간은 창조적 존재로, 그 업적은 시간상으로 누적될 뿐만 아니라 공간상으로도 확산된다. 뷔퐁은 이러한 점에서 거듭해 인간과 동물을 구별 짓는다. 동물의 생명, 생활방식, 서식지, 지리적 분포는 방랑하는 인간보다 훨씬 많이 환경에 지배

---

18) *Ibid.*, p. xi.

를 받는다. 반면 방랑하는 인간은 동물에 개입하여 동물의 생활과 서식지를 변화시키고 가끔은 동물의 목숨을 살리는 자비를 베풀기도 한다.

따라서 인간의 이주와 적응에 관한 주제는 인간보다 이동성이 적은 동식물과는 현격한 대조를 보이는데 인간의 개입이 없을 경우 동식물의 분포는 기후에 의해 지배된다. 이는 창조를 특징짓는 원초적 조화의 일부이다. "자연이 자신의 생산물 속에서 더 많은 관계(*rapport*) 혹은 더 많은 조화를 얻기 위한 목적으로 종들을 위해 기후를 만들었거나 혹은 기후를 위해 종들을 만든 것처럼 보인다". 이는 식물에 훨씬 잘 적용되는 진리인데, 그 이유는 각 지역과 각 기온이 그 나름의 환경에 적합한 식물 생명체를 가지기 때문이다.[19]

그러나 인간이 한 번도 거주하지 않은 지역은 뷔퐁의 관심을 거의 끌지 못했다. 고지에는 짙고 무성한 삼림이 있어서 그 잔해가 숲 바닥을 뒤덮어 모든 생명을 질식시켰다. 저지에는 고인 물과 악취를 풍기는 습지가 있었는데 이것들은 땅이나 물에서 사는 생명체에게 쓸모가 없다. 그리고 습지 사이에는 거주지의 초지와는 아무런 공통점이 없는 덤불로 덮인 황무지와 쓸모없는 가시나무가 있었다.

의심할 바 없이, 뷔퐁 역시 18세기에 만연했던 자연에 대한 태도, 즉 하임(Roger Heim)*의 말을 빌리면, 자연을 잘 가꾸어지고 정돈되었으며 다소 지나치게 잘 손질되고 치장된 것[20]으로 보는 태도를 가졌다. 그러나 이는 이보다 앞선 레이와 스프랫 같은 영국 저자들에게서 관찰할 수 있는 것과 같은 느낌이다. 그들은 황무지, 소택지, 오래된 숲으로부터 새로운 땅을 얻기를 바랐다. 그들은 잘 경작된 경지에 위치한 아름다운 마을의 이상을 찬양했다. 그들은 개인과 사회를 향상시킬 수 있는 가능

19) "Les Animaux Sauvages", *HN*, Vol. 6, pp. 55~59. p. 57에서 번역 인용함. 전체 문장은 동물의 지리적 분포에 관한 사상사에서 중요하다. 또한 "De la Degéneration des Animaux", *HN*, Vol. 14, pp. 311~317을 참조하라.

20) Heim, "Préface à Buffon", in Bertin et al., *Buffon*, p. 7.

성과 기술에 대한 신념을 가졌다. 그들은 과학과 과학적 방법을 찬양했고 지식의 발전을 성원했다. 그들은 자연 역시 자각된 호기심의 산물인 새로운 지식에 의해 향상될 수 있다고 보았다.

느낌표를 좋아했던 뷔퐁은 자연에 관한 에세이에서 "아름답구나, 경작된 자연이여! 인간의 손길로 자연은 빛나고, 화사하게 가꾸어졌구나!" (*Qu'elle est belle, cette Nature cultivée! que par les soins de l'homme elle est brillante et pompeusement parée!*) 하고 썼다.

인간은 자연의 가장 고귀한 산물이다. 그리고 인간이 소중히 여기는 자연은 인간의 보살핌 아래에서 바람직한 방식으로 증식된다. 꽃, 과일, 곡물, 유용한 동물종 등은 수없이 이전 및 전파되고 증가했다. 쓸모없는 종은 제거되었다. 광업은 개선되었다. 급류는 억제되었고 하천은 유로가 변경되고 통제되었다. 바다는 정복되었다. 땅은 복원되었고 비옥해졌다. 생생한 초지와 방목지 그리고 유용한 나무와 어린 숲으로 뒤덮인 구릉지의 포도밭과 과수원, 황폐화된 장소에서 솟아오른 위대한 도시들, 도로와 통신 수단들은 "지구 영토의 주인인 인간이 자연을 바꾸었고 전체 지표면을 새롭게 했으며 인간이 자연과 이 제국을 항상 공유할 것이라는 점을 충분히 보여주는 권력과 영광"[21]을 상기시켜준다.

비록 이 인용문의 문체가 근대적 취향에서는 거만해 보일 수 있지만 여기에 담긴 사고, 즉 가축화·작물화된 동식물을 인위적으로 증식시키며, 어떤 종류의 식물을 다른 종류의 식물로 교체하는 인간의 활동, 그리고 이런 종들을 전 세계로 확산시키는 문화 전파의 중요성은 언급할 만한 가치가 있다.

원시적 자연에 관한 뷔퐁의 서술은 《종의 기원》 출판 이후 많은 사람들이 그러했던 것처럼 냉혹했다. 그의 서술들은 헉슬리가 강조했던 끊임없고 무자비한 생존 투쟁의 의미를 내포하지는 않았지만 이와 유사한 경

21) "De la Nature. Première Vue", *HN*, Vol. 12 pp. xiii~xv. 프랑스어 인용은 p. xiii, 번역 인용은 p. xiv.

고를 담았다. 이 경고에 의하면 인간은 정복의 권리로 자연을 지배하지만 인간이 나태하거나 전쟁·빈곤·인구 감소로 흔들릴 경우 자연은 자신의 권리를 다시 주장하고 인간의 노력을 지울 것이다.[22]

뷔퐁이 보기에 지구의 역사는 인간의 역사와 비슷한 것이었다. 즉, 양자 모두가 과거의 비명(碑銘), 기념물, 유물 등을 고찰함으로써 재구성될 수 있다는 것이다. 게다가 자연적 현상은 사회적 현상과 마찬가지로 지속적 변화를 겪는다. 따라서 지구와 그 위에서 살아가는 생명은 시대에 따라 다른 형태를 취한다.

그는 《자연의 신기원》 서문에서 "오늘날 우리가 보는 자연의 상태는 자연의 산물일 뿐만 아니라 인간의 작업 결과이기도 하다. 우리는 자연을 조절하고 개조하며 우리의 필요와 욕망에 적합하게 만드는 방법을 배웠다. 우리는 대지를 만들었고 경작했으며 비옥하게 했다. 오늘날 볼 수 있는 대지의 외형은 기예의 발명 이전 시기와는 상당히 다르다"고 말한다. 그리고 다시 "그 이전 상태에 관한 지식을 얻기 위해서는 사람이 산 적 없는 지역을 새로 발견해 그곳의 자연을 살펴보아야만 한다. 하지만 발견 전의 상태라 할지라도 대륙이 물로 덮여 물고기가 헤엄을 치거나 산이 바다에서 암초를 형성하던 시기에 비하면 아주 근대에 해당된다"고 말한다.[23]

이 지구의 역사는 《지구의 역사와 이론》(*Histoire et Théorie de la Terre*) — 주석과 증명이 추가된 개정판 — 의 주제일 뿐만 아니라 뷔퐁의 역작인 《자연의 신기원》의 주제이기도 하다. 《자연의 신기원》에서 지구의 역사는 일곱 단계로 구분되는데 각각 지구와 행성의 형성, 지구 내부 암석의 응고, 해양에 의한 대륙 침범, 해양의 후퇴와 화산 활동의 시작, 코끼

---

22) *Ibid.*, pp. xiv~xv. Thomas H. Huxley, "Evolution and Ethics. Prolegomena", in *Evolution and Ethics and Other Essays*, pp. 9~11.

23) "Des Époques de la Nature", intro., hereinafter "EN", *HNS*, Vol. 5, pp. 1~5; 인용문은 p. 3과 p. 4에서 번역되었다.

리의 서식지인 북부와 여타 동물이 있는 남부, 대륙의 분리, 자연의 힘을 지원하는 인간의 힘이다. 일곱 번째 시대에 지구의 전환을 유도하는 '자연을 보좌하기' (*seconding of nature*) 가 시작된다.

인간 역사의 이 초기 시대에 관한 뷔퐁의 재구성은 다음과 같이 요약될 수 있다. 인간은 지구 역사의 초기 시대에 있었던 세계적 대재난에 의한 변동이 완전히 끝나기 전에 나타났다. 문명사회의 축복 없이 지진, 화산, 야생동물의 위협 속에서 살았던 최초의 인류조차도 자연을 자신의 필요에 적합하게 만들어야만 했으며 자기방어를 위해 그리고 집과 단단한 돌로 만든 도끼처럼 생긴 무기 등을 만드는 데 필요한 상호 협력을 위해 서로 뭉쳐야만 했다. 초기의 인간은 서로 간의 의사소통과 잡목숲이나 삼림의 개간을 위해 부싯돌이나 화산, 뜨거운 용암에서 불을 얻었을 것이다. 불의 도움으로 땅은 거주 가능해졌고, 인간은 돌도끼로 나무를 잘라 무기 및 절박하게 필요한 여타 도구를 만들었다. 창의성 덕분에 그들은 멀리 떨어진 곳에서 표적을 맞출 수 있는 무기를 고안할 수 있었다.

가족 집단은 점차 작은 국가로 뭉쳤으며, 물이나 산에 의해 제한된 영토를 가졌던 이들 국가는 인구가 증가하면서 내부적으로 땅을 분할하지 않을 수 없었다. "지구가 인간의 영토가 된 것이 바로 이 〔토지 분할의〕 순간이다. 인간은 경작이라는 노동을 통해 토지를 소유했으며, 이로부터 사람들이 갖는 고향에 대한 집착과 시민적 질서, 행정, 법률 제정에 대한 집착의 기원을 찾을 수 있다". [24]

초기 인간의 활동에 관한 이러한 뷔퐁의 서술은 인류 문화의 초기 발전에 관한 루크레티우스의 유명한 설명과 매우 닮았다. 실제 세부사항은 그렇게 비슷하지 않지만 개요는 매우 흡사하다. [25] 뷔퐁은 자신의 저서들에서 인간 역사에서 불이 한 역할을 명확히 인식했다. 불 놓기와 개간하기

---

24) *Ibid.*, pp. 225~227(intro. to the 7th Epoch).
25) Lucretius, *De rerum natura*, V. 1245~1457.

는 신대륙에 관한 문헌에서 흔히 언급되며 그가 살던 시대 유럽의 일반적 관행이기도 했다. 뷔퐁의 서술은 또한 단순한 도구를 가지고 불을 이용했던 초기의 인간이 환경에 중요하고 지속적이며 광범위한 변화를 쉽게 가할 수 있었음을 보여준 근대 연구의 결론을 연상시키는 것이기도 하다. 뷔퐁이 보기에 초기 인간은 무서운 환경에 스스로를 적응시키려 했던 두려움에 질린 동물이 아니다.

하지만 초기 인간의 이러한 노력은 북위 40도에서 55도 사이의 중앙아시아 지역에 뷔퐁이 자신의 시대로부터 약 3천 년 전에 존재했다고 믿었던 문명이 이룬 업적과는 약간 대비된다. 뷔퐁은 아시아의 이 지역에 산재했던 경작, 기예, 도시의 증거에 관한 독일 박물학자인 팔라스의 보고서에 감명을 받았다. 팔라스는 이곳에서 발견된 증거가 고대에 번성했던 제국의 흔적이라고 생각했다. 아마 뷔퐁 역시 19세기 주요 연구 관심사 중 하나였던 아리아족(the Aryan)****의 고향 탐사를 고대했을 것이다.

뷔퐁의 역사지질학 이론에 따르면 이 지역(당시 시베리아 남부와 타타르 지역)은 문명이 발달하기에 가장 적합했다. 왜냐하면 지구상에서 비교적 안정된 곳이고 홍수로부터 보호되었으며 무서운 화산과 지진으로부터 멀리 떨어져 있고, 다른 지역보다 고도가 높아 더 온화한 기후를 가졌기 때문이다. 쾌적한 기후, 별을 관찰할 수 있는 맑은 하늘, 경작하기 좋은 비옥한 땅을 가진 "아시아 대륙의 중심에 위치한 이 지역"에서 사람들은 지식과 과학을 얻었고 이후 권력도 획득했다. 이 고대 문명은 인구 과밀에 의해 북부에서 밀려온 사람들에 의해 파괴되었다.

여기서 뷔퐁은 일찍이 6세기에 요르다네스가 발전시켰던 '민족의 발상지'(*officina gentium*)로서 북부 지역이라는 오래된 사고를 이용한다. 이 문명의 업적 가운데 많은 부분은 소실되었지만 농업과 건축 기술은 그대로 살아남아 확산되고 개선되었다. 이것의 발전은 인구의 대 중심지들, 즉 처음에는 고대 중국 제국, 그 이후 아틀란티스, 이집트, 로마 그리고 유럽으로 이어졌다. "따라서 이미 약 3천 년 전부터 인간의 힘은 자연의 힘과 결합되었고 지구의 광대한 지역으로 확산되었다". 이러한 위대하고 합목적적 변화에는 동물의 가축화, 습지의 건조, 하천 유로와 홍수 피해의 통제, 삼림 개간, 토지 경작 등이 포함된다. 기예, 과학, 탐구를 통해 세계의 고립된 부분까지도 인간의 영역이 되었다. "마침내 지구 표면 전체에 인간의 힘이 각인되기에 이르렀고, 비록 자연의 힘에 종속되긴 했지만 인간은 자연이 행하는 것보다 더 많은 것을 행하거나 또는 최소한 자연을 매우 놀랍도록 지원했다. 바로 이러한 인간의 도움 덕택에 자연은 완전한 수준으로 발달했고 점차 오늘날 우리가 보는 바와 같이 완전하고 장엄한 수준에 도달했다".[26]

이처럼 강한 표현에서 우리는 뷔퐁이 인간의 창조력을 정말로 믿었음을 알 수 있다. 비록 그가 인간 본성을 신뢰하는 데 주저하고 인간의 파괴성과 호전성에 절망하는 모습을 자주 보이기는 하지만, 그럼에도 불구하고 그에게 의미 있었던 것은 인간에 의해 "빈틈없이 훌륭하게 보좌된" 자연, 즉 자연 질서 속에서 인간이 차지하는 위치와 자신의 욕망에 따라 자연을 변형시킬 수 있는 인간의 힘을 증명하는 생생한 증거로서의 변형된 자연이었다.

5. 뷔퐁: 삼림과 토양에 관하여

농부, 종묘원 주인, 식물 육종가, 삼림 식재 실험가였던 뷔퐁이 삼림에 관해 할 말이 있었으리라는 점은 쉽게 예측된다. 그러나 그의 말은 얼핏 보면 모순적인 것처럼 보인다. 왜냐하면 삼림의 파괴와 보전을 동시에 주창했기 때문이다. 이와 같은 외관상의 모순은 지구에 관한 그의 이론에서 삼림의 역할 분석을 통해 설명될 수 있다. 뷔퐁은 지구에 관한 다섯 가

26) "EN", 7th Epoch, *HNS*, Vol. 5, pp. 228~237. 인용문은 pp. 236, 237에서 번역되었다.

지 기본 사실 가운데 하나로 지구가 태양으로부터 받는 열은 지구 자체의 열에 비해 매우 적어서 태양열만으로는 살아 있는 자연을 유지하기에 불충분할 것이라는 명제를 제안했다.[27]

지구 내부에서 열이 방사되므로 감지되지는 않지만 지속적으로 지구는 점차 추워지며 태양열만으로 이러한 경향을 막기에는 불충분하다. 뷔퐁은 태양 방사량을 과소 추정했고 온실효과에 관해 전혀 몰랐다. 또한 그는 깊은 수직갱도에서 느낄 수 있는 열기 같은 지구 내부의 열에 대해서는 간접적으로만 알았기 때문에 지구에서의 열손실이 태양으로부터의 열 획득을 초과한다고 결론지었다. 그러므로 인간은 삼림 제거를 통해 태양열의 효과를 증대시켜 태양열이 지표면에 닿아 이를 따뜻하게 하도록 함으로써 지구의 냉각으로 인한 열 손실을 최소한 부분적으로는 보충할 수 있다는 것이다.

뷔퐁은 여기서 기후가 삼림 개간 이후 좀더 따뜻해졌다는 신대륙의 보고서에 의존했으며, 특히 이 책에서 이미 논의한 바 있는, 윌리엄슨이 1770년 8월 17일 미국철학회에서 발표해 이후 프랑스어로 번역된 논문에 감명을 받았다.[28] 뷔퐁은 기후 변화에 관한 보고서들과 자신의 이론을 결합해 인간이 기후를 조절하거나 급격하게 변화시킬 수 있다고 결론 내렸다.[29] 그러나 불행하게도 그는 부적절한 사례를 증거로 선택했다. 그는 파리와 퀘벡은 대체로 같은 위도와 고도를 가진다고 말했다(뷔퐁은 기

27) *Ibid.*, p. 6.

28) Hugues Williamson, "Dans Lequel on Tâche de Rendre Raison du Changement de Climat qu'on a Observé dans les Colonies Situées dans l'Intércieur des Terres le l'Amérique Septentrionale", *Journal de Physique*(*Observations sur la Physique, sur l'Histoire Naturelle et sur les Arts*), Vol. 1(1773), pp. 430~436. 《자연의 신기원》(*Des Époques de la Nature*)의 끝부분에 있는 윌리엄슨의 인용은 프랑스어 번역(*HNS*, Vol. 5, pp. 597~599)이 부정확하게 인용된 것이다.

29) 이 논의는 "EN", 7th Epoch, *HNS*, Vol. 5, p. 240에 바탕을 둔다.

후의 결정 요인이 위도와 고도만이 아니라는 점을 알았지만 여기서 그렇게 가정했다). 만약 프랑스와 인접 국가가 현재보다 인구가 적고 삼림으로 뒤덮여 있고 물로 둘러싸여 있다면 파리는 퀘벡처럼 추울 것이다. 한 국가를 건강하게, 즉 쌓인 유기물 사체를 치우고 습지의 물을 빼내며, 벌목해 그 땅에 사람들이 정착하도록 하면 그곳에 수천 년 동안 충분한 열을 제공할 수 있을 것이다. 뷔퐁은 자신의 추론에 따라 자신이 살던 시기의 프랑스가 2천 년 전 갈리아와 게르마니아보다 더 추워야만 하지만 벌목, 습지의 배수, 하천의 통제와 관리, 유기물 잔해로 뒤덮였던 땅의 개간 등으로 인해 그렇게 되지 않았다고 말했다.[30] 즉, 인간이 이런 변화를 이루지 못했더라면 현재 프랑스가 갈리아와 게르마니아보다 훨씬 더 추울 것이라는 이야기다.

추가 증거로 그는 카옌(Cayenne: 프랑스령 기아나의 수도이자 대서양의 항구도시_옮긴이) 주변 지구에서 약 1세기 전에 있었던 삼림 제거를 인용했다[《박물지》 전반에 걸쳐 프랑스령 기아나(Guiana)에 대한 언급이 많다]. 이곳은 삼림 제거로 인해, 춥고 습하고 삼림이 밀집하여 햇볕이 거의 들어오지 않는 지역과 개간된 지역 간에 상당한 기온 차이를 유발했다. 밤중에도 기온 차이가 컸으며 개간지에서는 심지어 삼림 지역에 비해 비가 늦게 오고 일찍 끝났다.

그러나 인간의 힘은 한계가 있다. 인간은 따뜻한 공기가 위로 올라가도록 할 수는 있지만, 찬 공기가 내려오도록 할 수는 없다. 따라서 열대사막의 기온을 낮추고자 하는 인간의 힘은 대체로 응달을 만드는 데 한정된다. 삼림이 밀집한 습기 찬 땅을 개간으로 따뜻하게 만들기가 아라비아에 나무를 심어서 뜨겁고 건조한 모래들을 차게 만드는 것보다 쉽다. 이러한 환경을 위하여 뷔퐁은 타는 듯한 사막 한가운데에 위치한 숲이 비, 비옥함, 온화한 기후를 가져다줄 수 있을지도 모른다고 주장했다. 이러한 생

30) *Ibid.*, pp 240~241.

각은 나무가 구름과 습기를 불러온다는 매우 오래된 믿음에 근거했다.[31]

뜨거운 사막이라는 예외가 있기는 하지만 뷔퐁은 모든 생명이 열에 의존하기 때문에 지표면의 온도를 올리는 것이 중요하다고 생각했다. 지표면에서 태양열을 보다 쉽게 이용 가능하게 함으로써 인간은 유용한 개간을 통해 해로운 것을 개조시킬 수 있다. "기온의 모든 요소가 균형을 이루고 충분히 잘 결합되어 좋은 결과만을 가져다주는 국가는 얼마나 행복한가! 그러나 처음부터 이러한 특혜를 가진 국가가 어디 있겠는가, 인간의 힘이 자연의 힘을 지원하지 않았던 장소가 어디 있는가?"[32] 따라서 삼림을 제거하고 필요한 곳에 숲을 만듦으로써 인간은 평등한 혜택을 받지 못한 땅을 온화한 땅으로 바꿔 나갈 수 있었다. 인간의 신체 — 그 자체가 작은 용광로 — 도 대지를 따뜻하게 하고, 인간의 불 사용은 인간이 무리를 지어 거주하는 모든 장소의 온도를 상승시켰다. "파리에서 혹독하게 추운 기간 동안, 푸부르 생토노레(Faubourg SaintHonoré: 파리 북서부에 위치)의 온도는 푸부르 생마르소(Faubourg SaintMarceau: 파리 남동쪽에 위치)보다도 2~3도 정도 더 추운 것으로 기록되는데, 그 까닭은 북풍이 이 거대한 도시의 굴뚝 너머를 통과하는 동안 수그러들기 때문이다".[33]

뷔퐁은 덤불, 빽빽한 삼림, 축적된 유기물 잔해, 유독한 습지에서 좋은 점을 전혀 찾지 못했다. 내 생각에 그 근본 이유는 그가 (토양미생물학이 알려지기 훨씬 이전 시대였기 때문에) 이것들이 습기를 보호함으로써 열을 희생시킨다고 믿었기 때문이다. 또한 〔뷔퐁은 다음과 같이 생각했다〕 삼림은 생명의 유지와 번식에 필수적인 열을 멀리했다. 삼림은 자연과 문명에 적대적이다. 인간은 현재와 마찬가지로 과거에도 자연의 조화로운

---

31) *Ibid.*, pp. 241~243.

32) *Ibid.*, p. 246에서 번역 인용.

33) *Ibid.*, p. 243.

균형이 필요한 곳에서 이 균형을 만드는 역할을 했다.

그러나 뷔퐁은 근대 국가에서는 삼림 제거를 주창하지 않으려 했다. 삼림에 대한 그의 관심은 일찍부터 시작되었다. 그는 연구와 실험을 했으며 이블린의 《수림지》 등 삼림에 관한 유명 영어 서적들을 읽었다. 그에 앞선 많은 프랑스 저자들과 마찬가지로 그는 프랑스의 삼림 제거에 따른 위험을 경고했다. 삼림 보전에 관한 그의 1739년 에세이는 간곡한 권고와 실천적 조언을 결합해 보전, 보다 나은 행정과 규제, 후손의 복지를 잊지 않으면서 현재의 필요를 만족시킬 것을 호소했다. 모든 삼림 프로젝트는 두 가지 과제로 요약될 수 있었다. "남은 것을 보전하기, 우리가 파괴한 것의 일부를 재건하기". [34]

프랑스의 브르타뉴, 푸아투, 기엔(La Guyenne), 부르군디, 샹파뉴처럼 오래된 지역에서 삼림은 파괴되어 황무지와 덤불로 바뀌었다. 이 땅들은 복원되어야 한다. [35] 1742년에 그는 '인간이 관찰과 실험을 통해 농업 같은 실무적 기예에 관해 많은 것을 배웠지만 삼림에 관해서는 거의 알지 못한다'고 불평했다. "어떤 것도 이보다 덜 알려져 있지 않다. 어떤 것도 이보다 소홀히 다뤄지지 않는다. 삼림은 자연의 선물이며 그것이 자연의 손에서 나온 것임을 충분히 인정할 수 있다". 삼림을 보전하고 생산물을 증대시키는 가장 단순한 방법조차 무시되었다. [36]

그는 1778년경 지구석탄개발·정제회사(Compagnie pour l'Exploitation et l'Épuration du Charbon de Terre: 산업자원으로서 석탄과 코크스 생산, 국가 삼림에서 배수를 촉진할 것 등에 관심을 가졌던 조직)에 참여했을 때에도,

---

34) *HNS*, Vol. 2, pp. 249~271. 인용문은 p. 241. 이 저술 "Sur la Conservation & le Rétablissement des Forêts"은 *Histoire de l'Académie Royale des Sciences*, *Mémoires*, 1739, pp. 140~156에 재게재된 것이다.

35) *Ibid.*, p. 259.

36) *Ibid.*, pp. 271~290. 이 저술 "Sur la Culture & Exploitation des Forêts"은 *Histoire de l'Académie Royale des Sciences*, *Mémoires*, 1742. pp. 233~246에 재게재된 것이다.

국지적 삼림 제거의 영향에 대한 지속적 관심을 보여주었다.[37]

삼림에 관한 그의 〔외견상 서로 모순적인〕 태도는 이런 식으로 조화될 수 있다. 인간에게 적대적인 넓은 지역의 삼림은 개간되어 거주 가능한 곳으로 바뀌어야 하지만, 일단 이 지역에 공동체가 정착하면 삼림은 주의 깊고 신중하게 취급되어야 할 자원이 된다.

뷔퐁은 토양을 세 가지 유형, 즉 점토, 석회질토, 식물성토(*terre végétale*: 주로 식물과 육지 동물의 잔해로 이루어진 토양)로 분류한다. 이 식물성토에는 두 가지 종류, 즉 부엽토(*terreau*)와 부엽토 잔여물(*limon*: 부엽토의 분해 마지막 단계를 나타내는 잔여물)이 있다. 이러한 토양의 유형을 자연에서 순수한 형태로 발견하기는 어렵다. 뷔퐁은 토양이 이것들의 혼합물임에도 불구하고 식물성토를 경시하면서 점토와 석회질토를 연구하는 화학자와 광물학자들은 이런 토양 개념을 무시한다고 말했다.[38]

이 식물성토는 사람들이 거주하는 지역보다 사람들이 거주하지 않는 원시 토지에 항상 더 두텁게 형성된다. 왜냐하면 이 토양은 인간과 불(파괴를 위한 인간의 도구)이 없는 장소에서 자연스럽게 증가하기 때문이다. 수백 년 동안 축적된 두터운 식물성토는 원시 토지에 국한된다. 식물성토는 계곡이나 평야보다는 산지에서 더 얇다. 왜냐하면 부엽토 잔여물이 하천에 의해 고지대로부터 씻겨 나가 평야에 퇴적되기 때문이다. 이 토양은 과잉 경작되지 않으면 비옥한 상태로 유지된다. 이 토양이 파괴된 지역에서는 원시 토지의 풍부한 부엽토와 그 잔여물과는 달리 건조한 모래나 메마른 암석만 남아 있다.[39]

사람들이 거주하는 지역에서는 식물성토가 유리질 모래와 석회질 자갈

---

37) 《뷔퐁》(*Buffon*)에서 버틴(Bertin)은 the Mémoires de Bachaumont(1780)의 문장을 인용했는데, 여기서 그는 가정용 난방과 산업적 작업을 위한 지나친 목재 사용으로 인한 벌목 때문에 발생하는 국가의 삼림 파괴를 막기 위한 수단으로 석탄 사용에 대한 정부의 관심을 언급했다(pp. 212~213)

38) "De la Terre Végétale", *HNM*, Vol. 1, pp. 384, 388.

39) *Ibid.*, pp. 389~390.

과 보다 철저하게 혼합된다. 왜냐하면 쟁기질이 보다 아래의 무기질 토양층을 뒤엎기 때문이다. 지표면을 덮은 이 엷은 식물성토의 층은 "살아 있는 자연 자원 중에서도 보물"(*le trésor des richesses de la Nature vivante*)이며 "광물을 구성하는 주요 구성 요소의 우주적 전시장"(*magasin universel des élémens* 〔*sic*〕 *qui entrent dans la composition de plupart des minéraux*)이다.[40] 이러한 유기질토는 부엽토 잔여물에 황토색을 착색시키는 철 등의 광물을 포함한다. 이 토양은 유기질 분자와 더불어 4원소(공기, 물, 흙, 불로 이 4원소에 관한 고전적 교의는 당시 화학 및 토양 이론에서 여전히 지배적이었다) 모두를 풍부하게 담기 때문에 인간에게 매우 중요하다. 이러한 이유에서 토양은 "모든 유기체의 어머니이며 모든 신체의 모태"(*la mère detous les êtres organisés, et la matrice de tous les corps figurés*)가 된다. 뷔퐁은 자연주의자보다도 경지에서 일하는 농부가 이 문제를 더 잘 이해하는 경우가 많다고 말한다.[41]

사람들이 거주하는 지역, 특히 인구가 많고 모든 토지가 경작된 곳에서는 식물성토의 양이 매 세기 점점 줄어든다. 그 이유는 비료로 회복되는 식물성토의 양이 토양에서 제거되는 양에 미치지 못하고, 토양의 보전보다 이익의 획득에 더 관심이 많은 탐욕스러운 농부나 단기 토지소유자들이 토양을 소모하고 고갈시키며, 토양이 생산할 수 있는 것 이상을 생산하도록 하기 때문이다.[42]

사람들은 토양이 완전 분쇄되기 전까지 거듭해 경작을 하여 더 많은 생산물을 얻지만, 그러고 나면 미세한 입자뿐만 아니라 무거운 입자 또한 하천에 쉽게 씻겨 나간다. "매년 찾아오는 여름철 폭풍우와 겨울철 호우 때마다 물 전체가 황토색 부엽토 잔여물을 운반한다". 이런 일이 매우 빈번하며 그때마다 많은 토양 손실이 생기기 때문에 비료로 회복될 수 없으

40) *Ibid.*, p. 416.

41) *Ibid.*, pp. 424~425; 인용문은 p. 424.

42) *Ibid.*, p. 425.

며 토양의 불모지화가 더 빨리 오지 않은 것이 놀라울 뿐인데, 이는 특히 언덕 경사지에서 더욱 그러하다. 비옥한 토양이 경작을 통해 척박한 토양으로 바뀌면 점차 버려질 것이다. 그런 토지는 자연의 은혜로운 힘으로 치유될 수 있도록 휴경지로 남겨져서 "인간이 끊임없이 파괴한 것을 회복할 수 있도록" 해야 한다.[43] 뷔퐁은 비료에도 관심을 가졌다. 그는 토양 개선과 양떼의 똥거름 간의 긴밀한 관계를 인식했다.[44]

뷔퐁이 자연적 과정을 통해 형성된 토양과 경작을 통해 변화된 토양을 예리하게 구분한 점은 주목할 만하다. 토양 연구에 대한 발생론적 접근은 서유럽보다 19세기 러시아의 도쿠차예프(Vasilii Vasil'evich Dokuchaev)* 와 그 학파의 연구 및 미국 힐가드(Eugene Woldemar Hilgard)*의 연구를 닮았는데, 서유럽 토양 연구의 주된 관심사는 최소한 리비히의 시대 이전까진 경작되는 토양의 현실적 문제에 있었다.

6. 뷔퐁: 가축화·작물화에 관하여

뷔퐁은 가축화·작물화가 인간이 원시 자연을 높은 수준의 문명에 적합한 환경으로 바꾸는 가장 중요한 수단이었다고 확신했다. 그 중요성에 관한 뷔퐁의 생각은 《종의 기원》의 첫 장을 생각나게 한다. 거기서 다윈은 한없이 허약한 인간이 작물화·가축화의 성공을 통해 자연에 초래한 엄청난 변화를 성찰함으로써 자연선택의 힘이 얼마나 위대한지를 보여주고자 했다.

뷔퐁은 고전 시대에 시작된, 가축화에 관한 유용론적 이론을 수용한다. 동물이 인간 경제에 유용한 성질을 가진다는 이유 때문에 인간은 합

43) *Ibid.*, p. 426.

44) "La Brebis", *HN*, Vol. 5, pp. 3~6, 19~20. 여름 한철 동안 백 마리의 양은 6년 동안 8아르팡의 토지를 개량할 수 있었다. 1아르팡은 약 1.5에이커이다.

목적적 · 자의식적으로 동물을 가축화했다. 소는 견인의 용도, 개는 지키는 용도, 양은 털을 공급하는 용도로 적합하다. 인간은 일부 동물만을 골랐다. 자연이 인간에게 줄 수 있는 것들 가운데 단지 일부만을 이용한 것이다. 따라서 다른 가축화 가능성이 인간을 기다린다. 왜냐하면 인간은 자연이 얼마나 많은 능력을 가지는지, 자신이 자연으로부터 얼마나 많은 것을 얻을 수 있는지를 충분히 알지 못하기 때문이다. 인간은 새로운 탐구를 하는 대신 자신이 획득한 지식을 오용하는 편을 선호한다.[45] 가축화에 관한 유용론적 이론은 동물의 가축화가 의례적(儀禮的) 이유 때문에 이루어졌다는 한(Eduard Hahn)의 효과적인 반론이 제기되기 전까지 뷔퐁의 시대를 훨씬 지나서까지 지속되었다.

가축은 인간에게 자연 전체를 변형시키고 통제하는 데 필요한 도움을 제공했다. 가축은 또 다른 엄청나게 중요한 영향을 미쳤다. 인간은 거의 마음먹은 대로 가축화 · 작물화된 동식물의 수를 증가시켰으며 이들의 생존과 재생산은 주의 깊게 통제된 조건하에서 이루어졌다. 다른 한편 인간이 손대지 않은 자연에서는 재생산이 포식의 위험과 기후나 여타 환경 조건에 의해 좌우되었다.[46]

뷔퐁의 용어에 의하면 가축은 거의 봉건적 농노와 같다. 가축은 인간에게 많은 신세를 졌으며 그 대가로 노동, 살코기, 인간의 주거와 식량에 쓰일 생산물을 제공했다. 가축이 증식되고 지구적으로 확산됨에 따라 이들은 야생동물의 서식지를 점유했다. 뷔퐁은 아직도 뼛조각이 발견되는 거대한 동물의 멸종을 인간이 가져왔다고 믿었다. 많이 먹는 동물과 유해한 동물종도 멸종되거나 그 수가 줄어들었다. 인간은 동물을 서로 대립하게 만들었는데 어떤 동물들은 기술로, 어떤 동물들은 힘으로, 또 다른 동물

---

45) "L'Élan et le Renne", *HN*, Vol. 12, p. 96.

46) "Les Animaux Domestiques", intro., *HN*, Vol. 4, pp. 169~171; "De la dégénération des animaux", *HN*, Vol. 14, pp. 326~328; "Le Mouflon", *HN*, Vol. 11, pp. 352~354.

은 흩어지게 함으로써 통제했다. 인간의 제국은 이제 지배할 수 없고 가축화하기 불가능한 소수 동물종의 은신처가 된 멀리 떨어진 황무지, 타는 듯한 사막, 얼음같이 추운 산지, 어두컴컴한 동굴에 의해서만 경계가 지어진다.[47] 가축의 인위적 분포는 뚜렷한 경계가 있고 기후적으로 통제된 서식지에서 사는 야생동물의 자연적 분포와는 상이하다.[48]

인간에 의해 가축화・작물화된 동식물이라는 또 다른 살아 있는 자연이 창조되었다. 이 가축화・작물화된 동식물은 인간에 의해 번식되고 인간의 이주를 따라 전 세계로 확산되며, 원시 자연을 없애면서 문명을 위한 새로운 환경을 창조하는 데 이바지한다. 이렇게 해서 이들은 출산, 지연된 재생산, 죽음 같은 자연의 냉혹한 법칙을 부분적으로 피할 수 있다. 인간은 동식물의 자연 서식지를 가축과 작물로 채워 나가며 벌, 개미, 비버, 코끼리 무리를 교란시키거나 파괴하는 경우도 많다. 인간은 인간 자신의 후손 그리고 자신에게 유용한 가축과 작물을 재생산함으로써 특정 종류의 생명체의 수, 활동 및 이동의 양을 늘려가는데 이 과정에서 자신을 포함해 이 과정에 있는 모든 생명체를 고귀하게 만든다. 이는 인간의 지적 지도력 아래서 보다 높은 형태의 조직화된 존재 양식이 창조되기 때문이다.

인류의 증식과 팽창을 가능하게 했던 가축화・작물화는 자연에 대한 추가 정복을 유발해 인간이 모든 곳에서 풍요를 생산할 수 있도록 했다. 뷔퐁은 과거에는 2~3백 명의 미개인이 점유하던 공간에 오늘날에는 수백만 명의 인간이 존재한다고 말했다.[49] 소수의 야생동물 서식지에 수천 마리의 가축이 사육되기 시작하면서 동물의 밀도 역시 크게 증가하였다.

---

47) "Les Animaux Domestiques", intro., *HN*, Vol. 4, pp. 171, 173. 또한 "EN", 7th Epoch, *HNS*,, Vol. 5, pp. 246~248 참조.

48) "De la Dégénération des Animaux", *HN*, Vol. 14, pp. 311, 316~317. 첫 번째 문단은 인간에 미치는 기후의 영향과 동식물에 미치는 기후의 영향을 구분한다. 넷째 문단에는 야생동물과 가축의 분포 차에 관한 중요한 진술이 있다.

49) "EN", 7th Epoch, *HNS*, Vol. 5, p. 248

인간 활동으로 인해 지구상 생명의 종류와 질이 급격하게 변했다는 뷔퐁의 주장은 의미심장하다. 왜냐하면 뷔퐁이 이용할 수 없었던 유전학 지식을 가진 많은 현대 진화론자들도 인간이 자신과 동식물의 진화에 미친 지도적인 영향을 강조했기 때문이다.[50)]

뷔퐁은 동물의 '퇴화'(*degeneration*)에 매우 큰 중요성을 두었다. 이 용어는 기후와 식량의 영향에 따른 종의 변이성(*variability*)을 의미했다. 가축의 경우에는 '노예의 멍에'라는 영향이 부가되었다.[51)] 퇴화는 노예(뷔퐁이 선호했던 단어)로 전락한 가축에서 더욱 현저했다. 가축의 생명과 종의 지속은 매우 인위적으로 통제되었기 때문에 가축의 역사는 야생동물의 역사보다도 훨씬 복잡하다.

뷔퐁은 신중하게 계획된 동물 종 사이 교배의 이점을 이해했다. 혼합 방목에서 불가피하게 발생하는 난교배는 가능한 피해야 하며 신중한 동물 육종을 위해 울타리에 가두어 기르는 것이 좋다. 뷔퐁은 가축의 색이 야생동물의 색보다 더 생생한 경우가 많다고 진술했다.[52)] 가축화된 소떼의 뿔에 너무나 많은 다양성이 나타나기 때문에 이것들이 원래 어떤 '자연의 원형'에서 파생되었는지를 지금 밝히기는 불가능하다. 가축의 교미는 야생동물의 교미와는 뚜렷이 대비된다. 거세나 번식용으로 한 마리의 수컷만을 선택하는 것, 다른 기후로의 가축 수송은 가축화로 인해 동물이 퇴화하는 또 다른 주요 원인이다.[53)]

뷔퐁은 유용한 동물 중에서 가장 약한 것이 먼저 가축화된다고 생각했다. 예컨대 양, 염소가 말, 소, 낙타보다도 먼저 가축화되었다. 그러나

---

50) *Ibid.*, George G. Simpson, *The Meaning of Evolution*, Mentor Books(New York, 1951), p. 110을 참조하라.

51) "De la Dégénération des Animaux", *HN*, Vol. 14, p. 317.

52) *Ibid.*, p. 324. "가축 사육이 동물들의 색을 다양하게 하는 큰 요인이다. 동물은 본래 일반적으로 황갈색이나 검은색이다 … ."

53) "Le Buffle, etc.", *HN*, Vol, 11, pp. 293~296.

가축화 순위에는 혼동이 존재한다. 왜냐하면 뷔퐁은 다른 데서는 낙타가 인간에겐 가장 오래되고 일을 잘하며 유용한 노예라고 했기 때문이다. 낙타는 야생종이 없다. 왜냐하면 낙타의 자연 서식지는 인간 사회가 최초로 발전했던 기후였고, 분명 가축화된 낙타만이 살아남았기 때문이다. 낙타의 좋은 특성은 자연에서 왔으며 나쁜 특성은 인간 손 안에서 당한 고통에서 기인한다.[54]

순록은 북방으로 이동하는 과정에서 그들 사회의 야만성과 추운 날씨로 인해 다른 가축화의 기회가 없었던 라플란드 유목민에 의해 가축화되었다. 만약 프랑스인에게 가축이 없었다면 프랑스에서도 순록이 가축화되었을 것이다. 뷔퐁은 자연이 인간에게 부여한 기회의 사용에서 인간이 가진 단점을 도덕적 측면에서 이야기하기 위해 이 사례를 이용했다.[55]

뷔퐁이 보기에 인간에 의해 가축화된 동물 중 가장 고귀한 것은 말이지만 이 용맹하고 대담무쌍한 존재조차 유순하고 순종적이었다. 목장에서 풀을 뜯는 말을 관찰하면 이러한 노예 상태의 표식을 볼 수 있다. 뷔퐁은 자유롭게 이동하는 에스파냐령 아메리카 야생마와 항상 인간의 감시 아래 있어서 기민함과 유쾌함이 부족한 말의 특성을 비교했다.[56] 때로 가축화가 지나쳐서 사실상 가축은 인간에 의존해 살아가는 무력한 존재가 된다. 뷔퐁은 많은 유용성을 가진 양이 인간으로부터 독립해 산 적이 과연 있었는지 의문을 제기했다. 굵은꼬리양은 이러한 의존성을 보여주는 보다 과장된 사례였다. 그는 양의 지능을 너무나 무시했기 때문에 그의 책의 영어 번역을 맡은 스멜리(William Smellie)*가 이를 변호할 필요가 있다고 생각할 정도였다.

---

54) "Le Mouflon", *HN*, Vol. 11, p. 352; "Le Chameau et la Dromadaire", *ibid.*, pp. 228~229.

55) "L'Élan et le Renne", *HN*, Vol. 12, pp. 85~86, 95~96.

56) "Le Cheval", *HN*, Vol. 4, pp. 174~176. 이 논문에서 뷔퐁은 인간의 이주와 적응에 관한 주제를 반복하면서, 기후와 음식은 인류보다 동물에게 더 많은 영향을 미친다는 주제를 다시 다룬다. pp. 215~223.

뷔퐁에 따르면 무플런(*mouflon*: 그리스 산지, 키프로스, 사르디니아, 코르시카 사막에서 발견되는 기품 있고 자립적인 동물)은 다른 모든 변종 양들이 퇴화되어 나온 시원적 종일 것이다.[57] 양보다 더 야생적이고 튼튼한 염소는 인간에 대해 좀더 독립적이기도 했다. 염소는 보다 다양한 종류의 식물을 먹을 수 있었으며 거친 날씨에도 거의 영향을 받지 않는다. 가축화되면서 이 친근한 동물은 성가실 정도로 수가 늘어났다. 뷔퐁은 염소가 경작지와 숲에 끼친 피해를 언급했지만 19세기와 20세기의 많은 저자들처럼 염소가 식생의 파괴자라는 비난을 하지는 않았다.[58]

뷔퐁에게 개의 가축화는 역사적으로 중요성이 가장 큰 사건이었다. 그 중요성을 실감하려면 만약 다른 어떤 동물보다도 적응을 잘하는 인간의 유순한 친구로서 개가 존재하지 않았다면 인간이 어떠했을지 상상해야 한다. 인간이 어떻게 다른 동물을 정복하고 가축화했을까? 그리고 심지어 지금도 인간이 어떻게 야생의 무용한 짐승을 발견하고 추격하여 죽일 수 있을까?

인간은 살아 있는 자연의 지배자가 되고 자신의 안전을 보장하기 위해 동물 세계에 개입해 인간에게 붙어살 능력을 지닌 동물을 자기편으로 끌어들여 복종하도록 함으로써 인간을 대신해 이 동물이 다른 동물을 통제하도록 해야 했다. "따라서 인간의 첫 번째 기예는 개를 훈련시키는 것이었고, 이 기예의 성과로 지구를 정복하고 평화롭게 소유했다".[59] 양치기이자 영리한 사냥 동반자인 개의 도움으로 인간은 다른 동물을 가축화하고 더 많은 가축화를 통해 더 큰 지배력을 획득했다.

자연의 최초 흔적은 인간의 관리하에서 그 순수성이 오래 보전될 수 없

---

57) "Le Mouflon", *HN*, Vol. 11, pp. 363~365. 스멜리(Smellie)의 논평에 관해서는 그가 번역한 뷔퐁(Buffon)의 "Natural History, General and Particular", Vol. 4, pp. 268~272를 참조하라.

58) "La Chèvre", *HN*, Vol. 5, p. 60, 66, 68.

59) "Le Chien", *HN*, Vol. 5, pp. 186~188.

기 때문에 개는 이러한 퇴화를 높은 수준으로 드러냈다. 뷔퐁은 개의 변종을 밀의 변종과 비교했다.[60] 개와 밀 모두 오랜 인간 실험의 흔적을 간직한다. 가장 정교한 개 육종법은 가장 발전한 사회에서 발견되었다. 또한 개가 가진 가장 귀엽고 총명한 성질의 대부분은 인간과의 교섭 덕분이었다.[61] 뷔퐁은 목양견(牧羊犬: *chien de berger*)이 야생 원형에 가장 가까운 가축화된 변종이라고 생각했다. 개에 관한 에세이에서 그는 목양견으로부터 시작되는 가축화된 개의 퇴화를 보여주는 도표를 포함시켰다. 개의 변종과 마찬가지로 가축화된 고양이의 변종은 온화한 기후와 발전한 사회에서 가장 많았다.[62]

식물도 이와 같았다. 빵을 만드는 곡물은 자연의 선물이 아니라 실험과 지성을 농업에 적용한 결과다. 야생 밀은 세계 어디에도 발견되지 않는다. 밀이 가진 놀라운 특성, 기후 적응성, 부양 능력은 인간에 의해 완성되었다. 인간이 동식물에 가한 변화는 과거에 그치지 않고 현재에도 계속된다. 뷔퐁은 오늘날의 채소, 꽃, 과일의 특성을 150년 전의 동일한 종과 비교할 필요성을 말한다. 오를레앙(Gaston d'Orleans)* 시대에 시작되어 뷔퐁의 시대까지 지속되었던 대규모 채색 도감을 보면서 이러한 비교를 할 수 있다. 오를레앙 시대에 가장 아름다웠던 꽃 가운데 일부는 이후 사라졌을 것이다. 이는 화초 연구가가 아니라 가정에서 화단을 가꾸는 사람들이 만든 결과다. 오늘날 볼 수 있는 보다 좋은 씨앗과 씨가 있는 과일은 매우 늦은 시기에 등장했다고 볼 수 있다. 실제로 이들은 오래된 이름을 가진 새로운 과일들이다.

뷔퐁은 새로운 식물 변종을 선별하여 개발하기 위한 인간의 고집과 인

---

60) *Ibid.*, pp. 193~196.

61) "L'Élephant", *HN*, Vol. 11, pp. 2~3

62) *HN*, Vol. 5, p. 201. 또한 목양견에서 가정용 품종으로의 변형에 관해서는 p. 228의 도표를 참조하라. Vol. 6, pp. 16~17("Le Chat")에 나오는 이 문단은 동물의 본성, 습관, 형태에까지 미치는 인간의 영향을 요약한다.

내, 그리고 "다른 식물에 비해 더 달고 좋은 열매를 가진 특정 개체 식물"을 구분할 수 있는 인간의 능력에 감탄했다. 무척이나 많은 경험과 기술을 필요로 하는 이러한 선별 작업은 접붙이기의 발견이 없었다면 헛된 일이었을 텐데, 이 접붙이기는 다른 작업에 필요했던 인내만큼의 천재성을 필요로 했다.[63] 가축화·작물화된 동식물에 관한 뷔퐁의 가장 흥미로운 사고는 신중하게 계획된 인위적 조건에서 원시적 자연을 대체하는 2차적 창조로 이 동식물을 해석했다는 점이다. 이러한 해석에 필적할 만한 것은 인간이 이 가축과 작물을 전파함으로써 원시적 자연에서 또 다른 변화가 이루어지도록 하는 새로운 중심이 되었다는 사고이다.

뷔퐁의 지구 역사에 관한 이론과 인간에 관한 철학은 인간의 노력에 의해 개량된 자연의 우수성을 가정했다. 그러나 그는 야생생물에 무신경하지 않았다. 비록 원시 자연의 식생에 대한 그의 거친 비난이 그가 인간의 장인정신에 의해 만들어진 자연의 질서를 강하게 선호했음을 보여주기는 하지만 뷔퐁은 "야생의 소박한 아름다움"을 이해했고 문명화된 인간이 만든 폐해 — 인간의 영향력이 이제 막 느껴지기 시작하는 곳에서조차 나타나는 — 에 대해서도 무관심하지 않았다.

야생동물에 대한 뷔퐁의 찬사는 사실 인간 사회에 대한 솔직한 비판이다. 인간에게 복속되지 않았다 해서 야생동물이라고 불리는 이 동물들은 행복해지기 위해 자신들이 가진 것 이상 무엇을 더 필요로 하겠는가? 야생동물은 동료 생물의 노예도 억압자도 아니다. 인간과 달리 동물 개체는 같은 종의 다른 개체를 두려워하지 않는다. 야생동물은 서로 평화롭게 지내며 전쟁은 낯선 동물이나 인간에 의해서만 발생한다. 야생동물들은 인간을 피하고 가능한 멀리 떨어져 있어야 할 합당한 이유가 있다.[64] 이와

---

63) "Le Chien", *HN*, Vol. 5, pp. 195~196. 이 에세이는 밀에 관한 흥미로운 논평을 담았다. 또한 *HNS*, Vol. 5, pp. 249~250의 일곱 번째 시기에 관한 결론적 문장들인 "EN"을 참조하라. *HN*은 미완의 저작이기 때문에, 작물화에 관한 뷔퐁의 진술은 매우 빈약하다.

64) "Les Animaux Sauvages", intro., *HN*, Vol. 6, pp. 55~56. 이 책(제 6권)은

같은 주제가 뷔퐁의 저술에서 흔히 나타난다. 개량을 신뢰하고 인간의 업적을 존경하면서도, 뷔퐁은 항상 인간의 호전적이고 파괴적인 본성에 대한 관심으로 되돌아갔다.

인간의 영향으로부터 멀리 떨어진 지역의 살아 있는 자연 속에서 코끼리, 비버, 원숭이, 개미, 벌의 무리가 번성했다. 이들이 이성적 정신의 산물이 아니라 할지라도 적어도 합리적이라고 할 수 있는 감성에 기반을 둔 것처럼 보인다. 인간이 지구 곳곳으로 이주하고 정착함에 따라 이 무리는 와해되거나 최소한 부분적으로 파괴되었다. 만약 이 무리가 인간의 간섭을 받지 않았다면 매우 평화롭게 서로 존립했을 것이다. 인간의 정착지가 이 동물들의 서식지로부터 멀리 떨어진 경우에도 인간의 출현 이후 이들은 점점 더 먼 곳으로 밀려났고, 인간의 위협과 궁핍에 내몰리면서 이들의 야생성은 한층 강해지고 타고난 능력과 재주는 쇠락했다.

자연 상태에서 야생동물은 자기방어의 수단을 가졌다. "그러나 보지 않고도 찾아낼 수 있으며, 접근하지 않고도 쓰러뜨릴 수 있는 방법을 아는 존재에 대항해 그 동물들이 무엇을 할 수 있겠는가?" 자유롭게 이주하고 팽창하며 치명적인 인류는 식물의 시원적 분포를 변화시켰고 이를 통해 동물의 분포 또한 변화시켰다. 뷔퐁은 이러한 승리 과정이 문명의 성장, 발전, 유지와 불가분의 관계에 있음을 인정하기는 했지만, 뷔퐁의 저작을 읽다 보면 스포츠맨다운 사냥 및 추적과는 너무나 거리가 먼, 야생동물에 대한 무차별적인 파괴에 대해 그가 가졌던 슬픔을 자주 느낄 수 있다.

뷔퐁은 육식동물들이 단지 인간과 경쟁자이기 때문에 유해한 것으로 취급된다고 말했으며, 인류의 팽창과 대형 육식동물의 감소 관계를 거듭 언급했다. 몇 세기 동안 팽창한 인구가 거주 가능한 지구 전체에 걸쳐 고르게 정착한다면 비버의 이야기는 우화가 될 것이다.[65] 육식동물에 관한

1756년에 출간되었다.

65) *Ibid.*, pp. 55~62. 인용문은 p. 61에서 번역 인용함. 비버에 관해서는 p. 62를

도입 장에서 뷔퐁은 자연 속의 야생동물에 동정적 입장을 가지고 논의를 진행한다.[66] 그리고 사자에 관한 에세이에서는 사자같이 인간에게 아무런 쓸모가 없는 동물 종의 숫자가 줄어드는 이유는 인간이 도처에서 증가하고 보다 영리해졌으며 그 무엇도 저항하는 것이 불가능한 무기를 만드는 법을 익혔기 때문이라고 말했다.

뷔퐁은 지구의 인구가 근대보다 고대에 더 많았다는 사고(몽테스키외가 《페르시아인의 편지》에서 되살린 사고)가 잘못되었다는 증거로 사자 수의 감소를 지적했다. 뷔퐁은 사자의 수가 이전에 비해 1/5 또는 심지어 1/10로 줄었다면 어떻게 지구상의 인구가 로마 시대 이래 감소했다고 주장할 수 있는지 질문했다. 인류는 수가 줄지 않고 늘어났다. 동물 개체 수의 감소는 인구의 감소와 거의 양립할 수 없다. 만약 인간의 수가 줄었다면 동물의 수는 증가했을 것이다.[67]

나무늘보는 인간과 더 힘센 동물이 자주 나타나는 장소를 피했기 때문에 멸종되지 않았다. 뷔퐁은 나무늘보의 생존에서 두 가지 중요한 결론을 도출했다. 나무늘보는 자연 속에서 존재할 수 있는 모든 것들은 실제 존재한다는 교의를 예증하며, 또한 나무늘보가 심각한 신체적 약점을 많이 가졌음에도 불구하고 살아남은 점은 목적인 교의의 어리석음을 보여주는 것이라는 것이다. 뷔퐁은 나무늘보가 인간의 손아귀에서 결국 멸종할 것이라고 생각했다. 인간은 리비아코끼리의 멸종에 큰 책임이 있었다. 동물은 인류의 간섭 횟수에 비례해 사라졌다.[68]

참조하라.

66) "Les Animaux Carnassiers", *HN*, Vol. 7, p. 3. 서론에서 뷔퐁은 다음과 같이 서술한다. "이렇게 피해를 입히는 것은 움직이는 생물체를 파괴하는 행위다. 이 생물체들의 전체 구조의 일부로 여겨지는 인간은 결국 모든 생물체들 중 가장 해악한 종이 아니겠는가?

67) "Le Lion", *HN*, Vol. 9, pp. 4~5.

68) 나무늘보에 대해서는 "L'Unau et L'Aï", *HN*, Vol 13, p. 40. "L'Eléphant", *HN*, Vol. 11, p. 41. 사자에 관한 논의에서처럼, 뷔퐁은 이 에세이에서 오늘날 북아프리카의 인구가 카르타고 시대보다 더 많다고 주장하기 위하여 코끼리

그는 또한 쥐를 전 세계로 확산시킨 인간의 역할에 관해 언급했다.[69] 뷔퐁은 인간이 새에 직접적 영향을 미친 것은 적지만 새의 노래와 새가 인간 흉내를 내는 등의 영향에 주목했고,[70] 유럽에서 모자, 투구, 연극 복장, 가구, 차양, 장례의식, 여성용 장식 등을 위한 깃털의 '엄청난 소비'로 인해 멸종 위기에 처한 타조에 대해서도 관심을 가졌다.[71]

바다 생물도 인간의 영향을 받지 않을 수 없었다. 바다표범[72]과 해마[73]의 광범위한 살육은 육지 동물의 무리에게 이미 일어난 일에 필적하는 것이었다. 새롭게 발견된 육지의 황량한 연안과 두 대륙의 끝 부분은 '이 해양 부족'(*ces peuplades marines*), 즉 바다표범에게 최후의 천국이 되었다. 바다표범 무리가 '거대 집단'(*grandes sociétés*)에게 필요한 평화와 안전을 더 이상 제공하지 않는 인간 거주 해안으로부터 도망침으로써 우리 주변의 바다에서는 무리에서 흩어진 몇몇 개체만을 볼 수 있게 되었기 때문이다. 바다표범은 그들의 모든 사회적 교류에 필수적인 자유를 찾아 떠났으며 이제는 인간이 거의 출몰하지 않는 바다에서만 찾아 볼 수 있다. 이는 다시 인간 사회에 대한 명백한 암시이다.[74] 이런 내용이 적힌 뷔퐁의 책은 1782년에 출판되었다.

를 사례로 이용한다.

69) "Le Rat", *HN*, Vol. 7, p. 283.

70) "Discours sur la Nature des Oiseaux", *HNO*, Vol. 1, pp. 21~22.

71) "L'Autruche", *ibid.*, p. 444. 뷔퐁은 역사시기 동안 다양한 사람들이 타조를 이용한 것에 관해 흥미로운 논의를 했다(pp. 440~448). 또한 pp. 455~456("Le Touyou")도 참조하라.

72) "Le Phoque Commun", *HNS*, Vol. 6, p. 335.

73) "Le Morse ou la Vache Marine", *HN*, Vol. 13, pp. 367~370. 뷔퐁은 또한 인구가 많은 곳에서 크게 줄어든 해우(海牛)에 관한 '잔인한 전쟁'을 언급한다. "Les Lamantins", *HNS*, Vol. 6, pp. 382~383.

74) "Le Phoque Commun", *HNS*, Vol. 6, p. 335.

7. 뷔퐁: 자연 경관 및 문화경관에 관하여

자연 질서에 대한 인간의 개입이 필수적이라는 뷔퐁의 사고에 기반이 되었던 물리적 이론을 기각한다 할지라도 인간의 손길이 거의 닿지 않은 환경과 인간 거주 및 활동의 오랜 무대가 되었던 환경을 통찰력 있게 대비시킨 점은 — 비록 짤막하고 흩어졌긴 하지만 — 매우 인상적이다. 이런 점에서 그는 라이엘, 훔볼트, 마시, 라첼, 블라쉬(Vidal de la Blache)* 의 사고를 미리 예견했다고 볼 수 있다.

거칠고 인간이 거주하지 않는 땅에는 폭포가 많은 하천이 있다. 이 땅은 물로 홍수가 나거나 가뭄으로 타들어가기도 할 것이다. 나무가 자랄 수 있는 모든 지점에는 나무가 있다. 사람들이 오랫동안 거주한 지역에는 숲, 호수, 습지가 거의 없는 대신 많은 잡목과 관목이 자란다(이 점은 의심할 바 없이 잡목과 관목이 삼림 제거로 인해 메마른 산지 정상 부근을 차지했음을 의미한다). 인간은 지표면을 파괴하고 배수시키며, 머지않아 완전히 다른 모습으로 만든다. 전체적으로 보아 유럽은 새로운 대륙이다. 유럽의 이주 전통과 기예 및 과학의 새로움이 그 사실성을 나타내는데, 얼마 전까지 유럽은 습지와 삼림으로 뒤덮였었기 때문이다.[75]

인간이 지표면의 평탄화를 촉진하는 경향이 있다는 라이엘의 주장을 연상시키는 한 구절에서 뷔퐁은 인구가 너무 적어 선진 사회를 형성하거나 유지할 수 없는 지역의 지표면은 더 울퉁불퉁하고 평탄하지 않다고 말한다. 강바닥이 더 넓고 폭포가 더 많이 나타난다. 론 강과 루아르 강은 개조된 하천으로 자연의 상태로 두었다면 배가 다닐 수 있는 하천이 되기까지 매우 오랜 시간이 걸렸을 것이다. 유수(流水)가 통제되고 바닥이 준설됨에 따라 하천은 일정하게 고정된 유로를 가졌다.[76]

---

75) "Histoire et Théorie de la Terre", Proofs, Art. 6, "Géographie", *HN*, Vol. 1, pp 210~211.

76) *Ibid.*, Proofs, Art. 10, "Des Fleuves", p. 368.

그는 크레타의 유명한 미로가 자연적으로 생긴 것만은 아니라는 투른포르(Joseph Pitton de Tournefort)*의 주장을 언급한다. 이곳엔 오래된 광산, 채굴장이 있는데 시간이 지나 더 이상 자연의 작업과 인간의 작업을 구분하기 쉽지 않았다. 소금광산인 폴란드의 마스트리트(Maastricht) 채굴장은 대도시에 인접한 동굴로 구성되는데 여기는 땅을 움직이는 존재로서의 인간을 보여주는 또 다른 사례이다. 이러한 일들이 자연의 역사에서는 항상 소규모였다고 비록 뷔퐁은 무척이나 잘못된 생각을 했지만 말이다.[77] 뷔퐁은 세계에 남은 대규모 습지에 관해 논하면서 미국의 평원은 하나의 연속된 습지로 이 지역이 생긴 지 얼마 안 되었고, 주민이 적으며 또한 이 습지가 이들의 나태함을 증명한다고 말했다.[78]

뷔퐁은 자신의 물리 이론, 네발짐승에 관한 비교 연구, 신대륙의 원시적 사회에 관한 사고, 유럽에서 인간이 이룬 자연 개량에 관한 자기만족 때문에 신대륙의 자연이 구대륙의 자연에 비해 허약하고 규모가 작다는 이상한 사고를 가졌다. 이러한 허약함에 대한 물리적 설명은 인종적 차이에 관한 뷔퐁 자신의 설명과 동일한 이론에 근거했다. 주요 원인은 무역풍과 안데스 산맥 때문에 신대륙의 열대가 구대륙의 열대에 비해 더 습하고 서늘하다는 점이다.

뷔퐁은 비록 신대륙이 대형 파충류, 곤충, 식물 종 등 자신의 몫을 생산했음을 인정하지만 신대륙의 자연이 더 약하다는 믿음을 고집했다. 왜냐하면 그는 신대륙의 동물이 더 작고 구대륙의 야생동물과 가축이 신대륙에 살면 더 작아지며, 전체적으로 신대륙에는 동식물의 종이 더 적다고 스스로 만족할 만하게 증명을 했기 때문이다. 게다가 신대륙의 원주민들은 재능이 거의 없었다. 그들은 잔인하고 생명에 무관심하며 여성에 대한 열정이 약했다. 따라서 그들의 사회는 소규모였고 기예를 발전시키기 충

77) *Ibid.*, Proofs, Art 17, "Des Isles Nouvelles, etc.", p. 549.

78) *Ibid.*, Proofs, Art. 18, "De l'Effet des Pluies, des Marécages, etc.", p. 575.

분할 만큼 인구 증가를 이루지 못했다. 신대륙의 원주민은 자연을 보좌하거나 거친 상태의 자연을 발전시키는 역할을 할 수 없었다. 신대륙에 가축이 거의 없는 이유는 동물이 유순하지 않았기 때문이 아니라 인간이 허약했기 때문이다.79)

환경 이론과 신대륙의 원주민에 관한 뷔퐁의 가혹한 판단이 신대륙의 원시경관과 잘 정리된 구대륙의 경관 간의 대조를 설명했다. 아메리카 인디언이 삼림 개간과 습지 배수를 하지 못했다는 점은 그들이 고도의 문명을 위해 필요한 정도로 자연을 변화시킬 수 있는 능력이 없었음을 보여준다. 뷔퐁에게 인간이 지구상에 만든 변화는 문명사와 불가분의 관계로 얽혀 있다. 문명이란 이론과학과 응용과학을 통해 인간이 자연을 통제한 결과라는 사고가 18세기에는 전혀 새롭지 않았지만 당시 이런 사고를 설명했던 사람들 대부분은 발명, 사회 변화, 실제적 문제에 대한 과학적 진리의 합목적적 응용을 강조했다. 뷔퐁이 이해한 바와 같이 이는 역사적 관점에서 지구의 인위적 변화를 이해하는 것과는 전적으로 다른 문제다. 하나는 사회에 관한 사고이고, 다른 하나는 지구의 역사에 관한 사고인 것이다.

8. 아메리카의 판도라 상자

신대륙의 자연이 구대륙의 자연보다 허약하다는 뷔퐁의 주장은 아메리카에서 그의 명성에 영향을 미친 심대한 오류였고, 신대륙의 환경과 문

79) 신대륙 인간의 허약함에 관한 일반적 주제는 *HN*에서 수차례 반복되지만, 전체 주장은 다음의 논문 3편에서 찾아 볼 수 있다. *HN*, Vol. 9, "Animaux de l'Ancien Continent", pp. 56~83; "Animaux du Nouveau Monde", pp. 84~96, and "Animaux Communs aux Deaux Continents", pp. 97~128. 이 논의의 토대가 된 문단들은 신대륙의 동물에 관한 에세이의 서론(pp. 84~88)과 양 대륙에 공통된 동물에 관한 에세이(pp. 102~111)에 나온다.

화에 관한 당시의 해석에 강한 영향을 주었다. 이러한 해석 가운데 많은 부분은 그의 논제를 참고하지 않고서는 이해될 수 없다. 그러나 쟈댕 데 플란테(Jardin des Plantes)****로부터 나온 이 권위 있는 선언은 신대륙에서 순순히 받아들여지지 않았다. 프랭클린, 애덤스(John Adams),* 제퍼슨 등 아메리카에서 가장 유능한 사람들 몇몇은 유럽 철학자들이 연구실에서 손쉽게 규정한 이 일반화를 참을 수 없었다. 이들은 뷔퐁의 논제가 갖는 함의에 분개했고 그 진실성을 부정했다. 아마 노령의 우아한 뷔퐁은 이 판도라 상자 안에 실제 무엇이 있는지 깨닫지 못했을 것이다.

제퍼슨은 탁월한 반박문을 작성했다. 정중함과 존경스러움을 표하면서도 아메리카 인디언에 관한 유럽식 사고의 오류를 비난하고, 남아메리카 인디언에 관한 설명이 꾸며낸 이야기로 가득 차 믿을 만한 가치가 없는 것이라고 기각했다. 제퍼슨은 뷔퐁의 이론을 뒷받침하기에는 기후에 대해 알려진 것이 거의 없다고 반박했다. 뷔퐁에게 네발짐승에 관한 정보를 제공했던 여행자는 누구였는가? 이들은 박물학자들이었는가? 그들은 자신들이 말한 동물을 실제로 측정한 적이 있으며, 자기 나라의 동물은 잘 아는 자들인가? 그들은 종 간의 차이를 구분할 수 있을 정도로 충분히 아는가? "우리가 아직 얼마나 미성숙하기에 두 지역 동물 간의 정확한 비교가 뷔퐁 선생의 저작에 나타나겠는가".

제퍼슨은 유럽의 가축이 신대륙에서 퇴화하는가라는 질문은 터무니없는 주장이라며 기각했다. 만약 그 가축이 더 작고 약하다면 이 부실함의 원인은 신대륙에서나 구대륙에서나 마찬가지일 것이다. 즉, 신대륙 동물들의 부실함은 방치, 먹이 부족, 척박한 토양, 인간의 빈곤 때문일 것이다. 제퍼슨은 "과연 자연이 대서양의 이쪽 편이나 저쪽 편의 손을 들어주었던 것인가?"하고 질문했다. 그 답은 결단코 '아니오'였다.

프랑스를 방문한 제퍼슨은 직접 뷔퐁에게 항의했다. "나는 또한 그에게 〔구대륙의〕 순록이 우리의 말코손바닥사슴의 배 밑으로 걸어갈 수 있을 만큼 말코손바닥사슴의 덩치가 크다고 말했다. 그러나 뷔퐁은 코웃음을

쳤다". 그 후 제퍼슨은 뉴햄프셔의 설리번(Sullivan) 장군에게 말코손바닥사슴의 뼈, 가죽, 뿔을 요청하는 편지를 썼다. 6개월 후에 설리번 장군과 그의 군대가 많은 노력을 들이고 제퍼슨이 40기니(영국의 옛 금화_옮긴이)의 비용을 쓴 후에야 비로소 증거는 뷔퐁에게 전달되었고, 그를 납득시켰다. "그는 다음 책에서 이러한 점을 바로잡겠다고 약속했지만 그 직후 죽고 말았다". 만약 뷔퐁이 살았다면 과연 신대륙의 자연과 원주민의 허약함에 대한 생각을 바꿨을지에 대한 의문이 생길 것이다. 하지만 제퍼슨이 관대하게 인정한 바와 같이, 그리고 《박물지》가 반복해서 보여주는 바와 같이 뷔퐁은 자신의 잘못을 고집스럽게 주장하지는 않았다.[80]

과학자, 농부, 지리학자, 농학자, 계획가로서 제퍼슨이 지속적인 주목을 끄는 사람이었던 덕분에 이 논쟁이 계속 전해지는 것 같다. 그보다 지명도가 떨어지는 사람이 주인공이었다면 이 논쟁은 그 터무니없음으로 인해 조용히 사라졌을 것이다. 뷔퐁의 신대륙 논제에 관한 논쟁은 다른 학자들에 의해 철저하게 연구되었기 때문에 나는 몇 가지 사고만을 간단히 언급하고자 한다. 이 논제의 해설자들은 평자(評者)라기보다는 모방자들이라고 할 수 있다. 많은 잡음이 있었지만 무딘 칼들이 내는 소리에 불과했다.[81]

---

80) "Notes on the State of Virginia, Query VI", in Padover, ed., *The Complete Jefferson*, pp. 495~611. 제퍼슨이 뷔퐁을 방문한 점에 관해서는 p. 891. 또한 Boorstin, *The Lost World of Thomas Jefferson*, pp. 100~104도 참조하라.

81) 이 논쟁의 많은 부분들은 인내 없이는 읽기 어려우며, 정확하고 간단하게 요약될 수 없다. 이는 유럽의 사상가들이 자신의 입장을 자주 바꾸었기 때문이기도 하다. 뷔퐁의 최초 진술(앞의 주 79 참조)에서 시작하여, 제퍼슨(Jefferson)의 "Notes on the State of Virginia", Query 6을 읽고, 그 다음 뷔퐁이 재고찰한 "Addition à l'Article des Variétés de l'Espèce Humaine. Des Américains", *HNS*, Vol. 4, pp. 525~532로 이어가는 것이 최선이다. 영어로 된 최고의 연구는 Gilbert Chinard의 "Eighteenth Century Theories on America as a Human Habitat", *PAPS*, Vol. 91(1947), pp. 27~57, 그의 "The American Philosophical Society and the Early History of Forestry in America", *PAPS*, Vol. 89(1945), pp. 444~488와 함께 읽는다면 더욱 유의미할 것이다.

환경의 변화에서 인간의 역할을 거듭 강조했던 뷔퐁은 역설적으로 신대륙의 평자들이 환경에 대해 편파적 사고를 갖는 데 일조했다. 아메리카 인디언의 허약한 성적(性的) 자질을 확신했던 뷔퐁은 이들이 다른 동물과 마찬가지로 신대륙의 자연에서 수동적 요소였으며 허약한 신대륙 자연의 희생자라고 믿었다. 그들은 신대륙의 냉습함을 숲과 삼림의 배수와 개간을 통해 극복하지 못했다. 습지와 그에 관한 이야기가 이 시대 사상가들에게 얼마나 강한 인상을 주었으며, 얼마나 자주 그것들의 존재가 신학, 지질 이론, 의학과 관련되었던가!

뷔퐁보다 더 경솔했던 다른 저자들도 이제 논쟁에 빠져들었다. 스웨덴의 박물학자인 캄은 유럽의 가축이 신대륙에서 "서서히 퇴화했다"고 진술하고 그 퇴화의 주원인을 기후, 토양, 먹이의 탓으로 돌렸다. 유럽 출신 식민지 이주자들은 유럽인에 비해 빨리 성숙하고 일찍 죽는다. 심지어 나무도 거주자와 똑같은 속성을 가진다. 만약 식민지 이주자들과 가축이 모두 영향을 받는다면 신대륙의 원시적 자연을 변화시키고자 하는 전망은 점점 불확실해질 것으로 보인다.[82] 아르노(Arnaud) 대수도원장은 1761년 작 《이방인 잡지》(*Journal Etranger*)에서 캄의 저서를 호의적으로 평하면서 이 저서의 흥미로운 측면을 강조했다. 그는 아메리카에 관해 이러한 견해가 더욱 확산되는 데 중요한 역할을 했다. 드 서지(Rousselot de Surgy)* 역시 마찬가지였다.[83] 드 파웁(Cornelieu de Pauw)*은 자신의 후기 입장을 바꾸면서 뷔퐁의 사고를 받아들였다. 그의 1768년 작

가장 철저한 연구는 Antonello Gerbi, *La Disputa del Nuovo Mondo. Storia di Una Polemica 1750~1900*(에스파냐어로도 번역되어 있음)의 인상적 연구이다. 나는 Chinard와 Gerbi의 많은 참고문헌에 신세졌으며, 특히 미국 문헌에 관해서는 Chinard의 도움을 받았다.

82) *Travels into North America*, Vol. 1, pp. 80~82. 캄(Kalm)의 고지식함과 과학적 탐구에서의 총명함에 관한 Chinard의 논평에 관하여 "America as a Human Habitat", *PAPS*, Vol. 91, pp. 32~34를 참조하라.

83) Chinard, *op. cit.*, pp. 34~35.

《미국인에 대한 철학적 연구, 또는 인류의 역사 연구를 위한 흥미로운 보고서》(*Recherches Philosophiques sur les Américains ou Mémoires intéressants pour servir à l'Histoire de l'Espèce Humaine*)는 단시간에 다른 책들을 압도하면서 이 분야의 우수한 교과서가 되었다. 드 파울은 기민하게 미국에 관한 비우호적인 증거를 모두 선별해 아메리카에서 태어난 유럽인도 원주민들과 똑같은 허약함을 보인다고 주장했다. 그는 신대륙의 인구가 더욱 희박해질 것이라 생각하고 아메리카인은 미성숙한 동물이나 어린이가 아닌 퇴화된 사람이라는 뷔퐁과 아주 동떨어진 주장을 했다. 서반구는 불완전한 것이 아니라 사실상 쇠퇴했고 지금도 쇠퇴 중이라는 것이다.[84]

이런 주장은 다른 저자들에 의해 계속되었는데, 특히 《두 인도제도에서 이루어진 유럽인의 정착과 무역의 철학적·정치적 역사》(*Histoire Philosophique et Politique des Établissemens et du Commerce des Européens dans les deux Indes*)의 저자인 레날(Guillaume Thomas François Raynal)*이 그러했다(두 인도제도란 동인도제도와 서인도제도를 말함_옮긴이). 그들은 뷔퐁의 견해에 따라 신대륙의 기원은 비교적 최근이며, 그곳 사람들은 성적 활력이 부족하며 이로 인해 비참하고 인적이 없는 조건을 가졌다고 생각했다. 그러나 레날은 이러한 환경을 변화시키고자 하는 유럽 출신 이

84) De Pauw, *Recherches Philosophiques*, Vol. 1, p. 307. 드 파울(De Pauw)에 관해서는, Chinard, *op. cit.*, pp. 35~36 and p. 55, note 1을 참조하라. Chinard는 아메리카로 독일인이 이주하는 것을 막아야만 할 이유를 가진 프리드리히 대제는 "신하들이 제출한 인구유출 반대 상소문"에 기뻐했다고 말했다. 또한(에스파냐 출신 아메리카인의 반응에 관해서는) Gerbi, *op. cit.*, pp. 59~89, 719~720을 참조하라. Church, "Corneille de Pauw, and the Controversy over his *Recherches Philosophiques sur les Américains*", *PMLA*, Vol. 51 (1936), pp. 178~206. 비판에도 불구하고 드 파울은 《백과사전》(the *Encyclopédie*)의 증보판(1776)에 아메리카에 관한 글을 서술했으며, 이에 관한 모든 기본 논제들은 Chinard, *op. cit.*, p. 36에 있다.

주자들의 능력을 높이 사면서 이들의 능력을 인디언의 능력과 구분했다. 유럽인은 "북아메리카의 모습을 즉각 변화시켰다. 그들은 모든 기예 도구의 도움으로 균형을 만들었다". 그들의 주목할 만한 업적은 개간, 야생동물을 가축으로 대체한 것, 가시나무와 떨기나무의 식재, 간척 등이다. "황무지가 도시로 뒤덮이고, 바다의 만(灣)은 배로 뒤덮였으며, 이에 따라 구대륙처럼 신대륙도 인간에 복속되었다". 이러한 업적은 자유정신과 종교적 인내 덕분이었다.[85]

뷔퐁은 신대륙 자연(인간을 포함)의 허약함을 주장했으며, 이를 통해 원시적 자연이 풍요로워지기 위해서는 문명화된 인간의 지적 정신과 질서를 만드는 손이 필요하다는 자신의 믿음을 뒷받침하고자 했다. 콜럼버스 이전 시대의 신대륙에는 기술적으로 충분한 손이나 정신이 전혀 존재하지 않았다고 본 것이다. 뷔퐁은 문헌을 통해 신대륙을 접했기 때문에 스스로 만든 늪에 빠지긴 했지만 자연 속 인간의 위치에 관한 그의 개념은 실로 훌륭한 것이어서 지구의 역사와 인간의 역사 모두에 새로운 통찰력을 불어넣었다. 뷔퐁은 《자연의 신기원》의 결론에서 전쟁의 폐기와 도덕적 개혁을 호소했는데, 파괴적 활동을 대신해 인간의 상상력과 창의력을 발휘하는 기회를 가져야 하며 지구에 대한 인간의 보유권이 인간에게 이득이 될 수 있도록 해야 한다고 했다.

로버트슨은 자신의 책 《미국의 역사》(*History of America*)에서 뷔퐁의 견해를 영어권 세계에 전파했지만 뷔퐁의 과장을 바로잡으려고 하지는 않았다. 로버트슨은 신대륙에 있던 두 개의 '군주제'를 제외하면 이 대륙에 거주하는 독립적인 소규모 부족은 재능이나 기술이 없었을 뿐만 아니라 자기들이 살아온 토지를 개량하려는 욕망도 가지지 않았다고 말했다. "그런 사람들에게 점유된 땅은 마치 거주자가 없는 것과 같은 상태였다". 열대우림의 거대한 삼림과 무성한 식생은 사람들을 더 집어삼켜 버렸다.

85) Chinard, *op. cit.*, pp. 36~37; pp. 36~38에 딸린 주석들은 복잡한 경로로 안내한다.

따라서 환경 변화는 문명화된 사람의 특성이다. 또 다시 로버트슨은 뷔퐁적 정신으로 말했다. "사람들의 노동과 작업은 지구를 개량하고 아름답게 꾸밀 뿐만 아니라 생명에 더 유익하고 우호적으로 만든다".[86] 인간이 자연의 질서 속에서 창조적 역할을 한다는 의미심장한 생각은 생명 원리가 인간 생명과의 연계에 의해 고귀해진다는 사고에 로버트슨이 공감했음을 보여준다. 아메리카는 "지구의 다른 부분에 비해 전반적으로 덜 경작되고 인구도 적기 때문에 생명의 능동적 원리는 이러한 열등한 형태〔예컨대 파충류와 곤충같이 보다 낮은 형태의 생명체〕의 생산에 힘을 낭비한다".

이를 순진한 인간중심주의로 치부해서는 안 된다. 이는 보다 심원한 의문, 즉 '자연은 문명화된 사람이 없다면 무의미한 혼돈에 불과한가'라는 의문을 제기한다. 왜냐하면 자신을 향상시킬 기술이나 욕망이 없는 원주민은 번성한 다른 생명체에게 포위당하기 때문이다. 하지만 문명화된 사람은 동식물 생명체의 숫자는 통제할 수 없을지라도 그 종류와 특성은 어느 정도 통제할 수 있다(뷔퐁 역시 이런 생각을 했다).[87]

로버트슨은 다시 뷔퐁을 따라서 자연을 통제하는 수단으로 가축화·작물화("열등한 창조물들에 대한 지배")에 큰 중요성을 부여한다. "가축화와 작물화가 없다면 인간의 지배는 불완전하다. 신하가 없는 군주이며 하인 없는 주인으로, 자기 팔의 힘으로 모든 작업을 수행해야만 한다". 또한 가축의 이용은 자연에 질서를 부여하는 힘의 근간이 되었다. "인간 힘의 확장에 가장 기여한 것이 동물 창조에 대한 인간의 지배력인지 금속 이용법의 습득인지 의문스럽다".[88] 여기서 로버트슨은 자연의 모습을 변화시키는 구대륙 사람들의 우월한 능력이 신대륙 원주민과의 근본적 차이를

86) *Hist. Amer.*, Vol. 1, p. 263. 로버트슨은 또한 환경의 개조자로서 인간이라는 주제와 질병의 퇴치자로서 인간이라는 주제를 결합했다. pp. 263~265.

87) *Hist. Amer.*, Vol. 1, p. 266.

88) *Hist. Amer.*, Vol. 2, pp. 9~10, 11.

만든다는 뷔퐁의 주장을 따른다.

이러한 논의를 좀더 연장해 보자. 뷔퐁이 캄과 드 파윱의 지나침에 대해 후회스럽게 반대했을 때 뷔퐁의 원래 논제이든 경솔한 추종자들의 논제든 남겨진 것은 거의 없었다.[89] 어떤 다른 해석이 가능했을까? 자연적 원인보다 도덕적 원인으로, 새로운 토지를 변화시키기 위한 아메리카인의 활동을 설명할 수 있었을 것이다. 애덤스는 "세상은 기후와 토양이 국민의 특성과 정치 제도를 결정한다는 생각에 너무 오랫동안 혹사당했다"고 말했다. "서로 다른 시기에 솔론(Solon)*의 법률과 무함마드의 폭정(이슬람 국가인 오스만투르크제국에 의한 그리스의 통치를 의미_옮긴이)이 아테네를 지배했다. 그리고 집정관, 황제, 교황이 로마를 통치했다. 교육과 정책이 기후의 모든 불리함을 이겨낼 수 있다는 주장을 뒷받침할 이보다 강력한 증거가 있겠는가?"[90]

피렌체인 마제이(Filipo Mazzei)*는 뷔퐁을 비판한 자신의 친구 제퍼슨에게 동조했는데, 제퍼슨은 뷔퐁이 '자연은 지구 전반에 걸쳐 균등하게 작용하지 않는다고 가정했으며 원주민들에 관해 무지했다'고 비판했다. 환경적 원인이 아니라 도덕적 원인이 아메리카인의 문화를 형성하는 데 작용했다고 본 것이다.[91] 많은 아메리카 사상가들 역시 자신들의 유연성과 유순함보다 힘에 더 감명을 받았다. 아메리카에는 관찰할 것이 너무 많으며, 너무나 많은 일이 이루어졌고 또 이루어질 수 있었기 때문에 아

89) *HNS*, Vol. 4, pp. 525~532. "Addition à l'Article des Variétés de l'Espèce Humaine. Des Américains".

90) "A Defence of the Constitutions of Government of the United States of America", in *The Works of John Adams*, Vol. 6, p. 219. Chinard, "America as Habitat", *op. cit.*, p. 45에서 재인용.

91) Mazzei, *Recherches Historiques et Politiques sur les États-Unis de l'Amérique Septentrionale*, Vol. 2, p. 32. 또한 Gerbi, *op. cit.*, pp. 290~298; Chinard, "America as Habitat", *op. cit.*, p. 44를 참조하라. 나는 마제이(Mazzei)의 저작을 참고할 수 없었다.

메리카인들이 수천 마일 떨어진 유럽인이 마련한 교리문답을 고분고분 기억할 수는 없었다. 제퍼슨, 엘리엇(Jared Eliot),* 윌리엄슨, 로레인과 같은 이들은 이후 신대륙에서 많은 유럽인의 견해를 우스꽝스럽게 만드는 변화를 목도한다.

9. "어떻게 보면, 그들은 세계를 새롭게 시작했다"

신대륙의 자연환경은 흔히 과학적 연구를 위한 거대한 야외실험실로 간주되었다.[92] 개간이 기후에 미치는 영향, 배수가 건강에 미치는 영향을 관찰하면 이제 오래된 질문에 답할 수 있다. 신대륙은 자연의 거대한 실험실이었다. 왜냐하면 대부분 사람들은 신대륙을 창조 이래 유럽 출신 이주자에 의한 변화가 이루어지기 전까진 교란되지 않은 자연적 조화 상태에 있었던 것으로 간주했기 때문이다.

캄은 유럽인이 오기 전까지 숲이 "때로는 불로 인해 작은 부분이 파괴된 경우를 제외하고는 결코 간섭받은 적이 없다"고 말했다. 또한 아메리카 토양의 깊이에 관해 "상당 부분이 대홍수 이래 결코 교란되지 않았음을 확신한다"고 적었다.[93] 샤토브리앙(The Vicomte de Chateaubriand)* 은 아메리카에서 거대하고 여전히 건강한 삼림을 보고 놀랐다. 그는 이름 모를 한 숲을 보고 "이 세상만큼 유구하고(*aussi vieilles que le monde*) 전능자의 손에 의해 만들어진 창조라는 개념을 떠올릴 수밖에 없는 이 삼림 속으로 들어가면서 경험하는 감정을 그 누가 묘사할 수 있겠는가"라고 외쳤다.[94]

샤스텔뤼가 거주 가능한 지구가 되는 데 5만 년이 걸린 "대자연의 위대

92) Chinard, "Early History of Forestry", *op. cit.*, p. 452.
93) *Travels into North America*, Vol. 1, pp. 86~87, 118.
94) *Travels in America and Itary*, Vol. 1, p. 148.

한 과정에 관하여" 명상하는 동안 이와 대비되는 새로운 광경이 그의 흥미와 호기심을 유발했다. 한 사람이 일 년 동안 대여섯 아르팡 넓이의 숲을 벌목하여 직접 개간한 땅에 집을 지은 것이다. 샤스텔뤼는 바로 눈앞에서 진행되는 정착 과정을 보았다. 그 사람은 적당한 돈을 주고 숲 속의 땅을 샀으며 자신의 동물과 밀가루, 사과즙 등의 식량을 가지고 그곳으로 이주했다. 작은 나무를 먼저 베었고 보다 큰 나무의 가지로 개간한 땅에 울타리를 만들었다. 또한 "자신이 강탈한 영토의 오랜 주인이었을 거대한 떡갈나무와 소나무를 도끼로 대담하게 공격해" 껍질을 벗기고 쪼개 두었다. 봄철의 불은 그의 벌목 작업을 완수해 주며, 봄의 태양은 개간한 땅의 부식토에 풀이 돋아 가축이 뜯어먹을 수 있게 한다. 개간지는 확장된다. 산뜻한 목조주택이 통나무 오두막을 대체한다. 도구와 이웃 관계는 정착지 조성에 핵심이다.

이 프랑스 장군은 진행 중인 환경 변화의 과정을 목격했고, 백 년도 안 되어 광대한 삼림에 삼백만 명이 거주했다고 말했다.[95] 심지어 19세기에도 로레인은 "동식물의 가치가 가장 잘 드러나는 곳은 기예든 무지든 어느 것의 개입도 두드러지지 않고, 단순하지만 현명한 자연의 경제만이 작동하는 외로운 숲 속"이라고 말했다.[96] 유럽의 과학에서 오랫동안 익숙했던 논제는 토양 침식, 토양 고갈, 삼림 제거와 배수의 효과, 기타 많은 주제를 관찰할 수 있었던 이 새로운 실험실에서 더 심도 있게 탐구될 수 있었다. 그러나 국지적 관찰에 기반을 두고 보고가 이루어졌지만 일관된 연구 체계를 이루지는 못했다. 어떤 곳에서는 삼림 제거에 대한 경고와 나무 보전의 필요를, 다른 곳에서는 개간을 위한 웅대한 계획이 제시되었다. 어떤 이들은 인간이 자연의 균형에 신중하게 개입해야 한다고 생각했

95) *Travels in North-America in the Years 1780, 1781, and 1782*, Vol. 1, pp. 44 ~48.

96) *Nature and Reason Harmonized in the Practice of Husbandry* (Philadelphia, 1825), p. 24.

고, 다른 사람들은 인간이 신대륙을 과감하게 재단해야 한다고 여겼다.

시간의 경과에 따라 누적된 이런 산발적 관찰은 자연적 과정과 이에 대한 인간의 개입을 더 깊게 이해할 수 있게 했다. 18~19세기에 강화된 기후에 대한 관심은 17세기의 관심이 더욱 넓고 깊어진 것이었다. 우드워드(그의 저작은 8장 8절에서 논의되었다)는 나무가 많은 지역이 더 축축하고 습하며 비도 많이 온다는 전형적인 설명을 했다. 아메리카의 초기 정착민이 이런 불리함을 극복하기 위해 숲, 덤불을 태우고 파괴함으로써 "그 땅의 거주와 문화를 위한 길을 열었으며 이를 통해 변화된 공기와 개간된 공간은 이전보다 훨씬 건조하고 화창한 성질로 바뀌었다".[97] 이런 저작들로부터 얻을 수 있는 폭넓은 철학적 교훈은 인간이 자연에는 없는 독특한 종류의 질서 — 또는 무질서 — 를 가진 자신만의 독특한 환경을 창출했다는 점이다. 인간은 자연의 통일성을 알지만, 또한 한 종류의 환경을 다른 종류로 대체하는 일은 새로운 종류의 질서를 창조할 기회라는 점도 알고 있다.

샤스텔뤼는 제퍼슨을 만나 숲으로 된 토지와 경작된 토지 간에 계획된 균형을 창출할 수 있는 가능성을 설명했다. "우리가 땅의 개간을 추진하는 방식보다 더 본질적인 것"은 없다. "왜냐하면 건강을 증진시키는 공기의 성질이나 계절의 질서조차도 우리가 바람에게 허용한 경로와 방향에 좌우되기 때문이다". 샤스텔뤼는 계속해서 시로코(*sirocco*)****와 리비코(*libico*: 고대 리비아를 가리키는 에스파냐어인데 여기서 불어오는 바람으로 추론됨_옮긴이)로부터 로마를 보호하던 로마와 오스티아 사이의 나무가 벌목된 이후 로마의 공기는 건강에 더 나빠졌으며 카스티야(Castile)**의 가뭄은 아마 삼림을 제거한 데서 기인했을 것이라고 말했다.

그는 이런 교훈을 버지니아 주에 적용하면서 그 주의 가장 넓은 부분이

97) *Miscellanea Curiosa*, Vol. 1, p. 220. Chinard, "The Early History of Forestry", p. 452에서 재인용.

무척 질퍽질퍽하기 때문에 벌목에 의해서만 건조시킬 수 있다고 말했다. 더 이상 유해한 발산이 없을 정도로 버지니아 주를 완벽하게 배수시킬 수는 없다. 발산의 속성이 어떠하든지 간에 식생은 이 발산물을 흡수하는데 특히 나무는 이를 잘 수행할 것이다. "많은 양의 나무를 벌목하는 것과 보전하는 것은 똑같이 위험해 보이기 때문에 이 지역의 개간을 진행하는 가장 좋은 방법은 가능한 정착지를 분산시키고 취락 사이에 작은 숲을 조성하는 것이다". 정착지가 들어선 토지는 건강에 좋으며, 숲은 바람을 막아 발산물을 제거할 것이다.[98)]

샤스텔뤼의 진술은 구대륙에서 일어난 바 있는 개간과 건강 간 관계에 대한 지속적 관심을 보여준다. 그 예로 러쉬는 지난 몇 년 동안 필라델피아의 질병 발생률이 더 높았던 이유는 물레방아용 저수지가 늘어나고 벌목이 이루어졌기 때문이라고 주장했다. "서스케하나(Susquehannah)** 강변의 간헐열〔열병〕은 이전에 인근에서 자라던 나무의 벌목으로 습지의 악취가 전파되는 경로의 형성과 똑같이 전파되었다고 주장했다". 이 상관관계를 설명할 때 러쉬는 개간과 경작을 분명히 구분했다.

개간은 단지 나무를 제거하는 거칠고 손쉬운 방법이다. 이는 실제 열병의 전파를 촉진할 수 있다. 경작에 의한 환경에의 개입은 보다 완전하며, 인간의 관리하에 있는 자연적 과정이 과거의 자연적 과정을 대체한다. 땅의 경작은 "온갖 곡물, 목초, 채소를 자주 수확하여 습지를 배수하고, 잡초를 제거하며, 잡목을 불태우고, 지표의 비위생적이고 불필요한 습기를 증발시키는 일"을 의미하는 것으로 이는 "그 땅을 건강하게 한다". 그의 결론은 그가 공개하지 않는 비교 자료에 근거를 두는데 변화의 발생과정에서 흥미로운 일종의 단계별 발전을 상정한다. "초기의 정착자들은 〔미국의〕 땅을 순수하고 건강한 자연의 손으로부터 물려받았다. 이 땅을 개량하자 곧 열병이 뒤따라왔다. 보다 높은 단계의 경작이 이루어지기

98) Chastellux, *Travels in North-America in the Years 1780, 1781, and 1782*, Vol. 2, pp. 53~54.

전까지 열병은 결코 근절되지 않았다". 러쉬의 제안은 자연 상태로 남겨진 것과 인간에 의해 대체된 것 간의 계획된 균형에 바탕을 두었다. 물레방아용 저수지 주변에 나무를 심어라. 왜냐하면 이 나무는 건강에 좋지 않은 공기를 흡수하고 "이른바 '탈플로지스톤'(*deflogisticated*) 공기〔산소를 지칭하는 프리스틀리(Priestley)의 용어〕의 형태로 매우 순수한 상태에 있는 공기를 배출"하기 때문이다.[99)]

1794년 11월 미국철학회에서 발표된 한 논문에서 아일랜드 외과대학(Irish College of Surgeons)의 학위자(*licentiate*: 유럽 대학교의 학사와 박사 사이의 학위_옮긴이)인 라이트(Thomas Wright)는 질병의 전파를 막기 위한 인위적인 바람 통로를 제안했다. 만약 대규모 배수가 이루어질 수 없다면 습지나 소택지의 물을 증발시키는 것을 권장할 수 있다. 아일랜드는 겨울에 비가 많고 여름이 짧으며, 공기가 '화학적으로 건조하고' 열이 부족함에도 불구하고 임시 저수지(*turloughs*)는 금방 말라 버린다. 한 달간 불어오는 건조하지만 열이 없는 대륙풍이 "섬 전체에서 여분의 물을 제거하여" 바싹 마른 들판과 거의 다닐 수 없을 정도로 먼지가 가득한 도로를 만든다.

겨우 수주일 안에 아일랜드를 '건조시킬' 수 있다면, 왜 아메리카인들도 아메리카의 건조하고 뜨거운 바람을 이용할 수 없겠는가? 삼림을 개간하라! 단, 의식적인 노력이 필요하다. 탁월풍의 방향으로(북서쪽에서 남동쪽으로) 1~2백 마일 길이의 길이 생기도록 나무를 벌목할 수 있을 것이다. "그러면 양 끝 지점에서 불어오는 모든 바람이 2백 마일의 땅에서 물기를 없애고 모든 습지의 증기를 가져가며, 양 편에 나무로 둘러싸인 큰 가로수길(*visto*)이나 도로가 정착민들에게 아주 건강에 좋고 아주 가치 있는 환경을 제공할 것이다.[100)]

---

99) "An Enquiry into the Cause of the Increase of Bilious and Intermitting Fevers in Pennsylvania, with Hints for Preventing Them", *TAPS*, Vol. 2, No. 25(1786), pp. 206~212; pp. 206, 207, 209에서 인용.

이론과 처방을 모두 가진 또 다른 사람인 큐리(William Currie)는 1795년에 농업에 대해 "건강에 좋고 활기를 북돋우는 대기 중 요소〔산소〕"를 제거하는 힘을 상쇄시킬 수 있는 "거대한 엔진"이며, 또한 그러한 요소를 공급하는 원천을 충분히 제공할 수 있는 "거대한 보고(寶庫)"라고 서술했다. 고인 물을 배수하고 죽은 나무와 풀을 태우며, 물이 얕은 곳, 움푹 들어간 곳, 땅이 꺼진 곳을 진흙, 모래, 석회로 메워라. 잘 선택되어 경작된 목초와 식물이 이제 풍부한 산소를 공급할 것이다. 만약 습지가 너무 커서 배수하기 어렵다면 댐이나 수문을 이용해 물에 잠기게 하라. 왜냐하면 물속에 가라앉아 공기와 접할 수 없는 죽은 유기물질은 아주 천천히 그리고 불완전하게만 부패할 수 있기 때문이다. 당연히 습지지역은 경작되어야 하며 "삽, 쟁기, 갈퀴 등을 이용해 깨끗이 마른 상태로 유지해야 한다".101)

과거에도 빈번히 있었던 것처럼 설계론에 대한 보수적인 신봉자들은 이러한 변화에 반대했다. 만약 창조주가 오늘날 인간의 기예가 행하는 일을 원했다면 처음부터 그렇게 창조했을 것이기 때문에 자연의 과정에 어떤 간섭도 있어서는 안 된다는 것이다. 예컨대 세이버트(Adam Seybert)* 박사는 습지와 그곳의 공기가 건강에 좋지 않다는 자신의 — 또한 보편적인 — 견해를 뒤집어서 이것들도 자연의 필수적 부분이라고 결론지었다. 동물은 불순한 공기에서뿐만 아니라 지나치게 순수한 공기에서도 죽을 수 있다. 즉, 동물은 "산소가 꽉 찬" 공기에서는 매우 짧은 시간 동안만 생존할 수 있다. 습지는 "식물과 기타 원인이 대기를 정화하기

---

100) Thomas Wright, "On the Mode Most Easily and Effectually Practicable of Drying up the Marshes of the Maritime Parts of North America", *TAPS*, Vol. 4(1799), pp. 243~246; p. 246에서 인용.

101) William Currie, "An Enquiry into the Causes of the Insalubrity of flat and Marshy Situations; and directions for preventing or correcting the Effects thereof", *TAPS*, Vol. 4(1799), pp. 127~142; pp. 140~142에서 인용.

위해 가진 힘에 반대로 작동하여 동물의 생명과 연소를 지탱하는 데 적합한 비율로 산소가 유지되도록 하기 위하여 창조주에 의해 설치된 것처럼 보인다".

습지는 당연히 축복일 것이다. 아마 창조주는 사람들이 습지에는 거주하지 않아야 하며 "습지는 오로지 지나치게 순수한 대기를 교정하는 데만 이용되어야 한다고 의도했을 것이다. 습지에 인접해 사는 경우 질병을 앓음에도 불구하고 일부 사람들은 여전히 습지 환경을 거주지로 선택한다". 세이버트는 설계론을 이용해 자연에서 관찰된 성장과 쇠퇴의 리듬(*tempo*)의 합리성을 정당화하는 것처럼 보이며 〔그에게〕 습지는 도덕 세계에서 악이 행하는 것과 같은 역할을 생물 세계에서 하는 듯하다.102)

정착이 기후에 미치는 효과에 관한 관찰은 기후 변화의 신봉자들에게 잔지바르의 정향(丁香: 열대 향신료_옮긴이)처럼 기분 좋은 향기였다. 버몬트의 역사가인 윌리엄스(Samuel Williams)는 버몬트 주의 기후가 더 온난해지고 예측하기 어려워진다고 주장했다. 기후가 너무나 빠르고 지속적으로 변화해 "공통적으로 관찰되고 경험하는 사안이 되었다". 이러한 변화는 "광대한 비경작 황무지 상태에서 수많은 정착지와 광범위한 개발의 상태로 급작스레 변한 새로운 땅에서 가장 현저하고 분명하다". 지표면이 개간될 때 땅은 태양과 바람에 노출되어 더욱 따뜻하고 건조해진다. 정착이 진전돼 개간 면적이 증가하고, 기후는 더 균일하고 온화해진다.

윌리엄스는 옛 저술가들의 관찰(웹스터는 그가 이들을 받아들인 것을 비난했다), 예컨대 물 부족으로 더 이상 쓸모없어진 물레방아, 습지였던 경지를 관찰함으로써 정착이 별로 이루어지지 않았던 과거가 더 추웠다는 확신을 얻었다. 개간은 바다의 미풍을 내륙으로 유인했다. 육지와 육지 위의 대기가 바닷물보다 더 따뜻해졌기 때문이다. 여기에서는 인간의 손을 거치지 않은 안정된 땅, 즉 규칙적인 계절적 변화, 세대를 거치더라도

102) Adam Seybert, "Experiments and observations, on the atmosphere of marshes", *TAPS*, Vol. 4(1799), pp. 415~430; p. 429에서 인용.

거의 변화가 없는 자연의 과정과 외형을 가진 땅과 변경된 땅, 즉 계절이 변동되고 보다 큰 불규칙성, 불안정, 불확실성을 지닌 땅 간의 대비가 이루어진다.[103]

유사한 생각이 볼니의 저서에서도 다시 나타난다. 그는 오랜 정착이 이루어졌고 잘 이용되는 구대륙의 많은 곳을 여행한 경험으로 인해 전인미답의 땅으로 여겨지는 곳의 외양에 민감해졌다.[104] 사실 볼니에 관한 여담으로 빠지고 싶은 유혹을 많이 느끼는데, 그의 지리적 주제에 관한 저술이 연구할 가치가 많기 때문이다. 그는 삼림이 강우를 유인하고 개간이 건조를 촉진한다는 당시 이론에 정통했다. 그는 과거의 외국 여행자와 미국 거주민들이 쓴 이 주제에 관한 저술도 연구했다. 볼니는 "토지가 개간되는 것에 비례해 누구나 인지할 수 있을 만큼의 부분적 기후 변화가 발생했다"는 믿음이 미국에서 넓게 퍼졌다고 말한다. 그는 캄, 윌리엄스, 러쉬, 제퍼슨 등 이전 관찰자들을 인용하면서 자신이 여행의 과정에서 유사한 증거를 수집했으며 미국의 기후가 체감될 만큼 변했음은 "논란의 여지가 없는 사실"이라고 덧붙였다.

> 오하이오 강을 따라 갈리폴리스, 켄터키의 워싱턴, 프랭크퍼트, 렉싱턴, 신시내티, 루이스빌, 나이아가라, 알바니 등 모든 곳에서 같은 상황이 내게 반복되었다. "길어진 여름, 늦은 가을, 또한 늦은 수확, 짧아진 겨울, 적어진 눈, 짧아졌지만 여전히 혹독하게 추운 기간" 그리고 모든 새로운 정착지에서 이러한 변화는 토지의 개간에 비례해 천천히 점진적으로가 아닌 급속하고 매우 갑작스럽게 내 앞에 나타났다.

103) *The Natural and Civil History of Vermont*, pp. 57~65. 윌리엄스(Williams)는 지표 온도 변화에 관한 실험적 증거를 제공한다. 그러나 그는 개간이 기후의 변화에 유일한 원인인가에 대해서는 확신하지 못했다.

104) *View of the Climate and Soil of the United States of America*, pp. 7~8.

볼니는 아메리카에서 벌어지는 일에 전혀 놀라지 않고 그것을 역사적 과정으로 인식한다. 왜냐하면 기후 변화는 유럽뿐 아니라 아시아와 거주 가능한 세계 전체에서 발생했음이 분명하기 때문이다.[105] 그는 인간의 손을 많이 타지 않은 켄터키의 땅에서도 변화가 일어남을 목격한다. 여기서도 그의 관찰은 그 결과를 경험한 사람들의 증언에 뒷받침된다. 가뭄은 개간을 따라오는 것처럼 보인다. 그럼에도 불구하고 많은 켄터키의 하천은 나무가 벌채된 이래 더 풍부한 물을 가졌다. 삼림의 두터운 부엽토층이 제거되어 빗물을 더 이상 품을 수 없었기 때문이다. 개간과 쟁기질에 따라 빗물은 땅속으로 스며들어 "더 오래가고 풍부한 저수지"를 형성했다. 그러나 그는 삼림-강우 이론에 지나치게 충실한 나머지 여기서 진짜 문제를 보지 못했다. 삼림과 하천 흐름의 관계는 여전히 많은 연구와 논쟁을 필요로 하는 문제라는 이야기를 누구나 덧붙일 수 있을 것이다.[106]

이에 관한 저술들에서 당시에 이해되었던 개간의 장단점을 분명하게 살펴볼 수 있다. 삼림 개간은 문명의 확장, 공중보건, 그리고 이러한 확장에 필수적인 농업의 증진을 위해 필요했다. 그러나 삼림 개간은 샘이나 개울에 물 공급을 줄임에 따라 영구적인 건조를 초래함으로써 이런 목적을 저지하는 위협이기도 했다.

볼니의 진술은 내게 가장 흥미로운 문제, 즉 당시에 이해되었던 자연에서 인간의 위치에 관한 문제에 다시 한 번 주목하도록 한다. 창조 이래 이 시기에 이르기까지 변화 없이 존재한 것이 분명한 환경 속에서 이루어진 유럽인의 활동은, 비록 그들이 자연환경의 일부임에도 불구하고 자연환경으로부터 자신들을 뚜렷이 단절시켰지만, 인디언은 자연환경과 융합

---

105) *Ibid.*, pp. 266~278; pp. 266, 268~269에서 인용. 볼니는 사무엘 윌리엄스를 상당히 길게 논의한다. 또한 미국에서 만연한 질병들과 그 사회적·환경적 원인에 관한 그의 매우 현실주의적인 서술에 관해서는 pp. 278~332 참조.

106) *Ibid.*, pp. 25~26.

된 것처럼 보였다. 하지만 원주민들이 자신들의 환경을 바꾼 부분이 초기 여행자들의 눈에 이따금씩 띄었던 건 사실이다. 이들 원주민들은 자신들이 사용하는 불과 그것이 동식물의 생활에 미치는 영향을 — 일부 원주민은 상당히 일찍부터 — 알았다.

한 예로 우드(William Wood)는 17세기 초에 습지나 습한 저지대에서 자라는 덤불에 대해 서술했다. 그는 인디언이 풀과 나뭇잎이 말라서 관목과 부스러기를 쉽게 태울 수 있는 11월에 관례적으로 이 덤불을 태웠다고 말한다. 만약 이것을 소각하지 않으면 통행이 어려워져 사냥을 망칠 것이다. 따라서 소각된 지역은 인디언의 정착을 드러내는 증거다. "인디언이 거주하는 곳에는 수풀이나 관목, 기타 보다 우수한 땅에서 볼 수 있는 다루기 어려운 덤불이 거의 없다. … 웨사구스쿠스(Wessaguscus)와 플리머스(Plimouth) 사이의 중간 지역처럼 인디언이 약 14년 전에 페스트로 죽은 곳에는 덤불이 많다. 덤불을 치우거나 소각하지 않았기 때문이다 …".[107]

그러나 선진 문명에서 온 여행자들이 보기에 전인미답의 땅으로 여겨지는 곳과 정착 및 개간되어 경작되는 토지 간의 대비는 생생했다. 창조 이래 유럽인이 오기 전까지 계속된 자연의 과정이 유럽인이 도착한 이후 방해를 받은 것이다. 바트람은 토양의 비옥도를 알려면 진흙과 암설을 운반하는 홍수에 의해 매년 비옥해지는 저지대 강둑을 조사하면 된다고 썼다. 개간 전에는 많은 개암나무와 잡초, 덩굴이 저지대 강둑에서 자라나 암설이 범람한 유수에 의해 아래로 운반되는 것을 방해했다. 또한 이 식물의 부식은 토양을 비옥하게 유지시켰다. 그러나 저지대를 개간하여 식민화한 이후에는 반대의 결과가 나타났다. 홍수는 더 이상 암설을 퇴적시키기 않은 채 땅 위로 이동하면서 개간된 땅의 토양을 더 많이 깎아냈던 것이다. 뚜렷한 경사가 있는 하천은 저지대에 굵은 모래를 퇴적시

---

107) Williams Wood, *New Englands Prospect*(1634). Eben Moody Boynton의 서문(pp. 16~17)과 함께 재간행됨.

킬 것이다. 거기에 더해 고지대가 목초지로 이용되어 가축이 이를 밟고 다니면 비가 작은 골짜기를 만들어 전에 비해 많은 굵은 모래나 진흙을 아래로 운반한다. "내가 20여 년 전 그대들의 땅의 잔등 부분에 있으면서 관찰한 바로는 그대들의 숲이 목장으로 사용되지 않아 키 큰 잡초가 무성했고 그대들의 땅은 부드러워 훨씬 더 많은 비가 그대들의 땅으로 스며들었으며, 그대들의 지표면을 (지금처럼) 침식하고 삭탈하지 않았다".

좁은 의미에서 이것은 미국 내 토양 침식에 관한 흥미로운 초기 경고 가운데 하나이고, 보다 넓은 의미에서는 인간 활동이 고지대에서의 가축 사육이나 저지대의 개간을 통해 직·간접적으로 침식과 퇴적의 자연적 과정을 변경시켰음을 인식한 것이다. 우리는 이미 17세기 물리신학자들이 설계론에서 토양 침전의 역할, 즉 고지대에서 평지와 삼각주로의 토양 운반이 인류의 삶에 근본적인 물리적 과정이라는 점에 깊은 감명을 받았음을 살펴본 바 있다.[108]

엘리엇 자신은 뉴잉글랜드에서의 최초의 정착 이래 이루어진 물리적 변화에 감탄했다. 식민지 사람들의 수는 적었고, 유럽의 경작된 땅으로부터 짙게 삼림이 우거지고 개량되지 않은 아메리카 땅으로 왔지만, 이들을 안내할 과거의 경험은 거의 없었고 짐을 나를 수 있는 운반용 짐승도 없었다. "해야 할 모든 일에 숙련되지 못했다. 요컨대 어떻게 보면 그들은 세계를 새롭게 시작했다고 말할 수 있다".[109] 그는 또한 구릉지가 침식되어 비옥도가 낮아지는 대신 계곡이 퇴적을 통해 비옥해지는 과정을 이해했다. 내가 생각하기에 바트람과 엘리엇 같은 신중한 관찰자들의 사고

108) 바트람이 엘리엇에게 보낸 날짜 불명의 편지가 Jared Eliot, *Essays upon Field Husbandry in New England and Other Papers, 1748~1762*. ed. by Harry J. Carmen and Rexford G. Tugwell (New York, 1934), pp. 203~204에 출판되어 있음을 참조하라. 바트람, 엘리엇, 로레인에 대해서는 Angus McDonald의 *Early American Soil Conservationists*, USDA Misc. Public. No. 499 (Washington, 1941)의 도움을 받았다.

109) Jared Eliot, *op. cit.*, p. 7.

에 함축된 것은 인간 통제하의 새로운 과정이 인간 개입 이전에 진행되던 과정을 생물학적으로 대체할 만한 것이 되어야 한다는 깨달음이다.

> 우리의 선조가 이곳에 정착했을 때 이곳은 창조 이후 아마 한 번도 쟁기질이 없었던 땅이었을 것이다. 땅은 새로웠고 선조들은 땅의 자연적 비옥도에 힘입어 목적을 이루었다. 그들은 토지의 일부를 소진하면 다른 땅을 개간했고, 양떼와 똥 수레의 도움을 약간 받는 것 외에는 토지를 개선하는 데 별다른 관심도 없었다. 반면 영국에서 밭을 갈지 않고 밀 씨앗을 뿌리려고 했다면 나쁜 농부로 간주되었을 것이다.[110]

아메리카에 관한 초기 저자들이 흔히 그랬던 것과 같이 배수를 열정적으로 칭송했던 엘리엇 역시 새로운 땅에서 이루어진 사람들의 작업을 창조 행위에 견주었다.

> 처음 상태의 습지를 보라. 수렁으로 가득 차 창포와 양치류, 유해한 잡초, 덩굴 그리고 고인 물의 진정한 산물인 기타 유용한 것들이 무성하다. 바닥은 진흙탕이어서 거북이, 두꺼비, 도롱뇽, 뱀 그리고 여타 기어 다니는 작은 동물의 은신처가 된다. 이곳에는 해로운 가시나무 넝쿨, 큰 식물이 만든 음산한 그늘, 올빼미와 해오라기의 보금자리, 여우의 쉼터, 불결하고 미운 새들의 둥지가 있다.

이번에는 치우기, 도랑 파기, 배수하기, 태우기, "그리고 기타 필요한 경작"이 이루어진 이후의 다음 상황을 살펴보자.

> 이제 달콤하고 싱그러운 풀로 단장한 습지를 보라. 높고 넓게 퍼진 잘 자란 인디언 옥수수, 노란 보리, 은색 아마, 경사지의 대마로 가꾸어지고, 멋진 양배추, 맛있는 메론, 최고의 순무로 아름답게 꾸며졌다. 이

---

110) *Ibid.*, p. 29.

> 모두가 눈을 즐겁게 하고 대부분 맛이 좋다. 이 얼마나 훌륭한 변화인가! 모든 것이 단기간에 이루어졌다. 이것은 무능한 존재인 우리 인간이 달성할 수 있는 것 중 창조와 가장 닮은 일이며, 기술과 근면함이 주는 행복한 결실이다.[111]

그러나 인간의 활동이 자연의 조화에 개입할 수도 있지만 의식적이고 신중하게 진행되어야 한다. 찌르레기와 옥수수에 관한 프랭클린의 사례는 1859년에 나온 다윈의 고양이-클로버 사슬과 마찬가지로 생명의 그물이 작동했음을 보여준다.

> 신의 섭리에 의한 계획을 수정해 세계의 통치에 개입하고자 한다면 우리는 매우 신중해야 한다. 그렇지 않을 경우 우리는 이로움보다는 해를 더 많이 끼칠 것이다. 뉴잉글랜드에서 사람들은 한때 찌르레기가 쓸모없고 옥수수에 유해하다고 여겨 소탕하고자 했다. 결과적으로 찌르레기가 줄어들었다. 그러나 과거 찌르레기가 먹어치웠던 벌레의 일종이 풀을 마구 먹어치우면서 급속히 증식했다. 그제야 사람들은 옥수수 손실을 줄인 양보다 풀의 손실량이 훨씬 크다는 것을 알고 다시 찌르레기를 원했다.[112]

---

111) *Ibid.*, pp. 96~97.

112) *The Origin of Species*. Modern Library Giant ed., p. 59 = Chap. 3; Franklin, "To Richard Jackson", *Writings*, ed., Smyth, Vol. 3, p. 135. 흥미롭게 더햄(Derham)이 편집한 책에서도 유사한 사례가 인용되어 있다. 이 책 8장 각주 165번을 보라. Chinard, "America as Human Habitat", *PAPS*, Vol. 91(1947), p. 40에서 재인용됨.

10. 자연과 이성의 조화

아메리카 대륙 정착의 영향에 관해 내가 아는 가운데 당시 가장 사려 깊고 지속적이었던 논의는 로레인의 《농사에서의 자연과 이성의 조화》(*Nature and Reason Harmonized in the Practice of Husbandry*) 인데, 이 책은 그의 사후인 1825년 출간되었다. 그는 실용주의자였지만 18세기 후반과 19세기 초반의 토지 이용 관행이 단순한 기술이라기보다 자연철학에 속한다는 것을 알았다. 이러한 태도는 서구 문명에서 농업, 임업, 축산에 관한 저자들 가운데 그리 비상한 것은 아니었다. 내 생각에 이는 부분적으로 설계론의 힘 때문이기도 하지만 또한 부분적으로 이 사람들이 들판, 개간, 헛간 등을 친숙하게 느꼈고 이것들을 자연 경제의 일부로 보았기 때문이었다.

로레인은 뷔퐁과는 달리 길들여지지 않은 야생의 자연에서 공포를 느끼지 않았다. 야생의 자연은 상호 의존적 자연 체계로 냉철하게 묘사된다. 외로운 삼림 속에는 지표면 전체가 식생들로 덮였다. 초본과 작은 나무, 관목숲, 일년생식물이 큰 나무 사이에 규칙적이지는 않지만 적당한 거리를 두고 자란다. "전체는 규모가 가장 큰 나무에서부터 이끼류에 이르기까지 점차 크기가 〔작아진다〕".

자연은 가능한 모든 곳에 신중하게 식생을 퍼뜨리는데, 심지어 쓰러진 나무 등걸에도 식물이 구멍을 파고 자라나 등걸이 썩으면 땅에 뿌리내린다.[113] 살아 있는 큰 나무는 종종 넘어진 튼실한 나무 옆에서 자란다. 매년 새롭게 떨어진 낙엽이 이전 해의 식생을 덮어버리는데, 이는 풀이 자라 자연의 설계를 훼방하지 못하게 막는다. 이 낙엽층을 겨울에는 줄기와 가지가, 여름에는 무성한 잎이 더욱 효과적으로 보호한다. 발효와 분해를 통해 식물에 영양분이 제공되고 토양이 비옥해지며 "또한 토양을 미세하

---

113) *Nature and Reason Harmonized in the Practice of Husbandry*, p. 24.

게 나누어 토양 내에 빈 공간이 많이 생기게 하고 토양을 부드럽게 만듦으로써 뿌리가 쉽게 내릴 수 있도록 하는데, 이는 경작지에서의 일반적인 경작 방식보다 더욱 효과적이다". 낙엽과 가지, 죽은 나무, 여타 식물이 "썩어 가는 거대한 초목군집"을 만든다.

여기는 생명으로 가득하다. 큰 동물, 파충류, 새가 이곳에 둥지를 튼다. "모든 잎과 나무껍질 틈 속에 빽빽이 서식한다". 극미동물이 썩어 가는 식생에 의존해 살아가며 다른 극미동물과 벌레는 흙 속에서 유사한 먹이를 찾는다. "또한 셀 수 없이 많은 종의 극미동물이 … 죽은 사체나 큰 개체의 잔여물 위에서 풍요롭게 살 것이다. 더욱이 동물성 물질의 양은 온갖 크기의 동물이 창조됨으로써 급증하는데, 이들은 부분적으로 혹은 전적으로 다른 동물을 먹으면서 생존한다". 생애주기가 짧고 크기가 작은 동물이 급속히 증식한다. 살아 있는 동안에는 이들의 배설물이 토양으로 돌아가 거름이 되고, 죽으면 그 사체가 거름의 양을 크게 늘린다. 모든 동물 생명체가 만드는 거름이 쌓인 덩어리는 자연이 의도한 목적에 잘 부합한다.

> 부분의 동물성 물질을 작은 몸체 속에 존재하도록 만든 것은 분명 매우 현명한 자연의 섭리다. 이는 〔동물성 물질의〕 양을 크게 증가시켜 신속하고 효과적인 이용을 촉진했다. 만약 이 거대한 부피의 동물성 물질 전체 혹은 대부분이 큰 동물 속에 존재하도록 만들어졌다면 이 동물은 부양될 수 없었을 것이고, 그들로부터 나오는 배설물 역시 식물성 물질이 토양과 혼합되는 것만큼 잘 섞이지 못했을 것이다. 모두가 알듯이 식물성 물질은 식물 내부에 존재하도록 만들어졌고, 이들 식물은 지구의 거주 가능한 부분에 넓게 퍼져 이를 뒤덮도록 만들어졌다.

동물성 물질과 식물성 물질의 혼합에는 무언가 경이로운 점이 있다. "이처럼 완벽한 〔자연〕 경제 체계가 갖는 시비(施肥) 효과는 자연이 스스로의 역할을 수행하기 어려운 습지나 대초원, 삼림에서도 마찬가지로 분명히 나타난다". 로레인은 여기서 인간이 빠진 자연의 체계를 묘사했다. 동식물 위계 내에서 개별 종은 저마다 다른 개체군 증가율을 보인다. 생명과 죽음은 긴밀하게 상호 관련이 되며 생명의 순환에서 엄청난 숫자의 유기체로 이루어진 소규모 개체군과 〔이들의〕 분해에 의한 거름 생산이 환경의 안정성을 유지하는 데 결정적이다.[114]

로레인에게 '문명화된 인간의 창조'(로레인이 만든 용어)는 자연 세계의 이와 같은 근본적 순환에 새로운 질서를 가져온다. "인간에 의해 발견되면 죽은 식생뿐만 아니라 살아 있는 식생 역시 파괴되고 땅은 경작된다. 토양 속이나 위에서 사는 훨씬 더 많은 수의 극미동물이 이러한 방식으로 파괴된다". 만약 농사꾼이 초지를 가꾸어 가축을 방목하면서 그 거름을 토양에 공급한다면 "자연이 기예의 도움을 받아 토양의 비옥도가 상당히 증가한다".[115] 이러한 방법으로 인간은 자신이 제거한 과정의 일부를 대신할 수 있는 인공 대체재를 만든다. 반면 미개척지를 쟁기로 갈아 경작하면서 풀이나 가축에 관심을 기울이지 않는다면 순환은 깨지고 토양은 소진될 것이다.

로레인은 인간이 손대지 않은 자연의 경제에서 극미동물이 수행하는 역할에 감명을 받는다. 개간 후에는 이들의 배설물이 자연적 조건하에서 생산된 것보다 질적으로 떨어질 것이지만 인위적 과정이라 할지라도 풀은 이들에게 많은 먹이를 제공할 것이다. 그는 농부가 이들에게 지나치게 무심한 태도를 보이며 이들을 성가시게 하는 것에 지나치게 많은 관심을 기울인다고 말한다. "개연성이 무척 낮아 보이긴 하지만 만약 극미동물이 창조되지 않았더라면 인간이나 (인간이 더 큰 관심을 기울이는 것처럼 보이는) 가축은 지금 같은 숫자로 존재할 수도 없었을 것이고 풍부한 영양분을 공급받지도 못했을 것이다. 잡초의 경우도 이와 마찬가지일 것이

114) *Ibid.*, pp. 25~26.

115) *Ibid.*, pp. 26~27.

다. 하지만 부주의한 농부는 잡초로 인한 피해에 대해서만 더욱 큰 불평을 늘어놓는다".[116]

극미동물의 중요성, 그리고 자연의 지속성을 보장하는 생사의 주기 속에서 유기물의 축적과 분해가 갖는 중요성과 같은 그의 토양생물학 개념은 (계속적인 쟁기질과 경작으로 인한) 토양 고갈에 대한, 그리고 태양, 바람, 비, 눈의 융해처럼 해가 되는 활동에 토양이 노출될 때 발생하는 침식에 대한 우려를 설명한다.[117]

로레인은 후손에 관한 주장, 그리고 인간과 토지에 대한 성서의 저주가 내려지기 쉽다는 주목할 만한 주장을 했는데, 그에 대한 문장에서 그런 파괴적 관행이 토양뿐만 아니라 지갑마저 빈곤하게 만든다고 말했다. 후손, 즉 "부주의한 조상이 초래한 비참함의 상속자들"은 이러한 빈곤의 저주에 대적해야 하는 난제를 안았다. "사탄 역시 이러한 악의 선동자일지는 모르지만, 나는 이것이 아담의 타락으로 인해 토양에 내려진 저주보다도 (농사에 관한 한) 훨씬 더 클 것이라고 — 결정적으로 단정하지는 않지만 — 확신한다. 여기엔 단지 나무딸기나 가시나무만이 아니라 인간이 땀 흘려 일해 빵을 얻도록 강제하는 다른 식물도 포함된다".

비록 저주를 돌이키는 것은 불가능하지만 이는 또한 하늘이 내린 너그러운 명령이기도 하다. 왜냐하면 인간은 농업의 번창과 합리적 욕구의 충족을 위해 식물 성장을 방해하는 이와 같은 장애물을 제거하기만 하면 되기 때문이다. "그러나 '어리석은 자의 손'이 토양에 또 다른 빈곤의 저주를 불러오면 이 탐욕스러운 괴물은 아론의 뱀(*Aaron's serpent*: 출애굽기에 나오는 이야기로 모세의 형인 아론이 가진 지팡이가 뱀으로 변한 것_옮긴이)처럼 나머지 모두를 삼켜 버릴 것이다". 여기서 '어리석은 자의 손'이란 쇠약해지는 귀한 생명체나 가축에는 거의 또는 전혀 관심을 두지 않은 채 자연을 파괴하는 끊임없는 쟁기질과 경작을 말한다.[118]

---

116) *Ibid.*, p. 27.
117) *Ibid.*, p. 517.

펜실베이니아와 뉴잉글랜드 농부들의 개간 방법에 대한 로레인의 생생한 비교는 이 방법의 효과와 미숙함을 보여준다. 그는 양자 모두를 비판하지만 펜실베이니아의 농부를 더 혹독하게 비판하는데, 그 주된 이유는 펜실베이니아 농부가 자연의 유기적 순환을 파괴하기 때문이다. 이 묘사는 미국 초기의 농사 관행을 묘사한다는 점에서 가치를 초월하는 보편성을 가진다. 왜냐하면 이 묘사는 별다른 변화 없이도 단순한 도구와 인내만으로 놀라운 결과를 얻은 신석기인들의 개간에도 잘 적용될 수 있기 때문이다.

펜실베이니아의 농부는 나무줄기를 고리 모양으로 벗기면서 개간을 시작한다. 그런 다음 벌목을 수행하고 그루터기를 뿌리째 뽑는다. 더 작은 나무도 벌채한다. 석탄 덩이가 연료로 사용될 수 있음에도 불구하고 고갈의 가능성을 전혀 생각하지 않고 벌목이 계속된다. 나무와 전쟁을 치르면서 펜실베이니아의 미개척 삼림 지대의 농부는 개간지의 면적에 비례하여 수확량이 증대할 것으로 믿지만 실제로는 끊임없는 쟁기질과 경작으로 토양의 고갈을 초래한다.[119]

로레인은 미개척 삼림 지대의 농부를 비판하면서 오랫동안 인간의 간섭 없이 형성되어 남은 토양이 안정적이지 않을 수 있다는 점을 인정한다. 급류와 바람이 유기물질을 휩쓸 것이다. 구릉지와 작은 언덕은 자연적인 조건하에서도 삭박이 일어나기 쉽다. 따라서 그러한 곳을 경작할 때는 구릉지와 경사지의 토양이 씻겨 내려가는 것을 막기 위해 물고랑을 만드는 데 많은 주의를 기울여야 한다. "토양이 곧 씻겨 내려갈 땅을 경작하는 것은 쓸모없고 피해가 크기" 때문에 경사가 심한 곳에 풀을 심는 것도 방법이다.[120]

따라서 인간은 자연의 두 가지 근본적 과정에 개입할 수 있다. 하나는

---

118) *Ibid.*, p. 518.

119) *Ibid.*, p. 333.

120) *Ibid.*, p. 339.

성장과 부패의 순환으로 인간이 부식토를 토양으로 돌려보내지 못할 때 일어나고, 다른 하나는 고지대의 침식과 하천에 의한 저지대 퇴적 간의 정상적 관계로 인간이 적절한 식생 피복의 공급을 통해 고지대의 침식 토양이 저지대로 점차 씻겨 내려가는 자연적 경향을 통제하지 못할 때 일어난다. 펜실베이니아의 농부는 쟁기질과 경작을 계속하고 풀에 대해 합당한 관심을 갖지 않으며 쌓여가는 헛간 앞마당의 분뇨조차 이용하지 못한다는 점에서 뉴잉글랜드의 농부보다 훨씬 더 파괴적이다. 뉴잉글랜드의 농부는 가축을 증식시키려고 사력을 다하며 불을 놓아 숲을 개간한다(하지만 만물이 바짝 말라 불이 흙을 태울 때까지 기다리기 때문에, 불이 토양 깊이 침투하여 유기물질을 너무 많이 파괴하지 않도록 하려면 충분한 습기가 유지되어야 한다).

뉴잉글랜드의 농부는 이미 쓰러진 나무를 잘게 자르는 일을 끝낸 후 그 그루터기들을 깎아서 지면과 같은 높이가 되도록 만든다. 그 후 〔남은 다른〕 모든 나무를 베어 나무가 규칙적으로 나란한 방향으로 넘어지게 한다. 어떤 농부는 불을 놓기 전에 나무를 베어 내고 어떤 농부는 불은 놓은 후에 나무를 베어 낸다. 어떤 경우든 농부는 불을 놓기 위해 건기까지 때를 기다린다. 그 후 개간된 땅을 육중한 써레로 작업하며 그렇게 만들어진 결은 식물의 생장 과정을 돕는다. 재 속의 염분과 불에 타지 않고 남은 유기물질 역시 다수확을 가능케 한다. 펜실베이니아의 농부가 부식토와 시비에 무관심한 반면 뉴잉글랜드의 농부는 불에 무관심하다.

로레인은 주거지와 경작지의 확장을 목격한 다른 이들과 마찬가지로 느릿느릿 움직이는 자연의 끈질긴 축적과 인간이 며칠 안이나 심지어 몇 시간 만에 만들 수 있는 극적인 변화 간의 대비를 인식했다. “자연이 오랜 시간 동안 축적한 동식물성 물질의 절대 다수가 매우 무분별하고 야만적인 불 놓기 관행으로 하루 이틀 만에 파괴되는 것만 아니라면 아마도 숲을 개간하기에 이보다 더 좋은 방법은 고안될 수 없을 것이며 이는 분명히 최초 경작 수익이 가장 큰 방법일 것이다”. 두 가지 방법, 즉 뉴잉글랜드의 불 놓기와 펜실베이니아의 지속적인 경작이 결합되면 파괴도 배가된다.[121] 부분적으로는 토양에 대한 부식토 이론으로 인해 이와 같은 강조가 이루어졌겠지만 전체적으로 보자면 자연의 경제와 자연의 통일성 개념이 그러한 경고의 바탕이었다.

앞선 논의에서 나는 이러한 태도를 미국 역사의 한 장으로 탐구하려는 시도는 하지 않았다. 프레임(Richard Frame)의 1692년 시 〈펜실베이니아에 대한 짧은 묘사〉(*A Short Description of Pennsylvania*)에서처럼 변화 — 가장 극적인 것으로는 삼림 제거에 의한 변화 — 에 대한 실용적이고 유용론적 태도는 초기에 매우 강력한 영향력을 가졌던 것 같다.

> 비록 내가 선한 의도를 갖고 있다 하더라도
> 표현하기 참 어렵네,
> 우리는 대자비를 통해 얼마나 만족스러운가
> 그러한 황무지에서.
> 우리가 땅을 개간하기 시작했을 때
> 씨앗을 뿌리기 위한 장소를 위해
> 그리고 옥수수가 자라서 설 수 있도록
> 궁핍한 시기의 양식을 위해
> 그렇다면 도끼로, 굳건한 힘으로,
> 그토록 두껍고 튼튼한 나무를
> 하지만 양쪽에서 오랫동안 내려쳐서,
> 우리는 나무를 모두 베어 넘겼네.
> 그래서 그토록 높이 자란 나무가
> 땅에 쓰러졌을 때,
> 불을 놓아 가장 맹렬하게
> 재로 변하였네.

121) *Ibid.*, pp. 335~336.

미국의 사례는 또한 개간의 영향과 함께 원시적이라고 추정되는 땅과 변화된 땅 사이에, 그리고 오랜 시간에 걸친 자연의 과정과 단기적인 인간 과정 간의 극적인 대비를 잘 보여준다. 엘리엇, 바트람, 로레인 등의 사람들은 토양 침식 및 고갈, 과잉 경작, 불 놓기, 삼림 제거 등에 드러나는 생물학적 과정에 대한 파괴적 개입의 증거를 보았다. 내가 보기에 이들이 우려했던 것은 생명에서 죽음으로, 부패에서 다시 생명으로 이어지는 자연의 유기적 순환과, 그것이 인간 복리에 갖는 중요성을 신대륙의 유럽인이 이해하지 못한다는 점이었다.[122)]

---

122) 다음 저서들이 자연에 대한 미국인의 태도에 관한 복잡한 역사로 안내하는 가치 있는 지침서들이다. Arthur A. Ekirch, *Man and Nature in America*; Hans Huth, *Nature and the American*; Leo Marx, *the Machine in the Garden; Technology and the Pastoral Ideal in America*: 그리고 John K. Wright, *Human Nature in Geography*, 특히 14장, "Notes on Early American Geopiety". 자연 일반과 삼림, 토양, 부식토 등에 관한 초기 미국인의 태도에 대해서는 이미 인용한 바 있는 Gerbi, Chinard, and Mcdonald를 참조하라. 프레임(Frame)의 시(Huth, p. 5에 의해 부분적으로 인용됨)는 Albert Cook Myers, ed., *Narratives of Early Pennsylvnia, West New Jersey and Delaware 1603~1707*, pp. 301~305에 실려 있다. 사후에 *AAAG*, Vol. 41 (1951), pp. 188~236에 출판된 랠프 브라운(Ralph Brown)의 논문들도 참조하라. "A Letter to the Reverend Jedidiah Morse Author of the American Universal Geography", pp. 188~198; "The Land and the Sea: Their Larger Traits", pp. 199~216; "The Seaboard Climate in the View of 1800", pp. 217~232; "A Plea for Geography, 1813 Style", pp. 233~236. 랠프 브라운은 세 번째 논문에서 내가 언급했던 여러 저자들에 대해 논의하면서 더 많은 사례를 제시한다. 특히 기후 변화에 관한 논의로 pp. 227~230 참조. 그러나 "볼니가 〔기후가 변화한다는〕 의문을 전적으로 피해갔다"(p. 227)는 그의 설명에 나는 동의하지 않는다(각주 105 참조).

존 바트람과 초기 자연주의자들에 관한 저서 Josephine Herbst, *New Green World*(New York, 1954)는 과학 탐사의 중요성, 식물수집과 도입, 초기 미국 자연주의자들의 자연에 대한 태도를 보여준다. 제퍼슨(Jefferson)의 저술 역시 환경 변화에 관한 당대의 관심을 예시한다. Saul K. Padover, ed., *The Complete Jefferson* 중에서 경작의 이점, 가축 사육, 문명화된 기예에 관하여 "To the Miamis, Powtewatamies, and Weeauks", p. 459를, 이

11. 프랑스 바르 지역의 급류

18세기 프랑스 기술자 파브르가 관심을 가졌던 의문을 검토하기 위해 다시 구대륙으로 돌아와 보자. 그 문제는 고지-저지의 문제였으며 핵심에는 인간이 있다. 그의 저서는 19세기와 20세기 실무자들이 급류를 심도 있게 연구하고 이와 관련된 출판물을 발간할 수 있도록 서구 자연과학과 공학의 새로운 장을 열었다.[123] 파브르는 바르 데파르트망〔Département du Var: 프랑스 남동부에 위치하며, 여기서 데파르트망은 우리나라의 군(郡)과 유사한 프랑스의 행정구역이다_옮긴이〕의 교량 및 고속도로의 수석 기술자였다. 1797년 출판된 급류와 그 통제에 관한 그의 연구는 프랑스 지역, 특히 그가 일하면서 잘 알았던 바르, 바스 잘프(Basses-Alpes: 프랑스 남동부 알프 드 오뜨 프로방스 데파르트망의 옛 지명_옮긴이), 부슈 뒤 론(Bouches- duRhône: 프랑스 남동부 지역의 데파르트망_옮긴이) 데파르트망

와 유사한 주제에 관하여 "To Brother Handsome Lake", p. 461, 사냥에 비해 경작이 갖는 이점에 관하여 "To the Choctaw Nation", p. 465를, 이와 유사한 주제에 관하여 "To the Chiefs of the Cherokee Nation", pp. 478~479와, "To Little Turtle, Chief of the Miamis", pp. 497~498와 "To Captain Hendrick, the Delawares, Mohiccons, and Munries", pp. 502~503을 보라. 또한 "Notes on the State of Virginia", Query 7, pp. 619~620에 있는 바람과 개간에 관한 그의 논평을 참조하라. Carman과 Tugwell가 편집한 Jared Eliot의 *Essays upon Field Husbanry in New England and Other Papers, 1748~1762*에 실린 로드니 트루(Rodney True)의 서문은 엘리엇에 대해, 미국인이 뉴잉글랜드의 토양에 가한 변화, 그리고 툴(Tull), 타운센드(Townshend) 및 여타 사람들의 농업론에 대해 논의한다.

123) Surell, *A Study of the Torrents in the Department of the Upper Alps*, 2nd ed., Vol. 1, trans, Augustine Gibney. 내가 아는 바로, 이 번역서는 출판되지 않았다. 영인본이 캘리포니아 버클리대학 삼림박물관에 있다. 프랑스인의 초기 기술에 관한 저작들이 이 나라에서 출판되기 어려웠다는 점 때문에 존 크롬비 브라운의 연구가 특히 중요하다. 그의 *Reboisement in France*에는, 파브르와 쉬렐을 비롯한 18~19세기 프랑스의 많은 급류 연구자들에서 비롯된 풍부한 발췌문들이 실려 있다.

에 바탕을 두었다. 그는 또한 론 강과 뒤랑스 강(Durance river: 프랑스 남동부를 흐르는 론 강의 지류_옮긴이) 의 하도도 연구했다.

프랑스 알프스 산지(High Alpine) 급류에 관한 가장 탁월한 19세기 연구자들 중 한 사람이었던 쉬렐(Alexander Surell)*은 파브르 저작에 비판적이었지만, 그의 비평은 파브르의 기여가 갖는 선구적 성격을 이해했던 친절한 비평이었다. 쉬렐은 사실상 경구들로 진술된 파브르의 관찰이 과학적 가치가 떨어진다고 생각했다. 그리고 그는 파브르가 자신이 연역한 내용을 뒷받침하는 증거를 제시하지 않고 추론에만 너무 많은 공간을 할애해 관찰과 추측, 확실한 것과 의문스러운 것 간의 구분이 어려워졌다고 비난했다. 신기하게도 파브르 역시 똑같은 잘못을 이유로 자신의 선구자를 비판했었다.

파브르의 짧은 연구들은 오래된 관행, 가령 산지와 평야와의 관계, 하천의 유수가 거주지에 미치는 영향에 대한 새로운 연구의 상징이다. 이러한 연구는 19세기에 크게 팽창했다. 이는 인간의 환경 변형에 대한 연구들이 이상주의(*idealism*), 개선주의(*meliorism*), 철학, 종교적 고찰과 분리되어 순수한 공학적 전망보다는 훨씬 높은 단계에서 문화적·경제적 정책에 준거를 두는 것과 맥락을 같이한다. 파브르는 분명 이러한 새로운 경향에서 상상력이 풍부한 선구자였다. 그의 저술에서 주목할 만한 부분은 시간과 역사(지구 역사 및 인류 역사) 에 대한 감각 그리고 그가 이론에 대해 비판적 입장을 취하도록 하는 회의론이다.

파브르는 자연적 원인에서 기인하는 환경 변화가 창조 이래 지구 역사의 특징이라고 말한다. 비, 폭풍, 눈사태, 동결과 해동 등이 분명히 이러한 변화를 만들고 그 누적적 효과는 오늘날 가장 크며 창조기로 시간을 거슬러 올라갈수록 감소한다. 당시 산의 경사는 완만해서 현재의 경사와는 아주 다른 모습이었다. 왜냐하면 산의 경사면이 붕괴되지 않았을 뿐만 아니라 단층지괴가 계곡으로 서로 분리되지도 않았기 때문이었다. 오늘날 경관에서 관찰할 수 있는 효과를 만드는 원인은 창조 이래 계속 작동했

고, 수많은 장소에서 현재의 경사가 매우 가파르기 때문에 산들은 이제 더 이상 안정적이지 않다.[124]

땅과 하천의 물이 이러한 태초의 지괴(地塊, *massif*)를 축소시키고 절개하긴 했지만 이것이 산들을 갈라놓는 유일하거나 주된 원인은 아니다. 파브르는 반복되는 동결과 해동, 그리고 뒤이은 산사태가 산의 측면에 가파른 절벽을 만든다고 생각했다(아마 그는 마테호른 유형의 빙하 지형을 지칭하는 듯하다). 붕괴는 보통 우곡(雨谷, *gully*: 빗물의 침식작용으로 생기는 골짜기 모양의 지형_옮긴이)에서 발생하며, 커다란 협곡은 흔히 산의 측면을 갈라놓는다. 강력한 눈사태는 암석과 표석(漂石, *boulder*)을 아래로 끌고 내려가지만 산을 깎아내리는 데 눈이 반드시 필요한 것은 아니다. 삭박을 일으키는 데는 동결과 융해로도 충분하다. 눈사태는 토양을 부서지기 쉽게 만들고 심지어 돌을 깨뜨리고 약화시킨다.

빙하 작용에 대한 이해가 없었던 때 서술했던 파브르에게 지구의 역사는 항상적 변화로 특징지어진다.[125] 개석(*dissection*: 골짜기가 유수의 침식 등을 받아 여러 새로운 지형으로 변화하는 것_옮긴이), 암석의 가열과 냉각, 눈이 녹아 생기는 눈사태, 하천 하구에서의 충적토 퇴적 등이 그러한 변화의 예다. 오랜 시간 지표를 변화시키는 자연적 과정의 작동에 대해 이처럼 생생한 개념을 가진 사람이라면 이 과정을 가속화하거나 현재 속도를 유지할 수 있는 인간의 행위나 다른 지질학적 작인에 대해서도 민감할 것이고, 만약 그것이 유해하다면 이를 통제할 조치를 취할 것이라고 나는 생각한다.

파브르의 저작을 하나로 묶는 것이 바로 급류에 관한 연구다. 그는 다음과 같이 이야기한다. 산지에서 가장 좋은 땅은 하천을 따라 자리한다. 이들은 삼림 제거로 더욱 심해진 홍수에 노출되는데, 이는 빗물이 훨씬

124) *Essai*, pp. 5~6.
125) *Ibid.*, pp. 9~10.

더 짧은 시간에 모여서 강물이 훨씬 더 급속하게 불어나기 때문이다. 따라서 비옥한 둑은 침식되고 하상은 부유물의 침전으로 인해 더 확대되고 높아진다. 피해는 산지에만 국한되지 않는다. 하천 제방의 축조, 지중해 주변의 퇴적, 항해를 방해하는 얕은 하천 입구 등에서 명백히 부조화가 나타난다. 급류의 시작점에 대한 통제는 농업을 개선시킬 것이고 하천에 의해 퇴적된 미세한 토양입자(*limon*)를 보전하며, 관개의 기회를 향상시킬 것이다.126)

파브르가 급류의 통제 분야에서 그동안 이루어진 약간의 진보를 설명하는 부분은 상당히 흥미롭다. 파브르의 설명은 다음과 같다. 많은 저자들이 하천의 흐름을 지배하는 법칙을 수학적으로 표현하고자 했지만 조건이 무한히 다양하기 때문에 이와 같은 일반 이론이 하천에 적용될 수는 없었다. 반드시 강의 실제 유로를 연구해야 하기 때문이다. 게다가 이 주제의 연구자들은 일정한 관점을 가지지 않았다. 즉, 관찰이 일관성 없이 산만했고 대개는 순수한 호기심에서 이루어졌다.

파브르에 따르면 급류의 근본 원인은 산림의 파괴다. 무성한 잎과 가지가 빗물의 상당량을 가로채는 동안 나머지 물은 충분한 간격을 두고 방울방울 떨어져 흙 속에 스며든다. 교란 없는 상태에서 계속 축적이 이루어지는 식물성 흙이 상당량의 물을 흡수하고 관목숲이 물길을 가로막으면서 이 모든 장애물에도 불구하고 형성될 수 있는 급류를 근원에서부터 통제할 수 있다. 그런데 숲이 파괴되면 가랑비나 폭풍으로 인한 물이 땅에 흡수되는 속도가 물이 불어나는 속도를 따라가지 못해 급류의 유로를 차단하고 갈라놓을 관목숲이 사라진다.

산지의 개간은 토양을 약화시키고 산을 구성하는 토양 내 물질의 응집력을 감소시켜 급류의 형성을 조장한다. 경사지에 일정 간격으로 버팀벽을 건설하는 조건으로 경사지 개간을 허용했던 구체제(*ancien régime*)의

126) *Ibid.*, p. vii.

법은 수많은 지역에서 쓸모없는 것임이 드러났는데 사람들이 두서너 번 작물을 재배하고 땅을 버리기 때문이었다. 그곳에서 작물을 재배하는 것이 버팀벽 비용을 충당할 만큼 충분한 수익을 올리지 못했던 것이다.

파브르는 이 두 가지 원인 때문에 발생하는 일곱 가지 유형의 재난을 열거했다(불행히도 더 이상의 설명은 없다).

① 삼림이 파괴된다.
② 많은 산지에서 과거에는 풍부한 목초를 제공했던 식물성 흙으로 덮인 땅이 물에 쓸려 나가 땅이 드러나고 마른 바위만 남는다.
③ 하천 제방 옆의 집과 농장들이 파괴된다. 산자락에 있는 농장의 특성 또한 급류의 퇴적물 때문에 변화했다.
④ 급류로 인해 강줄기가 여러 갈래로 갈라져 과거에는 좀처럼 없던 하류 및 하구 항해에 대한 피해가 발생한다.
⑤ 하상이 하나만 있었을 때에는 영구적 경계가 형성되었지만 〔강줄기가 여러 갈래로 갈라짐으로 인해〕 하천 제방 양쪽에서 분쟁이 발생한다.
⑥ 론 강처럼 평소보다 훨씬 더 빠른 속도로 충적토가 하천 하구에 퇴적되는 현상이 항해를 방해한다.
⑦ 하천에 물을 공급하는 샘의 물이 줄어든다. 물이 더 이상 토양에 스며들지 않으며 산에서 식물성 흙을 파괴하는 지표 유수만 흐를 뿐이다. 만약 샘이 줄면 하천의 유량 역시 줄어들 것이다. 파브르는 폭우 동안 급류가 흐르다가 그 뒤엔 유량이 줄어드는, 삼림 제거와 개간으로 불안정해진 하천 체제를 자연적 조건 아래에 있는 하천의 흐름과 비교하는 것으로 보인다.

파브르의 해법은 기술적(技術的)인 것이라 여기서 논할 필요는 없겠지만, 이와 같은 제안이 근거하는 가정은 언급해야 할 것이다. 본질적으로 파브르는 충분한 정도의 초목이 아직 남은 곳에는 나무가 자라도록 허용함으로써 산지의 자연 조건을 복원하자고 주창한다. 어린 나무를 보호하고 염소법(goat laws: 삼림 보호를 위해 염소의 방목 범위를 제한하는 등의 법. 1권 275쪽 및 2권 301쪽 참조_옮긴이)을 엄격히 시행함으로써 복원을 증진할 수 있다는 것이다. 이러한 조치를 보완하기 위해 기존 숲의 보전을 시행할 수도 있다.

똑같이 엄격한 조치가 개간에도 적용되어야 한다. 누구에게도 어떤 이유에서든 경사 30도의 경사지에서는 개간이 허용되어서는 안 된다. 구법(舊法)은 이러한 남용에 지나치게 관대했다. 경사가 덜한 토지의 개간 역시 엄격하게 통제되어야 한다. 만약 개간이 허용될 경우 개간은 수평으로 평행하게 띠 모양으로 이루어져야 하며 일정 간격으로 나무가 자라는 비경작지〔폭은 5토이스(*toises*) — 약 32피트〕의 띠가 사이에 있어야 한다. 이러한 띠가 버팀벽 대신 사용되어야 하는데 이들이 상부에서 형성되는 급류를 막는다.

파브르는 모든 개간에 대한 지역 공동체의 엄격한 법적 감시를 주창했다. 자연은 인간의 근면함이 보태지면 더욱 활동적으로 되기 때문에 도토리, 너도밤나무 열매 또는 여타 나무의 씨앗을 가파른 경사지에 뿌리는 게 좋다. 나무가 자라기에 충분한 토양이 부족한 지역은 풀로 덮을 수 있는데, 그러면 잔디가 급류의 형성을 억제하고 한편으로는 유용한 목초도 될 수 있을 것이었다.[127)]

이러한 선견지명을 지닌 파브르는 남부 프로방스(Provence: 프랑스 남동부의 옛 주) 산지에서 오래된 관행이 사회적·경제적 조건에 미치는 광범위한 영향을 보았다. 그는 인간이, 그것이 토양 입자든 암석이든 간에 사물의 이동에 유리한 조건을 창출할 수 있는 자신의 힘을 이해해야만 한다고 보았다. 과거에 지배적이었던 자연 조건을 복원을 통해 모방함으로써 인간은 유속, 유량, 물이 땅으로 흡수되는 것, 그리고 지표 유수를 통제할 수 있다.

인간은 구릉지에 대규모로 나무를 심어 자연적 과정을 흉내 낼 수 있지

---

127) *Ibid.*, pp. 131~134.

만 그 반면에 식물성 흙이 물에 쓸려 내려가게 둠으로써 이러한 과정을 비가역적인 것으로 만들 수도 있다.[128] 따라서 오래된 관습을 비롯한 사회적 조건은 자연적 과정과 직접 연관된다. 여기서 그는 1864년에 마시가 강조한 주제를 예견하면서 특정 유형의 환경 변화가 비가역적이라는 사고를 도입하는데, 이는 단일 토지 소유자나 지방자치체(*commune*)에 대한 단순한 피해 경고에 비해 훨씬 더 회의적인 사고이다.

12. 소시에테 제도: 자연과 기예의 융합

문화적 측면과 자연환경적 측면 모두에서 상이한 지역은 자연스럽게 상이한 사례를 제공한다. 켄터키 주에서 볼니는 파브르가 프로방스의 알프스 산지에서 본 것과는 다른 영향을 보았다. 쿡과 포르스터 부자가 묘사한 또 다른 신대륙 오세아니아에서 마지막 예를 찾아보자.

포르스터 부자는 과학, 사회, 자연에 관심을 가졌던 덕분에 인간이 자연환경 속에서 만든 변화를 알아차린다. 포르스터 부자는 인간의 문화로 인해 변화되지 않은 환경 — 타히티인이 살든 유럽인이 살든 상관없이 — 에는 찬사를 보내지 않았다. 두 경우 모두 뷔퐁의 영향은 분명하며 그들 역시 그 점을 인정한다.[129] 아버지인 요한 라인홀트 포르스터는 인간이 만든 변화가 지구가 이룩한 변화보다 작지 않다고 말한다. 인간이 어떤 변화도 시도하지 않은 곳에서 자연이 번성하는 것으로 보이지만 이러한 인상은 단지 외형적인 것에 불과하다. 이 상태의 자연은 결국 쇠약해지고

128) 파브르 저작의 일부가 Brown, *Reboisement in France*, pp. 55~59에 번역되어 출판되었다.

129) *Obs.*, pp. 135~137; G.F., "Ein Blick in das Ganze der Natur", *Sämmtliche Schriften*, Vol. 4, pp. 316~325.

"혼자 내버려져서 흉해지기" 때문이다.

이러한 의견은 뷔퐁에게서 영감을 받은 것이다. 쇠락하여 썩어가는 나무가 쌓여서 지표층이 두터워지며 이끼, 지의류, 버섯이 식생을 억누르면서 번성한다. 고인 물과 늪은 주변을 건강에 해로운 곳으로 만든다. 그러나 인간은 자신과 유용한 동물에게 불필요한 식물을 제거하여 숲과 무성한 식생 사이로 "자신과 조력자를 위한" 통로를 개설한다. 또한 유용한 식물을 보전하고 가꾸며, 공기 중의 유독한 악취를 차단하고 늪지의 물을 배수한다. 인간은 땅을 건조시켜 농사를 진흥하고 필요한 곳에는 관개를 할 수 있다. 여기서 강조되는 것은 땅의 아름다움과 그 땅이 자신에게 가지는 유용성을 증대시키는 인간의 역할이다.

의미 있는 행위란 자연을 열어 주는 것, 즉 통행로를 만들고 공기 순환을 증대시키며 과도한 물의 증발을 촉진하는 것이다. 뉴질랜드와 타히티를 통해 포르스터는 대조적 사례를 제시한다. 타히티에는 빵나무, 사과, 뽕나무, 그리고 아름다운 정원이 원시 식생의 일부를 대체했다. 소시에테 제도의 아름다움은 자연과 기예의 융합에서 나온다. 평지에는 사람이 살면서 심고 가꾼 풀, 과일나무, 집이 정원을 이루고, 몇몇 언덕에는 숲이 있으며 가장 높은 꼭대기는 삼림으로 덮여 있다. 이런 것이 포르스터 부자가 찬양하는 원시적인 삶과 환경이다. 즉, 식물 경작과 주변 자연환경의 미적 개선에 바탕을 두는 삶이다. 경작과 식물 재배를 이렇게 찬양한 이유는 포르스터 부자가 그것들을 문명화로 향하는 길로 간주하면서 목축과 동물에 대한 의존보다 더 권장했기 때문이다.130)

일반적이고도 종합적인 포르스터 부자의 자연관은 뷔퐁을 계승한 것이다. 포르스터는 자신의 에세이 "자연 전체에 대한 일고찰"(*Ein Blick in das Ganze der Natur*)에서 "뷔퐁을 통해 오늘날 우리는 신성한 영역을 고찰한다! 자연과 그 위대한 창조자의 총체적 풍요로움이 우리 내면의 정신 속

---

130) *Obs.*, pp. 135～137, 161～163, 177～178.

에서 그 모습을 웅장하게 드러낼 때 우리는 무엇보다도 이 내재적 가치가 우리의 과학이라는 사실을 경험한다!"고 말한다.[131]

그는 뷔퐁의 여러 구절을 풀어쓰거나 직접 번역하기도 했다.[132] 뷔퐁과 마찬가지로 여기서 자연의 미에 대한 평가는 유용성의 실현과 결합된다. 육지와 마찬가지로 바다도 죽어 있거나 불모의 존재가 아니다. 바다도 육지처럼 생산적이고 사람이 살 수 있는 새로운 왕국(*ein neues Reich*)이다. 창조물 중 최상위 존재인 인간은 자연에 도움을 주어야 한다. 왜냐하면 전체의 아름다움과 완전함이 창조의 일반적인 목적이기 때문이다. 따라서 뷔퐁과 마찬가지로 포르스터는 인간의 보좌 없는 땅은 스스로 만든 폐허에 시달리므로 인간이 이를 개방 및 개간하고 고인 물과 늪을 배수해야 한다고 보았다.

아들인 게오르크 포르스터의 저술 중 가장 흥미로운 것 중 하나인 빵나무에 관한 에세이에서 그는 이 나무가 비경작지에서는 발견되지 않는 것으로 보아 아마도 인간이 이 식물의 분포에 책임이 있을 것이라고 말한다. 인간이 이주의 과정에서 빵나무를 운반하여 아시아 본토에서 남태평양 전역에 걸쳐 전파한 것으로 보인다. 포르스터는 빵나무가 자라는 아시아 부근 서태평양의 섬들, 특히 자바와 수마트라에서 발견되는 비교할 수 없을 정도로 풍부한 생명체에 관해 탁월한 문장으로 언급한다. 그는 전체 지역이 일종의 식물 발상지라고 생각하고 여기서 유래한 많은 가치 있는 산물을 열거했다.

그는 인위적 선택에 의한 식물 개량을 언급하면서 그 다양한 용도에 관한 흥미로운 글들을 썼는데, 예컨대 다음과 같이 이야기한다. 룸피우스(Georg Eberhard Rumphius)*의 저작이 나오기 전까지는 이 나무(빵나무_옮긴이)가 태평양에서 발견되고 오랫동안 외부 세계에서는 이 나무의 덕

131) "Ein Blick in das Ganze der Natur", *SS*, Vol. 4, p. 310.

132) 예로 "De la Nature. Première Vue", *HN*, Vol. 12, p. xiii, and "Ein Blick in das Ganze der Natur", *SS*, Vol. 4, pp. 324~326 참조.

목인 “수수한 아름다움”(*eine sittsame Schöne*)을 아무도 의심하지 않았다.[133]

그는 또한 유인도과 무인도 간의 대비에 상당한 관심을 보였다. 그는 뉴질랜드 남섬 남서부 해안의 더스키 만(Dusky Bay)에서의 활동을 묘사하는 매력적인 구절에서, 명백히 원시적인 숲, 덩굴식물, 관목숲, 썩은 나무가 (썩은 목재에서 비롯된 풍성한 옥토 위에서) 새로운 세대의 나무와 기생식물, 양치류와 이끼류로 끊임없이 천이되는 상황을 묘사한다. 동물 역시 인간의 손이 닿지 않은 원시 환경에 대한 또 다른 증거를 제공했다. 경계심 없는 수많은 새들이 “아주 가까운 가지들, 아니 우리들의 새잡이 총 끝에서 친밀하게 폴짝거렸다”(이들은 곧 조심스러워졌는데 이는 배 위의 음흉한 고양이 때문이었다).[134]

더스키 만에서는 며칠 만에 야만에 대한 문명의 우월성이 재빨리 드러났다. “며칠 동안 우리 중 일부가 1에이커보다 더 넓은 면적의 숲을 개간했는데, 이는 50명의 뉴질랜드 토착민이 석기도구를 갖고서는 석 달 동안에도 하지 못했을 일이다”. 살아 있는 식물과 썩은 잔해가 뒤엉켜 있던 움직임 없던 무더기가 “활동적인 모습으로” 바뀌었다. 나무가 벌채되었고 바다까지 구불구불 이어지는 개울을 대신해 더 나은 수로가 만들어졌다. 사람들은 술통을 준비해 토착식물로 술을 만들었고 물고기를 잡았다. 수선공과 조립공들이 선박과 돛대의 양쪽에서 일을 했다. 모루와 망치 소리가 언덕에 울렸다. 스케치를 하는 예술가는 동식물을 그렸다. 가장 정확한 기구를 갖춘 작은 관측소가 세워졌고 동식물은 철학자들의 관심을 끌었다. “한마디로 말해 여태껏 무지와 야만의 오랜 어둠 속에 빠졌던 땅에서, 우리 주변의 모든 것으로부터 기예의 등장과 과학의 여명을 느꼈다!” 그리고 사람들이 다시 닻을 올리고 만을 떠나자 이것이 창조될 때 그러했

---

133) “Der Brothbaum”, *SS*, Vol. 4, pp. 329, 332~341.
134) *VRW*, Vol. 1, pp. 127~128.

던 것처럼 유성처럼 사라졌다.[135]

그러나 포르스터는 이 문장에서 소시에테 제도의 민족들이 아닌 원시 뉴질랜드인에 대해 언급한다. 그는 뷔퐁이 그랬던 것처럼 자연의 손길을 보좌하는 데 문명화된 사회와 단순한 사회 간에 차이가 없음을 보았다. 타히티인 역시 자연에 기예를 결합하여 경관에 새로운 아름다움을 창조할 수 있는 능력이 있었던 것이다.

13. 결 론

18세기 말엽이 되자 많은 세대에 걸친 누적된 관찰과 통찰력이 새로운 관점에서 '인간이 자연의 개조자'라는 사고를 정립했다. 하지만 뷔퐁을 제외하고는 그것이 여전히 지나치게 산만하고 임기응변적으로 다루어졌기 때문에 이 사고가 갖는 철학적인 중요성에 도달하지는 못했다. 그러한 인정은 19세기 후반 들어 마시, 셰일러(Nathaniel Southgate Shaler: 미국의 지질학자_옮긴이), 르클뤼(Élisée Reclus),* 베이코프(Woeikof: 19세기말 러시아의 기상학자_옮긴이), 그 외 여러 학자들의 저술이 나오면서 이루어졌다.

지구 역사는 창조, 대홍수, 물 빠짐보다 더 복잡하고, 창조 이래 지구가 겪은 변화는 자연적 과정의 결과이며(특히 파브르에게), 지구의 역사가 시기별로 구분될 수 있다는 확신은 인간 역시 지구의 역사에 기여했음을 시사했다. 역사적 변화의 다른 작인과 더불어 인간을 연속적인 역사의 지리적 작인으로 보는 이와 같은 개념화가 뷔퐁의 메시지였다. 그는 또한 가축화·작물화가 갖는 위대한 역사적 의미를 인식했다. 인간이 길들인 동물을 통해 자신에게 봉사하는 변화의 보조적 동인을 창조하며,

---

135) *VRW*, Vol. 1, pp. 177~178, 179.

인간은 생명체를 대량으로 대체할 수 있다는 사고(이 역시 뷔퐁이 발전시켰다)는 인간이 지배하는 경관의 본성에 관한 개념화를 변혁시켰다.

미거주 환경 또는 (자연력의 상호작용으로 인해 영속적 조화와 균형 속에서 살아간다고 생각되었던) 미개인이 드문드문 거주하는 환경에 관한 연구와 관찰은 자연의 원초적 균형에 개입하는 외부자로서 인간이 하는 역할을 극적으로 보여주었다. 신대륙과 구대륙 간의 대비는 비록 이러한 사고를 만들지는 못했어도 강력한 가르침을 주었다. 로레인이 훌륭한 사례긴 하지만 다른 많은 사람들도 인간을 자연적 과정의 촉진자로, 또 창조주에 의해 이미 훌륭하고 현명하게 제공된 세계에서 창조주의 선택을 대신하는 중개자로 보았다. 시간을 의식하는 인간이 몇 시간이나 며칠 만에 자연을 파괴하거나 변화를 만든다는 점에서 외형상 보이는 자연의 무시간성과 영속성은 환상이라고 할 수 있다.

뷔퐁의 사고는 게오르크 포르스터에게 이어졌고, 포르스터의 사고는 훔볼트에 이어졌다. 파브르의 급류 연구의 영향으로 인해 알프스 산지로 더욱 면밀한 탐험을 떠나는 이들이 생겨났다. 이들의 저작 및 다른 많은 사람들의 저서들 — 이미 언급했거나 하지 않았던 — 은 1864년 마시의 위대한 종합 《인간과 자연》을 구성하는 벽돌이 되었다. 마시의 책에서 인간에 의한 환경 변화의 중요성에 대한 부분은 인간이 오랫동안 친숙했던 배수, 개간, 관개, 운하 건설, 불 놓기, 식물 도입, 가축화·작물화 등의 활동에 바탕을 둔다. 산업혁명을 통해 도래할 지표면의 대변혁(뷔퐁과 맬서스의 저술에서 예견할 수 있는)이 이제 지평선 위에 보일락 말락 한다.

그러나 산업혁명 — 이 용어는 얼마나 불행한가 — 은 이처럼 오래된 형태의 환경 변화를 대체한 것이 아니라 보충했다. 키프로스에는 여전히 양치기와 염소치기가 있었고, 아르덴에는 석탄 아궁이가, 뉴잉글랜드에는 나무껍질을 벗기는 사람(*girdler*)이 있었다. 그러나 사람들이 리에주(Lièges: 벨기에 동부 지역_옮긴이), 맨체스터, 뒤셀도르프(산업혁명의 중심 도시들_옮긴이)의 새 모습을 볼 날이 멀지는 않았었다. 18세기와 더불어 서구 문명에서 자연과 인간의 관계에 관한 역사의 한 시대가 끝난다. 이후로는 진화론, 지식 획득의 전문화, 자연 변환의 가속화에 의해 영향을 받는, 완전히 다른 질서가 이어진다.

결론

제15장

한 사상사가(思想史家)가 자신만의 조약돌을 물에 던져 만든 동심원의 물결은 다른 사상사가의 물결과는 당연히 다르다. 만약 조약돌이 서로 가깝게 던져진다면 물결은 눈에 띄게 서로를 간섭할 것이다. 만약 멀리 떨어져 있다면 간섭을 확인할 수 없을지도 모른다. 따라서 한 사람의 조약돌이 다른 사람의 물결일 수도 있다. 즉, 무엇을 논의할 것인가라는 선택은 무엇이 중심적인 것이 되고 무엇이 주변적인 것이 될지를 결정하는 것이다. 만약 내가 '설계된 지구'라는 사고 대신 '장인적 신'이라는 사고를 택했다면, '환경의 영향' 대신 '문화의 영향'이라는 사고를 택했다면, '환경 변화' 대신 '기술의 영향'이라는 사고를 택했다면, 지금은 돌멩이인 것이 물결이 될 수도 있었을 것이다.

따라서 나는 요약부에서 이 사고들 각각에 대해, 이들이 속한 더 넓은 분야들에 대해, 그리고 이들이 다양한 역사적 배경에도 불구하고 종종 대립하거나 간섭하는 이유에 대해 간략히 언급한 후 이 사고들의 역사에서 특별한 중요성을 가지는 특정 시기에 대해서 약간의 논평을 하는 것이 가치가 있겠다고 생각했다. 이 사고들의 발전 과정에서, 시간과 여건에 따라 발생하는 이 사고들의 변화와 추가 과정에서, 상이한 시간과 장소 및 상이한 상황 가운데 이 사고들을 적용하는 과정에서, 그것들은 본래의 정체성을 완전히 상실하지도 유지하지도 않았다. 이러한 과정은 사상사에서 전형적이다. 이는 문화사와 같아서 이것을 택하고 저것을 기각하며 어떤 것은 쓸모없거나 진부한 것으로 폐기하고 어떤 것은 고귀한 것으로 여겨 간직하는 과정을 통해 변화하고 혁신한다. 그렇게 만들어지는 각각의 새로운 종합이 향후의 변화, 유지, 혁신을 위한 나름의 기회를 제공하는 것이다.

설계된 지구라는 사고—지구상의 자연적 과정에 적용된 목적인의 교의로—는 모든 유형의 저술, 즉 과학, 철학, 신학, 문학을 통해 전파된 훨씬 더 광범위하고 깊이 있는 사상 체계의 중요한 부분—하지만 단지 일부분—이다. 이는 목적론 일반에 관한 사고다. 하지만 자연과 지구 연구 분야에서 이 사고가 가진 엄청난 역사적 힘을 부정할 수 없을뿐더러 이 책에서 이를 사용함으로써 더 넓은 영역의 목적론적 설명을 강화했다는 점 또한 부정할 수 없다.

서구 문명에서 진화론과 그로부터 등장한 근대적 생태론이 나오기 전까지 '설계된 지구라는 사고'—인간을 위해 창조되었건 인간을 존재의 사슬의 정점에 두고 모든 생명체를 위해 창조되었건 간에—는 전체론적 자연 개념을 창조하기 위한 위대한 시도 중 하나였으며, 장인적 창조주의 업적인 통일성을 입증하기 위해 가능한 많은 현상을 그 범위 안으로 가져오려고 시도했다. 이 교의는 자연에 대한 종교적 해석, 즉 특별한 창조와 종(種)의 불변성에 대한 믿음에 부합하는 진화론 이전의 사상과 친화성을 가진다(사실 진화는 설계의 일부로 해석될 수 있고, 또 그렇게 해석되기도 했다).

특별한 창조와 종의 불변성이라는 조합은 처음부터 자연에 조화가 존재함을 의미한다. 하지만 설계론을 논하면서 그에 대한 비판을 함께 이야기하지 않는 것은 잘못이다. 이런 비판은 고대 세계에서는 주로 에피쿠로스 철학을 중심으로 제기되었으며, 17~18세기에는 스피노자, 뷔퐁, 흄, 칸트 같은 사상가들에 의해 제기되었다. 양편의 논객들은 자연 속의 통일성에 관한 사고에 기여했다. 왜냐하면 논쟁의 대상이 질서 자체가 아니라 질서의 본질, 장인 유비의 타당성, 그리고 이러한 질서와 신의 창조 활동과의 관계에 대한 것이었기 때문이다. 이러한 사고는 수 세기에 걸쳐 발전하면서 서로 다른 많은 출처로부터 생명력을 얻었는데, 이 사고는 확실히 자연에 관한 문학에 친화적이다. 자연의 아름다움에 대한 찬양과 더불어 경이로움이 생기며 인간이 다른 인간이나 인간이 만든 인공물로부터 떨어져 원초적 조화 속에 혼자일 때 창조의 박동에 더 가까워진다는 믿음도 생긴다. 원초적 조화는 인간의 소굴과는 달리 신성한 영역이기 때문이다. 이것이 종교적인 사고일 필요는 없지만 그중 다수가 그러하다는 점은 자명하다.

박물학에서 설계론은 분류학보다는 사물 간의 연관과 상호 관계에 관한 연구에 유리했다. 여기에는 자연 속의 상호 잠김(*interlocking*)이라는 개념이 필수적이다. 이러한 연구의 대부분이 조악하고 불필요하게 인간 중심적이며, 탐구심보다는 경탄의 자세로 지나치게 가득 차 있긴 하지만 그 결과 인간과 자연을 하나의 전체로, 그리고 지구상의 모든 생명을 무생물 자연에 의해 지탱되는 거대한 살아 있는 모자이크로 이해하게 했다.

18세기 말 이래로 진화론, 유전학, 생태론에 기반을 둔 자연 연구를 통해 많은 것이 알려졌다. 동식물 군집, 자연의 보전과 보호, 야생 동식물과 토지 이용 관리에 관한 무척 많은 연구의 토대일 뿐 아니라 전체론적 자연관의 기본 개념이 된 생태론의 배후에 지구 환경의 본질을 해석하면서 그것들을 전체, 즉 질서의 현현으로 바라보고자 노력했던 서구 문명의 오랜 열성이 존재하는 것은 우연이 아니다.

'자연 속 인간의 지위'라는 구절이 우리 시대의 위대한 주제 중 하나로 여러 형태로 되풀이해 등장한 까닭을 이해하는 것 역시 어렵지 않다. 사실 환경 변형과 자연보호에 관한 많은 문헌이 입증하듯이 이는 현재까지도 계속된다. 인간이 자연에 속하며 자연의 일부이기는 하지만 오래된 이분법에는 그럴듯한 이유가 있다. 왜 그러한가? 이러한 이분법을 인간의 매우 협소한 선입견으로 치부하는 것은 너무 단순하다. 우리가 검토한 저술들의 저자 가운데 이러한 비난을 받을 만한 사람은 거의 없을 것이다.

내 생각에 이 점은 이 시대의 초기('멤피스 신학'이 서기전 2500년으로 거슬러 올라간다는 점을 상기한다면 상대적으로 이미 늦은 것이다)에 인간과 다른 생명체와의 근본적 차이를 인식했기 때문이었다. 소포클레스, 창세기의 구절, 파나이티오스가 이 점을 인식했으며, 필론은 보잘것없는 인간들이 자신보다 훨씬 더 크고 강한 짐승을 제압하여 복종토록 하는 능력이 있음에 감탄하면서 이 점을 인식했다. 손과 두뇌의 힘을 결합시키는 기능은 명백히 인간의 속성이다. 고대 세계에서만 보더라도 오랜 민속공예의 전통과 수 세대에 걸친 기능, 민간전승, 지식의 누적에 관한 수많은 사례가 자연 세계 속에 인간 세계가 별개로 존재함을 보려 했던 사람들에게 영향을 미쳤다. 게다가 이 이분법은 창조 속에 있는 목적과 의미에 관한 의문과 결합되었다.

이에 대한 가장 극적인 사례는 첫 장에서 인용했던 스토아주의자 발부스와 에피쿠로스주의자 루크레티우스 간의 대비일 것이다. 스토아주의자들은 자기 주변에 펼쳐진 지구의 아름다움을 바라보면서 이처럼 놀랄 만큼 훌륭한 창조가 지성이 결여된 식물이나 말 못하는 동물을 위한 것일 수는 없으며 이는 오직 신성한 존재나 신과 함께하는 인간 같은 존재를 위한 것일 거라는 결론을 내린다. 여기에 대한 루크레티우스-에피쿠로스적인 입장은 인간의 본성, 지구의 본성 양쪽 모두에 대해 숨김없이 솔직했다.

그토록 많은 인간이 사악하고 우둔하며 극소수의 인간만이 착하고 현명한데, 그리고 지구의 물리적 구성이 명백히 불완전한데 어떻게 인간을 위해 만들어진 세계를 상상할 수 있겠는가? 자비로운 어머니 자연이라는 사고가 결여된 이 철학에서 인간이 자연 속에서 자신의 지위를 획득할 수 있었던 것은 신성한 장인의 속성을 공유했기 때문이 아니라 자연 과정을 모방하고 학습하며 '필요가 발명의 어머니'라는 원칙 아래 필요를 충족시키려 열심히 일했기에 가능했다. 기독교 사상 역시 그러한 생각으로 가득했는데 이는 유대-기독교신학의 대부분이 창조주와 창조물에 관한 것이며, 죄 많고 사악한 인간은 신의 특별한 창조물이기 때문이다. 자연 속 인간의 지위가 갖는 효과와 함의는 다른 어떠한 사상보다도 자연 속에서의 설계와 목적론에 관한 문헌에서 가장 철저히 논의되었다.

지구에 적용된 설계론이 관찰되는 현상들 — 무생물체, 동식물, 인간 — 에 통일성을 부여하기 위한 포괄적 시도였다는 점에서 이것이 다른 두 사고를 수반하는 것은 지극히 자연스럽지만 우리가 살핀 것처럼 이 둘은 각각 독립적 존재와 역사를 향유했다.

문화에 미치는 환경 영향이라는 사고는 그 자체의 지적·철학적 내용만큼이나 그것이 제기하는 질문과 관련하여 역사적으로 중요하다. 이는 피지스(*physis*)와 노모스(*nomos*), 즉 자연과 법·관습 간의 광의적이고 오래된 대조의 일부이다. 이 사고는 한없이 매혹적인 일련의 인간적 차이들, 즉 헬레니즘 시대의 고대 세계 그리고 발견 시대의 근대 세계에 공급되었던 새롭고 풍부한 소재에 대한 해석에 깊이 연루된다. 이는 아마도 의학에서 비롯되었을 것이고 인간은 분명 어디에서나 — 사막, 뜨거운 모래 해안, 습지 근처, 산 — 살았기 때문에 여행과 항해가 이 사고를 부추겼다. 그러나 이 과정에서 모순되는 사례가 나타나면서 점차 인기가 떨어졌다.

만일 어떤 사람이 그것이 갖는 일원론적 성격을 강조하는 경향이 있다면, 즉 모든 문화를 환경의 산물로 설명하려 한다면 그는 그것이 종교개혁기 — 기후 요인이 종교의 근본 교리는 아니라 하더라도 종교적 규율을 결정하는 데 실질적 역할을 한다고 생각했던 시기 — 이후에 분명하게 등장한 상대주의적 측면 역시 가진다는 점을 기억해야 한다. 이 사고가 윤리 및 종교론에 미친 영향에서 중요한 점은, 특정 환경에서 살아가는 사람은 그가 했던 바대로 행동할 것이라고 기대될 수 있다는 함의였다. 즉, 인간의 약함이 아니라 환경이 단점의 원인이라는 것이다. 이런 점에서 기후는 민족 전체의 음주벽이나 절제를 설명하는 설명인자로서 인기가 있었다. 하지만 노모스가 완전히 배제된 것은 결코 아니었다.

인간의 관습, 정부, 종교는 위대한 문화적 조형력이었다. 이러한 사실은 히포크라테스의 저술에 나타나며, 인간의 시대인 18세기에 가장 명료하게 이해되었다. 환경영향론은 설계론과 양립이 가능한데 둘 다 생명체의 환경 적응을 가정하기 때문이다. 이 둘 모두 인간은 왜 지금 사는 그곳에서 살아가는가, 인간은 어떻게 번성했으며 왜, 어떻게 적대적이고 황량한 환경 속에서 살아가는가라는 의문에 답을 제공했다.

고대 세계에서도 하나의 경향으로 인식할 수 있는 환경영향론은 근대 세계에도 지속되면서 흄의 에세이에서 정점을 이루는데 국민성에 대한 저술들과 강력한 친화성을 가졌다. 이는 대개 획일적 요약을 조장했는데, 가령 독일인, 프랑스인, 아랍인을 몇 개의 문장으로 특징지을 수 있다는 것이다. 다른 한편, 이는 순수한 문화결정론에 반대하는 입장 — 비록 부정적이긴 하지만 — 이었다. 분명 문명의 역사를 순수하게 문화적 · 사회적 또는 경제적 역사로 저술할 수 있다고 생각하는 것은 잘못이다. 중요한 점은 이 책에서 논의된 시기 동안 이 영역에서 가장 인상적인 저작들이 18세기에 저술되었으며, 그 탁월한 사례인 헤르더의 《인류역사철학고》가 당시 이용 가능했던 역사적 · 민족지적 · 지리적 지식을 모두 이용했다는 점이다.

18세기에는 몽테스키외, 월리스, 흄, 그리고 특히 맬서스의 저술이 다른 유형의 환경론이 성숙하는 데 영향을 미쳤다. 이들은 기후 요소나 환경의 물리적 차이를 강조하기보다 환경 전체가 모든 생명체에 부여하는 한계를 강조했다. 지난 150여 년 동안 가장 논쟁적인 다양한 형태의 저술 중 상당 부분이 이러한 사고에서 나왔다. '자연 속의 설계'라는 사고는 장인으로서의 신에 실제 초점을 두었고, 인간과 자연은 피조물로서 종속적 지위에 있는 것으로 간주되었다. '환경의 영향'이라는 사고는 자연을 중심에 두었다. 이 사고를 종교적 맥락에서 표현한다면 신은 창조주로서 존재하고 인간은 대체로 자연의 주형틀로 조형할 수 있는 존재이다.

하지만 인간이 자연의 개량자라는 사고는 인간을 중심에 둔다. 이 사고를 종교적 맥락에서 표현한다면 신은 목적을 갖고서 창조를 미완의 상태로 놓은 장인이 되며, 자연은 인간의 기능에 의해 개량되어야 한다. 이 사고는 선택을 전제로 한다는 점에서 여러 가지 측면에서 세 가지 사고 중 가장 흥미롭다. 상이한 기능에 의해 상이한 결과가 발생한다는 것이다. 나는 그 근원이 장인성과 질서 부여의 사고에 있다고 생각한다. 인간 활동을 종교적 틀로 바라본다면 인간은 자연의 완성자가 되며 지구의 후견인이자 관리자로 존재한다.

이 사고의 가장 독특한 측면 중 하나는 인간 기예와 동물 기예의 본질을 근본적으로 구분한다는 점이다(이러한 구분은 암묵적으로 이루어지는 경우가 많다). 동물이나 하등 곤충이 기능이 없는 것은 아니다. 개미와 벌에 관한 교훈과 이를 도덕적으로 해석하려 드는 글을 읽어보기만 해도 알 수 있다. 고대 세계에서 이러한 구분은 손과 마음이 결합되어 발생하는 힘 속에 함축되어 있었다. 근대 세계에서는 고대와 근대 간의 우월성을 둘러싼 논쟁과 진보라는 사고의 발전이 인간 재능의 본질에 빛을 던져 주었다.

한 세대에 알려진 것이 다음 세대에 전달되고, 기능·지식·장인성의 축적이 일어나며 시간이 흐르면서 인간 기능과 동물 기능 간의 격차는 더 커지기 때문에 인간의 재능이 더 위대하다. 세속 사상에서 이러한 사고는 일반적으로 낙관주의적 색채를 띠며, 레이와 뷔퐁 같은 이들이 (일부

신랄한 언급도 있지만) 특히 그랬다. 비관주의가 등장한 것은 이후 19세기에 사고가 더욱 빈번히 소통되고 변화의 역사적 깊이에 관한 지식이 늘어나며 기술적 능력의 증대와 세계 인구의 증가로 인해 세계가 미증유의 속도로 변화한다는 사실이 알려지면서다. 비관주의는 역사적으로 국지적인 것에서부터 점차 일반적인 관찰과 일반화의 방향으로 진행되었다. 오늘날에는 이러한 사고가 만연한데 인간 행위의 막대한 영향력이 초래한 당연하고 예측 가능한 결과였다.

이 저서에서 다루어진 오랜 시기에 이러한 〔세 가지〕 사고 중 한두 가지를 중심으로 사상이 집중되는 특정한 시기가 있었다. 먼저 고대 세계에서는 헬레니즘 시기를 특히 강조하고자 한다. 이러한 사고들이 시작된 때는 훨씬 더 거슬러 올라가야 하지만, 이 사고들은 헬레니즘 시대와 그 뒤를 이은 헬레니즘화된 로마 시대에 생명력을 갖고 모습을 드러냈다. 가령, 크리시포스, 파나이티오스, 포시도니오스, 에피쿠로스, 루크레티우스, 폴리비오스, 스트라본, 에라토스테네스, 테오프라스토스, 테오크리토스 등이 있으며, 그 밖에도 후대의 베르길리우스, 호라티우스, 티불루스, 바로, 심지어 콜루멜라, 플루타르코스 등은 말할 것도 없다.

자원 개발의 철학이 헬레니즘 군주들의 경제적 · 정치적 포부와 함께한 것으로 보인다. 그리스의 올리브, 포도, 양모, 과일, 채소 등을 갈구하는 해외 지역의 그리스인, 그리고 그 때문에 초래된 일종의 실험과 그 때문에 유발된 토지 외관의 변화 등을 잊기는 어렵다. 특히 키케로의 《신들의 본성에 관하여》와 루크레티우스의 시 속에서 나타나는 스토아주의와 에피쿠로스주의의 대결은 설계론의 폭을 넓혔고 이에 대한 비판에 깊이를 더했다. 양자 모두 자연 속의 통일성이라는 사고를 가졌고, 자연계와 인간계에서 더 많은 증거를 찾아냈다.

공통의 언어에 의한 헬레니즘 세계 전반에 걸친 의사소통 — 《헬라어 신약성서》(*New Testament Greek*)는 이 언어로 쓰였다 — 그리고 특히 위기에 처한 토착문화 관습들을 유지하기 위한 셀레우코스 왕조와 프톨레마이오스 왕조의 장려책 등을 살펴볼 때, 문화적 차이에 대한 자의식적 인식이 그 이전보다 더 커졌다고 나는 믿는다(증명할 수는 없다). 만약 포시도니오스의 지리적·민족지적 저술이 다른 사람들의 저작에 인용된 부분들만이 아니라 모두 살아남았다면 이를 확인할 수 있을 것이다.

두 번째는 성 바실리우스와 성 암브로시우스 같은 인물들의 저술을 중심으로 하여 성 아우구스티누스에서 정점에 달했던 초기 기독교 시대이다(테르툴리아누스와 오리게네스가 이를 예비했다고 할 수 있을 것이다). 그 일부는 설교론이고 일부는 논증론이며, 일부는 변증론이다. 오리게네스의 《켈수스를 논박함》에서 성 아우구스티누스의 《신국론》에 이르기까지 두드러진 것은 새로운 종교가 스스로를 방어해야 할 필요였다. 초창기부터 문헌은 여전히 본질적으로 헬레니즘 시대의 알렉산드리아 — 질송에 의하면 "오랫동안 로마제국의 종교들을 위한 일종의 정보 중심지(*clearing house*)"였던 — 에까지 소급된다.

성 바실리우스, 성 암브로시우스, 성 아우구스티누스의 저술들에서는 상이한 출처에서 도출된 사고가 서로 만나며 자연에 대한 사고, 자연에 대한 상찬(*nature appreciation*, 항상 그렇지는 않지만 거의 대부분 종교적 이유에서 비롯됨), 창조주와 피조물에 대한 개념화 등이 종교적 느낌, 신앙, 자연사, 고대 철학 및 과학 등 다양한 기반으로부터 나왔다. 이러한 관점에서 성 아우구스티누스의 저술은 가장 중요한 종합이자 공동의 작업물로서 기독교적 자연관이라는 다루기 힘든 주제를 탐구하는 데 처음에 제기할 수 있는 손쉬운 주장을 넘어서 나아갈 경우 모순과 난점이 존재함을 인정한다면(물론 우리는 그렇게 해야만 한다), 자연과 자연에 대한 종교적 해석과 관련된 기독교적 사고뿐만 아니라 그리스적·헬레니즘적·로마적 사고들을 한데 묶었다고 평가할 수 있다.

또한 설계론(기독교적 형태를 띠고 지구상에서 관찰 가능한 자연에 응용된 설계론)이 이 시기에 더욱 완전해지는데, 성 바실리우스의 설교론에서부터 레이의 《피조물에 나타난 신의 지혜》에 이르기까지 그 연속성을 인식할 수 있다(이 둘은 각 분야에서 탁월한 저작이다). 이 시대에는 성경의 주석이 발달했고 창조 사상을 고찰하는 데 탁월했다. 창조주와 피조물이라는 주제는 이 시대부터 18세기 자연신학 — 최근의 과학적 발견을 이용할 수 있었던 — 에 이르기까지 설계론을 지배했다.

이처럼 헬레니즘 시대와 초기 기독교 시대 모두 자연과 자연사에 대한 관심이 두드러졌다. 헬레니즘 시대에는 그것이 스토아주의의 종교적 신념 그리고 루크레티우스가 표현했던 에피쿠로스의 반종교적 철학에서 표출되었다. 초기 기독교 시대에는 그것이 성 바실리우스와 성 아우구스티누스에서 강하게 나타났다. 성 아우구스티누스의 스승인 성 암브로시우스는 베르길리우스의 자연 이미지로부터 영감을 받았지만 그것을 종교적 상징으로 변환시켰다. 그러한 시대가 12~13세기에 또 있었는데, 이때 세 가지 사고에 대한 중세 시대의 기여 중 가장 중요한 것이 이루어졌다. 이 시대는 성 알베르투스, 아퀴나스, 《장미 이야기》, 종교예술에서의 자연주의적 모티브의 시대였다. 헬레니즘 시대와 마찬가지로 이 시대는 위대한 활동, 자원 개발, 성당과 도시 건설의 시대였고, 그에 따라 대조와 해석의 기회들이 주어졌다.

세 가지 사고에 관한 한, 르네상스와 발견의 시대를 하나로 묶어 생각해도 우리의 목적에 비추어 볼 때 부당하지 않다. 하나는 과거에서 새로운 소식과 비평을 가져왔으며, 다른 하나는 외부에서 새로운 소식을 가져왔다. 양 시대가 모두 근본적 개혁을 강행했다. 양 시대는 사고의 범위와 고대 사상에 관한 지식을 넓혀 주었다(알베르티의 건축사에서 이를 살필 수 있다). 발견의 시대는 인간과 인간이 사는 환경 양자 모두가 아는 것보다 훨씬 더 다양하다는 점을 드러냈다. 사실 그러한 다양성은 무궁무진한 것처럼 보였다. 시간이 흐르면서 모든 종류의 환경에 적응할 수 있는 인류의 놀라운 능력이 모든 사람들이 알 수 있을 정도로 명백해졌다. 비록 이러한 깨달음이 18세기 전까지는 완전해지지 못했지만, 그것은 서구의 사상사에서 자연과 문화에 관련된 중요한 통찰 중 하나였다.

끝에서 두 번째 시기는 17세기 후반과 18세기 초반 자연신학의 황금기였다. 종교적 토대와 가정은 항상 그랬던 것처럼 동일했지만, 과거의 환상적이고 엄격하며 경직적이었던 우주기원론(*cosmogonies*)을 영원히 떨쳐버린 채 더 많은 과학적 지식을 드러내는 방식으로 지구를 바라볼 수 있었다.

뉴턴 시대 과학이 거둔 성공 덕분에 레이, 더햄 등이 제기한 주장은 지구 환경의 적합성에 대한 17세기 후반의 선언, 즉 지구는 생명체에게 적합하고 이를 위해 잘 조직되었다는 선언이 되었다. 이 개념은 부분적으로는 무신론을 논박하는 과정에서 만들어졌는데, 이러한 무신론은 모호하게 특정인을 거명하지 않고 루크레티우스의 근대적 동조자와 동의어로 사용되기도 했으며, 심지어 데카르트조차 불경한 사상의 선동자라는 비난을 피하지 못했다. 하지만 그 주된 논박 대상은 버넷을 필두로 한 우주론자들(*cosmologists*)이었다. 이들은 자기 나름대로 매우 확고한 신념을 가졌는데, 즉 인간의 원죄를 누구나 언제든지 볼 수 있도록 인간의 원죄가 지표면의 구성에 뚜렷이 새겨졌다(원죄 이후 열악해진 지구 환경_옮긴이)고 보았다.

마지막 시기는 18세기에 걸쳐 있다. 이 시기의 획기적 사건은 1748년 몽테스키외의 《법의 정신》 출판과 1749년 시작된 뷔퐁의 《박물지》 첫 권의 출판이다. 이는 앞에서 이미 논의한 바 있으므로 단지 몇 마디만 추가하면 충분할 것이다. 이 시기 사상가들은 과거로부터 많은 것을 끌어모아 그 위에 자신의 주장을 상당량 더했다. 이들의 기여는 발견의 시대 이후 누적된 세계 민족들과 지구 환경에 관한 지식의 증대가 있었기에 가능했다. 이러한 지식의 증대를 잘 보여주는 것이 뷔퐁의 《인류의 인종들》(*Variétés de l'Espéce Humaine*)과 《지구이론》(*Théorie de la Terre*)이다. 늘어난 지식은 원시 부족, 인도인, 무슬림, 중국인과 이들이 살아가는 장소에 관한 것만이 아니었다. 유럽인은 자신들의 역사, 관습, 토지에 대해서도 더 많이 알게 되었다. 이러한 사실은 보댕만 보아도 잘 알 수 있다.

이 책에서 마지막으로 살펴본 18세기의 사고는 산업화 이전의 세계에서 만들어진 것들이다. 만약 전통사회라는 말이 '변화하지 않는다'는 뜻을 함축하지 않는다면 이를 전통사회라 불러도 무방할 것이다. 이 모든 내용을 18세기부터 현재까지의 시기를 살펴보는 저작의 서장으로 간주할 수 있겠지만 나는 이를 전주곡(내게 이 용어는 뒤에 따라올 더 나은 것을 소개하는 데 그 가치가 있다는 의미를 함축한다)이라기보다는 서구 문명사에서 한 시기의 영원한 폐막으로 생각하고자 한다. 전주곡의 역할로 좀더 잘 맞는 것은 서구 세계의 산업화에 따라 생성된 사고들, 생명과 인간 문화의 기원과 진화에 관한 이론들, 19세기에 등장하여 현재까지 확장되는 지식의 전문화이다.

설계론은 지구 환경의 본질을 설명하는 데 신의 창조성과 활동을 중시했으며 환경의 영향에 관한 사고는 자연 조건의 힘과 강함을, 그리고 인간을 자연의 개조자로 보는 사고는 인간의 창조성과 활동을 중시했다. 서기전 5세기에서 18세기 말에 이르는 이 사고들의 역사를 탐구하는 데 인상적인 사실은 이 2천 3백 년이라는 기간 동안 살았던 거의 모든 위대한 사상가들이 이 사고들 중 하나에 대해 무언가를 말하려 했고 또 그중 다수가 이 사고들 모두에 대해 무언가를 말하려 했다는 점이다.

(끝)

— 참고문헌 —

Ackerknecht, Erwin H. "George Forster, Alexander von Humboldt, and Ethnology", *Isis*, Vol. 46 (1955), pp. 83~95.

Acosta, José de. *Historia Natural y Moral de las Indias* (Sevilla: Casa de Juan de León, 1590; reprinted Madrid: Ramón Anglés, 1894). 2 vols.

Acosta, José de. *The Natural and Moral History of the Indies*. trans. from the Spanish by Edward Grimston, ed., with notes and intro. by Clements R. Markham (London: Printed for the Hakluyt Society, 1880).

Adam of Bremen. *History of the Archbishops of Hamburg-Bremen*. trans. from the Latin with intro. and notes by Francis J. Tschan (New York: Columbia University Press, 1959).

Adams, Frank D. *The Birth and Development of the Geological Sciences* (New York: Dover Publications, 1954 [1938]).

Adams, John. *The Works of John Adams* (Boston: Little, Brown, and Co., 1852~1865). 6 vols.

Adelard of Bath. "Die Quaestiones naturales des Adelardus von Bath", ed. Martin Miller, *Beiträge zur Geschichte der Philosophie und Theologie des Mittelalters*, Bd. 31 Heft 2, 1934.

Aeschylus. *The Choephori*. Text, intro., comm., trans. into English by A. W. Verrall (London and New York: Macmillan & Co., 1893).

Agricola, Georgius. *De re metallica*. trans. from the first Latin ed. of 1556 by Herbert C. Hoover and Lou H. Hoover (New York: Dover

Publications 1950 [1912]).
Alan of Lille (Alanus de Insulis). "Opera omnia", *PL*, Vol. 210.
______. *The Complaint of Nature.* trans. from the Latin by Douglas M. Moffat, Yale Studies in English, No. 36 (New York: Henry Holt and Co., 1908).
Albert the Great (Albertus Magnus). Beati Alberti Magni, Ratisbonensis Episcopi, Ordinis Praedicatorum, opera quae hactenus haberi potuerunt…. Studio et labore R. A. P. F. Petri Jammy…. (Lugduni: Sumptibus Claudii Prost, Petri et Claudii Rigaud, Frat., Hieronymi de la Garde, Joan Ant. Huguetan. Filii…. 1651). 21 vols. Cited as *Works*, ed. Jammy.
______. "De animalibus", *Beiträge zur Geschichte der Philosophie des Mittelalters, ed.* Hermann Stadler, Vols. 15~16 (1916).
______. "De causis proprietatum elementorum liber primus", *Works*, ed. Jammy, Vol. 5, pp. 292~329.
______. "De natura locorum", *Works*, ed. Jammy, Vol. 5, pp. 262~292.
______. "De vegetabilibus", *Works*, ed. Jammy, Vol. 5, pp. 342~507.
Alberti, Leon Battista. *Ten Books on Architecture.* trans. from the Latin into Italian by Cosimo Bartoli and into English by James Leoni. Ed. Joseph Rykwert (London: A Tiranti, 1955; repr. of 1755 ed.).
Alexander Neckam. *Alexandri Neckham de naturis rerum libri duo.* Ed. Thomas Wright (London: Longman, Green, Longman, Roberts, and Green, 1863). being Vol. 34 of *Recum Britannicarum Medii Aevi Scriptores* = Rolls Series.
Allbutt, T. Clifford. *Greek Medicine in Rome* (London: Macmillan and Co., 1921).
Ambrose, St. "Hexaemeron". Edited with a German trans. by Johann Niederhuber, *BDK*, Vol. 17.
______. "Hexaemeron libri sex", *PL*, Vol. 14, cols. 131~288.
______. *Letters.* trans. from the Latin by Sister Mary Melchior Beyenka (New York: Fathers of the Church, 1954).
Amilaville, d'. "Population", *Encyclopédie ou Dictionnaire Raisonée des Sciences, des Arts, et des Métiers* (2nd. ed., Lucca: Vincenzo Giuntini, 1758~1771), Vol. 13, pp. 70~84.

Anon. "The So-Called Letter to Diognetus", edited and translated by Eugene R. Fairweather, *The Library of Christian Classics*, Vol. 1, *Early Christian Fathers* (London: SCM Press, 1953), pp. 205~224.

The Ante-Nicene Fathers. *Translations of the Writings of the Fathers Down to A. D. 325.* Eds. the Rev. Alexander Roberts and James Donaldson. American reprint of the Edinburgh ed. rev. by A. Cleaveland Coxe (Buffalo: Christian Literature Publishing Co., 1885~1907). 10 vols.

Anthes, Rudolf. "Mythology in Ancient Egypt", in Samuel Noah Kramer, ed., *Mythologies of the Ancient World.* Anchor Books (Garden City, N. Y.: Doubleday & Company, 1961), pp. 15~92.

Anton, Karl Gottlob. *Geschichte der teutschen Landwirthschaft von den ältesten Zeiten bis zu Ende des fünfzehnten Jahrhunderts* (Görliz: Christian Gotthelf Anton, 1802). 3 vols.

Apelt, Otto. *Die Ansichten der griechischen Philosophen über den Anfang der Cultur* (Elsenach: Hofbuchdruckerei, 1901).

The Apocrypha of the Old Testament. Revised Standard Version (New York, Toronto, Edinburgh: Thomas Nelson & Sons, 1957).

The Apocrypha. An American Translations by Edgar J. Goodspeed. Modern Library Paperbacks (New York: Random House, 1959).

Apochrypha. *Enoch*도 보라.

Apollonius Rhodius. *The Argonautica.* trans. from the Greek by R. C. Seaton. Loeb Classical Library (Cambridge, Mass.: Harvard University Press; London: Wm. Heinemann, 1955 [1912]).

Arbuthnot, John. *An Essay Concerning the Effects of Air on Human Bodies* (London: Printed for J. and R. Tonson and S. Draper, 1751 [1733]).

Aristotle. *Metaphysics.* trans. from the Greek by Richard Hope. Ann Arbor Paperbacks (Ann Arbor: University of Michigan Press, 1960 [1952]).

______. "On Length and Shortness of Life", trans. from the Greek by W. S. Hett, *Aristotle. On the Soul, Parva Naturalia, on Breath.* Loeb Classical Library (London: Wm. Heinemann; Cambridge, Mass.: Harvard University Press, 1935).

______. *Parts of Animals*. trans. from the Greek by A. L. Peck. Loeb Classical Library (London: Wm. Heinemann; Cambridge, Mass.: Harvard University Press, 1937).

______. *Politica*. trans. from the Greek by Benjamin Jowett (Rev. ed., Oxford: Clarendon Press, 1946), being Vol. 10 of W. D. Ross, ed., *The Works of Aristotle Translated into English*.

______. *Problems*. trans. from the Greek by W. S. Hett. Loeb Classical Library (London: Wm. Heinemann; Cambridge, Mass.: Harvard University Press, 1936~1937). 2 vols.

Armstrong, A. H. *Plotinus* (London: George Allen & Unwin, 1953).

Arnaud, François. "Notice historique sur les Torrents de la Vallée de l'Ubaye", in Demontzey, Prosper, *L'Extinction des Torrents en France par le Reboisement* (Paris: Imprimerie Nationale, 1894), Vol. 1, pp. 408~425.

Arndt, Johann. *Vom Wahren Christenthum* (Leipzig: J. S. Heinsius, 1743).

Arnim, Ioannes ab, ed. *Stoicorum veterum frahmenta* (Lipsiae: in aedibus B. G. Teubneri, 1905~1913). 3 vols.

Arnobius of Sicca. *The Case Against the Pagans*. trans. and annotated by George E. McCracken (Westminster, Maryland: Newman Press, 1949). 2 vols.

Athanasius. "Oratio contra Gentes", *PG*, Vol. 25, cols. 1~95.

Athenaeus. *The Deipnosophists*. trans. from the Greek by Charles B. Gulick. Loeb Classical Library (London: Wm. Heinemann; New York: G. P. Putnam's Sons, 1927~1957). 7 vols.

Athenagoras. "A Plea Regarding Christians". Edited and translated by Cyril C. Richardson. *The Library of Christian Classics*, Vol. 1, *Early Christian Fathers* (London: SCM Press, 1953), pp. 290~340.

Augustine, St. *The City of God*. trans. from the Latin by Marcus Dods, George Wilson, Glenluce; and J. J. Smith. Modern Library (New York: Random House, 1950).

______. *Confessions*. trans. from the Latin by R. S. Pine-Coffin. Penguin Classics (Baltimore: Penguin Books, 1961).

______. "Contra Epistolam Manichaei quam vocant Fundamenti liber

unus", *OCSA*, Vol. 25, pp. 431~477.
______. "Contra Faustum Manichaeum libri triginta tres", *OCSA*, Vol. 25 ~26; *NPN*, Vol. 4.
______. "Contra Julianum", *OCSA*, Vol. 31.
______. "De Genesi ad litteram libri duodecim", *OCSA*, Vol. 7, pp. 40~381.
______. "Epistola 137", *OCSA*, Vol. 5, pp. 160~174.
______. "Epistola 205", *OCSA*, Vol. 6, pp, 108~119.
______. "In Joannis Evangelium", Tractatus 23, *OCSA*, Vol. 9.
______. "In Psalmum 39", *OCSA*, Vol. 12, pp. 261~293.
______. "In Psalmum 44", *OCSA*, Vol. 13, pp. 91~111.
______. "In Psalmum 45", *OCSA*, Vol. 12, pp. 383~398.
______. "In Psalmum 108", 16th Disc. on Psalm 118, *OCSA*, Vol. 14, pp. 585~588.
______. "In Psalmum 136", *OCSA*, Vol. 15, pp. 243~262.
______. *Oeuvres Complètes de Saint Augustin*. French and Latin text. trans. into French and annotated by Péronne, Vincent, Écalle, Charpentier, and Barreau (Paris: Librairie de Louis Vivès, 1872~1878). 34 vols.
______. "Of the Work of Monks (De opere monachorum), *NPN*, Vol. 3, pp. 503~524.
______. *On Christian Doctrine*. trans. from the Latin by D. W. Robertson, Jr. (New York: Liberal Arts Press, 1958).
______. "On the Holy Trinity", *NPN*, 1st Ser., Vol. 3, pp. 1~228
______. "Sermones ad populum", 1st Ser., 46, *OCSA*, Vol. 16, pp. 251~285.
______. "Sermones ad populum", 1st Ser., 80, *OCSA*, Vol. 16, pp. 566~573.
______. "Sermones ad populum", 1st Ser., 158, *OCSA*, Vol. 17, pp. 485 ~492.
______. "Sermones ad populum", 2nd Ser., 241, *OCSA*, Vol. 18, pp. 237 ~245.
Ausonius, Decimus Magnus. *The Mosella*. trans. from the Latin into English verse by E. H. Blakeney (London: Eyre & Spottswood,

1933).

Averroès (Ibn Rochd). *Traité Décisif sur l'Accord de la Religion et de la Philosophie Suivi de l'Appendice.* Arab text with French trans., notes, and intro. by Léon Gauthier (3rd ed.; Alger: Éditions Carbonel, 1948).

Avicenna. "Das Lehrgedicht über die Heilkunde (Canticum de Medicina)", trans. from the Arbic into German by Karl Opitz, *Quellen und Studien zur Geschichte der Naturwissenschaften und der Medizin*, Vol. 7, Heft 2/3 (1939), pp. 150~220.

Bacon, Francis. *The Advancement of Learning.* Everyman's Library (London: J. M. Dent & Sons; New York: E. P. Dutton & Co., 1954 [1915]).

______. "The Natural and Experimental History for the Foundation of Philosophy: or Phenomena of the Universe: Which is the Third Part of the Instauratio Magna", *The Works of Francis Bacon*, eds. James Spedding, Robbert L. Ellis, and Douglas D. Heath, Vol. 5 (being Vol. 2 of the translations of *The Philosophical Works*…. London: Longman & Co., etc., 1861), pp. 131~134.

______. "New Atlantis", *Ideal Commonwealths.* Rev. ed. by Henry Morley (New York: P. F. Collier & Son, 1901).

______. *Novum Organum* (New York: P. F. Collier & Son, 1901).

______. "Of the Vicissitude of Things", [1625], Bacon's *Essays and Wisdom of the Ancients* (New York: Thomas Nelson & Sons, n.d.), pp. 292~300.

Bacon, Roger. *The Opus Majus of Roger Bacon.* trans. from the Latin by Robert B. Burke (Philadelphia: University of Pennsylvania Press; London: H. Milford, Oxford University Press, 1928). 2 vols.

Bailey, Cyril. *Epicurus, The Extant Remains, With Short Critical Apparatus Translation and Notes* (Oxford: Clarendon Press, 1926).

______. *The Greek Atomists and Epicurus* (Oxford: Clarendon Press, 1928).

______. Lucretius도 보라.

Baker, Herschel. *The Wars of Truth* (Cambridge, Mass.: Harvard University Press, 1952).

Baldwin, Charles S. *Medieval Rhetoric and Poetic (to 1400) Interpreted From*

Representative Works (New York: Macmillan Co., 1928).

Barber, W. H. *Leibniz in France From Arnauld to Voltaire. A Study in French Reactions to Leibnizianism, 1670~1760* (Oxford: Clarendon Press, 1955).

Barclay, John. *Mirrour of Mindes, or Barclay's Icon Animorum.* trans. from the Latin by Thomas May (London: T. Walkley, 1631).

Bark, William Carroll, *Origins of the Medieval World.* Anchor Books (Garden City, N. Y.: Doubleday & Co., 1960).

Baron, Hans. "Towards a More Positive Evaluation of the Fifteenth-Century Renaissance", *JHI*, Vol. 4 (1943), pp. 21~49.

Bartholomew of England (Bartholomaeus Anglicus). *De prorietatibus rerum* (Nuremberg: Anton Koberger, 1492).

______. Humphries, William J.도 보라.

Basil of Caesarea (Basil the Great). "The Hexaemeron", *NPN*, 2nd Ser., Vol. 8, pp. 51~107.

Bates, Marston. *The Forest and the Sea* (New York: Random House, 1960).

Bauer, George. Agricola를 보라.

Beazley, Sir Charles R. *The Dawn of Modern Geography* (London: J. Murray, 1897~1906, Vol. 3; Oxford: Clarendon Press). 3 vols.

Bede [the Venerable]. *A History of the English Church and People.* trans. from the Latin by Leo Sherley-Price. Penguin Classics (Harmondsworth: Penguin Books, 1955)

______. "Hexaemeron", *PL*, Vol. 91.

Behm, E., and Wagner, H. "Die Bevölkerung der Erde, II", *Petermanns Mitteilungen Ergänzungsband* 8, No 35 (1873~1874).

Benedict, St. *The Rule of St. Benedict.* trans. from the Latin by Sir David Oswald Hunter-Blair (2nd ed., London and Edinburgh: Sands & Co.; St. Louis, Mo.: B. Herder, 1907). Latin and English.

Bentley, Richard. *A Confutation of Atheism. Eight Sermons Preached at the Hon. Robert Boyle's Lecture* 등을 보라.

______. "Eight Sermons Preached at The Hon. Robert Boyle's Lecture in the Year MDCXCII,: *The Works of Richard Bentley, D. D.* Collected and edited by Alexander Dyce, Vol. 3 (London: Francis Macpherson,

1838), pp. 1~200.

Berger, Hugo. *Geschichte der wissenschaftlichen Erdkunde der Griechen* (Zweite verbesserte und ergänzte Auflage, Leipzig: Veit & Co., 1903).

Bernard, St. (Bernard of Clairvaux.) *Life and Works of St. Bernard, Abbot of Clairvaux*. trans. by Samuel J. Eales (2nd ed.; London: Burns and Oates; New York: Benziger Bros., 1912). 2 vols.

Bertin, Léon et al., *Buffon* (Paris: Muséum Nationale d'Histoire Naturelle, 1952).

Benvan, Bernard. "The Chinantec and Their Habitat", *Instituto Panamericano de Geografía y Historia*, Publication 24 (Mexico? 1938). Appendix has an English translation of Diego de Esquivel's *Relación de Chinantla*.

Bibliothek der Kirchenväter, hrsg. by O. Bardenhewer, Th. Scherman, and K. Weyman (Kempten & München: 1st Ser., J. Kösel, 1911~1928, 61 vols.; 2nd Ser., J. Kösel and F. Pustet, 1932~1938, 20 vols.).

"Das Bibra-Büchlein", ed. Alfred Kirchoff, *Die ältesten Weisthümer der Stadt Erfurt über ihre Stellung zum Erzstift Mainz* (Halle: Verlag der Buchhandlung des Waisenhauses, 1870).

Biese, Alfred. *The Development of the Feeling for Nature in the Middle Ages and Modern Times*. trans. from the German (London: G. Routledge and Sons; New York: E. P. Dutton & Co., 1905).

______. *Entwicklung des Naturgefühls im Mittelalter und in der Neuzeit* (2nd ed.; Leipzig: Veit & Co., 1892).

______. *Die Entwicklung des Naturgefühls bei den Griechen und Römern* (Kiel: Lipsius & Tischer, 1882~1884). 2 vols.

Billeter, Gustav. *Griechische Anschauungen über die Ursprünge der Kultur* (Zurich: Zürcher & Furrer, 1901).

Bion. Greek Bucolic Poets를 보라.

Bloch, Marc. "Avènement et Conquêtes du Moulin à Eau", *Annales d'Histoire Économique et Sociale*, Vol. 7 (1935), pp. 538~563.

______. *Les Caractères Originaux de l'Histoire Rurale Française*. New ed. with supp. by R. Dauvergne (Paris: Librairie Armand Colin, Vol.

1, 1960; Vol. 2, 1961).

Bluck, R. S. *Plato's Life and Thought with a Translation of The Seventh Letter* (Boston: Beacon Press, 1951).

Boas, George. *Essays on Primitivism and Related Ideas in the Middle Ages* (Baltimore: Johns Hopkins Press, 1948).

Bock, Kenneth E. *The Acceptance of Histories. Toward a Perspective for Social Science.* University of California Publications in Sociology and Social Institutions, Vol. 3, No. 1 (Berkeley and Los Angeles: University of California Press, 1956).

Bodin, Jean. *Method for the Easy Comprehension of History.* trans. from the Latin by Beatrice Reynolds (New York: Columbia University Press, 1945).

______. *The Six Books of a Commonweale.* (The Republic). trans. from French and Latin copies by Richard Knolles (London: G. Bishop, 1606).

Boethius. *The Consolation of Philosophy.* trans. from the Latin by Richard Green. The Library of Liberal Arts (Indianapolis and New York: Bobbs-Merrill Co., 1962).

Boissonnade, Prosper M. *Life and Work in Medieval Europe (Fifth to Fifteenth Centuries)*. trans. from the French by Eileen Power (New York: Alfred A. Knopf, 1927).

Boll, Franz. "On Astrological Ethnology", being a Footnote to Gisinger, F., "Geographie", *PW*, Supp. Vol. 4, col. 656.

______. (Unter Mitwirkung von Carl Bezold). *Sternglaube und Sterndeutung. Die Geschichte und Das Wesen der Astrologie.* 4th ed. rev. by W. Gundel (Leipzig : B. G. Teubner, 1931).

Bonar, James. *Malthus and His Works* (New York: Macmillan Co., 1924).

______. *Theories of Population from Raleigh to Arthur Young* (London: G. Allen & Unwin, 1931).

Bonaventura, St. "In quatuor libros sententiarum expositio", *Opera omnia.* Ed. A. C. Peltier (Parisiis: Ludovicus Vivès, 1864~1866), Vols. 1~6.

______. *The Mind's Road to God.* trans. from the Latin by George Boas (New York: Liberal Arts Press, 1953).

Boorstin, Daniel. *The Lost World of Thomas Jefferson* (New York: H. Holt, [1948]).

Botero, Giovanni. *The Reason of State*. trans. from the Italian by P. J. and D. P. Waley, and *The Greatness of Cities*, trans. by Robert Peterson (New Haven: Yale University Press, 1956).

Boulding, Kenneth E. Malthus, *Population: the First Essay*를 보라.

Boyle, Robert. *A Disquisition about the Final Causes of Natural Things* (London: Printed by H. C. for John Taylor, 1688).

Braithwaite, Richard B. *Scientific Explanation* (Cambridge: at the Univ. Press, 1955).

Bretzl, Hugo. *Botanische Forschungen des Alexanderzuges* (Leipzig: B. G. Teubner, 1903).

Brown, Charles A. *A Source Book of Agricultural Chemistry. Chronica Botanica*, Vol. 8, No. 1 (Waltham, Mass.: Chronica Botanica Publishing Co., etc., 1944).

Brown, John Croumbie, ed. *French Forest Ordinance of 1669*. trans. from the French by John C. Brown (Edinburgh: Oliver and Boyd; London: Simpkin, Marshall & Co., 1883).

______. *Reboisement in France* (London: C. Kegan Paul & Co., 1880).

Brown, John L. *The Methodus ad Facilem Historiarum Cognitionem of Jean Bodin. A Critical Study* (Washington, D. C.: Catholic University of America Press, 1939).

Brown, Ralph. "A Letter to the Reverend Jedidiah Morse Author of the American Universal Geography", "The Land and the Sea: Their Larger Traits", "The Seaboard Climate in the View of 1800", "A Plea for Geography, 1813 Style", *AAAG*, Vol. 41 (1951), pp. 187~236.

Browne, Sir Thomas. *Religio Medici and Other Works*. Gateway Editions (Los Angelels, Chicago, New York: Henry Regney Co., 1956).

Brutails, Jean Auguste. *Étude sur la Condition des Populations Rurales du Roussillon au Moyen Âge*. (Paris: Imprimerie Nationale, 1891).

Bryson, Gladys. *Man and Society: The Scottish Inquiry of the Eighteenth Century* (Princeton: Princeton University Press, 1945).

Buckle, Henry Thomas. *History of Civilization in England* (from the 2nd London ed., New York: D. Appleton and Co., 1873), Vol. 1.

Bühler, Johannes. *Klosterleben im deutschen Mittelalter nach zeitgenössischen Quellen* (Leipzig: Insel-Verlag, 1923).

______. *Ordensritter und Kirchenfürsten nach zeitgenössischen Quellen* (Leipzig: Insel-Verlag, 1927).

Büsching, D. Anton Friderich 〔*sic*〕. *Neue Erdbeschreibung* (Schaffhausen: Benedict Hurter, 1767~1769). 11 vols.

Buffon, Comte de (Georges-Louis Leclerc). *Histoire Naturelle, Générale et Particulière* (Paris: Imprimerie Royale, puis Plassan, 1749~1804). 44 vols. (이것은 일반적인 문헌이다. 다음에 나오는 인용들은 *HN*의 다른 편집본에 있는 논문들이다)

______. "Addition à l'Article des Variétés de l'Espèce Humaine. Des Américains", *HNS*, Vol. 4.

______. "Les Animaux Carnassiers", *HN*, Vol. 7.

______. "Animaux de l'Ancien Continent. Animaux du Nouveau Monde. Animaux Communs aux Deux Continents", *HN*, Vol. 9.

______. "Les Animaux Domestiques", *HN*, Vol. 4.

______. "Les Animaux Sauvages", *HN*, Vol. 6.

______. "L'Autruche", *HNO*, Vol. 1.

______. "La Brebis", *HN*, Vol. 5.

______. "Le Buffle, le Bonasus, l'Auroch, le Bison et le Zébu", *HN*, Vol. 11.

______. "Le Chameau et la Dromadaire", *HN*, Vol. 11.

______. "Le Chat", *HN*, Vol. 6.

______. "Le Cheval", *HN*, Vol. 4.

______. "La Chèvre et la Chèvre d'Angora", *HN*, Vol. 5.

______. "Le Chien avec ses Variétés", *HN*, Vol. 5.

______. "De la Dégénération des Animaux", *HN*, Vol. 14.

______. "Des Époques de la Nature", *HNS*, Vol. 5.

______. "De la Nature. Première Vue", *HN*, Vol. 12.

______. "De la Terre Végétale", *HNM*, Vol. 1.

______. "Discours sur la Nature des Oiseaux", *HNO*, Vol. 1.

______. "L'Élan et le Renne", *HN*, Vol. 12.

______. "L'Éléphant", *HN*, Vol. 11.

______. "Histoire et Théorie de la Terre. Preuves de la Théorie de la Terre", *HN*, Vol. 1.

______. "Les Lamantins", *HNS*, Vol. 6.
______. "Le Lion", *HN*, Vol. 9.
______. "Le Morse ou la Vache Marine", *HN*, Vol. 13.
______. "Le Mouflon et les Autres Brebis", *HN*, Vol. 11.
______. "Le Phoque Commun", *HNS*, Vol. 6.
______. "Le Rat", *HN*, Vol. 7.
______. "Sur la Conservation & le Rétablissement des Forêts", *HNS*, Vol. 2. (Repr. from *Histoire de l'Académie Royale des Sciences, Mémoires*, 1739, pp. 140~156).
______. "Sur la Culture & Exploitation des Forêst", *HNS*, Vol. 2. (Repr. from *Histoire de l'Académie Royale des Sciences, Mémoires*, 1742, pp. 233~246).
______. "Le Touyou", *HNO*, Vol. 1.
______. "L'Unau et L'Aï", *HN*, Vol. 13.
______. *Natural History, General and Paricular* …. trans. from the French by William Smellie. New ed., corr., enl. (London: T. Cadell and W. Davies, 1812). 20 vols.
Bugge, Alexander. *Den norske Traelasthandels Historie* … (Skien: Fremskridts Boktrykkeri, 1925). Vol. 1.
Bultmann, Rudolf. *Primitive Christianity in its Contemporary Setting*. trans. from the German by R. H. Fuller (New York: Meridian Books, 1956).
Bunbury, E. H. *A History of Ancient Geography* (2nd ed.; New York: Dover Publications, 1959 [1883]). 2 vols.
Burch, George B. *Early Medieval Philosophy* (New York: King's Crown Press, 1951).
Burlingame, Anne. *The Battle of the Books in its Historical Setting* (New York: B. W. Huebsch, 1920).
Burnet, Thomas, *The Sacred Theory of the Earth* (Glasgow: R. Urie, 1753). 2 vols.
Burton, Robert. *The Anatomy of Melancholy*. Eds. Floyd Dell and Paul Jordan-Smith (Now York: Tudor Publishing Co., 1955).
Burtt, Edwin A. *The Metaphysical Foundations of Modern Science*. Rev. ed., Anchor Books (Garden City, N. Y.: Doubleday & Co., 1954).

Bury, J. B. *The Idea of Progress* (New York: Dover Publications, 1955 〔repub. of 1932 ed.〕).

Butler, Joseph. *The Analogy of Religion, Natural and Revealed, to the Constitution and Course of Nature*…. (London and New York: George Bell & Sons, 1893).

Caesar, Julius. *Caesar's War Commentaries* (*The Gallic Wars and The Civil War*). trans. from the Latin by John Warrington. Everyman Paperback (New York: E. P. Dutton & Co., 1958).

The Cambridge Economic History of Europe from the Decline of the Roman Empire; Vol. 1, *The Agrarian Life of the Middle Ages*, eds. J. H. Clapham and Eileen Power (Cambridge: at the University Press, 1941); Vol. 2, *Trade and Industry in the Middle Ages*, eds. M. Postan and E. E. Rich (Cambridge: at the University Press, 1952).

Campenhausen, Hans von. *The Fathers of the Greek Church*. trans. from the German by Stanley Godman (New York: Pantheon Books, 1959).

Cannan, Edwin. *A History of the Theories of Production and Distribution in English Political Economy from 1776 to 1848* (3rd ed.; London: P. S. King and Son, 1917).

Capelle, W. "Meteorologie", *PW*, Supp. Vol. 6, cols. 315~358.

Cappuyns, Maïeul. *Jean Scot Érigène, sa Vie, son Oeuvre, sa Pensée* (Louvain: Abbaye du Mont César, 1933).

Carcopino, Jérôme. *Daily Life in Ancient Rome*. trans. from the French by E. O. Lorimer (New Haven: Yale University Press, 1960 〔1940〕).

Carey, Henry C. *The Past, the Present, and the Future* (Philadelphia: H. C. Baird, 1869).

______. *Principles of Social Science* (Philadelphia: J. P. Lippincott & Co.; London: Trüben & Co., etc., 1858~1859). 3 vols.

Carré, Meyrick H. *Realists and Nominalists* (Oxford: Oxford University Press, 1946).

Cary, Max. *The Geographic Background of Greek and Roman History* (Oxford: Clarendon Press, 1949).

Cassiodorus Senator. *An Introduction to Divine and Human Readings*. trans.

with an intro. and notes by Leslie Webber Jones. Records of Civilization-Sources and Studies, No. 40 (New York: Columbia University Press, 1946).

______. *The Letters of Cassiodorus. Being a Condensed Translation of the Variae Epistolae of Magnus Aurelius Cassiodorus Senator.* Intro. by Thomas Hodgkin (London: Henry Frowde, 1886).

______. *Variae.* Ed. Theodor Mommsen (Berlin: apud Weidmannos, 1894).

Cassirer, Ernst. *The Individual and the Cosmos in Renaissance Philosophy.* trans. from the German by Mario Domandi. Harper Torchbooks/Academy Library (New York: Harper & Row, 1964).

______. *The Philosophy of the Enlightenment.* trans. from the German by Fritz C. A. Koelln and James P. Pettegrove. Beacon Paperback ed. (Boston: Beacon Press, 1955).

______. *The Platonic Renaissance in England.* trans. from the German by James Pettegrove (Austin: University of Texas Press, 1953).

______. "Some Remarks on the Question of the Originality of the Renaissance", *JHI*, Vol. 4 (1943), pp. 49~56.

______, Kristeller, Paul Oskar; Randall, John Herman, Jr., eds. *The Renaissance Philosophy of Man.* Phoenix Books (Chicago: University of Chicago Press, 1948).

Cato, Marcus Porcius. *On Agriculture.* trans. from the Latin by William D. Hooper; rev. by Harrison B. Ash. Loeb Classical Library (London: Wm. Heinemann; Cambridge, Mass.: Harvard University Press, 1934). (Published with Marcus Terrentius Varro. *On Agriculture*).

Chardin, Sir John. *The Travels of Sir John Chardin in Persia* (London: Printed for the Author, Sold by J. Smith, 1720). 2 vols.

______. *Voyages de Monsieur Le Chevalier Chardin en Perse et autres lieux de l'Orient* (Amsterdam: chez Jean Louis de Lorme, 1711). 3 vols.

Charlemagne (Karoli Magni capitularia). "Admonitio generalis", 〔789〕, *Mon. Ger. Hist. Capit. Reg. Franc.*, Vol. 1, pp. 52~62.

______. "Capitulare de villis", *Mon. Ger. Hist. Capit. Reg. Franc.*, Vol. 1, pp. 82~91.

Charlesworth, M. P. *Trade-Routes and Commerce of the Roman Empire* (Cambridge [Eng.]: Cambridge University Press, 1924).

Charron, Pierre. *De la Sagesse, Livers Trois* … . (A Bovredeavs: Simon Millanges, 1601).

______. *Of wisdome* … trans. from the French by Samuel Lennard (London: E. Blount and W. Aspley, 1620?).

Chartularium Universitatis Parisiensis. Eds. Henricus Denifle and Aemilio Chatelain. Vol. 1, A. D. 1200~1286 (Paris: ex typis Fratrum Delalain, 1889).

Chastellux, François Jean de. *Travels in North-America in the Years 1780, 1781, and 1782* (London: Printed for G. G. J. and J. Robinson, 1787). 2 vols.

Chateaubriand, Le Vicomte de. *Travels in America and Italy* (London: Henry Colburn, 1828). 2 vols.

Chenu, R. P. "Découverte de la Nature et Philosophie de l'Homme à l'École de Chartres au XIIe Siècle", *JWH*, Vol. 2 (1954), pp. 313~325.

Chinard, Gilbert. "The American Philosophical Society and the Early History of Forestry in America", *PAPS*, Vol. 89 (1945), pp. 444~488.

______. "Eighteenth Century Theories on America as a Human Habitat", *PAPS*, Vol. 91 (1947), pp. 27~57.

Church, Henry W. "Corneille de Pauw, and the Constroversy over His Recherches Philosophiques sur les Américains", *PMLA*, Vol. 51 (1936), pp. 178~206.

Cicero, Marcus Tullius. *Cicero's "Offices", Essays on Friendship, & Old Age, and Select Letters.* Everyman's Library (London: J. M. Dent & Co.; New York: E. P. Dutton &. Co., 1930).

______. *De finibus bonorum et malorum.* trans. from the Latin by H. Rackham. Loeb Classical Library (Cambridge, Mass.: Harvard University Press; London: Wm. Heinemann, 1951 [1931]).

______. *De natura deorum. Academica.* trans. from the Latin by H. Rackham. Loeb Classical Library (Cambridge, Mass.: Harvard University Press, 1951).

______. *De officiis.* trans. from the Latin by Walter Miller. Loeb Classical

Library (London, Wm. Heinemann; New York: Macmillan Co., 1913).

______. *De oratore.* trans. from the Latin by E. W. Sutton and H. Rackham, *De fato* trans. by H. Rackham. Loeb Classical Library (Cambridge, Mass.: Harvard University Press, 1948). 2 vols.

______. *De republica. De legibus.* trans. from the Latin by Clinton Walker Keyes. Loeb Classical Library (London, Wm. Heinemann; New York: G. P. Putnam's Sons, 1928).

______. *De senectute, de amicitia, de divinatione.* trans. from the Latin by William A. Falconer. Loeb Classical Library (Cambridge, Mass.: Harvard University Press; London: Wm. Heinemann, 1959 〔1923〕).

______. *Letters to Atticus.* trans. from the Latin by E. O. Winstedt. Loeb Classical Library (London: Wm. Heinemann; New York: Macmillan Co., 1912). 3 vols.

______. *M. Tulli Ciceronis de natura deorum.* Ed. by Arthur S. Pease (Cambridge, Mass.: Harvard University Press, 1955~1958). 2 vols.

Clark, Robert T., Jr. *Herder. His Life and Thought* (Berkeley and Los Angeles: University of California Press, 1955).

Clarke, W. K. Lowther. *Conise Bible Commentary* (New York: Macmillan Company, 1953).

Clément, Pierre. *Histoire de Colbert et de Son Administration* (3rd ed.; Paris: Perrin & Cie., 1892). 2 vols.

Clement, St. "The Letter of St. Clement to the Corinthians". trans. from the Greek by Francis X. Glimm, *The Father of the Church. The Apostolic Fathers* (New York: Cima Publishing House, 1947).

Clifford, Derek. *A History of Garden Design* (London: Faber & Faber, 1962).

Collignon, Albert. "Le Portrait des Esprits (*Icon animorum*) de Jean Barclay", *Mémoires de l'Académie de Stanislas*, Ser. 6, Vol. 3 (1905 ~1906). pp. 67~140.

Columella, Lucius Junius Moderatus. *De re rustica* (*On Agriculture*). trans. from the Latin by Harrison Boyd Ash, I-IV; E. S. Forster and E. Heffner, V-XII. Loeb Classical Library (London: Wm. Heinemann;

Cambridge, Mass.: Harvard University Press, 1941~1955). 3 vols.
Condorcet, Antoine-Nicolas de. *Sketch for a Historical Picture of the Progress of the Human Mind.* trans. from the French by June Barraclough (New York: Noonday Press, 1955 〔1795〕).
Cook, James. *A Voyage to the Pacific Ocean* (3rd ed.; London: Printed by H. Hughs for C. Nicol and T. Cadell, 1785). 3 vols.: Vols. 1~2 by Cook, Vols. 3 by James King.
Cook, Stanley. *An Introduction to the Bible.* Pelican Books (Harmondsworth: Pelican Books, 1954 〔1945〕).
Coon, Carleton S. *The Origin of Races* (New York: Alfred A. Knopf, 1962).
Copernicus. "De revolutionibus orbium caelestium libri sex", Vol. 2 of *Nikolaus Kopernikus Gesamtausgabe* (Munich: Verlag R. Oldenburg, 1949).
Cornford. Francis M. *Principium sapientiae; the Origins of Greek Philosophical Thought* (Cambridge: Cambridge University Press, 1952).
Cosmas 〔Cosmas Indicopleustes〕. *The Christian Topography.* trans. from the Greek, with notes and intro. by J. W. McCrindle (London: Printed for the Hakluyt Society 〔Publication #98〕, 1897).
Coulton, George G. *Five Centuries of Religion* (Cambridge: Cambridge University Press, 1923~1950). 4 vols.
______. *Medieval Village, Manor, and Monastery.* Harper Torchbooks/Academy Library (New York: Harper & Brothers, 1960). first published as *The Medieval Village* (Cambridge: Cambridge University Press, 1925).
Crombie, Alistair C. *Medieval and Early Modern Science*, Vol. 1. *Science in the Middle Ages. V-XIII Centuries.* Anchor Books (rev. 2d. ed.; Garden City, N. Y.: Doubleday & Co., 1959).
______. *Medieval and Early Mordern science*, Vol. 2. *Science in the Later Middle Ages and Early Modern Times. XIII-XVII Centuries.* Anchor Books (rev. 2d. ed.; Garden City, N. Y.: Doubleday & Co., 1959).
______. *Robert Grosseteste and the Origins of Experimental Science, 1100~1700* (Oxford: Clarendon Press, 1953).

Cudworth, Ralph. *The True Intellectual System of the Universe.* trans. from the Latin by John Harrison (London: Printed for Thomas Tegg, 1845). 3 vols.

Cumont, Franz. *Astrology and Religion Among the Greeks and Romans* (New York: Dover Publications, 1960).

Currie, William. "An Enquiry into the Causes of the Insalubrity of flat and Marshy Situations; and directions for preventing or correcting the Effects thereof", *TAPS*, Vol. 4 (1799). pp. 127~142.

Curtius, Ernst Robert. *European Literature and the Latin Middle Ages.* trans. from the German by Willard R. Trask. Bollingen Series, 36 (New York: Pantheon Books, 1953).

Daines, Barrington. "An Investigation of the Difference Between the Present Temperature of the Air in Italy and Some Other Countries, and What it was Seventeen Centuries Ago", *Philosophical Transactions of the Royal Society of London*, Vol. 58 (1768), pp. 58~67.

Dainville, François de, S. J. *La Géographie des Humanistes. Les Jésuites èt l'Éducation de la Société Française* (Paris: Beauchesne et Ses Fils, Èditeurs, 1940).

Dalloz, M. D., and Dalloz, Armand, eds., with the collaboration of Édouard Meaume. *Jurisprudence Forestière.* Being Vol. 25, "Forêts", of *Repértoire Méthodique et Alphabétique de Législation, de Doctrine et de Jurisprudence* (Nouv. ed., Paris: Bureau de la Jurisprudence Générale, 1849).

Darby, H. C. "The Clearing of the Woodland in Europe", *MR*, pp. 183~216.

______. "The Face of Europe on the Eve of the Discoveries", *The New Cambridge Modern History*, Vol. 1 (Cambridge: Cambridge University Press, 1961), pp. 20~49.

______. "The Geographical Ideas of the Venerable Bede", *The Scottish Geographical Magazine*, Vol. 51 (1935), pp. 84~89.

______. "Geography in a Medieval Text-Book", *The Scottish Geographical Magazine*, Vol. 49 (1933), pp. 323~331 (Bartholomew of England).

Darwin, Charles. *The Origin of Species* [1859] and *The Descent of Man* [1871]. Modern Library (New York: Random House, n.d.).

Dawson, Christopher. *The Making of Europe. An Introduction to the History of European Unity* (New York: Meridian Books, 1958 [1932]).
______. *Medieval Essays*. Image Books (Garden City, N. Y.: Doubleday & Co., 1959).
Dedieu, Joseph. *Montesquieu et la Tradition Politique Anglaise en France; les Sources Anglaises de l'"Esprit des Lois"* (Paris: J. Gabalda & Cie, 1909).
Deichgräber, Karl. "Goethe und Hippokrates", *Sudhoffs Archiv für Geschichte der Medizin und der Naturwissenschaften*, Vol. 29 (1936), pp. 27~56.
De Lacy, P. H. "Lucretius and the History of Epicureanism", trans. *and Proc. of the Amer. Philological Assn.*, Vol. 79 (1948), pp. 12~23.
Delisle, Léopold. *Études sur la Condition de la Classe Agricole et l'État de l'Agriculture en Normandie en Moyen-Âge* (Paris: H. Champion, 1903).
______. "Traités Divers sur les Propriétés des Choses", *Histoire Littéraire de la France*, Vol. 30 (Paris: Imprimerie Nationale, 1888), pp. 334 ~ 388.
De Quincey, Thomas. "Style", *The Collected Writings of Thomas De Quincey*, ed. David Masson. Vol. 10 (London: A. and C. Black, 1897), pp. 134~245.
Derham, William. *Physico-Theology: or, A Demonstration of the Being and Attributes of God, from His Works of Creation* (New ed., London: Printed for A. Strahan et al., 1798). 2 vols.
Descartes, René. *Discourse on Method*. trans. from the French by Arthur Wollaston. Penguin Classics (Baltimore: Penguin Books, 1960).
______. "The Principles of Philosophy", *The Philosophical Works of Descartes*. trans. from the French by Elizabeth S. Haldane and G. R. T. Ross. Vol. 1 (Cambridge: Cambridge University Press, 1911), pp. 201~302.
Dicaearchus. *Vita Graecia*. (Βίος Ελλάδος) Lovejoy and Boas, *Primitivism and Related Ideas in Antiquity*; Porphyry, *De abstinentia*를 보라.
Diderot, Denis. "Réfutation Suivie de l'Ouvrage d'Helvétius Intitulé l'Homme (Extraits)", *Diderot, Oeuvres Philosophiques*. Ed. Paul

Vernière (Paris: Éditions Garnier Frères, 1959), pp. 555~620.
Diederich, Sister Mary Dorothea. *Vergil in the Works of St. Ambrose*…. Catholic University of America Patristic Studies, Vol. 29 (Washington: Catholic University of America, 1931).
Diels, Hermann. *Die Fragmente der Vorsokratiker*. 6 verb. Aufl. Ed. Walter Cranz. Greek and German (Berlin: Weidmann, 1951~1952). 3 vols.
Dienne, Louis E. M. H., Comte de. *Histoire du Desséchement des Lacs et Marais en France avant 1789* (Paris: H. Champion and Guillaumin et Cie., 1891).
Dimier, M. A., and Dumontier, P. "Encore les Emplacements Malsains", *Revue du Moyen Âge Latin*, Vol. 4 (1948), pp. 60~65.
Diodorus Siculus. *Diodorus of Sicily*. Various trans. from the Greek. Loeb Classical Library (London: Wm. Heinemann; New York: G. P. Putnam's Sons, 1933~1963, etc.).
Diogenes Laetius. *Lives of Eminent Philosophers*. trans. from the Greek by R. D. Hicks. Loeb Classical Library (London: Wm. Heinemann; New York: G. P. Putnam's Sons, 1925). 2 vols.
Diognetus. Anon. *Letter to Diognetus*를 보라.
Dirscherl, Josef F. "Das ostbayerische Grenzgebirge als Standraum der Glasindustrie", *Mitteilungen der Geographischen Gesellschaft in München*, Vol. 31 (1938), pp. 1~120.
Dodds, Muriel. *Les Récits de Voyages. Sources de l'Esprit des Lois de Montesquieu* (Paris: H. Champion, 1929).
Dove, Alfred. "Forster, Johann Reinhold"; "Forster, Johann Georg Adam", *Allgemeine Deutsche Biographie*, Vol. 7, pp. 166~181.
Drew, Katherin Fischer, and Lear, Floyd Seyward, eds. *Perspectives in Medieval History*. Rice University Semicentennial Series (Chicago: University of Chicago Press, 1963). Contains articles by A. C. Crombie, Gaines Post, E. Dwight Salmon, S. Harrison Thomson, and Lynn White, Jr.
Du Bartas. *The Works of Guillaume de Salluste, Sieur du Bartas*. Eds. Urban T. Holmes, Jr. John C. Lyons, Robert W. Linker, and others (Chapel Hill: University of North Carolina Press, 1935~1940). 3

vols.
Du Bos, Jean Baptiste. *Reflexions Critiques sur la Poesie et sur la Peinture* (4th ed. rev., corr., et aug. par l'auteur, Paris: J. Mariette, 1740). 3 vols.
Du Cange, Charles Du Fresne. *Glossarium mediae et infimae latinitatis.* (New ed; ed. Léopold Favre, Niort: L. Favre, 1883~1887). 10 vols.
Du Halde, J. B. *Description Géographique, Historique, Chronologique, Politique, et Physique de l'Empire de la Chine et de la Tartarie Chinoise* (A la Haye: Henri Scheurleer, 1736). 4 vols.
Duhem, Pierre. *Études sur Léonard de Vinci* (Paris: A. Hermann, 1906~1913). 3 vols.
______. *Le Système du Monde* (Paris: A. Hermann et fils, 1913~1959). 10 vols.
Dunbar, James. *Essays on the History of Mankind in Rude and Cultivated Ages* (London: Printed for W. Strahan, etc., 1780).
Durand, Dana B. "Tradition and Innovation in Fifteenth Century Italy", *JHI*, Vol. 4 (1943), pp. 1~20.
Edelstein, Ludwig. *Peri aerōn und die Sammlung der Hippokratischen Schriften* (Berlin: Weidmannsche Buchhandlung, 1931).
Edgar, C. C. *Zenon Papyri* (Le Caire: Impr. de l'Institut Française d'Archéologie Orientale, 1925~1931). 5 vols.
Ehrenberg, Victor. *The People of Aristophanes* (New York: Schocken Books, pub. by arr. with Harvard University Press, 1962).
Eisler, Robert. *Weltenmantel un Himmelszelt* (München: C. H. Beck, 1910). 2 vols.
Ekirch, Arthur A. *Man and Nature in America* (New York: Columbia University Press, 1963).
Eliade, Mircea. *Cosmos and History. The Myth of the Eternal Return.* trans. from the French by Willard R. Trask. Harper Torchbooks (New York: Harper & Brothers, 1959 〔1954〕).
______. *Patterns in Comparative Religion.* trans. from the French by Rosemary Sheed. Meridian Books (Cleveland and New York: World Publishing Co., 1963 〔1958〕).

Eliot, Jared. *Essays upon Field Husbandry in New England and Other Papers, 1748～1762*. Eds. Harry J. Carman and Rexford G. Tugwell (New York: Columbia University Press, 1934).

Elton, Charles S. *The Ecology of Invasions by Animals and Plants* (London: Methuen & Co. Ltd.; New York: John Wiley & Sons, Inc., 1958).

Enoch. *The Book of Enoch*. trans. from Dillman's Ethiopic text by R. H. Charles (Oxford: Clarendon Press, 1893).

Esquivel, Diego de. "Relación de Chinantla", *Papeles de Nueva España*, ed. Francisco Del Paso y Troncoso. 2nd Ser., Vol. 4 (Madrid: Est. Tipográfico "Sucesores de Rivadeneyra", 1905), pp. 58～68.

Evelyn, John. *Fumifugium* 〔1661〕 repr. of 1772 ed. (Oxford: The Old Ashmolean Reprints, 1930).

______. *Silva: or, A Discourse of Forest-Trees, and the Propagation of Timber in his Majesty's Dominions* … (York: Printed by A. Ward …. 1776).

Fabre, Jean Antoine. *Essai sur la Théorie des Torrens* 〔*sic*〕 *et des Rivières* … . (Paris: chez Bidault, An VI, 1797).

Fage, Anita. "La Révolution Française et la Population", *Population*, Vol. 8 (1953), pp. 311～338.

Falconer, William. *Ramarks on the Influence of Climate, Situation, Nature of Country, Population, Nature of Food, and Way of Life, on The Disposition and Temper, Manners and Behaviour, Intellects, Laws and Customs, Form of Government, and Religion, of Mankind* (London: Printed for C. Dilly, 1781).

Ferguson, Adam. *An Essay on the History of Civil Society* (5th ed.; London: Printed for T. Cadell, etc., 1782).

Ferguson, Walter K. *The Renaissance in Historical Thought, Five Centuries of Interpretation* (Boston: Houghton Mifflin Co., 1948).

Ficino, Marsilio. *Platonic Theology*. Selections trans. from the Latin by Josephine L. Burroughs, *JHI*, Vols. 5 (1944), pp. 227～239.

Fink, Z. S. "Milton and the Theory of Climatic Influence", *Modern Language Quarterly*, Vol. 2 (1941), pp. 67～80.

Florus, Lucius Annaeus. *Epitome of Roman History*. trans. from the Latin by E. S. Forster. Loeb Classical Library (London: Wm.

Heinemann; New York; G. P. Putnam's Sons, 1929).
Fontenelle, Bernard Le Bovier de. "Digression sur les Anciens et les Modernes", *Oeuvres Diverses de M. de Fontenelle.* Nouv. ed. (A la Haye, Chez Gosse & Neaulme, 1728), Vol. 2, pp. 125~138.
______. "Entretiens sur la Pluralité des Mondes", *Oeuvres Diverses de M. de Fontenelle.* Nouv. ed. (A la Haye: Chez Gosse & Neaulme, 1728), Vol. 1, pp. 149~221.
Forbes, R. J. "Metallurgy". Singer, Charles et al., eds., *A History of Technology,* Vol. 2, pp. 41~80.
Forster, George and Johann. Dove, Alfred도 보라.
Forster, George. "Ein Blick in das Ganze der Natur", *SS,* Vol. 4, pp. 307~327.
______. "Der Brothbaum", *SS,* Vol. 4, pp. 328~359.
______. "Die Nordwestküste von Amerika und der dortige Pelzhandel", *SS,* Vol. 4, pp. 3~109.
______. *A Voyage Round the World* (London: Printed for B. White, J. Robson, P. Elmsly, and G. Robinson, 1777).
Forster, John Reinhold [Johann Reinhold]. *Observations Made During a Voyage Round the World, on Physical Geography, Natural History, and Ethic Philosophy* (London: Printed for G. Robinson, 1778).
Fosberg, F. R. "The Island Ecosystem", F. R. Fosberg, ed., *Man's Place in the Island Ecosystem* (Honolulu: Bishop Museum Press, 1963), pp. 1~6.
Frame, Richard, "A Short Description of Pennsilvania", [1692]. Myers, Albert C., ed., *Narratives of Early Pennsylvania, West New Jersey and Delaware 1603~1707* (New York: Charles Scribner's Sons, 1912), pp. 301~305.
Francesco d'Assisi, St. (Legend.) *The Little Flowers of St. Francis* (of Ugolino di Monte Santa Maria). *Also The Considerations of the Holy Stigmata, The Life and Sayings of Brother Giles, The Life of Brother Juniper.* trans. from the Latin and Italian by Raphael Brown. Image Books (Garden City, New York: Doubleday & Co., 1958). Contains St. Francis' "The Canticle of Brother Sun", pp. 317~318.
Frankfort, Henri; Frankfort, Mrs. Henri; Wilson, John A; Jacobsen,

Thorkild. *Before Philosophy. The Intellectual Adventure of Ancient Man.* A Pelican Book (Harmondsworth: Penguin Books, 1949).

Franklin, Benjamin. "Observations Concerning the Increase of Mankind, Peopling of Countries, etc", [1751]. *The Writings of Benjamin Franklin.* Collected and edited by Albert H. Smyth, Vol. 3 (1750~1759) (New York: Macmillan Co., 1907), pp. 63~73.

______. "To Richard Jackson" [1753]. *The Writings of Benjamin Franklin.* Collected and edited by Albert H. Smyth, Vol. 3 (1750~1759) (New York: Macmillan Co., 1907), pp. 133~141.

Frazer, Sir James G. *Folk-lore in the Old Testament; Studies in Comparative Religion, Legend, and Law* (London: Macmillan and Co., 1919). 3 vols.

Frederick II of Hohenstaufen, Emperor. *The Art of Falconry, Being the De Arte Venandi cum Avibus of Frederick II of Hohenstaufen.* trans. and edited by Casey A. Wood and F. Marjorie Fyfe (Stanford: Stanford University Press, 1943).

French Forest Ordinance of 1669. Brown, John Croumbie를 보라.

Fulton, William. *Nature and God* (Edinburgh: T. & T. Clark, 1927).

Gaertringen, Hiller V. "Busiris, 5", *PW*, Vol. 3, cols. 1074~1077.

Galenus. Γαληνού περί Χρέιας μοριων ίξ *De usu partium libri xvii*, ed. Georgius Helmreich (Leipzig, B. G. Teubner, 1907~1909). 2 vols.

Galen [Galenus]. *On the Natural Faculties.* trans. from the Greek by Arthur J. Brock. Loeb Classical Library (London: Wm. Heinemann; New York: G. P. Putnam's Sons, 1916).

Galileo. "Letter to Madame Christina of Lorraine, Grand Duchess of Tuscany" [1615], *Discoveries and Opinions of Galileo.* trans. by Stillman Drake. Anchor Books (Garden City, N. Y.: Doubleday & Co., 1957), pp. 173~216.

Gallois, Lucien. *Les Géographes Allemands de la Renaissance* (Paris: Ernest Leroux, 1890).

Ganshof, François et al. "Medieval Agrarian Society in its Prime", *CEHE*, Vol. 1, pp. 278~492.

Ganzenmüller, Wilhelm. "Das Naturgefühl im Mittelalter", *Beiträge zur*

Kulturgeschichte des Mittelalters, Vol. 18 (1914), pp. 1~304.

Gautier, Dominique. *Biologie et Médecine dans l'Oeuvre de Montesquieu* (Bordeaux, 1949). NA.

Gerbi, Antonello. *La Disputa del Nuovo Mondo. Storia di Una Polemica 1750~1900* (Milano, Napoli: Riccardo Ricciardi, 1955).

Gilbert, Otto. *Die meteorologischen Theorien des grieschischen Altertums.* Allgemeiner Theil (Leipzig: B. G. Teubner, 1907).

Giles of Rome. *Errores Philosophorum.* Ed. Josef Koch, trans. from the Latin by John O. Riedl (Milwaukee: Marquette University Press, 1944).

Gille, Bertrand. "Les Développements Technologiques en Europe de 1100 à 1400", *JWH*, Vol. 3 (1956), pp. 63~108.

______. "Machines", *HT*, Vol. 2, pp. 629~658.

______. "Le Moulin à Eau", *Techniques et Civilisations*, Vol. 3 (1954), pp. 1~15.

______. "Notes d'Histoire de la Technique Métallurgique. I. LEs Progrès du Moyen-Âge. Le Moulin à Fer et le Haut-Fourneau", *Métaux et Civilisations*, Vol. 1 (1946), pp. 89~94.

Gillispie, Charles C. *Genesis and Geology* (Cambridge, Mass.: Harvard University Press, 1951).

Guillot, Hubert. *La Querelle des Anciens et des Modernes en France* (Paris: E. Champion, 1914).

Gilson, Etienne, *History of Christian Philosophy in the Middle Ages* (New York: Random House, 1955).

______. *La Philosophie au Moyen Âge, des Origines Patristiques à la Fin du XIVe Siècle* (2e éd. rev. et augm., Paris: Payot, 1952 [c. 1944]).

______. "Sub umbris arborum", *Medieval Studies*, Vol. 14 (1952), pp. 149~151.

Gimpel, Jean. *The Cathedral Builders* (New York: Grove Press, 1961).

Giraldus Cambrensis. *The Historical Works of Giraldus Cambrensis Containing the Topography of Ireland, and the History of the Conquest of Ireland.* trans. by Thomas Forester. *The Itinerary Through Wales.* trans. by Sir Richard C. Hoare. Revised and edited by Thomas Wright (London: George Bell & Sons, 1905).

Gisinger, F. "Geographie", *PW*, Supp. Vol. 4, cols. 521~685.

______. "Oikumene", *PW*, Vol. 17:2, cols. 2123~2174.

Glacken, Clarence J. "Changing Ideas of the Habitable World", *MR*, pp. 70~92.

______. "Count Buffon on Cultural Changes of the Physical Environment", *AAAG*, Vol. 50 (1960), pp. 1~21.

Glover, Terrot R. *Herodotus* (Berkely: University of California Press, 1924).

Godwin, William. *Enquiry concerning Political Justice and its Influence on Morals and Happiness.* Photographic facsimile of 3rd ed. corrected and edited … by F. E. L. Priestley (Toronto: University of Toronto Press, 1946). 3 vols.

______. *Of Population* (London: Printed for Longman, Hurst, Rees, Orme, and Brown, 1820).

Goethe, Johann Wolfgang von. *Goethe's Botanical Writings.* trans. from the German by Bertha Mueller (Honolulu: University of Hawaii Press, 1952).

Gómara, Francisco López de. "Historia General de las Indias", *Biblioteca Autores Españoles*, Vol. 22, being Vol. 1 of *Historiadores Primitivos de Indias* (Madrid: Ediciones Atlas, 1946).

Goodman, Godfrey. *The Fall of Man, or the Corruption of Nature, Proved by the Light of Our Natural Reason* (London: Felix Kyngston, 1616). NA.

Goyau, Georges. "La Normandie Bénédictine et Guillaume le Conquérant", *Revue des Deux-Mondes*, 15 Nov. 1938, pp. 337~355.

Grand, Roger, and Delatouche, Raymond. *L'Agriculture au Moyen Âge de la Fin de l'Empire Romain au XVIe Siècle* (Paris: E. De Boccard, 1950). (Vol. 3 of *L'Agriculture à Travers les Âges. Collection Fondée par Emile Savoy*).

Grant, Robert M. *Miracle and Natural Law in Graeco-Roman and Early Christian Thought* (Amsterdam: North-Holland Publishing Co., 1952).

Graunt, John. *Natural and Political Observations Made upon the Bills of Mortality.* Ed. with an intro. by Walter F. Willcox (Baltimore:

Johns Hopkins University Press, 1939).

The Greek Bucolic Poets. trans. from the Greek by J. M. Edmonds Loeb Classical Library (Cambridge, Mass.: Harvard University Press; London: Wm. Heinemann, 1960).

Greene, John C. *The Death of Adam* (Ames: Iowa State University Press, 1959).

Gregory of Nyssa. "The Great Catechism", *NPN*, Ser. 2, Vol. 5, pp. 471~509.

______. "On the Making of Man", trans. by H. A. Wilson, *NPN*, Ser. 2, Vol. 5, pp. 386~427.

Grimm, Jacob. *Weisthümer* (Göttingen: in der Dieterichschen Buchhandlung, 1840~1878). 7 vols.

Gronau, Karl. *Poseidonios und die Jüdisch-Christliche Genesisexegese* (Leipzig and Berlin: B. G. Teubner, 1914).

Grundmann, Johannes *Die geographischen und völkerkundlichen Quellen und Anschauungen in Herders "Ideen zur Geschichte der Menschheit"* (Berlin: Weidmann, 1900).

Grunebaum, Gustave E. von. *Medieval Islam.* Phoenix Books (2nd ed.; Chicago: University of Chicago Press, 1961).

______. "The Problem: Unity in Diversity", Gustave E. von Grunebaum, ed., *Unity and Variety in Muslim Civilization* (Chicago: University of Chicago Press, 1955).

Guillaume de Lorris and Jean de Meun. *The Romance of the Rose.* trans. from the French by Harry W. Robbins; edited with an intro. by Charles W. Dunn. A Dutton Paperback (New York: E. P. Dutton & Co., 1962).

Gunkel, Hermann. *Genesis. Übersetzt und Erklärt.* Göttinger Handkommentar zum Alten Testament (Dritte neugearbeitete Aufl., Göttingen: Vandenhoeck & Ruprecht, 1910).

Gunther of Pairis. *Der Ligurinus Gunthers von Pairis im Elsass.* trans. into German by Theodor Vulpinus (Strassburg: J. H. E. Heitz, 1889).

Gusinde, Martin. *Die Yamana. Vom Leben und Denken der Wassernomaden am Kap Hoorn* (Wien: Mödling, Verlag der International Zeitschrift "Anthropos", 1937).

Guthrie, W. K. C. *The Greeks and Their Gods* (London: Methuen & Co. 1950).

Guyan, Walter U. *Bild und Wesen einer mittelalterlichen Eisenindustrielandschaft in Kanton Schaffhausen* (Basel: Buchdruckerei Gasser & Cie., 1946).

______. "Die mittelalterlichen Wüstlegungen als archäologisches und geographisches Problem dargelegt an einigen Beispielen aus dem Kanton Schaffhausen", *Zeitschrift für Schweizerische Geschichte*, Vol. 26 (1946), pp. 433~478.

Guyot, Arnold. *The Earth and Man: Lectures on Comparative Physical Geography, in Its Relation to the History of Mankind.* trans. from the French by C. C. Felton (Boston: Gould and Lincoln, 1859).

Hagberg, Knut H. *Carl Linnaeus.* trans. from the Swedish by Alan Blair (London: Cape, [1952]).

Hakewill, George. *An Apologie, or Declaration of the Power and Providence of God in the Government of the World* (Oxford: Printed by W. Turner, 1635).

Hale, Sir Matthew. *The Primitive Origination of Mankind* (London: Printed by W. Godbid for W. Shrowsbery, 1677).

Hall, Joseph. *The Discovery of a New World* (*Mundus alter et idem*). Orig. in Latin by Joseph Hall, *ca.* 1605; trans. into English by John Healey, *ca.* 1609. Ed. Huntington Brown (Cambridge, Mass.: Harvard University Press, 1937).

Halley, Edmund. "An Account of the Circulation of the Watry Vapours of the Sea and of the Cause of Springs", *Royal Society of London Philosophical Transactions*, No. 192, Vol. 17 (1694), pp. 468~473.

Halphen, Louis. *Études Critiques sur l'Histoire de Charlemagne* (Paris: F. Alcan, 1921).

Hanke, Lewis. "Pope Paul III and the American Indians", *Harvard Theological Review*, Vol. 30 (1937), pp. 65~102.

Hansiz, Marcus. *Germaniae Sacrae* (Augustae Vindelicorum: Sumptibus Georgii Schlüter & Martini Happach, 1727~1755). 3 vols. in 2. NA.

Hantzsch, Viktor. "Sebastian Münster. Leben, Werk, Wissenschaftliche Bedeutung", *Abhandlungen der königl. Sächsischen Gesellschaft der*

Wissenschaften (*Phill-hist. Kl.*), Vol. 18 (1898), No. 3.

Harris, L. E. "Land Drainage and Reclamation", *HT*, Vol. 3, pp. 300～323.

Harris, Victor. *All Coherence Gone* (Chicago: University of Chicago Press, 1949).

Haskins, Charles H. "The 'De Arte Venandi cum Avibus' of the Emperor Frederick II", *English Historical Review*, Vol. 36 (1921). pp. 334～355.

______. "The Latin Literature of Sport", *Speculum*, Vol. 2 (1927). pp. 235～252.

______. *Studies in the History of Mediaeval Science* (Cambridge, Mass.: Harvard University Press, 1924).

Hazard, Paul. *European Thought in the Eighteenth Century, from Montesquieu to Lessing*. trans. from the French by J. Lewis May (London: Hollis & Carter, 1954).

Hehn, Victor. *Kulturpflanzen und Hausthiere in ihrem Übergang aus Asien nach Griechenland und Italien sowie in das Übrige Europa* (7th ed., Berlin: Gebrüder Bornträger, 1902).

Heichelheim, Fritz. "Effects of Classical Antiquity on the Land", *MR*, pp. 165～182.

______. "Monopole", *PW*, Vol. 16:1, cols. 147～199.

Heinimann, Felix von. *Nomos und Physis. Herkunft und Bedeutung einer Antithese im Griechischen Denken des 5. Jahrhunderts* (Basel: Verlag Friedrich Reinhardt, 1945).

Helbig, Wolfgang. "Beiträge zur Erklärung der campanischen Wandbilder", *Rheinisches Museum*, N. F. Vol. 24 (1869), pp. 251～270, 497～523.

______. *Untersuchungen über die Campanische Wandmalerei* (Leipzig: Breitkopf und Härtel, 1873).

Helvétius, Claude Adrien. *De l'Esprit; or Essays on the Mind, and its Several Faculties*. trans. from the French (London: Printed for James Cundee, and Vernor, Hood, and Sharpe, 1810).

Herbst, Josephine, *New Green World* (New York: Hastings House, 1954).

Herder, Johann Gottfried von. "Ideen zur Philosophie der Geschichte der

Menschheit", *Herder's Sämmtliche Werke*, ed. Bernhard Suphan (Berlin: Weidmann, 1877~1913), Vols. 13~14.

______. *Outlines of a Philosophy of the History of Man.* trans. from the German by T. Churchill (London: Printed for J. Johnson by L. Hansard, 1800).

Hermes Trismegistus. *Hermetica. The Ancient Greek and Latin Writings Which Contain Religious or Philosophic Teachings Ascribed to Hermes Trismegistus.* Edited and trans. from the Greek by Wlter Scott. Vol. 1: Intro., texts, and trans. (Oxford: Clarendon Press, 1924). 4 vols.

Herodotus. *The History of Herodotus.* trans. from the Greek by George Rawlinson. Everyman's Library (London: J. M. Dent & Sons, 1910). 2 vols.

Herwegen, Ildefons. *Sinn und Geist der Benediktinerregel* (Einsiedeln/Köln: Benziger and Co., 1944).

Hesiod. *The Homeric Hymns and Homerica.* trans. from the Greek by Hugh G. Evelyn-White. Loeb Classcial Library (Cambridge, Mass.: Harvard University Press; London: Wm. Heinemann, 1959).

Heyne, Moriz. *Das deutche Nahrungswesen von den ältesten Geschichtlichen Zeiten bis zum 16. Jahrhundert* (Leipzig: Verlag von S. Hirzel, 1901).

Hicks, L. E. *A Critique of Design-Argunments* (New York: Charles Scribner's Sons, 1883).

Hildebrand, George H. Teggart, Frederick J.를 보라.

Hippocrates. *Airs, Waters, Places.* trans. from the Greek by W. H. S. Jones. Loeb Classical Library (Cambridge, Mass.: Harvard University Press, 1948 〔1923〕). Being Vol. I of *Works of Hippocrates.*

______. *Ancient Medicine.* trans. from the Greek by W. H. S. Jones. Loeb Classical Library (Cambridge, Mass.: Harvard University Press, 1948 〔1923〕). Being Vol. I of *Works of Hippocrates.*

______. *Nature of Man.* trans. from the Greek by W. H. S. Jones. Loeb Classical Library (New York: G. P. Putnam's Sons, 1931). Being Vol. IV of *Works of Hippocrates.*

Hitti, Philip K. *The Arabs. A Short History.* A Gateway Edition (Chicago:

Henry Regnery Co., n. d).
Hodgen, Margaret T. *Early Anthropology in the Sixteenth and Seventeenth Centuries* (Philadelphia: University of Pennsylvania Press, 1964).
______. "Johann Boemus (*fl.* 1500): An Early Anthropologist", *American Anthropologist*, Vol. 55 (1953), pp. 284~294.
______. "Sebastian Muenster (1489~1552): A Sixteenth-Century Ethnographer", *Osiris*, Vol. 11 (1954), pp. 504~529.
Holbach, Paul Henri T., Baron d'. *The System of Nature*. trans. from the French by H. D. Robinson (Boston: J. P. Mendum, 1868).
Holy Bible. Revised Standard Version (New York, Toronto, Edinburgh: Thomas Nelson & Sons, 1952).
Honigmann, Ernst. *Die Sieben Klimata und die ΠΟΛΕΙΣ ΕΠΙΣΗΜΟΙ* (Heidelberg: Carl Winter's Universitätsbuchhandlung, 1929).
Hooykaas, R. "Science and Theology in the Middle Ages", *Free University Quarterly*, Vol. 3, No. 2 (1954), pp. 77~163.
Horace. *The Odes and Epodes*. trans. from the Latin by C. E. Bennett. Loeb Classical Library (Cambridge, Mass.: Harvard University Press; London, Wm. Heinemann, 1960 〔1927〕).
______. *Saitres, Epistles, and Ars Poetica*. trans. from the Latin by H. Rushton Fairclough. Loeb Classical Library (Cambridge, Mass.: Harvard University Press; London: Wm. Heinemann, 1961 〔1929〕).
______. *The Works of Horace*. trans. by C. Smart, rev. by Theodore A. Buckley (London: George Bell & Sons, 1888).
How, W. W. and J. Wells. *A Commentary on Herodotus* (Oxford: Clarendon Press, 1912). 2 vols.
Huffel, G. *Economie Forestière* (Vol. 1:1, Paris: Lucien Laveur, 1910; Vol. 1:2, Paris: Librarie Agricole de la Maison Rustique, Librarie de l'Académie d'Agriculture, 1920).
______. "Les Méthodes de l'Aménagement Forestier en France", *Annales de l'École Nationale des Eaux et Forêts*, Vol. 1, Fasc. 2 (1927).
Humboldt, Alexander von. *Cosmos: A Sketch of a Physical Description of the Universe*. trans. from the German by E. C. Otté (New York: Harper and Brothers, 1844). 4 vols. in 2.
______. *Essai Politique sur le Royaume de la Nouvelle-Espagne* (Paris: Chez

F. Schoell, 1811). 3 vols.

______. *Ideen zu einer Geographie der Pflanzen nebst einem Naturgemälde der Tropenländer* …. (Tübingen: F. G. Cotta. etc., 1807).

______ and Bonpland, Aimé. *Essai sur la Géographie des Plantes; Accompagné d'un Tableau Physique des Régions Équinoxiales* (Ed. facsimilaire, México: Institut Panaméricain de Géographie et d'Histoire, 1955).

Hume, David. *Dialogues Concerning Natural Religion.* Edited with intro. by Henry D. Aiken (New York: Hafner Publishing Co., 1962 [1948]).

______. "Of Commerce", *Essays Moral, Political, and Literary.* Eds. T. H. Green and T. H. Grose (London: Longmans, Green and Co., 1882), Vol. 1, pp. 287~299.

______. "Of National Characters" [1748], *Essays Moral, Political, and Literary.* Eds. T. H. Green and T. H. Grose (London: Longmans, Green and Co., 1882), Vol. 1, pp. 244~258.

______. "Of the Populousness of Ancient Nations", *Essays Moral, Political, and Literary.* Eds. T. H. Green T. H. Grose (London: Longmans, Green and Co., 1882), Vol. 1, pp. 381~443.

______. "Of Taxes", *Essays Moral, Political, and Literary.* Eds. T. H. Green T. H. Grose (London: Longmans, Green and Co., 1882), Vol. 1, pp. 356~360.

Humphries, William J. *An Edition and Study, Linguistic and Historical, of the French Translation of 1372 by Jean Corbechon of Book XV (Geography) of Bartholomaeus Anglicus' De proprietatibus rerum.* Ph. D. thesis (Berkely: University of California, 1955).

Hunt, Arthur S. and J. Gilbart Smyly. *The Tebtunis Papyri* (London: Humphrey Milford, 1933). 3 vols.

Hunter, William B., Jr. "The Seventeenth Century Doctrine of Plastic Nature", *Harvard Theological Review,* Vol. 43 (1950), pp. 197~213.

Hunter-Blair, David Oswald. *The Rule of St. Benedict.* Latin and English with notes (2nd ed.; London and Edinburgh: Sands & Co.; St. Louis, etc.: B. Herder, 1907).

Hussey, J. M. *The Byzantine World.* Harper Torchbooks/Academy Library (New York: Harper & Brothers, 1961).

Huth, Hans. *Nature and the American* (Berkeley and Los Angeles:

University of Calif. Press, 1957).

Huxley, Thomas Henry. "Evolution and Ethics. Prolegomena", *Evolution and Ethics and Other Essays* (New York: D. Appleton and Co., 1896). pp. 1~45.

Ibn Khaldūn. *The Muqaddimah; and Introduction to History.* trans. from the Arabic by Franz Rosenthal (New York: Pantheon Books, 1958). 3 vols.

______. *Les Prolégomènes de Ibn Khaldoun.* trans. from Arabic to French by M. Mac Guckin de Slane (Paris: Impr. Impériale, 1863~1865).

Irenaeus. "Against Heresies", *ANF*, Vol. 1, pp. 309~567.

Isidore of Seville. "De natura rerum ad Sisebutum regem Liber", *PL*, Vol. 83 cols. 963~1018.

______. "Etymologiarum libri xx", *PL*, Vol. 82, cols. 73~728.

______. "Sententiarum libri tres", *PL*, Vol. 83, cols. 537~738.

Isocrates. "Busiris", in *Isocrates.* trans. from the Greek by Larue van Hook. Loeb Classical Library (London: Wm. Heinemann; Cambridge, Mass.: Harvard University Press, 1954), Vol. 3, pp. 100~131.

Jacks, Leo V. *St. Basil and Greek Literature.* Catholic University of America Patristic Studies, Vol. 1 (Washington: Catholic University of America, 1922).

Jacoby, Felix. *Die Fragmente der Griechischen Historiker* (Berlin: Weidmannsche Buchhandlung, 1926)

Jean de Meun. Guillaume de Lorris and Jean de Meun을 보라.

Jefferson, Thomas. *The Complete Jefferson*…. Ed. by Saul K. Padover (New York: Distr. by Duell, Sloan & Pearce, 1943).

______. "Notes on the State of Virginia", Saul Padover, ed., *The Complete Jefferson* (q. v.).

Jessen, Karl F. W. *Botanik der Gegenwart und Vorzeit in culturhistorischer Entwickelung. Ein Beitrag zur Geschichte der abendländischen Völker* (Waltham, Mass.: The Chronica Botanica Co., 1948 〔1864〕).

John Chrysostomus. "The Homilies of S. John Chrysostom on the Epistle of St. Paul the Apostle to the Romans", trans. by J. B. Morris. *A Library of the Fathers of the Holy Catholic Church Anterior to the Division of the East and West*, Vol. 7 (Oxford: John Henry Parker;

London; J. G. F. and J. Rivington, 1842).
______. "The Homilies on the Statues, or to the People of Antioch", *A Library of the Fathers of the Holy Catholic Anterior to the Division of the East and West*, Vol. 9 (Oxford: J. H. Parker, etc., 1842).
John Damascene. "Expositio accurata fidei orthodoxae" (Greek and Latin), *PG*, Vol. 94, cols. 790~1228.
______. "Genaue Darlegung des Orthodoxen Glaubens". trans. from the Greek into German by Dionys Stiefenhofer. *BDK*, Vol. 44 (Munich: Joseph Kösel & Friedrich Pustet, 1923).
John of Salisbury. *The Metalogicon. A Twelfth-Century Defense of the Verbal and Logical Arts of the Trivium.* trans. from the Latin by Daniel D. McGarry (Berkeley and Los Angeles: University of Calif. Press, 1962).
John the Scot (Joannes Scotus Erigena). "De divisione naturae", *PL*, Vol. 122, cols. 439~1022.
______. *Uber die Eintheilung der Natur.* trans. from the Latin into German by Ludwig Noack (Berlin: L. Heimann, 1870~1874). 2 vols. in 1.
Johnson, Francis R. "Preparation and Innovation in the Progress of Science", *JHI*, Vol. 4 (1943), pp. 56~59.
Jones, Gwilym P. "Building in Stone in Medieval Western Europe", *CEHE*, Vol. 2, pp. 493~518.
Jones, Richard F. *Ancients and Moderns. A Study of the Background of the "Battle of the Books"* (St. Louis: Washington University Studies-New Series Language and Literature-No. 6, 1936).
Jonston, John of Poland. *An History of the Constancy of Nature* (London: Printed for John Streater, 1657).
Jordanes (Iordanis). *De origine actibusque Getarum.* Ed. Theodor Mommsen, *Mon. Ger. Hist., Auctores Antiquissimi*, Vol. 5:1 (Berlin: apud Weidmannos, 1882).
______. *The Gothic History.* trans., intro., comm., by Charles C. Mierow (Princenton: Princeton University Press; London: Oxford University Press, 1915).
Josephus. *Against Apion.* trans. from the Greek by H. St. J. Thackeray. Loeb Classical Library (London: Wm. Heinemann; New York: G.

P. Putnam's Sons, 1926). Being Vol. I of *Josephus*, pp. 161~411.

Jurisprudence forestière. Dalloz, M. D., and Dalloz, Armand, eds., *Répertoire méthodique* 등을 보라.

Kaerst, J. *Die antike Idee der Oikumene in ihrer politischen und kulturellen Bedeutung* (Leipzig: B. G. Teubner, 1903).

______. *Geschichte des Hellenismus. Bd. 2. Das Wesen des Hellenismus* (2d ed., Leipzig and Berlin: B. G. Teubner, 1926).

Kahn, Charles H. *Anaximander and the Origins of Greek Cosmology* (New York: Columbia University Press, 1960).

Kalm, Peter. *Peter Kalm's Travels in North America.* Rev. from the original Swedish and edited by Adolph B. Benson (New York: Wilson-Erickson, Inc., 1937). 2 vols.

______. *Travels into North America.* trans. by John Reinhold Forster (2nd ed.; London: T. Lowndes, 1772). 2 vols.

Kames, Henry Home, Lord. *Sketches of the History of Man* (Edinburgh: Printed for W. Creech, Edinburgh; and for W. Strahan, and T. Caddel, London, 1774). 2 vols.

Kant, Immanuel. *Critique of Pure Reaseon.* trans. from the German by F. Max Müller 2nd ed., rev.; New York: Macmillan Co., 1902).

______. *Critique of Teleological Judgement,* Being Park II of *The Critique of Judgement.* trans. from the German by James Creed Meredith (Oxford: Clarendon Press, 1952).

______. "Physische Geographie", *Immanuel Kant's Sämmtliche Werke.* Ed. G. Hartenstein, Vol. 8 (Leipzig: L. Voss, 1868). pp. 145~452.

Kantorowicz, Ernst. *Kaiser Friedrich der Zweite* (Berlin: George Bondi, 1927), *Ergänzungsband* (Berlin: George Bondi, 1931).

Kees. "Sesostris", *PW,* Vol. 2A:2, cols. 1861~1876.

Keill, John. *An Examination of Dr. Burnet's Theory of the Earth with Some Remarks on Mr. Whiston's New Theory of the Earth. Also and Examination of the Reflections on the Theory of the Earth*…. (2nd ed., corr.; London: Printed for H. Clements and S. Harding, 1734).

Kendrick, T. D. *The Lisbon Earthquake* (Philadelphia and New York: J. B. Lippincott Co., 1957?).

Kepler, Johannes. "Epitome astronomiae copernicanae", *Johannes Kepler*

Gesammelte Werke, Vol. 7 (München: C. H. Beck'sche Verlagsbuchhandlung, 1953).

Keynes, John Maynard. "Robert Malthus: The First of the Cambridge Economists", *Essays in Biography* (New York: Harcourt, Brace and Co., 1933). pp. 95~149.

Kimble, George H. T. *Geography in the Middle Ages* (London: Methuen and Co., 1938).

Kirk, G. S., and Raven, J. E . *The Presocratic Philosophers* (Cambridge: Cambridge University Press, 1960).

Kitto H. D. F. *Greek Tragedy: A Literary Study.* Anchor Books (Garden City, N. Y.: Doubleday & Co., 1955).

Klauck, Karl. "Albertus Magnus und die Erdkunde", *Studia Albertina*, ed. by Heinrich Ostlender (Münster: Aschendorffsche Verlagsbuchhandlung, 1952), pp. 234~248 (Supplement band 4 of *Beiträge zur Geschichte der Philosophie und Theologie des Mittelalters*).

Klemm, Friedrich. *A History of Western Technology.* trans. from the German by Dorothea Waley Singer (New York: Charles Scribner's Sons, 1959).

Kliger, Samuel. *The Goths in England. A Study in Seventeenth and Eighteenth Century Thought* (Cambridge, Mass.: Harvard University Press, 1952).

Kock, Theodorus, ed. *Comicorum Atticorum Fragmenta*, Vol. 3:2 (Lipsiae: in aedibus B. G. Teubneri, 1888).

Koebner, Richard. "The Settlement and Colonisation of Europe", *CEHE*, Vol. 1, pp. 1~88.

Körner, S. *Kant.* A. Pelican Book (Harmondsworth: Penguin Books, 1955).

Koller, Armin Hajman. *The Abbé du Bos-His Advocacy of the Theory of Climate. A Precursor of Johann Gottfried Herder* (Champaign, Ill.: The Garrard Press, 1937).

Koyré, Alexander. "The Origins of Modern Science: A New Interpretation", *Diogenes*, No. 16, Winter 1956, pp. 1~22.

_____. "Le Vide et l'Espace Infini au XIVe Siècle", *Archives d'Histoire Doctrinale et Littéraire du Moyen Âge*, Vol. 24 (1949), pp. 45~91.

Kramer, Samuel Noah. *History Begins at Sumer* (New York: Doubleday & Co., 1959).

______. "Sumerian Historiography", *Israel Exploration Journal*, Vol. 3 (1953). pp. 217~232.

______. *Sumerian Mythology* (New York: Harper & Brothers, 1944).

Kretschmer, Knrad. *Die Physische Erdkunde im christlichen Mittelalter* (Wien und Olmütz: Eduard Hölzel, 1889). (*Geographische Abhandlungen herausgegeben von Albrecht Penck*, Vol. 4:1).

Kristeller, Paul O. *Renaissance Thought. The Classic, Scholastic, and Humanist Strains.* Harper Torchbooks/Academy Library (New York: Harper & Brothers, 1961).

Kroeber, Alfred L. *Configurations of Culture Growth* (Berkeley and Los Angeles: University of California Press, 1944).

______ and Kluckhohn, Clyde, *Culture. A Critical Review of Concepts and Definitions.* Vintage Books (New York: Alfred A. Knopf, Inc. and Random House, 1963). Originally published in the *Papers of the Peabody Museum of American Archeology and Ethnology*, Harvard University, Vol. 47 (1952), No. 1.

Lactantius. "The Divine Institutes", *ANF*, Vol. 7, pp. 9~223.

______. "The Epitome of the Divine Institutes", *ANF*, Vol. 7, pp. 224~255.

______. "A Treatise on the Anger of God", *ANF*, Vol. 7 pp. 259~280.

Lafitau, Joseph François. *Moeurs des Sauvages Ameriquains, Comparées aux Moeurs des Premiers Temps* (Paris: Saugrain l'Ainé 〔etc.〕, 1724). 2 vols.

Lage, G. Raynaud de. *Alain de Lille. Poète du XIIe Siècle* (Montreal: Institut d'Études Médiévales, 1951).

Lamprecht, Karl. *Deutsches Wirtschaftsleben im Mittelalter* (Leipzig: Alphons Dürr, 1885~1886). 3 vols.

Langlois, C. V. *La Connaissance de la Nature et du Monde au Moyen Âge d'après quelques Écrits Français à l'Usage des Laïcs* (Paris: Hachette et Cie., 1911).

Lavoisne's Complete Genealogical, Historical, Chronological, and Geographical Atlas, etc. (3rd ed.; London: J. Barfield, 1822).

The Laws of Burgos of 1512~1513. Royal Ordinances for the Good Government and Treatment of the Indians. trans. from the Spanish by Lesley Byrd Simpson (San Francisco: John Howell, 1960).

Leclercq, H. "Chasse", *Dictionnaire d'Archéologie Chrétienne et de Liturgie* (Paris: Letouzy et Ané, 1907~). Vol. 3:1, cols. 1079~1144.

Leclercq, Jean. *The Love of Learning and the Desire for God. A Study of Monastic Culture.* trans. from the French by Catharine Misrahi, Mentor-Omega (New York: New American Library Books, 1962).

Lefebvre des Noëttes, Richard. *L'Attelage, le Cheval de Sella à Travers les Âges. Contribution à l'Histoire de l'Esclavage* (Paris: A. Picard, 1931). 2 vols.

Leff, Gordon. *Medieval Thought, St. Augustine to Ockham* (Baltimore: Penguin Books, 1962 [1958]).

Leibniz, Gottfried Wilhelm. *Leibniz: Philosophical Writings.* trans. by Mary Morris. Everyman's Library (London: J. M. Dent & Sons; New York: E. P. Dutton & Co., 1956 [1934]). Includes *The Monadology* 1714.

______. *Leibniz. Selections.* Ed. Philip P. Wiener (New York: Charles Scribner's Sons, 1951).

______. *Sämtliche Schriften und Briefe,* herausgegeben von der Preussischen Akademie der Wissenschaften (Darmstadt: Otto Reichl, 1923~1962). 11 vols.

______. "Vorschläge für eine Teutschliebende Genossenschafft", *Die Werke von Leibniz,* ed. Onno Klopp (Hannover: Klindworth's Verlag, 1864~1884), Vol. 6, pp. 214~219.

Leonardo da Vinci. *The Notebooks of Leonardo da Vinci.* Arr. and trans. from the Italian with intro. by Edward MacCurdy (New York: George Braziller, 1956).

Le Roy(Leroy), Louis. *Of the Interchangeable Course, or Variety of Things in the Whole World*…. trans. from the French by Robert S. Ashley (London: C. Yetsweirt, 1594).

Levy, Reuben. *The Social Structure of Islam.* Being the 2nd ed. of *The Sociolgy of Islam* (Cambridge: Cambridge University Press, 1962).

Lexicon Manuale, Maigne d'Arnis, W. H.를 보라.

Lietzmann, Hans. *The Founding of the Church Universal. A History of the Early Church*, Vol. 2. trans. from the German by Bertram Lee Woolf (3rd ed. rev.; New York: Meridian Books, 1958 〔1953〕).

Linné, Carl von 〔Linnaeus〕. "Oeconomia naturae". trans. from the Latin into Swedish by Isac 〔*sic*〕 I. Biberg, *Valda Smärre Skrifter af Allmänt Naturvetenskapligt Innehall* (Upsala: Almquist & Wiksells, 1906), pp. 1~64. With notes.

______. "The Oeconomy of Nature", Benjamin Stillingfleet, ed., *Miscellaneous Tracts Relating to Natural History, Husbandry, and Physick* (4th ed.; London: Printed for J. Dodsley, etc., 1791), pp. 37~129. (여기서는 Isaac 〔*sic*〕 Biberg가 라틴어를 스웨덴어로 번역한 진짜 역자로 보인다).

Locke, John. *An Essay Concerning Human Understanding* 〔1690〕, *The Works of John Locke* (12th ed.; London: Printed for C. and J. Rivington, etc., 1824). 9 vols. Vols. 1~2.

Lockwood, Dean P. "It is Time to Recognize a New Modern Age", *JHI*, Vol. 4 (1943), pp. 63~65.

Lope de Vega. *El Nuevo Mundo Descubierto por Cristóbal Colón*. Ed. Barry (Paris: Garnier Frères, c. 1897).

Lorain, John. *Nature and Reason Harmonized in the Practice of Husbandry* (Philadelphia: H. C. Carey & I. Lea, 1825).

Louis, Conrad. *The Theology of Psalm VIII. A Study of the Traditions of the Text and the Theological Import*. Catholic University of America, Studies in Sacred Theology No. 99 (Washington, D. C.: Catholic University of America Press, 1946).

Lovejoy, Arthur O. *The Great Chain of Being: A Study of the History of an Idea*. The William James Lectures Delivered at Harvard University, 1933 (Cambridge, Mass.: Harvard University Press, 1948).

______. "The Supposed Primitivism of Rousseau's Discourse on Inequality", *Modern Philology*, Vol. 21 (1923), pp. 165~186; repr. in *Essays in the History of Ideas*. Capricorn Books (New York: G. P. Putnam's Sons 1960 〔1948〕), pp. 14~37.

______ and Boas, George. *Primitivism and Related Ideas in Antiquity. A Documentary History of Primitivism and Related Ideas*. Vol. 1

(Baltimore: Johns Hopkins Press, 1935).

Lucretius. *The Nature of the Universe.* trans. from the Latin by R. E. Latham. Penguin Classics (Harmondsworth: Penguin Books, 1951).

______. *Titi Lucreti Cari De Rerum Natura Libri Sex. Ed. with Prolegomena, Critical Apparatus, Translation, and Commentary by Cyril Bailey* (Oxford: Clarendon Press, 1947). 3 vols.

Lukermann, F. "The Concept of Location in Classical Geography", *AAAG*, Vol. 51 (1961), pp. 194~210.

Lyell, Katharine M. *Life, Letters and Journals of Sir Charles Lyell, Bart* … (London: J. Murray, 1881). 2 vols.

Mabillon, Iohannes, ed. *Acta sanctorum Ordinis s. Benedicti in saeculorum classes distributa* … (Lutetiae Parisiorum: apud Ludovicum Billaine, 1668~1671). 6 vols. in 9 (NA).

McCann, Justin. *Saint Benedict.* Image Books (rev. ed., Garden City, N. Y.: Doubleday & Co., 1958).

McDonald, Angus. *Early American Soil Conservationists.* U. S. Dept. of Agric., Misc. Pub. No. 449 (Washington, 1941).

Machiavelli, Niccolò. "Dell'arte della guerra", *Opere*, ed. by Antonio Panella, Vol. 2 (Milano-Roma: Rizzoli & Co., 1939).

______. *Florentine History.* trans. from the Italian by W. K. Marriott. Everyman's Library (London: J. M. Dent and Co.; New York: E. P. Dutton and Co., [1909]).

______. *The Prince and the Discourses.* Modern Library (New York: Random House, 1940).

MacNutt, Francis A. *Bartholomew de las Casas. His Life, His Apostolate, and His Writings* (New York and London: G. P. Putnam's Sons, 1909).

Maigne D'Arnis, W. H. *Lexicon Manuale ad Scriptores Mediae et Infimae Latinitatis* …. (Paris: apud Garnier Fratres, 1890).

Maimonides, Moses. *The Guide for the Perplexed.* trans. from the Arabic by M. Friedländer. (2nd ed. rev.; New York: Dover Publications, 1956).

Mâle, Émile. *The Gothic Image. Religious Art in France of the Thirteenth*

Century. trans. from the French by Dora Nussey. Harper Torchbooks/Cathedral Library (New York: Harper & Brothers, 1958).

Malthus, Thomas R. *An Essay on Population*. Everyman's Library (7th ed. London: J. M. Dent & Sons; New York: E. P. Dutton & Co., 1952 [1914]). 2 vols.

______. *First Essay on Population 1798; with notes by James Bonar*. Repr. for the Royal Economic Society (London: Macmillan & Co., 1926).

______. *An Inquiry into the Nature and Progress of Rent, and the Principles by Which it is Regulated* [1815]. A Reprint of Economic Tracts edited by Jacob H. Hollander (Baltimore: Johns Hopkins Press, 1903).

______. *Population: The First Essay; with a foreword by Kenneth E. Boulding*. Ann Arbor Paperbacks (Ann Arbor: University of Michigan Press, 1959).

______. *Principles of Political Economy Considered with a View to Their Practical Appliction* (London: John Murray, 1820).

Marsh, George P. *Man and Nature; or Physical Geography as Modified by Human Action* (New York: Charles Scribner & Co., 1871 [1864]).

Martini, "Dikaiarchos, 3", *PW*, Vol. 5, cols. 546~563.

Marx, Leo. *The Machine in the Garden; Technology and the Pastoral Ideal in America* (New York: Oxford University Press, 1964).

Maulde, René de. *Étude sur la Condition Forestière de l'Orléanais au Moyen Âge et à la Renaissance* (Orléans: Herluison, 1871).

Maupertuis, Pierre Louis Moreau de. *Essai de Cosmologie* (Leide?, 1751).

Maury, Alfred. *Les Forêts de la Gaule et de l'Ancienne France* (Paris: Librairie Philosophique de Ladrange, 1867).

Mazzei, Filippo. *Recherches Historiques et Politiques sur les États-Unis de l'Amérique Septentrionale*…. (A Colle, et se trouve a Paris, chez Froullé, 1788). 4 vols. NA.

Meaume, Édouard. *Jurisprudence forestière*를 보라.

Meuten, Anton. *Bodins Theorie von der Beeinflussung des politischen Lebens der Staaten durch ihre geographische Lage* (Bonn: Carl Georgi,

Universitäts-Buchdruckerei und Verlag, 1904).
Meyer, Ernst. "Albertus Magnus. Ein Beitrag zur Geschichte der Botanik im dreizehnten Jahrhundert", *Linnaea*, Vol. 10 (1836), pp. 641~741; Vol. 11 (1837), pp. 545~595.
______. *Geschichte der Botanik* (Gebrüder Bornträger, 1854~1857). 4 vols.
Meyer, R. W. *Leibnitz and the Seventeenth-Century Revolution*. trans. from the German by J. P. Stern (Cambridge: Bowes and Bowes, 1952).
Migne, Jacques Paul. *Patrologiae cursus completus* …. *Series graeca* (Parisiis: excudebatur et venit apud J. P. Migne, 1857~1899).
______, ed. *Patrologiae cursus completus* …. *Series latina* (Parisiis excudebat Migne, 1844~1902).
Milton, John. *The Poetical Works of John Milton*. Everyman's Library (London & Toronto: J. M. Dent & Sons; New York: E. P. Dutton & Co., 1929 [1909]).
Minucius Felix. "The Octavius of Minucius Felix", trans. by Robert E. Wallis. *ANF*, Vol. 4. pp. 169~198.
Mombert, Paul. *Bevölkerungslehre* (Jena: G. Fischer, 1929).
Montaigne. "An Apologie of Raymond Sebond", *The Essays of Michael Lord of Montaigne*. trans. from the French by John Florio. Everyman's Library (London & Toronto: J. M. Dent & Sons; New York: E. P. Dutton & Co., 1921 [1910]), Vol. 2, pp. 125~326.
Montalembert, Count de. *The Monks of the West, from St. Benedict to St. Bernard*. trans. from the French (London: John C. Nimmo, 1896). 6 vols.
Montesquieu. Charles de Secondat Baron de la Brède et de Montesquieu. "Défense de l'Esprit des Lois", *Oeuvres Complètes de Montesquieu*. Ed. Edouard Laboulaye (Paris: Garnier Frères, 1875~1879). Vol. 6.
______. *De l'Esprit des Loix*. Texte Établi et Présenté par Jean Breathe de la Gressaye (Paris: Société Les Belles Lettres, 1950~1961). 4 vols.
______. *Pensées et Fragments Inédits de Montesquieu*. Ed. Le Baron Gaston de Montesquieu (Bordeaux: G. Gounouilhou, 1899~1901). 2 vols.
______. *The Persian Letters*. trans. from the French by J. Robert Loy.

Meridian Books (New York: World Publishing Co., 1961).
______. *The Spirit of Laws.* trans. from the French by Thomas Nugent (rev. ed.; New York: The Colonial Press, 1899). 2 vols.
Monumenta Germaniae Historica Diplomatum Imperii, ed. by Pertz. Vol. 1 (Hannoverae: Impensis Bibliopolii Avlici Hahniani, 1872).
More, Henry. *A Collection of Several Philosophical Writings of Henry More* (4th ed. corr. and much enl. London: Prinded by Joseph Downing, 1712). Includes "An Antidote against Atheism", "Scholia on the Antidote against Artheism".
Mornet, Daniel. *Les Sciences de la Nature en France, au XVIIIe Siècle* (Paris: A. Colin, 1911).
Moscati, Sabatino. *The Face of the Ancient Orient.* trans. from the Italian. Anchor Books (Garden City, N. Y.: Doubleday & Co., 1962).
Moschus. *Greek Bucolic Poets*를 보라.
Mühlmann, Wilhelm. *Methodik der Völkerkunde* (Stuttgart: Ferdinand Enke Verlag, 1938).
Münster, Sebastian. *Cosmographey*… (Basel: durch Sebastianum Henricpetri, 1598).
Muggenthaler, Hans. *Kolonisatorische und wirtschaftliche Tätigkeit eines deutschen Zisterzienserklosters im XII. und XIII. Jahrhundert* (München: Hugo Schmidt Verlag, 1924).
Mullach, Friedrich W. A. *Fragmenta philosophorum graecorum* (Parisiis: A Firmin Didot, 1875~1881). 3 vols.
Mummenhoff, Ernst. *Altnürnberg* (Bamberg: Buchnersche Verlags-buchhandlung, 1890).
Myres, Sir John Linton. "Herodotus and Anthropology". R. R. Marett, ed., *Anthropology and the Classics* (Oxford: Clarendon Press, 1908), pp. 121~168.
Neckam, Alexander. Alexander Neckam을 보라.
Nef, John U. *Cultural Foundations of Industrial Civilization.* Harper Torchbooks/Academy Library (New York: Harper & Bros., 1960 〔1958〕).
______. "Mining and Metallurgy in Medieval Civilisation", *CEHE*, Vol. 2, pp. 429~492.

Nestle, W. *Herodots Verhältnis zur Philosophie und Sophistik* (Stuttgart: Stuttgarter Vereinsbuchdruckerei [1908]).

Newton, Isaac. "Four Letters from Sir Isaac Newton to Doctor Bentley: Containing Some Arguments in Proof of a Deity", *The Works of Richard Bentley, D. D.*, collected and edited by Alexander Dyce, Vol. 3 (London: Francis Macpherson, 1838), pp. 203~215.

______. *Opera quae exstant omnia* (London: J. Nichols, 1779~1785). 5 vols.

Nicolson, Marjorie H. *Mountain Gloom and Mountain Glory: The Development of the Aesthetics of the Infinite* (Ithaca: Cornell University Press, 1959).

Niederhuber, Johann. Ambrose, St.를 보라.

Nieuwentijdt, Bernard. *The Religious Philosopher: Or, the Right Use of Contemplating the Works of the Creator.* trans. from the Dutch by John Chamberlayne (London: Printed for J. Senexi, etc., 1718~1720). 2 vols.

Ninck, Martin. *Die Entdeckung von Europa durch die Griechen* (Basel: Benno Schwabe & Co. Verlag [1945]).

Nordenskiöld, Erik. *The History of Biology.* trans. from the Swedish by Leonard B. Eyre (New York: Tudor Publishing Co., 1928).

Nougier, Louis-René; Beaujeu, Jean; and Mollat, Michel. "De la Préhistoire à la fin du Moyen Âge", being Vol. 1 of *Histoire Universelle des Explorations* (Paris: F. Sant' Andrea, 1955~1956).

Oake, Roger B. "Montesquieu and Hume", *Modern Language Quarterly*, Vol. 2 (1941), pp. 25~41, 225~248.

Oesterreichische Weisthümer (Wien: Oesterreichische Akademie der Wissenschaften, Kaiserliche Akademie der Wissenschaften Vols. 1~11, 1870~1958).

Olschki, Leonardo. *Die Literatur der Technik und der angewandten Wissenschaften vom Mittelalter bis zur Renaissance.* Vol. 1 of *Gesch. der neusprachlichen wissenschaftlichen Literatur* (Leipzig, Firenze, Roma, Genève: Leo S. Olschki, 1919).

______. *Marco Polo's Asia.* trans. from the Italian by John A. Scott (Berkeley and Los Angeles: University of California Press, 1960).

______. *Marco Polo's Precursors* (Baltimore: Johns Hopkins Press, 1943).
Opstelten, J. C. *Sophocles and Greek Pessimism.* trans. from the Dutch by J. A. Ross (Amsterdam: North-Holland Publishing Co., 1952).
Orderic Vital. "Histoire de Normandie", Ed. Guizot, *Collection des Mémoires Relatifs à l'Histoire de France.* Vols. 25~26 (Paris: J. L. J. Brière, 1825).
Origen. *Contra Celsum.* trans. with intro. and notes by Henry Chadwick (Cambridge: Cambridge University Press, 1953).
______. "De Principiis (Peri Archon)", trans. by Frederick Crombie. *ANF,* Vol. 4, pp. 239~382.
Orosius, Paulus. *Seven Books of History Against the Pagans.* trans. with intro. and notes by Irving W. Raymond (New York: Columbia University Press, 1936).
Ostrogorsky, Georg. "Agrarian Conditions in the Byzantine Empire in the Middle Ages", *CEHE,* Vol. 1. pp. 194~223.
Otto, Bishop of Freising, and his continuator Rahewin. *The Deeds of Frederick Barbarossa.* trans. from the Latin by Charles C. Mierow (New York: Columbia University Press, 1953).
Otto, Bishop of Freising. *The Two Cities, A Chronicle of Universal History to the Year 1146 A.D.* trans. by Charles Christopher Mierow (New York: Columbia University Press, 1928).
Overbury, Sir Thomas. "Obsevations in His Travailes Upon the State of the XVII. Provinces as They Stood Anno Dom., 1609", *The Miscellaneous Works in Prose and Verse of Sir Thomas Overbury Knt.,* ed. Edward F. Rimbault (London: John Russell Smith, 1856), pp. 221~251.
Ovid. *Metamorphoses.* trans. from the Latin by Frank J. Miller. Loeb Classical Library (London: Wm. Heinemann; New York: G. P. Putnam's Sons. Vol. 1, 1916, 2d ed. 1921; Vol. 2, 1916).
Palissy, Bernard. *The Admirable Discourses.* trans. from the French by Aurèle la Rocque (Urbana: University of Illinois Press, 1957).
Paracelsus, Theophrastus. *The Hermetic and Alchemical Writings of Aureolus Philippus Theophrastus Bombast of Hohenheim called Paracelsus the Great.* trans. from the German by Arthur E. Waite (London: J.

Elliott and Col Co., 1894). 2 vols.

______. *Lebendiges Erbe. Eine Auslese aus seinen sämtlichen Schriften mit 150 zeitgenössischen Illustrationen.* Edited with intro. by Jolan Jacobi (Zürich und Leipzig: Rascher Verlag, 1942).

______. *Sämtliche Werke.* Eds. Karl Sudhoff and Wilhelm Matthiessen. *Abt. 1, Medizinische naturwissenschaftliche und philosophische Schriften; Abt. 2, Die theologischen und religionsphilosophische Schriften* (München: Barth, 1922~).

______. *Selected Writings.* Ed. by Jolande [*sic*] Jacobi, trans. from the German (*Lebendiges Erbe*) by Norbert Guterman (New York: Pantheon Books, 1951).

Parain, Charles. "The Evolution of Agricultural Technique", *CEHE*, Vol. 1, pp. 118~168.

Partsch, J. "Die Grenzen der Menschheit. I Teil: Die antike Oikumene", *Berichte über die Verhandlungen der Königl. Sächsischen Gesellschaft der Wissenschaften zu Leipzig. Phil-hist. klasse*, Vol. 68 (1916).

Pastor, Ludwig Freiherrn von. *Geschichte der Päpste seit dem Ausgang des Mittelalters*, Vol. 5 being *Geschichte Papst Pauls III* (13th ed., Freiburg im Breisgau: Herder and Co., 1956). Earlier ed. trans. by Kerr under the title, *History of the Popes*, Vol. 12 being on Paul III.

Patin, M. *Études sur la poésie latine* (3d ed., Paris: Librairie Hachette et Cie., 1883). 2 vols.

Paul the Deacon. *History of the Langobards.* trans. from the Latin by Willam D. Foulke (New York: Sold by Longmans Green & Co., 1907).

______. "Pauli Warnefridi Diaconi Forojuliensis De Gestis Langobardorum", *PL*, Vol. 95.

Paul III, Pope. The Bull, "Sublimis Deus", of Pope Paul III, MacNutt, Francis A., *Bartholomew de las Casas* (New York and London: G. P. Putnam's Sons, 1909), pp. 427~431. Latin text and English trans.

Paulys Real-Encyclopädie der classischen Altertumswissenschaft, hrsg. von Wissowa, Kroll, Witte, Mittelhaus and others (Stuttgart: J. B. Metzler and later publishers, 1894~).

Pauw, Corneille de. *Recherches Philosophiques sur les Américains* (London, 1770). 3 vols.

Pease, A. S. "Caeli enarrant", *Harvard Theological Review*, 34 (1941), pp. 103~200.

______. Cicero, *De natura deorum*도 보라.

Penrose, Ernest F. *Population Theories and Their Application with Special Reference to Japan* (Stanford University: Food Research Inst., 1934).

Perrault, Charles. *Parallèle des Anciens et des Modernes en ce qui Regarde les Arts et les Sciences. Dialogues. Avec le Poème du Siècle de Louis le Grand, et une Epistre en Vers sur le Genie* (2nd ed.; Paris: La Veuve de Jean Bapt. Coignard and Jean Baptiste Coignard fils, 1692), Vol. 1.

Petersen, William. *Population* (New York: Macmillan Co., 1961).

Petrarca, Francesco. "On His Own Ignorance and That of Many Others". trans. by Hans Nachod. Cassirer, Ernst; Kristeller, Paul O.; and Randall, John H., Jr., eds., *The Renaissance Philosophy of Man* (Chicago: University of Chicago Press, 1948), pp. 47~133.

Petty, Sir William. *The Economic Writings of Sir William Petty*. Ed. Charles H. Hull, Vol. 1 (Cambridge: Cambridge University Press, 1899).

______. *The Petty-Southwell Correspondence 1676~1687*, edited … by the Marquis of Lansdowne (London: Constable and Co., 1928).

Pfeifer, Gottfried. "The Quality of Peasant Living in Central Europe", *MR*, pp. 240~277.

Philipp, Hans. "Die historisch-geographischen Quellen in den etymologiae des Isidorus v. Sevilla", *Quellen und Forschungen zur alten Geschichte und Geographie*, Heft 25, Pt. 1, 1912; Pt. 2, 1913.

Philo (Philo Judaeus). "On the Account of the World's Creation Given by Moses", *Philo*, Vol. 1. trans. from the Greek by The Rev. G. H. Whitaker. Loeb Classical Library (London: Wm. Heinemann; New York: G. P. Putnam's Sons, 1929).

______. "On Joseph", (De Josepho), *Philo*. trans. from the Greek by F. H. Colson. Loeb Classical Library (London: Wm. Heinemann; Cambridge, Mass.: Harvard University Press), Vol. 6 (1935), pp. 140~271.

Plato. *Laws.* trans. from the Greek by R. G. Burry. Loeb Classical Library (London: Wm. Heinemann; New York: G. P. Putnam's Sons, 1926), 2 vols.

______. *Phaedo.* trans. from the Greek by R. S. Bluck (London: Routledge & Kegan Paul, 1955).

______. "Protagoras", *The Dialogues of Plato*, Vol. 1. trans. from the Greek by Benjamin Jowett (2nd ed. rev.; Oxford: Clarendon Press, 1875). 5 vols.

______. *Timaeus, Critias, Cleitophon, Menexenus, Epistles*, trans. from the Greek by R. G. Bury. Loeb Classical Library (Revised and reprinted, Cambridge, Mass.: Harvard University Press, 1952).

Plewe, Ernst. "Studien über D. Anton Friederich Büsching", *Geographische Forschungen* (*Schlern-Schriften No. 190*), *Festschrift zum 60. Geburtstag von Hans Kinzl* (Innsbruck: Universitätsverlag, 1958), pp. 203~223.

Pliny. *Natural History.* trans. from the Latin by H. Rackham. Loeb Classical Library (Cambridge, Mass.: Harvard University Press, 1938). 10 vols.

Plischke, Hans. *Von den Barbaren zu den Primitiven. Die Naturvölker durch die Jahrhunderte* (Leipzig: F. A. Brockhaus, 1926).

Plotinus. *The Enneads.* trans. from the Greek by Stephen Mackenna (2nd ed. rev. by B. S. Page, London: Faber & Faber, 1956).

Plutarch. "Of Those Sentiments Concerning Nature With Which Philosophers were Delighted 〔De placitis philosophorum naturalibus, libri V〕", trans. from the Greek by several hands, *Plutarch's Morals*, corr. and rev. by William Goodwin, Vol. 2 (New York: The Anthenaeum Society, n. d.), pp. 104~193.

______. *Moralia.* Loeb Classical Library. trans. from the Greek by several hands (London: Wm. Heinemann; New York: G. P. Putnam's Sons, etc.). Vols 1~7, 9~10, 12 published.

______. "Concerning the Face Which Appears in the Orb of the Moon", *Moralia.* Loeb Classical Library, Vol. 12.

______. "De placitis philosophorum libri V", *Moralia*, ed. Gregorius N. Bernardakis, Vol. 5 (Lipsiae: in aedibus B. G. Teubneri, 1893).

______. "Isis and Osiris", *Moralia.* trans. from the Greek by F. C. Babbitt. Loeb Classical Library, vol. 5.

______. "On Exile", *Moralia.* trans. from the Greek by P. H. De Lacy and Benedict Einarson. Loeb Classical Library, Vol. 7.

______. "On the Fortune or the Virtue of Alexander", *Moralia.* Loeb Classical Library, Vol. 4

______. "Whether Fire of Water is More Useful", *Morarlia.* Loeb Classical Library, Vol. 12.

Pohlenz, Max. *Der Hellenische Mensch* (Göttingen: Vandenhoeck & Ruprecht, 1947).

______. "Panaitios. 5", *PW*, 18:3, cols. 418~440.

______. *Die Stoa. Geschichte einer geistigen Bewegung* (Göttingen: Vandenhoeck & Ruprecht, Vol. 1, 1948; Vol. 2 〔Erläuterungen〕, 1949).

Polybius. *The Histories.* trans. from the Greek by W. R. Paton. Loeb Classical Library, London: Wm. Heinemann; New York: G. P. Putnam's Sons, 1922~1927). 6 vols.

Pope, Alexander. "Essasy on Man", *The Complete Poetical Works of Alexander Pope.* Cambridge ed. (Boston and New York: Houghton, Mifflin and Co., 1903).

Pope, Hugh. *Saint Augustine of Hippo.* Image Books (Garden City, N. Y.: Doubleday & Co., 1961).

Porphyry. "De abstinentia", *Porphyrii philosophi platonici Opuscula tria.* Greek text edited by Augustus Nauck (Leipzig: Teubner, 1860).

Postan, Michael. "The Trade of Medieval Europe: the North", *CEHE*, Vol. 2, pp. 119~256.

Power, Eileen. *Medieval English Nunneries c. 1275 to 1535* (Cambridge: Cambridge University Press, 1922).

Préaux, Claire. *Les Grecs en Égypte d'après les Archives de Zénon.* Collection Lebègue (Bruxelles: Office de Publicité, 1947).

Pritchard, James B., ed. *Ancient Near Eastern Texts Relating to the Old Testament* (Princeton: Princeton University Press, 1950).

Probst, Jean-Henri. *Le Lullisme de Raymond de Sebonde* (*Ramon de Sibiude*) (Toulouse: E. Privat, 1912).

Przywara, Erich. *An Augustine Synthesis.* Harper Torchbooks/Cathedral Library (New York: Harper & Brothers, 1958).

Pseudo-Xenophon. Xenophon을 보라.

Ptolemy, Claudius. *Tetrabiblos.* trans. from the Greek by F . E. Robbins. Loeb Classical Library (London: Wm. Heinemann; Cambridge, Mass. : Harvard University Press, 1940). Published with *Manetho*, trans. by W. G. Waddell.

Purchas, Samuel. *Purchas his Pilgrimage* … (2nd ed. ; London: Printed by W. Stansby for Henrie Fetherstone, 1614).

Raftis, J. A. "Western Monasticism and Economic Organiztion", *Comparative Studies in Society and History*, Vol. 3 (1961). pp. 452~469.

Raleigh, Sir Walter. *The History of the World* (London: Printed for Walter Burre, 1617).

Rankin, O. S. *Israel's Wisdom Literature* (Edinburgh: T. & T. Clark, 1936).

Ratzel, Friedrich. *Anthropogeographie* (4 unveränderte Aufl. Stuttgart: J. Englehorns Nachf., 1921~22). 2 vols.

Raven, Charles E. *John Ray. Naturalist: His Life and Works* (Cambridge: Cambridge University Press, 1942).

______. *Natural Religion and Christian Theology. The Gifford Lectures 1951, First Series: Science and Religion* (Cambridge University Press, 1953).

Ray, John. *Miscellaneous Discourses Concerning the Dissolution and Changes of the World* … (London: Printed for S. Smith, 1692).

______. *The Wisdom of God Manifested in the Works of the Creation* (12th ed., corr., London: John Rivington, John Ward, Joseph Richardson, 1759).

Raymundus de Sabunde (Ramon Sibiude, Raymond Sebond). *La Théologie Naturelle de Raymond Sebon.* trans. from Latin into French by Michel, Seigneur de Montaigne (Paris: L. Conard, 1932~1935). 2 vols.

Raynal, Guillaume Thomas François. *Histoire Philosophique et Politique des Établissemens et du Commerce des Européens dans les deux Indes* (Neuchatel & Geneve: chez les Libraires Associés, 1783~1784).

10 vols.
Reinhardt, Karl. *Kosmos und Sympathie* (München: C. H. Beck, 1926).
______. *Poseidonios* (Munich: C. H. Beck'sche Verlagsbuchhandlung, Oskar Beck, 1921).
______. "Poseidonios von Apameia", *PW*, 22:1, cols. 558~826.
Ricardo, David. *The Principles of Political Economy and Taxation*. Everyman's Library (London: J. M. Dent & Sons; New York: E. P. Dutton & Co., 1957 〔1912〕).
Riccioli, Giovanni Battista. *Geographiae et hydrographiae reformatae libri XII* (Venetiis, 1672). NA.
Richardson, Cyril C., ed. and trans. et al. *Early Christian Fathers*. Vol. 1 of *The Library of Christian Classics* (London: SCM Press, 1953).
Rigault, Hippolyte. *Histoire de la Querelle des Anciens et des Modernes* (Paris: L. Hachette et Cie., 1856).
Robbins, Frank E. *The Hexaemeral Literature. A Study of the Greek and Latin Commentaries on Genesis* (Chicago: University of Chicago Press, 1912).
Robertson, William. "The History of America", being Vols. 8~10 of *The Works of William Robertson, D. D.* (London: Printed for Thomas Tegg, etc., 1826). 3 vols.
______. "A View of the Progress of Society in Europe, from the Subversion of the Roman Empire to the Beginning of the Sixteenth Century", being the intro. to *The History of the Reign of the Emperor Charles V. The Works of William Robertson, D. D.* (London: Printed for Thomas Tegg, etc., 1826), Vol. 4.
Robinson, H. Wheeler. *Inspiration and Revelation in the Old Testament* (Oxford: Clarendon Press, 1946).
The Romance of the Rose. Guillaume de Lorris and Jean de Meun을 보라.
Ross, James Bruce, and McLaughlin, Mary Martin, eds. *The Portable Medieval Reader* (New York: The Viking Press, 1949).
Ross, W. D. *Aristotle* (New York: Meridian Books, 1959).
______. "Diogenes (3)", *OCD*, p. 285.
Rostovtzeff, Michael. *A Large Estate in Egypt in the Third Century B. C., a Study in Economic History*. University of Wisconsin Studies in the

Social Sciences and History, No. 6 (Madison, 1922).
______. *The Social and Economic History of the Hellenistic World* (Oxford: Clarendon Press, 1941). 3 vols.
Rousseau, Jean Jacques. *Émile; or, Education.* trans. from the French by Barbara Foxley. Everyman's Library (London and Toronto: J. M. Dent & Sons; New York: E. P. Dutton & Co., 1930 〔1911〕).
______. *The Social Contract and Discourses.* Everyman's Library (London and Toronto: J. M. Dent & Sons; New York: E. P. Dutton & Co., 1930 〔1913〕).
Rowe, John H. *Ethnography and Ethnology in the Sixteenth Century* (Berkeley: The Kroeber Anthropological Society Papers, No. 30, Spring 1964).
Rush, Benjamin. "An Enquiry into the Cause of the Increase of Bilious and Intermitting Fevers in Pennsylvania, with Hints for Preventing Them", *TAPS*, Vol. 2, No. 25 (1786), pp. 206~212.
Salin, Édouard, and France-Lanord, Albert. *Le Fer à l'Époque Mérovingienne,* being Vol. 2 of *Rhin et Orient* (Paris: P. Geuthner, 1939~1943).
Sambursky, S. *The Physical World of the Greeks.* trans. from the Hebrew by Merton Dagut (New York: Collier Books, 1952).
Sandmo, J. K. *Skogbrukshistorie* (Oslo: Aschehoug and Co., 1951).
Sarton, George. *Appreciation of Ancient and Medieval Science During the Renaissance* A Perpetua Book (New York: A. S. Barnes and Co., 1961; University of Pennsylvania Press, 1955).
______. *A History of Science. Ancient Science Through the Golden Age of Greece* (Cambridge, Mass.: Harvard University Press, 1952).
______. *A History of Science. Hellenistic Science and Culture in the Last Three Centuries B. C.* (Cambridge, Mass.: Harvard University Press, 1959).
______. "Remarks on the Theory of Temperaments", *Isis*, Vol. 34 (1943), pp. 205~208.
Sauvage, R. N. *L'Abbaye de Saint-Martin de Troarn au Diocèse de Bayeux des Origines au Seizième Siècle* (Caen: Henri Delesques, Imprimeur-Éditeur, 1911).
Saw, Ruth Lydia. *Leibniz.* A Pelican Book (Harmondsworth: Penguin

Books, 1954).
Schmidt, Christel. *Die Darstellungen des Sechstagewerkes von Ihren Anfängen bis zum Ende des 15 Jahrhunderts* (Hildesheim: Buchdruckerei August Lax, 1938).
Schönbach, Anton E. "Des Bartholomaeus Anglicus Beschreibung Deutschlands gegen 1240", *Mitteilungen des Instituts für österreichische Geschichtsforschung*, Vol. 27 (1906), pp. 54~90.
Schoepflin, J. D. *Alsatia diplomatica* (Mannhemii, 1772~1775). 2 vols. NA.
Schwappach, Adam. *Handbuch der Forst- und Jagdgeschichte Deutschlands* (Berlin: Verlag von Julius Springer, 1886~1888).
______. "Zur Bedeutung und Etymologie des Wortes, 'Forst'", *Forstwissenschaftliches Centralblatt*, Vol. 6 (1884), pp. 515~522.
Sclafert, Thérèse. "A Propos de Déboisement des Alpes du sud", *Annales de Géographie*, Vol. 42 (1933), pp. 266~277, 350~360.
______. *Cultures en Haute-Provence. Déboisements et Pâturages au Moyen Âge. Les Hommes et La Terre*, IV. (Paris: S. E. V. P. E. N., 1959).
Scully, Vincent. *The Earth, The Temple, and the Gods. Greek Sacred Architecture* (New Heaven and London: Yale University Press, 1962).
Seeliger, K. "Weltalter", Vol. VI, cols. 375~430; "Weltschöpfung", cols. 430~505. Wilhelm H. Roscher, ed., *Ausführliches Lexikon der griechischen und römischen Mythologie* (Leipzig and Berlin: B. G. Teubner, 1924~1937).
A Select Library of Nicene and Post-Nicene Fathers of the Christian Church. Ed. by Philip Schaff et al. (New York: Christian Literature Co., 1886~1890). 14 vols.
Sellar, W. Y. *The Roman Poets of the Republic* (3d ed., Oxford: Clarendon Press, 1895).
Seltman, Charles, *Approach to Greek Art* (New York: E. P. Dutton & Co., 1960).
Semple, Ellen Churchill. *Influences of Geographic Environment on the Basis of Ratzel's System of Anthropo-geography* (New York: H. Holt and Co., etc., 1911).

Seneca, L. Annaeus. "De ira". trans. from the Latin by John W. Basore, *Moral Essays*, Vol. 2; "De consolatione ad Helviam", Vol. 3. Loeb Classical Library (London: Wm. Heinemann; New York: G. P. Putnam's Sons, 1928~1932).

______. *Epistolae Morales.* trans. from the Latin by Richard M. Gummere. Loeb Classical Library (London: Wm. Heinemann; New York: G. P. Putnam's Sons, 1917~1925). 3 vols.

______. *On Benefits.* trans. from the Latin by Aubrey Stewart (London: Bell & Sons, 1912).

Servius the Grammarian. *Servii Grammatici Qui Feruntur in Vergilii Carmina Commentarii.* Vol. 2, *Aeneidos Librorum VI-XII Commentarii*, ed. Georg Thilo (Leipzig: B. G. Teubner, 1884).

Seybert, Adam. "Experiments and observations, on the aumosphere of marshes", *TAPS*, Vol. 4 (1799), pp. 415~430.

Sharp, Andrew. *Ancient Voyagers in the Pacific* (Harmondsworth: Penguin Books, 1957).

______. *Ancient Voyagers in Polynesia* (Berkeley: University of California Press, 1964).

Sikes, Edward E. *The Anthropology of the Greeks* (London: D. Nutl, 1914).

Simpson, George G. *The Meaning of Evolution.* Mentor Books (New York: New American Library, 1951).

Simson, Otto von. *The Gothic Cathedral. Origins of Gothic Architecture and the Medieval Concept of Order* (2nd rev. ed.; Harper Torchbooks, New York: Harper and Row, The Bollingen Library, 1964; Bollingen Foundation, 1962).

Singer, Charles; Holmyard, E. J.; Hall, A. R., and Williams, Trevor I. *A History of Technology* (New York and London: Oxford University Press, 1954~1958). 5 vols.

Sinz, P. "Die Naturbetrachtung des hl. Bernard", *Anima* I (1953), pp. 30~51. NA.

Smalley, Beryl. *The Study of the Bible in the Middle Ages* (Oxford: Clarendon Press, 1941).

Smith, Kenneth. *The Malthusian Controversy* (London: Routledge & Paul,

1951).

Soutar, George. *Nature in Greek Poetry* (London: Oxford University Press, 1939).

Spengler, Joseph J. *French Predecessors of Malthus* (Durham: Duke University Press, 1942).

______. "Malthus's Total Population Theory: a Restatement and Reappraisal", *Canadian Journal of Economics*, Vol. 11 (1945), pp. 83~110, 234~264.

Spinoza, Benedictus de. *The Correspondence of Spinoza.* trans. by A. Wolf (London: G. Allen & Unwin, 1928).

______. *Ethica.* trans. from the Latin by W. H. White, rev. by Amelia H. Stirling (3rd ed. rev. and corr.; London: Duckworth & Co., 1899).

Spitzer, Leo. "Classical and Christian Ideas of World Harmony", *Traditio*, Vol. 2 (1944), pp. 414~421.

Springer, Sister Mary Theresa of the Cross. *Nature-Imagery in the Works of St. Ambrose.* Catholic University of America Patristic Studies, Vol. 30 (Washington: Catholic University of America Patristic Studies, Vol. 30 (Washington: Catholic University of America, 1931).

Stangeland, Charles E. "Pre-Malthusian Doctrines of Population: a Study in the History of Economic Theory", *Columbia University Studies in History Economics, and Public Law*, Vol. 21, No. 3 (1904).

Steinen, Wolfram von den. *Der Kosmos des Mittelalters von Karl dem Grossen zu Bernard von Clairvaux* (Bern und München: Francke Verlag, 1959).

Stenton, Doris M. *English Society in the Early Middle Ages* (Harmondsworth: Penguin Books, 1951).

Strabo. *The Geography of Strabo.* trans. from the Greek by H. C. Hamilton and W. Falconer. Bohn's Classical Library (London: Bohn, 1854~1856). 3 vols.

Süssmilch, Johann Peter. *Die Göttliche Ordnung* (Berlin: Im Verlag der Buchhandlung der Realschule, 1775~1776). 3 vols.

Suggs, Robert C. *The Island Civilizations of Polynesia.* A Mentor Book (New York: New American Library, 1960).

Surell, Alexander. *A Study of the Torrents in the Department of the Upper Alps* [1870]. trans. of Vol. 1 of 2nd ed. from the French by Augustine Gibney (carbon typescript copy in Forestry Library, University of California, Berkeley).

Suzuki, Daisetz. "The Role of Nature in Zen Buddhism", *Eranos-Jahrbuch 1953*, Vol. 22 (1954), pp. 291~321.

Tacitus. *The Annals*. Rev. Oxf. trans. from the Latin (London: George Bell & Sons, 1906).

______. *Dialogus* (Dialogue on Oratory), with the *Agricola and Germania. Dial.* trans. from the Lain by William Peterson. Loeb Classical Library (London: Wm. Heinemann; New York: Macmillan Co., 1914).

Talbot, C. H., trans. and ed. *The Anglo-Saxon Missionaries in Germany. Being the Lives of SS. Willibrord, Boniface, Sturm, Leoba and Lebuin, together with the Hodoeporicon of St. Willibald and a selection from the correspondence of St. Boniface* (New York: Sheed and Ward, 1954).

Tarn, W. W. "Alexander the Great and the Unity of Mankind", *Proceedings of the British Academy*, Vol. 11 (1933), pp. 123~166.

______. "The Date of Iambulus: a Note", *Class. Quarterly*, Vol. 33 (1939), p. 193.

______. *Hellenistic Civilization* (3nd ed., rev. by Tarn and Griffith, London: Edward Arnold, 1952).

Tatian. "Address of Tatian to the Greeks", *ANF*, Vol. 2, pp. 65~83.

Taylor, E. G. R. *Late Tudor and Early Stuart Geogrphy 1583~1650* (London: Methuen & Co., 1934).

Taylor, George C. *Milton's Use of Du Bartas* (Cambridge, Mass.: Harvard University Press, 1934).

Taylor Henry Osborn. *The Medieval Mind* (London: Macmillan and Co., 1911).

The Tebtunis Papyri. Hunt, Arthur S.를 보라.

Teggart, Frederick J., ed. *The Idea of Progress. A Collection of Readings*. Rev. ed., with intro. by George H. Hildebrand (Berkeley and Los Angeles: University of California Press, 1949).

Teggart, Frederick J. *Rome and China* (Berkeley: University of California

Press, 1939).
______. *Theory of History* (New Haven: Yale University Press, 1925).
Temple, Sir William. "An Essay Upon the Ancient and Modern Learning", *The Works of Sir William Temple, Bart.* (new ed.; London: F. C. and J. Rivington, etc., 1814), Vol. 3, pp. 446~459.
______. *Observations upon the United Provinces of the Netherlands* (Cambridge: Cambridge University Press, 1932).
Templeman, Thomas. *A New Survey of the Globe: or, an Accurate Mensuration of all the Empires, Kingdoms, Countries, States, Principal Provinces, Counties, & Islands in the World* (London: Engr. by T. Cole, [1729]).
Tertullian. "Apology". trans. from the Latin by S. Thelwall, *ANF*, Vol. 3, pp. 17~55.
______. "On the Pallium" (De pallio). trans. from the Latin by S. Thelwall, *ANF*, Vol. 4, pp. 5~12.
______. *Quinti Septimi Florentis Tertulliani De Anima.* Ed. with intro. and commentary, by J. H. Waszink (Amsterdam: North-Holland Publishing Co., 1947).
______. "A Treatise on the Soul". trans. from the Latin by Peter Holmes, *ANF*, Vol. 3, pp. 181~235.
Theiler, Willy. *Zur Geschichte der teleologischen Naturbetrachtung bis auf Aristoteles* (Zürich: Verlag Dr. Karl Hoenn, 1924).
Theocritus. Greek Bucolic Poets를 보라.
Theodoret of Cyrrhus. *Théodoret de Cyr. Discours sur la Providence.* Trad. avec. intro. et notes par Yvan Azéma (Paris: Société d'Edition "Les Belles Lettres", 1954).
Theophrastus. *Enquiry into Plants.* trans. from the Greek by Sir Arthur Hort. Loeb Classical Library (New York: G. P. Putnam's Sons, 1916). 2 vols.
______. *Metaphysics.* trans., comm., and intro. by W. D. Ross and F. H. Fobes (Oxford: Clarendon Press, 1929).
______. *Theophrasti Eresii opera, quae supersunt, omnia.* Graeca recensuit, latine interpretatus est. Fridericus Wimmer, ed. (Parisiis: Firmin-Didot, 1866).

Thomas, Franklin. *the Environmental Basis of Society; a Study in the History of Sociological Theory* (New York and London: Century Co., 1925).
Thomas Aquinas, St. *On Kingship. To the King of Cyprus.* trans. by Gerald B. Phelan, reb. by I. Th. Eschmann (Toronto: Pontifical Institute of Mediaeval Studies, 1949).
______. *On the Truth of the Catholic Faith. Summa Contra Gentiles. Book One: God.* trans. by Anton C. Pegis. *Book Two: Creation.* trans. by James F. Anderson. *Book Three: Providence, Part 1.* trans. by Vernon J. Bourke. Image Books (Garden City, N. Y.: Doubleday & Co., 1955~1956).
______. *Philosophical Texts.* Selected and trans. by Thomas Gilby. A Galaxy Book (New York: Oxford University Press, 1960).
______. *Summa Theologica.* Literally trans. by Fathers of the English Dominican Province, 3 vols., Vol. 1 (London: Burns & Oates, 1947).
Thomas, D. Winton, ed. *Documents from Old Testament Times.* Harper Torchbooks/Cloister Library (New York: Harper & Brothers, 1961).
Thomas of Celano. "The First Life of S. Francis of Assisi". trans. by A. G. Ferrers Howell. Repr. in Mary L. Cameron, *The Inquiring Pilgrim's Guide to Assisi* (London: Methuen & Co., 1926), pp. 163~270.
Thomas, William L., ed. *Man's Role in Changing the Face of the Earth* (Chicago: University of Chicago Press, 1956).
Thompson, Elbert N. S. "Milton's Knowledge of *Geography*", *Studies in Philology,* Vol. 16 (1919), pp. 148~171.
Thompson, James Westfall. *An Economic and Social History of the Middle Ages (300~1300)* (New York, London: The Century Co., c. 1928).
Thomson, James Oliver. *History of Ancient Geography* (New York: Biblo and Tannen, 1965; Cambridge University Press, 1948).
Thomson, John Arthur. *The System of Animate Nature.* The Gifford Lectures fo 1915~1916 (London: Williams & Norgate, 1920). 2 vols.

Thomson, R. H. G. "The Medieval Artisan", *HT*, Vol. 2, pp. 383~396.
Thorndike, Lynn. *A History of Magic and Experimental Science During the First Thirteen Centuries of Our Era* (New York: Macmillan Co., 1923~1958). 8 vols.
______. "Renaissance or Prenaissance", *JHI*, Vol. 4 (1943), pp. 65~74.
______. "The True Place of Astrology in the History of Science", *Isis*, Vol. 46 (1955), pp. 273~278.
Thorp, James. *Geography of the Soils of China* (Nanking: National Geological Survey of China, 1936).
Thucydides. *History of the Peloponnesian War*. trans. from the Greek by Richard Crawley. Everyman's Library (London & Toronto: J. M. Dent & Sons, 1926 〔1910〕).
Tibullus. In: *Catullus, Tibullus, and Pervigilium Veneris*. Tibullus trans. from the Latin by J. P. Postgate. Loeb Classical Library (London: Wm. Heinemann; New York: Macmillan Co., 1914).
Tittel, C. "Geminos, 1", *PW*, Vol. 7:1, cols. 1026~1050.
Tod, Marcus N. *A Selection of Greek Historical Inscriptions to the End of the Fifth Century B. C.* (2nd ed., Oxford: Clarendon Press, 1951 〔1946〕).
Tooley, Marian J. "Bodin and the Mediaeval Theory of Climate", *Speculum*, Vol. 28 (1953), pp. 64~83.
Toynbee, Arnold J. *Greek Historical Thought from Homer to the Age of Heraclius*. Mentor Books (New York: New American Library, 1952).
______. *A Study of History* (London, New York, Toronto: Oxford University Press, Vol. 1, 1955 〔1934〕).
______, *A Study of History*. Abridgement of Volumes Ⅰ-Ⅵ by D. G. Somervell (New York and London: Oxford University Press, 1947).
Treves, Piero. "Historiography, Greek", *OCD*, pp. 432~433.
______. "Posidonius (2)", *OCD*, p. 722.
Trüdinger, Karl. *Studien zur Geschichte der griechisch-römischen Ethnographie* (Basel: E. Birkhauser, 1918).
Tscherikower, V. "Die hellenistischen Städtegründungen von Alexander dem Grossen bis auf die Römerzeit", *Philologus*, Supp. Bd. 19, Heft 1 (1927), vii+ 216 pp.

Untersteiner Mario. *The Sophists.* trans. from the Italian by Kathleen Freeman (Oxford: Basil Blackwell, 1954).

Varro, Marcus T. *On Farming.* trans. from the Latin by Lloyd Storr-Best (London: George Bell & Sons, 1912).

Veen, Johan van. *Dredge, Drain, Reclaim. The Art of a Nation* (5th ed.; The Hague: Martinus Nijhoff, 1962).

Velleius Paterculus. *Compendium of Roman History.* trans. from the Latin by Frederick W. Shipley. Loeb Classical Library (London: Wm. Heinemann; New York: G. P. Putnam's Sons, 1924).

Vespucci, Amerigo. *Mundus novus, Letter to Lerenzo Pietro di Medici.* trans. from the Italian by George T. Northrup (Princeton: Princeton University Press, 1916).

Villard de Honnecourt. *The Sketchbook of Villard de Honnecourt.* Ed. by Theodore Bowie (2nd ed. rev.; Bloomington: Indiana University, 1962).

Virgil. *The Aeneid.* Prose trans. from the Latin by W. F. Jackson Knight. Penguin Classics (Baltimore: Penguin Books, 1962 〔1958〕).

______. *The Eclogues, Georgics, Aeneid.* trans. from the Latin by John Jackson (Oxford: Clarendon Press, 1930 〔1908〕).

Vitruvius. *The Ten Books on Architecture.* trans. from the Latin by Morris Hicky Morgan (Cambridge, Mass.: Harvard University Press, 1914).

Volney, Constantine François Chasseboeuf. *View of the Climate and Soil of the United States of America.* trans. from the French (London: Printed for J. Johnson, 1804).

Voltaire. *Oeuvres Complètes de Voltaire.* Edited by Adrien Jean Quentin Beuchot (Paris: Garnier Frères, 1877~1885). 52 vols.

______. "L'A, B, C", Beuchot, Vol. 45, pp. 1~135.

______. "Athéisme" (Dict. Philosophique), Beuchot, Vol. 27, pp. 166~190.

______. "Candide", Beuchot, Vol. 33.

______. "Causes finales" (Dict. Philosophique), Beuchot, Vol. 27, pp. 520~533.

______. "Climat", Beuchot, Vol. 28, pp. 113~120.

______. "Commentaire sur Quelques Principales Maximes de l'Esprit des

Lois", Beuchot, Vol. 50, pp. 55~145.
______. "Des Singularités de la Nature", Beuchot, Vol. 44, pp. 216~317.
______. "Dieu, Dieux" (Dict. Philosophique), Beuchot, Vol. 28, pp. 357~398.
______. "Elements de la Philosophie de Newton", Beuchot, Vol. 38.
______. "Histoire de Jennie, ou l'Athée et le Sage", Beuchot, Vol. 34.
______. "Lois (Esprit des)", Beuchot, Vol. 31, pp. 86~109.
______. "Nouvelles Considérations sur l'Histoire", Beuchot, Vol. 24, pp. 24~29.
______. "Poème sur le Désastre de Lisbonne", Beuchot, Vol. 12, pp. 183~204.
______. "Siècle de Louis XIV", Beuchot, Vol. 19~20.
Vossius, Isaac. *Isaaci Vossii Variarum Observationum Liber* (London: apud Robertum Scott Bibliopolam, 1685).
Waddell, Helen. *Mediaeval Latin Lyrics*. trans. by Helen Waddell. Penguin Classics (Harmondsworth: Penguin Books, 1962 [1952]).
Wagner, Thomas, ed. *Corpus Iuris Metallici Recentissimi et Antiquioris. Sammlung der neuesten und älterer Berggesetze* (Leipzig: J. S. Heinsius, 1791).
Wallace, Robert. *A Dissertation on the Numbers of Mankind, in Ancient and Modern Times* (2nd ed. rev. and corr.; Edinburgh: A. Constable and Co., etc., 1809).
______. *Various Prospects of Mankind, Nature, and Providence* (London: A. Millar, 1761).
Warmington, E. H. "Dicaearchus", *OCD*, p. 275.
Webb, Clement C. J. *Studies in th History of Natural Theology* (Oxford: Clarendon Press, 1915).
Webster, Noah. "Dissertation on the Supposed Change of Temperature in Modern Winters [1799]", *A Collection of Papers on Political, Literary and Moral Subjects* (New York: Webster & Clark; Boston: Tappan and Dennett, etc., 1843), pp. 119~162.
Wehrli, Fritz. *Die Schule des Aristoteles. Texte und Kommentar. Heft I Dikaiarchos* (Basel: Benno Schwabe & Co., Verlag, 1944).
Werner, Karl. *Beda der Ehrwürdige und Seine Zeit* (Neue Ausgabe, Wien:

Wilhelm Braumüller, 1881).
West, Sir Edward. *The Application of Capital to Land* 〔1815〕 (Baltimore: Lord Baltimore Press, 1903).
Whiston, William. *A New Theory of the Earth … With a large Introductory Discourse concerning the Genuine Nature, Stile, and Extent of the Mosaick History of the Creation* (4th ed. rev. and corr.; London: Printed for Sam. Tooke and Benj. Motte, 1725).
White, Lynn T., Jr. *Medieval Technology and Social Change* (Oxford: Clarendon Press, 1962).
______. "Natural Science and Naturalistic Art in the Middle Ages", *AHR*, Vol. 52 (1947), pp. 421~435.
______. "Technology and Invention in the Middle Ages", *Speculum*, Vol. 15 (1940), pp. 141~159.
Whitehead, Alfred N. *Science and the Modern World. Lowell Lectures, 1925* (New York: Pelican Mentor Books, 1948).
Wiener, Philip P., and Noland, Aaron, eds. *Roots of Scientific Thought* (New York: Basic Books, 1957).
Wilkins, John. *Of the Principles and Duties of Natural Religion* … (9th ed.; London: J. Waltos, 1734).
William (Gulielmus), Archbishop of Tyre. *A History of Deeds Done Beyond the Sea*. trans. from the Latin by Emily A. Babcock and A. C. Crey (New York: Columbia University Press, 1943). 2 vols.
William of Conches. "De Philosophia mundi", *PL*, Vol. 90, cols. 1127~1178; also in Vol. 172, pp. 39~102.
William of Malmesbury. *Willelmi Malmesbiriensis monachi de gestis pontificum anglorum libri quinque*. Ed. N. E. S. A. Hamilton (London: Longman & Co., and Trübner & Co., etc., 1870), being Vol. 52 of *Rerum Britannicarum Medii Aevi Scriptores* = Rolls Series.
Williams, George H. *Wilderness and Paradise in Christian Thought* (New York: Harper & Brothers, 1962).
Williams, R. J. "The Hymn to Aten", Thomas, D. Winton, ed., *Documents from Old Testament Times*. Harper Torchbooks/Cloister Library (New York: Harper & Brothers, 1961 〔1958〕), pp. 142~150.
Williams, Samuel. *The Natural and Civil History of Vermont* (Walpole,

Newhampshire: Isaiah Thomas and David Carlisle, Jun., 1794).

Williamson, Hugh. "An Attempt to Account for th CHANGE OF CLIMATE, Which Has Been Observed in th Middle Colonies in North-America", *TAPS*, Vol. 1 (2nd ed. corr., 1789), pp. 337~345. (Read before the Society in 1770).

Williamson, Hugues. "Dans Lequel on Tâche de Rendre Raison du Changement de Climat qu'on a Observé dans les Colonies Situées dans l'Intérieur des Terres de l'Amérique Septentrionale", *Journal de Physique* (*Observations sur la Physique, sur l'Histoire Naturelle et sur les Arts*), Vol. 1 (1773), pp. 430~436.

Wilson, John A., *The Culture of Ancient Egypt*. Phoenix Books (Chicago: University of Chicago Press, 1951).

Wimmer, Josef. *Deutsches Pflanzenleben nach Albertus Magnus 1193~1280* (Halle: Verlag der Buchhandlung des Waisenhauses, 1908).

______. *Geschichte des deutschen Bodens mit seinem Pflanzen- und Tierleben von der keltisch-römischen Urzeit bis zur Gegenwart. Historisch-geographische Darstellungen* (Halle: Verlag der Buchhandlung des Waisenhauses, 1905).

______. *Historische Landschaftskunde* (Innsbruck: Wagner, 1885).

Winsor, Justin, ed. *Narrative and Critical History of America*, Vol. 1 (Boston and New York: Houghton, Mifflin and Co., 1889).

Winter, Franz. *Die Cistercienser des nordöstlichen Deutschlands* (Gotha: Friedrich Andreas Perthes, 1868~1871). 3 vols.

Woermann, Karl. *Die Landschaft in der Kunst der alten Völker* (München: Ackermann, 1876).

______. *Ueber den landschaftlichen Natursinn der Griechen und Römer* (München: Ackermann, 1871).

Wölkern, L. C. von. *Historia diplomatic Norimbergensis* (Nürnberg, 1738). NA.

Wollaston, William. *The Religion of Nature Delineated* (6th ed.; London: Printed for John & Paul Knapton, 1738).

Wood, William. *New Englands Prospect* [1634]. (Repr. for E. M. Boynton, Boston?, 1898?)

Woodbridge, Homer E. *Sir William Temple, the Man and His Work* (New

York: Modern Lang. Assoc. of America; London: Oxford University Press, 1940).

Woodward, John. *An Essay Towards a Natural History of the Earth, and Terrestrial Bodies, especially Minerals* … (2nd ed.; London: Printed by T. W. for Richard Wilkin, 1702).

Workman, Herbert B. *The Evolution of the Monastic Ideal.* A Beacon Paperback (Boston: Beacon Press, 1962. First publ. in 1913 by Epworth Press, London).

Wotton, William. *Reflections upon Ancient and Modern Learning* (London: Printed by J. Leake for Peter Buck, 1694).

Wright, G. Ernest, and Fuller, Reginald H. *The Book of the Acts of God.* Anchor Books (New York: Doubleday & Company, 1960).

Wright, John K. *The Geographical Lore of the Time of the Crusades* (New York: Amer. Geographical Society, 1925).

______. *Human Nature in Geography* (Cambridge, Mass.: Harvard University Press, 1966).

Wright, Thomas. "On the Mode Most Easily and Effectually Practicable for Drying up the Marshes of the Maritime Parts of North America", *TAPS*, Vol. 4, No. 29 (1799), pp. 243~246.

Wulsin, Frederick R. "Adaptations to Climate Among Non-European Peoples", L. H. Newburgh, ed., *Physiology of Heat Regulation and The Science of Clothing* (Philadelphia and London: W. B. Saunders Co., 1949), pp. 3~69.

Xenophon. *Die pseudoxenophontische* ΑΘΗΝΑΙΩΝ ΠΟΛΙΤΕΙΑ. *Einleitung, Übersetzsung, Erklärung von Ernst Kalinka* (Leipzig and Berlin: B. G. Teubner, 1913).

______. *Memorabilia and Oeconomicus.* trans. from the Greek by E. C. Marchant. Loeb Classical Library (Cambridge, Mass.: Harvard University Press, 1953).

Zeller, Eduard. *Outlines of the History of Greek Philosophy.* trans. from the German by L. R. Palmer (13th ed., rev. by Wilhelm Nestle, New York: Noonday Press, A Meridian Book, 1955).

______. *Die Philosophie der Griechen in ihrer geschichtlichen Entwicklung.* II Tl., II Abt., *Aristoteles und die alten Peripatetiker.* 4th Aufl.

(Leipzig: O. R. Reisland, 1921).
Zöckler, D. O. *Geschichte der Beziehungen zwischen Theologie und Naturwissenschaft mit besondrer Rücksicht auf Schöpfungsgeschichte. Erste Abtheilung: Von den Anfängen der christlichen Kirche bis auf Newton und Leibnitz. Zweite Abtheilung: Von Newton und Leibnitz bis zur Gegenwart* (Gütersloh: C. Bertelsmann, 1877~1879). 2 vols.

글래컨의 지리환경사상사 연구와 그 함의*

'자연'(*nature*)은 영국의 인문학자 윌리엄스(R. Williams, 1976: 221)의 지적처럼 "영어에서 아마 가장 복잡한 단어 중 하나일 것"이다. 이러한 지적은 인간과 자연의 관계가 그만큼 복잡하고 밀접하며 이에 대해 수많은 논의와 해석이 있었음을 의미한다. 이런 점에서 인간의 자연 해석, 인간과 자연의 관계, 그리고 이들의 변화에 관한 질문은 지리학뿐 아니라 관련 학문 분야의 많은 학자들이 관심을 가지는 주제이다.

미국의 지리학자이자 이 책의 저자인 글래컨은 이러한 관심을 실제 연구로 승화시킨 뛰어난 학자 가운데 한 사람이다. 그의 역작인 《로도스 섬 해변의 흔적: 고대에서 18세기 말까지 서구사상에 나타난 자연과 문화》(*Traces on the Rhodian Shore: Nature and Culture in Western Thought from Ancient Times to the End of the Eighteenth Century*, 이하 《흔적》으로 약술)는 지리학계에서 20세기에 출간된 저서 가운데 제일로 뽑히는 데 주저함이 없을 정도다(Hooson et al., 1989).[1)]

---

* 이 해제는 옮긴이들이 2015년 한국문화역사지리학회의 학회지에 발표한 논문(최병두·허남혁·심승희·진종헌·추선영, 2015, "글래컨의 지리환경사상사 연구와 그 함의: 《로도스 섬 해변의 흔적》을 중심으로", 〈문화역사지리〉, 27(2), pp. 1~24) 일부를 수정한 것이다.

1) 이 책은 워낙 방대한 분량과 난해한 내용으로 채워져 최근 들어서야 프랑스어와 스페인어로 번역되었다. 스페인어 번역본은 García Borrón (tr.), *Huellas en*

글래컨은 《흔적》에서 고대에서 18세기까지 '서구사상에서 나타나는 자연과 문화의 관계'에 초점을 두고, 환경에 대한 인간의 사상이 어떻게 변화해 왔는가를 탐구했다. 책 제목인 '로도스 섬 해변의 흔적'과 책의 표지 그림은 이 연구의 주제를 은유적으로 제시한 것으로(자세한 내용은 1권 "옮긴이 머리말" 참조) 자연에 남긴 인간의 흔적을 의미한다. 글래컨이 이 책의 저술을 위해 고대와 중세를 거쳐 근대에 이르기까지 방대한 분량의 1차 문헌을 포함해 천여 편에 가까운 문헌을 독해했다는 점은 감탄을 자아내게 한다.

지리학은 전통적으로 인간 문화와 자연환경의 관계를 다루는 학문으로 정의된다. 역사적으로 문화의 대척점에 있는 자연, 특히 인간의 손이 닿지 않은 물질 영역으로서의 자연이라는 사고에는 매우 강력한 '지리학적 상상력'이 결부된다는 점에서(Gregory et al., 2009: 492), 문화지리학자인 글래컨은 자연과 문화의 관계에 대한 사고의 역사에 지대한 관심을 가졌고 이를 연구하기 위해 지난한 노력을 기울였다.

이 책은 문화지리학 분야에서 탄생했지만 지리학을 넘어 환경사를 비롯한 인문학과 사회과학의 여러 분야에 영향을 미친 고전으로 손꼽힌다. 환경윤리학자인 패스모어(J. Passmore)는 《자연에 대한 인간의 책임》(*Man's Responsibility for Nature*, 1974) 서문에 "그의 저작은 내가 끌어다 쓴 빈약한 인용들보다 내 생각을 훨씬 더 많이 자극하고 분명하게 만들어 주었다. 그의 저작은 광대한 지식의 저장고였으며, 내게 많은 실마리를 던져 주었다"고 썼다. 이처럼 《흔적》이 환경에 관심을 가지는 모든 학문 분야에 영향을 미쳤다는 점은 이 책에 대한 서평이 지리학의 범위를 넘어 역사학, 고전학, 언어학, 인류학 등 다양한 분야의 학술지에 게재되었다

la Playa de Rodos: Naturaleza y Cultura en el Pensamiento Occidental, des de la Antigüedad al Siglo XVIII(Barcelona: Ediciones del Serbal, 1996)이고, 프랑스어 번역본은 *Histoire de la Pensée Géographique*(Vol. 1~3) (Paris: CTHS, 1999; 2002; 2005)이다.

는 점에서도 이를 알 수 있다.[2] 미국의 역사학자인 코맹거(H. S. Commanger)는 지난 2백 년 동안 미국을 이해하는 데 가장 값진 책 중 하나로 《흔적》을 손꼽은 바 있고(Tuan, 1977: 461에서 재인용), 〈뉴욕타임스〉는 이 책을 제 2차 세계대전 이후 영어로 출간된 가장 중요한 책 가운데 하나로 선정하기도 했다(Watts, 2005: 145에서 재인용).

이제 《흔적》의 한국어 번역서 출판을 계기로 이 책이 가진 위상과 함의를 국내 독자들과도 손쉽게 공유할 수 있게 되었다. 이 책의 옮긴이들은 독자들의 이해를 돕기 위해 글래컨의 생애를 되짚어 《흔적》을 저술하게 된 저자의 개인적 경험과 학문적·사회적 배경을 소개하고 이 책의 구성 체계와 주요 내용을 간략히 정리하고자 한다. 더 나아가 지리학과 환경사 학계에서 이 책이 이룬 성과와 한계, 그리고 유의성을 논하고자 한다.

1. 글래컨의 생애와 연구 배경

글래컨은 1909년 미국 캘리포니아 주 새크라멘토에서 태어나 성장했으며 1989년 이곳에서 타계했다. 그가 유년기를 보낸 새크라멘토는 인간과 환경의 관계에 관심을 가지고 《흔적》을 저술하도록 자극을 준 첫 번째 장소였다. 글래컨은 1983년 자전적 에세이에서 이렇게 적고 있다(Glacken, 1983).

> 나의 어린 시절 삶 속에는 내가 이후 지리학적이며 역사학적이라고 생

2) 지리학에서는 투안(Tuan)이 *Geographic Review*(1968)와 *Annals of the Association American Geographers*(1977)에 실은 서평이 있고, 역사학 쪽에서는 *The American Historical Review*(1968), *Isis* (1968) 등에, 고전학 쪽에서는 *Classical Philology*(1969), 언어학 쪽에서는 *Modern Language Journal*(1968), 인류학 쪽에서는 *American Anthropologist* (1968), *Man*(1968) 등에, 기타로는 *American Quarterly*(1968) 등에 서평이 실렸다.

각했던 관심들이 내재되어 있었다. 새크라멘토는 … 역사적인 도시로, 유럽 같은 구대륙의 표준은 아니지만 미국에서는 분명 그러했다.

그는 새크라멘토에서 중등학교를 다닌 후에 캘리포니아 버클리대로 진학한 후 역사학 및 학제적 과정을 이수했으며, 1931년 사회제도학과(Department of Social Institutions)에서 석사학위를 받았다. 글래컨은 버클리대에서 《진보의 사상》(*The Idea of Progress*), 《역사의 이론》(*The Theory of History*) 등을 저술한 테가트(F. Teggart)로부터 많은 영향을 받아 광범위한 학제적 연구와 사상사에 관심을 갖게 되었다(Hooson et al., 1990; Glacken, 1967). 그의 그리스어, 라틴어 등 고전어 실력도 이때의 고전문헌 공부가 영향을 준 것으로 보인다(Glacken, 1983: 23). 《흔적》의 서평을 쓴 *American Quaterly* 의 릴라드(Lillard, 1968: 654)는 저자를 지리학자이자 언어학자로 소개할 정도로 그는 언어의 전문가였으며, 이것이 방대한 《흔적》의 출판을 가능하게 했다.

글래컨이 대학에서 학부 및 석사 과정을 끝내고 사회로 진출한 1930년대의 미국은 대공황으로 인해 경제가 어렵고 불안정한 상황이었다. 기업들의 도산, 대량실업과 디플레이션이 만연했을 뿐만 아니라 자연재해까지 겹쳐 많은 이주민이 발생하기도 했다. 대학을 떠난 글래컨은 새로 설립된 농장보장청(Farm Security Administration)의 공무원으로 근무했는데, 특히 1930년대 미국 중서부에서 발생한 이른바 더스트볼(*Dust Bowl*)로 황폐해진 농장을 떠나온 노동자들이 거주했던 캘리포니아 중앙 계곡의 난민캠프에서 이들의 생활여건을 돌보며 보고하는 일을 맡았다. 글래컨은 여기서 5년을 근무한 후에 1년간 세계를 여행할 기회를 가졌으며, 귀국 후 4년을 더 근무했다(Glacken, 1983). 젊은 시절 10년에 걸친 이러한 생활은 인간과 환경의 관계에 관한 지적 관심을 자극한 계기가 되었다. 그는 《흔적》의 서문에서 다음과 같이 서술하였다(1권 21쪽).

> 독자의 눈에 분명 이 책은 전적으로 도서관의 산물로 보일 것이다. 그러나 실제로 이러한 사상을 연구하도록 했던 초창기의 자극은 문화와 환경의 관계를 이해하는 데 사상과 가치의 역할을 부각시켰던 개인적 경험과 관찰에서 비롯되었다. 대공황기 동안 나는 본래부터 이 지역주민이거나 구호시설에 임시로 머무는 가족들, 그리고 황진지대에서 온 이주 농업노동자들과 함께 일하면서, 대공황과 토양침식 그리고 캘리포니아로의 대규모 이민 사이에 존재하는 상호관련성을 알게 되었다

뿐만 아니라 이 시기에 글래컨이 오랫동안 꿈꾸었던 세계 여행의 실현은 연구를 촉진한 중요한 경험적 계기가 되었다. 그는 1937년 유럽과 아시아 전역을 혼자 여행하면서 인간의 사고와 자연세계의 관계에 대한 구체적이고 생생한 경험과 연구 열정을 발전시킬 수 있었다.

> 1937년 나는 세계 곳곳을 여행하면서 11개월을 보냈다. 베이징 하늘을 뒤덮은 황사구름, 양쯔 강의 준설작업, 이 나무에서 저 나무로 공중그네 타듯 넘나드는 앙코르와트의 원숭이들, 카이로 부근의 원시적 양수시설, 지중해에서의 산보, 키프로스의 염소젖 요구르트와 케롭, 아테네의 유적과 그리스의 건조함, 동부 지중해 지역의 관목, 협곡, 작은 마을과 벌거벗은 산, 카프카스의 양치기들, 오르조니키제의 시장에서 본 중앙아시아인의 경쾌한 검술, 스웨덴 스코네 지방의 고요한 농장, 그리고 그 밖의 많은 관찰들은 인간의 문화와 인간이 살아가는 자연환경 양자 모두에 엄청난 다양성이 있다는 상식적인 진리를 깨닫게 해주었다(1권 22쪽).

1941년에 부인이 사망한 지 3개월 후 글래컨은 육군에 지원하여 일본어와 일본 문화 전문가로 6년간 복무했다. 복무 기간 동안 글래컨은 재혼하여 두 자녀를 두었다. 흥미로운 점은 글래컨이 제 2차 세계대전이 끝난 후 1945년부터 1946년 4월까지 미군정 보건복지국 부사관으로 잠시 한국에 근무한 적이 있었다는 점이다. 이 때 그는 개성과 서울, 대전, 대구,

부산 등지를 돌아보았는데 특히 남한에서 광범위하게 헐벗은 산을 목격하면서 큰 인상을 받았고, 이 경험을 토대로 삼림훼손과 토지피복의 변화에 관한 지리학적 연구를 했다(Glacken, 1983: 26).

주로 공공 서비스 부문에 종사하던 글래컨은 1949년 40세의 나이에 존스홉킨스대 지리학과 박사 과정에 입학했다. 그는 지난 20년간의 경험을 통해 "인간과 환경의 관계가 역사에서 어떻게 해석되었는가를 연구하는 것이 자신에게 주어진 소명"이라고 인식한 것처럼 보인다(Fish, 2012). 글래컨은 박사학위 논문인 《거주가능 세계에 관한 사고》(*The Idea of the Habitable World*)에서 환경 사상의 역사가 인구 성장과 자연자원에 관한 현대적 논쟁을 어떻게 재구성했는가를 고찰했다. 글래컨이 인구-환경 문제에 관심을 가진 것은 개인적 경험과 사고의 산물일 뿐 아니라 이 문제의 전문가로서 친분이 두터웠던 생태학자인 보그트(W. Vogt)의 영향 때문으로 보인다.[3)]

1951년 박사학위 논문을 끝낸 글래컨은 국가연구위원회 태평양과학분과(the Pacific Science Board of the National Research Council)의 지원을 받아 군복무 시절의 경험과 언어적 전문성을 살려 오키나와의 3개 마을을 사례로 한 민속학적 연구를 수행했고, 그 결과로 1955년에 《위대한 루추: 오키나와의 촌락생활 연구》(*The Great Loochoo: A Study of Okinawan Village Life*)를 출판했다. 글래컨은 이 연구가 진행 중이던 1952년 사우어(Sauer)의 제안으로 캘리포니아로 돌아와 버클리대 지리학과 조교수로 임명되었고, 이후부터는 자신의 소명과제인 인간과 환경의 관계에 관한 사고의 역사 연구에 전념할 수 있었다.

3) 글래컨은 두 번째 부인인 밀드레드(Mildred)가 보그트의 조수였으며 이 셋이 매우 가까운 사이였다고 술회한 바 있다(Glacken, 1983: 27). 보그트는 1948년 세계 인구의 폭발적 증가로 인한 환경파괴 문제 및 강력한 인구통제 정책의 필요성을 저술한 《생존의 길》(*Road to Survival*)로 유명인사가 되었는데, 이는 전후 서구에서 유행했던 신맬서스주의적 분위기를 반영한 것이었다.

교수로서 글래컨이 수행한 여러 활동 가운데, 특히 1955년 사우어, 멈포드(Mumford), 베이츠(Bates) 등이 주도한 학술대회인 "지구환경의 변화에서 인간의 역할"에 참석한 일은 그의 연구에 새로운 자극을 준 계기였다.[4] 하비(Harvey, 2009)의 설명에 의하면 웨너그렌(Wennergren) 재단이 지원한 이 학술대회는 "인류학자와 지리학자들이 다른 분야의 학자들, 특히 지구과학자, 철학자, 역사가, 계획가, 신학자들의 도움을 받아 인간의 활동에 영향을 받은 지구적 환경 변화의 역사지리를 이해하기 위한 인류학적·지리학적 기반을 탐구하려는 시도"였다. 특히 인간이 환경파괴에 미친 영향을 비판한 학자인 마시(Marsh)를 추모하여 열린 이 대회에는 69명에 달하는 저명한 환경관련 연구자들이 참석했다(홍금수, 2005: 76). 하비는 이 대회의 의의 및 한계와 더불어 몇몇 참석자들의 발표 내용을 논의하면서 글래컨에 관하여 다음과 같이 서술했다(Harvey, 2009).

> 글래컨은 자연에 관한 매우 다양한 담론을 고찰하고, 자연의 질서 속에서 우리의 장소에 관한 역사적 변천과 흔히 갈등적인 우주론과 견해들을 지적했다. 문화의 역사와 환경의 역사는 불가분의 방식으로 진행되며 이들의 역사는 통합적 관계의 인식을 요청한다고 결론짓는다.

글래컨이 이 학술대회에서 발표한 논문 제목인 "Changing Ideas of the Habitable World"를 보면 자신의 박사학위 논문을 요약한 것처럼 보이지만, 하비가 요약한 논문 내용을 보면 그가 이미 박사과정 때부터 《흔적》에 관한 예비연구를 추진했음을 알 수 있다. 이와 같이 글래컨은 존스홉킨스대 박사과정부터 시작해 버클리대 지리학과 교수로 임명된 이

4) 그 외에도 글래컨은 1961년 호놀룰루에서 개최된 태평양과학총회에서 "자연의 세계 내에서 성장하는 2차적 세계"(This growing second world within the world of nature)에 관한 논문 초안을 발표하기도 했다(Glacken, 1963).

후 더욱 본격적으로 추진한 환경 사상의 역사적 발전 과정에 관한 연구 결과물로 1967년 드디어 《흔적》을 출판한다. 이 책은 기본적으로 서구 환경 사상을 세 가지 범주, 즉 '신의 설계론', '환경영향론', '환경에 대한 인간의 영향'으로 구분하고 이 세 범주의 사고가 고대부터 18세기 말까지 구현되고 상호 교류한 방식을 고찰한다.

그는 《흔적》의 출판으로 폭넓은 명성을 얻으면서 학자로서의 위상을 굳힐 수 있었고 구겐하임 펠로십으로 유럽을 여행할 기회를 가질 정도로 이 책은 단번에 고전이라는 명성을 얻었다. 하지만 결코 쉽게 읽힐 수 있는 책이 아니었기에 단기간에 독자들의 관심을 끄는 베스트셀러는 아니었다. 또한 당시 미국의 학계에서는 지리학이 전반적으로 쇠퇴했을 뿐만 아니라 실증주의적 공간 연구가 내부적으로 지리학계를 주도하고 있었다는 사실도 이 책의 명성에 다소 부정적 영향을 미쳤을 것으로 추정된다. 원래 라첼(Ratzel)과 비달(Vidal) 등이 주도한 근대 지리학의 성숙 과정에서 인간-환경의 관계는 지리학의 기본적 연구 주제였다. 그러나 20세기에 들어와 특히 미국 지리학계에선 1930년대 이후 핫숀(Hartshorne)으로 대표되는 지역지리학이 주류를 이루었고, 1950년대 후반부터는 계량혁명과 실증주의에 영향을 받은 법칙추구적 공간조직 연구로 전환되었으며, 1970년대 중반 이후에는 인간주의 지리학과 더불어 구조주의·급진주의 지리학이 등장하여 지리학자들의 관심을 끌었다. 이와 같이 《흔적》은 지리학의 패러다임이 급속하게 전환되던 시기, 즉 지리학 패러다임의 경쟁적 부침 속에서 사우어의 버클리학파가 이끄는 문화역사지리학 분야에서 '인간-환경' 연구가 겨우 명맥을 유지했던 시기에 출판된 것이다.

또한 《흔적》은 미국에서 환경보호운동이 시작되던 시기에 출판되었다. 미국을 포함하여 서구 선진국들은 제 2차 세계대전 이후 확산된 포드주의적 축적체제에 바탕을 두고 급속한 경제성장을 이루었지만 1960년대 후반부터 시장의 포화로 인한 경제침체와 더불어 자원의 고갈과 폐기물 과잉으로 인한 자원환경 문제에 봉착하였다. 이로 인해 1960년대 후반에는 다양한 사회운동이 발생했고, 특히 사회운동의 새로운 영역으로 공해 반대 · 환경보호운동이 전개되었다. 《흔적》은 바로 이 시기에 출판되어 환경운동에 많은 영향을 미쳤다. 글래컨의 동료였던 후선(Hooson, 1991)은 이 책에 대하여 다음과 같이 말했다.

> 자연과 인간의 관계와 이에 대한 인간의 책임성에 관한 사고는 상식적이었지만, 이 사고는 성숙되질 못했고 깊이도 없었다. 글래컨의 책은 점차 새로운 환경보호운동을 위해 중대한 역사적 · 정신적 기반을 제공하는 것으로 인정받게 되었다.

이처럼 글래컨의 저술은 지리사상사를 연구하는 학생들에게 큰 영감을 주었을 뿐만 아니라 1970년대 환경보전운동을 위한 역사적 · 정신적 기반을 구축하는 데 이바지했다. 그러나 이 책이 출판된 1960년대 후반 미국 사회는 글래컨이 대학 졸업 이후 맞은 1930년대의 사회경제적 혼란과는 또 다른 사회정치적 혼란에 봉착한 시기였다. 특히 이 시기에 학생운동으로 인해 버클리 교정에서도 정치적 소용돌이가 휘몰아쳤다. 이러한 분위기 속에서 글래컨은 1970년 봄 신경쇠약과 신체적 장애를 동시에 겪었다. 경과가 좋아지기도 했지만 완전히 회복되지 않은 채 심장질환으로 1974년에 교수 활동을 끝냈다. 게다가 절친한 친구이자 후원자였던 사우어가 1975년 사망하였고, 5년 후 아내가 심각한 뇌졸중을 앓으면서 글래컨은 더욱 타격을 받았다(Fish, 2012).

그럼에도 불구하고 글래컨은 《흔적》의 후속편, 즉 19세기 이후 환경사상의 역사를 서술하는 데 몰두했다. 그는 근대 시기를 다루는 후속연구를 위해, 환경에 대한 인간의 사고를 다룬 예술, 과학, 철학에 걸쳐 엄청난 자료를 수집했다. 그의 동료인 피시(Fish, 2012)의 회고에 의하면 글래컨은 "내가 이들(세 가지 사상)을 길게 연구할수록 뒤얽힌 관계들이 드러났다. 나는 현재 수행하는 연구를 통해 이 점이 사실이라고 더욱 확신했다. 나는 항상 종합연구에 관심을 가졌다. 이들에게는 어떤 안정성이 있는데, 이들은 분자화 경향을 역전시키고 현실이 상호 연계되었다는 느낌을 가지도록 한다"고 말했다. 안타깝게도 《흔적》의 후속 연구가 빛을 보지 못했지만 어떤 내용으로 구성되었을 것인가에 대한 의문은 그가 1973년 발표한 에세이인 "환경과 문화"(Glacken, 1973/1994)를 통해 어느 정도 해소될 것으로 보인다.

그러나 와츠(Watts, 2005: 146)에 의하면 그의 후속연구는 이 에세이에서 제시된 것보다 훨씬 더 방대했을 것으로 추정된다. 즉, 글래컨은 후속저서에서 마르크스, 다윈, 베버, 뒤르켐, 아인슈타인 등을 핵심 인물로 다루고자 했으며, 서구 문명이 20세기 중반 핵에너지의 시대에 도달하면서 종말론이라는 오래된 사상으로 책을 마무리하려 한 것으로 보인다. 글래컨의 연구에서 《흔적》은 시기적으로 그 후속연구에 앞서지만, 실제 중요성은 후자에 있었다고 할 수 있다. 후선(Hooson, 1991)에 의하면 《흔적》은 19~20세기 환경사상사 연구를 위한 일종의 서장이었다고 한다. 뿐만 아니라 후선이 지적한 바와 같이 글래컨은 《흔적》에서 논의된 고대부터 18세기에 이르는 환경 사상의 역사에 관한 자료와 함께 19~20세기 환경 사상에 관한 자료도 동시에 수집한 것으로 보이며, 《흔적》이 인쇄에 들어가면서 곧바로 후속편 저술을 시작했다고 한다.

1982년 후속연구를 끝낸 글래컨은 최종원고를 캘리포니아대 출판부에 제출했지만 반려되었다. 《흔적》이 학술적으로 상당한 명성을 얻었다는 점을 고려하면 이 원고가 바로 거절되지는 않았던 것으로 보인다. 그러나 원고가 반려됨에 따라 글래컨은 거의 모든 원고를 찢어 버렸고, 일부 장만이 남아 버클리대 반크로프트 문서보관소(Bancroft Archives)에 보관되어 있다. 글래컨은 두 번째 부인이 죽은 뒤 건강이 완전히 황폐화됨에 따라[5] 1987년경 고향 새크라멘토로 돌아와 딸의 돌봄을 받다가 1989년 8

5) 글래컨의 한 동료에 의하면, 그는 1980년대 버클리대 근처를 잠옷 차림으로 어슬렁거리면서 창문에 돌을 던졌다는 이유로 캠퍼스 경찰에 의해 구금되기도 했다

월 80세의 일기로 세상을 떠났다.

2. 《흔적》의 구성 체계와 주요 내용

글래컨에 의하면 서구 사상사에서 인간은 거주 가능한 지구 그리고 지구와 인간의 관계에 대해 다음과 같은 세 가지 질문을 끊임없이 제기해 왔다. 인간 및 다른 유기체에 적절한 환경임이 분명한 지구는 과연 합목적적으로 만들어진 창조물인가? 지구의 기후, 지형, 대륙의 배치는 과연 개인의 도덕적 · 사회적 본성에 어떤 영향을 미쳤으며, 인간 문화의 특성과 본질을 주조하는 데 어떤 역할을 했는가? 오랜 정주기간 동안 인간은 가설을 통해서만 짐작할 수 있는 태초의 상황에서부터 어떠한 방식으로 이 지구를 바꾸었는가? 이러한 질문이 《흔적》을 쓰게 만든 동기가 되었다. 이 질문에 대한 대답은 그리스 시대부터 오늘날에 이르기까지 빈번하고도 지속적으로 제기되기 때문에 이를 일반적 사고의 형태로 구분하면 설계된 지구라는 사고, 환경의 영향이라는 사고, 지리적 행위자로서의 인간이라는 사고로 분류된다(1권 15쪽).

글래컨은 서구사상에 담긴 세 가지 사고인 지구 설계론, 인간에 대한 환경의 영향론, 환경에 대한 인간의 영향론을 끄집어내어 그 '역사적 장구함'을 집중적으로 연구하였다.[6] 《흔적》은 이 세 가지 범주의 사고가 서기전 5세기경의 고대 그리스-로마 시대에서 18세기에 이르는 2천 3백년 동안 자연과 문화의 관계에 관한 서구사상에서 어떻게 진화해 왔는가

고 한다(Fish, 2012).

6) 주로 19세기 이후를 다룬 그의 유고 논문(Glacken, 1992)에서는 이를 약간 변형해 ① 인류와 다른 생명체(특히 고등동물)와의 관계, ② 자연계의 상호관계에 대한 연구(생태학), ③ 인간에 의한 자연 변형, 그에 대한 해석과 이를 낳은 사고, ④ 자연에 대한 주관적 · 감성적 · 미학적 반응으로 나누어 살펴본다.

를 고찰한다. 그는 인간과 자연의 관계에 관한 이러한 사상의 역사가 매우 복잡하다는 점을 알았음에도 불구하고 일정한 질서와 역사적 패턴을 찾는 데 성공했다(Gruber 1968). 매우 다양하고 심지어 모순적인 것처럼 보이는 사상들을 분류해 세 가지 사고를 도출한 것이다.[7)]

첫 번째 사고는 신학, 신화, 철학 등에서 유래한 천지만물을 설계한 창조주와 관련된 사고, 다른 말로 하면 자연 속에서의 신과 인간의 위치 및 다른 생명체와의 관계에 관한 사고이다. 이 지구는 가장 고귀한 창조물인 인간만을 위하여 또는 인간이 정점에 있는 생명체의 위계를 위해 설계된 것으로 가정된다. 이러한 개념은 지구 또는 알려진 지구의 특정 부분들이 생명체뿐만 아니라 고도의 문명에 적절한 환경이라는 점을 전제로 한다(1권 16쪽). 이러한 유형의 사고에는 하느님의 피조물에 대한 사랑, 생물의 분포와 적응능력을 보여주는 질서, 자연에 의존한 인류의 생활 등이 속하며 이러한 주제를 다룬 이들은 자연신학 내지 물리신학적 관점에 서 있다(Glacken, 1973/1994).

두 번째 사고는 자연환경이 인간 존재의 근원이라는 사고, 달리 말해 인간은 자연의 조건들에 영향을 받는다는 사고이다. 이 사고는 의학 이론에서 유래했는데 그 핵심은 히포크라테스의 저작에 나타난 것처럼 공기, 물, 장소와 같은 다양한 환경적 요인과 인적·문화적 특성 간의 상관관계이다.[8)] 환경론적 사고는 설계론과는 무관하게 등장했지만, 모든 생명은 합목적적으로 창조된 조화로운 조건들에 적응하는 것으로 비춰진다

7) 글래컨은 《흔적》에서 수많은 환경사상가들 가운데 어떤 인물과 저서를 다룰 것인가를 고심했는데, 그 결과 "나의 일반적인 원칙은 해당 사고에 관해 중요한 기여를 한 저작, 그리고 독창성이 거의 혹은 전혀 없지만 그 사고를 다른 영역에 소개하거나 사상의 연속성 또는 그 사고의 지속적 중요성을 보여주는 저작을 선택하고자 했다"(1권 25쪽).

8) 이 유형의 사고에는 다소 주관적 성격을 띠는 견해들, 즉 자연환경이 인간의 마음이나 정서에 영향을 미친다든지, 자연과 대화를 한다거나 자연에 동화한다든지 하는 사고도 포함된다(Glacken, 1973/1994).

는 점에서 이 사고는 설계론의 일부로 흔히 이용되었다.

세 번째 사고는 인간과 인간의 활동을 강조하는 관점인데, 여기에는 하느님이 인간에게 자신을 대신하여 지구를 관리하도록 했기 때문에 인간이 자연을 지배할 권한을 가진다는 신학적 사고, 도구를 만들어 자연의 제약을 극복하는 존재로서 인간이 자연의 균형에 영향을 미친다는 과학적 관점을 포함한다(Glacken, 1973/1994). 이 사고는 환경영향론과 마찬가지로 설계론에 수용될 수 있었는데, 인간이 기예와 창작을 통해 자신을 위해 창조된 지구를 개량하고 경작하는 신의 동반자로 이해되었기 때문이다. 여기서 환경의 영향에 관한 사고와 지리적 행위자로서 인간이라는 사고는 서로 모순적인 것이 아니라 공통점을 가지는 것으로 이해된다(1권 16쪽).

글래컨에 의하면 이 세 가지 사고는 때로는 단독으로, 때로는 두세 가지가 결합하여 서구사상에서 인간 문화와 자연환경과의 관계에 관한 개념들을 지배해 왔다. 그는 이 세 가지 사고의 역사를 총 네 시기로 구분해 고찰했다. 첫째 시기는 그리스-로마 시대의 고전을 통해 알려진 고대 세계, 둘째 시기는 중세 기독교 시대, 셋째 시기는 르네상스 시대부터 16, 17세기에 이르는 근대 초기, 넷째 시기는 과학적 모형들이 인간의 관점을 틀 짓기 시작했던 18세기로 구성된다. 《흔적》은 이 네 시기를 각 한 부씩 다룸으로써 총 4부로 구성된다.

제 1부는 인류 문명의 시작에서 그리스-로마 시대에 이르는 고대를 다룬다. 글래컨은 바로 이 시기가 3가지 사상의 원천이 만들어진 시기였다는 점에서 매우 비중 있게 다뤘다. 이 시기는 기독교의 탄생 훨씬 이전부터 자연 속에서 신성의 흔적과 합리성을 발견함으로써 자연스럽게 '설계된 지구'와 목적론을 발전시켰고, 그 결과 지구를 생명 유지에 적절한 환경으로 개념화시켰다. 살아있는 자연은 창조자가 존재하며 창조가 합목적적임을 입증하는 중요한 증거였다. 이러한 증거를 추적하면서 자연의 과정 자체에 대한 관심이 강화되고 활발해졌다. 개인의 삶, 행성으로서

의 지구, 그리고 우주에 적용하기에 충분할 만큼 추상적이고 광범위한 개념인 '자연에 대한 목적론적 개념'이 등장한 것은 고대 그리스 시대부터였고, 플라톤과 아리스토텔레스, 스토아학파에서 꽃을 피웠다.

다른 한편으로 종교적 신념에 토대한 기존의 의학을 거부하면서 등장한 히포크라테스의 의학은 인간과 환경의 관계에 관한 합리적 사고를 자극했고, 여기서 비롯된 환경결정론적 사고는 고대 세계 전반을 지배했다. 입지로 대표되는 자연환경이 인간의 삶과 육체에 직접적인 영향을 미친다는 사고에서 나타나는 환경결정론은 환경의 영향을 완화하는 인간 문화의 요인을 얼마나 감안하느냐에 따라 시대마다의 차이가 있었다. 하지만 여러 형태로 변화한 환경결정론은 20세기 초반까지도 엄청난 영향을 미치면서 서구의 환경 사상을 지배했다.

마지막으로 목적론적 자연관과 더불어 자연 속에서 인간은 동물과 달리 무언가를 만들 수 있는 창의성과 질서를 가졌다는 인식이 존재했다. 즉, 인간은 신의 창조를 조력하고 완성하며 자연에 질서를 부여하는 존재였다. 이러한 사유는 자연과 분리된 (그리고 자연보다 우월한) 인간이라는 개념을 발견하면서 이 시기에 고양되었던 자연에 대한 인간의 통제력 증대와 관련된 열망을 찾고자 했다. 헬레니즘 시대에는 광산이나 기온과 지형 변화의 문제 등에서 환경에 대한 인간의 영향력에 관한 인식이 크게 늘어났으며 로마 시대에 이미 '제 2의 자연' 개념이 등장한다.

제 2부는 기독교가 지배했던 중세 시대로 교부 시대부터 1500년경까지를 다룬다. 이 시기에는 유대-기독교 사상의 근원이자 신이 창조한 지구와 피조물에 대해 기록된 성서에 근거해 인간은 신으로부터 피조물을 다스릴 특별한 지위를 부여받았다고 인식했다. 이러한 사고를 토대로 기독교는 이교로부터의 종교 방어를 위해 '장인'(*artisan*)이라는 그리스 철학 개념을 신학과 결합하여 창조론을 옹호했다. 또한 동시에 신학 안에 세속을 경멸하는 피안 지향적 경향이 존재했음에도 불구하고 신의 피조물이자 이를 증언하는 존재인 자연에 대한 애정을 과시했다. 이런 자연에

대한 애정과 관심은 중세 내내 계시종교로서의 기독교 신학과 긴장관계를 유지했다.

중세 시대에 환경의 영향론에 대한 사고는 독창적 내용이 새로 추가되기보다는 고대의 사고를 계속 반복적으로 차용하는 경우가 많았다. 즉, 자연환경과 정신과의 밀접한 관계를 상정하는 고전적 전통에 따라 집과 도시의 입지, 건강에 좋은 장소를 찾는 데 주력한 것이다. 예를 들어 토마스 아퀴나스는 신학과 지리적 환경의 영향과의 관계를 지적하는 데 앞장섰다. 즉, 신이 만들고 계획한 우주에서 왕은 왕국을 만들고 계획함으로써 신성에 참여해야 하는데 이때 장소의 이점과 건강함, 장소가 주민에게 미치는 영향을 주의 깊게 살피는 것이 중요한 의무라고 본 것이다.

또한 중세 시대는 기독교 시대이긴 했지만 일상적 문제와 2차적 원인에도 많은 관심을 가졌다. 신학의 세계가 아닌 일상생활에서는 실질적 필요로 인해 삼림을 개간하거나 복원하는 일이 반복되었으며, 애초에 피안 지향적 성향에 의해 세워진 수도원이 차츰 세속적 부에 눈뜨면서 삼림 개간이나 복원의 주요 행위자로 등장했다. 이는 자연의 변형행위를 기독교적 의무로 간주하면서 자연을 통제하고자 하는 노력이 계속적으로 증대되었음을 보여준다. 하지만 중세 시대의 경관 변형은 그때그때 필요에 의한 것으로 개간과 복원행위에 일관성이 있는 것은 아니었다.

흥미로운 점은 '중세 암흑시대'론이 퇴조하고 역동적 변화 시기로서의 중세에 대한 연구가 활발했던 저술 당시의 학계 흐름이 저자가 중세 기독교 시기의 인간-환경론을 바라보는 데 많은 영향을 주었다는 점이다. 그 한 예로 글래컨은 1277년 신학과 철학을 분리시키는 이중진리 교의에 대한 당피에 주교의 단죄가 교황에 의해 거부됨으로써 종교와 철학이 분리되는 근대적 전조를 이 시기에서 찾을 수 있다고 보았다.

제 3부는 르네상스에서 발견의 시대를 거쳐 많은 과학적 발견과 발명, 항해와 여행이 이루어졌던 16, 17세기를 포함한 근대 초기를 다룬다. 글래컨은 이 시기를 한마디로 "수세기 동안 쌓인 낡은 사고들을 체로 치고

키질하는 시기"라고 명명했다(3권 126쪽). 구체적으로 이야기하자면 신대륙의 발견 이후 새롭게 획득된 낯선 환경과 거기에 거주하는 인간과 그들의 문화에 대한 지식이 과거의 환경관을 순식간에 바꾼 것이 아니라 오히려 기존의 기독교적 설계론을 증명하고 풍부하게 해줄 수 있는 증거로 작용했다. 반면 신대륙에 존재하는 인디언들과 구대륙에는 없는 동식물의 존재를 설명하기 위해 문화전파론적 사고가 점차 발전하기 시작했다. 예를 들어 갈릴레이, 케플러, 뉴턴 등에 의해 지구에 대한 자연과학적 지식이 빠른 속도로 증가함에 따라 이러한 발견을 기독교의 설계론과 조화시키기 위한 레이(Ray)나 더햄(Derham) 같은 물리신학자들의 노력이 진행되었다. 이 과정에서 지구의 쇠락론 같은 기존의 사고는 많은 반론에 직면하였으며 지구의 항상성, 조화와 균형을 주장하는 물리신학적 주장들이 힘을 얻었다. 창조된 모든 것이 상호 관련되면서 조화를 이룬다는 물리신학적 설계론은 이후 출현할 근대 생태학으로도 연결되었다.

보댕으로 대표되는 환경의 영향론 역시 기존의 설계론과 상충되지 않았고 오히려 창조주의 설계에 의한 다양한 환경과 그곳에서 살아가는 수많은 동식물과 민족의 존재가 창조주의 지혜와 능력을 보여주는 증거로 받아들여졌다. 보테로 역시 환경의 영향론에 관심이 있었는데, 흥미롭게도 그는 지구를 인구 성장의 제약요인으로 보는 관점을 제기했다. 그동안의 환경론이 열대·한대·온대 지역 간의 차이에 주목하는 데 그친 반면에 이는 환경 전체를 식량 생산의 잠재력이나 한 장소 또는 세계 전체의 인구를 직접적으로 통제하는 능력의 관점에서 본 것으로 맬서스의 인구론과 같은 근대적 성격을 띤다(3권 40쪽).

인간의 자연 지배, 인간에 의한 환경 개조라는 사고도 물리신학의 설계론에서 많은 관심을 가졌던 것이었다. 창조주로부터 부여받은 지구의 지배자로서의 인간의 지위 그리고 인간에 의해 창조가 완성되도록 지구가 설계되었다는 신학적 관점 때문이었다. 하지만 이 시기에는 이러한 종교적 신념에 기반을 두기보다 과학, 기술, 지식의 발전에 힘입은 자연에 대한 직접적 지배력의 성장(예를 들어 네덜란드의 간척, 프랑스의 운하 건설 등)에 기반을 둔 환경개조 사고가 눈에 띄게 발전하였다. 또한 이 시기는 인간에 의한 환경 변화의 부정적 측면, 즉 숲의 파괴, 도시의 오염 같은 문제를 뚜렷하게 인식한 시기이기도 했는데, 영국의 식물학자인 이블린(J. Evelyn)은 《수림지》에서 제철소로 인한 삼림 파괴를 막기 위해 제철소를 신대륙의 뉴잉글랜드로 이전해야 한다고 주장하기도 했다(3권 221쪽). 이처럼 자국의 환경파괴를 막기 위해 다른 나라로 이를 전가하는 역사가 꽤 오래되었다는 게 놀라울 따름이다. 글래컨은 이 시기 출현한 근대적 자연지배의 사고야말로 동양과 구분되는 사고의 시작이라 보았다(3권 223~234쪽).

제 4부는 본격적으로 근대로 접어드는 산업혁명의 여명기인 18세기[9]를 다룬다. 18세기의 사상가들은 인간사회를 한층 깊이 있게 이해하려 했고 낡은 종교적 사상에서 서서히 벗어나고 있었다. 하지만 설계론과 목적인에 대한 과학적 비판에도 불구하고 신의 존재가 부정되지 않았고, 자연탐구에 과학과 종교적 관점을 양립시키는 자연신학과 물리신학이 풍미했다. 그러나 1755년 유럽을 뒤흔든 리스본 대지진은 목적인의 타당성에 심각한 의문을 불러일으켰으며 자연이 그 자체로 연구되어야 한다는 관점을 싹틔웠다. 18세기는 현미경과 망원경을 통해 발견된 새로운 자연의 세계가 인간의 인식대상이 되었으며, 포프(A. Pope)의 '모든 것이 좋다' 철학으로 상징되는 목적인 교의는 점차 해체의 길을 걷고 물리신학은 19세기 들어 쇠락했다. 이 목적인 교의를 대체한 상호관계론은 생태적 관점의 발전을 가져왔고 환경적 조건에 대한 관심으로 이어졌다.

몽테스키외는 사회에 대한 환경적 요인에 그다지 관심이 없었던 시대에 기후가 인간 문화에 미친 영향에 대한 기존의 논의를 종합하여 환경결정론을 본격적으로 정식화했다. 자연환경 요인보다 도덕적 요인과 정부

9) 18세기라 해서 엄격하게 시기 구분을 한 것은 아니어서 19세기 학자인 훔볼트, 마시 등도 논의대상에 포함된다.

의 역할을 중시했던 볼테르와 흄은 이에 대한 대표적 비판자였다. 뷔퐁 역시 사회적·문화적 관습을 기후적 요인만으로 설명하는 데 비판적이었으며, 심화된 박물학적 탐구에 기반을 두어 기후적 요인은 형질인류학적인 차이를 설명하는 데 국한시켰다. 다른 한편 쿡(Cook) 선장에서 포르스터 부자(the Forsters), 훔볼트(Humboldt)에 이르기까지 과학적 항해와 여행의 시대가 급속하게 전개되었는데, 특히 18세기에 제기된 기후에 대한 근본적 질문은 기후와 건강 및 의학의 관계에 대한 심화된 논의로 이어졌다. 또한 주목할 것은 앞서 보테로도 잠깐 언급한 바 있지만 18세기에 접어들면서 전통적 환경영향론의 한 변형으로 지구 자체가 인간 복리를 제한한다는 사고가 등장하였으며 이것이 여러 논쟁을 거쳐 근대 인구론으로 발전하였다.

그리고 이 시기에는 자연을 보좌하거나 자연의 적극적 개조자로서의 인간의 역할을 점차 광범위하게 수용했다. 이러한 점에서 글래컨은 《흔적》의 마지막 장의 제목인 "자연의 역사에서 인간의 시대"를 통해 새로운 시대가 도래했음을 알렸다. 이에 관한 사고는 뷔퐁뿐만 아니라 몽테스키외, 흄, 칸트 등에서도 나타나며, 미국의 경험적 사례에 관한 윌리엄스(H. Williams)나 웹스터(N. Webster)의 연구에도 드러난다. 특히 뷔퐁은 마시의 1864년 작 《인간과 자연》 출판 이전까지는 인간이 초래한 환경 변화에 대해 가장 깊은 관심을 가진 학자로 평가받는다. 다른 한편, 서구 열강의 식민지였던 신대륙은 구대륙과 비교하여 인간과 자연의 관계를 실험적으로 관찰할 수 있는 판도라의 상자 역할을 하였다.

그러나 글래컨은 이 저서가 끝나는 18세기의 사고가 현재를 보여주는 서장 또는 전주곡이라기보다는 서구 문명사에서 한 시기의 영원한 폐막이라고 생각했다. 다시 말해 18세기와 더불어 서구 문명에서 자연과 인간의 관계에 관한 역사의 한 시대가 끝나고 진화론, 지식 획득의 전문화, 산업혁명 등 자연 변환의 가속화에 영향을 받는 완전히 다른 질서가 이어진다고 보았다.

《흔적》 전체를 통해 볼 때 그가 사상사를 바라보는 기본적 관점은 '반복적 인용 등을 통해 옛 사고를 답습하는 사고'와 '새로운 사고'가 병존·길항하고 변증법적으로 발전하는 과정으로 파악하는 것이었다. 결과적으로 진보에 대한 신념이 기초를 이루는데, 이는 그가 살았던 당대의 분위기이기도 하고 그가 학문 세계에 입문했던 버클리대의 영향이었던 것으로 보인다.

3. 《흔적》의 성과와 한계 그리고 유의성

《흔적》은 지리학뿐 아니라 환경 사상을 다루는 여러 학문 분야에서 기념비적 성과로 인식된다. 그에 대한 추모사는 이 점을 잘 보여주고 있다.

> 이렇게 방대하고 보편적인 주제에 관한 사고들을 이전에는 결코 해 본 적 없는 방법으로 고찰하였으며, 학문으로서의 지리학을 능가할 뿐만 아니라 금세기에 지리학자가 쓴 위대한 저서 가운데 하나로 인정되고 있다(Hooson et al. 1990).

《흔적》이 이처럼 높이 평가받는 이유는 다음 세 가지를 들 수 있다.

첫째, 이 책이 나오기 이전까지는 이렇게 방대한 작업의 선행연구가 없었다는 점에서 매우 독창적인 연구다.[10] 이 책은 인간과 환경의 관계에 대한 사고를 특정 학문 분야에 한정하지 않고 많은 분야에 걸쳐 추적하고 가장 중요한 랜드마크적 사고를 제시했다는 점에서 성공적이며(Brumbaugh, 1968: 332), 지금과 같은 전문화의 시대에는 더 이상 나오기 어려운 방대한 책이다(Gruber, 1968: 1184). 앞서 언급한 바와 같이 하비(Harvey, 2009)가 "지구환경을 이해하기 위한 지리학적·인류학적

10) 총 763쪽의 분량에 1,917개의 각주가 달려 있다(Tuan, 1968).

조건에 관한 고찰을 위한 가장 체계적 시도"라고 평가한 웨너그렌 학술대회에 참석한 어떤 학자들도 이와 같이 고대부터 18세기에 이르기까지 서구의 환경사상사 전체를 관통하는 연구를 수행하지는 못했다. 지리학사적 측면에서도 서구 고대 지리학부터 근대 지리학의 성립 즈음까지 지리학 연구의 주요 동기이자 목적으로 설계론과 목적론이 언급되지만 당시 지리학자들이 생각했던 설계론이나 목적론이 구체적으로 무엇이며 이러한 이론적 틀이 지리학 연구에 어떤 영향을 미쳤는지를 상세히 파악하기 어려웠는데, 《흔적》이 그 낯설음을 풍부한 해설로 해소시켜 준다. 투안(Tuan)의 지적처럼 엄청난 책의 두께 속에서 지루함과 반복성이라는 복병을 만나기도 하겠지만 이 책이 가지는 미덕이 훨씬 크다는 점을 실감하게 된다(Tuan, 1968: 308).

둘째, 오랜 역사에 걸친 서구 사상사를 거의 전적으로 원전에 토대를 두어 자료를 수집해 이를 세 가지 범주의 사고 유형에 따라 체계적으로 서술했다. 우선 그의 연구는 2차 문헌의 이용을 최소화하면서 원전을 토대로 수행되었다.[11] 이런 점에서 이 책은 자연에 대한 서구의 시각과 관념을 담은 거대한 참고도서이자 지식의 창고이다. 글래컨은 이렇게 수집한 엄청난 자료로부터 인간-환경 관계에 관한 세 가지 유형의 사고인 설계론, 환경의 영향론, 인간에 의한 자연의 변형론을 도출하여 이들을 분류하고 서로 관련시키고자 했다. 인간과 자연의 관계에 관한 서구사상의 역사는 매우 복잡하고 혼란스럽지만 글래컨은 여기서 어떤 논리적 질서와 역사적 패턴을 찾은 것이다. 그는 이 세 가지 사고 범주에 바탕을 두고 서구 환경사상사를 조직함으로써 백과사전적 작업에 담긴 방대한 양의 자료에 의미를 부여하고, 자신의 연구를 단순한 자료수집이 아닌 위대한 저술로 만들 수 있었다.

셋째, 이 책이 담은 문제의식은 궁극적으로 자연에 대한 인간의 책임성

11) 글래컨은 서문(1권 24쪽)에서 "나는 가능한 한 항상 원자료를 읽었으며 단지 예외적인 경우만 상당한 분량의 2차 문헌을 참고했다"라고 밝혔다.

이며, 이 점이 1960~1970년대에 촉발된 환경·생태운동의 사상적 기반으로 작용했다. 화학물질로 인한 환경오염의 심각성을 생생한 목소리로 고발한 레이첼 카슨의 1962년 작 《침묵의 봄》(*Silent Spring*)은 흔히 현대 환경운동의 기폭제로 간주되지만 글래컨의 《흔적》은 학문적으로 보전주의와 생태주의 사상을 역사적으로 총망라하면서 자연에 대한 인간의 책임을 강조했다는 점에서 환경운동의 이론적·사상적 토대가 되었다. 정치생태학자인 노이만(Neumann)은 다음과 같이 평가한 바 있다.

> 자연을 변형시키는 인간의 능력은 글래컨의 헬레니즘 세계나 근대 초기 유럽에 대한 설명과 비교하면 물론 엄청난 차이가 있다. 실제로 〔인간에 의한 자연의〕 설계라는 생각은 이제 과거 사람들은 상상도 못했을 정도로 고양되었다. 그렇지만 흥미롭게도 이는 인간이 환경에 미치는 영향에 관한 글래컨의 언급을 더욱 호소력 있는 것으로 만들어주고 있다(Neumann, 2005: 169).

이처럼 《흔적》은 당대의 기념비적 저서이며 고전으로 인식되지만 시대적 맥락과 한계로부터 자유롭지는 못했다. 글래컨이 자연환경과 인간문화의 관계를 설명하는 인식론적 틀 자체가 당시의 담론을 반영하므로 오늘날의 눈으로 보면 여러 가지 문제를 안고 있다. 이러한 점은 1973년 글래컨이 《사상사 사전》(*Dictionary of the History of Ideas*)에 집필한 "환경과 문화"(Glacken, 1973/1994)와, 30년 뒤인 2004년 문화지리학 개론서에 실린 "자연과 문화"(Braun, 2004), 환경지리학 개론서에 실린 "자연"(Braun, 2009)을 비교하면 극명하게 드러난다. 지난 30여 년 동안에 자연환경과 인간 문화의 관계를 바라보는 틀에 큰 변화가 생긴 것이다.

이러한 맥락에서 《흔적》이 가진 첫 번째 한계로 지적될 수 있는 점은 서구의 장구한 역사에서 유명 사상가들의 환경 사상을 심도 있게 고찰했지만 그 사상이 어떤 시대적 배경에서 등장했으며 어떠한 사회적 영향을 미쳤는가에 대한 담론분석까지는 이르지 못했다는 점이다(Watts, 2005:

146). 즉, 자연과의 관계에서 대립항을 인간 문화로 한데 뭉뚱그리다 보니 사회적 분석에 이르지 못하고 그러한 사상, 지식이 생산되는 사회적 구조와 물질적 토대 그리고 그러한 지식의 '권력'에 대해서는 거의 다루지 못했다. 사실 이 부분은 푸코의 담론분석과 계보학이 등장한 후에야 본격적으로 탐구되기 시작했고, 오늘날 '자연의 재현'에 관한 연구를 통해 드러나고 있다. 한 예로 서구의 식민지 정복과 제국주의의 시대에 '열대'와 식민지의 자연이 어떻게 표상되고 재현되었으며 통치되었는지에 대한 연구가 활발하다(Gold & Revill, 2004; 이종찬, 2008).

《흔적》이 출판될 당시에도 역사학·문헌학 분야에서 이와 관련된 비판을 한 바 있다. 즉, 특정 분야가 아닌 수많은 분야에 걸친 인간과 지구환경에 대한 사고의 역사를 다룬 점이 독보적이지만 분석적 엄밀성, 완결성이 떨어진다는 것이다(Brumbauge, 1968; Hadjioannou, 1968; Walker, 1969). 예를 들어 글래컨이 선정한 어떤 특정인의 자연에 대한 사고는 한마디로 규정되기 어렵다. 그 특정인이 글마다 서로 다른 맥락의 생각을 쓰기도 하고 이러한 생각이 후학들에게 전달될 때 복잡하게 변형되기도 한다. 또한 특정 시대의 자연에 대한 사고를 규정할 때 누구의 어떤 사고를 선택하는 것이 적절한가라는 대표성의 문제가 제기되고, 그 시대에 남긴 글을 글자 그대로 해석하기보다는 당시의 문학적 관습, 화법, 문화 집단의 문제를 고려해야 하는데 글래컨은 이를 단순화해 일반화된 결론을 도출하다 보니 자명하면서도 평범한 결론이 나올 수밖에 없다는 것이다(Walker, 1969).[12]

둘째, 자연환경과 문화의 관계를 세 가지 유형으로 살펴본다는 접근 자체가 인식론적으로 양자를 대립적 이분법적 틀(즉, 문화는 자연의 '타

12) 글래컨이 이 문제를 인식하지 못한 것은 아니었으며, 엄청난 폭과 깊이, 복잡성을 지닌 환경사상사 연구에는 어쩔 수 없이 선택의 문제가 발생하는데 그럼에도 불구하고 이 책은 균형 있는 선택과 신중한 판단을 통해 의미 있는 질서와 패턴을 창조했다고 평가받기도 했다(Tuan 1968, 308; Gruber 1968, 1184).

자')로 바라보는 것이다. 글래컨의 분석은 1990년대 이후 사회과학계에서 비판이 일고 있는 데카르트적 또는 칸트적 이분법을 벗어나지 못했다(Watts, 2005: 150).[13] 이러한 이분법은 필연적으로 자연을 사회와 존재론적으로 분리된 '외적 자연'으로 이해하거나 자연을 불변의 가치 또는 속성을 지닌 존재, 즉 '내재적 자연'(*intrinsic nature*)으로 간주하거나 사회관계를 자연화하여 고정되고 영속적인 것으로 재구성하는 '보편적 자연'으로 바라보게 한다(Castree & Braun 2001: 6~8). 그러나 오늘날 지리학이나 사회학, 환경론, 생태학, 역사학, 철학 등 관련 분야에서는 이러한 이분법적 틀을 벗어나기 위해 '변증법적 자연론', '포스트모던 생태학', '행위자 네트워크 이론' 같은 여러 이론이 제안된다.

《흔적》이 가지는 세 번째 한계는 이 책이 서구 환경 사상의 역사에 한정되며, 그것도 역사적으로 18세기 말까지만을 고찰했다는 점이다. 글래컨이 과거 한국 및 일본에서 근무하거나 연구한 경험이 있었던 점을 보면 그는 분명 동양의 환경 사상에 대해서도 관심이 있었을 것으로 추정된다. 그러나 그의 연구가 서구 세계에 한정된 점은 한 개인의 능력으로 동서양의 환경 사상을 전 시대에 걸쳐 세밀하게 다루는 것이 거의 불가능했기 때문이었을 것이다. 그래서 그가 이 책에서 다룬 비서구사상은 서구사상에 직접적 영향을 준 고대 이집트와 메소포타미아 문명, 헬레니즘 문명과 융합된 동양 문명, 중세 및 르네상스 시기의 이슬람 문명 등 일부에 한정된다.

이런 탓에 글래컨은 14세기에 활동한 이슬람의 대표적 역사철학자이자 지리적 영향력에 대한 의미 있는 이론을 남긴 이븐 할둔에 대한 논의를, 그의 사상이 서구에 알려진 때가 19세기란 점을 고려해 고민 끝에 생략했다고 고백했다(2권 156쪽 각주 3). 그는 이러한 한계를 인정하고 환

13) 글래컨이 인간과 자연의 이분법이 가진 문제점이나 한계를 모르고 있었던 것은 아니다. 그는 이러한 사고를 충분히 인식하면서도 이분법적 사고의 필요성을 더 우선시한 것이다(Glacken 1967; 1970a; 1970b 등).

경 사상을 연구하는 후학들이 한국이나 일본, 중국 등 그 범위를 넓힐 수 있기를 희망했다(Glacken, 1983). 그럼에도 불구하고 그는 이 책의 서문에서 인도, 중국, 이슬람 전통에 비해 서구의 전통이 가장 다양하고도 세계적이며, 이는 다른 전통들로부터 많은 것을 수용하고 흡수했기 때문이라는 서구중심적 관점을 당당히 밝힌다(1권 26쪽).

한편 《흔적》이 18세기 말로 끝난 것은 앞에서 언급한 바와 같이 서구 환경 사상의 거대한 전환에서 기인한 것이다. 자본주의 경제의 성장과 과학기술의 급속한 발달은 서구의 환경 사상에 심대한 충격을 미쳤으며 이로 인해 엄청난 변화가 초래되었다. 따라서 이러한 시대적 배경에서 전개된 환경 사상은 당연히 새로운 분석체계에 바탕을 두고 서술되어야 할 것이다.

이러한 한계에도 불구하고 《흔적》이 환경사 및 지리 환경사상사에서 가지는 학술적 유의성은 지대하다. 서구의 역사에서 전개된 인간과 환경의 관계에 대한 한 개인의 치열한 연구업적이라는 점에서 《흔적》은 20세기 지리학의 위대한 저술들, 예를 들어 지역지리학의 전통을 집대성한 핫숀의 《지리학의 본질》(*The Nature of Geography*, 1939)이나 마르크스의 《자본론》을 지리학적으로 재구성한 하비의 《자본의 한계》(*The Limits to Capital*, 1982)에 비견될 수 있다. 그러나 지리학이나 환경사상사 관련 연구에서 《흔적》이 미친 실제 영향은 그 명성에 비해 크지 않다. 그 주요 원인 중 하나는 분량이 지나치게 방대해 연구자들이 쉽게 접근할 수 없었기 때문이다. 또 다른 원인은 이 책이 인간과 환경의 실제 역사적 관계, 즉 서구 역사에서 자연환경이 인간 생활에 어떠한 영향을 미쳤으며 동시에 인간의 문명은 자연환경을 어떻게 변화시켰는가에 대한 경험적 분석을 제시한 책이 아니기 때문이다. 이 책의 기본 내용은 환경에 대한 사고 또는 관점이 어떻게 분류될 수 있으며, 또한 역사적으로 어떻게 변화했는가를 주요 인물의 사상을 고찰함으로써 답하고자 한 것이다. 즉, 그의 연구는 인간과 환경 간의 실제 관계와 역사적 변화 과정을 경험적으로 고찰하는 지리학적·환경사적 연구라기보다 서구의 지리사상사 또는 환경사상사 연구라 할 수 있다. 이러한 점에서 《흔적》은 서구 환경사의 발달 과정에서 누락되기도 한다.

서구에서 환경사 연구는 대체로 1960년대 말부터 1970년대에 걸쳐 미국을 중심으로 시작되어 유럽과 동양으로 확산된 것으로 간주된다(이개석, 2007; 홍금수, 2012). 물론 그 이전에도 인간과 환경의 관계는 지리학자들뿐만 아니라 생태학자, 인류학자, 경관학자들에 의해 꾸준히 연구되었다(Baker, 1994). 특히 미국의 경우 마시는 "인류문명의 무분별한 환경파괴의 실상을 체계적으로 분석하여 《인간과 자연》을 통해 고발하였으며, 그의 비판적 환경인식은 환경사의 성립에 토대를 마련"(홍금수, 2005: 69) 했다.[14] 프랑스 나아가 유럽의 환경사는 환경결정론에 반대하면서 변화가 느리면서도 지속적으로 영향을 미치는 환경과 이에 적응하는 인간의 다양한 생활양식을 강조한 아날학파의 역사연구에서 그 기원을 찾을 수 있다(이개석, 2007).

그러나 환경의 역사에 관한 고전적 연구와 새로운 환경사 연구를 구분짓는 주요한 계기는 1960년대 말부터 심각해진 환경 문제와 이에 대한 각성과 해결을 요구하는 사회환경운동이라고 할 수 있다. 즉, 인간사회를 조건짓는 자연환경이 근대적 산업화와 도시화, 특히 1960년대 말 한계에 봉착한 포드주의적 경제 체제로 인하여 심각하게 파괴 및 오염됨에 따라 환경사는 이러한 환경위기의 심각성을 깨닫고 이를 해결하고자 환경운동을 전개하는 과정에서 시작되었다. 이 연구자들은 인간에 의한 환경파괴의 심각성을 인식하고 이를 극복하기 위해 인간과 자연 간에 새로운 관계 설정이 필요하다는 점을 강조한다.

이러한 점에서 1960년대 말부터 1970년대에 등장한 새로운 환경사는

---

14) 김기봉(2009: 30)은 "역사를 생태가 아니라 환경의 관점에서 서술하고자 하는 환경론적 패러다임으로부터 환경사가 나왔다. … 이러한 환경론적 패러다임을 획기적으로 연 선구자는 조지 퍼킨스 마시로 일컬어진다"고 적었다.

과거 인간-환경 관계의 역사에 관한 연구와는 구분되어 '성찰적'(김기봉, 2009), '자각적'(이종찬, 2009), '의식적'(김기윤, 2009) 환경사라고 지칭되기도 한다. 즉, 새로운 환경사는 1970년대 지구적인 규모로 환경 문제가 심화되고 대중적 환경운동이 탄력을 받은 시점에서 등장했으며(Worster, 1988), 또한 1972년 미국의 환경사가인 내시(R. Nash)가 환경사 교육의 중요성을 호소함에 따라 새로운 역사학 영역으로 간주되었다(이개석, 2007; 홍금수, 2012). 또한 맥닐(McNeill, 2003)에 의하면 환경사라는 용어는 이미 1960년대 말에서 1970년대 초에 사용되었지만 실제 환경사학이 시작된 것은 1976년 미국환경사학회가 조직된 이후 시작된 것으로 보아야 한다고 주장하기도 한다.

이와 같이 과거 인간-환경 관계에 관한 연구와는 구분되는 새로운 환경사가 미국을 중심으로 1960년대 말에서 1970년대에 시작되었다. 이 시기 환경사의 등장에 영향을 미친 학자로는 카슨, 레오폴드(Leopold), 하딘(Hardin) 같이 현실의 환경 문제를 고발하거나 환경에 대한 감성을 고무시킨 유명 지식인들이나 헤이즈(Hays)나 내시같이 새로운 환경운동을 고취하고 환경 정책에 반영할 것을 요구한 활동가들이 꼽힌다. 하지만 글래컨과 같이 서구의 역사에서 환경에 관한 인간의 사고를 연구한 학자들의 영향력도 강조되어야 한다. 사실 글래컨이 이 시기 환경운동에 미친 영향은 여러 논평가들에 의해 인정되지만 환경사에 관한 논의에서 자주 간과된다는 점은 심각한 문제점으로 지적되어야 할 것이다.

물론 환경사를 어떻게 정의할 것이며 그 범위를 어디까지 설정할 것인가에 따라 환경사에서 논의될 주제와 관련 문헌이 달라질 수 있다. 환경사는 기본적으로 환경이 인간의 역사에 미친 영향뿐만 아니라 인간이 환경을 변화시킨 역사에도 관심을 가진다. 특히 이개석(2007)에 의하면 새로운 환경사가 대두하게 된 것은 과거와는 달리 후자, 즉 인간이 환경에 미치는 영향이 급증했기 때문이다. 이러한 점에서 그는 환경사를 생태학적 관점에서 이루어진 생태사와는 구분한다. 즉, 종래의 역사학은 환경이 인간의 생활과 문화에 미치는 영향에 관심을 두었다면(결정론적 사고), 새로운 환경사학은 환경에 대한 인간의 작용을 우위에 둔다고 주장한다.[15] 그러나 환경사에 대한 이러한 개념 규정은 인간과 환경의 상호관계를 부정하거나 인간과 더불어 역사 발전의 한 축을 형성하는 자연에 대한 관심을 소홀히 할 수 있으며, 나아가 인간을 자연의 일부로 인식하고 자연의 다른 구성요소와의 관계를 고찰하고자 하는 생태학적 접근법의 중요성을 간과할 수 있다. 따라서 환경사에 관한 연구는 글래컨이 제시한 바와 같이 인간-환경 관계에 관한 세 가지 유형의 사고 구분에 바탕을 두고 하나 또는 둘 이상 연계된 것으로 이해할 필요가 있다. 글래컨의 연구가 인간-환경 관계 자체의 역사적 변화라기보다 이에 대한 사상을 고찰하고 있다는 점은 환경사에서 어떤 한계라기보다 오히려 유의성으로 평가되어야 한다.

아놀드(Arnold, 1996/2006: 26)에 의하면 환경사는 인간의 행위 또는 다른 결과로 인해 환경이 어떻게 변화해 왔으며 이로 인해 인간 사회에 어떤 영향을 미쳤는가의 문제뿐만 아니라 자연세계에 대한 사고와 이러한 사고가 역사와 문화에서 인간의 지식을 어떻게 발전시켜 왔는가에 관한 문제도 포함한다.

사실 인간과 환경의 관계에 관한 역사는 단순한 경험적 연구라기보다 이를 어떻게 사유하고 서술했는가의 역사이다. 물론 자연을 객관적 실체로 보는 견해를 완전히 부정하고 순전히 인간의 사고에 의해 구성된다고 보는 구성주의적 입장은 전자의 견해와 마찬가지로 심각한 문제를 안고

---

15) 환경사에 대한 이러한 개념 규정과는 역으로 생태학적(또는 자연사적) 환경사, 즉 인간을 자연의 일부로 다루면서 인간과 자연의 관계 변화를 고찰하는 생태사가 더 중요한 것으로 강조될 수 있다. 그 예로 이필렬(2003)은 환경사를 "생태계라는 시스템 속에서 인간과 환경의 관계 또는 상호작용을 역사적으로 재구성하는 작업"으로 정의하고, 특히 "인간의 문화적 활동에 의한 에너지 흐름과 물질 순환의 교란, 그로 인한 각종 사회·정치·경제적 문제"가 주요 연구 주제라고 주장한다.

있다(홍금수, 2005: 74). 환경사가 바로 환경사상사라고 주장하기는 어렵다 할지라도 환경사는 환경사상사와 불가분의 관계에 있다고 주장할 수 있다. 환경사를 연구하기 위해 실제 인간과 환경의 관계가 역사적으로 어떻게 형성되고 변화해 왔는가에 대한 관심이 필요함과 동시에 이 관계에 관한 사고가 역사와 문화에서 인간의 지식을 어떻게 발전시켜 왔는지 그리고 어떻게 그 사회를 변화시켜 왔는지를 이해하는 것이 중요하다. 이러한 점에서 글래컨의 연구는 환경사 및 환경사상사에서 학술적으로 지대한 유의성을 가진다.[16]

최근 지구적 차원에서 환경 문제에 대한 관심과 연구의 중요성이 급부상하면서 지리학에서도 인간과 환경의 관계에 관한 연구가 새롭게 부활하고 있다. 이러한 현실적·학문적 배경 속에서 글래컨의 역작인 《흔적》은 이 분야에 관심을 갖는 독자들에게 많은 지식과 영감을 줄 수 있는 고전이다. 국내에서도 《흔적》의 명성은 이미 오래전부터 알려져 있었지만 방대하고 난해한 원문으로 인해 쉽사리 접근하기 어려워 풍문으로만 존재하던 책이기도 했다. 하지만 이제 한국연구재단의 명저번역지원사업 덕분에 《흔적》을 한글로 읽을 수 있게 되었다. '인간은 자연환경을 벗어나 살아갈 수 없다'는 명제가 지속되는 한 인간-환경 관계와 이에 관한 사상은 앞으로도 중요한 연구주제가 될 것이며 글래컨과 그의 역작 《흔적》은 이 분야 연구에서 결코 잊히지 않는 기념비로 남을 것이다.

16) 이러한 점에서, 피시(Fish, 2012)는 "출판 후 45년이 지난 지금도 《흔적》은 환경 관련 사상과 논쟁들을 역사적 맥락에서 이해하는 데 더욱 귀중한 준거가 되고" 있으며, "인류재앙적 기후 변화를 포함한 심각한 환경 문제를 둘러싼 현대적 논의와 논쟁은 글래컨이 인식하고 분석하고자 했던 세 가지 사고로 추적해 볼 수 있다"고 주장한다.

참고문헌

김기봉 (2009), "환경사란 무엇인가: 환경과 인간의 상호작용의 역사", 〈서양사론〉, 100, 5~27.

김기윤 (2009), "자연사로서의 환경사", 〈코기토〉, 66, 263~281.

김재완 (1996), "엘리제 르클뤼 사상과 그의 한국에 대한 기술", 〈문화역사지리〉, 8, 123~145.

이개석 (2007), "환경사와 한국 동양사학 연구", 〈동양사학연구〉, 99, 1~30.

이종찬 (2008), 《열대와 서구: 에덴에서 제국으로》, 새물결.

______ (2009), "한국에서 생태환경사를 세계사적 지평에서 탐구하기", 〈서양사론〉, 100, 127~153.

이필렬 (2003), "환경사 연구의 여러 갈래들", 〈한국방송통신대학교 논문집〉, 36, 81~91.

진종헌 (2009), "경관연구의 환경론적 함의: 낭만주의 경관을 중심으로", 〈문화역사지리〉, 21(1), 149~160.

최병두 (2009), "자연의 신자유주의화(1): 자연과 자본축적 간 관계", 〈마르크스주의 연구〉, 6(1), 10~56.

______ (2010), 《비판적 생태학과 환경정의》, 한울.

허남혁 (2006), "인문지리학의 생태학적 전통: 환경결정론에서 정치생태학까지", 대한지리학회 연례학술대회 발표논문.

홍금수 (2005), "환경사 연구 서설: 마쉬의 비판적 환경인식에서 성찰에 기초한 탈근대적 환경윤리의 정립까지", 〈문화역사지리〉, 17(3), 69~100.

______ (2012), "환경사, 어떻게 해야 할 것인가", 〈진단학보〉, 116, 149~181.

Arnold, A. (1996), *The Problem of Nature: Environment, Culture and European Expansion*, Wiley-Blackwell, 서미석 역 (2006), 《인간과 환경의 문명사》, 한길사.

Baker, A. R. H. (1994), "Editorial: Historical geography and environmental history", *Journal of Historical Geography*, 20(1), 1~2.

Barrows, H. (1923), "Geography as human ecology", *Annals of AAG*, 13, 1~14.

Barry, J. (1999), *Environment and Social Theory*, Routledge, London, 허남혁 외 역 (2004), 《녹색사상사》, 이매진.

Baumer, F. (1968), "Book review: Traces on the Rhodian Shore", *The American Historical Review*, 73(5), 1471~1472.

Blaikie, P., & Brookfield, H. (1987), *Land Degradation and Society*, London: Routledge.

Bookchin, M. (1982), *Ecology of Freedom*, Cheshire Books, Palo Alto bei California.

Braun, B. (2004), "Nature and culture: On the career of a false problem", in J. Duncan et al. (eds.), *A Companion to Cultural Geography*, Oxford: Blackwell.

______ (2009), "Nature", in Castree, N. et al. (eds.), *A Companion to Environmental Geography*, Oxford: Wiley-Blackwell.

Brumbaugh, R. S. (1968), "Book review: Traces on the Rhodian Shore", *Isis*, 59(3), 323~333.

Castree, N. (2005), *Nature*, London: Routledge.

Castree, N., & Braun, B. (eds) (2001), *Social Nature: Theory, Practice, and Politics*, Oxford: Blackwell.

Clark, J., & Martin, C. (2004), "The dialectic of nature and culture", in Clark, J. & C. Martin (eds.), *Anarchy, Geography, Modernity: the Radical Social Thought of Elisée Reclus*, Lanham: Lexington Books.

Cronon, W. (1991), *Nature's Metropolis, Chicago and the Great West*, New York: Norton.

Crosby, E. W. (1986), *Ecological Imperialism: The Biological Expansion of Europe, 900~1900*, 안효상·정범진 역 (2000), 《생태제국주의》, 지식의 풍경.

______ (2003), *The Columbian Exchange*, 김기윤 역 (2006), 《콜럼버스가 바꾼 세계》, 지식의 숲.

Deleuze, G., & Guattari, F. (1980), *Mille Plateaux: Capitalisme et Schizophrénie 2*, 김재인 역 (2001), 《천개의 고원》, 새물결.

______ (1991), *Qu'est-ce Que la Philosophie?* 윤정임·이정임 역 (1995), 《철학이란 무엇인가》, 현대미학사.

Dunbar, G. (1978), *Elisée Reclus: Historian of Nature*, Hamden, CT: Archon Books.

Fish, C. (2012), Traces of a native son: Searching for Clarence Glacken, Sacramento Press(http://sacrmentopress.com/2012/01/ 30/traces-

of-a-native-son-searching-for-clarence-glacken) (2014. 12. 15 접속)
Glacken, C. (1955), *The Great Loochoo: A Study of Okinawan Village Life*, Berkeley: University of California Press.
______ (1956), "Changing ideas of the habitable world", in Thomas, W. (ed.), *Man's Role in Changing the Face of the Earth*, Chicago: The University of Chicago Press.
______ (1963), "This growing second world within the world of nature", in Fosberg, F. R. (ed.), *Man's Place in the Island Ecosystem: A Symposium*, Honolulu: Bishop Museum Press.
______ (1967), *Traces on the Rhodian Shore: Nature and Culture in Western Thought from Ancient Times to the End of the Eighteenth Century*, Univ. of California Press.
______ (1970a), "Man against nature: An outmoded concept", in Helfrich, H. (ed.), *The Environmental Crisis*, New Haven: Yale University Press.
______ (1970b), "Man's place in nature in recent western thought", in Hamilton, M. (ed.), *This Little Planet* (pp. 163~201), New York: Scribner.
______ (1973), "Environment and culture", in Wiener, P. (ed.) *Dictionary of the History of Ideas*, New York: Scribner, 이정만 역 (1994), "환경과 문화", 〈한국사 시민강좌〉, 14, 205~224.
______ (1983), "A late arrival in academia", in Buttimer, A. (ed.), *The Practice of Geography* (pp. 20~34), London: Longman.
______ (1992), "Reflections on the history of western attitudes to nature", *GeoJournal*, 26(2), 103~111.
Gold, J., & Revill, G. (2004), *Representing the Environment*, London: Routledge.
Gregory, D. et al. (2009), *The Dictionary of Human Geography* (5th ed.), Oxford: Wiley-Blackwell.
Grove, R. (2001), "Environmental history", Burke, P. (ed.), *New Perspectives on Historical Writing* (pp. 261~282), University Park.
Gruber, J. (1968), "Book review: Traces on the Rhodian Shore", *American Anthropologist*, 70(6), 1184~1185.
Hadjioannou, K. (1968), "Book review: Traces on the Rhodian Shore",

Man, 3(2), 349~350.

Harvey, D. (1996), *Justice, Nature, and the Geography of Difference*, Oxford: Blackwell.

______ (2009), *Cosmopolitanism and Geographies of Freedom*, New York, Columbia University Press.

Hooson, D. (1991), "In memoriam: Clarence Glacken 1909~1989", *Annals of AAG*, 81(1), 152~158.

Hooson, D., Stoddart, D., Reed, R., Parsons, J., & Anderson, J. (1990), "Clarence James Glacken, geography: Berkeley", in *University of California: In Memoriam, 1990*, Berkeley: UC Berkeley.

Latour, B. (2004), *Politics of Nature: How to Bring the Sciences into Democracy*, Cambridge, MA: Harvard University Press.

Lillard, R. G. (1968), "Book review: Traces on the Rhodian Shore", *American Quarterly*, 20(3), 650~657.

Macnaghten, P. & Urry, J. (1998), *Contested Nature*, London: Sage.

Marsh, G. P. [Lowenthal, D. (ed)], (2003), *Man and Nature 1864*, Seattle, Univ. of Washington Press, 홍금수 역 (2008), 《인간과 자연》, 한길사.

McNeill, J. R. (2003), "Observation on the nature and culture of environmental history", *History and Theory*, 42(4), 5~43.

Naess, A. (1973), "The shallow and the deep, long-range ecology movement", *Inquiry: An Interdisciplinary Journal of Philosophy*, 16, 95~100.

Nash, R. F. (1989), *The Rights of Nature: A History of Environmental Ethics*, Wisconsin-Madison.

Neumann, R. (2005), *Making Political Ecology*, New York: Hodder Arnold.

Passmore, J. (1974), *Man's Responsibility for Nature: Ecological Problems and Western Traditions*, Duckworth.

Peet, R. (1985), "The social origins of environmental determinism", *Annals of AAG*, 75(3), 309~333.

Peet, R. & Watts, M., (eds) (1996), *Liberation Ecologies: Environment, Development, Social Movements*, London: Routledge.

Pepper, D. (1984), *The Roots of Modern Environmentalism*, 이명우 외 역 (1989), 《현대환경론》, 한길사.

Sessions, W. (1968), "Book review: Traces on the Rhodian Shore", *The Modern Language Journal*, 52(5), 325~326.
Smith, N. (1984), *Uneven Development: Nature, Capital, and the Production of Space*, Oxford: Blackwell.
Stoddart, D. (1986), *On Geography and Its History*, Oxford: Basil Blackwell.
Thomas, W. L., Mumford, L., Sauer, C. O. (eds) (1956), *Man's Role in Changing the Face of the Earth*, Univ. of Chicago.
Tuan, Yi-Fu (1968), "Book review: Traces on the Rhodian Shore", *Geographical Review*, 58(2), 308~309.
______ (1977), "Book review: Traces on the Rhodian Shore", *Annals of the Association American Geographers*, 67(3), 460~462.
Walker, B. (1969), "Book review: Traces on the Rhodian Shore", *Classical Philology*, 64(1), 62~64.
Watts, M. (2005), "Nature: Culture", in Cloke, P. & Johnston, R. (eds.), *Spaces of Geographical Thought: Deconstructing Human Geography's Binaries*, London: Sage.
Whatmore, S. (2002), *Hybrid Geographies: Natures, Cultures, Spaces*, London: Sage.
Williams, R. (1976), *Keywords: A Vocabulary of Culture and Society*, London: Fontana/Croom Helm.
Worster, D. (ed.) (1988), *The Ends of Earth*, Cambridge University Press.
______ (1994), *Nature's economy: A History of Ecological Ideas*, Berkeley and Los Angeles, 강 헌 · 문순홍 역 (2002), 《생태학: 그 열림과 닫힘의 역사》, 아카넷.

* 책의 이해를 돕기 위하여 저자가 이 책에서 언급하는 지리환경사상사의 주요 인물들을 연표로 정리했고(부록 1), 이 책과 함께 읽으면 좋을 만한 국내에서 쓰이거나 번역된 단행본 목록(부록 2)을 제시한다.

부록 1

시대	설계론	환경론	환경개조론
서기전 30~21세기	수메르(서기전 25세기)		
서기전 20~11세기	아크나톤 (서기전 14세기)		
서기전 10~6세기			헤시오도스 (서기전 8세기말)
서기전 5세기	아낙사고라스 (서기전 500~428) 아폴로니아의 디오게네스(?~?) 헤로도토스 (서기전 484~425) 데모크리토스 (서기전 460~370) 크세노폰 (서기전 430~355) 플라톤 (서기전 428~348)	헤로도토스 (서기전 484?~425?) 투키디데스 (서기전 460~400) 히포크라테스 (서기전 460~377) 플라톤 (서기전 428~348)	소포클레스 (서기전 496~406) 헤로도토스 (서기전 484?~425?) 크세노폰 (서기전 430~355) 플라톤 (서기전 428~348)
서기전 4세기	아리스토텔레스 (서기전 384~322) 테오프라스토스 (서기전 327~288) 에피쿠로스 (서기전 342~271)	아리스토텔레스 (서기전 384~322)	디카이아르코스 (서기전 350~285) 테오프라스토스 (서기전 327~288) 테오크리토스(?~?)
서기전 3세기			에라토스테네스 (서기전 273~192) 카토(서기전 234~149)
서기전 2세기	파나이티오스 (서기전 180~90) 포시도니오스 (서기전 135~51) 키케로 (서기전 106~43)	포시도니오스 (서기전 135~51) 폴리비오스 (서기전 125~104) 키케로 (서기전 106~43)	포시도니오스 (서기전 135~51) 바로(서기전 116~27) 키케로 (서기전 106~43)

시대	설계론	환경론	환경개조론
서기전 1세기	루크레티우스 (서기전 94~55) 필론 (서기전 15~45)	루크레티우스 (서기전 94~55) 디오도로스 (서기전 90~30) 비트루비우스(?~?) 스트라본 (서기전 64~23) 필론 (서기전 15~45)	루크레티우스 (서기전 94~55) 베르길리우스 (서기전 70~19) 스트라본 (서기전 64~23) 필론 (서기전 15~45) 세네카(서기전 4~65)
1세기	플루타르코스 (46~120)	플리니우스(23~79) 요세푸스(37~100) 타키투스(56~126) 프톨레마이오스 (85~165)	콜루멜라(?~?) 플리니우스(23~79)
2세기	아테나고라스 (133경~190) 타티아노스(?~185경) 이레나이우스 (140~203) 펠릭스(?~?) 오리게네스(185~254)		테르툴리아누스 (160~220) 오리게네스(185~254)
3세기	플로티노스(205~270) 락탄티우스(240~320)		
4세기	성 바실리우스 (330~379) 성 아우구스티누스 (354~430)	세르비우스(4세기경)	성 바실리우스 (330~379) 니사의 성 그레고리우스 (330~395) 성 암브로시우스 (340~397) 성 아우구스티누스 (354~430) 테오도레투스 (393~458)
5세기	보이티우스(480~524)		
6세기	세비야의 이시도루스 (560~636)	카시오도루스 (490~585)	인디코플레우스테스 (?~?)
7세기	다마스쿠스의 요한네스 (675~749)		

시대	설계론	환경론	환경개조론
8세기			샤를마뉴 대제(742~814)
9세기	에리우게나(810~877)	에리우게나(810~877)	
11세기	성 베르나르두스 (1090~1153)		성 베르나르두스 (1090~1153)
12세기	아베로에스 (1126~1198) 릴의 알랭 (1128~1202) 마이모니데스 (1135~1204) 성 프란체스코 (1182~1226) 성 알베르투스 (1193~1280) 프리드리히 2세 (1194~1250)	프라이징의 오토 (1115~1158) 캄브렌시스 (1146~1223) 파이리스의 군터 (1150~1220) 잉글랜드의 바르톨로메우스(?~?) 성 알베르투스 (1193~1280)	
13세기	보나벤투라 (1221~1274) 아퀴나스(1225~1274) 장 드 묑(1240~1305)	로저 베이컨 (1214~1294) 아퀴나스 (1225~1274)	아퀴나스(1225~1274)
14세기			
15세기	시비우드(?~1436) 비오 2세(1405~1464) 뮌스터(1488~1552)	알베르티(1404~1472)	알베르티(1404~1472) 피치노(1433~1499) 다 빈치(1452~1519) 파라셀수스 (1493~1541) 아그리콜라 (1494~1555)
16세기	아코스타(1539~1600) 보테로(1544~1617) 헤이크윌(1578~1649)	르 로이(1510~1577) 보댕(1530~1596) 아코스타(1539~1600) 뒤 바르타스 (1544~1590) 버턴(1577~1640) 오버베리경 (1581~1613) 바클레이(1582~1621)	팔리시(1510~1590) 보테로(1544~1617) 베이컨(1561~1626) 버턴(1577~1640) 데카르트(1596~1650)

시대	설계론	환경론	환경개조론
17세기	헤일 경(1609~1676) 모어(1614~1687) 커드워스(1617~1688) 그랜트(1620~1674) 레이(1627~1705) 버넷(1635~1717) 라이프니츠 (1646~1716) 더햄(1657~1735) 벤틀리(1662~1742) 우드워드(1665~1728) 휘스톤(1667~1728) 케일(1671~1721) 플뤼시(1688~1761) 볼테르(1694~1778)	템플 경(1628~1699) 샤르댕(1643~1713) 퐁트넬(1657~1757) 아버스노트 (1667~1735) 뒤 보(1670~1742) 몽테스키외 (1689~1755) 볼테르(1694~1778) 케임즈 경 (1696~1782)	헤일 경(1609~1676) 이블린(1620~1706) 레이(1627~1705) 몽테스키외 (1689~1755) 엘리엇(1685~1763)
18세기	쥐스밀히(1707~1767) 린네(1707~1778) 뷔퐁(1707~1788) 흄(1711~1776) 홀바흐(1723~1789) 뷔싱(1724~1793) 칸트(1724~1804) 헤르더(1744~1803) 괴테(1749~1832) 훔볼트(1769~1859)	뷔퐁(1707~1788) 루소(1712~1778) 엘베시우스 (1715—1771) 로버트슨(1721-1793) 포르스터 부자(父子) (1729~1798/ 1754~1795) 팔코너(1732-1769) 던바(1742~1798) 콩도르세(1743~1794) 고드윈(1756~1836) 맬서스(1766~1834)	뷔퐁(1707~1788) 포르스터 부자(父子) (1729~1798/ 1754~1795) 샤스텔뤼(1734~1788) 윌리엄슨(1735~1819) 던바(1742~1798) 파브르(1749~1834) 볼니(1757~1820) 웹스터(1758~1843) 로레인(1764~1819) 고드윈(1756~1836) 맬서스(1766~1834)
19세기		월리스(1823~1913)	마시(1801~1882)

이정우 (2008), 《개념-뿌리들 1, 2》(개정판), 철학아카데미.
이종찬 (2008), 《열대와 서구: 에덴에서 제국으로》, 새물결.
박설호 (2008), 《라스 카사스의 혀를 빌려 고백하다》, 울력.
최덕경 (2009), 《중국 고대 산림보호와 환경생태사 연구》, 신서원.

Arnold, A. (1996), *The Problem of Nature: Environment, Culture and European Expansion*, Wiley-Blackwell, 서미석 역 (2006), 《인간과 환경의 문명사》, 한길사.

Barry, J. (1999), *Environment and Social Theory*, Routledge, London, 허남혁 외 역 (2004), 《녹색사상사》, 이매진.

Blaut, J. M. (1993), *The Colonizer's Model of the World: Geographical Diffusionism and Eurocentric History*, 김동택 역 (2008), 《식민주의자의 세계모델: 지리적 확산론과 유럽중심적 역사》, 성균관대 출판부.

Collingwood, R. G. (1960), *Idea of Nature*, 유원기 역 (2004), 《자연이라는 개념》, 이제이북스.

Crosby, E. W. (1986), *Ecological Imperialism: The Biological Expansion of Europe, 900～1900*, 안효상·정범진 역 (2000), 《생태제국주의》, 지식의 풍경.

______(2003), *The Columbian Exchange*, 김기윤 역 (2006), 《콜럼버스가 바꾼 세계》, 지식의 숲.

De Steiguer, J. E. (2006), *The Origins of Modern Environmental Thought*, 박길용 역 (2008), 《현대 환경사상의 기원》, 성균관대 출판부.

Guha, R. (1999), *Environmentalism: A Global History*, 권태환 역 (2006), 《환경사상과 운동》, 다산출판사.

Elvin, M. (2006), *The Retreat of the Elephants: An Environmental History of China*, 정철웅 역 (2011), 《코끼리의 후퇴: 3000년에 걸친 장대한 중국 환경사》, 아카넷

McNeill, J. R. (2000), *Something New under the Sun*, 홍욱희 역 (2008), 《20세기 환경의 역사》, 에코리브르.

Merchant, C. (1990), *The Death of Nature: Women, Ecology, and the Scientific Revolution*, 전규찬 외 역 (2005), 《자연의 죽음: 여성과 생태학, 그리고 과학혁명》, 미토.

Pepper, D. (1984), *The Roots of Modern Environmentalism*, 이명우 외 역 (1989), 《현대환경론》, 한길사.

Robbins, P. (2004), *Political Ecology: A Critical Introduction*, 권상철 역 (2008), 《정치생태학: 비판적 개론》, 한울.

Stephen, G. (2012), *The Swerve: How the World Became Modern*, 이혜원 역 (2013), 《1417년 근대의 탄생: 르네상스와 한 책 사냥꾼 이야기》, 까치.

Wessel, G. (2004), *Von Einem, der Daheim Blieb, die Welt zu Entdecken: die Cosmographia des Sebastian Münster, oder, Wie Man Sich vor 500 Jahren die Welt Vorstellte*, 배진아 역 (2006), 《집안에 앉아서 세계를 발견한 남자: 제바스티안 뮌스터의 '코스모그라피아'》, 서해문집.

Worster, D. (1994), *Nature's Economy: A History of Ecological Ideas*, Berkeley and Los Angeles, 강 헌·문순홍 역 (2002), 《생태학: 그 열림과 닫힘의 역사》, 아카넷

* 신화 속 인물 등 비실존 인물이나 민족은 "용어해설" 인명 편이 아닌 기타 편에서 다루며, 지명 편에는 건물명이 포함되어 있다.

* 인 명

가라스(François Garasse, 1585~1631). 반종교개혁 운동의 선봉에 섰던 예수회 소속 신부이다.

가발라의 세베리아누스(Severian of Gabala, ?~?). 4세기에서 5세기 사이에 번성했던 시리아 가발라의 주교이다. 당대에는 그의 주석 때문에 훌륭한 설교가로 알려졌지만 후대에는 크리소스토무스의 추방에서 그가 맡았던 역할로 이름이 알려졌다. 테오도시우스 2세의 치세(408~450년) 때 사망했다고 한다.

가자(Theodorus Gaza 또는 Theodore Gazis, 1400경~1465). 그리스의 인문주의자이며 아리스토텔레스 저작의 번역자다. 15세기 학문의 부흥기에 주도적인 역할을 했던 그리스 학자 중 한 명이다.

가짜 아리스토텔레스(pseudo-Aristole). 자신의 글을 아리스토텔레스의 저작이라고 사칭하는 사람들을 가리키는데, 가짜 아리스토텔레스 중에서 가장 유명한 사람이 2세기 북부 아프리카의 학자인 마다우로스의 아풀레이우스(Apuleius of Madauros)로 그의 대표작은 《세상에 대하여》(*De Mundo*)이다.

갈레노스(Claudios Galenos, 영문명 Galen, 129~199). 소아시아 페르가몬 지방 태생이다. 고대 로마 시대의 의사이자 해부학자로 고대의 가장 유명한 의사 가운데 한 사람이다. 실험생리학을 확립하고 중세와 르네상스 시대에 걸쳐 유럽의 의학이론과 실제에 절대적 영향을 끼쳤다. 그리스 의학의 성과를 집대성하여 해부학·생리학·병리학에 걸쳐 만든 그의 방대한 의학체계는 이후 천 년이 넘는 동안 유럽 의학을 지배하면서 커다란 영향을 끼쳤다.

갈릴레이(Galilei Galileo, 1564~1642). 이탈리아의 천문학자, 물리학자, 수학자이다. 진자의 등시성 및 관성법칙 발견, 코페르니쿠스의 지동설에 대한 지지 등의 업적을 남겼다. 지동설을 확립하려고 쓴 저서 《프톨레마이오스와 코페르니쿠스의 2대 세계 체계에 관한 대화》는 교황청에 의해 금서로 지정되어 이단행위로 재판을 받았다.

고드윈(William Godwin, 1756~1836). 영국의 목사, 언론인, 정치철학자, 작가이다. 아나키즘 사상의 선구자 가운데 한 사람으로 간주된다. 프랑스 사상가들의 강의를 듣고 무신론을 받아들였으며, 문학에 몰두해 성직을 포기하고 자유주의자들과 정치 생활을 했다. 그는 프랑스혁명에 깊은 인상을 받았으며 이 혁명에 반대했던 에드먼트 버크의 《프랑스혁명에 관한 고찰》에 대한 반론으로 《정치적 정의》를 저술했다.

고마라(Francisco Lopez de Gómara, 1511경~1566경). 에스파냐 세비야에서 활동한 역사가다. 그의 저작이 특히 주목받는 이유는 16세기 초 코르테즈에 의해 수행된 에스파냐의 신대륙 정복에 대한 기술 때문이다. 그는 코르테즈와 동행한 적도 없고 평생 아메리카를 가 본 적이 없음에도 불구하고 코르테즈와 그의 동행자들로부터 직접 자료를 얻어 당시 에스파냐의 신대륙 정복사를 기술했다. 그러나 그와 동시대인들 특히 베르날 디아즈 델 카스틸로(Bernal Diaz del Castillo) 조차도 그의 작품이 오류로 가득 차 있으며 코르테즈의 역할을 정당화하고 과장했다고 비판했다.

괴테(Johann Wolfgang von Goethe, 1749~1832). 독일의 시인, 극작가, 정치가, 과학자이다. 독일 고전주의의 대표자로 세계적인 문학가, 자연 연구가이다. 바이마르 공국의 재상으로도 활약했다. 대표작으로는 《빌헬름 마이스터의 편력 시대》, 《파우스트》 등이 있다.

굿먼(Godfrey Goodman, 1582경~1656). 영국의 신교 성직자이다. 저작인 《인간의 타락》에서 자연의 쇠락론을 주장했다.

그랜트(John Graunt, 1620~1674). 영국 태생으로 최초의 인구학자이다, 페티 경과 함께 근대 인구학의 기본 틀이 된 인구통계 센서스를 개발했다.

그레고리오 1세(Gregory the Great, 540~604). 교회학자이면서 최초의 수도원 출신 교황이다. 성 암브로시우스, 성 아우구스티누스, 성 히에로니무스과 함께 4대 라틴 교회의 아버지로 꼽히며, 중세 초기교회에 가장 많은 영향을 끼쳤다고 평가받는다.

그레고리우스 9세(Gregory IX, 1165경~1241). 오스티아의 주교와 추기경을 거쳐 1227년 교황에 즉위했다. 즉위 후 십자군 파견을 꺼려하는 신성로마제국 황제 프리드리히 2세를 파문하기도 했다. 십자군 원정으로 중동에 세워진 라틴계 국가의 보호에 힘썼으며 카타리파와 바르트파를 타파하는 데도 힘썼다. 종교재판을 일원화하여 교황권 밑에 두고 1234년에는 교령집(敎令集)을 공포했다.

그로스테스트(Robert Grosseteste, 1175경~1253). 영국 서포크 태생으로 별명은 대두(Greathead) 이다. 옥스퍼드 대학교와 파리 대학교에서 공부했으며 1235년 링컨의 주교가 되기까지 옥스퍼드 대학교 총장으로 있으면서 신학을 강의했다. 아리스토텔레스의 저서와 성서를 원어로 연구해 라틴어 기독교계에 새 바람을 불어넣었다. 특히 아리스토텔레스의 《물리학》(*Physics*)의 라틴어 번역과 주해는 당시 자연과학 방법을 일신시키는 데 기여했다.

그리내우스(Simmon Grynaeus, 1493~1541). 바젤 대학 신약학 교수다. 대학 동료였던 뮌스터의 친구이기도 했다.

기번(Edward Gibbon, 1737~1794). 영국의 합리주의 역사가이다. 2세기부터 1453년 콘스탄티노플의 멸망까지의 로마 역사를 다룬 《로마제국 쇠망사》(*The History of the Decline and Fall of the Roman Empire*, 6권, 1776~1788)의 저자로 잘 알려져 있다.

기요(Arnold Henry Guyot, 1807~1884). 스위스 태생의 미국의 지리학자이다. 1825년 베를린 대학교 졸업 후 리터에게 지리학을 배우고 1846년에 미국으로 건너갔다. 1854년 이후 30년간 프린스턴 대학교에서 지질학 및 자연지리학 교수를 역임했다. 빙하의 조사 및 기상 관측을 지도하고, 미국 기상대 설립에 힘을 쏟았다. 저서에는 《대지와 인간》(*The Earth and Man*, 1853), 《자연지리학론》(*Treatise on Physical Geography*, 1873) 등이 있다.

네캄(Alexander Neckam, 1157~1217). 영국의 과학자이자 교사이다. 영국 허트포드셔 성 앨번스에서 태생이다. 성 앨번스 수도원 학교에서 교육을 받고 수도원 부설 던스태블 학교의 교장으로 활동했다. 이후 프랑스에서 활동하다가 1186년 영국으로 돌아와서 여러 학교의 교장을 역임했다. 신학 외에도 문법, 박물학에 관심을 가졌고 자연과학자로 알려졌다.

노르망디 꽁셰의 윌리엄(William of Conches in Normandy, 1090경~1154경). 프랑스의 스콜라철학자이다. 노르망디 꽁셰 태생으로 세속적인 고전 작품을 연구하고 경험 과학을 육성함으로써 기독교 인문주의의 범위를 넓히는 데 기여했다. 그의 제자인 샤르트르의 주교였던 솔즈베리의 존은 그를 가리켜 베르나르 이후 최고의 문법학자라고 칭송했다.

놀즈(Richard Knolles, 1550~1610). 영국의 역사가로 주로 투르크를 연구했다.

뉴턴(Isaac Newton, 1642~1727). 영국의 물리학자, 천문학자, 수학자이자 근대 이론과학의 선구자이다. 수학에서의 미적분법 창시, 물리학에서의 뉴턴역학 체계 확립 등은 자연과학의 모범이 되었고 사상 면에서의 역학적 자연관은 후세에 커다란 영향을 끼쳤다.

니사의 성 그레고리우스(St. Gregory of Nyssa, 330경~395경). 성 바실리우스의 동생이다. 성 바실리우스, 나지안주스의 그레고리우스와 함께 카파도키아 3대 교부 중 한 명이다. 본질(本質)과 기질(氣質)과의 신학적 차이를 규정지어 삼위일체론 확립에 공헌해 정통 신앙을 수호한 공적이 크다.

다 빈치(Leonardo da Vinci, 1452~1519). 르네상스 시대 이탈리아를 대표하는 천재적 미술가, 과학자, 기술자, 사상가이다. 15세기 르네상스 미술은 그에 의해 완벽한 완성에 이르렀다고 평가받는다. 조각, 건축, 토목, 수학, 과학, 음악에 이르기까지 다방면에 재능을 보였다.

다리우스(Darius, ?~?). 페르시아의 왕이다. 이 책에서 언급된 다리우스는 다리우스 1세로 추정된다.

다마스쿠스의 요한네스(John the Damascene, 676경~749). 시리아의 수도사이자 설교가이다. 법, 신학, 철학, 음악에 많은 기여를 한 박학다식의 전형인 인물이었다. 다마스쿠스 통치자의 행정 최고책임자였고 기독교 신앙을 상세히 설명하는 저술과 지금도 그리스 정교회에서 일상적으로 사용되는 성가를 썼다.

다미아니(Petrus Damiani, 1007경~1072). 이탈리아의 추기경이자 교회 개혁자로 1043년에 몇 곳의 수도원을 창설하고 교회, 수도원 개혁에 힘썼다. 신학자로서 그의 사상은 특히 《성사론》(聖事論)에 잘 나타나 있다.

다윈(Charles Robert Darwin, 1809~1882). 영국의 생물학자이다. 남아메리카와 남태평양의 여러 섬과 오스트레일리아 등을 항해 탐사하고 관찰한 기록에서 진화론을 제안했고, 특히 1859년에 진화론에 관한 자료를 정리한 《종의 기원》을 통해 생물 진화론을 주창하여 19세기 이후 인류의 자연 및 정신 문명에 커다란 변화를 가져왔다(송철용 역, 2009, 《종의 기원》, 동서문화사 참고).

다키아의 보이티우스(Boetius of Dacia, ?~?). 스웨덴의 철학자이다. 스웨덴 린쾨핑 교구에서 사제직을 수행했고 파리에서 철학을 가르쳤다. 파리에서 브라방의 시제루스, 로저 베이컨 등과 알게 된다. 1277년 아베로에스주의 운동의 지도자라는 탕피에의 단죄를 받아 시제루스와 함께 교황 니콜라스 3세에게 호소했다. 교황의 관할구에서 지내다가 다키아의 도미니크 수도회에 합류했다.

단테(Alighier Dante, 1265~1321). 이탈리아의 시인, 예언자, 신앙인이다. 이탈리아뿐 아니라 전 인류에게 영원불멸의 거작인 〈신곡〉을 남겼다. 중세의 정신을 종합하여 문예부흥의 선구자가 되어 인류 문화가 지향할 목표를 제시했다.

달리온(Dalion, ?~?). 플리니우스가 인용한 지리학·식물학 저술가이다. 플리니우스는 그를 외국의 저술가로 표현하며 1세기 이전의 인물로 추정한다.

더햄(William Derham, 1657~1735). 영국의 신학자이자 뉴턴의 제자이다. 대표작은 1713년 《물리신학》으로 신의 존재에 대한 신학적 논증을 담은 이 책은 1세기 후 페일리의 《자연신학》에 많은 영향을 주었다. 박물학에도 관심이 많아 레이(John Ray) 등과 함께 《박물학》이라는 책도 편집해 출간했다. 그는 최초로 소리의 속도를 측정한 사람으로도 알려졌다.

던바(James Dunbar, 1742~1798). 영국의 철학자이다. 대표 저서로는 《원시 및 농경시대 인류의 역사에 관하여》가 있다.

데모크리토스(Democritos, 서기전 460경~370경). 고대 그리스 최대의 자연철학자이다.

고대 원자론을 확립하고 충만과 진공을 구별했다. 여기서 충만은 무수한 원자로 이루어지고 이들 원자는 모양, 위치, 크기를 통해 기하학적으로 구별될 뿐이라고 했다. 원자론을 중심으로 한 그의 학설은 유물론의 출발점이며 그 후 에피쿠로스, 루크레티우스에 의해 계승되어 후세 과학 사상에 영향을 끼쳤다.

데이비(Humphry Davy, 1778~1829). 영국의 화학자이다. 콘월 주 펜잔스 태생으로 1795년 볼레이스라는 의사 겸 약제사의 조수가 되면서 철학·수학·화학 등을 독학했는데, 특히 라부아지에의 《화학교과서》를 통해 화학에 흥미를 가졌다. 1797년에 "열·빛 그리고 빛의 결합에 관하여"라는 논문을 의사인 베도스에게 보내 과학적 자질을 인정받았다. 1803년 왕립학회 회원이 되어 전기분해에 의해 처음으로 알칼리 및 알칼리 토금속(土金屬)의 분리에 성공했다. 또한 기술에도 깊은 관심을 가졌으며 특히 안전등(安全燈)을 발명하여 탄광에서 가스 폭발사고를 예방할 수 있도록 했다. 1812년 작위가 수여되어 경(卿)의 칭호를 받았으며, 왕립연구소의 교수직을 사임했으나 실험실에서 연구는 계속했다. 1820년 왕립학회 회장이 되었으나 1826년 가을부터 건강이 악화되어 유럽 요양 중 제네바에서 급사했다.

데이비스(William Morris Davis, 1850~1934). 미국의 자연지리학자이다. 지형의 변화 과정을 설명하는 침식윤회설을 확립하여 근대 지형학에 많은 기여를 했다. 그러나 침식윤회설은 지형학에서 정설로 받아들여지지 않는다.

데카르트(René Descartes, 1596~1650). 프랑스의 철학자, 수학자, 물리학자이다. 근대 철학의 아버지로 불리며, 그의 형이상학적 사색은 방법적 회의에서 출발한다. "나는 생각한다, 고로 나는 존재한다"(*cogito, ergo sum*)라는 근본 원리가 《방법서설》에서 확립되어 이 확실성에서 세계에 관한 모든 인식이 유도된다.

도슨(Christopher Dawson, 1889~1970). 영국의 종교철학자이자 문화사가이다. 가톨릭 정신을 기조로 하는 통일적 문화사의 구성을 시도했다. 주요 저서에는 《진보와 종교》, 《종교와 근대 국가》, 《유럽의 형성》(김석희 역, 2011, 한길사) 등이 있다.

도쿠차예프(Vasilii Vasil'evich Dokuchaev, 1846~1903). 러시아의 토양학자이다. '근대 토양학의 원조'로 불린다. 1872년 페테르부르크 대학교를 졸업하고 모교 교수가 되었다. 1870년 니지니노브고로드 현(縣)의 토양, 특히 흑색토양의 생성과 성인(成因)에 관한 조사를 근거로 토양 분류를 한 것이 바로 토양대의 개념이다. 러시아의 토양 조사를 조직적으로 실시했으며, 러시아의 온대지방에 분포하는 석회 함량이 높은 검은 흙을 '체르노젬'이라 명명했다. 주요 저서에는 《러시아의 흑색토양》(1883) 등이 있다.

뒤 바르타스(Guillaume de Salluste 또는 Seigneur Du Bartas, 1544~1590). 프랑스의 시인이다. 천지창조에 대한 영향력 있는 종교시를 썼다.

뒤 보(abbé du Bos 또는 Jean-Baptiste Dubos, 1670~1742). 프랑스의 역사가, 미학자, 외교관이다. 예술을 단지 규칙의 형상화로 보는 견해에 반대하고 감정의 역할을 강조했으며, 기후의 영향 등 환경과 예술의 관계를 말하고 예술 상대주의를 한 걸음 진전시켰다.

뒤러(Albrecht Dürer, 1471~1528). 독일의 화가, 판화가, 미술이론가이다. 독일 르네상스 회화의 완성자이기도 하다.

뒤엠(Pierre Duhem, 1861~1916). 프랑스 물리학자이자 과학철학자이다. 중세의 경험적 기준에 대한 부정, 중세 과학 발전에 대한 저술로 유명하다.

듀 알드(Jean-Baptiste Du Halde, 1674~1743). 프랑스 예수교 신부다. 중국에 능통한 역사학자로 중국에 가본 적이 없지만 방대한 자료들을 수집해 중국의 역사, 문화, 사회에 관한 백과사전적 조사를 바탕으로 4권의 《중국총사》(*The General. History of China*, 1736)를 발간했다.

드 브라이(Theodor de Bry, 1528~1598). 독일 프랑크푸르트의 구리 조판공이다. 영국의 버지니아 식민지 총독을 지냈던 존 스미스의 "뉴잉글랜드 지도" 등을 동판으로 찍었다. 이 과정에서 그는 유럽인의 구미에 맞도록 장소의 위치를 바꾸거나 지도의 내용을 삭제하거나 새로운 이름을 붙이기도 했다(설혜심, 2007, 《지도 만드는 사람》, p. 197). 《아메리카》라는 책을 출판하기도 했다.

드 서지(Jacques Philibert Rousselot De Surgy, 1737~1791). 프랑스의 저자이다. 재무성 관리 및 왕립 출판 검열관 등에 종사했으며 그의 저서인 《흥미롭고 신기한 것들의 모음집》(*Melanges Interessants et Curieux*: 10 vols., Paris, 1763~1765)는 아시아와 아메리카의 자연사, 시민사회 및 정치의 역사를 다루며 특히 뒤에 나온 6권은 아메리카에 관해 그 당시 찾아보기 어려운 흥미로운 정보를 담았다.

드 퀸시(Thomas De Quincey, 1785~1859). 영국의 비평가이자 수필가이다. 대표작으로는 《어느 아편 중독자의 고백》이 있다.

드 파웁(Cornelieus de Pauw, 1739~1799). 네덜란드의 철학자, 지리학자, 외교관이다. 암스테르담 태생이지만 생애의 대부분을 클레브(Kleve)에서 지냈다. 성직자로 일했지만 계몽사상에도 친숙했다. 또한 그는 아메리카 대륙을 방문한 적이 없었지만 아메리카에 대해서는 대가로 인정받았다. 당시 널리 알려졌던 '중국이 고대 이집트의 식민지였다'는 사고를 거부하면서 고대인들의 기원에 관해 저술했다. 그는 볼테르와 같은 당대의 철학자들과 교류했으며 《백과사전》에 기고를 청탁받기도 했다.

드 포(Cornelius de Pauw, Cornelius Franciscus de Pauw, 1739~1799). 독일의 철학자, 지리학자, 외교관이다.

드로이젠(Johann Gustav Droysen, 1808~1884). 독일의 역사가, 정치가이다. 포메라니아 트레프토프 태생으로 그리스와 헬레니즘 역사를 연구했다. 특히 헬레니즘의 문화적 가치를 강조하고 알렉산드로스 이후의 시대에 헬레니즘이라는 명칭을 붙였다. 철저한 소(小)독일주의자로서 프로이센 중심의 입장을 고집했다. 베를린 대학교에서 공부하고 헤겔의 영향을 많이 받았다. 1833년 베를린 대학교 강사를 거쳐 킬 대학교, 예나 대학교, 베를린 대학교 등 각지의 대학교수로 있었다. 저서에 《알렉산드로스 대왕사》(*Geschichte Alexanders des Grossen*, 1833), 《헬레니즘사》(*Geschichte des Hellenismus*, 2권, 1836~1843), 《프로이센 정치사》(*Geschichte der preussischen Politik*, 전 14권, 1855~1886) 등이 있다.

디엔느 영주(Comte de Dienne). 17세기 습지를 대대적으로 매립하는 사업의 정치적·법적 역사를 추적해 공유 토지를 난개발하면서 공유 공간을 대대적으로 변화시켜 발생하는 사회, 경제, 생태적 균형의 문제를 비판했다.

디오도로스(Sikelos Diodoros, 서기전 90경~30경). 시칠리아 아기리움에서 활동한 그리스의 역사가이다. 《세계사》(*Bibliotheca historica*)를 썼다. 3부 40권의 이 책은 서기전 21년까지의 사건을 다룬다. 1부는 그리스 종족과 비(非) 그리스 종족의 신화시대부터 트로이 멸망까지, 2부는 알렉산드로스의 죽음까지, 3부는 카이사르의 갈리아 전쟁 초기까지를 다룬다.

디오클레티아누스(Diocletianus, 245~316). 로마의 황제(재위: 284~308)로 오리엔트식 전제군주정을 수립했다. 각각 두 명의 정식 황제 및 부황제가 분할 통치하는 4분 통치제를 시작해 제국에 통일과 질서를 가져왔다. 군제, 세제, 화폐 제도의 개혁을 단행했으며 페르시아에서 궁정 예절을 도입했고 많은 신전을 세웠다.

디카이아르코스(Dikaiarchos 또는 Dicaearchus). 고대 그리스의 페리파토스파 철학자이다. 시칠리아 섬 메시나 태생으로 아리스토텔레스의 제자로 활동하면서 문학사·음악사·정치학·지리학 등 특수 영역을 연구했다. 영혼은 육체와 관계없이 그것 스스로 존재하는 것이 아니고 물질적 소재의 조화로운 혼합의 성과이며 육체와 결합해 그 부분에 편재하며 사멸한다고 말했다. 그리스 문명사를 기술한 《그리스의 생활》(*Bios Hellados*)이 대표작이다.

라 메트리(Julien Offroy de La Mettrie, 1709~1751). 프랑스의 의학자이자 철학자이다. 프랑스 계몽기의 유물론자로 '혼이 육체의 소산'이라 하고 뇌를 '생각하는 근육'으로 정의했다. 저서에 《인간기계론》, 《영혼의 박물지》가 있다.

라 보드리(La Borderie, 1827~1901). 프랑스 역사학자이다. 법학 공부 후 프랑스 국립고문서학교(École des Chartes)에 입학했다. 1852년 우수한 성적으로 졸업한 후 1853년부터 1859년까지 낭트의 고문서과에서 일했다. 일 에 빌랜느(Ille-et-Vilaine) 고고학 및 역사학회 창립멤버이자 1863년부터 1890년까지 회장을 역임했다. 브르타뉴 지방 고대사에 관한 수많은 연구와 업적으로 브르타뉴 역사학자로 유명하다.

라마르크(Chevalier de Lamarck Jean-Baptiste-Pierre Antoine de Monet, 1744~1829). 프랑스의 박물학자이자 진화론자이다. 생명이 맨 처음 무기물에서 가장 단순한 형태의 유기물로 변화되어 형성된다는 자연발생설을 주장했으며 진화에서 환경의 영향을 중시하고 습성의 영향에 의한 용불용설을 제창했다.

라부아지에(Antoine-Laurent de Lavoisier, 1743~1794). 프랑스 근대 화학의 아버지로 불

린다. 그는 귀족 출신으로 화학뿐만 아니라 생물학, 금융 및 경제학사에서 저명하다. 낡은 화학술어를 버리고 새로운 《화학 명명법》을 만들어 출판함으로써 현재 사용되는 화학술어의 기초를 다졌다. 프랑스혁명이 일어나자 징세 청부인으로 고발되어 단두대에서 처형당했다.

라스 카사스(Bartolomé de las Casas, 1484~1566). 에스파냐의 성직자이자 역사가이다. 아메리카에 파견된 도미니크 수도회의 선교사로 인디언에 대한 전도와 보호 사업을 벌였다. 저서에 《인디언 통사》가 있다. 라스 카사스에 대한 국내문헌은 《라스카 사스의 혀를 빌려 고백하다》(박설호, 2008, 울력)가 있다.

라시스(Rhasis, 825경~925). 아랍의 의사, 학자, 연금술사이다. 본명은 Abu Bekr Muhammend Ben Zakeriyah er-Rasi이다. 널리 알려진 Al-Rhasis(*man of Ray*)란 이름은 그의 고향인 레이(Ray)에서 나온 것이다.

라우렌티우스(Andreas Laurentius, 1470경~1552). 스웨덴의 성직자이자 학자이다.

라이엘(Charles Lyell, 1797~1875). 영국의 지질학자이다. 《지질학원론》에서 '현재는 과거를 여는 열쇠'라는 견해를 바탕으로 지질 현상을 계통적으로 설명하여 근대 지질학을 확립했고 후에 다윈의 진화론에 큰 영향을 주었다. 특히 지질학을 통해 지구의 역사를 밝힘으로써 성경에서 말한 6천 년보다 실제 역사가 더 오래되었음을 증명함으로써 구약성서에 대한 과학적 신뢰가 무너지는 계기를 제공했다.

라이프니츠(Gottfried Wilhelm von Leibniz, 1646~1716). 독일의 철학자, 수학자, 자연과학자, 법학자, 신학자, 언어학자, 역사가이다. 수학에서는 미·적분법의 창시, 미·적분 기호의 창안 등 해석학 발달에 많은 공헌을 했다. 역학(力學)에서는 '활력'의 개념을 도입했으며, 위상(位相) 해석의 창시도 두드러진 업적의 하나다.

라인하르트(Karl Ludwig Reinhardt, 1886~1958). 독일의 고문헌학자이다. 프랑크푸르트 대학교 교수를 지냈다. 당대의 대표적 그리스 문헌학자로 《파르메니데스와 그리스 철학의 역사》(*Parmenides und die Geschichte der griechischen Philosophie*, 1916), 《포시도니오스》(*Poseidonios*, 1921), 《플라톤의 신화》(*Platons Mythen*, 1927), 《소포클레스》(*Sophokles*, 1933), 《극작가이자 신학자인 아이스킬로스》(*Aischylos als Regisseur und Theologe*, 1948)가 있다.

라첼(Friedrich Ratzel, 1844~1903). 독일의 지리학자이다. 지리학과 민족지학의 현대적 발전에 이바지했다. 그는 생활공간(*lebensraum*)라는 개념을 창안했는데 이것은 인간과 인간의 생활공간을 관련시키는 것이다. 그는 국가가 그 합리적 능력에 따라 영토를 확장시키거나 축소시키려는 경향을 지적했으나 독일 나치정부는 이 개념을 오용했다. 동물학을 공부했고 1869년에는 다윈의 저서에 대한 주석서를 출판했다. 그 뒤 종의 이주에 관한 이론들에 정통했다. 〈쾰른 차이퉁〉(*Kölnische Zeitung*)의 해외특파원으로 북아메리카와 중앙아메리카를 널리 여행하며 강한 인상을 받았는데 이것이 그의 사상적 기초가 되었다. 뮌헨 기술대학교와 라이프치히 대학교에서 학생들을 가르치며 여생을 보냈다. 주요 관심사는 인간의 이주·문화의 차용, 인간과 인간을 둘러싼 물리적 환경의 여러 요소 간의 관계였다. 주요 저서로 《인류의 역사》, 《인류지리학》, 《지구와 생명: 비교지리학》, 《정치지리학》 등이 있다.

라피타우 신부(Father Lafitau, 1670~1740). 프랑스인 예수회 선교사이다.

락탄티우스(Lucius Caecilius Firmianus Lactantius, 240경~320경). 기독교 변증가이다. 북아프리카 누미디아 지방 태생으로 니코메디아에서 수사학을 배우고 300년경 기독교로 개종했다. 기독교 박해가 시작되자 신학 저술에 전념했다. '밀라노 칙령'으로 기독교가 공인될 무렵 콘스탄티누스 1세의 초빙을 받고 트리어로 가서 궁정 신학자가 되어 황제의 종교정책 수행을 돕고 대제의 맏아들 크리스푸스를 지도했다. 주요 저서로 《신학체계》, 《신의 진노에 대하여》 등이 있다.

랄리 경(Sir Walter Raleigh, 1552?~1618). 영국의 작가, 시인, 군인, 조정대신, 탐험가이다. 특히 엘리자베스 1세의 궁정에서 탁월했던 인물로 1585년 작위를 받고 아메리카를 탐험했다. 버지니아의 영국 식민화 작업에 참여했으며 엘도라도 지역의 조사 과정에서 발생한 문제로 인해 처형을 당했다.

러브조이(Arthur Oncken Lovejoy, 1873~1962). 미국의 철학자이다. 독일 베를린 태생으로 캘리포니아 대학교와 하버드 대학교에서 공부 후에 존스홉킨스대학 교수가 되었다. 산타야나, 드레이크 등과 함께 신실재론을 비판하는 《비판 실재론 논집》(*Essays in Critical Realism*, 1920)을 간행했고, 《고대의 상고주의와 관련 사고들》(*Primitivism and Related Ideas in Antiquity*, 1935), 《존재의 대사슬》(*Great Chain of Being: a Study of the History of an Idea*, 1936), 《이원론에의 반항》(*Revolt against Dualism: an Inquiry Concerning the Existence of Ideas*, 1960) 등의 저술을 집필했다.

러쉬(Benjamin Rush, 1745~1813). 미국을 건국한 인물 가운데 한 사람이다. 그는 펜실베이니아 주에서 살았으며, 내과의, 작가, 교육자, 인본주의자였다. 그리고 펜실베이니아의 디킨슨 대학(Dickinson College)을 설립했다. 미국 독립선언 서명자 가운데 한 사람으로 제헌의회에 참석했다. 생애 후반에 그는 펜실베이니아 대학교에서 의학이론 및 임상실무 교수가 되었다. 미국 정부의 발전에 많은 영향을 미쳤음에도 불구하고 그에 대해서는 많이 알려져 있지 않다. 그는 노예제도와 처벌에 대해 반대했으며 1812년에 초기 공화당의 두 거물 제퍼슨과 애덤스를 화해시키는 데 기여한 인물로도 잘 알려져 있다.

러스킨(John Ruskin, 1819~1900). 영국의 비평가이자 사회사상가이다. 런던 태생으로 1843년 낭만파 풍경화가인 터너를 변호하기 위하여 쓴 《근대 화가론》(*Modern Painters*, 5권, 1843~1860)의 1권을 익명으로 내어 예술미의 순수 감상을 주장하고 "예술의 기초는 민족 및 개인의 성실성과 도의에 있다"는 자신의 미술 원리를 구축했다. 이와 함께 《건축의 일곱 등》(*The Seven Lamps of Architecture*, 1849), 《베니스의 돌》(*The Stones of Venice*, 1851~1853), 《참깨와 백합》(*Sesame and Lilies*, 1865)

등의 대표작을 냈다. 1860년 이후에는 경제와 사회 문제로 관심을 돌려 사회사상가로 전향해 전통파 경제학을 공격하고 인도주의적 경제학을 주장했다. 《최후의 사람에게》(*Unto This Last: Four Essays on the First Principles of Political Economy*, 1860), 《무네라 풀베리스》(*Munera Pulveris: Essays on Political Economy*, 1862~1863)를 발표하여 사회 개혁의 필요성을 역설했다.

레날(Guillaume Thomas François Raynal, 1713~1796). 프랑스의 자유사상가, 역사가이다. 예수회의 수도사였으나 자유사상가로 의심을 받고 추방되었다. 페테르부르크, 베를린을 거쳐 스위스에 정착한 후 디드로와 협력하여 1770년에 《두 인도제도에서 이루어진 유럽인의 정착과 무역의 철학적·정치적 역사》를 저술했다. 왕정 및 가톨릭교회의 제도정치를 비판했고 식민주의와 중상주의도 비판했다.

레벤후크(Anton van Leeuwenhoek, 1632~1723). 네덜란드의 교역상인, 과학자, 박물학자이다. 최초로 단안렌즈 현미경을 제작해 곤충을 관찰함으로써 '미생물학의 아버지'로 불린다. 그는 기존의 현미경을 손수 개량·제작하여 우리가 미생물이라고 부르는 유기체를 최초로 관찰했으며 근육 조직과 박테리아, 정자를 최초로 관찰하고 기록했다.

레오 더 아프리칸(Leo the African, 1494~1550경). 무슬림 지배하 에스파냐의 그라나다에서 태어난 무슬림으로 원래 이름은 Al Hassan Ibn Muhammad Al Wazzan Al Fasi이다. 외교관인 삼촌을 따라 서부 아프리카를 여행했으며 이후 이집트, 콘스탄티노플, 아라비아 등을 여행했다. 나중에 해적들에게 잡혀 노예로 팔려다니다 교황 레오 10세에게까지 오게 되었는데 그의 학식에 깊은 인상을 받은 교황에 의해 해방되고 차후 기독교로 개종했다. 그의 기독교식 이름은 Jean Leon, Giovanni Leone de Medicis, Leo The African, Leo Africanus 등으로 다양하게 알려져 있다. 그가 쓴 아프리카에 대한 책은 유럽인에게 널리 읽혔으며 아랍과 유럽을 아우른 지식은 아랍 문명과 유럽 르네상스 문명의 교류에 공헌했다.

레우키포스(Leucippos, 서기전 440년경). 고대 그리스의 철학자이다. 제논에게 배웠으며 원자론을 창시했다. 그의 원자론은 제자 데모크리토스에 의하여 체계화되었다.

레이(John Ray, 1627~1705). 영국 박물학의 아버지로 불린다. 식물학, 동물학, 물리신학에 관한 중요한 저서들을 출판했다. 보일이 태어나고 프랜시스 베이컨이 죽은 해에 태어났다. 그는 고대 그리스 사고의 잔존물이었던 실제 세계에서 시작하지 않고 논리적 논의만 주장하던 이전 철학 대신에 실험과 논리를 결합시킨 베이컨의 개념으로 대치된 시대에 자신이 태어난 것을 감사했다고 했다. 베이컨은 현대의 보편과학을 창조하는 첫 단계가 자연의 내용물을 기록하고 분류하는 작업이라고 지적했는데, 이를 화학에서 시작한 사람이 보일이고 생물학에서 시작한 사람이 레이다. 그러나 그는 진화론의 반대자로서 기독교에 입각한 자연신학의 신봉자이기도 했다.

레흐바터(Jan Adriaeszoon Leeghwater, 1575~1650). 네덜란드의 풍차 제작자이자 수리

공학자이다. 암스테르담 북쪽 43개의 풍차를 이용하여 7천 2백 헥타르의 간척지를 만들었다. 이것이 뱀스터 폴더(Beemster polder)이다.

렘니우스(Simon Lemnius, 1511경~1550). 네덜란드의 인문주의자이자 신(新) 라틴문학가이다.

로디오스(Apollonius Rhodius, 서기전 295경~215경). 고대 그리스의 서사시인이다. 이집트의 알렉산드리아에서 태어나 그곳의 도서관장을 지냈다고 전해지는데, 후에 로도스로 은퇴했기 때문에 로디오스로 불린다. 호메로스 이래의 대영웅 서사시 《아르고원정대》(4권)의 작자로 유명하다. 그러나 다른 작품은 대부분 남아 있지 않다.

로레인(John Lorain, 1753~1823). 미국의 농부, 상인, 농업학자이다. 어릴 때 북아메리카 메릴랜드로 이주한 후 농업에 종사했다. 두 가지 유형의 옥수수를 혼합하여 잡종을 만든 첫 번째 사람으로, 실험을 통한 잡종 배양방식은 그의 사망 이후 널리 보급되었다.

로버트(Robert of Ketton, 1110경~1160경). 중세 신학자, 천문학자, 아랍학자이다. 존엄자 피터의 명을 받고 《코란》을 라틴어로 번역했다. 번역은 1143년에 끝났고 책 제목은 《거짓 예언자 무함마드의 법》(*Lex Mahumet pseudoprophete*)이다.

로버트슨(William Robertson, 1721~1793). 스코틀랜드의 역사가이다. 흄, 에드워드 기번과 더불어 18세기 가장 훌륭한 영국의 역사가 중의 하나다.

로샹보(comte de Rochambeau, 1725~1807). 프랑스의 관료, 군인으로 미국 혁명에 참여했던 프랑스의 원수다. 어릴 때는 성직자 교육을 받았으나 나중에는 기병대에 입대해 오스트리아 왕위계승 전쟁에 참가해 대령으로 진급했으며 1776년에는 빌프랑슈앙루시용 시장이 되었다. 1780년 5천 명의 프랑스군을 지휘하는 해군 장군으로 임명되어 조지 워싱턴 휘하 미국 식민지 정착자들과 합류해 미국 혁명전쟁에서 영국군과 싸웠고, 특히 1781년 버지니아의 요크타운 전투에 참가해 영국군을 물리치도록 도움으로써 미국 독립혁명을 지원했다.

로셀리누스(Roscelinus, Roscelin of Compiêgne, 1050~1125경). 중세 프랑스의 스콜라철학자이다. 《보편자 논쟁》에서 유명론을 대표하여 보편이란 실재성이 없는 명칭에 불과한 것이라고 주장했다. 따라서 기독교의 삼위일체론은 삼신론이 된다고 하여 1092년 수아송 종교회의에서 철회를 요구받았다. 그의 설은 아벨라르의 편지를 통해 전하는 정도다.

로스(W. D. Ross 1877~1971). 영국의 철학자, 윤리학자. 저서로 《아리스토텔레스》(*Aristotle*, 1923), 《윤리학의 토대》(*Foundations of Ethics*, 1939), 《플라톤의 이데아론》(*Plato's Theory of Ideas*, 1951) 등이 있다.

로스토프제프(Mikhail Ivanovich Rostovtsev, 영문명은 Rostovtzeff, 1870~1952). 러시아의 역사가이다. 러시아 키예프 태생으로 상트페테르부르크 대학교에서 수학한 후 동 대학교수가 되었으나, 러시아혁명 후 1918년 영국으로 망명했다가 곧 미국으로 건너가 1920년 위스콘신 대학교 교수, 1925년 예일 대학교 교수가 되었다. 고대 그리스, 이란, 로마사에서 20세기 최고의 권위자 중 한 사람으로 손꼽힌다. 저서 중 《로마제국 사회경제사》(*Social and Economic History of the Roman Empire*, 1926)와 《헬레니즘 세계의 사회경제사》(*A Social and Economic History of the Hellenistic World*, 3권, 1941)가 대표적이다.

로저 베이컨(Roger Bacon, 1214~1294). 영국 근대 철학의 선구자인 프랜시스 베이컨과 거의 차이가 없는 사상을 이미 가졌다. 그는 프란체스코 교단의 수도신부였다. 수학과 자연과학을 연구했고 자신의 재산을 들여가면서 물리학 실험에 열중했었다. 그는 모든 선입관념을 배제해야 한다면서 희랍어를 몰라 라틴어 번역만을 읽었고 수학이나 물리학을 모르는 아퀴나스는 진정한 학자가 못된다고 비판했다. 인문학을 위해서는 원어를 알아야 하며, 자연과학을 위해서는 물리학, 천문학을 연구해야 한다고 주장하면서 모든 인식에서 과학적 방법이 선행되어야 한다고 강조했다. 그의 근대적 주장은 교회의 비난과 반박을 받다가 클레멘스 4세 교황이 서거한 후에 10년간 수도원에 수감되고 말았다. 그의 과학적 성격과 근대적 사고는 그 당시에는 용납될 수가 없었던 것이다(이 책 2부 6장 8절 참고).

루크레티우스(Carus Titus Lucretius, 서기전 94경~55경). 로마의 시인, 유물론 철학자이다. 생애에 대해 전하는 바가 많지만 불확실하다. 남아 있는 유일한 저작 《만물의 본성에 대하여》(*De Rerum Natura*)는 운문으로 쓰인 6권의 철학시로 철학자 에피쿠로스의 평온한 생활의 찬미와 원자론적 합리주의의 선전에 바친 책이다. 진실로 실재하는 것은 무수히 많고 작아서 나뉠 수 없는 물체(원자)와 공허한 무한공간뿐이며, 세계의 모든 것은 원자의 운동현상이라고 하는 고대원자론의 원칙에 의해서 천계, 기상계, 지상의 온갖 자연현상으로부터 인간 사회의 제도와 관습에 이르는 모든 것을 자연적·합리적으로 설명하고, 특히 불안과 공포의 원천인 영혼과 신들에 대한 종교적·정치적 편견을 비판하고 싸웠다.

루터(Martin Luther, 1483~1546). 독일의 종교개혁자이자 신학자이다. 로마 교황청의 면죄부 판매에 대해 "95개조 반박문"을 발표하며 교황에 맞섰는데 이는 종교개혁의 발단이 되었다. 신약성서를 독일어로 번역하여 독일어 통일에 공헌했으며 새로운 교회 형성에 힘써 루터파 교회를 만들었다.

룰(Ramon Lull, 1234경~1315경). 프란체스코 수도회에 속하는 스콜라 학자다. 에스파냐의 마요르카 섬 출신으로 그가 저술했다는 연금술서는 그의 사후에 출판되었는데 분명히 후계자들(룰 학파)이 쓴 위서일 것으로 판단된다. 사실 룰 자신은 자신의 작품 속에서 연금술에 대한 불신을 분명하게 밝힌다. 그는 연금술의 원리나 재료, 조작 등을 알파벳으로 기호화했으며 이러한 문자를 다시 조합시켜 여러 가지 순서를 나타냈다.

룸피우스(Georg Eberhard Rumphius, ?~1702). 독일 태생의 식물학자. 인도네시아의 네덜란드 동인도회사에서 일했으며, 인도네시아 암본 섬의 식물에 관해 쓴 《암보이나의 식물》(*Herbarium Amboinense*, 1741)로 잘 알려져 있다.

르 로이(Louis Le Roy, 1510~1577). 프랑스의 작가이다. 유럽 각국에서 교육을 받았으며 1572년에는 콜라쥬 드 프랑스에서 그리스어 교수가 되었다.

르클뤼(Élisée Reclus, 1830~1905). 프랑스의 아나키스트 지리학자이다. 《새로운 세계지리》(*La Nouvelle Géographie Universelle*), 《대지와 인간》(*La terre et les Hommes*) 등의 방대한 저술을 남겼다.

리비우스(Livy, 라틴어명 Titus Livius, 서기전 59~서기 17). 로마의 역사가이다.

리비히(Justus von Liebig, 1803~1873). 독일의 화학자이다. 농화학과 생화학에 주요한 기여자이며 유기화학을 조직화하는 데 기여했다. 식물 생장에 꼭 필요한 요소인 질소를 발견하여 비료 산업의 아버지로 알려졌다. 유기체의 성장은 필수 영양분 중에서 가장 최소의 요인에 제한된다는 최소의 법칙을 발견했다.

리빙스턴(David Livingston, 1813~1873). 영국의 탐험가, 선교사, 의사이다. 유럽인으로는 처음으로 1852년에서 1856년에 걸쳐 아프리카 대륙의 내부를 횡단했다. 노예 해방을 위해 애쓰기도 했으며, 잠비아에는 그의 이름을 딴 도시가 있다. 아프리카 내륙을 탐험 중 세계 3대 폭포의 하나인 빅토리아 폭포를 확인한 최초의 유럽인이다. 탐험의 목적은 선교와 교역 루트의 확보였으며, 빅토리아 폭포에 있는 그의 동상에 새겨진 '선교, 교역, 문명'(*Christianity, Commerce, Civilization*)이라는 문구가 그의 아프리카 탐험 목표를 잘 설명한다. 이후 후원금 마련을 위해 펴낸 그의 여행기는 그를 일약 명사로 만들었으며 이후의 탐험은 영국 정부의 지원을 받았다. 1858년부터 1864년까지 잠베지 강의 내륙을 장기간 탐험했고, 1866년에는 나일 강의 수원지를 찾기 위해 더 내륙을 탐험했다. 이후 아프리카에 줄곧 머물면서 탐험과 와병을 반복한 끝에 1873년 잠비아에서 사망했다.

리치오리(Giovanni Battista Riccioli, 1598~1671). 이탈리아의 천문학자이다. 프톨레마이오스적 천문 체계를 따라서 1651년 달 표면의 지도가 포함된 《새로운 알마게스트》(*New Almagest*)를 출판했다.

리카도(David Ricardo 1772~1823). 영국의 경제학자, 사업가, 하원의원이다. 19세기 고전경제학의 발전에 크게 기여했다. 특히 그의 저서 《정치경제학과 조세의 원리》(*Principles of Political Economy and Taxation*, 1817)를 통해 사회적 생산물이 어떻게 사회의 3계급, 즉 지주, 노동자, 자본가 사이에 분배되는가를 분석했다. 그에 의하면 실업이 없는 상태에서 이윤은 임금에 반비례하며, 임금은 생계비용에 따라 변하고, 지대는 인구 증가와 한계경작 비용의 증가에 따라 상승한다. 그 외에도 비교우위론에 근거한 무역론과 통화 및 과세 문제 등을 연구했다.

리케(Pierre-Paul Riquet de Bonrepos, 1604~1680). 프랑스의 기술자이다. 미디 운하 건설을 감독한 것으로 알려졌다.

리쿠르구스(Lycurgus, 서기전 700경~630). 스파르타의 전설적 입법가이다.

리키 부부(Leakeys). 고고인류학자인 루이스 S. B. 리키(Louis, S. B. Leakey, 1903~1972)와 메리 더글러스 리키(Mary Douglas Leakey) 부부를 가리킨다. 탄자니아의 올두바이 유적에서 진잔트로푸스와 호모하빌리스 화석을 발견했다.

리터(Carl Ritter, 1779~1859). 독일의 지리학자이다. 훔볼트와 함께 근대 지리학의 토대를 세웠다. 지리학자라기보다 역사학자였던 그는 지리학적 해석으로 역사를 기술했다. 사후에는 그의 사상에 반대하는 견해가 등장했는데 그의 주장이 지리학의 위상을 역사학에 부수적인 것으로 만들었다는 비판에서 출발했다. 하지만 이후로도 거의 20년간 리터의 사상은 독일 지리학 연구에 매우 깊은 영향을 미쳤다. 리터가 최초로 집필한 지리학 저서는 유럽에 관한 것으로 1804년과 1807년에 발행되었다. 그의 대작 《자연 및 인간의 역사와 관련한 지리학》(*Die Erdkunde im Verhältniss zur Natur und zur Geschichte des Menschen*)은 세계적인 조사 연구를 계획한 것이었지만 완성은 보지 못했다. 1817년 아프리카에 관한 내용으로 1판이 출간되었는데, 이것이 인정받음으로써 그는 베를린 대학교 교수로 임명되었다. 1832년부터 생을 마칠 때까지 계속해서 신판을 발행했는데 이는 주로 아시아에 관한 내용들이었다. 작업은 비록 완성되지는 못했지만 총 19권, 2만 쪽에 달하는 대작이었다.

리트레(Paul-Emile Littré, 1801~1881). 프랑스의 언어학자·실증철학자이다. 콩트와 친구 사이였다. 1877년에 4권짜리 프랑스어 사전을 저술했다.

린네(Carl Von Linne, 1707~1778). 스웨덴의 식물학자, 동물학자, 의사이다. 근대 분류학의 창시자이며 생물학의 근대적 명명법인 이명법(二名法)을 확립했다. 또한 근대 생태학의 아버지로 알려져 있다. 1735년에는 《자연의 체계》를 출판하여 동물계, 식물계, 광물계의 구분을 제시했고 1737년에는 《비판적 식물학》을 통해 새로운 명명법을 제안했다. 1751년에는 《식물학 철학》을 출간하여 식물의 명명과 분류에 크게 기여했다. 그는 종의 개념을 확립하여 식물학 연구의 기본 단위로 삼았다. 프랑스의 철학자 장 자크 루소는 그에게 '당대 가장 위대한 인간'이라는 찬사를 보내기도 했다.

릴의 알랭(Alan of Lille, 1128경~1202). 프랑스 신학자이자 시인이다. 릴 태생으로 알려져 있다. 그의 생애에 대해 알려진 것은 거의 없으나 생전에 그는 '만물박사'(*doctor universalis*)로 불리며 심원하고 박학한 지식으로 명성을 얻었다. 라틴 문학에서 그를 독보적 위치에 올려놓은 책 두 권은 인류의 악에 대한 독창적 풍자문인 《자연의 불만》(*De Planctu Naturae*)과 루피누스(Rufinus)를 반대하는 문서를 작성한 클라우디아누스(Claudian)가 사용했던 문장 형식을 떠올리게 하는 '우의로서의 도덕'을 논한 《안티클라우디아누스》(Anticlaudianus)로 이 책은 운문으로 지어졌으며 순수 라틴어를 사용했다.

마고(Mago the Carthaginian, ?~?). 카르타고의 마고라고도 불리는데 페니키아의 농업

지침서 저자이다. 페니키아어 저술은 소실되었지만 그리스어와 라틴어로 번역된 저술의 일부가 남아 있다.

마그누스(Albertus Magnus, 1206경~1280). 성 알베르투스, 알버트 대제와 동일 인물이다(성 알베르투스 항목을 참고).

마시(George Perkins Marsh, 1801~1882). 미국의 외교관이자 최초의 환경주의자이다. 미국 버몬트 주 태생으로 20개 국어에 능통한 외교관으로 활약하면서 전 세계를 여행했다. 1864년 고전 《인간과 자연》(*Man and Nature*)을 썼다. 이 책은 18세기 말 뷔퐁의 역작 이후 인간의 활동에 의해 변화되는 지구에 관한 가장 자세하고 체계적인 연구다.

마이모니데스(Maimonides 또는 Moses ben Maimum, 1135~1204). 유대교 철학자, 신학자, 의학자, 천문학자이다. 아랍명은 Abūχlmran Mūsā ibn Maymūn Ibn ubayd Allāhdlek이다. 이슬람 철학자인 이븐 루슈드(영어로 아베로에스)와 함께 칭송되는 유럽 중세 최대 학자다. 저서로 《방황하는 자들을 위한 안내서》(*Dalālat al-Hā'irīn*)가 유명하다. 그의 사상은 성 알베르투스와 아퀴나스, 그리고 에크하르트, 니콜라스 쿠자누스 등에 영향을 끼쳤다(이 책 2부 5장 10절 참고).

마자랭(Jules Mazarin, 1602~1661). 이탈리아 출신의 성직자이자 프랑스 정치가이다. 리슐리외 추기경을 계승하여 1642년부터 사망할 때까지 총리의 자리에 있었다.

마제이(Filippo Mazzei, 1730~1816). 이탈리아 토스카나에서 태어나 부유한 가정에서 좋은 교육을 받았다. 유럽의 대부분을 여행한 후 런던에 정착하여 마티니(Martini & Co.) 회사를 설립하고 포도주, 치즈, 올리브유, 여타 과일을 런던에 소개했다. 이 당시 그는 프랭클린과 애덤스 등을 만났으며 사업을 확장시키기 위해 버지니아로 이주할 것을 권유받았다. 그곳에서 제퍼슨을 만나 버지니아 정치에 참여했고, 미국 독립선언문을 작성하는 데 기여하기도 했다. 그는 다시 유럽으로 돌아와 이탈리아의 피사에서 생을 마감했다.

마키아벨리(Niccolò Machiavelli, 1469~1527). 이탈리아의 역사학자, 정치이론가이다. 《군주론》은 그의 대표작으로 '마키아벨리즘'이란 용어를 생기게 했다. 책의 내용은 군주의 자세를 논하는 형태로 정치를 도덕으로부터 구별된 고유의 영역임을 주장했고, 더 나아가 프랑스, 에스파냐 등 강대국과 대항하여 강력한 군주 밑에서 이탈리아가 통일되어야 한다고 호소했다. 이 저서는 근대 정치사상의 기원이 되었다.

말(Emile Mâle, 1862~1954). 프랑스 예술사가이다. 중세, 특히 프랑스의 종교예술과 동유럽 도상학의 영향에 대한 연구를 창시했다. 그는 아카데미 프랑세즈의 회원이었고 로마 프랑스 학회의 회장을 역임했다. 세 번에 걸쳐 개정된 그의 박사 논문(1899년)은 1910년 제3개정판이 《고딕 이미지, 13세기 프랑스의 종교예술》(*The Gothic Image, Religious Art in France of the Thirteenth Century*)이라는 제목으로 영문 번역되었는데 현재도 프랑스의 고딕 예술을 이해하는 데 매우 유용한 입문서로 활용된다.

말브랑슈(Nicolas Malebranche, 1638경~1715). 프랑스의 합리주의 철학자이다. 데카르트 학파로서 성 아우구스티누스의 신학사상과 데카르트 철학을 종합하여 세계의 작동에서 신의 능동적 역할을 입증하려 했다. 기회원인론(*occasionalism*)으로 잘 알려져 있으며 저서에 《진리의 탐구》 등이 있다.

맘스베리의 윌리엄(William of Malmesbury, 1080 또는 1095~1143경). 12세기에 활동한 영국 역사가이다.

맬서스(Thomas Robert Malthus, 1766~1834). 영국의 경제학자. 영국 고전파 경제학자의 한 사람으로 이론적·정책적 면에서 리카도 등과 대립했다. 케임브리지 대학교 졸업 후 영국국교회의 목사보를 거쳐 목사가 되었다. 이 시기에 주요 저서인 《인구론》(*An Essay on the Principle of Population*, 1798)을 집필했다. 1805년 동인도 대학교 경제학 및 근대사 교수를 지냈다. 이론적으로는 차액지대론과 유효수요의 원리를 전개하고 과소소비설의 입장에서 공황 발생 가능성을 주장하여 일반적 과잉 생산에 따른 공황의 발생을 부정하는 리카도, 세이, 밀 등과 대립했다. 정책적으로는 지주의 이익 보호를 위해 곡물법의 존속 및 곡물 보호무역 정책을 주장하여 산업자본가의 이익을 옹호하는 자유무역 정책과 대립했다. 주요 저서에 《정치경제학 원리》(*Principles of Political Economy*, 1820), 《경제학의 제정의》(*Definitions in Political Economy*, 1827) 등이 있다.

메이(Thomas May, 1595~1650). 영국의 시인이자 역사가이다.

멘다냐(Álvaro de Mendaña de Neira, 1542~1595). 에스파냐의 항해가이다. 남방의 땅을 찾기 위해 1567년과 1595년 태평양을 항해한 업적으로 유명하다.

멜라(Pomponius Mela, ?~?). 1세기경 로마제국의 지리학자이다. 라틴어로 《지지》(地誌·*De Chorographia*) 3권을 저술했다. 유럽 남동부, 카스피 해, 페르시아 만, 서쪽 근동, 적도 이북의 아프리카 등 당시 알려졌던 거의 모든 세계에 관한 지명, 지세, 기후, 풍습을 기술했다. 그는 우주의 중심인 지구를 북한대, 북온대, 열대, 남온대, 남한대 등 총 5지대로 나누었다.

멜랑히톤(Philipp Melanchton, 1497~1560). 독일의 교수이자 신학자이다. 루터의 친구이자 동료로서 루터의 종교개혁에서 주도적 활동을 했다.

모스카티(Sabatino Moscati, 1922~1997). 이탈리아의 고고학자이자 언어학자이다. 근동의 셈 문명을 주로 다루었다. 《고대 셈 문명》(*Storia e civiltà dei Semiti*, 1949, 영어판 1957), 《고대 오리엔트의 얼굴: 고전 시대 이전 근동문명의 파노라마》(*Face of the Ancient Orient: a panorama of Near Eastern civilizations in pre-classical times*, 1960) 등 많은 저술을 남겼다.

모스코스(Moschos). 고대 그리스의 목가시인이다. 서기전 2세기경 사람으로 시칠리아 섬의 시라쿠사 출신이다. 동향의 선배 시인인 테오크리토스의 시를 모범으로 삼았다고 한다. 작품으로는 제우스가 소로 변신하여 미녀 에우로파를 등에 태우고 바다를 건너는 신화에서 딴 〈에우로파〉(*Europē*), 여신 아프로디테가 아들 에로스를 찾아 헤매는 〈달아나는 에로스〉 등이 있다. 교묘한 기교와 화려한 표현이 뛰어나 헬레니즘 시대의 시가 지닌 특색을 잘 표현하여 후세의 시인들이 이를 모방했다.

모어(Henry More, 1614~1687). 영국의 철학자이다. 플라톤, 플로티노스 등의 영향을 받아 기독교를 기조로 한 플라톤주의를 주장했다. 홉스의 유물론에 반대하고 영혼의 불멸과 유기적 자연관을 주장했다.

모에리스 왕(King Moeris). 이집트 제 12왕조의 아메넴헤트 3세(Amenemhet III, 재위 서기전 1860~1814)를 그리스인이 부르던 이름이다.

모페르튀이(Pierre-Louis Moreau de Maupertuis, 1698~1759). 프랑스의 수학자, 철학자이다.

몬보도 경(Lord Monboddo, James Burnett, 1714~1799). 스코틀랜드의 법률가이자 선구적 인류학자이다. 언어와 사회의 기원을 탐구했으며 다윈의 진화론 원리 가운데 몇 가지를 예견하기도 했다. 주요 저서인 《언어의 기원과 발전에 관하여》는 원시인의 풍속과 관습에 관해 전하는 진기한 이야기를 방대한 체계로 엮어 다룬 것이며, 인간을 오랑우탄과 관련시켜 사회형성 단계까지 인간이 발전한 과정을 추적한다.

몽탈랑베르(Comte de Montalembert, 1810~1870). 19세기 프랑스의 정치가·가톨릭사가이다. 자유론자로서 교회를 국가의 감독으로부터 해방시키려는 교회 자유화에 노력했다. 람네·라코르데르 등과 간행물 〈미래〉를 창간했다. 로마에 가서 교황의 지지를 얻으려 했으나 실패했고 그레고리우스 16세가 회칙인 "미라리보스"로 자유주의를 배척하자 이에 승복했다. 1848~1857년간 프랑스 국민의회 및 입법원 의원을 지냈으며 가톨릭 원리를 옹호했다. 1851년 아카데미프랑세즈 회원이 되었다. 그의 사서는 낭만파의 영향을 받아 미문(美文)이나 사학(史學) 방법론적 관점에서는 결점이 많다는 평을 듣는다. 저서로 《헝가리의 성 엘리자베트전(傳)》(1836), 《서유럽의 수도사(修道士)》(5권, 1860~1867) 등이 있다.

몽테뉴(Michel Eyquem de Montaigne, 1533~1592). 프랑스의 사상가이다. 회의론을 바탕으로 종교적 교회, 이성적 학문의 절대시함을 물리치고 인간으로서 현명하게 살 것을 권장했다. 프랑스에 도덕주의적 전통을 구축하고 17세기 이후 프랑스, 유럽 문학에 큰 영향을 주었다. 대표작으로는 《수상록》이 있다.

몽테스키외(Charles-Louis de Secondat, Baron de La Brède et de Montesquieu, 1689~1755). 프랑스의 계몽사상가이다. 계몽사상의 대표자 중 한 사람으로 1728년부터 유럽 각국을 여행했고 영국에 3년간 체류할 때 각국의 정치·경제에 관해 관찰하고 기록한 것을 바탕으로 《로마인의 성쇠원인론》(*Considérations sur les causes de la grandeur des Romains et de leur décadence*, 1734) 등을 저술했다. 또 10여 년이 걸린 대저 《법의 정신》(*De l'esprit des lois*, 1748)을 완성했다. 삼권분립론으로 유명하다.

무멘호프(Ernst Mummenhoff, 1848~1931). 뉘른베르크 시의 자료실장을 지냈고 뉘른베르크 시의 역사 및 건축물에 대한 많은 논문을 작성했다. 그가 작성한 수많은 기록은 《뉘른베르크 시의 역사에 대한 기록 모음집》(*Mitteilungen des Vereins für Geschichte der Stadt Nürnberg*)으로 출판되었다. 1928년에 그는 뉘른베르크 시의 명예시민이 되었으며 그의 고향인 노르드발트에는 그의 이름을 딴 거리가 있다.

무함마드(Mohammed, 570경~632). 이슬람교의 창시자이다. 국내에서는 중세 라틴어 혹은 프랑스식 표현인 마호메트(Mahomet)로 널리 알려져 있다.

뮌스터(Sebastian Münster, 1488~1552). 독일의 수도사, 사제이다. 또한 바젤 대학교에서 히브리어와 신학을 강의한 교수이며 문필가이자 출판인이기도 했다. 발견 시대 한복판에 살았던 그는 연대기, 지도, 지리서 등에 커다란 업적을 남겼다. 그의 대표작 《세계지》(*Cosmographia*, 1544)는 세계 전체를 묘사한 최초의 독일 백과사전적인 성격을 띠며 16세기에 많은 나라에서 번역·출판되면서 큰 인기를 끌었다. 특히 이 책은 소(小) 홀바인 등이 참여해서 만든 대량의 목판화를 곁들여 16세기 유럽의 지리를 이해하는 데 가장 중요한 업적 가운데 하나로 남았다(설혜심, 2008, 《지도 만드는 사람》, 도서출판 길). 우리나라에서는 《집안에 앉아서 세계를 발견한 남자》라는 제목으로 뮌스터의 《세계지》에 대한 해설서가 번역되어 있다.

미란돌라(Giovanni Pico della Mirandola, 1463~1494). 이탈리아의 인문주의자이자 철학자이다. 신플라톤주의와 중세 신학의 조화를 꾀했으며 르네상스의 새로운 인간관과 세계관을 제시했다. 저서로 《인간의 존엄에 대하여》가 있다.

미트리다테스 6세(Mithridates VI, 서기전 132경~63). 소아시아 북아나톨리아 지방 폰투스의 왕이다. 로마가 가장 두려워했던 왕으로 알려져 있다.

밀(John Stuart Mill, 1806~1873). 영국의 경제학자, 철학자이다. 하원의원으로 당선되기도 했으며 리카도 등과 더불어 19세기 고전경제학의 발달에 지대한 공헌을 했다. 스코틀랜드의 사회경제학자인 제임스 밀의 아들로 1836~1856년 사이 영국 동인도회사의 심사관으로 인도 정부 간의 교섭 업무에 종사했지만 〈런던 리뷰〉(*The London Review*) 등의 편집을 맡았고 많은 저작을 저술했다. 특히 1848년 《정치경제학의 원리》(*Principles of Political Economy*)를 출간하면서 그의 사상이 독창성을 띠기 시작했는데 여기서 농민 소유권 제도의 확립을 주장했다. 그 이후 1859년 《자유론》(*On Liberty*), 1863년 《공리주의》(*Utilitarianism*) 등을 출판했다.

밀턴(John Milton, 1608~1674). 영국의 시인이다. 종교개혁 정신의 부흥, 정치적 자유, 공화제를 지지하다가 탄압을 받았으며 대작 《실낙원》, 《복낙원》 등을 썼다.

바로(Marcus Terentius Varro, 서기전 116~27). 고대 로마의 학자, 저술가이다. 로마인에게 가장 학식이 높은 학자로 추앙받았다. 서기전 47년 카이사르 집권 때 로마 최초의 공공도서관장으로 임명되었다. 그의 저서는 시를 삽입한 도덕적 수필집 150권을 비롯하여 라틴어, 문학사, 수사학, 역사, 지리, 법률, 종교, 음악, 수학, 건축,

농업, 의학 등 모든 분야에서 5백여 권에 이르렀다는데 현존하는 것은 《라틴어론》(*De lingua Latina*)의 일부와 농사, 축산, 양봉에 관한 실용적 지식이 실린 3부작 《농사론》(*De re rustica*) 뿐이다.

바빌론의 디오게네스(Diogenes of Babylon, 서기전 150년경). 스토아 철학자이다. 바빌론에서 태어나 아테네에서 크리시포스로부터 수학했고, 제논의 스토아학파를 이어받았고 파나이티오스를 제자로 두었다.

바스의 아델라르(Adelard of Bath, 1116경~1142경). 12세기 영국의 학자이다. 아랍의 점성학, 천문학, 철학, 수학 관련 과학 저술을 라틴어로 번역한 것으로 잘 알려졌다. 이 책 중에는 오직 아랍어로만 번역된 고대 그리스 문헌도 포함되어 비로소 유럽에 알려지게 되었다.

바울 3세(Paul Ⅲ, 1468~1549). 종교개혁 시기의 교황이다. 신교에 대한 반종교개혁 운동과 가톨릭 내의 교회 개혁 등을 추진했으며, 미켈란젤로에게 〈최후의 심판〉을 그리게 한 것으로 유명하다. 또한 그는 유럽의 정복자들과 식민통치자들 탓에 아메리카 원주민들이 인간이 아니라 동물이라는 통속적인 이미지가 유포되자 《지극히 높으신 하느님》이라는 교서를 보내 원주민을 영혼과 이성을 가진 존재라고 명기했으며 평화로운 방법으로 기독교로 개종되어야 함을 강조했다.

바클레이(John Barclay, 1582~1621). 스코틀랜드의 풍자 시인이다.

바트람 부자(John Bartram, 1699~1777; William Bartram, 1739~1823). 존 바트람(John Bartram)은 미국 초기의 식물학자, 원예학자, 탐험가이다. 그는 펜실베이니아의 농가 출신으로 정식 교육을 거의 받지 못했음에도 불구하고 라틴어와 그리스어를 배웠고 미국철학회의 정회원이었으며, 프랭클린과 여타 저명한 식민지 정착자들의 친구였다. 그는 얼마 되지 않은 땅을 물려받은 뒤 땅을 사기 시작하여 102에이커에 달하는 토지를 경작하는 농부가 되었다. 그의 정원은 아메리카에서 가장 크고 훌륭했으며 후에는 미국에서 최초의 식물원을 건립하였고 이는 그의 아들 윌리엄 바트람(William Bartram)에게로 이어졌다. 또한 존 바트람은 애팔래치아 산맥에서 플로리다 남부까지를 여행했으며, 1791년 출판된 여행기는 아메리카의 고전적 여행기가 되었다. 자연을 과학적 관찰과 더불어 개인적 경험을 통해 묘사한 것이 특징이다.

발라(Lorenzo Valla, 1407~1457). 이탈리아의 인문학자이다. 스콜라철학의 논리를 비판하고 에피쿠로스의 쾌락론을 부흥하게 했다. 저서로 《쾌락론》 등이 있다.

발렌티니아 아우구스투스(Valentinian Augustus, 321~375). 로마제국의 황제. 즉위 후 라인 강 상류의 게르만족들과 싸워 북쪽 변경의 방어선을 구축했다. 또, 색슨족의 브리타니아 침입이나 아프리카 무어 족 봉기는 테오도시우스를 기용하여 격퇴했다. 정통파 기독교도였지만, 종교문제에 관해서는 관용·불간섭정책을 택했다.

배젓(Walter Bagehot, 1826~1877). 영국의 경제·정치학자, 문예비평가, 은행·금융론자이다. 1860년 〈이코노미스트〉의 편집 겸 지배인이었다.

뱅크스 경(Sir Joseph Banks, 1743~1820). 영국의 박물학자, 식물학자이다. 쿡의 첫 번째 항해에 참여했으며, 유칼립투스, 아카시아, 미모사 등을 유럽에 처음 소개했다. 그는 쿡의 항해에서 돌아온 이후 명성이 널리 알려졌으며 '오스트레일리아의 아버지'로 불리기도 한다. 뉴사우스웨일즈 지방에 식민주의적 정착을 강력히 주장했으며, 20년 후 그의 정착 계획이 현실화되었을 때 실제로 영국 정부의 정책에 끊임없이 조언을 했다.

버넷(Thomas Burnet, 1635경~1717). 영국의 신학자이자 천지창조(*cosmogony*, 우주개벽설)의 작가이다. 그의 문학적 명성은 1681년에 라틴어, 1684년에 영어로 출판된 《지구에 관한 신성한 이론》(《지구신성론》이라고도 번역됨) 때문으로, 이 저작은 지표면에 관한 아무런 과학적 지식이 없는 상태에서 서술된 단순한 사색적 천지창조론이었지만 설득력 있게 쓰였다.

버턴(Robert Burton, 1577~1640). 영국의 학자이자 성공회 신부이다. 《우울의 해부》라는 저서로 유명하다.

버틀러(Josheph Butler, 1692~1752). 영국의 신학자, 철학자, 도덕사상가이다. 옥스퍼드 대학교를 졸업한 뒤 성직자가 되어 1750년 더햄의 주교가 되었다. 《인간 본성에 대한 15강》, 《자연종교와 계시종교의 비교》가 대표 저작이다. 특히 《인간 본성에 대한 15강》은 홉스의 쾌락주의에 대한 비판으로 윤리학과 변증법에 큰 공헌을 한 책으로 알려졌다.

베가(Lope de Vega, 1562~1635). 에스파냐의 극작가, 시인, 소설가이다. 새로운 극작법의 작품으로 에스파냐 황금기의 국민연극을 만들었고 서정시인으로도 탁월했다.

베게티우스(Publius Flavius Vegetius Renatus, ?~?). 4세기에 활동한 로마제국 시대의 저자로 그가 남긴 두 권의 저서인 《군사학 개론》(*Epitoma rei Militaris*), *Digesta Artis Mulomedicinae*는 서양에서 가장 큰 영향력을 가진 군사 논문으로 평가되며 중세 이후 유럽의 전술에 커다란 영향을 미쳤다.

베드로(Peter the Venerable, 1092경~1156). 베네딕트 수도회의 클루니 수도원 원장이다. 이슬람에 관련된 자료와 저술을 수집하고 그리스도의 신성, 현재의 이교 사상, 기적 같은 기독교 교의에 관련된 보편적인 신학적 문제들을 다룬 편지를 많이 쓴 것으로 유명하다. 그의 저술은 12세기 가장 중요한 문헌들 중 하나다.

베르길리우스(Maro Publius Vergilius 영문명 Virgil, 서기전 70~19). 고대 로마의 시인이다. 이탈리아 북부 만투바 근교의 농가에서 태어나 크레모나와 밀라노에서 초등교육을 받고 다시 로마에서 공부했다. 서기전 30년 제2작인 《농경시》(*Georgica*)를 발표했는데, 완성하는 데 7년이 걸린 이 작품으로 인해 명성이 더욱 높아졌다. 그 후 11년에 걸쳐 장편 서사시 《아이네이스》(*Aeneis*)를 썼는데, 이 작품으로 인해 그의 이름은 후세에까지 전해졌다. 그가 현대에 이르기까지 여러 가지 형태로 서양문학에 미친 영향은 매우 크다. 단테가 〈신곡〉에서 그를 안내자로 삼은 것은 유명한 이야기이다(그의 작품 전반에 대한 개관은 고경주, 2001, "베르길리우스의 황금시대관", 〈서양고전학연구〉, 제 17권을 보라).

베르티우스(Petrus Bertius, 1565~1629). 플랑드르 출신의 수학자, 역사학자, 신학자이다. 또한 프톨레마이오스의 《지리학》과 각종 아틀라스의 편집 때문에 지도학자로도 이름을 날렸다.

베사리온(John Bessarion, 본명 Basil Bessarion, 1403~1472). 비잔틴의 인문주의자이자 신학자이다. 후에 로마의 추기경이 되었는데 15세기 문예부흥에 큰 기여를 했다.

베스푸치(Amerigo Vespucci, 1454~1512). 신대륙 초기 탐험자로 아메리카라는 지명은 그의 이름 아메리고에서 유래한다. 피렌체 태생으로 1503년 알베리쿠스 베스푸시우스(베스푸치의 라틴명)의 이름으로 발행된 소책자 《신세계》, 1505년경 발간된 《4회의 항해에서 새로 발견된 육지에 관한 아메리고 베스푸치의 서한》 등에 근거하여 1507년 독일의 지리학자인 발트제뮐러가 1507년 그의 저서 《세계지 입문》에서 '신대륙'임을 발견한 아메리고의 이름을 기념하여 그곳을 아메리카라고 부르기를 제창했고 이것이 뒤에 널리 승인되었다.

벤틀리(Richard Bentley, 1662~1742). 영국의 성직자이자 고전학자이다. 찰스 보일과 그의 논쟁은 조나단 스위프트의 《책들의 전쟁》에서도 풍자된 적이 있다("용어해설" 서명편의 《책들의 전쟁》 항목을 참고하라).

벨저(Bartholomeus Welser, 1488~1561). 독일 아우구스부르크에서 대상인의 아들로 태어나 형과 함께 벨저 앤 컴퍼니(Welser and Company)라는 회사를 설립해 막대한 부를 축적했다. 벨저 형제는 카를 5세에게 거금을 대출해주고 제국의 많은 특권을 누렸다. 특히 베네수엘라에 대한 지배권을 부여받아 수출입을 독점했을 뿐 아니라 식민화를 추진했다. 그러나 후에 베네수엘라에 대한 지배권은 다시 에스파냐왕국에 귀속되었다.

보넷(Charles Bonnet, 1720~1793). 스위스의 박물학자, 철학자이다. 모든 자연물은 원소로부터 인간에 이르는 상향계단으로 배열된다는 '자연의 계단설'을 주창했다. 주요 저서에는 《곤충학 논문》, 《유기체에 관한 고찰》 등이 있다. 또한 '찰스 보넷 신드롬'(*Charles Bonnet Syndrome*)으로 유명한데, 이는 시각장애를 가진 사람이 실제로 존재하지 않는 것을 보는 현상을 가리킨다. 백내장으로 시각장애를 가진 그의 할아버지의 경험을 토대로 이를 최초로 기술한 것이다.

보댕(Jean Bodin, 1530~1596). 프랑스의 법학자이자 사상가이다. 앙제 태생으로 1576년 《국가론》(*Les Six livres de la République*, 6권, 1576)을 펴내 정치학 이론을 체계화했다. 인간의 생존권과 생활 체계를 신앙 문제에서 분리하고 정치에서의 덕과 신학에서의 덕을 구별해 종교로부터의 국가의 독립을 주장했다. 종교전쟁에 대해서는 진리의 이름 아래 동포끼리 피를 흘리는 무익함을 지적하고 신교도에게도 신앙의 자유를 인정하고 유화정책을 취해야 한다고 주장했다. 몽테뉴와 견줄 만한 종교전쟁

시대의 문필가로 평가된다.

보베의 뱅상(Vincent of Beauvais, 1190~1264경). 도미니크 수도회의 수도사이자 전집 작가이다. 당대의 지식을 망라한 《대(大) 거울》(*The Great Mirror*)을 저술했다. "자연의 거울"(Mirror of Nature), "교의의 거울"(Mirror of Doctrine), "역사의 거울"(Mirror of History)로 구성되어 있었고 14세기에 아퀴나스 등에 의해 "도덕의 거울"(Mirror of Moral)이 추가되어 현재에 이른다.

보시우스(Isaac Vossius, 1618~1689). 네덜란드 라이덴 태생으로 후에 암스테르담으로 이주했으며 일찍 재능을 보이면서 고전 문헌학을 연구했다. 1649년에는 스톡홀름에 정착하여 크리스티나 여왕의 그리스어 교사가 되었고, 1670년에는 영국으로 이주해 죽을 때까지 머물렀다. 그는 고전 문학, 지리학, 성경 연대기 등에 관하여 많은 저서들을 남겼으며 서지 수집가로서 세계 최고의 사설 도서관을 만들 정도였다.

보이티우스(Anicius Manlius Severinus Boetius, 470경~524). 가톨릭 순교 성인이다. 뛰어난 학식을 인정받아 테오도리쿠스 대제의 집정관을 거쳐 최고 행정사법관이 되었다. 전 집정관 알비누스(Albinus)를 옹호하다가 반역 혐의를 받아 파비아 감옥에 갇혀 순교했다. 저서로 《신학논고집》, 감옥에서 저술한 《철학의 위안》(*Consolation of Philosophy*)이 있다. 《철학의 위안》은 산문과 시를 번갈아 사용하여 아름다운 문체가 돋보이는 대화 형식의 철학서로 5권으로 구성된다. 또한 이 저작에 포함되었다는 '빈 공간 학설'이 유명하다.

보일(Robert Boyle, 1627~1691). 영국의 화학자, 물리학자이다. 보일의 법칙을 발견하고 원소의 정의를 명확히 밝혔으며 화학을 실용화학에서 학문으로까지 발전시켰다.

보테로(Giovanni Botero, 1544~1617). 이탈리아의 사상가, 성직자, 시인, 외교관이다. 대표 저작은 《국가의 이성》(*Della ragione di Stato*, 1589)이다. 이 책에서 그는 마키아벨리의 《군주론》에서 나타난 비도덕적 정치철학에 반대론을 폈다(이 책 3부 도입부 5절 참고).

볼니(Constantine François Chasseboeuf Volney, 1757~1820). 프랑스 계몽 시대의 역사가 및 철학자이다. 1795년에서 1798년까지 미국을 여행하고 《미국의 토양과 기후에 관한 견해》(*Tableau du climat et du sol des Etats-Unis d' Amérique*, 1803, 영어본 1804)를 저술했다.

볼링브로크(Henry St John, 1st Viscount Bolingbroke, Baron Saint John of Lydiard Tregoze and Battersea, 1678~1751). 영국의 정치가, 철학자이다. 자유와 공화주의의 대변자였으며 미국혁명에는 직접적으로, 프랑스혁명에는 볼테르를 통해 영향을 미쳤다.

볼테르(Voltaire, 1694~1778). 본명은 프랑수아 마리 아루에(François Marie Arouet)로 볼테르는 필명이다. 18세기 프랑스의 작가, 계몽사상가이다. 비극작품으로 17세기 고전주의의 계승자로 인정되고, 오늘날 《자디그》, 《캉디드》 등의 철학소설, 역사

작품이 높이 평가된다. 그리고 백과사전 운동을 지원했다.

볼프(Christian Wolff, 1679~754). 독일의 철학자, 법학자이다. 1699년 예나 대학교에서 수학하고 1717년에 할레 대학교 정교수가 되었다. 볼프는 라이프니츠와 칸트의 가교 역할을 한 대표적 철학자로 알려져 있다. 라이프니츠 철학을 독일어로 강의하는 등 학문 연구의 언어로서 독일어를 형성한 공로를 인정받으며, 그의 학문은 미국 독립선언에 큰 영향을 미쳤다. 대표 저작으로는 《인간오성의 여러 힘에 대한 이성적 사고》(1712), 《이성철학 또는 논리학》(1728), 《자연법·국제법제요》(1750) 등이 있다.

봉플랑(Aime Jacques Alexandre Bonpland, 1773~1858). 프랑스의 탐험가, 식물학자이다. 훔볼트와 동행하여 라틴아메리카를 여행했다.

뵈어만(Karl Woermann, 1844~1933). 전직 독일 드레스덴 박물관장, 서양 고대미술사가이다. 《회화의 역사》(*Geschichte der Malerei*, 1879)의 고대 부분을 집필했다. 미술사에 대한 논문으로는 "미술사에서 배울 것"(Was uns die Kunstgeschichte lehrt, 1894)이 있다.

뷔싱(Anton Friedrich Büsching, 1724~1793). 독일의 지리학자이다. 그의 저작 《지구의 묘사》(*His Erdbeschreibung*)는 과학적 성격을 지닌 최초의 지리적 저술이었으나 유럽만을 다룬다.

뷔퐁(Georges Louis Leclerc de Buffon, 1707~1788). 프랑스의 박물학자, 수학자, 생물학자이다. 프랑스 몽바르 태생으로 영국에 1년간 유학하여 수학, 물리학, 박물학을 공부하면서 뉴턴의 영향을 받아 그의 저서를 프랑스에 소개하고 인과론적 자연 인식의 발전에 힘썼다. 1739년 파리 왕립식물원의 원장이 되어 동식물에 관한 많은 자료를 토대로 1749년부터 《박물지》(*Histoire naturelle generale et particuliere*, 44권, 한 권은 사후 간행)를 출판했다. 그리고 《자연의 시대》(*Les époques de la nature*, 1778)를 출간했다. 그의 견해는 라마르크와 다윈에게 결정적 영향을 미쳤다.

브라운 경(Sir Thomas Brown, 1605경~1682). 영국의 작가이자 의사이다. 의학, 종교, 과학 등에 대해 다양한 저술을 남긴 그의 저작은 베이컨주의 과학혁명에 영향을 받아 자연 세계에 대한 깊은 호기심을 담았다. 옥스퍼드 대학교를 졸업하고 유럽에서 머물면서 의학박사 학위를 받은 후 영국으로 다시 돌아와 노르위치에 정착한 직후 그의 첫 저작이자 가장 유명한 《의사의 종교》(*Religio Medici*, 1635)를 썼다.

브레멘의 아담(Adam of Bremen, 1050?~1081?). 중세 독일의 가장 중요한 연대기 저자 중 한 사람이다. 저서로는 《함부르크-브레멘 대주교의 역사》이 있다.

브뤼겔(Pieter Bruegel the Elder, 1525~1569). 네덜란드의 화가이다. 16세기 가장 위대한 플랑드르 화가 가운데 한 사람이다. 대지와 그 속에서 소박하고 우직하게 살아가는 농민을 휴머니즘과 예리한 사회 비판의 눈으로 관찰하면서 묘사했다. 작품으로는 〈사육제와 사순절 사이의 다툼〉, 〈아이들의 유희〉, 〈바벨탑〉 등과 사계절의 농촌을 묘사한 3점의 작품인 〈영아 학살〉, 〈농민의 춤〉, 〈농가의 혼례〉 등이 있다.

블라쉬(Paul Vidal de la Blache, 1845~1918). 프랑스의 지리학자이다. 근대 지리학의 발전에 심대한 영향을 끼친 그는 파리에서 역사와 지리학을 공부했고 소르본 대학에서 지리학 교수가 되었다. 그의 생애에서의 주된 연구 주제는 사람의 활동과 자연환경 간의 상호연관성이었는데 이로 인해 그는 프랑스 인문지리학을 정립한 지리학자가 되었다. 그는 인간의 역할을 수동적으로 보지 않고 어느 정도의 한계 내에서 자신의 목적에 따라 환경을 변화시킬 수 있는 존재로 본 대표적 가능론자이기도 한데 특히 생활양식(*genre de vie*)의 개념으로 유명하다.

블란카누스(Josephus Blancanus, 1566~1624). 이탈리아 예수회 천문학자이자 수학자이다. 달 표면을 그리기도 했는데, 오늘날 달의 분화구 명칭 중에서 블란카누스란 명칭은 바로 이 사람의 이름을 딴 것이다. 이 이름은 라틴어식 이름이고, 이탈리아어 이름은 Giuseppe Biancani이다.

블로크(Marc Bloch, 1886~1944). 중세 프랑스를 연구했던 프랑스 역사가이자 아날학파의 창시자다.

비드(Bede, Saint Bede the Venerable, 672경~735). 영국의 수도사, 저술가, 학자. 《영국 교회의 역사》(*Historia ecclesiastica gentis Anglorum*)로 유명하며 이 책으로 인해 영국사의 아버지로 불린다.

비오 2세(Pius II, 1405~1464). 본명은 피콜로미니(Aeneas Sylvius Piccolomini). 스위스의 역사학자 야곱 부르크하르트는 《이탈리아 르네상스의 문화》에서 비오 2세를 "이탈리아 풍경의 장엄함을 즐겼을 뿐만 아니라 세부적으로 이르기까지 열광적으로 기술한 최초의 사람"으로 규정한다. 그는 교황국 로마와 남쪽 토스카나(그의 고향) 지방을 아주 잘 알았는데, 교황이 되고 나서 좋은 계절이면 소풍과 시골에 머무는 것으로 여가를 보냈다. 그리고 종종 추기경 회의와 외교관 알현을 오래된 커다란 밤나무나 올리브나무 아래 아니면 초원이나 솟아나는 샘물 옆에서 열었다. 1462년 여름 흑사병과 더위가 저지대에서 기승을 부릴 동안 그는 아미아타(Amiata) 산에 피신해 풍경 탐닉의 절정에 도달했다. 이러한 행위는 본질적으로 현대적인 즐거움으로 고대의 영향은 아니었다(야곱 부르크하르트 저, 안인희 역, 2003, 《이탈리아 르네상스의 문화》, 푸른숲, 364~367쪽 참고).

비온(Bion). 서기전 2세기 말의 사람이다. 소아시아 태생으로 생애 대부분을 시칠리아에서 살았으며 이곳에서 독살당했다고도 한다. 현존하는 얼마 안 되는 작품 중에서 〈아도니스 애가〉(*Epitaphios Adonidos*)가 가장 유명한데 이는 아도니스 축제 때 읊기 위한 것으로 추측되는 우아한 작품이다. 모스코스와 더불어 테오크리토스에 버금가는 대표적인 목가시인이다. 테오크리토스를 모방한 〈목가〉 중 완전한 것과 단편적인 것을 합쳐 17편이 남아 있다.

비올레-르-둑(Eugène Emmanuel Violett-le-Duc, 1814~1879). 프랑스의 건축가이자 군

사공학자이다. 축성술 역사에 대해 광범위한 저술을 했으며 프랑스 고딕건축 양식에 대한 관심을 부활시킨 주역이다. 그는 1940년대에 이루어진 노트르담 대성당 복원을 감독했지만 중세의 도시였던 카르카손 시(cité of Carcassonne)를 재건하려는 과도한 열정 때문에 큰 비난을 받기도 했다.

비탈리스(Orderic Vital, 1075~1143). 프랑스의 역사가, 수도사이다.

비트루비우스(Vitruvius). 서기전 1세기의 로마의 건축가·건축이론가이다. 이탈리아 베로나 태생으로 카이사르와 아우구스투스 황제 시대에 활약했다. 저서로 《건축》 10권을 썼다. 그의 이론은 건축가로서의 경험과 동시에 고대 그리스, 특히 헬레니즘의 문헌에 근거한 것이 많다. 이 책은 르네상스의 고전 연구에 따라 1415년경에 재발견되었으며 1484년에 로마에서 초판이 간행되었다. 그 후로 유럽 건축가에게 커다란 영향을 주었으며, 오늘날에도 고대건축 연구에 귀중한 자료다(비트루비우스 저, 오덕성 역, 《건축십서》, 기문당, 1985 참고).

사세타(Stefano di Giovanni Sassetta, 1392경~1450경). 이탈리아의 화가이다. 14세기 시에나파의 전통을 지키면서 15세기 초 북방에서 스며든 새로운 '국제 고딕 양식'과 피렌체파의 자연주의 영향을 함께 받아들였다. 자연주의적 형체감에 보석과 같은 투명한 광채감과 섬세한 환상성을 가미해 르네상스 양식을 진전시킨 시에나파의 제1인자적 화가다.

샤르트르의 베르나르(Bernard de Chartres, ?~1130경). 중세 프랑스의 스콜라철학자이다. 샤르트르학파에 속하는 최초의 유명한 플라톤주의 철학자로 이 고장 학교의 총장이었다. 그러나 그 학설은 제자인 '솔즈베리의 존' 저작을 매개로 알려졌을 뿐이다. 베르나르는 고전학자 또는 문법학자로서 고전을 높이 평가하고 우리가 옛 사람보다 더 멀리 볼 수 있는 것은 고전 위에 서 있기 때문이라고 가르쳤다.

생 피에르(Jacques-Henri Bernardin de Saint-Pierre, 1737~1814). 프랑스의 저술가이자 식물학자이다. 1787년 소설 〈폴과 비르지니〉로 가장 잘 알려졌으며, 1795년에 아카데미 프랑세스의 전신인 인스티튜트 드 프랑스(Institut de France)의 교수로 선출되었다.

샤롱(Pierre Charron, 1541~1603). 프랑스의 사상가, 신학자이다. 고대 스토아 철학과 몽테뉴의 영향을 받았는데, 《세 가지 진리》, 《지혜에 대하여》 등의 저서를 남겼다.

샤르댕(Jean Chardin, 1643~1713). 프랑스의 보석업자이자 여행가이다. 장 밥티스트 샤르댕(Jean-Baptiste Chardin) 또는 존 샤르댕 경(Sir. John Chardin)으로도 불린다. 그가 쓴 10권짜리 여행기인 《샤르댕 경의 여행일지》는 유럽인이 페르시아와 근동 지역을 학술적으로 다룬 초기 저작 중 하나로 알려졌다.

샤를 2세(Charles, 823~877). 프랑스어로는 샤를(Charles), 영어로는 찰스(Charles), 독일어로는 카를(Karl), 별칭은 대머리왕 샤를(Charles the Bold)이다. 프랑스 서프랑크왕국의 왕(샤를 2세, 843 ~877 재위), 신성로마제국 황제(875~877 재위)를 지냈다. 864년까지 그의 정치적 위치는 그에게 충성하는 봉신이 거의 없어 불안정했다. 영토는 스칸디나비아인의 침략으로 시달렸으며 그들은 뇌물을 받고서야 돌아가곤 했다. 그러나 864년 피핀의 아들을 포로로 잡은 뒤 아키텐을 장악하는 데 성공했으며, 870년 독일인 루트비히와 메르센 조약을 맺어 서부의 로렌 지방을 차지했다. 875년 로타르의 아들인 황제 루트비히 2세가 죽자, 그는 이탈리아로 가 12월 25일 교황 요한네스 8세로부터 황제관을 받았다. 독일인 루트비히의 아들 카를만이 그를 향해 진격하고 주요 봉신들이 그에게 반란을 일으키는 가운데 죽었다. 그는 찬란한 카롤링 왕조의 르네상스를 다시 꽃피웠으며 교회와의 밀접한 협력관계로 자신의 지위와 권위를 높였다.

샤를로망(Carloman, 706?~754). 프랑크왕국 샤를 마르텔의 장자이다. 샤를 마르텔이 죽자 동생 피핀과 함께 나라를 물려받았다. 747년 수도원적 생활을 하기 위해 왕위를 떠난다.

샤를마뉴 대제(emperor Charlemagne, 742~814). 카롤링 왕조의 제2대 프랑크 국왕(재위: 768~814)이다. 카를 대제 또는 카롤루스 대제라고도 한다. 부왕인 피핀이 죽은 뒤 동생 카를만과 왕국을 공동 통치했으나 771년에 동생이 죽어 단일 통치자가 되었다. 몇 차례의 원정으로 영토 정복의 업적을 이루고 서유럽의 정치적 통일을 달성했다. 중앙집권적 지배를 가능하게 하면서 지방 봉건제도를 활용했고 로마 교황권과 결탁하여 서유럽의 종교적 통일을 이룩하고 카롤링 르네상스를 이룩했다.

샤스텔뤼(Marquis de Chastellux, 1734~1788). 프랑스의 군인, 여행가이다. 그는 1780~1782년 아메리카에서 로샹보와 그의 프랑스군에 속했던 3명의 주요 장군 가운데 한 사람이었다. 그는 초기 아메리카를 오랫동안 여행한 후 탁월한 여행기를 남겼다.

샤토브리앙(vicomte de Chateaubriand, 1768~1848). 프랑스의 작가이자 외교관이다. 프랑스 낭만주의의 초기 작가로서 당대의 젊은이들에게 깊은 영향을 미쳤으며 미국과 인디언 원주민을 이국적으로 묘사했다.

성 로쿠스(St. Roch, 1295~1327). 프랑스 몽펠리에 지방장관의 아들로 태어났다. 로마로 순례여행을 떠나 흑사병에 걸린 이들을 돌보는 데 헌신했으며 많은 기적을 행사했다고 알려졌다. 몽펠리에로 돌아온 뒤 첩자로 의심받아 투옥되어 감옥에서 사망했다.

성 마르크(St. Mark, ?~?). 예수의 12제자 중 하나이자 신약성서 두 번째 책인 마르코의 복음서 저자. 초대 교회의 선교 활동에 크게 공헌했다.

성 마르티누스(St. Martin, 316~397). 프랑스의 수호성인, 군인의 주보성인이다. 판노니아(헝가리)에서 태어났으며 그의 부모는 이교도였다. 세례 후 군인 생활을 그만두고 프랑스 리구제에 수도원을 세우고는 힐라리오 성인의 지도를 받으며 수도 생활을 했다. 후에 투르의 주교가 되어 착한 목자로서 모범이 되었으며 여러 수도원을 세우고 성직자들을 교육하며 가난한 이들에게 복음을 전파했다.

성 바실리우스(Basilius, 영문명 St. Basil, 330경~379). 그리스의 기독교 종교가이자 교회 박사이다. 아테네에서 최고의 교육을 받아 비기독교적 교양을 지닌 수사학 교사가 되었으나 5년 뒤 기독교에 끌려 각지의 수도원을 찾아다니며 수도에 힘썼다. 그 후 카에사레아의 주교가 되어 교회 정치에 말려들었으나 교회 통합에 주력하고 아리우스 논쟁의 종결을 위해 진력하는 한편 빈민 구제에도 힘썼다. 또 동방교회의 수도원 규칙을 제정해 '수도 생활의 아버지'로도 불렸다. 저서에는 《성령론》, 아리우스파의 《에우노미스 반박론》, 나지안지스의 그레고리우스와 오리게네스의 저작을 발췌·편집한 《필로칼리아》 외에 《젊은이에게 주는 설교》, 《여섯 날》 등이 있다.

성 베네딕트(St. Benedict, 480경~550경). 이탈리아 누르시아 태생이다. 서양에서는 처음으로 몬테카시노에서 수도원을 시작하여 베네딕트 수도회를 세우고 수도회 제도의 기초를 굳혔다.

성 베르나르두스(Bernard of Clairvaux, 1090~1153). 프랑스 귀족 가문의 7남매 중 3남 태생이다. 아버지는 제1회 십자군전쟁에서 전사했으며 어머니는 독실한 신자였다. 23세 때 30명의 귀족들과 함께 시토 수도원 원장으로 일했으며, 2차 십자군 유세로 활동 했다. 2년 후 12명의 동지들과 클레르보 수도원 원장으로 평생을 보내며 겸손과 사랑을 가장 큰 명제로 삼았다. 허약한 신체와 극단적인 금식 생활로 바로 서서 다닐 수 없을 정도였다. 그는 보수적 입장에서 아벨라르의 자유사상을 배격했으며 고난당한 그리스도를 사모했다.

성 보나벤투라(St. Bonaventura, 1221~1274). 이탈리아의 가톨릭 신학자다. 프란체스코 수도회에 들어가 파리 대학교에서 공부하고 아퀴나스와 함께 교수 자격을 얻어 모교에서 신학교수로 재직했다. 1257년 프란체스코 수도회 회장이 되어 수도회 조직 정비와 강화 등에 힘쓰다가 1273년 추기경과 알바노의 주교가 되었다. 새로 도입된 아리스토텔레스 등의 철학을 이해하는 입장을 취했으나 성 아우구스티누스의 전통을 따라 신비적 사색을 존중했다. 《신께 이르는 정신의 여행》(*Itinerarium mentis in Deum*, 1472)에는 철학에서 시작하여 신학, 신비사상으로 나아가는 그의 사상적 특징이 잘 나타나 있다(이 책 2부 5장 14절 참고).

성 보니파시오(St. Boniface, 673경~754). 독일의 사도이자 원장으로 선출된 영광도 포기하고 자신의 일생을 독일 민족의 회개를 위하여 바친 영국 베네딕트 수도회의 수도사다. 로마 지향성, 선교 활동 등에 대한 앵글로색슨 수도회의 이상을 흡수하고 717년 수도원장으로 선출되었으나 이를 사양하고 719년 선교 사목에 대한 그레고리오 2세의 인가를 로마에서 직접 받았다. 그 뒤 유럽 대륙 게르만족에 대한 선교를 시작하여 689년 피핀 2세에 의해 정복되어 프랑크 왕국령이 된 프리시아 선교, 721년 헤세 선교를 성공적으로 수행했다. 744년 그는 가장 유명한 수도회를 풀다에 설립했는데 이곳은 독일 종교 및 정신적 활동의 중심지가 되었다. 754년 프리시아 선교 여행에서 53명의 일행과 함께 이교도에 의해 학살되었으며 이후 풀다는 순례의 중심지로 부각되었다.

성 브로카르두스(St. Brocardus, 영문명 St. Brocard, ?~1231경). 프랑스 태생의 기독교 성직자로 카르멜(Carmel) 산에 있는 프랑크인 은둔자들의 지도자였다.

성 세쿠아누스(St. Sequanus, 580경 활동). 세느(Seine)라고도 불린다. 은자로 생활하다가 수도사가 된 그는 세그레스트에 수도원을 세우고 대수도원장이 된다. 이 수도원은 그의 이름을 기려 성 세느로 개명되었다.

성 스투르미우스(St. Sturm, 705~779). 성 보니파시오의 제자이다. 또한 베네딕트 수도회와 풀다 수도원의 첫 번째 대수도원장으로 알려졌다.

성 아르마길루스(St. Armel, 5세기 말경~570경). 플로에르멜(Ploermel)의 성인이다. 웨일스 지방 사람으로서 가렌트멜 수도원장의 지도를 받았는데, 그가 부제품을 받을 때 "누구든지 제 십자가를 지지 않으면 내 제자가 될 수 없다"는 말씀을 하늘에서 들었다고 한다. 이 때문에 그는 그 누구보다도 모범적이었고 자발적이었기 때문에 자기 스승과 동료들과 함께 아르모리카로 선교여행을 했다. 그 후 그는 모르비아의 플로에르멜 수도원을 세웠고, 여기서 선종한 용감한 복음 전도자였다.

성 아우구스티누스(St. Augustinus, 354~430). 초대 기독교 교회가 낳은 위대한 철학자, 사상가, 성인(聖人)이다. 388년 사제의 직책을 맡았고, 395년에는 히포의 주교가 되어 그곳에서 바쁜 직무를 수행하는 한편 많은 저작을 발표했다. 《삼위일체론》, 《신국론》 등이 널리 알려졌다(이 책의 2부 5장 5절을 참고하라).

성 안토니우스(St. Anthony, ?~?, 1195~1231경 활동). 신앙심 깊은 부모의 영향을 받으며 자랐고, 리스본 주교좌성당 부속학교에서 교육을 받다가 아우구스티누스 참사수도회에 입회했고 1219년에 사제로 서품되었다. 1220년에 안토니우스라는 수도명을 받고 곧바로 아프리카 선교사를 지원했지만 병을 얻어 선교지에서 되돌아온 뒤 설교가로서의 능력을 발휘한다. 1231년 병을 얻어 클라라 수녀회에서 운명했다. 그에 대한 수많은 기적 이야기와 설교 능력은 가톨릭교회의 전설 중 하나가 되었으며, 그를 능가할 만한 설교가가 나오기는 힘들 정도라고 높이 평가받았다. 당시 사람들은 안토니우스를 일컬어 '이단자를 부수는 망치', '살아 있는 계약의 궤'라고 불렀으며 기적을 행하는 사람으로 알았다. 또한 가난한 이들의 수호성인이고 잃어버린 물건을 찾을 때 안토니우스 성인에게 기도하면 곧바로 찾는다는 전설이 있었다.

성 알베르투스(St. Albertus, 1206경~1280). 알베르투스 마그누스(Albertus Magnus) 또는 알버트 대제(St. Albert the Great)라고도 불린다. 자연과학도의 수호성인이라는 칭호가 있다. 독일 스바비아의 라우인겐 가족성(城)에서 태어나, 파두아의 대학교에서 수학했으며, 1274년의 리용 공의회에서 크게 활약했는데 특히 로마와 그리스 교회의 일치에 공헌했다. 또한 1277년에 파리의 스테파노 탕피에 주교와 그 대학교의 신학자들에게 대항하여 아퀴나스와 그의 입장을 옹호한 사건도 유명하다. 그의 저서에는 성서와 신학 일반은 물론 설교, 논리학, 형이상학, 윤리학, 물리학까지 두루 섭렵한 논문이 많으며, 그의 관심은 천문학, 화학, 생물학, 인간과 동물의 생리학, 지리학, 지질학, 식물학에까지 확대되었다.

성 암브로시우스(Ambrosius, 영문명 St. Ambrose, 340~397). 초대 가톨릭교회의 교부이자 교회학자다. 370년 북이탈리아의 리구리아 주 밀라노의 집정관으로 재직 시 밀라노 성당의 주교 후계자 논쟁을 수습하여 아리우스파와 가톨릭 양쪽의 신망을 얻어 374년 세례도 받지 않은 상태에서 주교가 되었다. 이후 니케아 정통파의 입장에 서서 교회의 권위와 자유를 수호하는 데 큰 공을 남겼다. 뛰어난 설교가로서 반아리우스파의 여러 저술 외에도 《성직에 관하여》(*De officiis ministrorum*), 《6일간의 천지창조론》(*Hexeméron*) 등이 유명하다. 오리게네스와 알렉산드리아의 필론이 행했던 성서의 우의적 해석을 도입한 것 외에 로마의 히폴리스, 이레나이우스, 안디옥의 이그나티우스 등을 연구하여 동방 신학을 서유럽에 이식했고, 마리아의 무원죄(無原罪)를 주장하여 중세 마리아 숭배의 시조가 되었다. 또 《암브로시우스 성가》로 불리는 찬미가집을 만들어 '찬미가의 아버지'로 불리기도 한다.

성 유페미아(St. Euphemia, ?~307). 칼케돈의 순교자이다. 이교도의 의식을 거부했다는 이유로 고문당한 뒤 곰에게 죽임을 당했다고 한다. 5세기에 그녀를 기리는 교회가 지어졌다.

성 코렌티누스(St. Corentin, ?~490경). 프랑스 북서부 브르타뉴 지방의 초대 주교이다. 본래 은수사였지만 주민들이 그의 성덕을 흠모하여 투르로 모셔서 주교 축성식을 거행했다고 한다. 성 코렌티누스 성당에는 '거룩한 우물'이 있는데 그는 여기에 이상한 고기를 길렀다고 한다. 이 우물과 고기를 이용하여 수많은 기적을 베풀어 주민들에게 안위를 제공했다고 한다.

성 콜룸바누스(St. Columbanus, 543~615). 아일랜드 출신의 로마 가톨릭 수도원장이다. 509년부터 유럽 대륙을 순례하며 포교 활동을 했다. 아일랜드 부족의 지도자로 라틴어에 능통했고 그리스어도 알았다. 기독교 확산에 대한 열정을 품고 브리타니아에 상륙해 포교 활동을 했으며 유럽 각지에 40여 개의 수도원을 세우는 등 켈트 수도원의 확산에 결정적 역할을 했다. 특히 동프랑크왕국 및 부르군드 지방에서 좋은 결과를 낳았지만 전례 문제로 주교들과 갈등을 빚어 추방된 뒤 이칼리아로 가 보비오 수도원을 설립하고 그곳에서 세상을 떠났다.

성 파코미우스(St. Pachomius, 292경~348). 이집트 룩소르의 테베에서 292년경 이교도 부모 밑에서 태어났다. 자신이 닮고 싶었던 이집트의 성 안토니우스 근처에서 은둔자 생활을 시작했다. 당시 기독교의 금욕주의는 고독과 은둔을 추구했는데 그는 남녀 수도사들이 모여 살면서 모든 소유를 공유하는 공동체를 창설했다. 파코미우스의 규율은 오늘날 동방정교회에서 활용되며 서방의 베네딕트 수도회와 비견된다.

성 폴 아우렐리안(St. Paul Aurelian, ?~6세기). 웨일스의 주교이다. 성 일티드(St. Illtyd) 밑에서 수학했고 은자가 되도록 허락받았다. 선행으로 명성이 높아져 추종자들이 모이자 브르타뉴의 왕은 그에게 설교를 청한다. 그의 의사와 상관없이 주교가 되었으나 몇 년 뒤 은퇴한다. 기적을 행하는 능력으로 이름이 높았다.

성 프란체스코(St. Francesco, 영문명 St. Francis 1182~1226). 이탈리아 아시시(Asisi)의 부유한 포목상의 아들로 태어난 그는 스폴레토에서 그리스도의 환시를 보고 "내 교회를 고치라"는 말씀을 들었으며, 또한 나병 환자와의 극적인 입맞춤을 통하여 지난날의 생활을 청산했다. 그 후 그는 산 다미아노에서 복음의 글자 그대로 살기로 결심했으며, 부친의 유산을 포기하고 오로지 신의 사람으로서 보속 생활에만 전념했다. 프란체스코회가 첫 발을 내딛게 했으며, 1212년에는 성녀 글라라를 도와 '가난한 부인회', 일명 '글라라회'를 세웠다. 《태양의 찬가》(*Canticum Fratris Solis*), 《평화의 기도》(*Prayer before the Crucifix*) 등을 후세에 남겼다. 1226년 선종 후 2년 뒤에 시성된 그는 흔히 '제 2의 그리스도'라는 칭호를 들을 정도로 큰 영향을 미쳤다.

성 히에로니무스(St. Jerome, Eusebius Hieronymus, 345경~419경). 성 암브로시우스, 그레고리우스, 성 아우구스티누스와 함께 라틴 4대 교부로 일컬어진다. 히브리어 원본 성경을 연구한 성서학자로도 유명하다. 가장 큰 업적은 성서의 그리스어 역본인 70인 역 성서를 토대로 시편 등의 라틴어 역본(불가타성서)을 개정한 일이다. 그리스어로 된 성서를 중심으로 번역하되 히브리어와 아람어 성서를 대조, 확인한 것으로도 전해진다. 신약성서는 그리스어로 쓰였으나 구약성서는 본래에는 히브리어와 아람어로 쓰였다.

성왕 루이(St. Louis of France, 1214~1270). 루이 9세의 별칭이다. 정의에 입각한 평화, 덕과 정치의 일치를 추구한 왕으로 프랑스 집권적 왕정을 완성했다. 잉글랜드와의 싸움을 종결시켰고 여러 국왕과 제후 사이의 평화 수립에 노력했다. 십자군 원정 도중에 사망했으나 이 시기 프랑스는 서유럽의 중심이 되었다.

세네카(Lucius Annaeus Seneca, 서기전 55경~서기 39경). 로마 시대의 정치인, 사상가, 극작가, 스토아 철학자이다. 또한 네로 황제의 스승으로도 유명하다. 주요 작품으로 《노여움에 대하여》(*De Ira*), 《자연학 문제점》(*Naturales quaestiones*), 《도덕서한》(*Epistolae Morales*), 《은혜에 대하여》〔*De Beneficiis*(*On Benefits*)〕, 그리고 비극 9편 등이 있다.

세르비우스(Servius the Grammarian). 4세기 로마에서 활동한 라틴 문법학자, 주석자, 교사이다. 베르길리우스의 작품에 대한 귀중한 해설서를 쓰기도 했다.

세비야의 이시도루스(Isidorus of Seville, 560경~636). 에스파냐의 성직자. 600년경 세비야의 대주교가 된 후 서고트족을 아리우스주의(*arianism*)로부터 개종시키고 에스파냐에 가톨릭교회를 재건하는 데 전력했다. 20권으로 구성된 백과사전 《어원학》을 저술했으며 역사서로 《고트족, 반달족, 스베니아족의 통치사》(*Historia de Regibus Gothorum, Vandalorum, et Suevorum*)도 유명하다.

세이버트(Adam Seybert, 1773~1825). 미국의 하원의원이다. 펜실베이니아 대학교 의학

과정을 수료 후 유럽에서 화학 및 광물학을 연구했다. 미국철학회 회원이었으며 여러 차례에 걸쳐 펜실베이니아 하원의원으로 선출되었다.

세익스피어 (William Shakespeare, 1564~1616). 영국이 낳은 세계 최고의 시인 겸 극작가이다. 대표작으로는 〈로미오와 줄리엣〉, 〈베니스의 상인〉, 〈멕베스〉, 〈햄릿〉 등이 있다.

셀라 (William Young Sellar, 1825~1890). 스코틀랜드의 고전학자이다. 1863년 에든버러 대학교 인문학 교수로 부임한 뒤 그곳에서 생을 마쳤다. 뛰어난 근대 고전학자 중 한 명이었고 로마 문헌의 글귀보다는 정신을 재생산하려는 노력을 기울여 주목할 만한 성공을 거뒀다.

소조메노스 (Salamanes Hermeios Sozomenos, 영문명 Sozomen, 400경~450경). 콘스탄티노플에서 활동한 기독교도 법률가이다. 그가 쓴 교회사는 고전적 문체, 수도원주의에 대한 선호, 서유럽 자료들의 방대한 사용 등으로 유명하며 동시대 인물로서 그보다 나이가 위인 소크라테스 스콜라스티쿠스의 교회사와 견줄 만하다. 당시 세력을 떨치던 비잔틴제국의 황제 테오도시우스 2세(408~450 재위) 때 교회사 저술 작업에 헌신해 324~439년의 시기를 다룬 9권의 책을 편집했다. 그러나 현존하는 본문은 425년에서 끝났는데 마지막 부분이 테오도시우스 2세의 탄압으로 삭제되었는지, 아니면 그냥 분실되었는지 의문이 남았다. 그는 성직자들뿐 아니라 교양 있는 평신도들을 위해서도 소크라테스 스콜라스티쿠스의 책을 뛰어난 문체로 개정하려 했던 것으로 보인다. 비록 그가 소크라테스 스콜라스티쿠스보다 평론 방법 및 신학 이해에서 열등했었지만 그때까지 유례없던 독특한 자료를 삽입해 연대기를 가치 있게 만들었다. 이 연대기는 소크라테스 스콜라스티쿠스의 본문에 대한 교정본이며, 이 본문으로 초기 기독교에 대한 정보를 중세 교회에 제공한 셈이다.

소크라테스 (Socrates, 서기전 470경~서기전 399). 고대 그리스의 철학자이다. 서구 문화의 철학적 기초를 마련한 고대 그리스의 위대한 세 인물(소크라테스, 플라톤, 아리스토텔레스) 가운데 한 명이다. 그는 자연에 관한 생각에 머물렀던 당시 철학의 초점을 인간 생활의 성격과 행위 분석으로 옮겼고 "너 자신을 알라"라는 질문으로 유명한 인간 본질에 대한 탐구에 집중했다. 젊은이들을 타락시키고 도시가 숭배하는 신들을 무시하고 새로운 종교를 끌어들였다는 이유로 기소되어 사형을 선고받은 후 독배를 마시고 죽었다. 저술을 남기지 않았지만 그의 인격과 이론은 주로 플라톤의 대화편과 크세노폰의 《소크라테스의 추억》에 근거한 것이다.

소크라테스 스콜라스티쿠스 (Socrates Sholasticus, 380경~?). 비잔틴의 교회사가(史家)이다. 주해가 있는 그의 연대기 《교회사》(*Historia Ecclesiastica*)는 4~5세기 교부 시기의 교회사 연구에 중요한 기록 자료이자 개요다. 이후에 나온 그의 작품집의 발췌문은 초기 기독교에 관한 주요 지식을 중세 라틴 교회에 제공했다. 법률고문이었던 그는 평신도로서는 최초로 교회사를 저술한 사람으로 알려져 있다.

소포클레스(Sophocles, 서기전 496~406). 고대 그리스의 3대 비극 작가의 한 사람이다. 아테네 교외의 콜로노스 태생으로 정치가로서도 탁월한 식견을 지녔으며, 델로스 동맹 재무장관에 임명되어 페리클레스와 더불어 10인의 지휘관직에 선출되었다. 28세 때 비극 경연대회에 응모하여 스승인 아이스킬로스를 꺾고 첫 우승한 이후 123편의 작품을 씀으로써 18회(일설에는 24회)나 우승했다. 〈아이아스〉(*Aias*), 〈안티고네〉(*Antigone*), 〈오이디푸스왕〉(*Oidipous Tyrannos*), 〈엘렉트라〉(*Elektrai*) 등의 작품이 있다(소포클레스 저, 천병희 역, 2008, 《소포클레스 비극 전집》, 숲 참고).

손다이크(Lynn Thorndike, 1882~1965). 중세 과학사와 중세 화학사를 연구한 미국의 역사학자이다. 초기 기독교부터 근대 초기 유럽까지를 다루는 마술과 과학에 대한 책인 《마술과 실험 과학의 역사》(*A History of Magic and Experimental Science*, 8권, 1923~1958)와 《15세기 과학과 사상》(*Science and Thought in the Fifteenth Century*, 1929), 《중세 유럽의 역사》(*The History of Medieval Europe*, 1917)를 저술했다.

솔론(Solon, 서기전 640경~560경). 고대 그리스 아테네의 정치가, 시인이다. 그리스 7현인 중 한 사람으로 알려져 있다. 살라미스 섬의 영유를 둘러싼 서기전 596년 메가라인과의 전투에서 명성을 얻어 서기전 594년 집정관 겸 조정자로 선정되어 정권을 위임받았다. 그는 배타적 귀족정치를 금권정치로 대체하고 인도적 법을 도입했다. 특히 당시 빈부의 극심한 차이로 인한 사회불안을 개선하기 위하여 부채의 조정 포기와 채무노예의 해방과 금지를 포함한 이른바 '솔론의 개혁'이라 일컫는 여러 개혁을 단행했다.

솔루스트(Sallust, 라틴어명 Gaius Sallustius Crispus, 서기전 86~34). 평민계급 출신의 로마의 역사가이다.

솔리누스(Gaius Julius Solinus, 250년경). 고대 로마의 박물학자이다. 《세계의 지리와 기적에 관하여》라는 현실과 허구가 뒤섞인 지리서를 썼다. 그의 진정한 공헌 가운데 하나는 오래전부터 '마레 노스트룸'(우리의 바다)이라고 불린 로마 주위의 바다를 '지중해'(地中海), 즉 지구의 중심에 있는 바다라는 이름으로 바꿔 부른 것이다. 그의 저작에 크게 영향을 받은 사람 중 하나가 성 아우구스티누스라고 한다.

솔즈베리의 존(John of Salisbury, 라틴어명 Johannes Saresbarius 1115~1180). 중세 영국의 철학자, 신학자, 정치가이다. 또한 당대 최고의 라틴어 저술가이기도 했다. 스승인 베르나르가 "우리가 옛사람보다 더 멀리 볼 수 있는 것은 고전 위에 서 있기 때문"이라는 설명을 자신의 저술에서 소개했다.

쉬렐(Alexandre Surell, 1813~1887). 19세기 프랑스의 토목공학자이다.

쉴리(Maximilien de Béthune, Duke of Sully, 1560~1641). 프랑스의 군인이자 정치가이다. 프랑스 종교 전쟁을 종식시킨 앙리 4세의 오른팔이었던 그는 오랜 전쟁으로 파산 상태였던 프랑스의 재정을 크게 개선시켰고 사회를 발전시켰다. 재무, 농업, 토지 관리에서 그의 능력은 타의 추종을 불허했고, 도로망, 삼림, 운하 건설과 캐나다 퀘벡 주 개발 등이 그의 손에서 이루어졌다. 특히 삼림 파괴를 금지했으며 습지에 배수시설을 만들고 운하 건설계획 등을 세웠다.

스넬(Willebrord Snellius, 1580경~1626). 네덜란드의 천문학자, 수학자이다. 스넬의 법칙으로 알려진 '굴절의 법칙'으로 유명하다. 1613년에 그의 아버지에 이어 라이덴 대학교 교수로 임용되었고 1615년에 삼각법을 이용해 지구의 둘레를 측정했으며, 1617년에 《네덜란드의 에라토스테네스》(*Eratosthenes Batavus*) 라는 책을 펴냈다. 이후 1921년에 굴절의 법칙을 확립했다.

스멜리(William Smellie, 1740~1795). 인쇄장인, 박물학자이다. 스코틀랜드인으로 《브리태니커 백과사전》 초판(1768~1771) 의 편집인이었으며 뷔퐁의 《박물지》(*Natural History*) 를 영어로 번역했고, 《박물지 철학》(*The Philosophy of Natural History*) 2권을 집필했다.

스미스(Grafton Elliot Smith, 1871~1937). 영국의 해부학자이다. 선사시대에 대한 초전파주의적 관점을 적극 지지한 인물로 유명하다.

스밤메르담(Jan Swammerdam, 1637~1680). 네덜란드의 생물학자, 박물학자이다. 곤충을 해부하여 곤충의 생애 단계를 입증했다. 1668년에는 적혈구를 최초로 관찰하고 그 결과를 기술했다. 해부 작업에 현미경을 최초로 이용했으며, 그의 탁월한 방법은 후대의 학자들에게 널리 이용되었다.

스봉(Ramon Sebon, ?~1432). 에스파냐 바르셀로나 태생의 신학자이다. 라틴어 이름은 시비우드(Sibiude) 혹은 레이문두스 드 사분데(Raymundus de Sabunde) 이다. 1430년부터 죽을 때까지 프랑스 툴루즈 대학교에서 신학, 철학, 의학을 가르쳤다. 신학과 철학에 관해 몇 저작을 집필했으나 현재 남은 것은 에스파냐어로 집필되고 후에 몽테뉴에 의해 프랑스어로 번역된 《자연신학》(*Theologia Naturalis*) 이 유일하다.

스즈키(Daisetz Teitaro Suzuki, 鈴木 大拙, 1870~1966). 일본의 학자이다. 선종 불교에 대한 저술로 선종에 대한 서구의 관심을 널리 확산시켰다. 또한 다수의 중국, 산스크리트 문헌의 번역가로도 유명하다.

스칼리제르(Joseph Justus Scaliger, 1540~1609). 프랑스 태생의 네덜란드 고전학자이다.

스컬리(Vincent Joseph Scully, Jr. 1920~). 미국 예일 대학교 건축학과의 건축사 명예교수이다. 건축사에 대해 몇 권의 저서가 있다.

스코투스(Duns Scotus, 1266~1308). 중세의 철학자로 프란체스코회의 전통적인 아우구스티누스주의를 대표하여 토마스학파와 대립했다. 그의 사상은 프란체스코회를 중심으로 한 사상가들에게 전해져 스코투스학파로 이어졌다. 스코투스학파는 사물의 전체성을 직관으로 파악하며, 사유, 즉 이성에 대한 의지의 우위를 주장한다. 또 모든 것은 신의 자유이며 한없는 사랑의 발로로써 신이 바라는 것은 모두가 선이라고 설명한다.

스탠리 경(Sir Henry Morton Stanley, 1841경~1904). 미국의 언론인이자 탐험가이다. 아

프리카 탐험 중 한동안 소식이 끊겼었던 데이비드 리빙스턴을 찾아 나선 이로 잘 알려져 있다.

스트라본(Strabon, 영문명 Strabo 서기전 64경~서기 23경). 고대 그리스의 지리학자이자 역사학자이다. 소아시아 아마시아(폰투스)의 명문가 출신으로 알렉산드리아에서 수사학, 지리학, 철학을 아리스토데모스 등에게 배웠고, 철학은 아리스토텔레스학파를 떠나 스토아학파의 입장을 취했다. 로마, 이집트, 그리스, 소아시아, 이탈리아 등의 지역을 여행하고 만년은 고향에서 보냈다. 저서인 《역사적 약술》(*Historika Hypomnēmata*, 전 47권)은 현존하지 않지만 서기전 20년 이후 로마에 장기간 체재하면서 저술한 《지리학》(*Geōgraphiā*, 17권)은 대부분 남아 있다. 이 책은 단순한 지리서가 아니라 유럽, 아시아, 아프리카의 전설 및 정치적 사건, 중심 도시, 주요인물 등 역사적 서술도 있어 중요한 사료로 평가받는다.

스트라부스(Strabus, 808경~849). 베네딕트 수도회 대수도원장, 신학자, 시인이다. 발라프리트 스트라본(Walafrid Strabo)으로도 알려져 있다. 그의 라틴어 저서는 독일 카롤링 왕조 시대의 대표적인 작품으로 알려져 있다. 지금은 주로 시(詩)가 주목을 받지만 당시 사람들은 그의 시보다는 신학 사상과 저술을 높이 평가했다.

스트라톤(Straton of Lampsacus, ?~서기전 270경). 그리스의 철학자이다. 테오프라스토스의 뒤를 이어 아리스토텔레스의 학설을 바탕으로 삼는 페리파토스학파의 지도자가 되었으며, 모든 실체에는 빈 공간이 포함되어 있다는 '빈 공간 학설'로 유명하다.

스트루테반트(Simon Sturtivant, 또는 Simon Sturtevant, 1570~?). 영국의 성직자이자 공학자이다. 《이솝 우화의 어원학》과 《금속학》 등의 저서를 남겼다. 나무 대신 석탄을 이용한 철 제련법을 발명했다.

스펜서(Herbert Spenser, 1820~1903). 영국의 철학자이자 다윈의 생물진화론을 인간 사회에 적용시킨 사회진화론의 창시자이다. 대표작인 《종합철학체계》는 36년간에 걸쳐 쓴 대작으로 성운의 생성에서부터 인간 사회의 도덕원리 전개에 이르기까지 모든 것을 진화의 원리에 따라 조직적으로 서술했다. 이 저술에서 그는 광범한 지식체계로서의 철학을 구상했으며, 철학적으로는 불가지론의 입장에 서면서도 철학과 과학과 종교를 융합하려고 했다. 종교와 과학의 이와 같은 조정은 과학자로 하여금 종교에 의한 구속을 벗어나게 했다는 데 의의가 있다.

스펭글러(Oswald Arnold Gottfried Spengler, 1880~1936). 독일의 역사가, 문화철학자이다. 1880년 하르츠 지방 블랑켄부르크 태생으로 뮌헨, 베를린, 할레의 각 대학교에서 수학과 자연과학을 전공함과 동시에 철학, 역사, 예술에도 힘을 쏟았다. 《서구의 몰락》(*Der Untergang des Abendlandes*, 제1권 1918, 제2권 1922)을 저술했으며, 《인간과 기술》(*Der Mensch und die Technik*, 1931) 등의 저서가 있다.

스프랫(Thomas Sprat, 1635~1713). 영국의 신학자, 시인이다. 왕립학회의 창설에 기여했으며 1667년에 《런던의 왕립학회 역사》(*A History of the Royal Society of London*)

를 저술했다. 이 책에서 그는 왕립학회의 과학적 목적과 '명료함과 간결함'이라는 현대적 표준에 입각한 과학적 글쓰기의 기본 틀을 밝혔다.

스피노자(Baruch de Spinoza, 1632~1677). 네덜란드의 철학자이다. 데카르트 철학에서 결정적 영향을 받았다. '모든 것이 신이다'라는 범신론 사상을 역설하면서도 유물론자·무신론자였다. 그의 신이란 기독교적인 인격의 신이 아닌 자연이었기 때문이다. 대표작으로는 《에티카》가 있다.

시드(Cedd, 620경~664). 영국 노섬브리아 태생이다. 린디스파른(Lindisfarne)에서 베네딕트회 수도자가 되었으며, 653년에 3명의 다른 사제들과 함께 중앙 앵글족(Angle)들에게 복음을 선포하도록 파견되었다. 이스트 앵글족의 왕 시리버트가 개종했을 때 에식스(Essex)의 선교를 그만두었고 654년에 에식스 주교로 축성되었다. 그는 브라드웰, 틸베리(Tilbury), 라스팅햄(Lastingham)에 수도원을 세우고 수많은 성당들을 지었으며, 664년에는 휘트비 시노드(Synod of Whitby)에 참석하여 로마의 전례를 인정했다. 그는 664년 10월 26일에 잉글랜드 요크셔(Yorkshire)의 라스팅햄에서 서거했다. 그에 대해 알려진 것은 대부분 성 비드의 《영국 교회의 역사》에서 비롯한 것이다.

시든햄(Thomas Sydenham, 1624~1689). 영국의 의사이다. 의회주의자로 투쟁했으며 영국 의학사에서 위대한 인물로 인정되어 '잉글랜드의 히포크라테스'로 불린다.

시라쿠사의 히에론(Hieron of Syracuse ?~?). 시라쿠사의 참주이다. 히에론 2세를 지칭하며 아르키메데스에게 은이 섞인 왕관을 조사하게 한 일화가 잘 알려져 있다.

시비우드(Ramon Sibiude). 스봉(Ramon Sebon)의 라틴어 이름. "용어해설" 인명편 '스봉' 항목을 참고하라.

시제루스(Siger of Brabant, 1240경~1280). 브라방의 시제루스로 불리는 13세기의 철학자이다. 아베로에스주의의 창시자이자 주요 옹호자였다. 로마 가톨릭교회의 보수적 구성원들은 그를 급진적인 사람으로 보았지만 당대에 활동했던 아퀴나스처럼 신앙과 이성에 대한 서양의 태도를 틀 짓는 데 중요한 역할을 했다는 평가를 받는다.

시쿨루스(Diodorus Siculus, 서기전 1세기). 카이사르와 아우구스투스 시대에 시칠리아 아기리움에서 활동한 그리스의 역사가이다. 저서로는 《세계사》(*Bibliotheca historica*)가 있다. 그의 기록에 따르면 서기전 60~57년에 이집트를 여행하고 로마에서 몇 년을 보냈다고 한다. 서기전 21년까지의 사건을 다루는 40권짜리 그의 역사책은 당시 연대기적 사료가 남지 않은 상황에서 매우 가치가 높은 것으로 평가된다.

실베스터(Joshua Sylvester, 1563~1618). 영국의 시인이다.

실베스트리(Bernard Silvestre, 1085경~1178경). 중세 플라톤주의 철학자이자 시인이다.

아가타르키데스(Agatharchides of Cnidos). 서기전 2세기에 활동했던 그리스의 역사가이자 지리학자이다. 지리학자 스트라본은 그를 소요학파로 간주했다. 홍해 주변의 이집트 남부 지방을 기술한 《에리트레아 해에 관하여》〔*Peri ten Erythras Thalasses* (*On the Erythraean Sea*)〕가 유명하다. 무엇보다 이 책은 프톨레마이오스 왕조 시대의 금채굴 기술에 대해 자세히 서술했다.

아그리콜라(Georgius Agricola, 1494~1555). 독일 르네상스 시대의 의사다. 또한 광산학의 아버지로 일컬어지는 사람으로서 광물을 형태적으로 분류한 최초의 인물이다. 독일식 이름은 게오르크 바우어(George Bauer)였으나 라틴어, 그리스어 교사가 되면서 이름을 라틴어로 바꾸었다. 이탈리아에서 의학, 철학을 공부한 후 독일 요아힘스타르의 시의(市醫)가 되었는데, 광산 도시였던 이곳에서 금속을 의학에 이용하려던 동기에서 출발한 광산학에 대한 관심이 그를 광산학의 아버지로 만들었다. 지질학, 광물학, 금속학에 관한 지식을 집대성한 《금속론》(*De re Metallica*, 12권)을 펴내 광산학의 기초를 닦았다.

아낙사고라스(Anaxagoras, 서기전 500경~428). 고대 그리스의 철학자이다. 이오니아 클라조메네 태생으로 아테네에서 활약했으며, 처음으로 아테네에 철학을 이식하여 엘레아학파의 출현에 의한 이오니아 자연철학의 위기를 구하려 했다. 생성과 소멸을 부정하고 만물은 처음부터 있으며 그 혼합과 분리가 있을 뿐이라 주장했다. 이러한 만물의 씨앗(*spermata*)에는 만물 속에 만물이 포함되어 있고, 다만 지성(*nous*)만이 순수하고 가장 정미(精微)한 것이며, 태고의 씨앗은 혼돈인 채 있었는데 이 지성의 작용으로 회전운동이 일어나고 확대되어 여러 가지로 갈라져 나온다 했다. 또한 지성은 만물에 질서를 주어 모두에 대하여 모든 지식을 가진다는 등 이른바 이원론의 입장을 취했다.

아낙시만드로스(Anaximandros, 서기전 610~546). 고대 그리스 밀레토스 학파의 철학자이다. 고대 그리스 소아시아의 밀레토스 태생으로 탈레스의 제자이다. 또한 산문으로 자연에 대해 언급한 최초의 사람이다. 그는 "만물의 근원이란 양적으로나 질적으로 무한의 것(즉, 아페이론)이며 이 신적으로 불멸하는 아페이론으로부터 먼저 따뜻한 것, 차가운 것 등 서로 성질이 대립되는 것으로 갈라진다. 그리고 이 대립하는 것의 경쟁에서 땅, 물, 불, 바람이 생기고 다시 별과 생물이 생기지만 이것이 법도를 지키고 따라서 결국 경쟁의 죄를 보상하고 나서 다시 아페이론으로 돌아간다"고 풀이했다. 또한 천구의 중심에는 지주가 없고 정지한 원통형의 지구 주위를 해, 달, 별이 돈다고 생각했다. 이 밖에도 다방면에 걸친 과학의 지식을 가졌다.

아니아네의 성 베네딕트(St. Benedict of Aniane, 747~821). 단신왕 피핀(Pippin the Short)의 궁정에서 교육받고 샤를마뉴의 궁정에서 봉사했다. 궁정을 떠난 뒤 수도사가 되었다. 780년 무렵 랑그도크(Languedoc) 아니아네에 동방의 금욕주의에 기초한 수도원을 설립했지만 그의 의도대로 성장하지는 못했다. 그래서 799년 같은 장소에 베네딕트 규율에 근거한 또 다른 수도원을 설립했다. 그곳에서의 성공으로 막대한 영향력을 가졌으며, 817년 아헨에서 열린 대수도원장회의에서 그는 《규칙서》(*Codex regulaum*)를 제정했고 곧이어 《규칙의 협정》(*Concordia regularum*)을 제정했다. 하지만 그의 죽음과 함께 쓰이지 않았다.

아르노비우스(Arnobius of Sicca, ?~327경). 로마제국 디오클레티아누스 황제 치하의 로마 수사학자다. 성 히에로니무스에 의하면 아프리카의 로마 식민지인 시카 베네리아에서 활약한 변론가로, 처음에는 기독교를 심하게 반대했으나 기독교로 개종한 다음에는 그 변호에 노력했다. 저술로는 《이교도를 논박함》(Adversus nationes, 7권)이 있다.

아르케실라오스(Arcesilaus 또는 Arcesilas, 서기전 316경~241경). 그리스의 철학자이다. 신아카데미파의 창시자이자 플라톤의 아카데미아의 후기 지도자였다.

아르키타스(Archytas, 서기전 430~365). 그리스의 정치가, 기술자이다. 또한 피타고라스 학파의 수학자였다.

아른트(Johann Arndt, 1555~1621). 독일의 신학자이다. 루터교 신비주의자였던 그는 16세기 말엽과 17세기 초엽의 합리주의적 교리신학에 반동하여 기독교의 본질을 새롭게 이해하고자 하여 '참 기독교'의 개념을 창안했다.

아리스토텔레스(Aristotle, 서기전 384~322). 고대 그리스의 철학자이다. 플라톤의 제자로 플라톤이 초감각적인 이데아의 세계를 존중한 것에 반해 인간에게 가까운, 감각으로 느낄 수 있는 자연물을 존중하고 이를 지배하는 원인의 인식을 구하는 현실주의적 입장을 취했다.

아리스토파네스(Aristophanes, 서기전 445경~385경). 고대 그리스의 최대 희극 시인이다. 아테네 태생으로 페리클레스(서기전 495경~429) 치하 최성기에 태어났다. 작품의 대부분을 펠로폰네소스 전쟁(서기전 431~404) 와중에 썼으며, 서기전 427년의 최초의 작품 《연회의 사람들》(*Banqueters*) 이래, 시종 신식 철학, 소피스트, 신식 교육, 전쟁과 데마고그(선동 정치가)의 반대자로서 시사 문제를 풍자했다. 작품으로는 44편이 알려져 있으나, 완전한 형태로 전해지는 것은 그 가운데 11편, 그 밖에 많은 단편이 있다(아리스토파네스 저, 천병희 역, 2004, 《아리스토파네스 희극》, 단국대 출판부 참고).

아리스티포스(Aristippos, 서기전 435경~366). 고대 철학자이다. 북아프리카 리비아 키레네 태생으로 소크라테스의 제자였고, 쾌락주의와 이기주의를 내세운 키레네학파의 창시자이다. 인생의 목적은 개인 각각의 쾌락이라고 여겼다. 그의 저작은 현재 남아 있는 것이 없다.

아멘호텝 2세(Amenhotep II, 재위 서기전 1427~1400). 이집트 제 18왕국 투트모세 3세의 아들이다. 이집트의 대외적 팽창이 절정에 이르렀을 때 왕위에 있으면서 뛰어난 신체적 능력과 군사적 수완으로 아버지의 정복사업을 계속했다.

아버스노트(John Arbuthnot, 1667~1735). 영국의 의사이며 작가이다. 앤 여왕의 주치의였으며 1712년에 《존 불 이야기》(*The History of John Bull*)을 출간했다. '존 불'이 전형적인 영국인을 뜻하게 된 것은 그의 저작에서 비롯된 것이다.

아베로에스(Ibn Rushd, 영문명 Averroes, 1126~1198). 아랍어 이름은 이븐 루슈드이다. 중세 이슬람의 철학자로 신학과 법학을 공부했으며 후에는 철학과 의학에서 두각을 나타냈다. 아리스토텔레스의 여러 저작에 주석을 붙이는 일에 종사했으며 그의 주석은 새로운 철학적 기반을 부여하고 13세기 이후 라틴 세계에 아베로에스파라는 학파를 탄생시켰다. 야수프 1세가 서거하고 그의 아들인 아부 유수프만수르가 즉위하자 이븐 루슈드의 철학설이 이슬람 정통 신앙에 위배된다는 혐의를 받아 코르도바 근처 엘푸사나에 감금되는 등 박해를 받았다. 풀려난 뒤 모로코로 옮겨가 그곳에서 죽었다. 방대한 아리스토텔레스 주석 외에도 14가지 저작을 남겼으며 그 중에서 가장 유명한 것이 《파괴의 파괴》(*Tahāfut at-tahāfut*) 다. 이는 정통 신학파인 가잘리의 철학자를 공격한 책인 《철학의 파괴》에 반론을 제기한 것으로서 그리스 합리사상의 최후의 빛을 번득이게 했다. 또 의학서로 잘 알려진 《의학개론》이 있으며, 천문학 책으로는 프톨레마이오스의 《알마게스트》(*Almagest*) 요약이 있다.

아벨라르(Abelard, 1079~1142). 12세기의 프랑스 스콜라철학자이자 신학자이다. A. 기욤으로부터 당시 변증법이라고 일컬어지던 논리학과 수사학을 공부했으며, 변증술을 신학에 적용하여 '삼위일체설'을 제창했다. 그의 철학은 실념론(實念論)과 유명론(唯名論)의 중간설인 개념론(槪念論)에 서서 정신이 개체에 관하여 자기 안에서 만드는 관념상이 바로 보편이라 생각했다.

아비센나(Avicenna, 980~1037). 페르시아의 철학자, 의사이다. 18세에 모든 학문에 통달했으며, 20대에는 아리스토텔레스의 《형이상학》을 40회나 정독했다. 의사로서 이름이 알려졌기 때문에 궁정에서 일했다. 중세 라틴 세계에서도 권위 있는 의학자로 통했으며 철학에서도 동방 아랍의 최고봉으로 아퀴나스에게 영향을 끼쳤다. 그는 아리스토텔레스에 플라톤을 가미한 철학으로 이슬람 신앙을 해석했는데, "개적(個的) 영혼은 영원히 멸하지 않는다"는 주장이 그 일례라고 볼 수 있다. 저서인 《치유의 서》(*Kitāb ash-shifā*)는 철학 백과사전과 같은 것으로서 윤리학과 정치학을 제외한 전 영역을 포함했으며, 논리학에서의 제1지향과 제2지향의 해석이 보편논쟁에 커다란 영향을 미쳤고 심리학에서 영혼의 기능을 분류한 것이 스콜라철학에 있어 표준이 되기도 했다. 그 밖의 저서로 《의학정전》이 전해진다.

아에티오스(Aetios). 100년경 그리스의 철학자이다.

아우구스투스(Augustus, 서기전 63~서기 14). 본명은 가이우스 옥타비아누스이다. 장군으로서의 역량은 빈약했으나 아그리파를 비롯하여 여러 부장의 조력과 전 이탈리아, 그리고 전체 속주로부터 충성의 맹세를 받아내 신중하게 일을 처리함으로써 1백 년에 걸친 공화정 말기의 내란을 진정시켰다. 질서 회복 후에는 비상대권을 원로원과 민중에게 돌려주었고, 서기전 27년에는 아우구스투스(존엄자)라는 칭호를 원로원으로부터 받았으며 공화정의 명목을 유지하면서 실질적인 제정을 시작했다. 특히 내정의 충실을 기함으로써 41년간의 통치 기간 중에 로마의 평화 시대가 시작되었으며 베르길리우스, 호라티우스, 리비우스 등이 활약하는 라틴 문학의 황금시대를 탄생시켰다.

아우소니우스(Decimus Magnus Ausonius, 310경~395경). 로마 제정 말기의 시인이다. 갈리아 부르디갈라(현재 프랑스 보르도) 태생으로 라틴 문학 쇠퇴기에 활약한 4세기의 대표적인 지식인이었다. 부르디갈라에서 수사학을 강의하고 또한 시문으로 명성을 얻었다. 발렌티아누스 1세의 아들(후에 그라티아누스)의 가정교사로 임용되었으며, 그라티아누스가 즉위하자 중용되어 학계와 정계에서 활약하여 집정관까지 되었다. 오늘날 라인 강의 지류인 모젤 강을 다루는 〈모젤라 강〉(*Mosella*)이라는 시는 걸작으로 작품이 매우 아름답다.

아이길(Eigil, Abbot of Fulda, 750~822). 818년 풀다 수도원의 제4대 수도원장을 지냈다. 삼촌이었던 성 스투르미우스(St. Strum)의 제자로 삼촌의 전기를 저술하고 라바누스 마우루스(Rabanus Maurus)를 수도원학교 교장으로 초빙했다. 그가 수도원장으로 있는 동안 수도원적 생활이 꽃피어 당대 정신문화의 중심으로 자리 잡았다.

아이스킬로스(Aeschylos, 서기전 525경~456). 고대 그리스의 비극시인이다. 에우포리온의 아들로 모두 90여 편의 비극을 쓴 것으로 전해지나 현재 남은 것은 많은 제목과 부분적인 것 이외에는 7개의 비극인 《아가멤논》(*Agamemnon*), 《제주를 바치는 여인들》(*Choephoroi*), 《자비로운 여신들》(*Eumenides*), 《페르시아인들》(*Persai*), 《테바이를 공격한 일곱 장수》(*Hepta epi Thebas*), 《탄원하는 여인들》(*Hiketides*), 《결박된 프로메테우스》(*Prometheus desmotes*)뿐이다(아이스킬로스 저, 천병희 역, 2008, 《아이스킬로스 비극 전집》, 숲 참고).

아코스타(José de Acosta, 1539~1600). 에스파냐의 예수회 선교사이다. 선교를 위해 남미 각국을 방문했으며 저서에 《신대륙 자연문화사》 등이 있다.

아퀴나스(Thomas Aquinas, 1225경~1274). 이탈리아의 신학자이다. 이탈리아 로마와 나폴리 중간에 있는 로카세카 태생으로 중세 유럽의 스콜라철학을 대표하는 인물이다. 1252년 파리 대학교 신학부의 조수로 연구를 심화시키는 한편, 성서 및 《명제집》 주해에 종사했고 1257년 신학교수가 되었다. 《신학대전》(*Summa Theologiae*, 1266~1273), 《이단 논박 대전》(*Summa Contra Gentiles*, 1259~1264) 등과 같은 방대한 저작을 남겼다. 그의 사상을 바탕으로 하는 철학과 신학 체계를 토마스주의라고 한다.

아크나톤(Akhnaton, 또는 Akhenaten, 재위 서기전 1353경~1336경). 고대 이집트 제18왕조의 10대 왕으로 소년왕 투탕카멘의 아버지이다. 아몬을 주신으로 하는 다신교 숭배를 유일신 아톤 숭배로 바꾸는 역사상 최초의 종교개혁을 실시했지만 사후에 실패했다.

아타나시우스(Athanasius, 293경~375). 4세기경에 활동한 신학자로 성자인 그리스도가 성부 하느님과 유사한 본질을 지닌 피조물이지 동일한 본질을 지닌 피조물이 아니라고 주장한 아리우스주의에 대항해 크리스트교 정통신앙을 옹호했다.

아테나고라스(Athenagoras, 133경~190). 2세기 후반 활동한 기독교 변증가이다. 플라톤주의자였다가 기독교로 개종한 것으로 여겨지지만 확실한 것은 아니다.

아테나이오스(Athenaeus, ?~?). 서기 200년경의 그리스 저술가이다. 이집트의 나우크라티스 태생으로 저서인 《연회석의 지자》(데이프노소피스타이)는 고대 그리스와 관련된 많은 화제를 둘러싼 식탁에서의 잡담집으로 모두 15권이나 현재는 12권만이 전한다.

아폴로니아의 디오게네스(Diogenes of Apollonia). 서기전 5세기 중반 고대 그리스의 자연철학자이다. 옛 이오니아 자연학을 계승해 자연의 모든 변화는 공기의 밀도와 온도에 달려 있다고 주장했다.

아피온(Apion, ?~?). 알렉산드리아인으로 당시 알렉산드리아에 유대교 공동체가 발달하자 유대인을 비난하는 "유대인에 대항함"이라는 글을 작성했다. 이에 맞서 요세푸스는 "아피온 반박"을 발표한다.

알 이드리시(ash-Sharīf al-Idrīsī, 1100~1165). 이슬람의 지리학자이다. 모로코 세우타 태생으로 당시 이슬람 학술의 중심지였던 에스파냐의 코르도바에서 공부하고 에스파냐 각지와 아프리카 북쪽 연안, 소아시아, 영국 해안 등을 여행했다. 후에 시칠리아로 가서 시칠리아의 노르만인 왕 로제르 2세(재위: 1130~1154)를 섬기면서 이슬람 지리학의 성과와 각지의 기독교도에게 얻은 지식을 토대로 동양과 스칸디나비아 반도까지 포함된 세계지도를 만들고 이에 상세한 주석을 단 《로제르의 책》을 펴냈다. 이밖에 식물학·약물학 등에 관한 저술도 있어 사라센 과학을 유럽에 전파했다.

알렉산드로스(Alexandros the Great, 영문명 Alexander, 서기전 356~323). 마케도니아의 왕(재위: 서기전 336~서기전 323)이다. 필립포스 2세와 올림피아스의 아들로서 알렉산더 대왕, 알렉산드로스 3세라고도 한다. 그리스·페르시아·인도에 이르는 대제국을 건설한 대왕으로 서기전 323년 바빌론에 돌아와 아라비아 원정을 준비하던 중 33세의 젊은 나이로 갑자기 죽었다.

알렉산드리아의 클레멘스(Titus Flavius Clemens, 영문명 Clement of Alexandria, 150경~215). 2세기 말에서 3세기 초까지 활동하며 알렉산드리아 신학의 정초를 놓은 인물이다. 그 뒤를 오리게네스가 이어 알렉산드리아 신학의 골격을 세운다.

알바레즈(Francisco Alvarez, 1465경~1541경). 포르투갈의 선교사이자 탐험가이다. 아비시니아 왕국에 파견된 포르투갈 대사의 비서로 6년간 아프리카에 머물렀다.

알베르티(Leon Battista Alberti, 1404~1472). 근세 건축 양식의 창시자로서 단테, 다 빈치와 마찬가지로 르네상스 시대 다재다능한 예술가 중 한 사람으로 꼽힌다. 파도바와 볼로냐의 대학교에서 공부했고, 피렌체에 머물며 메디치 가에 출입하면서 많은 예술가들과 사귀었다. 1432년 이후는 로마에 정주하여 교황청의 문서관이 되었다. 그는 성직에 종사했음에도 불구하고 미술, 문예, 철학에 더 많은 저작을 남겼는데 그중 가장 저명한 것은 1450년에 저술한 《건축십서》이다. 그는 이 저서 속에서 고대 건축의 연구와 예술가로서의 감각을 종합한 새 시대의 건축을 논하고 근세 건축 양식의 전형을 보여주었다. 1436년 저술한 《회화론》은 비례에 의한 원근법적 구성의 기본 개념을 밝힌 최초의 저작으로 알려졌다.

알크마이온(Alkmaion, ?~?). 서기전 500년경의 그리스 의학자이다. 남이탈리아의 그리스 식민지 크로토네 태생으로 피타고라스의 제자였다. 처음으로 동물 해부를 실시하여 시신경을 발견했으며, 질병이란 체내의 4원소인 온(溫)·한(寒)·건(乾)·습(濕)의 부조화가 원인이고, 이들 4원소가 평형을 유지할 때 건강을 유지할 수 있다고 주장했다. 《자연에 관하여》라는 최초의 의학서를 저술했으나 현재는 그 단편만이 전해진다.

알하젠(Alhazen, 965경~1039). 아라비아의 수학자, 물리학자이다. 광학이론에 공헌한 것으로 유명하며 1270년 라틴어로 번역된 《알하젠의 광학서 7권》(*Opticae Thesaurus Alhazeni Libri vii*)가 유명하다.

암스트롱(Arthur Hilary Armstrong, 1907~1997). 영국의 고전학자, 저술가이다. 영국 후브 태생으로 케임브리지 대학교에서 수학했다. 그 후 영국과 캐나다의 여러 대학에서 강의를 했다. 플로티노스의 철학 저술에 대한 최고의 권위자로 인정받는다. 저서로는 《플로티노스》(*Plotinus*, 1953, 영역 1966), 《플로티노스 및 기독교 연구》(*Plotinian and Christian Studies*) 등 다수가 있다.

앙키세스(Anchises, ?~?). 트로이의 마지막 왕 프리아모스(Priamos)와 육촌 형제 사이다.

애덤스(John Adams, 1797~1801). 미국의 정치가이다. 인지조례 제정에 따른 반영(反英) 운동의 지도자로서 대륙회의의 대표로 미국 독립선언서 기초위원이자 미국의 제2대 대통령을 지냈다.

어셔 대주교(Archbishop Ussher, James Ussher, 1581~1656). 영국 성공회의 성직자다. 천지창조가 서기전 4004년 10월 23일 일어났다 보고 이로부터 지구의 나이를 추정했다.

에라토스테네스(Eratosthenes, 서기전 273경~192경). 그리스의 수학자이자 천문학자이자 지리학자이다. 키레네 태생으로 서기전 244년경에 아테네에서 이집트로 옮겨 서기전 235년에 알렉산드리아의 왕실 부속학술연구소의 도서관원이 되었다. 같은 자오선 위에 있다고 생각되었던 시에네(현재의 아스완)와 메로에 사이의 거리를 측정해 해시계로 지구 둘레를 처음으로 계산했다. 저서인 《지리학》(*Geographica*, 3권)에는 지리학사, 수리지리학 및 각국 지지와 지도 작성의 자료가 포함되어 있다. 지리상의 위치를 위도·경도로 표시한 것은 그가 처음인 것으로 알려져 있다.

에리우게나(Johannes Scotus Eriugena, 영문명 John the Scot, 815경~817). 신플라톤주의자이다. 또한 그리스주의자인 동시에 펠라기우스파요 범신론자로 보기도 한다.

에우리피데스(Euripides, 서기전 484경~406경). 고대 그리스의 3대 비극시인 중 한 사람이다. 아테네 태생으로 서기전 455년 극작가로 데뷔해 그 작품 총수는 92편이라고 전하며 오늘날 전하는 작품은 19편이다(에우리피데스 저, 천병희 역, 1999, 《에우리피데스 희극》, 단국대 출판부).

에우에르게테스 1세(Euergetes I). "프톨레마이오스 3세"를 참고하라.

에우에르게테스 2세(Euergetes II, Ptolemaios Ⅷ, 서기전 182경~116). 이집트 프톨레마이오스 왕조의 왕이다. 뚱뚱한 몸 덕분에 피스콘(Physcon)이라는 별칭으로 불렸다.

에피쿠로스(Epicurus, 서기전 342경~271경). 고대 그리스의 철학자이다. 에피쿠로스학파의 창시자이다. 그리스 사모스 섬 태생으로 아테네에서 '에피쿠로스 학원'이라 불린 학원을 열어 함께 공부하고 우정에 넘치는 공동생활을 영위하면서 문란하지 않은 생활(아타락시아) 실현에 노력했다. 그의 철학의 기초를 이루는 원자론에 의하면, 참된 실재는 원자(아토마)와 공허(캐논)의 두 개이다. 원자 상호 간에 충돌이 일어나 이 세계가 생성된다고 한다. 《자연에 대하여》 등 3백여 권에 이르는 저서가 있었으나 현재는 극히 일부만이 전한다.

엘리아데(Mircea Eliade, 1907~1986). 루마니아 출신의 미국 종교학자, 문학가이다. 인도의 철학자인 다스굽타 문하에서 인도 철학을 연구하여 《요가: 불멸성과 자유》를 썼다. 이후, 파리 소르본 대학교 객원교수와 시카고 대학교 교수로 있으면서 《우주와 역사》 등의 저술을 통해 구미 종교학계에 큰 영향을 끼쳤다.

엘리엇(Jared Eliot, 1685~1763). 식민지 시대 미국의 목사, 내과의, 농경학자이다. 그는 과학적 연구와 집필을 통해 상당한 명성을 얻었다. 코네티컷 지역의 광물 특성을 연구하여 1762년에 《발명에 관한 논평, 또는 최상은 아니더라도 흑해의 토양으로부터 좋은 철을 만드는 기술》(*Essay on the Invention, or Art of Making Very Good, If not the Best Iron, from Black Sea Soil*)을 출간하여, 왕립학회의 인정을 받았다. 또한 코네티컷의 농작물 재배에 관해 연구했으며 특별한 실험을 위해 자신의 소유지를 이용해 농경학 분야에서 주요한 과학적 업적을 남겼다.

엘베시우스(Claude Adrien Helvétius, 1715~1771). 프랑스의 철학자이다. 백과사전파의 한 사람으로 인간의 정신 활동은 신체적 감성에 따른다고 보았으며 교회의 권위, 절대왕정에 반대하였다. 저서로는 《정신에 관하여》가 있다.

엠페도클레스(Empedocles, 서기전 490경~430경). 고대 그리스의 철학자이다. 시칠리아 섬 태생으로 다재다능한 기인으로 알려졌다. 두 편의 시 〈정화〉(*Purifications*)와 〈자연에 대하여〉(*On Nature*)를 저술했는데, 전자에서는 영혼의 윤회, 후자에서는 우주의 구조를 논했다. 후자에 의하면 만물의 근본은 불·물·흙·공기로 구성되며, 이 불생, 불멸, 불변의 4원소가 사랑과 투쟁의 힘에 의해 결합·분리되고 만물이 생멸한다는 것이다. 세계는 사랑이 지배하는 시기, 투쟁의 힘이 증대하는 시기, 투쟁이 지배하는 시기, 사랑의 힘이 증대하는 시기의 4기가 끊임없이 반복된다고 주장했다. 자신을 신격화하기 위해 에트나 화산 분화구에 투신했다는 유명한 전설이 있다.

영(Arthur Young, 1741~1820). 영국의 농학자이다. 자신은 농장 경영에 실패했으나 각지를 여행하며 여행기를 집필하는 한편 농업 개량을 추진하여 1793년에는 농업국장이 되었으며 잉글랜드 각 주의 농업 사정에 관한 조사 보고서 작성의 중심 인물이 되었다. 그의 농업개량론은 윤작농법을 채택하여 생산성을 높였던 노퍽 주의 농법에 기초한 것으로 이 농법 보급을 위해 노력했다. 인클로저와 이것에 바탕을 둔 대농(大農) 경영의 열성적인 주창자였다.

오네쿠르(Villard de Honnecourt, ?~?). 13세기 프랑스에 살았고 프랑스 북부 피카르디(오늘날의 아미앵)의 순회 건축 청부업자였다. 그가 유명해진 것은 1230년대 무렵에 그린 약 250개의 그림이 담긴 33장의 그림책《건축도집》(*Livre de Portraiture*)이 오늘날에 전해졌기 때문이다. 이 책은 일종의 교본으로 조각과 건축 계획에 적합한 종교적 인물이나 세속적 인물, 양각과 세부 묘사, 교회 관련 사물과 기계장치 등을 담았으며 막대한 주석이 함께 달려 있다. 동물이나 인간의 형상과 같은 다른 주제들도 등장한다.

오로시우스(Orosius, 385경~420). 414~417년에 활동한 초기 기독교 정통신앙의 옹호자, 신학자이다. 기독교도로서 세계사를 최초로 쓴 인물이다. 414년경 히포에 가서 성 아우구스티누스를 만났고, 그곳에서 초기 저서인《아우구스티누스에게 프리스킬리아누스주의자들과 오리게네스주의자들의 오류에 관해서 일깨워준 사람》(*Commonitorium ad Augustinum de Errore Priscillianistarum et Origenistarum*)을 썼다. 415년 성 아우구스티누스에 의해 팔레스타인으로 파송을 받아 그곳에서 직접 펠라기우스주의와 대결했다. 그해 7월 예루살렘의 주교 요한네스가 소집한 교회 회의에서 펠라기우스를 이단으로 고소한 것이 성공을 거두지 못하자《펠라기우스주의 반박서》(*Liber Apologeticus Contra Pelagianos*)를 썼다. 416년 초에 성 아우구스티누스에게 돌아와 그의 부탁을 받고 역사의 관점에서 기독교를 옹호한《이교도대항사 7권》(*Historiarum Adversus Paganos Libri VII*)을 썼다. 여기서 그는 기독교가 등장하기 전에 인류에게 닥친 재난을 논하면서 로마제국이 기독교로 개종했기 때문에 재난을 당한다는 주장을 반박했다.

오를레앙(Gaston d'Orléans, 1608~1660). 프랑스의 왕족. 앙리 4세(1589~1610 재위)의 셋째 아들로 1611년까지는 루이 13세의 살아남은 유일한 형제였다. 형인 국왕 루이 13세(1610~1643 재위)와 조카 루이 14세(1643~1715 재위)의 통치 동안 내각 정부를 무너뜨리기 위해 여러 차례의 음모와 반란을 지지했으나 모두 실패했다.

오리게네스(Origen, 185경~254경). 알렉산드리아 학파의 대표적 신학자이다. 성서, 체계적 신학, 그리스도의 변증적 저술 등에 관한 저서를 많이 남겼다. 기독교 최초의 체계적 사색가로서 이후의 신학사상 발전에 공헌했다. 데키우스 황제의 박해를 받아 254년경 티루스에서 순교한 것으로 알려져 있다. 저서가 매우 많아 성 히에로니무스는 2천 권에 이른다고 한다. 성서와 관련된 것, 체계적 신학에 관한 것, 기독교를 변증하는 저술로 구분할 수 있다(이 책의 2부 5장 2절을 참고하라).

오버베리 경(Sir Thomas Overbury, 1581~1613). 영국의 시인이자 수필가이다. 영국 역사에서 가장 선정적 범죄의 희생자이기도 하다. 그는 옥스퍼드 대학교 동문인 카(Robert Carr)의 절친이자 비서였다. 그러나 카가 에식스(Essex) 백작과 이혼한 프랜시스 하워드(Frances Howard)와 결혼하려 하자 극렬히 반대하면서 크게 싸웠다. 오버베리의 적대감은 하워드 가문이 영국 왕 제임스 1세로 하여금 그를 감옥에 가두도록 압력을 넣을 만큼 대단했다. 결국 감옥에 갇힌 그는 서서히 중독되어 죽었다. 카와 프랜시스 하워드는 살인죄로 유죄를 선고받았으나 왕의 명령으로 사면되었다.

오베르뉴의 윌리엄(William of Auvergne, 1190경~1249). 파리에서 수학 후 인문학부, 신학부 교수로 활동했다. 파리 대학교의 스콜라주의 철학자였던 그는 파리의 주교가 되어 1228년부터 1249년까지 재직했다. 또한 체계적인 아리스토텔레스주의자였던 그는 13세기에 특히 성 아우구스티누스의 기독교 사상과 아리스토텔레스의 사상을 융화시킨 최초의 신학자다.

오비디우스(Ovid, 서기전 43~17경). 로마의 시인으로 중세 유럽에 많은 영향을 미쳤다. 대표작은 《변신 이야기》이다.

오컴의 윌리엄(William of Ockham, 1300경~1349). 영국의 스콜라철학자이다. 이단이라는 혐의를 받았고 몇 가지 명제는 유죄 선고를 받았다. 교황 요하네스 22세와도 알력이 있었다. 그의 입장은 유명론(唯名論)이며 중세의 사변신학 붕괴기에 근세 경험론적 사상의 시작이었다. 그에 따르면 인식의 원천은 개체에 관한 직관표상으로, 개체만이 실재일 뿐 보편자는 실재가 아닐뿐더러 개체에 내재하는 실재물도 아니다. 보편자는 정신의 구성물이며 정신 속에서의 개념으로써 또는 말로만 존재하고, 정신 속에서의 보편자 존재는 정신에 의하여 사고되는 것으로의 존재다. 보편자가 다수의 개별자에 관하여 술어가 되는 것은 보편자가 다수의 기호로써 이들을 대표하는 것에 따른 것이라 주장했고 이는 근세의 영국 경험론자들이 이어받는다.

와델(Helen Waddell, 1889~1965). 중세 라틴어 풍자시의 음유시인의 세계를 1927년 저서인 《방랑하는 학자들》(*The Wandering Scholars*)을 통해 독자들에게 드러낸 것으로 가장 잘 알려졌다. 또한 그들의 시를 번역해 1929년에 《중세 라틴 서정시》(*Medieval Latin Lyrics*)라는 책을 출판했다. 1933년 작 《피터 아벨라르》(*Peter Aberard*)는 중세 세계에 초점을 맞춘 것이며 당대에 상당한 인기를 누렸다.

요르다네스(Jordanes, ?~?). 6세기에 활동한 역사가이다. 그의 저서는 게르만 부족에 대한 귀중한 자료로 잘 알려져 있다. 그는 비록 학자는 아니었지만 라틴어로 역사를 저술하는 데 전념하여 551년 최초의 저서인 《게타이족의 기원과 관습》〔*De origine Actibusque Getarum*, 오늘날에는 《게티카》(*Getica*)로 알려짐〕을 완성했다. 제목으로 봐서 요르다네스는 고트족을 그와는 완전히 다른 종족인 게타이족으로 잘못 안 것 같다. 이 책은 6세기의 작가 마그누스 아우렐리우스 카시오도루스가 쓴 12권의 고트족 역사서를 한 권으로 요약한 것이다. 그는 그리스와 로마의 책에서 일부를 인용했다고 적었지만 그 처음과 끝부분은 전적으로 자신의 글이라고 밝혔다. 비록 원형이 남아 있지는 않지만 《게티카》는 스칸디나비아 거주 고트족 기원에 관한 전설과, 4세기 동(東) 고트족 왕 에르마나리크의 우크라이나제국 시기에 있었던 고트족의 이주와 전쟁에 관한 연구를 담았다. 이 책은 훈족에 관해 귀중한 가치를 지닌 자료다.

요세푸스(Josephus, 37경~100경). 유대 역사가이다. 75년부터 79년 사이에 쓴 《유대전쟁사》(*Bellum Judaicum*, 7권)는 서기전 2세기 중반 이후의 유대 역사를 기술하고 66~70년의 유대 반란을 자세히 기록했다. 93년에 완성된 《유대고대사》(*Antiquitates Judaicae*, 20권)는 유대 역사를 창조 이후부터 반란 전까지 기술한 책으로 성서의 이야기들을 각색해 실었고 유대교의 율법, 제도의 합리성을 강조했다.

우드워드(John Woodward, 1665~1728). 영국의 박물학자이자 지질학자이다.

우르바누스 4세(Urban IV, ?~1264). 제182대 교황이다. 프리드리히 2세의 서자인 만프레드와 황제를 지지하는 기벨린당에 맞서 교황권 강화를 위해 노력했다. 시칠리아왕 문제를 둘러싼 암살 음모를 피해 페루자로 피신했다. 그 후에도 시칠리아와의 갈등을 해소하지 못하고 1264년 10월 2일에 세상을 떠났다. 1264년에 교황은 죽기 얼마 전에 칙서를 발표하여 '성체성혈대축일'을 준수할 것을 교회에 명령했다. 이는 잘 지켜지지 않다가 교황 클레멘스 5세(Clemens V) 이후에 정착되었다.

울러스턴(William Wollaston, 1659~1724). 영국의 철학자이다.

워튼(William Wotton, 1666~1727). 영국의 학자이다. 고대인과 근대인 간의 우월성 논쟁에서 대표적 근대인 옹호자다("용어해설" 서명편의 《책들의 전쟁》을 참고하라).

월리스(Robert Wallace, 1697~1771). 스코틀랜드 계몽 시대의 흥미로운 인물이다. 에든버러 대학교에서 문학, 철학, 수학 등을 공부했으며 고대사에 관한 방대한 연구를 통해 인구의 역사를 밝히고자 했다.

웨스트(James West, 1703~1772). 영국의 정치가로 1768~1772년 왕립학회 회장을 역임했다. 1726년 왕립학회 회원이 되었고 1741년에는 국회의원으로 선출되었으며 1736년에서 1768년까지 왕립학회 재무담당자였으며, 1772년 죽을 때까지 회장을 맡았다.

웹스터(Noah Webster, 1758~1843). 미국의 변호사, 고등학교 교사, 출판가였으며, 웹스터 사전을 처음 만들었다. 그는 1783년 《미국어 철자교본》을 출판한 이래 오늘날 '웹스터 사전'이라고 불리는 《아메리칸 영어사전》(*An American Dictionary of the English Language*)을 출판했으며, 그 외에 여러 신문과 잡지를 출판했다.

윌리엄슨(Hugh Williamson, 1735~1819). 미국의 정치가이다. 미국 제헌의회에서 북캐롤라이나의 대표였다. 그는 미국 여러 곳에 살면서 국가주의적 사고를 가졌고 식물학자이며 상인으로서 재능을 키웠다. 그는 미국 혁명 동안 물리학자이며 자연과학자로서의 재능을 발휘하여 전쟁 승리에 많은 기여를 했다. 그는 자신의 경험에서 강력한 중앙정부만이 새로운 국가의 정치적·경제적·지적 미래를 보장하고 번영시킬 수 있다고 확신했다.

윌킨스(John Wilkins, 1614~1672). 영국의 성직자이며 옥스퍼드 대학교과 케임브리지 대학교 총장을 동시에 겸임한 유일한 사람이기도 하다. 영국 학술원(Royal Society)의 초대 회장이었으며 1668년부터 죽을 때까지 체스터의 주교로 일했다.

유스티누스(Marcus Justinus, ?~?). 로마제국 시대에 살았던 라틴권 역사가이다. 개인사에 대해 알려진 바는 거의 없는데, 폼페이우스 트로구스가 아우구스투스 시대에 쓴 두꺼운 책으로부터 중요하고 흥미로운 구절을 모아서 모음집을 편찬했으며 그 책 서문에서 자신을 그 모음집의 작가로 소개한 것이 전부다.

은자 바울(hermit Paul, 230경~342). 이집트 테베 태생인 그는 15세에 양친을 잃고 데치우스 황제의 기독교 박해를 피해 이리저리 숨어 다니던 중 자신을 고발하려는 매제의 음모를 알고 사막으로 피신했다. 그는 여기서 은수자로 살기로 결심하고 자신에게 알맞은 은수 생활을 고안했다. 43세까지 바위 옆에 있는 한 그루의 무화과나무 열매만을 먹으며 살았고 그 후에는 엘리야 선지자와 같이 신비하게도 매일 까마귀 한 마리가 물어다주는 반 조각의 빵으로 일생을 보냈다. 기록에 의하면 그가 죽기 바로 직전 90세가량의 고령인 성 안토니우스가 그를 방문했고 그가 운명했을 때 장사를 지냈다고 한다. 또한 그의 전기를 작성한 성 예로니모에 따르면 은자 바울이 하늘로 올라간 것은 343년으로 그의 나이 113세였으며 광야에서 은수 생활을 한 지 90년에 이른 때였다.

이레나이우스(Irenaeus, 2~3세기경). 서머나의 감독이자 속사도 중의 한 사람인 폴리갑에게서 배웠다. 젊은 시절 리옹(Lyons)으로 이주해서 그곳 최초로 장로가 되었고 177년에 순교한 자신의 선임자가 가진 감독직을 계승했다. 3순교자 저스틴(Justin the Martyr)의 영향을 받은 그는 초기 동방 신학과 테르툴리아누스로부터 시작된 서방 라틴 신학의 중개 역할을 했다. 저스틴이 변증가였던 반면 이레나이우스는 이단을 반박하고 사도적 기독교를 설명했다. 그의 저서로는 영지주의(*gnosticism*)를 반박한 《영지라는 그릇된 지식에 대한 반박과 성토》(*Refutation and Overthrow of Knowledge Falsely So-called*)로 일반적으로 《이단 논박》(*Against Heresie*)으로 알려져 있다.

이블린(John Evelyn, 1620~1706). 영국의 문인, 식물학자이다. 영국의 부유한 지주 집안에서 태어나 옥스퍼드 베일리얼 칼리지에서 공부했다. 그는 1643년 외국에 나가서 프랑스, 로마, 베네치아 등을 유람하고 1652년에 귀국하여 장인의 대농장을 물려받았다. 왕당파에 관한 소책자뿐만 아니라 예술과 임학 및 종교적 주제에 관하여 30여 권의 책을 썼다. 그가 평생 동안 쓴 《일기》(*Diary*)는 17세기 당시 영국의 사회, 문화, 종교, 정치를 알 수 있는 귀중한 정보로 평가된다. 왕립학회의 발기인 역할을 했으며 후에 총무, 회장직을 맡기도 했다.

이소크라테스(Isocrates, 서기전 436~338). 고대 그리스의 변론가이다. 웅변학원을 창설하고 수사학을 가르쳐 많은 웅변가를 길렀으며 그리스의 통일과 페르시아 원정을 주장했다.

이아수스의 케릴로스(Choerilus of Iassus, ?~?). 서기전 4세기 카리아의 이아수스에서 살았던 음유시인이다. 알렉산드로스의 원정대와 같이했다.

인디코플레우스테스(Cosmas Indicopleustes, ?~?). 그리스 수도사이다. 이름의 뜻은 '인도로 항해했던 자'다. 유스티니아누스 황제의 치세에 인도로 몇 번 항해했던 6세기의 여행가다. 6세기 초 홍해와 인도양에서 상인으로 활동한 개인적 경험에 근거한 《기독교의 지리》(*Christian Topography*)를 썼다.

잉글랜드의 바르톨로메우스(Bartholomaeus Anglicus, 영문명 Bartholomew of England, 13세기) 13세기 파리의 스콜라주의 철학자로 프란체스코 수도회 소속 수도사였다. 1240년 백과사전의 선구자격인 《사물의 속성에 대하여》(*On the Properties of Things*)를 저술했다.

잔키우스(Jerome Zanchius, 1616~1690). 이탈리아의 종교개혁가, 교육자이다.

제논(Zenon, 서기전 335경~263경). 고대 그리스의 철학자이다. 키프로스섬 키티온 태생으로 스토아학파의 창시자이다. 30세경에 아테네로 가서 각 학파의 여러 스승에게 배운 뒤에 독자적 학파를 열어 아고라에 있는 '채색주랑'(彩色柱廊)이라는 공회당에서 철학을 강의했다. 이 때문에 스토아학파(주랑의 사람들이라는 의미)라는 이름이 생겼다. 그의 철학은 절욕과 견인을 가르치는 것이었으며, 사람이 자기 힘으로 살면서 다른 누구에게도 어떤 일에도 빼앗기지 않는 행복을 얻는 힘을 부여하는 것이었으며 '자연과 일치된 삶'이 그 목표였다.

제퍼슨(Thomas Jefferson, 1743~1826). 미국의 정치가로 미국 독립선언문을 기초했으며, 제3대 미국 대통령을 역임했다. 1767년에는 변호사가 되었으며 1776년 독립선언문 기초위원으로 선발되어 능력을 인정받아 거의 모든 작업을 맡아 미국의 독립과 민주주의의 이상을 반영하고자 했다. 1779년 버지니아 주지사를 지낸 후 은퇴했지만 1782년 복귀하여 1784~1789년 동안 프랑스 공사를 지냈고, 1796년 선거에서 부통령, 1800년 대통령으로 선출되었다.

조지(Henry George, 1839~1897). 미국의 경제학자이자 토지제도 개혁론자이다. 필라델피아에서 태생하여 선원으로 각지를 여행한 후 1857년 캘리포니아에서 인쇄공 및 출판업에 종사했다. 경제 발전에 따른 지대의 증가와 빈부격차의 확대에 관심을 가지고, 1879년 《진보와 빈곤》(*Progress and Poverty*)을 서술했다. 이 책에서 그는 지대를 국가가 모두 조세로 징수하고, 노동과 자본에 대한 그 밖의 모든 조세를 철폐해야 한다는 토지 단일과세를 주장했다. 또한 1882년부터 2년간 영국을 방문하여 당시 영국의 사회주의 운동, 특히 페이비언협회 설립에 영향을 미쳤다.

존스턴(John Jonston, 1603~1675). 폴란드의 학자이자 의사이다.

쥐스밀히(Johann Peter Süssmilch, 1707~1767). 독일의 통계학자이다. 《신의 질서》라는 저서에서 사회 현상에 일정한 통계적 법칙이 존재함을 실증하고자 해 최초로 '정치 산술'(政治算術)을 체계적으로 논술한 학자로 평가된다. 특히 그는 인구 문제가 정치학의 가장 중요한 대상이라 생각된 18세기 학문을 집대성하고자 했다.

질송(Étienne Gilson, 1884~1978). 프랑스의 철학자이자 철학사가이다. 소르본 대학에서 데카르트에 대한 연구로 박사학위를 받았다. 이후 중세 사상, 특히 토마스 아퀴나스의 철학과 신학을 연구했다. 질송의 학술적 기여는 20세기 초까지 팽배했던 중세에 대한 통념, 즉 중세 시대의 사상은 철학이 아닌 신학이었다는 통념에 대응하여 중세 기독교 철학이 역사적으로 실제했음을 증명하려 했다는 점이다.

짐펠(Jean Gimpel, 1918~1996). 문화사가이자 중세 기술사가이다. 중세의 과학 문화에 대한 책을 여러 권 저술했으며 그중에서 《성당 건축가들》(*The Cathedral Builders*)과 《중세의 기계: 중세의 산업혁명》(*The Mediaeval Machine: The Industrial Revolution of the Middle Ages*)이 유명하다.

집사 바울(Paul the Deacon, 라틴어명 Paulus Diaconus, 720경~799). 베네딕트 수도회의 수도사이자 롬바르드족 역사가이다. 롬바르드의 귀족 가문 태생으로 훌륭한 교육을 받았으며 롬바르드 왕의 궁정에서 집사로 봉사했다. 샤를마뉴 대제의 정복 뒤에는 뛰어난 문필 재능을 인정받아 카롤링 르네상스를 주도했다. 저서로는 《롬바르드족의 역사》가 있다.

체임버스(Robert Chambers, 1802~1871). 스코틀랜드 출신의 저술가이자 출판인이다. 형인 윌리엄과 함께 당시에 영향력 있었던 《체임버스 백과사전》(*Chambers's Encyclopaedia*)을 출간했으며 《창조, 자연사의 흔적》(*Vestiges of the Natural History of Creation*)을 익명으로 출간했다.

초서(Geoffrey Chaucer, 1342~1400). 중세의 영국 시인이다. 영국 최고의 시인이자 근대 영시의 창시자로 '영시의 아버지'라 불린다. 〈트로일루스와 크리세이드〉, 〈선녀 전설〉을 거쳐 중세 이야기 문학의 집대성이라고도 할 대작 〈캔터베리 이야기〉(1393~1400)로 중세 유럽 문학의 기념비를 창조했다.

카르네아데스(Carneades, 서기전 214경~129). 그리스의 회의학파 철학자이다. 스토아주의를 연구하고 그 철학을 논박해 진위의 기준이 존재하지 않기 때문에 여하한 인식도 불가능하다 주장했다. 한편으로는 개연적 지식을 인정하고 그 3단계를 논한 후 그에 바탕을 둔 도덕학을 전개했다.

카르다누스(Hieroymus Cardanus, 1501~1576). 르네상스 시대의 철학자이자 수학자이자 의학자이다. 제로니모 카르다노(Geronimo Cardano)라고도 불린다.

카를 5세(Charles V, 1500~1558). 신성로마제국의 황제, 에스파냐 왕 카를로스 1세, 오스트리아의 대공이다. 그가 계승한 에스파냐와 신성로마제국은 유럽 대륙 안에서 동서로는 에스파냐에서 오스트리아, 남북으로는 네덜란드에서 나폴리 왕국까지 걸쳐 있었고, 해외로는 에스파냐령 아메리카에 이르렀다.

카시오도루스(Cassiodorus, 490경~585경). 남이탈리아의 명문가 출신으로 라벤나가 수도였던 동고트의 왕 테오도리쿠스를 섬겨 514년 콘술, 533년 친위대 장관이 되었으며, 550년 이후 수도원을 세우고 저술에 전념했다. 수도사들에게도 그리스 고전의 필사와 라틴어역을 시켜 중세 수도원 연구 생활의 기틀을 이뤘다. 저서로 《연대기》, 《잡록》(雜錄), 《고트사(史)》가 있으며, 그 외에 일종의 백과사전 등이 있다.

카울리(Abraham Cowley, 1618~1667). 17세기를 대표하는 영국의 시인이다.

카이사르(Gaius Julius Caesar, 서기전 100~44). 로마 공화정 말기의 정치가이자 장군이다. 영어로는 시저라고 부른다. 폼페이우스, 크라수스와 함께 3두 동맹을 맺고 집정관이 되어 민중의 큰 인기를 얻었으며 지방장관으로 갈리아 전쟁을 수행했다. 1인 지배자가 되어 각종 사회 정책, 역서의 개정 등의 개혁사업을 추진했으나 브루투스 등에게 암살되었다.

카토(Marcus Porcius Cato, 서기전 234~149). 고대 로마의 정치가이자 장군이며 문인. 로마 최고의 역사서 《기원론》(*Origines*)과 농업 경영의 실제를 해설한 《농업서》(*De Agricultura*)를 남겼다(카토의 《농업서》에 대해서는 차전환, 1987, "서기전 2세기 전반 로마의 농장경영: 카토의 농업서를 중심으로", 〈역사학보〉, 116호를 참고하라).

카펠라누스(Andrew Capellanus, ?~?). 카펠라누스는 '성직자'라는 의미를 가진다. 12세기에 활동했으며 《사랑에 대하여》(*Liber de Amore*)의 작가다. 생애에 대해 알려진 것은 거의 없다.

칸트(Immanuel Kant, 1724~1804). 독일의 철학자. 서유럽 근세 철학의 전통을 집대성하고 전통적 형이상학을 비판하며 비판철학을 탄생시켰다. 저서에 《순수이성 비판》, 《실천이성 비판》, 《판단력 비판》 등이 있다.

칼릭세노스(Callixenus, ?~?). 헬레니즘 시대 로도스 섬에 살았던 저술가이다.

칼키디우스(Chalcidius, 4세기 사람). 321년경 그리스어로 된 플라톤의 《티마이오스》 첫 부분을 라틴어로 번역하고 광범위한 주석을 달았다. 그 외에 알려진 것은 없다.

캄(Peter Kalm, 1715~1779). 스웨덴의 식물학자이다. 스웨덴 웁살라와 아보에서 교육을 받은 이후 러시아를 두루 여행했으며 정부 지원으로 북아메리카 식물학 및 자연사 연구를 했다. 1748년에는 미국 필라델피아에 도착하여 3년 동안 펜실베이니아, 뉴욕, 캐나다 등을 여행했으며, 그 이후 아보에 돌아와서 박물학 교수가 되었다. 후에 스톡홀름과학원의 회원으로 선임되었으며, 여러 과학적 저술들 가운데 주요 저서로 북아메리카의 토양과 자연을 설명한 《북아메리카 여행》이 있다.

캄브렌시스(Giraldus Cambrensis, 1146경~1223경). 영국 웨일스 지방의 성직자, 역사가이다. 귀족 출신으로 브레크녹의 부주교(1175~1204), 헨리 2세 때에는 궁정사제(1184~1189) 등을 역임했다. 웨일스의 성 데이비드 시(市) 주교로 지명되었으나,

캔터베리에 대립하는 독립 교회가 나타나는 것을 두려워한 영국 교회의 완강한 반대로 실현되지 않았다. 주요 저서로는 1188년 작 《아일랜드의 지형》(*Topographia Hiberniae*), 1189년 작 《아일랜드 정복》(*Expugnatio Hibernica*) 등이 있다.

캉탱프레의 토마스(Thomas de Cantimpré, 1201~1272). 중세 로마 가톨릭의 저술가, 설교가, 신학자이다.

캔터베리의 안셀름(Anselm of Canterbury, 1033~1109). "이해를 추구하는 신앙"(*fides quaerens intellectum*)으로 대표되는 '스콜라철학의 아버지'라 불린다. 그는 계시와 이성이 조화를 이룰 수 있음을 강조하며 아리스토텔레스파의 변증법에서 이용하는 이성주의를 신학에 성공적으로 도입시킨 첫 번째 인물로 꼽힌다.

캠퍼(Engelbert Kaempfer, 1652~1716). 독일의 여행가, 박물학자이다. 1690년부터 1692년까지 2년 동안 일본에서 연구 활동을 했으며 이후에 독일로 돌아와 《일본사》를 저술했다. 원고는 사후 1727년 영국에서 간행되었다.

커드워스(Ralph Cudworth, 1617~1688). 영국의 철학자로 케임브리지 플라톤주의자의 리더였다.

케리(Henry C. Carey, 1793~1879). 미국의 경제학자이자 사회학자이다. 영국의 고전적 정치경제학에 대한 비판적이었으며 자유방임적 경제 정책을 반대하고 무역장벽을 주창했으며 흔히 미국 경제학파의 창시자로 불린다. 《임금률에 관한 에세이》(*Essay on the Rate of Wages*, 1835), 《정치경제학 원리》(*Principles of Political Economy*, 1837~1840), 《사회과학 원리》(*Principles of Social Science*, 1858~1860), 《법의 조화》(*The Unity of Law*, 1872) 등을 저술했다.

케일(John Keill, 1671~1721). 영국 스코틀랜드의 수학자로 뉴턴 철학을 설파했다.

케임즈 경(Lord Kames). 홈(Herny Home)을 참조하라.

케플러(Johannes Kepler, 1571~1630). 독일의 천문학자. 《신 천문학》에서 행성의 운동에 관한 제1법칙인 '타원궤도의 법칙'과 제2법칙인 '면적속도 일정의 법칙'을 발표하여 코페르니쿠스의 지동설을 수정·발전시켰다. 그 뒤 《우주의 조화》에서 행성운동의 제3법칙을 발표했다.

켈수스(Aulus Cornelius Celsus, 서기전 30경~서기 45경). 로마 시대의 의학저술가이다. 《백과사전》을 저술했는데, 그중에 《의학에 관하여》(*De Medicina*)만이 남아 있다. 히포크라테스 의서와 병칭되며 특히 거의 망실된 알렉산드리아 의서의 모습을 전한 것으로 귀중하다. 중세에는 무시당했으나 르네상스 이후 재평가되어 1478년에 피렌체 판이 간행되었다.

코페르니쿠스(Nicolaus Copernicus, 1473~1543). 폴란드의 천문학자. 지동설을 착안하고 확신한 시기는 명확하지 않으나 그의 저서 《천체의 회전에 관하여》(전4권)는 1525~1530년 사이에 집필된 것으로 추측된다. 그러나 그가 생각한 태양계의 모습은 현재 우리가 생각하는 태양계와는 다르다.

콘스탄티누스 대제(Constantine, 280경~337). 로마의 황제. "밀라노 칙령"을 공포하여 기독교를 공인하고 니케아 종교회의를 열어 정통 교리를 정했다. 수도를 비잔티움으로 옮겨 콘스탄티노플이라 개명했다.

콜루멜라(Lucius Junius Moderatus Columella, 4~70경). 로마 시대의 저술가. 농사와 소박한 삶에 대한 흥미를 불러일으키기 위해 농업과 그에 관련된 주제에 대한 저술을 많이 남겼다. 《농사론》(*De Re Rustica*, 12권)은 고대 농업을 이해하는 중요한 전거가 되었다. 1~2권은 일반 농경, 3~5권은 과수, 6~7권은 목축, 8권은 가금과 양어, 9권은 양봉, 10권은 정원 만들기에 관한 것이며 마지막 2권은 농사의 감독이나 경영, 양조법 등에 관한 내용이다(차전환, 1994, "로마제정 초기 이탈리아의 농장 경영: 콜루멜라의 농업서를 중심으로", 〈충남사학〉, 제6호를 참고하라).

콜베르(Jean-Baptiste Colbet, 1619~1683). 프랑스의 정치가이다. 중상주의 정책을 추진하여 프랑스의 국부를 증대시키는 데 기여했다.

콩도르세(Marquis de Condorcet, 1743~1794). 프랑스의 수학자, 철학자, 정치가이다.

쿠르티우스(Ernst Robert Curtius, 1886~1956). 독일의 문예평론가이다. 로망스어 문학의 권위자로서 마르부르크 대학교, 하이델베르크 대학교 교수를 거쳐 1929년부터 본 대학교의 교수가 되었으며 《새로운 프랑스의 문학 개척자》 등의 논문으로 프랑스 정신에 대한 이해의 깊이를 보였다. 1930년부터는 주로 중세 문학을 연구했다. 《유럽 문학과 라틴적 중세》(*Europäische Literatur und lateinisches Mittelalter*, 1948)에서는 고대부터 중세를 거쳐 근대에 이르는 유럽의 문학적 전통을 추적했다.

쿠르티우스(Quintus Curtus Rufus, 50년경). 로마제국의 클라우디우스 황제 시기에 활동한 역사가이다. 대표작은 라틴어로 쓰인 10권짜리 알렉산드로스의 전기문인데 8권만이 불완전한 상태로 남아 있다.

쿡(James Cook, 1728~1779). 영국의 탐험가, 항해가이다. 요크셔의 빈농에서 태어나 1755년에 수병으로 해군에 입대했으나 이윽고 1768년에 태평양 탐험대 대장으로 임명되었다. 그는 오스트레일리아의 동부 해안을 최초로 탐사한 유럽인이 되었으며, 하와이 섬을 최초로 발견하고 캐나다 뉴펀들랜드 지방의 복잡한 해안선을 최초로 지도화하기도 했다. 그는 많은 지역을 탐험하고 명명〔대보초(*the Great Barrier Reef*) 등〕했을 뿐만 아니라 지도상에 표기하고 기록하는 데 큰 공헌을 했다. 2차 태평양 항해(1772~1775) 때는 미지의 남쪽 대륙〔테라 아우스트랄리스 인코그니타(Terra Australis Incognita)〕을 확인하기 위해 뉴질랜드를 한 바퀴 돌아 가상 대륙의 일부가 아님을 입증했다. 1779년 하와이에서 원주민이 던진 창에 맞아 죽었다.

퀴몽(Franz-Valery-Marie Cumont, 1868~1947). 벨기에 태생의 역사가, 고고학자, 서지학자이다. 로마제국에 대해 동방의 신비주의 종교〔특히 미스라이즘(*Mithraism*)〕가 미친 영향에 대한 연구로 유명하다. 《미스라 신비주의와 관련한 문서와 유적들》(*Texts and Illustrated Monuments Relating to the Mysteries of Mithra*, 1894~1900)이

라는 저서로 국제적 명성을 얻었다. 이후에 《로마 이교 속의 동방종교》(*Les Religions Orientales dans le Paganisme Romain*, 1906), 《그리스와 로마의 점성술과 종교》(*Astrology and Religion among the Greeks and Romans*) 등의 저서를 출간했다.

크레브쾨르(St. Jean De Crevecoeur, 1735~1813). 프랑스 태생으로 미국에 이주해 살면서 식민지 정착민들이 유럽인이 아닌 미국인으로서 사고하면서 정체성을 갖도록 도왔다. "미국이란 도대체 누구인가?"라는 질문으로 시작하는 저서인 《미국 농부의 편지》(*Letters from an American Farmer*, 1782)는 미국이 평화, 부, 자부심 등의 기회를 제공한다는 인상적 개념을 유럽인에게 전했다. 그는 미국인이나 농부는 아니었지만 식민지 이주민들의 근면성, 인내심, 점진적 번영 등을 12편의 편지에서 사려 깊고 열정적으로 칭찬했다. 이 편지는 미국을 억압적 사회관습과 편견이 없는 농업의 천국으로 묘사했으며, 이러한 관점은 이후 토머스 제퍼슨과 랠프 월도 에머슨을 비롯한 수많은 작가들에게 영감을 주었다.

크롬비(Alistair Cameron Crombie, 1915~1996). 오스트레일리아의 과학사가이다.

크뢰버(Alfred Louis Kroeber, 1876~1960). 미국의 문화 인류학자이다. 초유기체론을 제창했으며 중남미 고고학을 개척하고 언어학 분야에도 많은 업적을 남겼다. 특히 문화지리학자인 사우어(C. O. Sauer)에게 많은 영향을 주었다.

크리소스토무스(St. John Chrysostom, 347~407). '황금의 입을 가진' 성자로 불린다. 정치가와 법률가로서 명성을 쌓던 중 23세에 세례를 받고 세상의 지위를 과감히 버린 후 27세부터 산에 들어가 독거하며 수도를 하다가 39세에 수도원에 들어가 사제 교육을 받았다. 그곳에서의 교육과 설교는 당시 기독교 사회에서 뛰어난 설교가로 이름을 내게 한 좋은 계기가 되었다. 교회 주변과 길거리에 즐비한 거지들을 외면한 채 호화스런 공중목욕탕, 화려한 궁궐과 교회 안에서 부와 화려한 옷, 좋은 음식을 즐기는 관행에 젖은 당시의 부도덕을 질타했다. 이로 인해 콘스탄티노플에서 추방되고 말았지만 폰투스에서 죽을 때까지 계속해 콘스탄티노플 교회에 편지를 썼다.

크리시포스(Chrysippus of Soli 또는 Chrysippos, 서기전 280경~207경). 칼리키아(Chilicia)의 솔리(Soli) 태생의 스토아학파 철학자이다. 스토아학파의 수뇌였던 클레안테스의 저자였으며 이후 그 자리를 이었다. 스토아학파 제2의 창건자로 추앙받았는데 그리스-로마 시대 수 세기 동안 스토아학파가 가장 영향력 있는 철학 운동으로 자리 잡는 데 큰 기여를 했다.

크세노크라테스(Xenocrates, 서기전 396경~314경). 고대 그리스의 철학자이다. 플라톤 학설과 피타고라스 학설을 조화시키고자 했고 이데아와 수를 동일한 것으로 취급했으며 철학을 논리학·자연학·윤리학으로 구분했다.

크세노폰(Xenophon, 서기전 430경~355경). 그리스의 군인이자 역사가이다. 소크라테스의 제자로 그의 작품은 일찍부터 아티케 산문의 모범으로 존중되었기 때문에 그의 전 작품이 남아 있다. 《소크라테스의 추억》(*Memorabilia*), 《오이코노미코스》(*Oe-*

conomicus), 《키루스의 교육》(*Cyropaedia*), 《아나바시스》(*Anabasis*) 등이 있다.

크세르크세스 1세(Xerxes, 서기전 519경~465) 페르시아제국 제4대 왕으로, 이집트·바빌로니아의 반란을 진압했고 운하와 선교를 만드는 등 그리스 원정을 준비했으나 실패했다.

크테시아스(Ctesias). 서기전 5세기경 그리스의 의사이자 역사가이다.

클레멘스(Clement, third Bishop of Rome, ?~110). 제4대 로마 교황이다. 성인으로 축일은 11월 23일, 별칭은 로마의 클레멘스로 가장 오래된 사도적 교부다. 베드로 사도로부터 직접 안수를 받았다고 한다. 베드로와 리노, 아나클레토에 이어 로마교회의 주교, 즉 교황이 되었으며, 도미티아누스 황제에 의해 불경죄로 문책되어 순교했다. 로마의 콜로세움 옆에는 성 클레멘스에게 봉헌된 성당이 있다. 클레멘스가 95년경에 쓴 전체 65장의 《클레멘스의 서신》(*Epistle of Clemens*)은 신약성서 다음으로 오래된 초대 교회의 문헌이자 최초의 교부문헌으로 인정받는다.

클로테르 2세(Clotaire II, 584~629). 메로빙 왕조 네우스크리아의 왕. 613년부터는 프랑크 왕국을 단독으로 통치했다. 614년 10월 파리 종교회의에서 성직자와의 관계를 규정한 광범위한 칙령을 발표하여 많은 인기를 누렸으며 오랜 소요 상태에서 야기된 문제들을 해결하기 위해 노력했다.

클리안테스(Cleanthes, 서기전 312~232). 고대 그리스 스토아 철학의 선구자이다.

키케로(Marcus Tullius Cicero, 서기전 106~43). 고대 로마의 문인, 철학자, 변론가, 정치가. 라티움의 아르피눔 태생으로 집정관이 되어 카틸리나의 음모를 타도하여 '국부'의 칭호를 받기도 했다. 그러나 카이사르와 반목하여 정계에서 쫓겨나 문필에 종사했으나 카이사르 암살 후 안토니우스를 탄핵했기 때문에 원한을 사 안토니우스의 부하에게 암살되었다. 수사학의 대가이자 고전 라틴 산문의 창조자인 동시에 완성자라고 불린다. 현존하는 작품으로는 《카틸리나 탄핵》(*In Catilinam*) 외 58편의 연설과 《국가론》(*De Republica*), 《법에 관하여》(*De Legibus*), 《투스쿨라나룸 담론》(*Tusculanae Quaestiones*), 《신들의 본성에 관하여》(*De Natura Deorum*), 《의무론》(*De Officiis*) 등의 철학서와 글들이 있다.

키프리안(Saint Cyprian, 200~258). 라틴어 이름은 타스키우스 카이킬리우스 키프리아누스(Thascius Caecilius Cyprianus)이다. 카르타고의 주교를 지냈으며 초기 기독교 학자로서 중요한 인물이다.

타운센드(Charles Townshend, 1675~1738). 영국 휘그당의 정치가이며 외교 정책을 이끄는 국무장관을 역임하기도 했다. 또한 농작물을 윤작할 때 순무를 심는 방법을 개발해 '순무 타운센드'라는 별명을 얻기도 했다.

타키투스(Publius Cornelius Tacitus, 56경~126경). 로마의 역사가, 웅변가, 정치가이다. 뛰어난 변론술로 공화정을 찬미하고 간결한 문체로 로마제국 초기의 역사를 서술했다. 저서로 《게르마니아》, 《역사》, 《연대기》 등이 있다.

타티아누스(Tatian, ?~185경). 순교자 저스틴에게서 수학했다. 당시는 기독교와 그리스 철학이 경쟁하던 시기였으며 저스틴처럼 타티아누스도 로마에 기독교 학교를 개설한다. 로마에 얼마나 머물렀는지는 알려져 있지 않다. 저스틴의 순교 이후 행적이 불분명하나 아시리아에서 사망한 것으로 추정된다.

탄(William Woodthorpe Tarn, 1869~1957). 영국의 역사가이다. 헬레니즘 시대의 연구 업적으로 유명하다. 《헬레니즘 문명》(*Hellenistic Civilization*, 1927), 《알렉산더 대왕》(*Alexander the Great I, II*, 1948) 외 다수의 저술이 있다.

탈레스(Thales, 서기전 624경~546경). 그리스 최초의 철학자이다. 7현인의 제1인자이며 밀레토스학파의 시조이기도 하다. 만물의 근원을 추구한 철학의 창시자이며 그 근원을 물이라고 했다. 아마도 물이 고체·액체·기체 상태를 나타낸다는 것에서 추정한 듯하다(물활론).

탕피에(Étienne Tempier, ?~1279). 오를레앙에서 태어나 파리에서 공부했다. 1268년부터 사망할 때까지 파리의 주교로 봉사했다(이 책 2부 16장을 참조하라).

터너(Frederick Jackson Turner, 1861~1932). 20세기 초 활동했던 가장 영향력 있는 미국 역사가 중 하나이다. 《미국사에서 프런티어가 가지는 중요성》(*The Significance of the Frontier in American History*)으로 알려졌다. 미국의 정신과 성공은 서부로의 확장과 직결된다는 '프런티어(미개척지) 가설'을 펼쳤다. 독특하고 억센 미국인의 정체성은 정착 문명과 황무지의 야만성이 접합되면서 생겼으며 이는 새로운 종류의 시민을 탄생시켰다. 야생을 길들일 힘을 가진 시민과 야생에 의존하는 시민은 힘과 개인성을 의미한다.

테가트(Frederick John Teggart, 1870~1946). 미국의 비교역사학자, 서지학자, 사회학자이다. 북아일랜드 벨파스트 태생으로 1925년부터 캘리포니아 버클리대학에서 교수로 재직했다. 역사학과 사회학의 상호 교류에서 선구적 역할을 했다. 근대 초기 사회 변화를 분석했으며 고대와 근대 사회에 대한 이론적 분석을 옹호했다. 《역사의 과정》(*The Processes of History*, 1918), 《역사론》(*Theory of History*, 1925), 《로마와 중국: 역사적 사건들의 상호 관련에 대한 연구》(*Rome and China: A Study of Correlations in Historical Events*, 1939) 등의 저서가 있다.

테르툴리아누스(Quintus Septimius Florens Tertullianus, 160경~220경). 카르타고 태생으로 수사학과 법률을 공부해 로마에서 활동했다. 197년경 기독교로 개종하여 그 이후의 생을 기독교 신앙을 위한 변증가로서 광범위한 저작 활동에 몰두했다. 라틴어로 저술하는 최초의 중요한 기독교인으로 오리게네스과 함께 2, 3세기의 가장 뛰어난 기독교 저술가로 이름을 알린 라틴 교부이다.

테오도레투스(Theodoret, 393경~457). 시리아의 신학자·주교이다. 역사비평적 방법으로 성서와 신학을 해석한 안디옥 학파의 대표자다. 그의 저작은 5세기 기독론 논쟁을 중재했으며 기독교의 신학 어휘 발전에 기여했다. 처음에는 수사였다가 423년경 안디옥 부근 키루스의 주교가 된 뒤 그 지역 사람들을 거의 개종시켰으며 교리 문제를 가지고 기독교 분파와 논쟁을 벌였다. 그 과정에서 기독교 신앙에 대한 해설서와 변증서들을 여러 권 썼으며 그 가운데 하나인 《이교의 악들에 대한 치유책》(*Therapeutik*)은 작은 고전이 되었다.

테오도리쿠스(Theodoricus, 영문명 Theodoric, 456경~526). 이탈리아의 동고트왕(재위: 471~526)이다. 8세 때 콘스탄티노플에 인질로 보내져 비잔틴 궁정에서 자라는 동안 고전 문화와 게르만 정신의 결합을 배웠다. 469년 귀국하여 부왕 테오데미르와 협력하여 동로마제국으로부터 저(低) 모에시아 지방을 빼앗았다. 484년에는 동로마 황제 제논에 의해서 집정관으로 임명되어 이탈리아를 침공한 오도아케르를 베로나에서 쳐부수었다(489년). 493년까지 전(全) 이탈리아를 지배했고 라벤나를 수도로 했다. 그 후 다시 서로마제국의 영지에 정착하는 모든 게르만인을 지배하기 위하여 영역을 확대했다. 산업·문화를 보호하고 카시오도루스, 보이티우스 등 뛰어난 로마인을 요직에 등용해 선정을 베풀었으나 아리우스파의 신앙을 지지했기 때문에 로마인의 인심을 얻지는 못했다. 로마에 대해서는 친 로마 정책, 게르만 여러 부족의 왕에 대해서는 결혼 정책을 썼다. 그의 존재는 중세 영웅전에 자주 나타나며 《니벨룽겐의 노래》에서는 '베른의 디트리히'로 알려져 있다.

테오크리토스(Theokritos). 서기전 3세기 전반의 그리스의 대표적 목가시인이다. 시칠리아 섬 태생으로 에게 해의 코스 섬과 알렉산드리아에서 시재를 연마했으며 후에 시칠리아로 돌아왔다. 약 30편의 시가 전하는데 주로 서사시의 운율을 사용한 여러 가지 내용의 시이며 시칠리아 전원에서의 목동을 노래한 시가 대표작으로 꼽힌다. 그의 시는 친근감이 있고 서정성이 넘치며 로마의 시인 베르길리우스를 비롯하여 밀턴과 셸리 등 후세 시인에게 커다란 영향을 끼쳤다. 〈목가〉(*Idyll*) 외에도 달에게 실연을 호소하는 여인의 독백으로 된 〈여 마법사〉(*Pharmakeutria*)와 아도니스 축제에 가는 두 여인을 그린 〈아도니스 축제의 여인〉(*Adoniazousai*) 등도 유명하다.

테오프라스토스(Theophrastos 서기전 327경~288경). 그리스의 철학자이자 과학자이다. 레스보스 섬의 에레소스 태생으로 플라톤과 아리스토텔레스에게서 배웠으며, 아리스토텔레스가 개설한 리케이온 학원의 후계자가 되었다. 식물학의 창시자로 식물의 관찰은 대부분 리케이온의 정원에서 이루어졌는데, 그 지식은 그리스와 소아시아의 식물상에만 한정되지 않았다. 그 이유는 알렉산드로스의 부하들이 리케이온으로 내륙 아시아의 많은 식물을 가져왔기 때문이다.

템플 경(Sir William Temple, 1628~1699). 영국의 정치가이자 수필가이다. 고대인과 근대인의 우월성 논쟁에서 대표적인 고대인 옹호자이다("용어해설" 서명편의 《책들의 전쟁》을 참고하라).

토인비(Arnold J Toynbee, 1889~1975). 영국의 역사가이다. 필생의 역작인 《역사의 연구》에서 독자적 문명사관을 제시했다. 유기체적 문명의 주기적 생멸이 '역사'이며 또한 문명의 추진력이 고차 문명의 저차 문명에 대한 '도전'과 '대응'의 상호작용에 있다고 주장했다. 환경결정론에 대해서는 비판적 입장을 취했다.

토크빌 (Alexis De Tocqueville, 1805~1859). 프랑스의 정치가이며 역사가이다. 1805년 파리의 귀족 가문에서 태생하여 보수적인 왕당파 가정에서 자랐음에도 불구하고 귀족 시대의 종결과 새로운 사회의 도래를 주장했다. 특히 1831년 미국을 여행한 후 《미국의 민주주의》(2권, 1835~1840)를 내놓아 세상을 놀라게 했다. 그는 이 책에서 근대 세계의 추세인 민주주의를 논했으며, 그가 제시한 근대 사회의 방향과 평등 개념은 당시 프랑스 사회에서 열렬한 환호를 받았다. 그 후 여러 차례 영국을 오가며 존 스튜어트 밀 등 자유주의자와 교류했고, 1848년 2월 혁명 직후 제헌의회 의원으로 선출되고 1849년부터 외무장관을 지냈으나 1851년 루이 나폴레옹의 쿠데타에 반대해 정계에서 은퇴했다. 마지막 대작으로 1856년 《앙시앵 레짐과 프랑스혁명》을 남긴 후 1859년 폐결핵으로 타계했다.

톰슨 (James Westfall Thompson, 1869~1941). 미국 역사가이다. 중세 유럽과 근대 초기 유럽사, 특히 신성로마제국과 프랑스 역사를 전공했다. 중세 독일의 사회경제사 연구서인 《봉건 독일》(*Feudal Germany*)은 프레데릭 잭슨 터너의 그 유명한 프런티어 가설의 요소를 차용해 이를 중세 게르만 정착자들이 중부 유럽의 슬라브 민족을 식민화한 사건에 적용했다.

투른포르 (Joseph Pitton de Tournefort, 1656~1708). 프랑스의 식물학자·내과의이다. 일찍부터 식물학에 관심을 가졌지만 아버지의 강요로 신학을 공부했다. 아버지 사후에는 생계를 위해 내과의를 하면서 식물학 연구를 계속했다. 1688년 파리 식물원 교수로 임명되어 평생 그 자리에 있었다. 피레네, 소아시아, 그리스의 과학 탐험에서 식물을 많이 수집했고 《식물학의 요소들》(*Eléments de Botanique*, 1694)로 널리 명성을 얻었다. 그는 식물계통학의 선구자로 그가 창안한 식물 분류 체계는 당시에 이루어졌던 중요한 진보들을 대표했고 그 일부는 현재까지도 사용된다.

투서 (Thomas Tusser, 1524경~1580). 영국의 시인이자 농부이다.

투키디데스 (Thukydides, 서기전 460경~400경). 그리스의 역사가이다. 아테네 태생으로 부유한 집안에서 태어나 펠로폰네소스 전쟁에서 활약했고 서기전 424년에는 장군이 되었다. 30년 가까운 펠로폰네소스 전쟁의 역사를 다룬 《펠로폰네소스 전쟁사》(*History of the Peloponnesian War*, 8권)를 저술했는데 엄밀한 사료 비판, 인간 심리에 대한 깊은 통찰 등으로 고전·고대의 역사 기술 중 뛰어난 역사서로 일컬어진다.

툴 (Jethro Tull, 1674~1741). 산업혁명과 농업혁명 이전 시기 영국의 농학자이다. 17세에 옥스퍼드의 세인트 존 칼리지를 다녔지만 학위를 받았는지 여부는 불확실하다. 그 후에는 폐질환 치료를 위해 유럽을 여행하면서 농업에 관한 지식을 얻었고 초기 계몽주의 시대 농업에 대한 과학적 접근을 시도한 저명인사 가운데 한 사람이 되었다. 특히 그는 씨앗을 뿌릴 때 구멍을 내어 파종하는 방법을 고안하여 보급한 것으로 알려져 있다.

튀르고(Anne Robert Jacques Turgot, 1727~1781). 프랑스의 정치가, 경제학자이다. 파리에서 태어나 파리 대학교 신학부에서 수학했으며 22세에 수도원장이 되었으나 볼테르의 책을 읽고 신앙생활에 회의를 가지고 관리 사회에 뛰어들었다. 1774년 루이 16세의 재정총감이 되어 곡물 통제의 철폐, 부역과 국내 관세의 폐지, 특권 계급의 면세 폐지 등을 추진했으나 봉건귀족과 고등법원의 저항으로 끝을 맺지 못했다. 중농주의자인 케네와 가까이 지냈다.

트라페준티우스(Georgios Trapezuntius, 영문명 George of Trebizond, 1396~1486). 비잔틴 인문주의자, 그리스어 학자, 아리스토텔레스 사상의 논객이다. 그리스어 고전을 라틴어로 번역함으로써 이탈리아 인문주의와 문예부흥에 이바지했다.

트레멜리우스(Gnaeus Tremellius Scrofa, ?~?). 로마 아우구스투스 시대의 농학자이자 저술가이다. 저작이 남아 있진 않지만 콜루멜라의 《농사론》과 바로의 저작에 인용되면서 등장한다.

트로구스(Pompeius Trogus). 서기전 1세기의 로마 역사가이다.

티레의 윌리엄(William of Tyre, 1130경~1185). 티레의 대주교이자 연대기 작가이다. 12세기 중반에 활동했으며 십자군과 중세사에 깊이 몰두했다.

티마이오스(Timaeus 서기전 345경~250경). 고대 그리스의 역사가이다.

티베리우스(Tiberius Caesar Augustus, 서기전 42~서기 37). 본명은 티베리우스 클라우디우스 네로이다. 로마제국의 초대 황제 아우구스투스의 뒤를 이은 두 번째 황제(재위: 14~37)다.

티불루스(Albius Tibullus, 서기전 48경~19). 로마 고전기의 서정시인이다. 기사계급 출신으로 문인 보호자 메살라의 문학 서클에 소속되어 호라티우스와 친교가 있었다. 작품은 《티불루스 전집》(*Corpus Tibullianum*, 4권)으로 편집되었는데 제1권은 거의가 델리아라는 여성에 대한 사랑과 실연의 노래이며, 제2권의 절반은 창녀인 네메시스의 불행한 사랑을 노래했다.

틸버리의 제르바스(Gervase of Tilbury, 1150경~1228경). 13세기의 교회법 변호사, 정치가, 저술가이다.

파나이티오스(Panaitios, 영문명 Panaetius, 서기전 180경~109경). 그리스의 스토아 철학자. 로도스 섬 태생으로 '셀레우키아의 디오게네스'의 제자였다. 로마로 나가서 라엘리우스 및 소(小) 스키피오와 교유하여 로마에서 스토아 철학의 기초를 닦았으며, 후에 안티파트로스를 계승하여 스토아학파의 태두가 되었다. 포시도니오스를 제자로 두었다. 스토아 철학 본래의 유물론적 일원론에 플라톤주의를 가미하여 관념론적·이원론적 색채를 띠었으며, 또한 본래의 엄격주의 윤리설을 완화하여 절충적인 중기 스토아 철학을 확립했다. 그의 글은 키케로의 저서 일부에 남아 있다.

파라셀수스(Philippus Aureolus Paracelsus, 1493~1541). 스위스의 화학자, 외과의이다.

1526년 바젤에서 시의(侍醫) 겸 대학 교수가 되었으나 의학 혁신을 위한 성급한 개혁 시도가 반감을 사서 1528년에 추방당하여 잘츠부르크에서 병사했다. 연금술을 연구하면서 화학을 익혔고 의학 속에 화학적 개념을 도입하는 데 힘써 의화학의 원조가 되었다. 물질계의 근본을 유황·수은·소금의 3원소라고 했고, 점성술의 영향을 받아 독자적 원리에 입각한 의료법을 제창했으며, 산화철·수은·안티몬·납·구리·비소 등의 금속 화합물을 처음으로 의약품으로 사용했다.

파르메니데스(Parmenides, 서기전 515경~445경). 고대 그리스의 철학자이다. 엘레아학파의 시조로 이성만이 진리이며 이에 반해 다수(多數), 생성, 소멸, 변화를 믿게 하는 감각은 모두 오류의 근원이라 주장했다.

파브르(Jean Antoine Fabre, 1749~1834). 프랑스의 하천학자이다. 하천, 급류의 기원과 조건을 체계적으로 서술했으며 이것들의 코스를 어떻게 변경할 수 있으며 어떻게 손상되지 않게 보호할 수 있는가에 관해 고찰했다. 또한 산지 경사면의 삼림 제거에 반대했으며, 산지 사면의 농지를 어떻게 경작할 수 있는가에 대해 조언을 하기도 했다.

파이리스의 군터(Gunter of Pairis, 1150경~1220경). 독일 시토 수도회 수사이자 라틴어 작가이다.

파테르쿨루스(Velleius Paterculus, 서기전 20경~30경). 로마의 군인이자 역사가이다. 재무관과 법무관 등을 지냈으며 그가 쓴 《로마사》는 로마 제정 초기의 귀중한 사료로 평가된다.

팔라디우스(Palladius, ?~?). 갈라티아의 수사, 주교, 연대기 작가이다. 콘스탄티노플의 총대주교인 크리소스토무스의 제자이기도 하다. 저서인 《수도원 새벽기도 이야기》(*Lausiac History*)는 초기 이집트와 중동의 기독교 수도원 제도를 기록한 것으로 기독교 금욕주의에 대한 귀중하고 유일한 자료다.

팔라스(Peter Simon Pallas, 1741~1811). 러시아에서 활동한 독일의 동물 및 식물학자이다. 베를린 태생으로 자연사에 관심을 가지고 할레 대학교와 괴팅겐 대학교를 다녔으며 19세에 라이덴 대학교에서 박사 과정을 통과했다. 그 후 의학 및 내과 지식을 쌓았고 동물 계통의 체계를 고안했다. 1767년에는 러시아 캐서린 2세의 초청으로 1768년과 1774년 사이에 상트페테르부르크의 왕립 과학아카데미 교수로 임명되어 연구 활동을 하면서 여러 지역을 여행했다. 이 여행을 통해 얻은 지질학, 광물학, 원주민들과 그들의 종교, 새로운 동식물에 관한 지식을 엮어 출판했다.

팔리시(Bernard Palissy, 1510경~1590). 프랑스의 위그노파 도예공, 작가, 과학자이다.

팔코너(William Falconer, 1744~1824). 영국의 의사이자 작가이다. 또한 왕립학회 회원이었다.

퍼거슨(Adam Ferguson, 1723~1816). 영국의 철학자이자 사회학자이다. 사회를 역사적으로 연구하여 처음으로 소유 관계의 차별에 의한 여러 계급의 발생을 논했는데,

저서로는 《시민사회사론》이 있다.

퍼처스(Samuel Purchas, 1575경~1626). 영국의 여행작가이다. 여행과 항해와 관련된 방대한 문헌을 남긴 리처드 해클루트(Richard Hakluyt)의 절친한 동료이기도 하다. 1613년 《순례》(*Pilgrimes*) 시리즈를 출판했으며, 이 시리즈의 마지막은 해클루트의 유고집으로 미완성 상태의 해클루트의 《주요 항해》(*Principal Navigations*)를 완성하여 출판했다. 그의 책들은 분별없고 부주의하고 심지어 신뢰하기 어렵지만 많은 가치를 담는다. 그 이유는 탐험사에 영향을 끼친 중요한 질문들에 대한 유일한 정보원이기 때문이다. 또한 그의 책은 영국의 낭만주의 시인 콜리지(Samuel Tylor Coleridge)의 시 〈쿠빌라이 칸〉(*Kubla Khan*)에 영감을 준 것으로도 유명하다.

페로(Charles Perrault, 1628~1703). 프랑스의 시인, 평론가, 동화작가이다. 전설을 문학적으로 집성한 동화집을 펴냈는데 작품으로는 평론인 《고대인과 근대인의 비교》가 있으며, 〈잠자는 숲 속의 공주〉, 〈신데렐라〉, 〈장화 신은 고양이〉를 비롯한 11편의 동화가 실린 《페로 동화집》이 있다.

페르무이덴(Cornelius Vermuyden, 1590~1677). 네덜란드의 공학자이다. 네덜란드의 개간 기술을 영국에 전했다.

페리(William James Perry, 1887~1949). 영국 런던 대학에서 문화인류학을 선도한 학자이다. 그에 따르면 거석문화는 이집트에서 전 세계로 전파된 것이다. 그는 초전파주의를 확신했으며 스미스(Grafton Elliot Smith)와 공동작업을 했다.

페일리(William Paley, 1743~1805). 영국의 신학자이다. 케임브리지 대학 교수를 지냈으며 1802년 《자연신학》을 출판하여 지적설계론을 제시했다. 그에 의하면 시계는 매우 복잡하고 정교한 기계라서 우연히 만들어진 것이 아니라 어떤 지성적 존재가 만들었다고 생각할 수밖에 없다. 자연 생명체는 시계보다 더 복잡하고 정교하기 때문에 더욱 우연히 만들어졌다고 볼 수 없다고 주장한 것이다.

페트라르카(Francesco Petrarca, 1304~1374). 이탈리아의 시인, 인문주의자이다. 또한 최초의 근대인이라 불리기도 한다. 교황청에 있으면서 연애시를 쓰기 시작하는 한편 장서를 탐독하여 교양을 쌓았고 이후 계관시인이 되었다. 스위스의 역사학자인 야콥 부르크하르트에 의하면 처음으로 자연을 풍경으로 감상하기 시작한 사람이페트라르카였다고 한다.

페티 경(Sir William Petty, 1623~1687). 영국의 통계학자, 의사, 정치경제학자이다. 존 그랜트와 인구통계에 대한 공동연구를 했다.

펠릭스(Minucius Felix, ?~?). 2세기경에 활동한 라틴 교부로 《옥타비아누스》의 저자이다. 개인사에 대해 알려진 바는 없다.

포르스터 부자(the Forsters). 아버지인 요한 라인홀트 포르스터(Johann Reinhold Forster, 1729경~1798)은 독일의 박물학자이며 제임스 쿡의 두 번째 태평양 항해에 같이 참여한 식물학자로 잘 알려져 있다. 아들 게오르크 포르스터(Georg Forster 1754~

1794) 도 항해에 동승했는데, 훔볼트에게 많은 영향을 미쳤다(권정화, 《지리사상사 강의노트》, 36~37쪽 참고).

포르피리오스(Porphyrios, 233~304). 시리아 출신의 신플라톤주의 철학자이다. 플로티노스의 제자로 스승의 작품집 《엔네아데스》(*Enneades*)를 편집했다.

포세이디포스(Poseidippos, 영문명 Posidippos, 서기전 289년경 활동). 고대 그리스의 희극 작가이다. 마케도니아 출신으로 일생에 관해 알려진 것은 거의 없다.

포시도니오스(Poseidonios, 영문명 Posidonius, 서기전 135경~51경). 그리스의 스토아 철학자, 정치가, 지리학자, 역사가이다. 시리아의 아파메이아(Apameia) 태생으로 알려져 있다. 그리스의 스토아 철학자인 파나이티오스의 제자였으며, 철학, 물리학, 지리학, 지질학, 수학, 역사학 등 다방면에 걸쳐 스토아학파 내에서 가장 학식 있는 사람으로 알려졌다. 로마의 키케로를 제자로 두었다.

포프(Alexander Pope, 1688~1744). 영국의 시인, 비평가이다. 18세기 전반부의 가장 위대한 영국 시인으로 꼽힌다. 풍자적 시구뿐만 아니라 〈일리아드〉, 〈오딧세이〉 등 호메로스 시의 번역자로도 유명하다. 대표작은 풍자시인 〈우인열전〉(愚人列傳)이며 영어권에서 셰익스피어와 테니슨(Tennyson) 다음으로 많이 인용되는 작가이다. 또한 철학시 〈인간론〉은 뛰어난 표현력 때문에 역작으로 평가받는다.

폴리비오스(Polybios, Polybius, 서기전 200경~118경). 그리스의 정치가, 역사가이다. 로마가 세계적인 강대국으로 등장하는 과정의 역사를 기술한 40권짜리 저서 《역사》(*Historiae*)로 유명하다.

퐁트넬(Bernard Le Bovier de Fontenelle, 1657~1757). 18세기 계몽사상가이자 프랑스의 문학가이다. 시, 오페라, 비극 등 문학 작품에 관여했으며 나중에는 과학 사상의 보급자, 선전자로 성공을 거두었다.

프라이징의 오토(Otto of Freising, 1114경~1158). 독일의 주교이자 연대기 저자. 저서로는 《연대기》 혹은 《두 도시의 역사》와 《프리드리히 황제의 행적》이 있다(이 책 2부 6장 7절을 참고하라).

프락사고라스(Praxagoras, 340경~?). 고대 그리스 의학에서 영향력을 가졌던 인물이다. 그리스의 코스 섬 태생이다.

프랜시스 베이컨(Francis Bacon, 1561~1626). 르네상스 후 근대 철학, 특히 영국 고전경험론의 창시자이다. 인간의 정신능력 구분에 따라 학문을 역사, 시학, 철학으로 구분했다. 다시 철학을 신학과 자연철학으로 나누었는데, 그의 최대 관심과 공헌은 자연철학 분야에 있었고 과학방법론, 귀납법 등의 논리 제창에 있었다.

프랭클린(Benjamin Franklin, 1706~1790). 미국의 과학자, 외교관, 정치가이다. 18세기 미국인 가운데 조지 워싱턴과 더불어 가장 저명한 인물이다. 그는 약간의 재산을 모은 후 1757년 정치에 입문한 후 30여 년 동안 미국의 정치를 이끌었다. 미국 독립선언서 작성에 참여했으며 독립전쟁 때 프랑스의 지원을 얻기도 했고 미국 헌법의 틀을 만들었다. 그는 일상생활의 편리와 안전에도 많은 기여를 했는데, 난로, 피뢰침, 복초점 안경 등을 발명했으며 소방대, 도서관, 보험회사, 학교, 병원 등 다양한 공공 서비스 시설들을 보급하는 데도 이바지했다.

프륌의 카에사리우스(Caesarius of Prüm). 트리어 근교 베네딕트 수도회의 대수도원장이다. 훗날 본 근교 하이스터바흐에 있는 시토 수도회의 수도사가 된다. 1212년 대수도원장으로 선출되어 13세기 초 유럽에서 가장 부유한 수도원 중 하나였고 독일, 프랑스, 네덜란드에 흩어진 대장원을 가졌던 프륌 수도원으로 들어간다.

프리드리히 1세(Friedrich I, 1122경~1190). 슈타우펜 왕조의 신성로마제국 황제(재위: 1152~1190)이다. 6차에 걸친 대규모 이탈리아 원정을 감행했으나 레냐노 전투에 패하여 화의를 맺었다. 유력한 제후인 작센 공(公)인 하인리히 사자 공을 추방하고 봉토를 몰수하여 제국 제후의 시대를 열었다. 붉은 턱수염 때문에 '붉은 수염'이라 불렸다.

프리드리히 2세(Frederick II, 1194~1250). 호엔슈타우펜 왕조(Hohenstaufen dynasty)의 왕으로 1212년부터 로마의 왕을 자처했고 1215년부터 로마의 왕이 되었다. 이런 식으로 그는 독일의 왕, 이탈리아의 왕, 버건디의 왕이 되었다. 1220년 로마 교황이 그를 신성로마제국 황제로 임명했으며 1198년 시칠리아의 왕으로 시작한 프리드리히 2세는 죽을 때까지 그 칭호를 유지했다. 그의 다른 칭호로는 결혼 때문에 생긴 '키프로스의 왕'이라는 칭호와 십자군과의 관계 때문에 생긴 '예루살렘의 왕'이 있다. 당대에 그는 호기심 많은 자로 알려졌고 9개 언어로 말하고 7개 국어로 된 글을 읽었다고 한다. 그리고 과학과 예술의 후원자를 자청해 시대를 앞서간 통치자였다.

프톨레마이오스(Klaudios Ptolemaeos, 영문은 Ptolemy, 85경~165경). 그리스의 천문학자이자 지리학자이다. 127~145년경 이집트의 알렉산드리아에서 천체를 관측하면서 대기에 의한 빛의 굴절작용을 발견했으며 달의 운동이 비등속 운동임을 발견했다. 천문학 지식을 모은 저서 《천문학 집대성》(*Megalē Syntaxis tēs Astoronomias*)은 아랍어 번역본인 《알마게스트》로 더 유명한데, 코페르니쿠스 이전 시대의 최고의 천문학서로 인정된다. 이 저서에서 서기전 2세기 중엽 그리스의 천문학자 히파르코스의 학설을 이어받아 천동설에 의한 천체의 운동을 수학적으로 기술했다. 그 밖에 점성술책인 《테트라비블로스》(*Tetrabiblos*)가 아랍 세계에서 인기를 얻었고 지리학의 명저 《지리학》(*Geographike Hyphegesis*)도 지리학계에서 오랫동안 아낌을 받았다. 그 밖에도 광학과 음악에 관한 여러 저서가 있다.

프톨레마이오스 필라델푸스(Ptolemy Philadelphus). "프톨레마이오스 2세"를 참고하라.

프톨레마이오스 2세(Ptolemy II, Ptolemy Philadelphus, 서기전 308~246). 이집트 프톨레마이오스 왕조의 두 번째 왕(서기전 285~246 재위)이다. 프톨레마이오스 필라델푸스라고도 불린다.

프톨레마이오스 3세(Ptolemy III, Euergetes I, 서기전 280~221). 프톨레마이오스 2세의

아들로 프톨레마이오스 왕조 전성기의 왕(재위: 서기전 246~221)이다. 에우에르게테스 1세라고도 불리는데 에우에르케테스는 '은인'을 의미하는 애칭이다. 키레네를 재병합하고 제3차 시리아 전쟁(서기전 246~241)에서는 시리아, 소아시아, 메소포타미아의 여러 도시를 손에 넣어 영토가 가장 넓었다. 그 후 20여 년 간 대체로 평온한 시기를 보냈으며, 예술을 보호하고 알렉산드리아 대도서관에 다량의 서적을 보충했다.

플라톤(Platon, 서기전 429경~347경). 고대 그리스의 철학자, 형이상학의 수립자이다. 영원불변의 개념인 이데아를 통해 존재의 근원을 밝히고자 했다.

플로루스(Florus). 로마의 역사가이다. 트리야누스 황제와 하드리아누스 황제 시대의 인물이다.

플로티노스(Plotinos, 영문명 Plotinus, 205~269경). 유럽 고대 말기를 대표하는 그리스의 철학자, 신비사상가이다. 알렉산드리아 근처 태생. 암모니오스 사카스(Ammonios Sakkas)를 스승으로 사사했고, 40세에 로마로 가서 많은 친구와 제자를 모아 학교를 개설하여 존경을 받았다. 후세 사람들은 그를 신플라톤주의의 아버지라 불렀다. 그의 저술은 9편씩으로 나뉜 6군의 논고이기 때문에 《엔네아데스》(*Enneades*: 9편)라고도 불린다. 그의 형이상학은 수 세기에 걸쳐 여러 신비주의적 종교들에 영향을 미쳤다(플로티노스 저, 조규홍 역, 2008, 《영혼 정신 하나: 플로티노스의 중심 개념》에 《엔네아데스》 중 5편이 번역되어 실려 있다).

플루타르코스(Plutarchos, 영문명 Plutarch, 46경~120경). 고대 로마의 그리스인 철학자이자 저술가이다. 그리스의 카이로네이아 태생이며 일찍이 아테네로 가서 아카데메이아에서 플라톤 철학을 공부하고 다시 자연과학과 변론술을 배웠다. 그 후 이집트의 알렉산드리아를 방문, 로마에서 황제를 비롯한 많은 명사와 깊은 친교를 맺어 아카이아 주(그리스 본토) 지사에 임명되었으며 로마 시민권을 얻었다. 만년에는 델포이의 최고 신관으로 있었다. 그는 '최후의 그리스인'으로서 고전 그리스 세계에 통달한 일류 문화인이었다. 플라톤 철학을 신봉하고 박학다식한 것으로 유명하며 저술이 무려 250종에 달했던 것으로 추정된다. 현존하는 작품은 《전기》(*Parallel Lives*), 《영웅전》(플루타르코스 영웅전), 《윤리론집》(*Moralia*) 등이다.

플뤼시(Noël-Antonie Pluche, 1688~1761). 프랑스의 성직자로 abbé de Pluche라고도 알려져 있다. 당시에 매우 인기 있었던 박물학 책인 《자연의 스펙터클》(*Spectacle de la nature*)의 저자이다.

플리니우스(Gaius Plinius Secundus, 23~79). 고대 로마의 정치가, 군인, 학자이다. 노붐코문 태생으로 조카이자 양자인 소(小)플리니우스와 구분 짓기 위하여 대(大)플리니우스라 불린다. 속주 총독 등을 역임한 후 나폴리 만의 해군 제독으로 재임 중 79년 베수비오 화산 대폭발 때 현지에서 죽었다. 그의 저서인 《박물지》(*Historia Naturalis*)는 37권으로 이루어졌는데, 이는 티투스 황제에게 바친 대백과사전으로 1

백 명의 정선된 저술가를 동원하여 예술, 과학, 문명에 관한 2만 항목을 수록한 당시 정보의 보고이다. 그는 진정한 영광은 기록으로 남길 만한 일을 하고 읽을 만한 가치가 있는 책을 저술하는 데 있다고 믿었다.

피소(Gaius Calpurnius Piso, ?~?). 서기 1세기 로마 시대의 원로원 의원이다. 서기 65년 네로 황제에 대항했던 '피소의 음모'로 유명하다.

피어링흐(Andries Vierlingh, 1507경~1579). 네덜란드 해안 공학의 창설자이다.

피치노(Marsilio Ficino, 1433~1499). 르네상스 초기 이탈리아의 인문주의 철학자이다. 또한 점성학, 신플라톤주의의 부활자이며 플라톤 저작을 라틴어로 번역한 업적으로도 유명하다.

핀존(Martin Alonso Pinzon, 1441~1493). 에스파냐의 항해가이다. 콜럼버스의 첫 항해를 동행했다.

필로티모스(Philotimos, 서기전 300~260). 그리스의 학자이다. 프락사고라스의 제자로 아라비아 세계에서 그는 Fulutimus, Fulatis, Falatis 등으로 불렸으며, 몇몇 아라비아 출처들에서 식재료에 대한 권위자로 인용되었다.

필론(Philon ho Alexandria, 서기전 20~서기 40). 헬레니즘 시대 유대인 철학자이다. 이집트의 알렉산드리아 태생으로 신플라톤주의자라고 할 수 있다. 성경 속 모든 문자의 배후에는 어떤 신비한 뜻이 들어 있다고 주장했다. 이는 "겉으로 드러난 현상의 배후에 있는 것이 실체"라는 이원론적인 플라톤의 관념론적 영향이다. 그의 저작은 현존하지 않지만 대부분은 중세 교부의 저작 속에 남아 있다.

필리포스 왕(Philip, ?~?). 알렉산드로스의 아버지인 필리포스 2세(재위: 서기전 359~336)이다.

필립 오귀스트(Philippe Auguste, 1165~1223). 프랑스 카페 왕조의 왕이다. 가장 성공적인 프랑스 군주 중 하나였다.

하드리아누스(Publius Aelius Hadrianus, 76~138). 로마제국 황제(재위: 117~138)로 5현제의 한 사람이다. 브리타니아에 하드리아누스 성벽을 쌓고 게르마니아의 방벽을 강화하는 등 방위를 강화하고 국력의 충실에 힘썼다. 제국 제반 제도의 기초를 닦았으며 로마법의 학문 연구를 촉진시키고 문예·회화·산술을 애호했다. 속주 통치조직, 제국의 행정·관료·군사 제도의 정비에 힘써 제국 제도의 기초를 닦았다.

하딩(Abbot Stephen Harding, ?~1134). 시토 수도회의 3대 대수도원장이다. 클레르보의 베르나르두스가 1112년 입회하면서 수도원의 새로운 부흥기를 이끌었다.

하르팔로스(Harpalos ?~?). 서기전 4세기 마케도니아의 귀족이다. 알렉산드로스의 소년 시절 친구였다. 마케도니아의 재정장관을 맡다가 공금 횡령으로 처벌받을 것이 두려워 보물과 용병을 데리고 그리스로 도망쳤으며 아테네에서 체포되어 후에 크레타에서 살해당했다.

하이켈하임(Fritz Heichelheim, 1901~1968). 독일의 역사학자이다. 고대 경제사가 전공으로 독일의 기센 대학교와 캐나다 토론토 대학교 교수를 역임했다. 그의 로마사 책이 번역(김덕수 역, 1999, 《로마사》, 현대지성사) 되었다.

하임(Roger Heim, 1900~1979). 프랑스의 식물학자이다. 식물병리학 및 균류학의 발전에 기여했으며 식물학, 화학, 교육학, 임학, 원예학, 인문학, 의학, 동물학 등에 걸쳐 많은 논문과 평론을 발표했다. 1951~1965년에는 프랑스 국립자연사박물관 관장을 역임했다.

한(Eduard Hahn, 1856~1928). 독일의 민족지학자, 경제사학자, 경제지리학자이다. 농경, 가축화의 기원과 역사에 대한 연구로 유명하다. 사우어로 대표되는 지리학 내 버클리학파의 연구 토대를 열었다[Fritz L. Kramer, 1967, "Eduard Hahn and the End of the 'Three Stages of Man'", *Geographical Review*, 57(1)을 참고하라].

할리카르낫소스의 디오니시오스(Dionysius of Halicarnassus, 서기전 60경~7경). 카이사르가 통치하던 시대에 활동한 그리스의 역사가이자 웅변가이다.

해스킨스(Charles Haskins, 1870~1937). 중세사가이자 우드로 윌슨(Woodrow Wilson) 미국 대통령의 자문관을 지냈다. 미국인 최초의 중세사가였던 것으로 여겨진다.

핼리(Edmund Halley, 1656~1742). 영국의 유명한 수학자이자 천문학자이다. 뉴턴과도 학문적 교류를 했으며 핼리혜성의 발견자로 유명하다.

헉슬리(Thomas Huxley, 1825~1895). 영국의 동물학자이다. 다윈의 진화론을 즉시 인정했고, 특히 1860년 6월 옥스퍼드에서 열린 영국 학술협회 총회에서 진화론 반대자인 윌버포스와 논쟁을 벌인 끝에 반대론의 잘못을 설파함으로써 진화론의 보급에 커다란 영향을 끼쳤다. 또 다윈이 분명히 밝히지 않았던 인간의 기원에 대해서도 진화론을 적용해 인간을 닮은 네안데르탈인의 화석 연구를 기초로 인간이 진화의 과정에서 생긴 것임을 주장했는데 《자연에서의 인간의 자리에 관한 증거》(*Evidence as to Man's Place in Nature*, 1863)에 그 주장을 발표했다.

헤라클레이토스(Heraclitus, Herakleitos, 서기전 540경~480경). 그리스의 철학자이다. '만물은 유전한다'고 말해, 우주에는 서로 상반하는 것의 다툼이 있고 만물은 이와 같은 다툼에서 생겨나는 것임을 밝혔다.

헤로도토스(Herodotos, 서기전 484경~425경). 소아시아의 할리카르나소스 태생이다. 서기전 445년경에는 아테네에서 살았고 페리클레스, 소포클레스 등과 친교를 맺었다. 그 뒤 아테네가 서기전 444년(또는 서기전 443년)에 건설한 남이탈리아의 식민지 무리오이로 가서 그곳 시민이 되었으며 거기에서 여생을 마친 것 같다. 대여행을 했다는 것은 저서 《역사》(*The Histories*, 9권)에서 알 수 있지만 언제 있었던 일인지는 알 수 없다. 그의 여행 범위는 북으로 스키타이, 동으로는 유프라테스를 내려가서 바빌론, 남으로는 이집트의 엘레판티네, 서로는 이탈리아 그리고 아프리카의 키레네까지였다. 《역사》는 동서의 분쟁이라는 관점에서 중요한 페르시아 전쟁의 역사를 쓴 것이다. 그는 과거의 사실을 시가가 아닌 실증적 학문의 대상으로 삼은 최초의 그리스인으로 《역사》는 그리스 산문 사상 최초의 걸작으로 평가된다. 키케로는 그를 '역사의 아버지'라고 불렀다.

헤르더(Johann Gottfried von Herder, 1744~1803). 독일의 철학가, 문학가이다. 동프로이센 모른겐 태생으로 브루노, 스피노자, 라이프니츠 등에게 영향을 받았으며 같은 시대의 하만, 야코비 등과 함께 직관주의적·신비주의적 신앙을 앞세우는 입장에서 칸트의 계몽주의적 이성주의 철학에 반대했다. 역사를 '여러 가지 힘의 경합에서 조화에 이르는 진보의 과정'이라 보는 《인류역사철학고》(*Ideen zur Philosophie der Geschichte der Menschheit*, 1784~1791)의 역사철학은 레싱을 계승하여 나중에는 헤겔의 역사철학 구성에 이어지며, 또한 《언어의 기원에 대한 논고》(*Abhandlung über den Ursprung der Sprache*, 1772)는 나중에 훔볼트의 언어철학에 영향을 주었다.

헤시오도스(Hesiodos, ?~?). 서기전 8세기 말경 고대 그리스의 서사시인이다. 오락성이 짙고 화려한 이오니아파의 호메로스와 대조적으로 종교적·교훈적·실용적 특징의 보이오티아파 서사시를 대표하며 농사와 노동의 신성함을 서술한 《노동과 나날》(*Erga kai Hemerai*)과 천지창조, 신들의 탄생을 소박한 세계관으로 서술한 《신통기》(神統記, *Theogonia*)가 남아 있다(천병희 역, 2004, 《신통기》, 한길사; 김원익 역, 2003, 《신통기》, 민음사 판에 모두 실려 있다).

헤이크윌(George Hakewill, 1578~1649). 영국의 성직자, 학자이다. 《변명, 세계를 경영하는 신의 권능과 섭리의 증언》이라는 책을 통해 자연의 쇠락론을 비판하고 자연의 항상성을 주장했다(이 책 3부 8장 4절에서 헤이크윌의 자연관을 상세히 다룬다).

헤일 경(Sir Matthew Hale, 1609~1676). 영국의 법관, 법학자이다. 청교도혁명 중에 불편부당한 판결을 내린 것으로 유명했으며 의회의 법률 개혁 제안과 찰스 2세의 왕정복고 추진에서도 주요한 역할을 하여 영미법 역사에서 가장 위대한 학자의 한 사람으로 인정된다. 또한 과학적이면서 종교적인 문제에 관한 광범위한 저술을 남겼는데 대표작으로는 《인류의 시원적 기원》이 있다.

헤일스의 알렉산더(Alexander of Hales, 1180~1245). 영국 프란체스코파의 신학자이다. 아리스토텔레스의 전체 신학 사상을 보급했으며 성경을 유일한 최종적 진리라고 했다. 그의 《신학대전》(*Summa Universae Theologiae*)은 롬바드의 선언서에 대한 주석으로 많이 읽혔다.

헤카타이오스(Hecataieus, 서기전 550경~475경). 그리스의 역사가이다. 이집트와 서남아시아 등을 여행하고 《세계안내기》 및 세계지도를 저술·제작했다. 헤로도토스가 그의 저작을 언급했다.

헨(Victor Hehn, 1813~1890). 독일의 문화사가이다.

헨리 3세(Henry III, 1207~1272). 잉글랜드의 왕(재위: 1216~1272)이다. 존의 큰아들이자 후계자로 어린 나이에 왕위에 올랐다. 24년간(1234~1258) 효율적으로 정부를 통제했으나 관례를 무시해 결국 귀족들의 강요로 1258년 주요 개혁안인 옥스퍼드

조례에 동의해야 했다.

헬비히(Wolfgang Helbig, 1839~1915). 독일의 고고학자이다. 1865년에서 1887년까지 로마에 있는 독일고고학연구소의 부소장을 지냈으며, 헬레니즘과 폼페이 벽화와의 관계를 탐구했다.

호라티우스(Horatius Flaccus, Quintus, 영문명 Horace, 서기전 65~8). 아우구스투스 시대에 가장 유명한 시인이다. 남이탈리아 베누시아에서 해방 노예의 아들로 태어났으며 서정시집, 풍자시집, 송가집, 서간시집, 《시론》(*Ars Poetica*) 등이 남아 있다.

호메로스(Homeros, 영문명 Homer, 서기전 800경~750). 고대 그리스의 시인. 유럽 문학사상 가장 오래되고 걸작으로 평가받는 서사시 〈일리아드〉와 〈오디세이〉의 작자로 전해진다. 태생지나 활동에 대해서는 연대가 일치하지 않으나 두 작품의 성립연대는 서기전 800~750년경이 정설이다. 〈일리아드〉는 15,693행, 〈오디세이〉는 12,110행의 장편 서사시이며 각각 24권이다. 두 서사시는 고대 그리스의 국민적 서사시로, 그 후의 문학, 교육, 사상에 큰 영향을 끼쳤을 뿐 아니라 로마 제국과 그 후 서사시의 규범이 되었다.

호이겐스(Christiaan Huygens, 1629~1695). 네덜란드의 수학자, 천문학자, 물리학자이다. 라이덴 대학교에서 법률을 공부했으나 이후 과학으로 바꾸었다. '호이겐스의 법칙'으로 잘 알려져 있는데 이는 파동이 퍼져 나갈 때 한 점으로부터 퍼져 나간다는 이론으로 물에 돌멩이를 던지면 한 점에서 원이 되어 퍼져 나가는 현상을 의미한다.

호이카스(Reijer Hooykaas, 1906~1994). 네덜란드 유트레히트 대학교 과학사 교수였다. 화학을 공부하고 1930년부터 1946년까지 화학 교육을 했다. 1933년 "역사-철학적 발전에서 개념 요소"라는 제하의 논문이 유트레히트 대학교에서 통과되었다. 1934년 베를린 자유 대학교에서 자신의 관심사를 분명히 하는 "역사적 관점에서 본 과학과 종교"라는 강의를 진행했다. 기독교인 과학자와 물리학자 협회에서 수년간 적극적인 활동을 하기도 했다.

홀(Joseph Hall, 1574~1656). 영국의 주교이며 풍자작가이다.

홀바흐(Paul-Henri Thiry, baron d'Holbach, 1723~1789). 독일의 철학자이다. 독일 태생이나 주로 프랑스에서 활동했으며 그 당시 가장 잘 알려진 무신론자중 하나였다. 몽테스키외, 볼테르, 디드로 등과 함께 18세기 프랑스 계몽주의를 대표한다고 할 수 있다.

홈(Henry Home, 1696~1782). 케임즈 경(Lord Kames)이라고도 불리는 스코틀랜드 출신의 철학자이다. 《인간의 역사에 대한 개관》(*Sketches on the History of Man*)에서 역사를 4단계〔수렵채집 단계, 목축 단계, 농업 단계, (상업) 도시 단계〕로 구분했다.

화이트(Lynn White Junior, 1907~1987). 하버드 대학교에서 박사 학위를 받고 프린스턴 대학교와 스탠퍼드 대학교 역사학 교수, 캘리포니아 대학교 명예교수를 역임했다. 오랫동안 중세 르네상스 연구소 소장으로 근무했고 미국역사학회 회장, 과학사학회 회장, 중세아카데미 회장, 기술사학회 회장 등을 역임했다. 저서로는 《중세의 기술과 사회 변화》 등이 있다.

화이트헤드 (Alfred North Whitehead, 1861~1947). 영국의 철학자, 수학자이다. 기호논리학을 확립한 사람 중 하나로 유기체론에 바탕을 둔 독창적 형이상학을 수립했다.

훌시우스 (Levinus Hulsius, 1550~1606). 독일의 출판업자이다. 매우 다양한 영역의 지식들을 책으로 출판했는데 이탈리아-독일어 사전과 프랑스-독일어 사전도 출판했다.

훔볼트 (Alexander von Humboldt, 1769~1859). 독일의 자연과학자이자 지리학자이다. 베를린 태생으로 지리학, 지질학, 천문학, 생물학, 광물학, 화학, 해양학 등 자연과학 분야에서 광범위한 재능을 발휘했다. 1799년부터는 라틴아메리카 탐험 조사를 하고 1804년 프랑스로 돌아왔다. 조사 동안 베네수엘라의 오리노코 강 상류와 아마존 강 상류를 조사하고, 에콰도르의 키토 부근의 화산과 안데스 산맥을 조사하면서 페루에 이르렀다. 1829년에는 제정 러시아 정부의 후원을 얻어 우랄, 알타이, 중앙아시아를 여행했으며 그 기록은 중앙아시아에 대한 최초의 정확한 자연지리 자료가 되었다. 1830~1848년 동안에는 외교관으로 일했고 그동안 19세기 전반의 과학을 상세하고도 보편적으로 묘사한 대표적 저서 《코스모스》(*Kosmos*, 5권, 1845~1862)를 집필했다. 또한 페루 앞바다를 북상하는 훔볼트 해류 외에, 산, 강, 만, 대학교 등에 자신의 이름을 남겼고, 널리 세계를 여행한 성과를 많은 저서로 간행해 자연지리학의 시조로 일컬어진다.

휘스턴 (William Whiston, 1667~1752). 영국의 신학자, 역사가, 수학자이다.

휴 2세 (Hugh II of Cyprus, 1252경~1267). 태어난 지 두 달 만에 헨리 1세로부터 키프로스 왕위를 물려받았고 5세부터 예루살렘 왕국의 섭정을 지냈다. 1261년 왕위를 공동으로 물려받은 어머니 플라상(Plaisance)이 죽자 키프로스의 섭정 자리는 휴 2세의 사촌인 25세 뤼지냥의 휴에게 돌아갔다. 휴 2세는 1267년 14세의 나이에 사망했고 왕위는 휴 3세가 되는 뤼지냥의 휴가 물려받았다. 아퀴나스가 휴 2세에게 《왕권에 대하여》라는 저술을 헌정했다고 알려졌지만 이 저작이 1271~1273년 사이에 쓰였다고 강력하게 주장하는 크리스토프 플뤼엘러(Christoph Flüeler)의 견해에 따르면 이 저작은 휴 2세의 계승자인 휴 3세에게 헌정되었을 것으로 보인다.

흄 (David Hume, 1711~1776). 영국의 철학자이다. 그의 인식론은 로크에게서 비롯된 '내재적 인식 비판'의 입장과 아이작 뉴턴 자연학의 실험·관찰의 방법을 응용했다. 홉스의 계약설을 비판하고 공리주의를 지향하였다.

히포크라테스 (Hippocrates, 서기전 460경~377경). 그리스의 의학자이다. '의사의 아버지'로도 불린다. 인체의 생리나 병리를 체액론에 근거해 사고했고 '병을 낫게 하는 것은 자연이다'는 설을 치료 원칙의 기초로 삼았다. 그의 학설과 그의 가르침을 받은 사람들의 소견을 모은 《히포크라테스 전집》에는 의사의 윤리에 대해서도 중요한 설이 언급되어 있다.

히폰(Hippon, ?~서기전 450년경). 세계는 물이나 습기로 구성되었다는 탈레스의 신념을 부활시킨 철학자이다.

힉스(Lewis Ezra Hicks, 1839~1922). 신학자. 《설계론 비판: 자연신학의 논증방법에 관한 역사적이고 자유로운 검토》(*A Critique of Design-Arguments: a Historical Review and Free Examination of the Methods of Reasoning in Natural Theology*, 1883)를 저술했다.

힐가드(Eugene Woldemar Hilgard, 1833~1916). 미국의 지질학자 겸 토양학자이다. 1853년 하이델베르크 대학교에서 박사학위를 받았으며 1863년 미국으로 건너갔다. 캘리포니아 대학교 농업 분야 교수(1875~1904)와 버클리대학 농업실험실 소장을 역임했다. 1892년에는 지형, 지하수의 영향, 암석 풍화, 알칼리화 작용, 식물 반응, 관개와 배수 등에 관한 기념비적 저서인 《토양과 기후와 관련한 알칼리 토양》이란 책을 저술했다.

** 지 명

가스코뉴(Gascogne). 프랑스 남서부의 대서양 연안에서 랑그도크 사이에 있는 지방이다.

갈리아(Galia). 고대 켈트인의 땅으로 골(Gaul)이라고도 한다. 지금의 북이탈리아·프랑스·벨기에 등을 포함한다.

갈릴리(Galilee). 서아시아 팔레스타인의 북부 지방으로 갈릴레아라고도 한다. 중심지는 나사렛이다. 성서에 나오는 지방으로 현재 이스라엘의 행정구로 북부 지방에 해당하며 지중해 해안에서 갈릴리 호(湖)까지가 포함된다.

감람 산(Mount of Olives). 예루살렘 동부 구릉에 있는 높이 8백 m의 산이다. 4개의 봉우리로 이루어진 이 산의 서쪽 기슭 근처에는 그리스도의 수난이 시작되는 겟세마네 동산이 있다. 이 산기슭에서 예루살렘 입성을 앞둔 그리스도가 군중의 환영을 받았다는 기록이 있고, 사도행전 1장에는 이곳에서 그리스도가 승천했다는 기록이 있다. 현재 이곳에는 겟세마네의 바실리카를 비롯하여 많은 성당이 있으며, 산 정상에 오르면 예루살렘 시가지, 요르단 계곡, 사해의 북쪽 끝, 길르앗·모압의 산들을 바라볼 수 있다.

네메아(Nemea). 그리스 펠로폰네소스 반도 북동부에 있었던 도시이다.

네미 호수(Lake Nemi). 이탈리아 중부 라치오 주에 있는 화구호(火口湖)이다.

노트르담 대성당(Notre Dame). 프랑스 파리 센 강 시테 섬에 있는 성당으로 프랑스 초기 고딕 성당의 대표작이다. 1163년 공사가 시작되어 13세기 중엽에 일단 완성되었으나 그 후에도 부대공사가 계속되어 18세기 초엽 측면 제실(祭室)의 증설로 오늘날의 모습을 갖추었다. 그러나 18세기 프랑스혁명 때 심하게 파손되어 19세기에 대대적인 보수공사를 했다.

누비아(Nubia). 현재 아프리카 북동부 지역을 부르던 고대 지명이다. 대략 나일 강에서부터 동쪽으로는 홍해 해변, 남쪽으로는 하르툼(현재 수단의 수도), 서쪽으로는 리비아 사막에 걸쳐 있었다.

다겐햄(Dagenham). 영국 런던 동부의 교외 지역이다.

돈 강(Don river). 동부 유럽의 러시아를 흐르는 강으로 고대 그리스에서는 타나이스 강이라고 불렸다.

두라초(Durazzo). 알바니아의 아드리아 해 연안에 위치한 도시이다. 역사가 매우 길고 경제적으로도 매우 중요한 도시였다. 알바니아어로 이 도시의 이름은 두러스(Durrës)인데 이탈리아어 이름인 두라초로 널리 알려졌다.

드네프르 강(Dnieper river). 벨로루시와 우크라이나를 흐르는 강이다. 발다이 구릉에서 시작하여 키예프를 지나 흑해로 들어간다. 유럽에서 세 번째로 긴 강으로 길이는 2천 2백 ㎞에 달한다.

라드론 섬(Ladrones). 라드론은 '도둑'을 뜻하며 오늘날의 괌이다. 마젤란이 이 섬에 도착했을 당시 원주민들이 배에서 물건을 가져가는 것을 보고 이름을 붙였다고 한다.

라인 강(Rhine river). 중부 유럽 최대의 강이다. 알프스 산지에서 발원해 유럽에서 공업이 가장 발달한 지역을 관류하여 북해로 흐른다. 본류는 스위스, 리히텐슈타인, 오스트리아, 독일, 프랑스, 네덜란드 등을 거치며 운하에 의해 지중해, 흑해, 발트해 등과 연결된다. 그중 독일을 흐르는 부분이 가장 길어 독일의 상징이라고 한다.

라플란드(Lapland). 스칸디나비아 반도 북부 지역으로, 대부분이 북극권에 속하는 라프족의 거주 지역이다. 노르웨이, 스웨덴, 핀란드, 러시아 4개국 영토에 걸쳐 있다.

랭스 대성당(Cathedral of Reims). 프랑스의 랭스에 있는 고딕식 성당. 1210년에 화재로 불타 1211년부터 13세기 말에 걸쳐 재건되었다. 프랑스 중세기 예술의 정수로 일컬어진다.

레반트(Levantine). 소아시아와 고대 시리아의 지중해 연안 지방이다.

레옹(Léon). 중세 전성기 브르타뉴 지방 서쪽에 위치했던 도시이다.

로도스(Rhodus, Rodos). 그리스 에게 해 남동쪽 해상의 섬으로 서기전 407년 로도스 도시국가가 건설되어 지중해 무역의 중심지로 번영했다.

로첼라(Roccella). 이탈리아 칼라브리아 주에 위치한 도시.

롬니 습지(Romney Marsh). 잉글랜드 남동부 지역의 인구가 희박한 습지 지역이다.

리용(Lyons). 파리에 이은 프랑스 제2의 도시로 이탈리아로 가는 관문도시다.

리카오니아(Lycaonia). 고대 소아시아 중남부 지방의 옛 이름이다.

마가리타(Margarita). 베네수엘라 북동부 누에바에스파르타 주에 딸린 섬이다.

마데이라 제도(Madeira). 모로코 서쪽 640㎞ 지점의 대서양상에 있으며 15세기 포르투갈의 항해에서 엔리케 왕자가 처음 발견했다.

마르티니크(Martinique). 서인도 제도 동부 앤틸리스 제도에 있는 화산섬이다.

마테호른(Matterhorn). 스위스와 이탈리아 사이 알프스 산맥에 있는 산으로 빙하의 침식 작용에 의해 매우 뾰족한 봉우리를 가진 빙하 지형이다.

메갈로폴리스(Megalopolis). 고대 그리스의 에파메이논다스가 아르카디아 남부에 건설한 대(大) 폴리스이다.

메로에(Meroë). 수단의 수도 하르툼 북쪽 나일 강 동편에 위치했던 고대 도시이다.

멤피스(Memphis). 이집트 카이로 남쪽 나일 강 유역 고대 이집트의 수도이다.

모에리스 호(Lake Moeris). 카이로 남서쪽에 있는 저지대 알파이움에 위치한 호수이다.

모젤 계곡(Modelle valleys). 프랑스, 독일에 걸쳐 흐르는 라인 강의 지류로 길이는 약 544㎞이며, 프랑스 북동부 보주 산맥의 보주, 오랑 두 현의 경계 부근에서 발원하여 북류하면서 에피날을 거쳐 로렌 평원으로 흐른다.

미디 운하(Canal de Midi). 랑그도크 운하라고도 하며 프랑스 남서부에 있다. 1666~1681년 동안 리케의 감독하에 건설된 운하인데 지중해 연안의 아그드 근처에서 시작하여 툴루즈에 이르고, 그 다음부터는 가론 강과 이에 병행하는 운하와 연결되어 대서양으로 흐른다. 이로 인해 대서양 연안 및 지중해 연안과 직접 이어지는 툴루즈가 상업적으로 발전했으나, 19세기에 미디 철도가 개통한 후부터는 교통량이 감소하고 국지적으로 이용되는 데 불과하다. 예술과 자연의 조화를 기술적으로 완성했다는 평가를 받으며 세계문화유산으로 등록되었다.

미시아(Mysia). 소아시아 북서 아나톨리아에 있던 지방이다.

밀레토스(Miletos). 아나톨리아의 서해안에 있던 이오니아의 고대 도시로 당시 그리스 동쪽에서는 가장 큰 도시였다.

바버리(Barbary). 북아프리카의 지중해 연안 지방에 있는 리비아, 튀니지, 알제리, 모로코를 통틀어 이르는 말이다.

바빌론(Babylon). 이라크 바그다드에서 남쪽으로 80㎞ 떨어진 메소포타미아의 고대 도시이다.

바젤(Basel). 독일, 프랑스와 접경한 국경도시로 스위스 바젤수타트 주의 주도(州都)이다. 뮌스터가 거주하던 1500년대에는 독일 영토였다.

박트리아(Bactria). 힌두쿠시 산맥과 아무다리아 강 사이에 고대 그리스인이 세운 국가(서기전 246~138)로 중국에서는 '대하'(大夏)라고 불렸다. 그리스계 왕국으로 오랫동안 동방에서 헬레니즘의 기수였다.

발루치스탄(Baluchistan). 현재 파키스탄 서부에 있는 주 지역이다. 광대한 산악의 고원지대를 차지하며 서쪽으로는 이란, 북서쪽으로는 아프가니스탄과 접한다.

발리스 (Wallis, 프랑스명 Valais). 스위스 남부에 있는 주로 주도는 시옹이다. 남쪽으로 이탈리아, 서쪽으로 프랑스와 접한다.

뱀스터 (Bemster 또는 Beemster). 17세기 전반에 간척이 이루어진 네덜란드에서 가장 오래된 해안 개간지이다. 고대와 르네상스식 계획 원리에 따라 펼쳐진 촌락, 제방, 운하, 도로, 들판의 경관을 잘 보전했다. 이곳의 창조적이고 상상력 풍부한 경관은 유럽뿐 아니라 다른 지역의 간척사업에도 큰 영향을 주었으며 1999년 유네스코 세계문화유산으로 지정되었다.

베냉 (Benin). 서부 아프리카 대서양 연안의 작은 국가. 1960년 프랑스로부터 독립했으며 정식 국호는 베냉인민공화국이다.

베스트팔리아 (Westphalia). 지금의 독일 빌레펠트, 보훔, 도르트문트, 겔젠키르헨, 뮌스터, 오스나브뤽, 노르트라인-베스트팔렌, 니더작센을 중심으로 하는 영역이다.

보스 (La Beauce). 프랑스 파리 남서쪽에 위치한 곡창지대로 중심 도시는 샤르트르이다.

보스포루스 해협 (Bosporus Strait). 터키 서부, 마르마라 해와 흑해를 연결하는 해협이다. 아시아 대륙과 유럽 대륙과의 경계를 이루고 고대부터 흑해와 지중해를 연결하는 중요한 수로였다.

보이오티아 (Boeotia). 그리스 중남부에 있는 주다. 남쪽은 코린트 만, 북동쪽은 에보이아 만에 면하고 남동쪽은 아티키 주, 북서쪽은 프티오티스 주, 서쪽은 포키스 주와 각각 접한다.

부르사 (Brusa). 터키의 4대 도시 중의 하나이다.

부르쥬 대성당 (Bourges). 프랑스의 부르쥬에 위치한 고딕 양식의 대성당이다. 유네스코 지정 세계문화유산으로 12~13세기에 건립된 고딕 예술의 최대 걸작 중 하나이며 건축의 비례 균형미와 디자인 단일성 등으로 격찬을 받는다.

부케팔라 (Bucephala, 영문명 Bucephalia). 알렉산드로스의 인도 원정 때 건설한 도시이다. 현재 파키스탄 북동부 카슈미르 지방이다.

브라반트 (Brabant). 지금의 벨기에 플레미시 브라반트, 월룬 브라반트, 안트워프, 브뤼셀 및 네덜란드 북브라반트 지방이다.

브렌타 강 (Brenta river). 아드리아 해로 흘러들어가는 이탈리아의 강이다.

비테르보 (Viterbo). 이탈리아 중부 라치오 주에 있는 도시이다. 9~15세기에 건축된 많은 아름다운 궁궐과 건물들이 남아 있으며, 샘이 특히 많다.

사모트라체 (Samothrace). 에게 해 북쪽에 있는 그리스의 섬이다.

샤르트르 대성당 (Chartres). 프랑스의 파리에 위치한 대성당으로, 1145년에 건설이 시작되어 1194년 화재 이후 26년 동안 재건축되었다. 빼어난 조형미로 프랑스 고딕 양식의 정점이라 불리며 유네스코 지정 세계문화유산 중 하나다.

샤트-알-아랍 (Shatt al-Arab). 현재 이란과 이라크의 국경을 이루는 강(수로)을 일컫는 명칭이다.

샹파뉴(Champagne). 프랑스 남부의 랭스 근처의 포도주 산지이다.

서스케하나(Susquehannah). 미국 동부에서 가장 긴 강으로 애팔래치아 산맥을 흐르는데 수심이 깊지 않고 물이 비교적 깨끗하다. 두 개의 큰 지류가 합쳐져 뉴욕, 메릴랜드, 펜실베이니아 3개 주를 거쳐 흐른다.

세인트 후안 데 울루아 항(the port of Saint John de Ullua in New Spain). 현 멕시코 베라크루즈 항의 옛 지명이다.

소시에테 제도(Society Islands). 남태평양 중앙에 있는 프랑스령 폴리네시아에 속한 제도이다. 총 1,590㎢에 걸쳐 흩어진 이 제도 가운데 가장 크고 잘 알려진 섬은 타히티 섬이다.

수비아코(Subiaco). 이탈리아 중부 라치오 주에 있는 도시이다. 로마에서 동쪽으로 떨어진 아니에네 강변에 위치한다.

수스(Sousse). 튀니지의 수스 주의 주도로 '수사'라고도 한다.

스미르나(Smyrna). 이오니아의 고대 도시로 현재의 터키 이즈미르이다.

스트롬볼리(Stromboli). 이탈리아 지중해 중부 티레니아 해 리파리 제도 북쪽 끝에 있는 화산섬이다.

시돈(Sidon). 레바논 자누브 주의 주도로 아랍어로는 사이다(Sayda)라고 한다. 고대 페니키아 시대에는 상업 도시국가로 무역항으로 크게 번영했다.

시엘(Sierre). 스위스 남서부 발리스 주의 한 도시로 독일어로는 지더스(Siders)라 한다.

시옹(Sion). 스위스 남서부 발리스 주의 주도로 론 강 연안에 있다. 켈트족과 로마인의 정착지가 그 기원이며 6세기 말에 주교 소재지가 되었다. 이곳의 주교들은 1798년까지 발리스를 다스렸다. 주민의 대부분은 프랑스어를 사용한다.

아나톨리아(Anatolia). 터키의 소아시아 반도 내륙의 분지상 고원 지대이다. 현재는 아나톨리아 고원으로 일컬어지며 과거에는 소아시아 전 지역을 부르던 이름이었다.

아니에네 강(Aniene river). 이탈리아 중부를 흐르는 강으로 로마 남동쪽에서 발원하여 티볼리를 거쳐 협곡을 지나 캄파냐노 디 로마 평원을 굽이쳐 흐른 뒤 로마 북쪽에서 테베레 강에 합류한다.

아디제 강(Adige river). 이탈리아 북동부를 흐르는 강이다.

아르노 강(Arno river). 이탈리아 투스카니 지방의 강으로 이탈리아 중부에서 테베레 강 다음으로 중요한 강이다. 피렌체를 가로지르는 강이기도 하다.

아르덴(Ardennes). 프랑스 북동부 지방으로 벨기에와 접해 있다.

아르카디아(Arcadia). 그리스 남부 펠로폰네소스 반도 중앙에 있는 주이다. 목가적이고 고립적인 특징 때문에 그리스-로마 시대의 전원시와 르네상스 시대의 문학에서 낙원으로 묘사되었다.

아마시아(Amasya). 터키 아마시아 주의 주도이다. 삼순 남서쪽 예실 강 연안에 있는 농산물 집산지이다. 고대 폰투스 왕국의 수도였으며 그리스의 지리학자 스트라본이 태어난 곳이다.

아미아타 산 (Amiata). 이탈리아 토스카나 지방의 산으로 교황 비오 2세가 1462년 흑사병과 더위가 기승을 부릴 동안 이 산에 피신해 풍경 탐닉의 절정에 도달했다고 한다.

아비시니아 (Abyssinia). 에티오피아의 옛 이름이다. 지금은 국명이 아닌 지리적 명칭으로 쓰인다.

아시시 (Assisi). 이탈리아 움브리아 주에 있는 도시이다. 토피노 강 유역과 키아시오 강 유역에 솟은 아펜니노 산맥의 수바시오 산 중턱에 있어 움브리아 평야의 아름다운 경치를 바라볼 수 있다. 성 프란체스코 및 성녀 클라라가 탄생한 주요 가톨릭 순례지의 하나다.

아키타니아 (Aquitania). 로마 시대 갈리아(현재의 프랑스)의 남서부 지방이다.

아토스 산 (Mt. Athos). 그리스 북부에 위치한 산으로 1054년 이후로 그리스정교의 정신적 성지가 되었다. '신성한 산'이라고도 불리는 이 산은 그리스정교회 수도원들이 자리 잡고 있으며, 반(半) 자치공화국이다. 전통적으로 여성과 암컷 동물은 들어올 수 없다. 유네스코 세계문화유산이기도 하다.

아티케 (Attike, Attica). 아테네를 중심으로 하는 그리스 중동부 지역을 일컫는다. 서기전 2000년경 이래로 그리스인이 정착했다. 현재의 아티키주(Attiki)이다.

아폴로니아 (Apollonia). 고대 그리스의 도시로 현재 알바니아의 남동쪽에 위치한 도시인 피에르를 이른다.

아풀리아 (Apulia). 이탈리아 남동부 아드리아 해와 타란토 만 사이에 있는 주로 현재는 풀리아로 불린다.

아피아 가도 (Appian Way). 로마에서 카푸아를 지나 현재의 브란디 시에 이르는 고대 로마의 길이다.

아헨 (Aachen). 독일 노르트라인 베스트팔렌 주에 있는 광공업 도시이다. 프랑스어로는 엑스라샤펠이다. 아르덴 고원의 북쪽 사면에 위치하고 아름다운 숲으로 둘러싸인데다가 고온(73.4도)의 온천이 솟아 예로부터 휴양지로 이용되었다. 로마 시대부터 쾰른에서 아헨을 거쳐 브뤼셀, 파리를 잇는 교통의 요지로 발달했다.

안티오크 (Antiok). 고대 시리아의 수도로 현재의 안타키아이다.

알렉산드레타 (Alexandretta). 현재 공식 지명은 이스켄데룬(Iskenderun 또는 Iskenderon)으로 터키 남부 이스켄데룬 만에 위치한 항구도시다. 알렉산드로스의 승리를 기념하여 건설된 도시라서 알렉산드레타라는 이름을 가졌다. 수에즈 운하가 개통되기 전에는 시리아, 이란, 인도 방면으로 통하는 내륙 통상의 중계지로서 교통의 요지였다.

알-미나 (Al-Mina). 시리아 북부 지중해 해안에 있었던 고대 도시로 서기전 800년 이전에 건립된 그리스 무역 식민지이다.

에보이아 (Evvoia). 그리스에서 크레타 다음으로 큰 에게 해의 섬이다.

에트나 화산(Mount Aetna). 이탈리아 시칠리아 섬 동부에 있는 산으로, 지중해 화산대의 대표적인 활화산이며 유럽의 화산 중 가장 높다.

에페소스(Ephesos). 소아시아 서해안에 있던 이오니아의 고대 도시. 현재는 터키의 에페스이다.

여리고(Jericho). 요르단 강 서안에 있는 도시로 현지인들은 '아리하'라고 한다. 예루살렘 북동쪽 36㎞, 요르단 강과 사해가 합류하는 북서쪽 15㎞ 지점에 있으며 지중해 해면보다 250m나 낮다. 각종 과실수(특히 종려나무)가 우거진 오아시스로, 예로부터 방향(芳香)의 성읍, 또는 종려나무성이라 했다. 본래 요르단 영토인 여리고는 1967년 6일 전쟁 때 이스라엘군이 점령한 후 줄곧 이스라엘이 관장한다.

예루살렘(Jerusalem). 이스라엘의 정치적 수도. 아라비아인은 이 도시를 쿠드스(신성한 도시)라고 부른다. 동부는 요르단령이며 서쪽은 1948년부터 이스라엘령이 되었고, 1950년에는 그 수도가 되었다. 1967년 6월 중동전쟁 이후 유대교도·기독교도·이슬람교도가 저마다 성지로 받드는 동부 지역도 이스라엘의 점령지다.

오리노코 강(Orinoco river). 남아메리카 3대 강의 하나로 베네수엘라 국토를 관통하여 대서양으로 흐른다.

올두바이 협곡(Olduvai Gorge). 동아프리카의 탄자니아에 있는 유적군인 올두바이 유적으로 세계에서 가장 오래된 구석기 유적이다.

요르단 강(Jordan river). 서아시아의 요르단 지구대(地溝帶), 팔레스타인의 동쪽 가장자리를 남으로 흐르는 하천으로 길이는 360㎞이다. 안티레바논 산맥의 남단 부근, 레바논·시리아 영내에서 발원한 몇몇 하천이 이스라엘 영내에서 합류하여 요르단 강이 된다. 그 후 요르단 지구대를 남류하여 일단 갈릴리 호에 들어간 다음 다시 남쪽으로 흘러 요르단령에서 고르 저지를 곡류 후 해면 아래 394m의 사해로 들어간다.

우루크(Uruk). 이라크 남부 우르에서 북서쪽으로 약 60㎞에 위치했던 수메르의 고대 도시이다.

이수스(Issus). 아나톨리아 남동부 실리시아에 위치한 강으로 서기전 330년 알렉산더 대왕이 여기서 다리우스 왕을 대패시킨 이수스 전투가 벌어졌다.

이스마로스(Ismarus). 에게 해안에 있던 키코네스족의 성으로 〈오디세이〉에 등장한다.

이오니아(Ionia). 소아시아 서쪽 지중해 연안 및 에게 해에 면한 지방의 옛 이름이다. 현재는 터키의 일부로 서기전 10세기에 고대 그리스의 한 종족인 이오니아 인이 이주하여 12개의 식민지를 건설하고 약 4백 년간 번영한 곳이며 밀레투스를 중심으로 발전한 이오니아학파는 고대 그리스 문화 형성에 크게 이바지했다.

일 드 프랑스(île-de-France). 프랑스 중북부 파리분지 중앙부에 위치한 지역으로 '프랑스의 섬'이라는 뜻이다. 넓은 숲으로 둘러싸인 평원으로 중심 도시는 파리다.

일리리아(Illyria). 지금의 발칸 반도 서부 지역이다.

잔지바르(Zanzibar). '검은 해안'을 뜻하며 현재 아프리카 탄자니아 잔지바르 주의 주도로 고대에 아랍인이 건설한 도시이다. 아라비아 반도와 아프리카 동쪽 연안의 전통적 중계무역으로 오래전부터 번성한 기항지이다.

조이데르 해(Zuider Zee). 네덜란드 북쪽 해안의 얕은 만으로 현재는 둑으로 바다와 차단되어 있다.

질란트(Zealand 또는 Zeeland). 네덜란드 남서부에 위치한 주로 섬이 많다.

체키앙 지방(Chekiang). 중국의 저장 성(浙江省)을 가리킨다.

침보라소 산(Chimnorazo). 에콰도르 중부의 안데스 산맥에 위치한 높이 6,268m의 산으로 훔볼트가 오른 에콰도르에서 가장 높은 산이다. 1802년 당시에는 세계 최고봉으로 알려졌던 이 산을 훔볼트가 등반 장비 없이 5,878m까지 올랐으며, 그 결과 태평양 해수면에서 안데스 산맥의 정점에 이르는 자연현상의 총체를 "열대 지역의 자연도"라는 한 장의 지도에 담았다.

카디스(Cadiz). 에스파냐 이베리아 반도 남쪽에 위치한 도시이다.

카르마니아(Carmania). 이란 남동부 케르만 주에 해당되는 지방을 일컫던 지명이다.

카르타헤나(Carthagena). 현재 남아메리카 콜롬비아 북부 볼리바르 주의 주도이다.

카스티야(Castile). 에스파냐 중부의 역사적 지역명이다. 지역명의 유래에는 성(*castillo*, 城)의 지방이라는 뜻이 담겨 있으며, 중세 카스티야 왕국에 속하는 지역의 중심부를 가리킨다.

카에사리아(Caesarea). 율리우스 카이사르를 기리기 위해 명명된 도시 이름으로 여러 곳이 있다. 성 바실리우스가 태어난 곳은 카파도키아 지방의 카에사리아다. 카에사리아이전의 이름은 마자카이며 현재는 터키의 대도시로 카이세리라고 불린다.

카프카스(Caucasus). 러시아 남부, 카스피 해와 흑해 사이에 있는 지역이다. 영어로는 코카서스, 코카시아라고도 한다. 동쪽으로 카스피 해, 서쪽으로는 흑해와 아조프해를 경계로 한다.

칼데아(Chaldea). 바빌로니아 남부를 가리키는 고대 지명으로 구약성서에서는 흔히 바빌로니아와 동의어로 사용한다. 칼데아인은 서기전 1000년 전반에 바빌로니아 남부에서 활약한 셈 족의 한 종족으로 스스로 바빌로니아 문화의 후계자를 자처하고 남하하는 아시리아의 세력에 완강히 대항했다.

코린토스(Corinth). 그리스 본토와 펠로폰네소스 반도를 잇는 코린트 지협에 있었던 고대 폴리스 및 현대 도시이다.

코스(Cos). 터키 남서부 해안 부근에 있는 그리스령 섬으로, 고대 그리스 시대에는 문예 활동의 중심지였으며 '의학의 아버지'인 히포크라테스의 태생지이다.

코임브라(Coimbre). 포르투갈 중부 코임브라 주의 주도로 포르투갈어로는 'Coimbra'라고 쓴다. 한때 포르투갈 왕국의 수도였으며 학문과 예술의 중심지이다.

코파이스 호수(Lake Copais). 19세기까지 보이오티아 중부 지방에 있던 고대 그리스 시대의 호수이다.

콘월(Cornwall). 영국 잉글랜드 남서부 지역이다.

퀴리날리스 지구(Quirinal Quarters). '로마의 일곱 언덕' 중 하나가 있는 곳이다.

키도니아(Cydonia). 그리스 크레타 섬 북서부 카니아 주의 주도인 카니아(Khania)의 고대 이름이다.

키테라(Cythera). 그리스 키티라 섬의 고대 지명이다. 사랑의 여신 아프로디테의 섬으로 여겨진 곳이다.

타부르누스(Taburnus). 이탈리아 베네벤토의 서부 삼니움에 있는 아펜니노 산맥의 일군을 이루는 산이다.

타타르 지역(Tartary, 또는 Great Tartary). 우랄 산맥 서쪽, 볼가 강과 그 지류인 카마 강 유역을 말한다.

타호 강(Tagus river). 이베리아 반도에서 가장 큰 강으로 전체 길이가 1,007㎞에 달한다. 그 가운데 에스파냐령 안에서는 785㎞, 유역면적 81,600㎢. 에스파냐의 중동부 쿠엥카 산맥에서 발원하여 서쪽으로 흘러 포르투갈·에스파냐 국경을 따라 흐르다가 리스본에서 대서양으로 흘러든다.

테라 오스트랄리스(Terra Australis). 라틴어로 '남쪽의 땅'이라는 뜻이다. 고대 그리스인은 지구는 완벽한 구형이며 완벽한 균형을 위해 북방의 대륙만큼 남방에도 거대한 땅이 있을 거라고 믿었다. 이는 고대 그리스의 지리학자 프톨레마이오스가 남긴 세계지도에 미지의 남방의 땅이라고 표기된 데서 유래하였으며 실제로 오세아니아 대륙이 발견되면서 오늘날 오스트레일리아라는 국명의 기원이 되었다.

테베(Thebes). 그리스 중부 지역에 있던 고대 그리스 시대의 옛 도시이다.

테베레 강(Tiber river). 이탈리아 중부 아펜니노 산맥의 푸마이올로 산록에서 발원하여 토스카나·움브리아 지방으로 흐르다가 로마 시내를 관통하여 티레니아 해로 흘러드는 강이다.

테살리아(Thessaly). 그리스 중북부 지방으로 예로부터 밀의 주산지였다.

투니시아(Tunisia). 북아프리카의 지중해안에 위치한 곳으로 고대에는 페니키아의 도시 카르타고였으며 로마제국 때는 식량기지로 중요한 역할을 담당했다.

트라체(Thrace). 불가리아, 그리스 북동부, 터키 동부 지역에 걸친 지역이다.

트리니타 데이 몬티(Trinità di Monte). 로마에 있는 교회로 1585년에 완성되었다. 에스파냐 광장과 에스파냐 계단이 서로 연결되어 있다.

티레(Tyre). 레바논 베이루트 남쪽 수르에 있는 도시 유적이다. 고대 페니키아에서 가장 큰 항구도시로 이집트 등 여러 지역과 교역하던 페니키아 문화의 중심지였다.

티볼리(Tivoli). 로마 북동쪽으로 30㎞ 정도 떨어진 도시이다. 빼어난 경관으로 인해 로마제국 시대에 여름 휴양지로 각광받아 부유한 로마인이 별장과 소규모 신전을 지었는데, 대표적 유적으로 로마의 황제 하드리아누스의 별장이 있다. 중세에는 교황 비오 2세가 이곳에 성을 건립하기도 했다.

티에라 델 푸에고 (Tierra del Fuego). 에스파냐어로 '불의 땅'이라는 뜻으로 남아메리카 대륙 남쪽 끝에 위치한 지역이다.

티에라 칼리엔테 (Tierra Caliente). 에스파냐어로 '뜨거운 땅' 또는 '무더운 땅'을 의미한다. 멕시코 및 코스타리카 국경 지대와 카리브 해 및 북태평양 연안 해발 750m 이하의 낮은 평야지대를 일컫는데 평균 기온은 약 25도, 낮 기온이 30~33도로 매우 높고, 밤에도 21도 이하로 떨어지지 않는다. 반면 중앙 고지대 대부분인 해발 750~1,600m 지역은 티에라 템플라다(Tierra Templada: 온화한 땅)로 분류된다.

파이윰 (Faiyûm). 이집트 카이로에서 나일 강을 따라 남쪽으로 1백 ㎞가량 떨어져 있는 도시이다.

펠로폰네소스 (Peloponnesus). 그리스 남쪽의 반도로 스파르타 등의 도시국가가 있었다.

포 강 (Po river). 이탈리아 북부를 흐르는 강이다.

폰티네 습지 (Pontine Marshes). 이탈리아 중부 라티움 지역에 위치한 습지로 넓이는 775㎢에 달한다. 비옥한 토양임에도 불구하고 수천 년 동안 습지가 많은 황무지로 방치되었다가 1930년대 무솔리니 시대에 대규모 간척 사업이 시행되었다.

푸아투 (Poitou). 프랑스 서부의 방데, 되 세브르, 비엔 주를 포함하는 역사적·문화적 지역이다.

풀다 (Fulda). 독일 헤센 주 북동부에 있는 도시이다.

프로폰티스 (Propontis). 현재의 마르마라 해로, 북동쪽은 보스포루스 해협과 흑해로 통하고 남서쪽은 다르다넬스 해협과 에게 해로 통한다.

프로프타시아 (Prophthasia). 현재 아프가니스탄 서부 지방에 위치한 작은 도시로 알렉산드로스가 원정 중에 붙인 이름으로 '예언자의 도시'라는 뜻이다. 현재 이름은 파라(Farah)이다.

프리지아 (Frisia). 네덜란드에서 독일, 덴마크로 이어지는 북해 남서쪽 연안 지역이다.

프리지아 (Phrygia). 소아시아의 중부에서 서부에 걸쳐 있던 지역이다. 서기전 1500년경 유럽에서 인도 유럽어족 계통인 프리지아인이 침입하여 원주민을 정복하고 프리지아 왕국을 형성한 곳이기도 하다.

플랑드르 (Flanders). 벨기에, 네덜란드 남부, 프랑스 북부에 걸친 중세 시대 국가이다.

플로렌티아 (Florentia). 이탈리아 피렌체 지방을 부르는 로마 시대 지명으로 서기전 1세기에 카이사르가 로마군의 병영이 있던 아르노 강변에 꽃이 만발해 '꽃피는 곳'이란 뜻의 이름을 붙였다고 한다.

필리피 (Philippi). 그리스 북동부 해안에 있던 고대 도시로 빌립보라고도 한다. 서기전 4세기에 필리포스가 건설했으며 로마와 아시아를 잇는 커다란 도로가 지나는 상업·문화의 요지였다. 신약성서의 "필립비인에게 보낸 편지"는 바울로가 이 도시의 기독교도에게 보낸 편지다. 바울로 시대에는 이곳이 지방 최대의 도시였으며, 기독교가 유럽에 전파된 최초의 땅이었다.

하르츠 산지(Harz). 독일 중부 산지에 걸쳐 있는 헤르시니아 습곡 산지. 베저 강과 엘베 강 사이에 있으며 불규칙한 계단 모양의 고원이다. 이 고원에는 둥글게 마모된 봉우리들이 솟아 있고 대체로 협곡을 이룬다.

할렘머메어(Haarlemmermeer). 네덜란드 북부 홀란드에 위치한 도시이다. 할렘 호수를 메워 만들어진 간척지로 유명한데 풍차가 아닌 증기기관을 이용하여 만들어졌다.

할리카르나소스(Halicarnassus). 소아시아의 남서안 카리아에 있었던 고대 그리스의 도시. 현재 터키의 보드룸이다. 역사가 헤로도토스의 태생지로 유명하다.

헬리오폴리스(Heliopolis). 이집트 북부 나일 강 삼각주에 있었던 고대 도시로 태양신 '라' 신앙의 중심지이다.

홀란트(Holland). 네덜란드 서부의 두 주(북부 홀란드, 남부 홀란드)를 가리키기도 하고, 네덜란드 전체를 가리키기도 한다. '화란'(和蘭)이란 말은 홀란트를 음역한 것이며 이 책에서는 네덜란드의 한 지역인 홀란드를 의미한다.

후루(Hurru). 고대 이집트 시대에 가나안(현재 팔레스타인 지역)을 부르던 지명이다.

히더 스페인(Hither Spain). 에스파냐의 북서부 해안과 에브로 계곡에 위치한 지역이다.

히스파니올라(Hispaniola). 서인도 제도 중부 대(大) 앤틸리스 제도에 있는 섬으로, 아이티와 도미니카 두 나라로 이루어져 있다.

*** 서 명

건축십서(*De Architectura*). 서기전 1세기 로마의 건축가·건축이론가인 비트루비우스의 저작이다. 총 10권으로 르네상스의 고전 연구 열풍 속에서 1415년경에 재발견되었으며 1484년에 로마에서 초판이 간행되었다. 유럽 건축가에게 커다란 영향을 주었으며 오늘날에도 고대 건축 연구에 귀중한 자료다(오덕성 역, 1985, 《건축십서》, 기문당 참조).

고대와 현대의 인류 수에 관한 논문(*A Dissertation on the Numbers of Mankind, in Ancient and Modern Times*). 월리스(Robert Wallace)가 고대사에 관한 방대한 연구를 통해 추정한 인구 역사에 관한 문헌으로 1751년 완성되었다. 그는 세계 인구 성장에 관한 기하학적 비율에 기초한 가설 모형을 제시하고 당시 세계 인구는 잠재력 보다 훨씬 적다고 주장했다. 데이비드 흄은 이 저서에 관한 논평을 했으며, 몽테스키외는 이 책의 프랑스 번역을 감수했다. 그의 인구 성장 모형은 맬서스의 인구론에 직접적인 영향을 미쳤다.

고백록(*Confessions*). 성 아우구스티누스가 40세 때 저술한 자서전으로 신앙 없이 방탕했던 시기 마니교에 빠졌다가 기독교 신앙을 갖기까지의 참회 생활을 중심 내용으로 엮었다. 자서전이지만 신학 체계가 매우 탁월한 작품으로 자신에 대한 기록 10권과 성서에 대한 해석 3권 등 총 13권이다. 일부에서는 후반의 3권을 그의 생활 기록이 아니라는 이유로 제외하는 경우도 있지만 이 나머지 부분도 본론에서 벗어났다기보다는 오히려 신을 보다 완전히 인식하고 더욱 사랑하고자 한 아우구스티누스의 모습을 나타낸다(김광채 역, 2004, 《성 어거스틴의 고백록》, 기독교문서선교회 참조).

고타연감(*Almanach de Gotha*). 유럽의 왕가·귀족의 족보 등을 기재한 연감이다.

농경시(*Georgics*). 로마 시대의 시인 베르길리우스가 서기전 29년에 출간한 시집이다. 주제는 농촌 생활과 농사이며 교훈적인 시로 분류된다. 2,188편의 6보격 시로 구성되며 총 4권이다. 1·2권은 농업, 3권은 가축 기르기, 4권은 양봉(養蜂)을 다룬다.

뉴 아틀란티스(*New Atlantis*). 프랜시스 베이컨의 17세기 초 소설이다. 기독교에 기반을 둔 과학적 이상사회에 관한 책으로 토마스 모어의 《유토피아》, 캄파넬라의 《태양의 도시》와 함께 근대 유럽의 유토피아 이야기를 대표하는 저작 중 하나다(김종갑 역 2002, 《새로운 아틀란티스》, 에코리브르 참조).

달 궤도에 나타나는 표면에 관하여(*De Facie Quae in Orbe Lunae Apparet*). 플루타르코스의 《윤리론집》(*Moralia*)에 실려 있는 대화편이다.

드라이아이혀 빌트반(*Dreieicher Wildbann*). 중세 마인가우 지방의 왕실 권리목록집이다. 제목의 '빌트반'은 왕실만이 가진 특별한 사냥할 권리를 뜻한다.

목가집(*Eclogae*). 로마 시대의 시인 베르길리우스의 시집. 목가적 풍경에 관한 10편의 짧은 시들로 구성되었다. 대부분의 시는 양치기와 염소 목동 간의 대화와 노래 경연의 형태이다.

박물지(*Naturalis Historia*). 로마 시대 플리니우스가 77년에 완성한 37권짜리 백과사전이다. 1권(목차와 서문), 2권(우주), 3~6권(지리학과 민족지), 7권(인류학, 생리학, 심리학), 8~11권(동물학), 12~27권(식물학: 농업, 정원, 약초), 28~32권(약용동물학), 33~37권(광물학)으로 구성된다.

법률(*Nomoi*). 플라톤의 마지막 저술로 가장 길고 어려운 책에 속한다. 추상적 이상을 제시하는 《국가》(*Politeia*)와는 대조적으로 실용적 지침과 실제 세계에서 정치질서의 구축과 유지에 대한 내용을 제공하는 것으로 보인다(박종현 역, 2009, 《플라톤의 법률》, 서광사 참조).

법의 정신(*L'esprit Des Lois*). 몽테스키외의 대표작이다. 법을 선천적·보편적 원리에서 생각하는 것이 아니라 저마다의 나라에서 실시되는 법의 형태·체제의 경험적인 사회학적 비교 고찰에 기초를 두었다. 당시 영국의 제도를 본받아 권력은 입법권·집행권·재판권으로 분리되어야 한다는 것(3권 분립)과 이것들이 서로 균형을 유지해야 한다는 것을 주장했다. 그의 이론은 귀족주의적 이해관계의 측면에서 법을 포착했다고는 하지만 그 본질적 의미는 그의 입장을 초월하여 후세에 커다란 영향을 끼쳤다. 지리학적으로는 그 당시 성행했던 환경결정론의 영향을 받아 각국의 법 형태와 체제가 기후의 영향을 많이 받는다는 것을 비교한다는 점에서 연구의 가치를 가진다(이명성 역, 2006, 《법의 정신》, 홍신문화사 참조).

베네딕트보이엔 필사본(*Manuscript of Benedictbeuern*). 13세기 세속적 시집의 필사본이다. 노래들(특히 《카르미나 부라나》라고 한다)과 6편의 종교극이 실려 있다. 이 필사본의 내용은 10~13세기 서유럽에서 환락을 찬양하는 노래와 시를 지어 유명했던 학생 방랑시인들이 쓴 것으로 보인다. 1803년 바이에른 지방 베네딕트보이엔에 있는 베네딕트 수도원에서 발견되었다. 필사본의 두 부분은 같은 시기에 쓰인 것이지만 서로 다르다. 라틴어로(몇 편은 독일어) 쓰인 이 노래는 압운을 맞춘 서정시인데, 그 주제와 문체가 다양하여 술 마실 때 부르는 노래, 진지하거나 음탕한 사랑의 노래, 종교적인 시, 전원 서정시, 교회와 정부에 관한 풍자시 등이 있다. 카를 오르프는 그중 몇 편에 곡을 부쳐 칸타타인 〈카르미나 부라나〉(*Carmina Burana*)를 만들었다. 희곡들도 라틴어로 쓰였는데 그중에는 현재 유일하게 남은 두 편의 중세 수난극의 완본이 있다. 그 두 편이란 부활절 극의 서막인 〈간단한 수난극〉(*Ludus breviter de Passione*)과, 막달라 마리아의 삶과 나사로의 부활을 그린 희곡을 확대한 것으로 추측되는 조금 더 긴 것이다. 다른 희곡들로는 부활절 극, 총괄적인 성탄극, 예수가 제자들 앞에 나타난 처음 두 사건을 그린 〈순례자〉(*Peregrinus*), 전에는 성탄극의 일부로 간주되었던 〈이집트 왕의 희곡〉(*Ludus de Rege Aegypti*)이 있다.

브리지워터 논집(*Bridgewater Treaties*). 자연신학의 후원자였던 제8대 브리지워터 백작인 에거튼이 내놓은 상금을 걸고 자연신학 관점에서 신의 지적 능력에 의한 설계론을 입증하고자 한 8편의 글을 통칭한다.

서구의 몰락(*Der Untergang des Abendlandes*). 독일의 역사가 스펭글러의 1918년 저작이다. 그는 문명을 하나의 유기체로 인식해 발생·성장·노쇠·사멸의 과정을 밟는다고 주장했다. 따라서 여러 문명의 발전 과정에는 유사점이 있다 보고 정치·경제·종교·예술·과학 등 모든 사상(事象)으로 문명을 비교함으로써 어떤 사회가 문명사에서 어떠한 단계에 이르는지를 알 수 있다고 했다. 이것이 바로 문명의 흥망에 관한 학문인 문화형태학이며 이를 근거로 서양 문명의 몰락을 예언했다. 이러한 문명사관은 제1차 세계대전과 러시아혁명 등 혼미한 시대 위기의식의 소산이었고, 그의 문화 고찰법은 토인비 등에게 큰 영향을 주었다. 영문본 *Decline of the West*는 1922년 출간되었다.

소크라테스 회상(*Memorabilia*). 인류의 온갖 문제(가령 선악, 미추, 정치가의 자격, 친구의 의미, 출세 방법 등)에 대하여 소크라테스가 어떤 교묘한 방법으로 물음을 전개했는가를 크세노폰이 회상과 전문(傳聞)을 통해 서술한 책으로 크세노폰이 소크라테스에 대해 쓴 책 중 가장 길고 유명하다. 내용상 이 책은 크게 두 부분으로 나뉘는데 앞부분은 정치적 · 종교적 공격에 대해 소크라테스를 직접적으로 변호하며, 뒷부분은 소크라테스에 대한 짧은 에피소드를 담았다(최혁순 역, 1998, 《소크라테스 회상》, 범우사 참고).

시간의 책(*Book of Hours*). 현존하는 중세 삽화 문헌의 가장 일반적인 형식이다. 기도문, 시편 등의 문헌을 적절한 삽화와 함께 모은 책으로 가톨릭 예배와 기도의 참고서다.

식물의 역사(*Historia Plantarum*). '식물학의 아버지'라고 불리는 테오프라스토스가 서기전 3~2세기 알렉산드로스 시대 원정을 통해 늘어난 많은 식물학 정보를 모아 저술한 책이다. 5백여 종의 식물에 이름을 붙이고 분류했으며 지역에 따라 수목 이용이 어떻게 달라지는 가에 대해서도 기술했다. 중세 시대에 이르기까지 서구 세계에서 식물학 사전 역할을 했다. 영문 서명은 *Enquiry into Plants*로 알려져 있다.

신들의 본성에 관하여(*De Natura Deorum*). 로마 시대의 철학자 키케로가 서기전 45년에 쓴 저작이다. 에피쿠로스주의자, 플라톤주의자, 스토아주의자의 견해를 대비시킨 대화집이다.

아르고 원정대(*The Argonautica*). 그리스 시대 아폴로니우스 로디우스의 대영웅 서사시이다. 당시에는 호평을 받지 못했던 것 같으나 후대에 이르러 오래 애독되었고, 베르길리우스에게 많은 영향을 줌으로써 라틴 문학 최대의 서사시인 《아이네이스》를 쓰게 했다고 한다. 왕권 반환의 조건으로 요구된 거의 성공이 불가능한 시련에 왕자 이아손과 친구인 영웅들이 도전하고 그 사이사이에 사랑과 에피소드를 곁들인 모험담이다. 그의 다른 작품은 대부분 남아 있는 것이 없다(김원익 역, 《아르고호의 모험》, 바다출판사, 2005 참고).

아스클레피오스(*Asclepius*) 《헤르메티카》를 구성하는 문서 중의 하나이다.

아이네이스(*Aeneis*, 영문명 *Aeneid*). 베르길리우스가 쓴 서사시이다. '아이네아스의 노래'라는 뜻으로, 아이네아스라는 한 인간의 운명을 배경으로 하여 트로이 전쟁 이후부터 로마 건국까지의 이야기를 담았다(천병희 역, 2004, 《아이네이스》, 숲 참고).

안티고네(*Antigone*). 소포클레스가 쓴 비극 중 하나로 오이디푸스 왕의 딸 안티고네와 테베의 왕 크레온(안티고네의 삼촌) 사이의 갈등이 주요 줄거리다(천병희 역, 2008, 《소포클레스 비극 전집》, 숲 참고).

에스드라(*Esdras*). 전거를 믿을 수 없다 하여 성서에 수록되지 않은 30여 편의 문헌들을 말한다. 구약외전과 신약외전으로 나뉘는데, 외전(外典) 또는 위경(僞經)이라고도 한다.

오이코노미코스(*Oeconomicus*). 그리스의 역사가 크세노폰의 서기전 400~300년경 저작이다. 책의 구성은 가정(*oikos*)의 관리와 농사에 대한 소크라테스와의 대화 형식이다. 경제학에 관한 가장 초기의 저작 중 하나로 손꼽히며 고대 그리스에서 결혼을 비롯한 남녀의 도덕적 · 육체적 · 정신적 관계 그리고 가정 및 공공경제의 기능, 농촌과 도시의 생활, 그리스의 노예제, 대중 종교, 교육의 역할 등의 주제에서 가장 중요한 정보원으로 여겨진다(오유석 역, 2005, 《크세노폰의 향연 · 경연론》, 작은이야기 참고).

옥타비우스(*Octavius*). 펠릭스가 키케로를 모방하고 세네카의 영향을 일부 받아 저술한 책이다. 초기 교회의 저술 중 가장 뛰어난 작품으로 인정받는다.

우울의 해부(*Anatomy of Melancholy*). 영국의 학자이자 작가이며 성공회 신부인 버턴이 쓴 책이다. 문체상으로 걸작인 동시에 진기한 정보의 보고이며 당시 철학과 심리학 이론의 귀중한 색인으로 꼽힌다. 그의 글은 상상력이 풍부하고 달변이며 고전문구의 인용과 라틴어 인용구로 가득 차 있어 박식함이 드러난다. 우리나라에서는 격언 · 명언집에서 그의 문구를 쉽게 찾아볼 수 있다.

인간 정신의 진보에 관한 역사적 개요(*Sketch for a Historical Picture of the Progress of the Human Mind*, 프랑스명 *Esquisse D'un Tableau Historique des Progrès de L'esprit Humain*, 1793) 계몽주의자인 콩도르세의 책으로 인간 정신의 진보와 공교육의 중요성을 강조한다. 즉, 인간 정신의 진보는 교육과 정치적 수단에 의해 가능하며, 따라서 모든 사람들은 평등하게 교육을 받아야 한다고 주장하는 것이다.

인간과 자연(*Man and Nature*). 마시의 저작으로 18세기 말 뷔퐁의 역작 이후 '인간의 활동에 의해 변화되는 지구'에 관한 가장 자세하고 체계적인 연구다. 그 당시 지배적이었던 환경결정론적 사고와는 반대로 인간 활동이 자연 세계에 심대한 영향을 미쳤다고 주장한다. 특히 인간이 자연을 변형시키는 데 가장 중요한 행위자이며 기술로 무장하고 경제 성장에 매달릴 경우 특히 문제가 심각하다는 급진적 주장을 시도했다. 시간이 흐르고 강도가 증가하면 환경의 파괴는 문명을 소멸시키고, 나아가 인간의 멸종을 가져올 수 있다고 경고한다. 이 책에서 그는 다양한 지리적 범위에 걸친 역사적 사례를 동원하여 동식물, 산림, 물(강과 호수) 등의 문제를 다루는데, 특히 산림의 파괴를 중요하게 생각했다. 무엇보다도 그에게서 환경주의의 단초를 발견할 수 있는 것은 인간이 그러한 행위에 대해 책임을 가진다는 점을 파악한 것이다. 이러한 생각은 후에 기포드 핀쇼, 루즈벨트 등에게 영향을 미치면서 19세기 후반 미국의 진보적 보전주의 운동의 시초가 된다. 루이스 멈포드는 이 책을 '환경보호운동의 선구적 업적'이라고 지적했다. 산업화라는 문제가 마시의 분석틀에 간접적으로만 개입되었지만 그가 묘사하는 생태계 파괴 뒤에서 산업화가 중요한 힘으로 작용함은 명약관화하다. 그러므로 20세기 이전에 쓰인 지구 생태계의 파괴에 대한 선구적인 연구인 이 책이 산업자본주의 시대를 비판했던 칼 마르크스의 《자본론》보다 단지 3년 앞서 출판되었다는 사실은 결코 우연이라고 말할 수 없다. 두 저작은 다 산업혁명에 의해 생성된 힘에 대항하여 쓰인 것들이었다. 마르크스의 사상이 자본주의에 항거하는 노동자 계급의 투쟁을 고취했다면, 마시의 사상은 인간의 자연에 대한 착취에 한계를 설정하려는 투쟁을 시작케 했던 것이다. 이에 관해서는 Worster, ed., 1988, *Ends of the Earth*, pp. 8~14를 보라(홍금수 역, 2008, 《인간과 자연》, 한길사 참고).

자연신학: 신성의 존재와 속성에 대한 증거들(*Natural Theology: or Evidences of the Existence and Attributes of the Deity*). 영국의 신학자 윌리엄 페일리가 1802년에 발간한 책이다. 이 책은 자연 세계의 미와 질서를 입증함으로써 신의 존재를 증명하고자 한다. 시계에 빗대어 생물학, 해부학, 천문학의 사례를 모아 현명하고 자애로운 신에서만 나올 수 있는 설계의 복잡성과 독창성을 보이려 한다. 즉, 어떤 이가 어느 시골의 불모지를 걷다가 시계를 하나 발견하고 그 시계의 여러 부분(스프링, 톱니바퀴, 바늘 등)이 충족하는 기능에서 얻어지는 유일한 논리적 결론은 '그 구조를 이해하고 그 용도를 설계한' 제작자가 있다는 것이라고 주장하는 식이다.

자연의 신기원(*Époques de la Nature*). 뷔퐁의 《박물지》 50권 가운데 1778년 출판된 5권으로 가장 유명한 부분이다. 뷔퐁은 처음으로 지질학사를 시기별로 재구성했다. 멸종된 종에 대한 그의 개념은 고생물학 발전의 터전을 마련했고 행성이 태양과 혜성의 충돌로 생겼다는 학설을 처음으로 제시했다.

자연종교에 관한 대화(*Dialogues Concerning Natural Religion*). 흄의 저작으로 그의 조카에 의해 사후에 출간되었다. 가상의 세 인물인 클리안테스, 필론, 데미아가 신의 존재에 대해, 특히 설계론에 대해 논의하는 구조이다.

장미 이야기(*Roman de la Rose*). 중세 후기 프랑스의 시로 사랑의 기술에 대해 설명하는 내용이다. 여기서 장미는 숙녀의 이름인 동시에 사랑의 상징이다. 알레고리 형식으로 쓰여 중세에 대단히 영향력이 컸으며 사랑의 묘사에 일종의 패러다임을 제시했다. 첫 4, 058줄은 1230년경 드 로리스(Guillaume de Lorris)가 썼고, 1275년경 드 묑(de Meun)이 나머지 17, 724줄을 쓴 것으로 알려졌다. 프랑스에서 3세기에 걸쳐 널리 읽혔고, 영국의 시인 초서가 앞부분을 영어로 번역했는데, 초서에게 많은 영향을 미쳤다(김명복 역, 1995, 《장미와의 사랑 이야기》, 솔 출판사 참고).

정치적 정의(*Political Justice*). 프랑스혁명 직후 고드윈(Godwin)이 저술한 책으로 전체 제목은 《정치적 정의와 그것이 일반 미덕과 행복에 미치는 영향에 관한 고찰》(*An Enquiry Concerning Political Justice and its Influence on General Virtue and Happiness*)이다. 고드윈은 권력이란 자연에 역행되는 것이며 사회악은 인간이 이성에 따라 자유롭게 행동하지 않기 때문에 발생한다고 주장하는 한편 사유재산의 부정(否定)과 생산물의 평등 분배에 입각한 사회 정의의 실현을 주장해 무정부주의의 선구자이자 급진주의의 대표가 되었다.

정치학(*Politika*). 아리스토텔레스의 정치철학 저작이다. 총 8권으로 니코마코스 윤리학이 끝나는 지점에서 시작된다. 제목인 '정치학'은 '폴리스에 관한 일들'을 의미한다. 국가의 기원과 이상국가론, 시민과 정체, 혁명, 가정 등에 대해 논의한다(천병희 역, 2009, 《정치학》, 도서출판 숲 참고).

종교의 유사성(*Analogy of Religion*). 원제는 《자연종교와 계시종교의 유사성》(*Analogy of*

Religion, Natural and Revealed, 1736) 이다. 조셉 버틀러의 대표작으로 기독교 변증법에 대한 대표적인 저작이다.

지구에 관한 새로운 조사(*New Survey of the Globe: Or an Accurate Mensuration of All the Empires, Kingdoms, States, Principal, Provinces, Counties and Islands in the World*) 토마스 템플만(Thomas Templeman) 이 1729년경 출판한 책으로 부제목으로 첨부된 것처럼 세계의 모든 제국, 왕국, 국가, 성, 지방, 섬 등에 관해 정확한 측정을 기록한 책이다.

지구에 관한 신성한 이론(*Sacred Theory of the Earth*). 버넷이 라틴어로 1681년, 영어로 1684년에 출판한 책이다. 지표면에 관한 아무런 과학적 지식이 없는 상태에서 서술된 단순한 사색적 천지창조론이었지만 설득력 있게 쓰였다. 이 책에서 그는 지구가 노아의 홍수 이전까지 내부가 대부분 물로 채워진 완전한 공동(空洞) 의 구체였지만 노아의 홍수로 산과 바다가 모습을 드러냈다고 보았다. 그는 지구상의 물의 양을 조심스럽게 (그러나 부정확하게) 측정할 정도로 가능한 과학적으로 주장하고자 했다. 뉴턴은 지질적 과정에 대한 버넷의 신학적 접근에 대한 찬양자였다.

지리학(*Geographia*). 로마 시대의 지리학자 스트라본이 20년경 집필한 17권짜리 저술로 지리학의 백과사전이라 불린다. 유럽 각지와 동방세계를 상세하게 설명한다. 이 책은 자연환경론을 지리학 연구의 한 입장으로 확립시킨 점에서 귀중한 업적으로 평가받는다.

참된 기독교(*Four Books of True Christianity*). 독일의 루터교신학자였던 요한 아른트에 의해 1605년에서 1610년에 걸쳐 쓰인 책이다. '참된 기독교'란 기독교의 본질을 정통교회의 교리에서가 아닌 영적인 체험에서 찾으려는 것으로 당시 교회 개혁운동의 주제가 되었다.

책들의 전쟁(*Battle of the Books*). 영국의 조나단 스위프트의 1704년 소설. 그는 당시 휘그당의 저명한 외교관이자 대표적인 고전 학문 옹호자였던 윌리엄 템플 경의 비서였다. 그런데 템플이 1690년 "고전 및 근대 학문에 관하여"라는 논문을 통해 근대 학문과 예술 및 과학의 우수성을 주장하는 자들에 반대하고 역사의 순환이론을 주장하면서 어떠한 형태의 진보와 발전도 인정하지는 않는다는 견해를 피력했다. 또한 현존하는 고전 저술에 대한 완벽하고 명료한 지식이야말로 모든 지식의 열쇠가 된다고 주장하면서 고전 학문이 근대 학문보다 절대적으로 훨씬 우월하다고 강변했다. 그러자 대표적인 근대 학문 옹호자이며 비평가였던 윌리엄 워튼과 리차드 벤틀리가 이에 반박하고 나섰으며, 여기에 스위프트와 당시 옥스퍼드 대학교 학생이었던 찰스 보일 등이 개입하면서 논쟁이 더욱 치열하게 전개되었다. 스위프트는 이 논쟁 과정에서 워튼과 벤틀리가 보여주었던 템플에 대한 비신사적인 공격에 특히 분개했다.
《책들의 전쟁》은 바로 이와 같은 상황에서 스위프트가 자신이 모시던 템플을 옹호하고 워튼과 벤틀리를 공격하기 위하여 쓴 풍자인데, 작품 속에서 템플은 용맹한 고전군 장수로 등장하며, 워튼과 벤틀리는 근대군 장수로 등장해서 비참한 최후를 맞는다(류경희 역, 2003, 《책들의 전쟁》, 미래사 참고).

철학의 위안(*Consolation of Philosophy*). 가톨릭 순교 성인 보이티우스(Boetius)의 525년경 저작이다. 인식과 실재에 관한 플라톤의 견해를 담았으며 섭리, 신의 예지, 우연, 운명, 인간의 행복 등을 생생하게 논의한다.

캉디드(*Candide*). 프랑스 계몽사상가 볼테르의 철학소설이자 동명소설의 주인공 이름이다. 1759년 간행되었으며 원제목은 《캉디드 또는 낙관주의》이다. 독일의 한 귀족의 성에 사는 캉디드는 예정조화설의 신봉자인 가정교사 팡글로스 박사로부터 이 세상은 조화롭고 완전한 상태, 즉 늘 최선의 상태에 있도록 신이 만들었다는 낙관주의 교육을 받는다. 팡글로스 박사에 따르면 악조차 세상의 조화를 위해 필수적인 것이다. 그러나 캉디드는 매혹적인 성주의 딸에게 품은 연정이 화가 되어 성에서 쫓겨난 이후 세상 속에서 온갖 고초를 겪는다. 이윽고 엘도라도에서 밭을 일구는 노인을 보면서 최선의 세상 혹은 낙관론적 견해와 결별하고 스스로 실천을 통해 부조리한 세상을 헤쳐 나가야 함을 깨닫는다는 내용이다.

코란(*Koran*). 이슬람교의 창시자 무함마드가 619년경 유일신 알라의 계시를 받은 뒤부터 632년 죽을 때까지의 계시·설교를 집대성한 것이다.

코스모스(*Kosmos*). 독일의 지리학자이자 박물학자인 훔볼트의 대표 저작이다. 일생에 걸쳐 수집한 자료를 모아 19세기 전반의 과학과 세계를 상세하고도 보편적으로 묘사한 5권의 책으로 1845년에서 1862년에 걸쳐 출간되었다. 자연의 복잡성 속에서 질서와 통일성이라는 개념을 정형화하려 시도한 데 의의가 있다.

크리티아스(*Critias*). 플라톤의 저서로 아틀란티스에 대해 최초로 언급한 것으로 유명하다(이정호 역, 2007, 《크리티아스》, 이제이북스 참고).

태양찬가(*Hymm to the Sun*). 이집트 제 18왕조의 10대 왕(재위: 서기전 1379~1362)인 아크나톤이 태양신 아텐을 찬양하기 위해 지었다고 알려진 것으로 《아톤 찬가》라고도 불린다. 태양을 인류의 창조자, 세상의 은인으로 칭송하며 창조주를 찬양하는 시편 104편과 내용상 유사한 것으로 알려졌다.

티마이오스(*Timaios*). 플라톤의 자연학에 대한 대화편이다. 원래 이 대화편은 《크리티아스》, 《헤르모크라테스》(*Hermocrates*)를 포함하는 3부작의 첫 부분으로 계획되었으나 실제로 완성한 저작은 《티마이오스》뿐이다. 주제는 물리학, 생물학, 천체학 등과 관련된 것이다. 플라톤에게 선의 이데아는 창조의 원리이다. 이 원리를 의인화한 것이 《티마이오스》에서 우주의 창조자로 등장하는 데미우르고스이다. 과학적 사실과 정신적 가치가 조화할 수 있는 가능성을 담은 이 책은 수 세기 동안 서구의 우주관을 형성했다(김영균 외 역, 2000, 《티마이오스》, 서광사 참고).

파이돈(*Phaidon*). 플라톤의 중기 대화편이다. 아테네의 감옥에서 죽음에 직면하여 소일하던 소크라테스의 나날을 파이돈이 에케크라테스에게 이야기하는 형식을 취한 것으로 일반적으로 영혼불사의 증명을 주제로 삼았다(박종현 역, 2003, 《에우티프론, 소크라테스의 변론, 크리톤, 파이돈: 플라톤의 네 대화 편》, 서광사 참고).

페르시아인의 편지(*Lettres Persanes*). 몽테스키외가 1721년 쓴 서간체 풍자소설이다. 페르시아인 귀족 우스벡이 그의 친구, 처첩, 관리인과 주고받은 161통의 편지로 구성되었으며, 소설의 형식을 빌려 18세기 프랑스의 사회상을 통렬히 풍자한다(이수지 역, 2002, 《페르시아인의 편지》, 다른세상 참고).

프린키피아(*Principia*). 아이작 뉴턴의 1687년 저서이다. 책 제목은 라틴어 프린키퓸(*Principium*)의 복수형이며 원제는 《자연철학의 수학적 원리》(*Philosophiae Naturalis Principia Mathematica*)이다. 뉴턴의 역학 및 우주론에 관한 연구를 집대성한 책으로 이른바 만유인력의 원리를 처음으로 세상에 널리 알린 것으로 유명하다. 라틴어로 쓰였으며 총 3편으로 구성된다. 1, 2편에서는 운동에 관한 일반적 명제를 논술했는데 특히 2편에서는 매질 속에서의 물체의 운동을 다룬다. 3편에서는 2편에서 증명된 명제로 천체의 운동, 특히 행성의 운동을 논한다. 또한 코페르니쿠스의 지동설 문제, 케플러의 행성의 타원궤도 문제를 해결했다.

헤르메티카(*Herrmetica*). 서기전 3세기~서기 3세기 동안 이집트에서 쓰인 철학·종교적 그리스어 문서이다. 여러 저자의 가르침을 기록하고 편집한 것인데 이집트 지혜의 신 토트(그리스에서는 헤르메스 트리스메기스토스)의 가르침으로 설명된다. 그 가르침의 핵심은 플라톤, 피타고라스적 철학사상이며, 점성술을 비롯한 각종 신비과학, 신학, 철학적 내용을 담았다(오성근 역, 2005, 《헤르메티카》, 김영사 참고).

형이상학 서설(*Discours de Metaphysique*). 라이프니츠가 물질, 운동, 육체의 저항, 우주 속에서 신의 역할과 관련된 철학을 전개한 책이며, 37개의 장으로 구성된다. 이 책의 사상적 기반은 절대적으로 완전한 존재로서의 신이며, 신이 세계를 완전한 형태로 창조했다는 것이다.

70인 역 성경(*Septuagint*). 구약성서를 뜻하며, 72명의 학자가 이 번역 사업에 종사했다는 전설에 따라 붙여진 이름이다. 본래는 헤브라이어 원전의 '율법' 부분을 가리키는데, 초대 그리스도 교회에서는 여기에 '예언서', '제서'(諸書)의 번역까지 포함시켜 약호로 'LXX'라 불렀다. 이집트의 알렉산드리아에서 번역되었으며 성서 연구에는 물론 언어학상으로도 중요한 자료인데 특히 신약성서의 문체와 사상을 연구하는 데 귀중한 자료이다.

**** 기 타

갈리아-로마인 (Gallo-Roman). 서기전 50년 무렵부터 서기 5세기까지 갈리아가 로마의 지배 아래 있던 시대의 원주민을 이른다.

계시종교 (*revealed religion*). "자연종교" 항목을 참고하라.

고등비평 (高等批評, *higher criticism*). 성서 각 책의 자료, 연대, 저자 및 역사적·사상적 배경 등을 학문적으로 연구하는 방법이다. 상층비평(上層批評)이라고도 하며, 저급비평에 대립되는 말이다. 저급비평이 성서 원문에 관한 연구인 데 반해 그 저작연대와 저자 그리고 역사적·사상적 배경 등 성서에 관한 문학적·역사적 비평과 연구를 주안으로 하므로 문학비평 또는 역사비평이라고도 한다. 이 용어는 1783년 아이히호른이 처음으로 사용했는데, 이 방법은 18~19세기에 베르하우젠, 파울 등을 중심으로 성행했다.

고왕국 시대 (*Old Kindom*). 고대 이집트 문명 최초의 번영기인 제3왕조(서기전 2686년경)에서 제6왕조(서기전 2181년경)에 이르는 시기. 피라미드가 건설된 시기였기 때문에 '피라미드 시대', 혹은 제3왕조 때 수도를 멤피스로 옮겼기 때문에 '멤피스 시대'라고도 한다.

교부 시대 (*patristic period*). 교부란 사도들에 이어 크리스트교를 전파하며 신학의 기본 틀을 형성한 교회의 지도자를 일컫는다. 이들이 활동했던 시대를 교부 시대라고 하는데, 2세기에서 8세기까지의 시대를 이르며 시기별로 구분하거나 지역별로 구분한다. 시기별로 구분할 경우 ① 사도 시대부터 325년 니케아 공의회까지의 초기 교부 시대, ② 니케아 공의회로부터 451년 칼케돈 공의회까지의 전성기, ③ 서방은 세비야의 이시도루스(626년), 동방은 다마스쿠스의 요한네스(749년)에 이르는 말기로 구분된다. 지역별 구분은 2세기 이후 라틴어 문화권이 형성됨에 따라 지역과 문화를 기준으로 구분한다. 그리스어로 집필한 교부를 중심으로 동방교부라고 칭하는데 이들은 다시 그리스교부와 동방교부로 세분화된다. 라틴어 영역권에서 활동한 교부는 라틴 교부라 칭하며 라틴 교부는 다시 로마교부와 아프리카교부로 나누어진다. 일반적으로는 지역별 구분이 자주 사용된다.

굴절의 법칙 (*law of refraction*). 네덜란드의 스넬이 1621년에 확립했다. 그의 이름을 따서 스넬의 법칙이라고도 한다. 한 매질에서 다른 매질로 입사한 빛의 일부는 매질의 경계면에서 반사의 법칙에 따라 반사하고 나머지 부분은 굴절하여 진행한다는 의미이다. 입사각을 θi, 굴절각을 θt 라고 하면 $\sin\theta i / \sin\theta t = n$ (일정)이라는 관계가 성립한다.

권곡 (圈谷, *cirques*). 빙하 침식에 의해 생긴 반원형의 오목한 지형을 말한다.

낭트 칙령 (*Edict of Nantes*). 앙리 4세가 1598년 브르타뉴의 낭트에서 공포한 칙령으로, 프랑스 신교도인 위그노에게 광범위한 종교의 자유를 부여하는 내용이다. 이 칙령을 통해 위그노에게는 파리를 제외한 지역에서 공공예배를 볼 수 있는 신앙의 자유가 보장되었고 완전한 시민권이 허용되었다. 그러나 이 칙령은 교황 클레멘스 8세, 프랑스의 로마가톨릭 성직자, 고등법원 등의 커다란 불만을 샀고 1629년에 일부 조항이 무효화되었다. 1685년 루이 14세는 이 칙령을 완전히 철폐하고 프랑스 신교도의 모든 종교적·시민적 자유를 박탈했다.

노르만의 시칠리아 정복(1060~1091). 시칠리아는 6세기에는 비잔틴제국의 침입을 받아 이후 3백여 년간 비잔틴 문화의 영향을 받았다. 9세기부터는 아랍인의 지배를 받다가 11세기 노르만족이 기독교의 재정복이라는 명분으로 시칠리아를 점령한 사건을 말한다.

놈(*nome*). 고대 이집트의 하위 행정구역으로 그리스어에서 유래했다. 요즘에는 프톨레마이오스 시대에 쓰이던 이집트 용어 세파트(*sepat*)가 더 많이 쓰인다.

능산적 자연(能産的 自然, *natura naturans*). 자연을 역동적이고 합목적적인 것으로 본 아리스토텔레스에서 유래한 관점이다. 현대 생물학에서 목적론적 의미를 가진 진화론은 능산적 자연관을 그 토대로 한다. 소산적 자연(所産的 自然, *natura naturata*)은 자연을 조물주가 이데아, 즉 수학적 조화의 원리에 따라 만든 완성품이라고 본 플라톤에 의해 처음 제시되었다. 근대 이후의 기계론적 자연관이나 기계적 결정론은 이러한 전통을 이어받은 것이다. 중세 스콜라철학에서 능산적 자연은 창조자로서의 신, 소산적 자연관은 창조되는 자로서의 자연을 의미했지만 스피노자는 이 두 개념을 창조주와 피조물의 관계로 이해하지 않고 더 밀접하게 연관시켜서 범신론적 의미를 부여한다. 능산적 자연은 자기 자신 안에 있고 자기 자신에 의해 생각되는 실체, 즉 신을 의미하고 소산적 자연은 신적 본성의 필연성에 의해 생기는 실체의 여러 변화 상태, 즉 양태를 의미한다(서양근대철학회, 2001, 《서양근대철학》, 창작과 비평 참고).

다이아나(Diana). 로마신화의 달의 여신. 처녀성과 수렵의 수호신이기도 하다. 그리스 신화에서는 아르테미스에 해당한다.

데미우르고스(Creator-Demiurgos). 플라톤 《티마이오스》 편에 나오는 세계를 만드는 거인의 이름으로 제작자(창조신)라는 뜻이다.

두발가인(Tubal-cain). 성서상 인물로 창세기 4장 22절에 나오는 야금술의 시조이다.

라케다이모니아인(Lacedaemonians). 라코니아 지방에 거주하는 종족으로 그 지방의 대표적 도시국가인 스파르타인과 동의어로 사용된다.

라프족(Lapps). 스칸디나비아 반도 북부에서 핀란드 북부에까지 거주하는 민족. 스스로 사미(*Sami*)라고 칭한다.

레비아단(*Leviathan*). 구약성서와 우가릿 문서, 후대 유대문학에서 언급되며 바다를 혼돈에 빠뜨리는 신화적인 바다 뱀 또는 용을 일컫는다. 레비아단이란 '휘감다, 꼬다'라는 의미의 아랍어 라와(*iwy*)와 같은 히브리어 '라와'에서 유래했다. 텔 아스마르(Tel

Asmar)에서 발굴된 메소포타미아의 원통형 도장에 그려진 7개의 머리를 가진 용, 라스 샤므나(Ras Shamra)에서 발견된 가나안 본문들(우가릿 문서)에 쓰인 바알(Baal)에 의해 죽임을 당한 7개의 머리를 가진 바다괴물 로탄(Lotan)의 이야기가 레비아단을 표현한다. 홉스의 저서 《리바이어던》의 제목이 여기서 유래했다.

로고스 교의(*logos doctrine*). 로고스는 의미, 이성, 원리 등의 다양한 의미를 가지는 그리스어로 로고스 교의는 고대 철학에서 시작해 중세 기독교 사상에서 중요한 위치를 차지한다. 고대 철학에서 로고스는 만물이 비롯한 기초가 되는, 나누어지지 않는 물질이자 만물을 생성하는 원리이다.

로물루스(Romulus). 서기전 753년 로마 건국의 전설적인 시조이다.

롬바르드족(Langobards). 568~774년에 이탈리아 반도의 한 왕국을 다스렸던 게르만족의 일파이다.

리베르(Liber). 로마 신화에 나오는 번식과 성장을 주관하는 전원의 신이다.

리비아(Libya). 이집트 왕 에파포스의 딸로 인간으로서 포세이돈과 정을 통해 여러 아들을 낳았다고 전해진다.

리스본 대참사(Lisbon disaster). 1755년 11월 1일 아침 세 차례에 걸쳐 포르투갈, 에스파냐 및 아프리카 북서부 일대를 강타한 대지진으로 포르투갈의 리스본이 가장 큰 타격을 받았다. 9시 40분경 처음에 일어난 지진이 가장 컸다. 그날이 바로 만성절(*All Saints' Day*)이어서 시민의 대부분이 교회에 모여 있다가 약 23만 5천 명 중 3~7만 명이 사망했다. 첫 지진으로 대부분의 건물이 무너졌고, 두 번째 지진으로 많은 시민이 피난하던 항구의 새 부두가 바다 속에 가라앉아 재해가 더욱 커졌다. 최고 파고가 15m에 이르는 큰 해일이 일어났으며, 이 해일은 대서양을 횡단하여 10시간이 지난 후에 서인도 제도에 도달했다. 지진을 감지한 지역은 영국 본토, 아일랜드 남동부, 덴마크 남부, 오스트리아 서부 등이었고 그 면적은 육상에서만도 128만 ㎢에 이르렀다. 여진은 본진 후 6개월 동안 약 250회나 있었다.

마그나 카르타(*Magna Carta*). '대헌장'이라고도 한다. 1215년 잉글랜드의 존 왕이 내란의 위협에 직면하여 반포한 인권 헌장으로, 1216, 1217, 1225년에 개정되었다.

마니교(*Manichaean*). 이원론을 주장하는 대표적 종교로 사산조 페르시아 시대에 생겨났다. 이를 주창한 예언자 마니(Mani)의 이름을 따 마니교라고 불렸다.

마르스(Mars). 로마 신화의 군신으로 그리스 신화의 아레스에 해당한다.

맘루크 왕조(Mameluke). 중세 이집트의 노예 군인 출신이 세운 왕조이다.

망치 관리인(*Garde-Marteau*). 삼림의 관리자로서 왕실 소유의 삼림 내에서 분할하고 판매할 나무를 표시할 때 망치를 사용한 데서 유래한 명칭이다.

머큐리(Mercury). 로마 신화에서 죽은 자, 웅변가, 장인, 상인, 도둑의 수호신이다. 그리스 신화에서는 헤르메스에 해당한다.

목적인(*final cause*). "4원인설"을 참고하라.

몬테카시노 수도원(monastry of Monte Cassino). 529년경 누르시아의 베네딕트가 로마 남동쪽 몬테카시노에 세운 수도원. 베네딕트회의 모체로서 유럽 수도원의 전형인데, 개인주의적이고 금욕적인 동방의 수도원에 비해 중용과 공동생활을 채택하여 539년에 수도계율(修道戒律), 즉 회칙을 초안한 것이 나중에 서유럽 수도원 제도의 모범이 되었다.

미네르바(Minerva). 로마 신화에서 지혜, 전쟁의 여신이다. 그리스 신화에서는 아테나에 해당한다.

바실리우스 수도회칙(*Basilian rule*). 성 바실리우스가 정한 수도회칙이다. 단순하지만 엄격했고 제자들에게 공동생활을 요구했다. 성 바실리우스는 사막 은둔 수도자들의 극단적 금욕을 조심스레 피했다. 회칙은 55조목의 "대계율"(*Regulae Fusius Tractatae*)과 313조목의 "소계율"(*Regulae Brevius Tractatae*)로 이루어지며 신에 대한 완전한 봉사에 이르는 수단으로 금욕적 훈련을 권장한다. 또한 전례에 따라 여러 시간 기도를 하고, 지적 활동과 육체노동을 통해 순종하는 공동체 생활을 하도록 규정한다.

바이킹(*Viking*). 스칸디나비아 지역에 살던 노르만족을 칭한다. 스칸디나비아어에서 하구, 협곡을 의미하는 'vik'에서 유래했다는 설과 성채도시, 시장을 뜻하는 게르만어 'wik' 또는 전투를 뜻하는 'vig'에서 유래했다는 설이 있다. 789년 영국에 대한 공격을 시작으로 약 2백 년간 영국과 프랑스, 러시아를 침공, 약탈하고 정착한다.

바쿠스(Bacchus). 로마 신화에서 술의 신으로 그리스 신화의 디오니소스에 해당한다.

발도파(Waldenses). 12세기 말 프랑스의 발데스가 시작한 기독교의 순복음적 신앙노선 일파이다. 발데스 복음주의 또는 왈도파 등으로도 불린다. 재산가였던 발데스는 신을 위해 자신을 바치기로 결심하고, 1176년 재산을 모두 빈민들에게 나누어준 뒤 그리스도의 사도나 아시시의 성 프란체스코처럼 청빈한 생활을 하면서 설교에 전념했다. 설교에 감동한 많은 사람들은 두 명씩 조를 짜 '리옹의 빈자'라 이름 짓고 각지를 돌아다니며 복음을 전했다. 로마교회가 설교를 금지했음에도 설교 활동이 계속되자 교황 루키우스 3세는 1184년 칙서를 발표해 발도파를 이단으로 단죄했으나 그들은 로마교회와 결별하고 독자 조직을 만들었다.

백합 낙인(*fleur-de-lis*). 옛날에 죄인의 어깨에 찍은 백합 모양의 낙인으로 이 책에서는 나무에 새겨진 표식을 의미한다.

범형론(*exemplarism*). 창조주가 인간 및 만물의 범형이며 인간은 신의 모습을 닮은 것이라고 주장하는 중세 학설이다.

베네딕트 규율(*Benedictine Rule*). 성 베네딕트가 몬테카시노 수도원을 위해 작성한 수도원 개혁안 및 수도회 회칙이다. 수도원의 제도, 이상적인 수도 생활, 기도, 징계, 수도원장의 선출 방법 등이 규정되는데 이 회칙은 가톨릭교회 전체에 큰 영향을 미쳤다. 이 규율을 따르는 수도회들을 통칭해 베네딕트 수도회라 일컫는다. 청빈, 동정, 복종을 맹세하고 수행과 노동에 종사한다.

베헤못(*Behemoth*). 구약성서에 나오는 힘이 센 초식동물이다. 히브리어로는 '짐승'이라는 뜻인데 여러 성경에서 고유명사처럼 사용되었다. 12세기까지 나일 강 하류, 요셉이 살던 시대 이후까지 수리아의 오론테스 강에 살았던 것으로 알려져 있는데 어떤 격류에도 놀라지 않는 동물이다. 물속에 살지만 음식을 찾기 위해 강 밖으로 나와 비탈을 기어오르기도 한다.

벨가이족(Belgae). 갈리아 북부 센 강, 마른 강 북쪽에 살던 주민. 카이사르가 《갈리아 전기》에서 처음 쓴 용어이다. 문화적으로 남북으로 구별되며, 남쪽에서는 영국으로의 이주가 있었다. 갈리아 중에서도 가장 사납고 용맹스러웠다고 전해진다.

보편논쟁(*great dispute over universals*). 보편이 실재하는가, 그렇지 않는가를 문제를 다툰 중세 말기의 논쟁. 보편이 실재한다는 실재론과 보편은 이름뿐이라는 유명론이 대립했다.

볼란드파(Bollandist). 벨기에 예수회에 소속된 소규모 집단이다. 성인들의 전기와 전설을 그들의 축일에 따라 배열한 방대한 모음집인 《성인열전》을 편집, 출간했다.

부르고스령(*Laws of Burgos*). 1512년 10월 27일 에스파냐 부르고스에서 공표된 법령으로 에스파냐의 보통법이 적용되지 않는 아메리카 식민지에서 발생하는 법적 문제를 해결하기 위하여 제정되었다. 법의 주요 내용은 식민지에 거주하는 에스파냐인에게 아메리카 원주민에 대한 학대 행위를 금지시키고 가톨릭으로의 개종을 장려하기 위한 것이었다.

부르군트족(Burgundians). 민족 이동기 동게르만의 여러 부족 중 하나이다. 413년 라인 강 중류 지역에 부르군트 왕국(413~436)을 건설했다가 훈 족에게 멸망하고, 443년 론(Rhône), 손(Saône) 지방에 왕국을 재건(443~534)했으나 프랑크왕국에 의해 멸망했다.

부바스티스 의식(*cult of Boubastis*). 고대 이집트 삼각주 지대의 부바스티스 지역에서 시작된 고양이의 신 바스테트를 숭배하는 축제를 일컫는다. 후에 이집트 전 지역에 걸쳐 행해지는 가장 성대한 축제가 되었는데, 헤로도토스에 따르면 바카날리아(바쿠스 축제)와 같은 광란의 연회가 동시에 개최되었다고 한다.

빙퇴석(氷堆石, *moraines*). 빙하에 의해 운반 퇴적된 지형을 말한다.

사라센(*Saracen*). 라틴어로는 '사라세니'(*Saraceni*), 즉 시리아 초원의 유목민을 가리키며 아랍어로는 '동쪽에 사는 사람들'이란 뜻의 '사라킨'이라는 단어에서 기원했다고 한다. 7세기 이슬람교가 성립한 뒤부터는 이슬람교도를 통칭하는 말이 되었고 십자군을 통하여 전 유럽에서 부르는 호칭이 된다.

사모예드족(Samoyed). 시베리아 북서부에 거주하는 원주민 집단이다. 우랄 어족에 속하며 여름에는 북쪽 툰드라 지대, 겨울에는 남쪽 삼림 지대로 이동하며 살아간다.

살리카 법(*Salic law*). 프랑크왕국을 구성했던 프랑크족의 하위 부족인 살리족의 법으로 서게르만인의 부족법 중 가장 오래된 법이다. 6세기 프랑크왕국의 클로비스 1세가 다스리던 시대에 편찬한 전통법의 중요한 부분이다.

서고트족(Visigoths). 게르만족 중에서 가장 중요한 부족 중 하나로 4세기에 동고트족에서 분리되었고 로마 영토를 거듭 침범했으며 갈리아와 에스파냐에 걸친 거대한 왕국을 세웠다.

세계지(*cosmography*). 하늘과 땅을 포함한 세계의 특징에 대해 기술한 책으로 천지학, 우주지로도 번역된다. 세계와 그 안에 있는 모든 것에 대해 기술한 책을 통칭한다.

세소스트리스(Sesostris). 고대 이집트의 전설적인 왕이다. 북쪽으로는 시리아와 터키를 통과해 콜키스, 서쪽으로는 러시아 남부, 남쪽으로는 로마니아, 동쪽으로는 불가리아와 그리스 동부까지 영토를 확장했다고 헤로도토스는 전한다.

셀레우코스 왕조(the Seleucids, 서기전 312~60). 알렉산드로스 사후 헬레니즘 지역을 물려받은 왕조이다.

소산적 자연(所産的 自然, *natura naturata*). "능산적 자연" 항목을 참조하라.

소요학파(peripatetic school). 아리스토텔레스학파를 지칭한다. 아리스토텔레스가 학원 안의 나무 사이를 산책하며 제자들을 가르쳤다는 데서 붙은 이름이다.

스키타이인(Scythian). 서기전 6~3세기경 남부 러시아의 초원지대에서 활약한 최초의 기마 유목민족이다. 서기전 11세기경 볼가 강 중류 지역에서 서서히 침투한 민족과 원주민과의 혼혈에 의해 형성된 민족으로 추정되며 유라시아 초원 지대에서는 키메르인과 함께 서기전 90년경 가장 일찍 유목민화되었다. 민첩하고 강력한 기마민족인 이들은 서기전 7세기에 소아시아·시리아 방면을 침범하고 서기전 6세기에는 키메르인을 카프카스의 쿠반 강 유역으로 쫓아내고 근거지를 아조프 해 북부로 옮겼으며 카르파티아 산맥을 넘어서 도나우 강 중류지대까지 세력을 확대했다.

시로코(*sirocco*). 지중해 연안에 부는 국지풍을 뜻한다. 이 바람의 영향을 받을 때에는 기온이 상승하여 무덥다.

시토 수도회(*Cistercians*). '베르나르회'라고도 한다. 프랑스의 디종 근처 시토의 수도원에서 이름이 연유되었다. 1098년 베네딕트회 몰렘 수도원 원장 로베르투스(Robertus)가 수도회의 엄격하지 않은 회칙 적용에 불만을 품고 베네딕트 회칙의 엄수에 뜻을 같이하는 수사 20명과 함께 원시 수도회 제도의 복귀를 목표로 창설한 혁신적 수도회다. 1112년에 클레르보의 베르나르두스(Bernardus)가 형제 4명을 비롯해 친구와 친척 31명을 이끌고 시토 수도회에 가입함으로써 수도회의 융성을 가져왔다. 베르나르두스는 1115년에 클레르보의 창설 대수도원장으로 임명되었으며, 그때부터 시토회는 급격하게 발전했고 1120년에는 여성들을 위한 최초의 시토 수녀회가 창설되었다.

실체 변화(*transubstantiation*). 성찬에서의 빵과 포도주가 그리스도의 몸과 피로 변함을 의미한다.

실피움(*Silphium*). 리비아가 원산지인 희귀식물로 로마인에게 사랑받다 멸종되었다. 서구에서 하트 문양과 연관된다.

심리적 동일성 (*psychic unity*). 인간이 공통적으로 지니는 성향을 말하는데 심리적 동일성과 생물학적 동일성으로 나뉠 수 있다. 심리적 동일성은 인간은 문화적 표현상의 차이는 있을지라도 공통된 심리적 특성과 사고방식을 가진다는 것이다. 생물학적 동일성은 인간은 인종, 성별 및 연령별 차이 등에도 불구하고 공통된 생물학적 특성을 가진다는 것이다. 이러한 동일성 개념은 서로 다른 지역에서 공통된 문화가 발견되었을 때 이를 전파에 의한 것으로 설명하는 전파론과는 달리 인류가 공통된 특성을 가지기 때문에 서로 떨어진 지역에서도 비슷한 문화적 발전 단계를 거친다는 문화진화론의 논리적 근거가 된다.

아누비스 (Anubis). 고대 이집트 신화에 나오는 신이다. 피라미드의 여러 문서에는 태양신 라(Ra)의 넷째 아들로 기록되어 있으나 후대에 와서는 오시리스(Osiris)와 네프티스(Nephthys: 이집트 9주신 중 하나인 세트의 아내)의 아들로 나타난다. 저승으로 향하는 문을 열어 죽은 자를 오시리스의 법정으로 인도하며 죽은 자의 심장을 저울에 달아 살아생전 행위를 판정하는 역할을 맡았다. 외양은 검은 표범 또는 개의 머리에 피부가 검은 남자 또는 자칼의 머리를 한 남자의 모습 등으로 표현된다.

아르팡 (*arpents*). 길이 및 넓이의 단위로 국제 표준단위는 아니다. 가장 널리 쓰이는 것은 북아메리카의 프랑스인이 사용하는 것으로 180프랑스피트에 해당하며, 국제 표준단위로 환산하면 약 58.47m에 해당한다.

아리아족 (the Aryan). 선사시대에 이란과 인도 북부 지역에 살던 민족. 이들의 언어인 아리아어에서 인도-유럽어가 비롯되었다. '아리아'는 '고귀한'이라는 뜻의 산스크리트어에서 유래했으며 19세기까지 '인도-유럽'이라는 말과 동의어로 쓰였다. 19세기에는 인도-유럽어를 사용하는 민족이 셈족이나 황인종, 흑인종에 비해 도덕적으로 우월하며 인류 진보에 결정적으로 기여한 인종으로 알려져, 나치의 유대인·집시 등 '비아리아족' 제거 정책으로 오용되었다.

아몬 (Amun, Amon). '숨겨진 자'라는 의미로 하늘의 신이자 태양의 신이다. 이집트 만신전의 우두머리신으로 여겨진다. 원래는 테베의 지방신으로 테베의 정치적 위상이 높아지면서 아몬 숭배 역시 널리 퍼졌다. 신왕국에 이르러서는 헬리오폴리스의 태양신 '라'와 한 몸이 되어 아몬-라가 되었으며 신들의 왕이자 파라오의 수호신으로 여겨진다.

아스클레피오스 (Aesclepios). 그리스-로마 신화에서 의술의 신이다.

아이네이아스 (Aeneas). 그리스-로마 신화에 나오는 영웅으로 트로이 왕족인 앙키세스와 여신 아프로디테의 아들이다.

아이톨리아인 (Aetolians). 그리스 중서부 아이톨리아 지방에 살던 종족으로 서기전 4세기 중엽 아이톨리아 동맹을 결성하여 힘을 보강해 마케도니아와 대립했다.

아크로폴리스 (Acropolis). 그리스 도시국가의 중심지에 있는 언덕으로 신전이 세워지는 곳이다.

아톰(Atum). 태초에 있었던 바다 눈(Nun)에서 태어난 이집트의 창조신이다.

아틀란티스(Atlantis). 대서양에 있었다는 전설상의 대륙으로 플라톤이 《크리티아스》와 《티마이오스》에서 아틀란티스 전설에 관해 설명한다. 서기전 9500년 아틀란티스는 헤라클레스의 기둥(지브롤터 해협)의 바깥쪽 대해(大海) 가운데 펼쳐져 있었다. 풍부한 산물과 주변의 여러 나라에서 들어오는 무역품이나 전리품은 대륙을 크게 번영하게 했으나 어느 날 심한 지진과 화산 활동으로 하루 밤낮 사이에 바다 속으로 가라앉고 말았다. 아틀란티스의 전설은 중세 후기 이후의 대서양 탐험, 나아가서는 아메리카 대륙 발견의 원동력이 되기도 했다.

아폴론(Apollo). 그리스 신화의 광명, 의술, 예언, 가축의 신이다. 올림포스 12신 중 하나로 제우스와 레토의 아들이며 여신 아르테미스와는 쌍둥이 자매다.

아프리카 전쟁(*African War*, 서기전 48~47). 이집트의 클레오파트라 7세와 프톨레마이오스 13세 간의 왕위계승 전쟁에 카이사르가 참여하면서 발발한 전쟁으로 알렉산드리아 전쟁이라고도 한다.

알로브로게스족(Allobroges). 서기전 1세기경 현재의 론 강 유역을 지배했던 호전적 성향으로 잘 알려진 갈리아 부족이다. 그리스 역사가인 폴리비오스에 의해 최초로 기록되었다.

알비파(Albigenses). 이단의 추종세력을 일컫는 말로 카타리파(Cathari)라고도 한다. 발칸 반도, 북이탈리아, 남프랑스 등지를 거쳐 12세기 중엽 프랑스 툴루즈 지방의 알비에 전파되면서 세력을 크게 떨쳤다. 마니교적 이원론에 바탕을 둔 교리로 기독교의 신은 영적인 것만을 창조했으며, 반신(反神)인 악마는 신에게 반기를 든 인간을 물질 속에 가두었으므로 인간은 물질적인 것으로부터 해방되어야 구원을 받을 수 있다고 가르쳤다. 금욕적 계율을 지켰으며 대중 앞에서의 성서 낭독과 통과의례 등을 중시했다. 특히 통과의례를 통하여 일반 신자는 완전한 자, 즉 '카타리'가 되었다. 교회에서는 이들의 이단에 맞서 이단 심문제도를 만들었으며, 또한 이들의 융성은 탁발수도회의 발달을 가져오기도 했다.

야곱의 사다리(*Jacob's ladder*). 창세기 28장 10~12절에 나오는 이야기로, 형의 장자권을 훔친 야곱은 형의 보복을 피해 집을 떠난다. 하란을 향해 가는 길에 야곱은 하늘에 닿는 층계로 천사들이 오르락내리락하는 꿈을 꾸는데, 즉 야곱의 사다리란 하늘에 이르는 길을 의미한다.

야만인(*babarians*). 야만인 개념은 문화의 발전 가능성을 상정하지 않은 채, 즉 시간이 아무리 흘러도 야만 상태에 머무르는 사람들을 가리키는 것으로 인종차별의 근거가 되기도 한다. 문화진화론이란 측면에서 볼 때 원시인은 문화의 발전 단계상 초기 단계에 해당되는 사람들로서 시간이 흐르면 문명단계로 발전할 수 있는 존재이며, 유럽인 역시 이 원시인 단계에서 발전한 것으로 본다.

얀센파(Jansenist). 네덜란드의 신학자 얀센이 주장한 교리를 받아들인 세력으로 이 교리는 성 아우구스티누스의 은총, 자유의지, 예정구원설에 대한 엄격한 견해를 발표하여 주로 프랑스에서 큰 논쟁을 일으켰다. 1713년 로마 교황에 의해 이단 선고를 받고 소멸하였다.

에덴문서(*Eden literature*). 에덴동산의 위치를 찾아내고 묘사하려는 저술들을 통칭한다.

에우티데모스(Euthydemos). 크세노폰의 저서에 소크라테스와 함께 등장하는 인물이다.

에피메테우스(Epimetheus). 그리스 신화에서 등장하는 프로메테우스의 동생이자 판도라의 남편이다.

엔키(Enki). 수메르 신화에 등장하는 에리두 시의 물의 신으로 안, 엔릴, 닌후르사그가 함께 만들었다.

영지주의(靈知主義, *gnosticism*). 고대에 존재했던 혼합주의 종교운동 중 하나다. 정통파 기독교가 믿음을 통해 구원이 가능하다 주장한다면, 영지주의에서는 앎(*gnosis*)을 통해 구원이 가능하다 주장한다는 데 본질적 차이가 있다.

예정조화(豫定調和, *preestablished harmony*). 독일의 철학자 라이프니츠의 중심 사상인 형이상학적 개념이다. 그는 모든 존재의 기본으로서의 실체를 '모나드'(*monade*)라고 명명했다. 이 모나드는 우주 속에 무수히 존재하지만 저마다 독립적이고 상호 간에 아무런 인과관계도 없다. 그럼에도 불구하고 이와 같은 모나드로 이루어진 우주에 질서가 있는 것은 신이 미리 모든 모나드의 본성이 서로 조화할 수 있도록 창조했기 때문이다. 이것이 예정조화라는 사상이다.

왕립학회(Royal Society). 영국 런던에 있는 왕립 자연과학학회이다. 1660년에 창립되어 찰스 2세의 윤허로 왕립학회의 형태를 갖춘 것으로 자연과 기술에 대한 유용한 지식의 보급과 이에 기초한 합리적 철학 체계의 건설을 목적으로 하여 영국 과학의 중심 기관으로 성장했다.

우의(*allegory*). '다른 이야기'라는 뜻인 그리스어 알레고리아(*allegoria*)에서 유래했다. 추상적 개념을 직접 표현하지 않고 다른 구체적 대상을 이용하여 표현하는 문학 형식이다. 주로 의인화하는 경우가 많다. 중세의 도덕우의극(道德寓意劇)이나 《장미 이야기》, 스펜서의 《페어리퀸》, 존 번연의 《천로역정》 등이 대표적이다. 지나치게 유형적이며 교훈적이라는 이유로 현대 작가들은 사용을 꺼리지만 정치나 종교를 문제로 할 때에는 유효한 형식이며 현대 문학에서도 넓은 의미에서 '우의적'이라고 할 수 있는 작품도 많다.

우주화(*cosmicized*). 미르치아 엘리아데의 주요 개념이다. 미지의 장소, 이질적 장소, 점령되지 않은 장소를 인간이 점령함으로써 우주 창조를 의례적으로 반복하여 그 장소를 상징적으로 우주로 변화시키는 일을 말한다. 하나의 영역은 그것을 새롭게 창조하고 정화함으로써 비로소 인간의 것이 된다. 어떤 장소에 정착하여 그곳을 조직하고 거기에서 산다는 것은 하나의 실존적 선택, 즉 그것을 '창조함으로써' 받아들이는 우주의 선택을 전제하는 행위다. 그러므로 그것은 성스러운 신들의 작업에 참여하는 것이다.

유명론(*nominalism*). 보편은 이름뿐이고 실재하지 않는다는 이론이다. 중세를 관통하는 흐름인 실재론〔보편은 실재하며(성 아우구스티누스), 보편은 개체 안에 실재한다(아퀴나스)〕과 충돌하며 11~12세기에 벌어진 보편논쟁의 한 축을 이룬다.

유피테르(Jupiter). 로마 신화 최고의 신으로 그리스 신화의 제우스에 해당된다. 이 책 원문에는 영어식 표기인 조브(Jove)로 표기되었다.

이로쿼이족(Iroquois). 북아메리카 동부 삼림 지대에 거주하는 아메리카 인디언이다.

이스라엘의 10지파(ten tribes of Israel). 아브라함의 아들 이삭이 낳은 둘째 아들 야곱이 낳은 열두 아들이 이스라엘 민족의 12부족을 이루어 부족연합체로 존재하다가 사울 왕, 다윗 왕, 솔로몬 왕이 다스린 왕국 시대가 마감되면서 유다(남왕국) 2지파와 이스라엘(북왕국) 10지파 이렇게 두 나라로 갈라진다. 북왕국은 서기전 722년 아시리아에 의해, 남왕국은 서기전 586년 바벨론에 의해 멸망한다.

이신론(理神論, *deism*). 18세기 계몽주의 시대의 대표적인 기독교 사상이다. 성서를 비판적으로 연구하고 계시를 부정하거나 그 역할을 현저히 후퇴시켜 기독교의 신앙 내용을 오로지 이성적 진리에 한정시킨 합리주의 신학의 종교관이다. 1696년 영국에서 톨런드와 틴들이 주장했고, 이어 프랑스에 이입되어 볼테르와 디드로, 루소 등이 제창하여 유럽 각지에 퍼졌다.

이중진리 교의(*doctrine of the double truth*). 중세 말기 스콜라철학에서 신앙과 지식의 관계에 대한 이중적 사고의 하나이다. 자연적/초자연적 진리 또는 이성적/계시적 진리의 두 가지 진리가 모순 없이 독립적으로 병존한다고 생각했다.

일원론(*monism*). 여기서의 일원론은 하나의 근본적 물질이 운동 및 변화하여 생긴다고 주장했던 서기전 6세기경 이오니아학파의 일원론을 말한다. 파르메니데스의 엘레아학파는 많은 것의 존재와 운동 변화의 존재를 부정하고 감각을 미망이라 규정함으로써 일원론을 부정했다.

자연신학(*natural theology*). 자연은 신의 계시를 드러내는 증거이므로 계시가 반이성적인 것이 아닌 신학의 지적 전통에 포함될 수 있다는 여러 신학 사상 중 하나이다. 즉, 자연(계시)을 신학 연구의 중요한 재료로 보는 견해이다. 자연은 계시로써 종교적 경험이 된다. 이에 비해 물리신학은 물리학에 기초한 신학의 형태로 자연의 가공자로서의 신이라는 개념을 내세운다. 자연은 계시가 아니라 물질 혹은 물리 그 자체이며 물질로서의 자연을 만든 존재가 신이라는 주장을 내세우기 때문에 일종의 신 존재 증명으로 생각되기도 한다. 근세에는 과학에 대한 기독교의 탄압에 대항하는 수단으로 이용되기도 했다.

자연종교(*natural religion*). 계몽주의 시대에 있었던 합리주의적 종교로 인간의 자연적 이성이나 통찰에 바탕을 두었다. 이는 계시종교(*revealed religion*)에 대립되는 것으로 계시가 아닌 자연 또는 이성에 의한 진리를 중시한다. 흄이나 디드로는 모든 계시종교를 이단이라고 반박하면서 인간 정신으로부터 자연발생적으로 우러나오는 자연종교를 주장하며 무신론으로 기울었다. 반면 계시종교는 신이 인간에게 무엇인가를 직접 드러낸다는 데서 유래한 말로 계시는 곧 '신의 말씀'이다.

쟈댕 데 플란테(Jardin des Plantes). 파리국립자연사박물관의 전신으로 루이 13세 치하의 1626년에 설치된 약초원이 그 기원이다. 1793년에 국민의회의 포고에 의하여 설립되었다. 동물원·식물·비교 해부·곤충·지학관 등으로 된 박물관이며, 동식물 및 지학에 관하여 주요 소장품이 있다. 뷔퐁, 라마르크, 퀴비에, 아유이 등의 식물학·동물학·지학의 많은 선구자가 이 박물관에서 배출되어 자연사학 연구의 중심적 역할을 했다.

쟈댕 뒤 로이(Jardin du Roy). 프랑스의 식물원으로 '왕의 정원'이라는 의미이다. 이후에는 '라 사반느'(La Savane)로 개칭되었다. 최초의 개설 목적은 식민지 등에서 새로 가져온 식물에 대한 과학적 실험을 수행하는 것이었다.

조형적 자연(*plastic nature*). 자연 자체가 전개하는 형성 활동을 신이 이룩한 세계 창조의 모방으로 간주하는 사상이다.

찰흔(擦痕, *striations*). 빙하가 암석 위를 이동하면서 파낸 홈 자국이다.

체액설(*theory of humors*). 히포크라테스는 인간의 체액을 혈액·점액·담즙·흑담즙으로 나누었는데, 이 네 가지 체액은 인체 내에서 균등하게 존재하지 않고 어느 하나에 치우쳐 불완전한 기질을 가지며 주도적인 체액에 따라 사람의 기질이 결정된다고 보았다. 이에 따라 사람의 기질을 다혈질, 점액질, 흑담즙질, 담즙질로 나눴다. 다혈질은 활발하고 쾌활하며 사교적이나 쉽게 화를 낸다. 담즙질은 모험적이며 지도자형이나 교만하고 참을성이 없다. 흑담즙질은 분석적이고 사려 깊으나 비관적이다. 점액질은 자기 통제적이고 복종적이며 소심하고 무관심하다.

충만의 원리(*principle of plentitude*). 우주가 존재의 종류에서 최대한의 다양성을 보이면서 빈틈없이 가득 차 있다는 원리로, 미국의 사상가인 러브조이(Lovejoy)가 초기 그리스 시대부터 18세기까지의 역사를 서술한 《존재의 대사슬: 사상사 연구》에서 명명한 원리이다.

충분 이유의 법칙(*the law of sufficient reason*). '충분 이유의 원리'라고도 하는데 발생하는 어떤 것이든지 명확한 이유를 가진다는 원리로 라이프니츠가 주장했다. 이는 설명되지 않는 어떤 사건을 야기하는 '외부'를 인정하지 않는 폐쇄적 시스템으로 세계를 간주하는 관점이다.

치품천사(熾品天使, Seraph). 천사의 9계급 중 1계급의 천사다.

카르투지오 수도회(Carthusians). 1084년 쾰른의 성 브루노가 프랑스 그르노블 북쪽 샤르트뢰즈 계곡에 세운 수도회이다. 11, 12세기의 수도원 개혁운동에서 중요한 역할을 했으며 고독한 은수자 생활과 수도원의 공동생활을 병행했다. 이들은 기도, 연구,

식사, 취침을 모두 각자의 방에서 하며 밤 기도·아침 미사·저녁 기도 때만 교회에 모인다. 일요일과 대축일에는 함께 모여 식사를 하면서 대화의 시간을 가지며 1주일에 한 번씩 먼 거리를 함께 산책한다. 그들은 거친 모직셔츠를 입고 고기를 전혀 먹지 않으며 금요일과 다른 축일에는 빵과 물만 먹는다. 평신도 형제들의 생활도 엄격했고 공동체를 이루어 생활했다. 수도원 본부는 그랑 샤르트뢰즈라고 불렸는데 평신도 형제들은 이곳의 이름을 딴 리큐르(술)를 증류하여 얻은 이익금을 이웃 종교단체와 자선기관에 나누어주었다. 프랑스와 이탈리아에 몇 개의 수녀원을 가진 카르투지오 수녀회의 수녀들도 속세와 접촉을 끊은 채 엄격한 수도와 명상 생활을 했다. 카르투지오 수도회는 천천히 퍼졌으나 1521년에는 유럽의 모든 가톨릭 국가에 195개 정도의 수도원이 생겨났다. 수도회 수사들 중에서 독거 생활을 하는 이들은 많지 않았는데, 그들에게 중요한 것은 공동체 신앙생활이다.

카페 왕조(Capetian). 중세 프랑스의 왕조로 보통은 직계 카페 왕조(987~1328, 14대)를 가리키나, 광의로는 그 후의 방계, 즉 발루아 왕조(1328~1498, 7대)·발루아 오를레앙 왕조(1498~1515, 1대)·발루아 앙굴렘 왕조(1515~1589, 5대)·부르봉 왕조(1589~1793, 1814~1830, 7대) 등도 포함한다. 직계 카페 왕조는 초대 위그 카페에서 비롯되어 처음에는 봉건사회 속에서 취약한 왕권을 갖는 데 불과했으나 12세기 전반 루이 6세 무렵부터 활발해져서 동세기 말부터 13세기에 걸쳐 필리프 2세, 루이 9세 시대에 집권화하기 시작해 국내로부터 영국의 왕실 세력을 크게 후퇴시키고 국내의 왕령화를 적극적으로 촉진했다. 13세기 말부터 14세기 초 필리프 4세 때에는 권력도 증대되어 행정기구의 정비와 함께 사실상의 국가 통일이 처음으로 실현되었다.

케레스(Ceres). 그리스 신화의 데메테르에 해당하는 로마의 신으로 풍작의 여신이다.

케크롭스(Kekrops). 그리스 신화 속 아티케의 최초 왕으로, 상반신은 인간이며 하반신은 뱀 또는 용의 모습이다.

코이네어(κοινή, koine). 고대 그리스어는 많은 방언으로 나누어져 있었으나 그중에서도 아테네는 훌륭한 문학을 가져 서기전 5세기에는 아테네의 아티케 방언에 의한 고전시대가 출현했다. 서기전 4세기에 이르러 그리스인의 국가의식이 커지고 공통어를 필요로 할 때 우수한 문화를 가진 아티케의 방언을 중심으로 하고 산문에 우수한 이오니아 방언을 추가하고, 여러 방언에 공통적인 요소를 추출해 덧붙여 만든 공통어가 바로 코이네어이다. 서기전 3세기 이후에는 동부 지중해 일대에서 사용했고, 더 나아가 로마제국의 광대한 지역에서 라틴어와 함께 고대 사회의 공통어가 되었다. 신약성서의 언어이며 현대 그리스어의 근원이다.

콜키스(Colchis). 그리스 신화에 등장하는 황금 양털의 나라. 흑해 동쪽 연안의 지역으로 현재 그루지야공화국 일대이다.

큐빗(*cubit*). 고대 이집트·바빌로니아에서 사용된 길이 단위로 팔꿈치에서 중지 끝까지의 길이를 기준으로 하며 약 17~21인치에 해당한다.

킴브리족(Cimbri). 게르만족의 일파이다. 유틀란트 반도 북부에서 남하하여 서기전 2세기 말부터 테우토니족과 함께 갈리아에 침입했다. 서기전 113년 노리쿰 지방에서 로마군을 격파한 후, 론 강 유역에 들어가 서기전 105년 아라우시오에서 로마군을 격퇴시키고 에스파냐에 들어갔다. 그 후 이탈리아에 침입했으나 서기전 101년 북이탈리아의 베르켈라이 전투에서 로마의 장군인 마리우스에게 격멸당했다. 소수는 갈리아 북부에 정주했다.

테세우스(Theseus). 그리스 신화에 나오는 아티케의 영웅이다. 크레타 섬의 미궁에서 괴수 미노타우로스를 물리치고 아마존을 정복하여 아테네를 융성하게 했다고 한다.

토마스주의(*Thomism*). 아퀴나스 사상에 토대를 둔 신학의 사상 체계, 이를 계승한 사상가들을 통칭하는 표현이다. 프란체스코학파나 예수회와 대립한다.

툴리우스(Servius Tullius, ?~?). 서기전 578~534년경에 활동한 전설적인 로마 7왕 중 제6대 왕.

트리엔트 종교회의(*Council of Trent*). 루터의 종교 개혁운동으로 로마 가톨릭교회가 오스트리아의 트리엔트(현재는 이탈리아의 트렌트)에서 소집한 종교회의로 1545년부터 1563년에 걸쳐 이루어졌다.

팔라스(Pallas). ① 가이아가 낳은 거인 중 하나이다. 그중 가장 힘이 세다고 하나 아테나에 의해 죽임을 당한다. 팔라스의 가죽으로 방패를 만들고 그의 날개를 신발에 매달은 아테나는 팔라스의 뒤를 이었다고 하여 팔라스 아테나로도 불린다. ② 12티탄 중 하나인 트리오스를 아버지로 하며 저승에 흐르는 강의 신 스틱스와 결혼하여 승리의 여신 니케, 경쟁심을 뜻하는 젤로스, 폭력을 뜻하는 비아, 권력을 뜻하는 크라토스를 낳은 신이다.

펠로폰네소스 전쟁(*Peloponnesian War*). 서기전 431년부터 서기전 404년까지 아테네를 중심으로 하는 델로스 동맹과 스파르타를 중심으로 하는 펠로폰네소스 동맹이 벌인 싸움으로 스파르타가 승리했다.

푸거 가(*Fugger*). 16세기에 번영한 독일 아우구스부르크의 거상 집안이다.

프레몽트레 수도회(Premonstrants). 훗날 마그데부르크의 대주교가 되는 성 노르베르토가 1120년 리옹 근교 프레몽트레에 설립했던 수도회이다.

프로메테우스(Prometheus). 그리스 신화에 나오는 티탄족 이아페토스의 아들이다. 제우스가 감춘 불을 훔쳐 인간에게 줌으로써 인간에게 맨 처음 문명을 가르친 이로 알려져 있다.

프리아푸스(Priapus). 고대 그리스 신화의 신. 아프로디테와 디오니소스의 아들로 번식력과 자연 생성력의 신으로 숭상되었다.

프타(Ptah). 이집트의 신이다. 우주의 창조신, 가축의 신으로도 불리며 그리스 신화의 불과 대장장이의 신인 헤파이스토스와 동일시된다.

프톨레마이오스 왕조(Ptolemaios Dynasty). 헬레니즘 시대에 이집트를 지배한 마케도니아인 왕조(서기전 305~30). 프톨레마이오스 1세에 의하여 창건되고 왕가는 마케도니아 귀족의 혈통을 이어받았다. 프톨레마이오스 1세에 의하여 발전의 기틀이 잡힌 왕조는 프톨레마이오스 2, 3세 시대에 확대 발전하여 번영을 구가했고 수도 알렉산드리아는 헬레니즘 문화의 중심이 되었다. 그러나 그 뒤 내분, 내란, 외정의 실패 등에 따라 점차 쇠퇴했으며 특히 서기전 2세기 초 로마와 접촉하고부터 차차 로마 동방 진출의 제물이 되어 결국 서기전 30년 클레오파트라 7세와 프톨레마이오스 15세(클레오파트라와 카이사르의 아들로 카이사리온이라고도 한다)의 죽음으로 멸망했다.

헤르메스 트리스메기스투스(Hermes Trismegistus). 이집트의 지혜의 신 토트(Thoth)를 자신들의 신 헤르메스와 동일시했던 그리스인이 토트의 위대한 지혜를 찬미하기 위해 토트에게 부여한 그리스식 이름이다. 트리스메기스투스는 '세 배나 위대한'이라는 뜻이다.

헤파이스토스(Hephaistos). 그리스 신화에서 불, 대장장이 일, 수공예를 관장하는 신을 뜻한다.

헬베티아인(Helvetii). 켈트족 일파이며 스위스의 원주민이다.

호엔슈타우펜 왕조(Hohenstaufen). 독일의 귀족 가문 중 하나로 1138년부터 1254년까지 독일의 왕, 황제 및 슈바벤 공작을 배출한 가문이다. 1194년부터는 시칠리아 왕도 배출했다. 가문의 이름은 그들이 소유한 성의 이름인 슈타우펜에서 유래했다. 슈바벤 가문이라 부르기도 한다.

호텐토트인(Hottentot). 아프리카 나미비아 남부의 유목민족. 작은 키가 특징이다.

황진지대(*dust bowl*). 1930년대(특히 1935년에서 1938년 동안) 미국에서 모래폭풍이 심하게 발생했던 미시시피 강 서부(오클라호마 주, 아칸소 주, 미주리 주, 텍사스 주 등)의 건조한 평원 지대를 일컫는다. 집약적 경작으로 인해 토양 침식이 악화되는 와중에 대공황 시기 및 자연재해와 결합되면서 이 지역에서 살던 80만 명에 달하는 사람들이 캘리포니아 쪽으로 이주하지 않을 수 없었으며 환경 변화 문제에 대한 인식을 높이는 계기가 되었다.

흑인의 벗 협회(Société des Amis des Noirs). 1788년 파리에서 설립되었으며 노예무역이나 노예제를 비판하고 이들의 해방을 주장했다. 프랑스에서는 프랑스혁명 때에도 노예제 폐지가 실현되지 않았으나, 1804년 노예와 혼혈인(물라토)에 의한 반란에 성공하여 아이티공화국의 독립이 선포되어 사실상 노예무역의 의미가 없어졌고, 1814년에 체결된 영국과의 협정에도 1819년 이후의 노예무역 폐지가 명문화되었다. 그 후 1836년 7월에 노예의 해방이 실현되었다.

A. M.(*Anno Mundi*). 영문으로는 in the year of the world의 약자로 세계가 창조된 날을 기준으로 정해진 달력이다. 헤브루의 달력에서는 서기전 3760년에 세계가 창조되었다 보고 이를 기준으로 년도를 계산했다. 이 달력은 초기 기독교 연대학자들에

의해 사용되었다. 그러나 어셔 대주교(James Ussher, 1654)의 경우는 지구가 창조된 날을 서기전 5509년이라고 말하기도 했다.

100년 전쟁(*Hundred Years' War*). 중세 말기에 영국과 프랑스가 벌인 전쟁으로 프랑스를 전장으로 하여 여러 차례 휴전과 전쟁을 되풀이하면서 1337년부터 1453년까지 116년 동안 단속적으로 지속되었다.

2차적 원인(*secondary cause*). 기독교신학에서는 하느님을 만물의 창조자, 즉 제일 원인으로 보았다. 하지만 하느님은 세상만사에 직접적으로 작용하기보다는 규칙 또는 중간적 원인을 통해 작용한다. 이 중간적 원인이 이차적 원인이며 이를 연구하는 것이 자연학의 과제로 여겨졌다(에른스트 캇시러 저, 최명관 역, 1988, 《국가의 신화》, 서광사 참고).

3궁(三宮, triplicity). 점성술에 나오는 12궁 중 서로 120도씩 떨어진 3궁을 말한다.

4원소설(*theory of 4 elements*) 모든 물질이 불, 공기, 물, 흙이라는 4가지 기본 원소들로 이루어졌다는 주장이다. 탈레스를 비롯한 고대 그리스 철학자들은 물질을 이루는 기본 물질을 찾아 그것으로 물질의 본질을 설명하려고 했다. 서기전 400년경 엠페도클레스가 처음으로 모든 물질은 불, 공기, 물, 흙이라는 4가지 기본 원소들의 합성물이며, 사물은 이 기본 원소의 비율에 따라 형태를 바꿀 뿐 어떤 사물도 새로 탄생하거나 소멸하지 않는다고 생각했다. 이후 4원소설은 플라톤과 아리스토텔레스에게로 계승되었으며, 데모크리토스의 원자론에도 영향을 주었다.

4원인설(*four causes*). 아리스토텔레스는 세계가 질료와 형상으로 구성된다고 생각했으며 질료와 형상으로 이루어진 실체의 운동 원인을 네 가지로 설명한다. 이것이 아리스토텔레스의 네 가지 원인으로 ① 실체로서 사물로 하여금 사물이게끔 하는 것(형상인), ② 사물의 질료이며 기본이 되는 것(질료인), ③ 사물의 운동이 시작되는 처음(동인), ④ 일의 생성이나 운동이 목표로 하는 종국적 의미(목적인)가 그것이다.

찾아보기

ㄱ

ㅈ

기타

클래런스 글래컨(Clarence James Glacken, 1909~1989)

미국의 문화지리학자로 캘리포니아 버클리대학 지리학과에서 20여 년간 교수로 재직했다. 존스홉킨스대학에서 논문 "거주가능한 세계에 대한 사고"로 박사학위를 받은 이래 서구사상에 나타나는 자연과 문화의 관계를 평생의 연구주제로 삼았다. 그 대표작이 《로도스 섬 해변의 흔적: 고대에서 18세기 말까지 서구사상에 나타난 자연과 문화》(1967)이다. 이 책은 당시로서는 드물었던 지리학, 신학, 철학, 과학, 예술 등을 포괄하는 광범위한 융합적 접근을 시도함으로써 지리학뿐만 아니라 학계 전체의 고전으로 꼽힌다. 그는 1945년부터 1946년 동안에는 미군정 보건복지국 부사관으로 근무하면서 우리나라와도 특별한 인연을 맺었는데 이때 우리나라의 삼림황폐화 문제를 연구하기도 했다.

심승희

서울대 사범대학 지리교육과에서 학사·석사·박사 과정을 졸업했다. 현재 청주교대 사회과교육과 교수이다. 저서로는 《현대 문화지리의 이해》(공저, 2013), 《서울스토리》(공저, 2013), 《서울 시간을 기억하는 공간》(2004) 등이 있고, 역서로는 《지리사상사》(공역, 2015), 《장소》(2012), 《장소와 장소상실》(공역, 2005), 《공간과 장소》(공역, 1995) 등이 있다.

진종헌

서울대 지리학과와 동 대학원 석사 과정을 졸업했다. 이후 미국 UCLA 지리학과에서 문화경관 연구로 박사학위를 받았다. 현재 공주대 지리학과 교수이다. 저서로는 《현대 문화지리의 이해》(공저, 2013), 《현대 공간이론의 사상가들》(공저, 2013), *High Places: Cultural Geographies of Mountains, Ice, and Sciences*(공저, 2009), 《도시해석》(공저, 2006) 등이 있고, 역서로는 《문화정치 문화전쟁》(공역, 2011), 《현대문화지리학: 주요개념의 비판적 이해》(공역, 2011) 등이다.

최병두

서울대 지리학과와 동 대학원 석사 과정을 졸업하고, 영국 리즈 대에서 박사 학위를 받았다. 현재 대구대 지리교육과 교수로 있으며 존스홉킨스대와 옥스퍼드대 객원교수를 지냈다. 최근 저서로는 《국토와 도시》(2016), 《창조경제와 창조도시》(2016), 《자본의 도시》(2012), 《비판적 생태학과 환경정의》(2010) 등이 있으며, 역서로는 《공간적 사유》(2013) 등이 있다.

추선영

서울신학대 기독교교육과를 졸업했다. 역서로는 《여름 전쟁》(2013), 《지속 가능한 개발에서 지속 가능한 번영으로》(공역, 2012), 《생태계의 파괴자 자본주의》(2007), 《자연과 타협하기》(공역, 2007), 《환경정의》(공역, 2007), 《녹색사상사》(공역, 2004) 등이 있다.

허남혁

서울대 경제학과 학사·환경계획학과 석사 과정을 졸업하고 대구대 지리교육과 박사 과정을 수료하였다. 대구대, 경북대, 단국대, 공주대에서 강의를 하였고 현재 (재)지역재단 먹거리정책·교육센터 센터장으로 있다. 현대 농업과 먹거리 문제에 대한 성찰과 대안 모색에 관심이 있다. 저서로는 《내가 먹는 것이 바로 나: 사람, 자연, 사회를 살리는 먹거리 이야기》(2008), 《한국사회문제》(공저, 2011)가 있고, 역서로는 《농업생명공학의 정치경제》(2007), 《자연과 타협하기》(공역, 2007), 《환경정의》(공역, 2007) 등이 있다.